"十三五"国家重点出版物出版规划项目

经济科学译丛

管理者微观经济学

戴维·M. 克雷普斯（David M. Kreps）著

赵英军 译

Microeconomics for Managers

中国人民大学出版社
·北京·

《经济科学译丛》总序

　　中国是一个文明古国，有着几千年的辉煌历史。近百年来，中国由盛而衰，一度成为世界上最贫穷、落后的国家之一。1949年中国共产党领导的革命，把中国从饥饿、贫困、被欺侮、被奴役的境地中解放出来。1978年以来的改革开放，使中国真正走上了通向繁荣富强的道路。

　　中国改革开放的目标是建立一个有效的社会主义市场经济体制，加速发展经济，提高人民生活水平。但是，要完成这一历史使命绝非易事，我们不仅需要从自己的实践中总结教训，也要从别人的实践中获取经验，还要用理论来指导我们的改革。市场经济虽然对我们这个共和国来说是全新的，但市场经济的运行在发达国家已有几百年的历史，市场经济的理论亦在不断发展完善，并形成了一个现代经济学理论体系。虽然许多经济学名著出自西方学者之手，研究的是西方国家的经济问题，但他们归纳出来的许多经济学理论反映的是人类社会的普遍行为，这些理论是全人类的共同财富。要想迅速稳定地改革和发展我国的经济，我们必须学习和借鉴世界各国包括西方国家在内的先进经济学的理论与知识。

　　本着这一目的，我们组织翻译了这套经济学教科书系列。这套译丛的特点是：第一，全面系统。除了经济学、宏观经济学、微观经济学等基本原理之外，这套译丛还包括了产业组织理论、国际经济学、发展经济学、货币金融学、财政学、劳动经济学、计量经济学等重要领域。第二，简明通俗。与经济学的经典名著不同，这套丛书都是国外大学通用的经济学教科书，大部分都已发行了几版或十几版。作者尽可能地用简明通俗的语言来阐述深奥的经济学原理，并附有案例与习题，对于初学者来说，更容易理解与掌握。

　　经济学是一门社会科学，许多基本原理的应用受各种不同的社会、政治或经济体制的影响，许多经济学理论是建立在一定的假设条件上的，假设条件不同，结论也就不一定成立。因此，正确理解并掌握经济分析的方法而不是生搬硬套某些不同条件下产生的结论，才是我们学习当代经济学的正确方法。

本套译丛于 1995 年春由中国人民大学出版社发起筹备并成立了由许多经济学专家学者组织的编辑委员会。中国留美经济学会的许多学者参与了原著的推荐工作。中国人民大学出版社向所有原著的出版社购买了翻译版权。北京大学、中国人民大学、复旦大学以及中国社会科学院的许多专家教授参与了翻译工作。前任策划编辑梁晶女士为本套译丛的出版做出了重要贡献，在此表示衷心的感谢。在中国经济体制转轨的历史时期，我们把这套译丛献给读者，希望为中国经济的深入改革与发展做出贡献。

《经济科学译丛》编辑委员会

前　言

本书是为MBA学员学习微观经济学课程而写的一本导论性教科书。本书第1章回答了微观经济学是什么和管理者为什么应该对之感兴趣的问题。对此这里不再赘述，但我还是要指出，微观经济学给出了在应用时的分析技巧并明智而审慎地指明了其能做什么和不能做什么，这对于管理者思考问题非常有用。

根据美国的用词习惯，本书是一本中级水平的微观经济学教科书，在同类参考书中应属具有深度和难度的一类。但从本书所写内容看，它有别于标准的中级微观经济学教科书，本书增加了适合管理学学生的内容。

我强调了管理者特别是总经理一级管理者会遇到的，运用微观经济学来分析和解决问题的内容。为了激发学员的学习兴趣，在许多章节，在开始讲解经济理论前，我用一个取自现实生活的案例作为导引。

在许多章节，我讨论了微观经济学和管理职能所涉及领域的内容的相互关系，例如，财务和管理会计、金融、市场营销、运营、人力资源管理、战略管理。我也会把微观经济学模型和从社会心理学及社会学中总结出的行为模型联系起来讨论，因为MBA学员在学习组织行为学之类的课程时会遇到这类模型。

在对专题的讨论中，我不把传统的消费者行为理论和完全竞争作为重点（但并不是完全放弃），而是把不确定性、信息、互惠、可信度、声誉和交易成本作为重点。

我还提供了该课程的《学生学习用书》[*]（*Student's Companion*），其中包括一些复杂的练习题，这些题目强调了更贴近现实生活情景的计算。

在运用现有模型时，我强调了获得定性分析的远见卓识而不只是定量分析的答案。

微观经济学中一个重要的观点是：世界充满了各式各样的权衡（trade-off）。一种产品或行为策略可能是为某一市场或情形量身定做的，因而可能不适合其他市场。所以，我在这里声明：本书主要为MBA学员而作。需要特别指出的是，本书是我在斯坦福大学商学院讲授的必修课讲稿的基础上写就的。这类学员相对年龄偏大（平均年龄为27岁左右），但生活经历丰富，在获得学士学位

---

[*] 中国人民大学出版社尚未引进与本教材配套的《学生学习用书》。

后至少有 3 年的工作经历。总的来看，他们的分析能力非常出色，但水平参差不齐，有数学和其他自然科学学科的博士学位获得者，也有中学时数学成绩一塌糊涂者。无论从个体还是从组群看，他们都表现出了强烈的求知欲。但是从一个更大的范围（section）来看（该课程班级通常有 65 名学员），他们所认同的价值观念是：一项工作如果 5 个月没有回报就值得怀疑，而如果是 5 年没有回报，那简直是在浪费时间。斯坦福大学商学院的大多数 MBA 学员都喜欢通过类比进行归纳式的学习，而不是通过理论思辨进行演讲式的学习。当课后问及学员们对于可观察到有噪声干扰的不公开串谋知道多少时，标准的回答是哄堂大笑。但是如果你问他们，通用汽车公司和西屋电气公司的案例（哈佛大学商学院这一专题的经典案例）对这个或那个行业意味着什么时，你常常可以听到一些精辟、有深度但差异并不大的回答。

所以，本书特别适合对一般性管理有兴趣的读者。我假设了管理者需具备的知识背景和管理层需要解决的功能问题。我会用到少量的微积分和基础概率方面的知识，但并不多。我一般会异常小心地解释数学有什么作用。我会花大量时间证明我所做的是正确的，试图使读者相信该项工作获得回报的时间相对要短得多，特别是当读者愿意把获得的回报定位为洞察力提高这种形式时。我也会提出一些抽象的概念，但通常我会首先举出例子。只有在谈到无名氏定理（folk theorem）时，我才并不十分精确也并不严密地用文字来定义定理。

因为斯坦福大学商学院的 MBA 学员一般具有很高水平的分析能力，对于某些项目的学员来说，我可能说得过多了。但我希望并非总是如此，由于在斯坦福大学商学院学习的学员的分析能力参差不齐，我有目的地想做到面面俱到。可以确定，一些能力出众的斯坦福大学商学院 MBA 学员可能会抱怨本书进展缓慢，至少最初的几章会是这样。

因为在一些地方要运用微积分来证明一些难点，我在写作本书时未对此做任何推演。不管怎么说，微积分在本书的运用只是浅尝辄止。在前半部分（主要是有关厂商、消费者和市场的标准理论）我是这样处理的，以便学员们可以运用电子表格（和一套优化软件，如 Excel 的 Solver）以跳过所有微积分计算。但微积分会使问题大大简化，而且所要求的微积分知识又确实相当少（《学生学习用书》的附录中对需要的少许微积分知识做了简单介绍）。在经济学中，对边际（导数）的直觉运用确实是了解微积分可以用来做什么的好机会。所以，只要他们能坚持下去，不懂微积分的读者在阅读中就会或多或少学到这方面的知识。

本书所要求的其他方面的数学知识有：要熟练运用基本的绘图技术，特别是线性函数；会解线性方程组，特别是二元方程组；较熟练掌握电子表格的处理技术，包括运用微软 Excel 电子表格中的嵌入优化程序 Solver。[1] 在学习本书

---

① 我使用的是微软的 Excel，本书的绝大部分电子表格提供针对 Windows 和 Mac 操作平台的两种格式。本书电子表格也可从本书的配套网站 www.wwnorton.com/web/kreps 上下载。

的后半部分时，应了解一些基本的概率知识。在许多地方，我假设学员们已经掌握了基本的单变量、多变量的回归方面的统计知识。

另外，在讨论微观经济学与管理职能的相互关系时，我假定学员们刚从学校毕业，缺乏一般的商务知识背景。例如，我假定读者对利润表和资产负债表知之甚少（例如，我认为读者认为的资产缩水是当前收入的减少，坏账一般可从账面上勾销）。我还假设读者知道贴现。对于非 MBA 学员的读者来说：

- 对于具有自然科学或工程技术方面知识背景的读者来说，本书的数学非常容易。强调微观经济学适用于管理对于有自然科学或工程学背景而又对经济学有兴趣的读者再合适不过，特别是对于工程学院中攻读工程硕士的学员来说。

- 对于目标是获得职业学位的学员来说，如果他们要了解一些商务方面的背景知识，可能喜欢选读一些专题性的讨论。但对于那些想进入研究生院学习经济学的本科生来说，本书对一些专题如公共部门经济学和消费者行为理论（收入和替代效应、恩格尔曲线、奢侈品、低档品和吉芬商品）都没有花费过多笔墨，只是做了轻描淡写的描述或没有涉及。

- 尽管本书的前半部分对读者来说显得有些专业性太强，但本书的一些章节在总裁培训项目中（特别是在斯坦福大学商学院总裁培训项目中，这是一个为期 6 周的总裁培训项目）获得过很高的评价。

本书的配套材料是《学生学习用书》，其中包括：数学附录、本书近一半练习的参考答案、一些稍长点的案例练习、几套复习题和一些补充材料。其他问题的答案以及其他材料，包括对与本书教学有关的案例的一些建议放在指导教师的网站上。为了能成功登录网站，指导教师应该写信给出版商并附上所教课程的详细介绍。

对斯坦福大学商学院学习该课程的前后多届的毕业生，我表示深深的谢意。他们使我加深了对经济学的理解。此外，他们教会了我如何教授经济学并使他们相信该课程的实用性。斯坦福大学商学院总裁培训项目的教学经历也使我受益匪浅。

本书的基础是我在斯坦福大学商学院讲授微观经济学逾 10 年的讲稿（10年之前我讲授决策分析），先后有多位教学助理帮助我校正了那些讲稿（并且提供了许多具有普遍意义和价值的评论）。其中，我要特别感谢 Dana Heller。

许多同事与我共同讲授该门课程。其中多人关爱有加地使用了这些讲稿并提供了许多有价值的反馈意见。Jeremy Bulow 和 Peter Reiss 两人在我表现愚蠢时特别有耐心，也非常慷慨地提出了许多建议和提供了特别有价值的材料。特别要指出的是 Bulow 提供了珍贵的"通用汽车公司卡车赠券"的案例。这也是本书前半部分的主导话题（leitmotif）；Reiss 提供了第 6 章的保时捷公司的案例。其他五位——Yossi Feinberg、Faruk Gul、Sven Rady、Andy Skrzypacz 和 Dimitri Vayanos 也提出了许多评论性意见。卡内基梅隆大学的 Ronald Goettler 在使用了本书初稿后提供了许多有价值的反馈意见。在《学生学习用书》中有关概率和决策树的内容最初是为不确定情况下的决策的课程而作。对过去那些时光的记忆虽在快速消逝，但我仍然记得来自 Chuck Bonini、Michael Harrison、Chuck Holloway 和 Evan Porteus 的建议。Eddie Lazear 用他自己的方式（与我讲授的方式有很大不同）讲授微观经济学，与他一起教学时我也从他的教学工作中获益良多。Jim Baron——曾是我教的学员，后来写过一部关于人力资源管理的著作——教给了我许多经济学的知识，尽管他是从社会学和社会心理学方面来思考问题。David Baron、David Brady、Don Brown、Rick Lambert、John Roberts、Garth Saloner、Andrea Shepard、Itamar Simonson 和 Mark Wolfson 都提供过这样或那样的帮助，在此表示感谢。

W. W. 诺顿公司的 Jack Repcheck 是一个责任感极强的人，他既是本书的坚定支持者，又是本书的评论者。因为他的努力，本书比当初改进了许多。该公司的文字编辑 Gnomi Schrift Gouldin、Marian Johnson 和 Ben Reynolds 对本书的最终刊行付出了许多心血和劳动，一并表示感谢。

本书中的经济学知识既非原创也不深奥，但我希望它具有教学上的创新性且合乎逻辑。若果真能做到以上两点，我要感谢对我进行教诲的诸多师长。我想将本书献给教导过我的所有老师，但因为名单太长了，我只能做如下归纳：对于一流的管理学教育，最关键的一点在于将模型应用于现实世界时能将严密的学术思想与宽泛的实际运用结合在一起，两个方面都会对学员产生激励，并且展示给他们学术思想是如何被应用的。斯坦福大学商学院许多年长一些的同事都曾教导过我这一点，但其中四人对我作为一名教师的成长产生了特别重要的影响：Joel S. Demski、Charles A. Holloways、Charles T. Horngren 以及 Robert K. Jaedicke。

目　录

第 1 章 | 微观经济学？为管理者而作？

1 　　本书在每章开始都会列出一个简略的大纲以概述本章的主要内容。第 1 章的内容融卖点推介（sales pitch）、定义、描述和忠告于一体。

● 通过提供一些活生生的待解释的现实生活谜团，我试图使读者相信微观经济学是值得花时间和精力去研读的。

● 对主题进行了相对抽象化的定义。

● 对模型（model）和模型化（modeling）进行了抽象定义。通过定义和事例，我描述了这些非常重要的词语对经济学家意味着什么。

● 最后，我也会告诉你学习微观经济学要付出什么。

1.1　卖点推介：为什么要学习微观经济学？

　　在 1973—1987 年间，通用汽车公司（GM）在美国销售的皮卡（pickup trucks）的油箱是装在卡车主框架外边的。[①] 在 1992 年，由拉尔夫·纳德（Ralph Nader）支持的两个团体向国家公路交通安全管理局（National Highway Trafic Safety Administration, NHTSA）提交了一份请愿书，指控这些油箱在皮卡遭遇撞击时容易断裂，可能会导致起火或发生爆炸。请愿书要求通用汽车公司必须召回已售出的皮卡，并解决车辆的安全隐患问题。当 NBC 的电视新闻节目《日界线》（Dateline）虚构了一个故事并播出后，引起人们对此的极大关注。在该故事中，一个玩具火箭的引擎被秘密置于卡车中，当假想的车祸发生后，它能引燃任何泄漏的汽油。受到通用汽车公司要进行法律诉讼的威胁，NBC 撤下了节目，开除了该节目制片人并为此事件道歉。

---

① 非常感谢 Jeremy Bulow，他首先提醒我关注这则故事，并在后面的分析中做出了很大贡献。实际的故事还要复杂，为了解释得更清楚，我进行了简化。

国家公路交通安全管理局对该事件进行了调查，并于 1993 年要求通用汽车公司自愿召回已售皮卡。通用汽车公司予以回绝，并有针对性地指出没有这一设计特点的卡车更加危险。最终，通用汽车公司避免了强制召回。但与此同时，通用汽车公司也面临大量该车型车辆拥有者的集体诉讼，他们要求公司对车辆损失进行赔偿或要求补偿维修成本。与应对国家公路交通安全管理局时采取的针锋相对的政策不同，通用汽车公司极力寻求办法来平息这些集体诉讼。1993 年 6 月，通用汽车公司和集体应诉律师通过法庭调解同意通过协商解决这些诉讼。

2 　　在不承认任何设计缺陷的前提下，通用汽车公司提出的解决方案是为每一位当前拥有这种车型车辆的消费者提供一张价值 1 000 美元的赠券，该赠券可以用于购买通用汽车公司的任何轻型车，包括小型面包车、标准（full-size）面包车、皮卡与像开拓者（Blazer）和郊区人（Suburban）这样的运动型车辆。对于原有车辆的拥有者或其家庭的直系亲属，这张赠券可以全额使用。也可转让给他人 1 次，购买者在购置新式轻型卡车时将获得 500 美元的优惠。赠券发出后 15 个月内有效，最早将在 1993 年秋季开始发放。

　　通用汽车公司又及时指出它是多么慷慨大方，这次诉讼事件中的许多老式车辆的车龄已达 21 年之久，论价值也就值 2 000 美元左右；因为根据《凯利蓝皮书》（*Kelly Bluebook*）——一本美国旧车市场价的半官方指导手册——这种车型旧车的零售价在 1 800 美元左右，而该种车辆的最新式车的价格在 8 000 美元左右。通用汽车公司强调说这种老式卡车像其他具有相同设计特性的皮卡一样安全，这种赠券行为并不表明存在设计缺陷或有负于顾客，而仅仅是为了向通用汽车公司产品的忠实拥有者表示抚慰。《华尔街日报》（*Wall Street Journal*）引用通用汽车公司发言人的话说："在任何方式、任何形式上，这都与国家公路交通安全管理局的诉讼无关，这不是召回。这种车型绝对不需要改善。这就把满意与否与工艺上的担心区别开来了。"①

　　对通用汽车公司提出的这样的处理方式，《华尔街日报》极为关注。大约有 470 万辆该种卡车仍在使用，这就意味着通用汽车公司将要发送 470 万张赠券。该日报估计，每张赠券 1 000 美元就是 47 亿美元。这是一笔巨款，但通用汽车公司似乎并不担心。前面提到的通用汽车公司的发言人指出，"如果能兑现一张赠券，就意味着通用汽车公司卖出了一辆车，这显然是一笔收益。"

　　但该案件的主审法官似乎对此不以为然，并不赞同这一解决方案，因为他认为对于受害群体的成员来说补偿甚少。当该方案被驳回后，通用汽车公司和诉讼方律师进行磋商。在 1999 年夏，他们就解决方案的修改条款达成一致，主审法官也暂时予以认可。新的解决方案的条款（这里进行了简化）如下：

- 将 580 万张赠券寄发给原车辆的拥有者。从 470 万张增加到 580 万张是因为将 1987—1991 年生产的车辆也包括在解决方案中。

3 　 ● 那些赠券对原拥有者或家庭成员购置新车的降价幅度是 1 000 美元，转

---

① *Wall Street Journal*，July 20，1993，A3.

给任何第三方，则降价幅度为 500 美元，在赠券发出 15 个月内有效。对于运输车队的拥有者（定义为拥有 3 辆及以上该类车辆）或政府机关，这些赠券的降价幅度为 500 美元，转让给第三方为 250 美元，有效期为 18 个月。对于后两类拥有者，如果在 18 个月之后的 35 个月内使用，则降价幅度为 250 美元，但在赠券发出 15 个月之后不能再转让。

- 这种赠券在购置通用汽车公司生产的任何车辆时都可享受降价优惠（不仅仅是轻型卡车），但不包括土星（Saturn）分公司所生产的车辆。

- 对于原拥有者，1 000 美元赠券的优惠可在通用汽车公司可能采取的其他优惠措施之外使用。但对于第三方来说，至少在 15 个月内，通用汽车公司推出的其他降价措施将抵扣赠券的额度；如果其他措施在总量上不超过 250 美元，赠券将补足其他措施不足的部分，也就是说，总的优惠降价幅度相当于 500 美元。如果其他优惠措施降价超过 250 美元，该种赠券优惠的降价幅度为 250 美元之外余下的部分。

- 另外，通用汽车公司将提供 410 万美元用于资助以汽油为动力的车辆燃油系统安全问题的研究项目。

对这一解决方案的争论并未就此结束。例如，在 1999 年夏，当得知原告方律师正在拟定新的建议案时，通用汽车公司大为光火。新的建议案为：当解决方案通告给原告方的成员时，还应同时发布如下一则消息，即位于得克萨斯州休斯敦的票证赎回集团（Certificate Redemption Group，CRG）愿意以 100 美元收购任何人的赠券。CRG 的发言人在接受采访时估计：他们预计可以以 150～200 美元再卖出赠券，这样，如果可以收购 300 万张赠券，该集团可获得可观的 1.5 亿～3 亿美元的利润。《华尔街日报》在 1999 年 7 月 16 日报道说，通用汽车公司对此大为不满，已经请求法院停止在通知原告团成员时包括这则消息。主审法官随后将这一方案搁置起来。到 2001 年春，赠券最终被分发给了皮卡的拥有者。

为什么我要向大家诉说这些？请考虑如下三种说法：

- 回到 1994 年，法官回绝最初的解决方案是完全正确的，我估计按当初的解决方案，通用汽车公司将会付出好几百万美元。这尽管看似是一笔巨款，但对通用汽车公司来说只是九牛一毛。说得更中肯一点，我认为 1993 年的解决方案给绝大多数受损害的原告团成员带来的利益不大，而那些愿意再购买通用汽车公司新型轻卡的受害人享受到的优惠不会多于 400 美元。

- 1999 年的解决方案需要通用汽车公司付出更多，对大部分受害人也较为慷慨。我估计受害人每人至少可获得 200 美元补偿，通用汽车公司大约要支出 15 亿美元。

- 假定根据 1999 年的解决方案，通用汽车公司从电话号码本中再挑出 1 160 万个人的名字，按照给 580 万名受害人的同样标准，寄发赠券，也就是说，假设通用汽车公司优惠券的发放量 3 倍于获得赠券的人的数量，这会使通用汽车公司为此而遭受的损失也会扩大为原来的 3 倍吗？

当然不会！我的估计是，损失会降低到 1 亿美元左右，大多数受害人几乎没有获得多少补偿。

对这几种说法你可能会疑惑不解。你一定没有足够多的证据来检验我的说法是否正确。如果你是通过阅读本书来学习经济学，你目前大概不会知道如何处理我提供的并不完全的数据。但当你阅读完本书后，事实上，在读完前半部分后，你将会明白，上述有关通用汽车公司案件的成本决定的关键因素是什么。**对于第三方也就是那些没有赠券而想买车的人而言，为得到原通用汽车公司车辆拥有者的赠券，他们要支付的成本是多少？**这一问题的答案依赖于对如下问题的回答：**就赠券能购买的车辆种类来说，在赠券的有效期内，通用汽车公司预期会售出多少辆车？**我不想搞得太神秘。谜底如下：按 1993 年的方案，通用汽车公司正常销售的轻卡远少于流通的 470 万张赠券，所以当转换成其他车辆时，赠券就不值那么多钱了，通用汽车公司的支出也小得多。可是到了 1999 年的方案，通用汽车公司预期能卖出的车辆比赠券数要多，所以，赠券的价值就提高了，通用汽车公司的花费也就很大。如果通用汽车公司将赠券的数量增至 3 倍，这个数量远远超过其潜在的使用者，所以，赠券在转让时就只能以低价进行，所以通用汽车公司的支出也就小得多。

5　　　我再次重申，此时指出这些问题你可能并不完全明白，但是当你阅读完本书后，你将会明白一切。对于勤于实践并且有远大抱负的经理人来说，学习经济学的理由是弄懂与我所讲故事相关的话题，并且能独立做出分析。

你可能对汽车营销或集体申诉解决方案的经济价值的计算并不感兴趣。如果这个故事还没有扫你的兴，下面有 4 个稍短一些的谜团可以供你思考。

价格保护损害了购买者的利益

在 20 世纪 60 年代和 70 年代，两家美国公司即通用电气公司（General Electric，GE）和西屋电气公司（Westinghouse）实际上是仅有的两家大型涡轮发电机制造商，发电厂使用这种发电机将机械能转化为电能供给美国市场。[①] 1963 年，GE 对它的客户实施价格保护。简言之，GE 公布了价格手册，其中清楚地标明了它可能生产的任何型号的发电机（不管定制程度多高）的所谓账面价格。GE 在账面价格的基础上打折销售发电机。客户将会按账面价格的 7.8 折来购买发电机。如果在销售后 6 个月内，GE 向任何客户销售的任何型号的发电机低于 7.8 折，它将对第一批购买者补足应削减的幅度。这样，客户就得到 6 个月的最优折价保证。GE 邀请独立的毕马威会计师事务所对这一政策的执行情况进行审计。最终，西屋电气公司也相应地为客户提供同样的服务。

之后不久，美国司法部反垄断局介入该事件，认为价格保护损害了 GE 和

---

① 本故事基于哈佛大学商学院的案例：大型涡轮发电机制造商 GE 和西屋，编号为 9-380-128，作者为迈克尔·E. 波特（Michael E. Porter）。我一直都在推荐哈佛大学商学院和斯坦福大学商学院的案例。如果读者希望订购案例，请查阅 http://gobi. stanford. edu. /cases/（斯坦福大学商学院案例）；http://harvardbusinessonline. hbsp. harvard. edu/b02/en/cases/cases_home. jhtml（哈佛大学商学院案例）。

西屋客户的利益，并要求两公司取消这一政策。反垄断局的做法无疑是正确的，价格保护极大地损害了两公司客户的利益。

放弃垄断

个人计算机的微处理器制造商在某种程度上会对它们的微处理器的设计申报专利。这种芯片制造过程中的特征之一是随着产量累积增加，生产成本会随之下降。这样，微处理器的制造商似乎就能牢牢控制住芯片的生产。对于早期PC机制造商摩托罗拉来说，这种逻辑是非常有说服力的。当时摩托罗拉拒绝对其他微处理器厂商颁发其微处理系列产品的许可证。与之形成鲜明对照的是英特尔公司，后者向其他芯片制造商颁发了其86系列的各种产品的许可证，特别是其先进的微处理程序设备的许可证。在某种意义上，英特尔自愿放弃了其拥有的有效控制成本的垄断地位，它赢得了与摩托罗拉之间的微处理器的战争。英特尔芯片已成为行业标准。

免费飞伦敦

1991年，坐头等舱从旧金山飞到东京再飞到伦敦然后飞回旧金山要比坐商务舱从旧金山飞到东京再返回旧金山便宜。我并没有搞错，这是一项可以改善航空公司盈利水平的定价策略的一部分。

日本的大米进口

日本政府多年来拒绝从主要稻米生产国如美国和泰国自由进口大米。绝大多数评论人士相信这种阻力主要来自政治上的压力集团。毫无疑问，日本消费者的利益因此受到损害，他们要比实行自由进口时多付出；很明显，生产稻米的日本农户会从中获得好处。但这对国外的稻米生产商有什么影响呢？比较一下管制情况下和允许自由输入条件下外国进口稻米的数量即有一个详细的结论，但是国外稻米生产商完全有可能会因祸得福。

我认为，作为一名勤于实践或有远大抱负的管理人员，你应该明白这些故事以及隐藏在那些反对声音背后的东西。这就是本书想揭示的。微观经济学是一种思考问题的方式，或者说是研究和梳理现实生活中遇到的现象的一种思考方式，它有助于我们理解这些故事以及其他我们将要遇到的故事。前面使你感到好奇的案例涉及的理论是：

- 通用汽车公司赠券一例中涉及的是供给与需求相等，这是第2章和第11章讨论的主题；第7章的差别化定价，第12章、第13章的税收对买卖双方的影响都与此相关。
- GE和西屋一例涉及的是暗中串谋的问题，这是第22章的主题。
- 英特尔一例关注的是可信度，这是第23章的主题。
- 差别化定价——为什么环游世界的票价比只飞部分里程还要便宜，这是

第 7 章讨论的主题。

● 对日本进口稻米的讨论安排在第 13 章。

如果那些案例并未说服你，我还有第二条路线可以尝试。勤于实践和有远大抱负的管理者无疑会对理解各种管理职能感兴趣。金融学几乎完全是微观经济学的一个分支，会计学也相类似。战略管理和市场营销的大部分内容要依赖经济学理论。大部分运营管理尽管对微观经济学的运用少一些，但仍然不可小视。人力资源管理中至少一半内容涉及微观经济学。总之，在任何重要的管理职能领域，很难不涉及微观经济学。在许多情况下，这种相关性就像被熊抱住（bear hug）一样无法摆脱。懂得微观经济学是理解管理职能的关键所在。

1.2 微观经济学讨论什么?

普遍接受的对经济学的抽象定义是由保罗·萨缪尔森（Paul A. Samuelson）给出的，他是 20 世纪伟大的经济学家之一。他在其具有革命性意义的教科书中对经济学给出的定义是：

经济学是研究人们和社会在使用或不使用金钱时如何做出选择的学问，即在一定时间内，如何对有多种用途的稀缺资源在各种商品的生产、分配和消费之间、在现在和未来之间、在社会的各种人群和团体之间进行配置。[1]

根据这种一般性的定义，微观经济学关注的是个人消费者和个体厂商的行为，以及他们在市场中或在行业内的自主行为和相互影响。相反，宏观经济学关注的则是一个国家和国际经济的运作。

自萨缪尔森给出一般性的定义后，经济学已经获得巨大发展。他的定义仍然有意义，但是今天，经济学家们越来越强调"没有货币"、没有市场联系，人们在消费之外要做出决策的其他情形。换句话说，经济学的研究范围大大扩展了。

考虑到经济学主题的前后联系，萨缪尔森给出的定义是直观明了的，但经济学是一种思维方式，对问题给出答案是其基本特性所在。经济学**通过什么方式**来表述其主题才是重要的呢？一种与前述（强调）的含义不同的定义是：

经济学关注的是在市场和非市场制度设计（setting）给定的情况下，如何对个人和组织（企业、非营利组织）等的行为进行模型化。这些模型总是假定行为是**有目的的**（purposeful）——有明确的目标指向，它也常常研究目标有冲突的多样化行为如何通过市场和非市场制度实现**均衡**（equilibrium）的问题。这种研究既具**描述性**（descriptive）意义（描述发生了什么），也具**评估性**

---

[1] 最初引自 P. A. Samuelson, *Economics, An Introductory Analysis*, 7th edition (NY, McGraw-Hill, 1955).

（evaluative）意义（依据一些理想的结果来评判发生了什么）。对一些特定的制度进行描述和评估后，经济学家经常会继续提出**政策建议**（prescription），建议如何能通过改进制度来更好地实现一些目标。

这样的定义相当拗口，我得花点时间详细讨论。

有目的的行为

经济模型是从行为主体（entities）有目的的行为开始讨论的。在制度环境和他人行为的约束下，对有目的的行为进行模型化是为了对福利水平最大化进行量化。根据特定的模型和要达到的目的，这些行为主体可以是个人消费者、企业、政府、政党和家庭成员。在本书中，大部分时间我们是指**追求利润最大化的企业**（profit-maximizing firms）和**追求效用最大化的消费者**（utility-maximizing consumers）。

均　衡

在绝大多数情况下，不同行为主体或行为人的目标是相互冲突的；资源是稀缺的；一人之多得意味着其他人之少得。经济学家们通过模型的**均衡**（equilibrium）来实现一般意义上的平衡。均衡可采取不同的形态（shape）和形式（form），我们后面要对此进行讨论。目前读者应该明白的是，除了供求相等的均衡之外还有许多其他的均衡。

在一个制度设计架构给定的模型中，均衡才会出现。许多人将经济学与**市场制度**（market institutions）联系在一起，就像前面已经指出的，经济学正越来越关注其他制度设计。在其他设计架构中，最主要的是企业。这意味着当经济学家们对企业进行模型化时，单个企业有时是一个有目的的行为主体；而在其他模型中，正是在给定的制度设计架构内，不同的行为主体相互作用并实现了均衡。因为本书主要为管理者而作，这种两重性是本书的一个概括性主题。

评估和改进结果

一旦经济学家能确认他们设想的事情将会在特定的环境条件下发生，他们经常会对结果是好是坏以及怎么做才能更好做出检验。他们考虑的政策工具有税收、补贴、对价格的管理、制度架构的特征设计，甚至包括信息提供。

在本书中我们对此做得相对少一些。但是，因为管理者会受到公众看法和政府干预方面的压力，所以，他们（包括读者）应该了解这类政策问题是如何被呈现出来的。因此，我们也会花些时间来比较**公平**（equity）概念和**效率**（efficiency）概念，经济学家们对前一概念有多少用处说得并不多，但他们对后一概念的讨论一直没有中断过。但政策方面的争论很少能在经济学的基础上解决。在这一范畴中，管理者受到的压力经常来自政治方面而非经济方面。所以，用与管理相关的方式来对这一话题提出可行的建议得另外写一部著作，其中既有对政府能力的讨论又有经济分析，我把它留给其他人去完成。①

1.3　模型和分析

对经济学的第二种描述是这样开始的："经济学关注的是在市场和非市场制度设计给定的情况下，如何对个人和组织（企业、非营利组织）等的行为进行**模型化**。这些**模型**总是假定行为……"这里的模型化和模型用黑体表示是想强调经济学家们的工作大部分与模型有关。

词典中对模型的定义为"对事物抽象化或程式化的表现"。在经济学中，模型可用来表现人们或机构如何行动：在给定可行的生产计划约束条件下，企业如何最大化其效用水平；在给定预算约束条件下，消费者如何最大化他们的效用。模型也可用于对市场之类事物的分析，如商品价格将会稳定于（rest）供需相等的点上。总的来说，经济学中的模型是对现实的一种**分析性**（analytical）和**简化**（simplified）的描述。

追求简化是显然要做的事情。建立模型时集中注意重要方面，可有助于我们理解异常复杂的现实世界，我们也就能把握被模型化现象的要点和精髓。当模型像它描述的现实那样复杂时，它便毫无用处了。当然，认识到什么特征重要从而应被考虑在模型中需要高超的技巧，在模型的应用中这一点非常关键：如果模型只关注一些并不重要的特征，就会产生严重的误导。

经济学中的模型无疑具有分析功能。词典对此的定义为：如果模型从整体上考虑问题，但对各个部分分别进行考察然后再整合在一起，那么它就具有了分析功能。

例如，假设你经营一家大型的化工厂（如石油炼化厂），你拥有的各种原材料将会陆续到达，你也有能力来购买其他所需物品。你能制造各种产品，有些是按订单生产，有些是在现货市场中销售。你在生产过程和存货能力方面面临各种各样的约束。问题是：你将生产多少数量的各种产品？假定你的目标是在满足长期约束情况下使各种产品在现货市场中卖出后能最大化你的利润水平。

解决这类问题非常棘手，因为各种变量之间的相互关系非常复杂。但是它经常被假定为线性问题来处理，把过程约束、原材料的可获得性等作为数学模型中一个个分开的部分来看待。如果按照这种方式来建模，通过计算机就能轻易地解出利润最大化的生产计划是什么。而且，模型建立后，还可被用来对各种假定变量的敏感性做出回答。例如，如果目前在海上航行的油轮要晚 36 小时才能到达，将会发生什么？因为这类模型常常是对现实非常近似的模拟，敏感

① 　如果你对这类书籍感兴趣，我推荐由 David Baron 所著的 *Business and Its Environment*，4th edition （Englewood Cliffs，NJ：Prentice-Hall，2003）。

性分析可以使建模者确定出能经受严格检验的关键性变量、可使用的变量个数及应该被重点考虑的变量数。

经济学家们也经常会使用一些高度简化和程式化的模型，而对其中的变量数并不会看得太重；相反，这类模型的目的在于使直觉在定性分析中更加直观（shapen）并显示"什么是重要的和为什么重要"。

案例：GM 卡车赠券——一个简化的模型

抽象的解释很难说清楚其中的意思，但是案例——一个足够长的案例可使观点变得生动、清晰。

回到 GM 卡车赠券的故事。对通用汽车公司在 1993 年前后面临的局面，我将建立一个简单的模型，当时通用汽车公司发行赠券的目的是想推销其轻型卡车（以下简称轻卡）。像所有经济学模型一样，我们先给出简化的假定条件：

11

- 通用汽车公司只出售一种型号的轻卡，每辆车成本为 15 000 美元。
- 通用汽车公司公布了这种车型的价目表，我用 P 来表示这一价格。

你可能已经看出这些假定对现实进行了高度简化。通用汽车公司出售各种各样的轻卡，它们的制造成本也有很大差异。通用汽车公司也不直接公布车辆的销售价格，它是通过代理商网络销售，现在则通过互联网来进行销售，经销商与客户之间是一对一进行讨价还价的。

尽管如此，我的模型还是要建立在这些假定的基础上。这意味着给出的变量数最好也只是大致描述出实际发生的事情。但是，从这种模型中得出的结论并非从定量方面而是从定性角度来认识事物。当你对这类模型越来越适应后，你将会认同，即使将这些假定用更接近实际的条件来取代，也不会对得出的结论有多大影响。为了使你从模型中得出更多判断，让我们回到假定：

- 通用汽车公司发出了 470 万张可用于购买轻卡的赠券，对于原来的 GM 皮卡拥有者得到的赠券，15 个月内，相当于 X 美元的折价金额。如果转让给他人，相当于 x 美元的折价金额。即 $X=1\,000$，$x=500$。但在我要建立的模型中，那些数值可以变动。在练习 1.1 中，你将要计算如果 X 和 x 发生变化，会引起什么样的后果。
- 交易那些赠券的一个有组织的市场已形成，赠券拥有者可以将赠券转让给没有赠券但想购置 GM 轻卡的人。这个市场也可被称为**赠券转让市场**（transferred-coupon market）。出让方卖出赠券净得到 Q 美元的好处，而买入方必须支付 $Q+k$ 美元。买卖双方单位赠券的 k 美元差价表示的是搜寻成本和代理商佣金等。

模型的关键是建立了一组所谓的需求函数，依据这些函数以及报价（posted price）P 和其他影响需求量的变量，通用汽车公司就能够预测轻卡的销售量。值得注意的是，通用汽车公司也可以选择比报价更高的价格，但如果那样，大多数人将转向购买丰田公司或福特公司的车；GM 轻卡的定价越高，它的销售量就越少。

当我们在第 4 章详细讨论需求函数时，你将会看到，在讨论具体的需求函数时，你应该清楚需求函数是如何得出的，适应的市场范围是什么，在何时以及何地。我这里假定的需求函数得自我设定的任何购买 GM 轻卡的人，地点是美国和加拿大市场，时间是赠券有效的 15 个月。

12　　　在一个更加详细的模型中，我们可以将购买 GM 轻卡的人分为个人购买者、运输公司和政府部门。我们可以回想一下，在第二个建议的解决方案中，不同的购买者享受不同的优惠。你应该了解这并非只是出于奇想，而是有具体原因的。可是，我想表达的含义与这样的区分关系不大，所以，我忽略了这一区分。

　　　但是我不能对不同市场之间的界限视而不见：一些持有赠券的潜在购买人群可以在购买价格的基础上优惠 X，或以 Q 的价格卖出，这是针对原来的皮卡拥有者来说的，而其他人在花费 $Q+k$ 得到赠券后可获得 x 的优惠。其他购买者包括那些没有意识到可使用赠券的人和想得到赠券但却无法得到的人——可能是因为赠券已经用掉了。

　　　在我提出的模型中，我假定每一个持有赠券的人都知道如果他自己不使用的话，赠券可以以 Q 的价格卖出，其他买者也都知道赠券的存在，只要有利可图，即 x 大于 $Q+k$，他们都想获得一张。再次提醒的是，尽管该假定合理，但仍很严格，因为使用赠券降低价格的损失是由通用汽车公司来承担的。所以，GM 轻卡的各个经销商都想给所有潜在购买者提供一张赠券。值得强调的是，尽管我提出的正式模型中忽视了经销商的存在——报价由通用汽车公司公布，也不存在讨价还价——但在实际生活中存在的经销商能够证明我在模型中所做的假设站得住脚。在经济模型中经常采用如下做法：有关市场制度方面的特征被正式忽略，但那些特征仍然会被不太正式地用来证明正规假定的合理性。想对此做更多的了解，请阅读第 2 章。

　　　所以，我将购买者分为三类：赠券的最初持有人；寻找赠券的其他人；无法找到赠券的买者，因为所有赠券都已被用掉。

　　　当每一组购买者分别考虑购置一辆轻卡时，对于通用汽车公司的产品，他们各自面临的是不同的**有效价格**（effective prices）。

- 最初持有人按公布的报价付钱，但会因持有赠券获得 X 的折价。另外，最早持有赠券者如果这样使用这张赠券，就放弃了出让赠券获得 Q 的收入的机会。所以，GM 轻卡的有效价格或购买它们支付的成本，也就是它们用来与福特和丰田进行比较的价格为：$P-X+Q$（我假定 X 大于 Q，赠券的最初持有者将会购买轻卡而不是将其转让）。

13　　　在上述情形中，$+Q$ 的意思还未解释清楚。让我来换一种方式解释：它代表的是转让赠券而不是用来购置 GM 轻卡的机会。可以这样想：假定另外的选择是福特轻卡，价格为 P'，从支出的现金来看，购买 GM 轻卡是在支付的价格基础上减去 X，即 $P-X$，相对福特轻卡而言，每辆车的支出为 P'，如果转让掉赠券，等于价格降低了 Q，支出的净费用为 $P'-Q$。这里并非是对 $P-X$ 与 $P'-Q$ 进行比较，而是对 $P-X+Q$ 与（隐含在我的模型中的）其他产品价格 P' 进行比较。

- 其他寻找并得到赠券的购买者面临的有效价格为 $P-x+Q+k$，或者说是报价减去使用赠券的折扣价，再加上获得赠券的成本。这里也假定 x 大于 $Q+k$，这有待证明。

- 没有得到赠券的其他购买者支付的有效价格就是公布的报价。

这些有效价格决定着每一组的需求水平。为了建立数量化的模型，我还要将每组有效价格和购买的数量之间的关系具体化，这就需要更多的假定：

- 在 15 个月内，如果通用汽车公司相信所有赠券都会被兑现，而且公布的报价是每个人面临的有效价格，那么通用汽车公司预计将卖出大约 200 万辆轻卡。很自然，实际的销售数量依赖于经济的一般状况等因素。当然，在经济衰退时，通用汽车公司车辆的销量也会下降。公布报价也对销售数量有影响。但是在我的模型中假定，如果所有消费者面临的有效价格都是 20 000 美元，通用汽车公司将会销售出 200 万辆轻卡。

- 而且这 200 万辆轻卡中将有大约 30%，也就是 60 万辆被卖给最初持有赠券者，余下的 140 万辆将被卖给其他人。

- 如果通用汽车公司将有效价格提高 1%，其销售量将下降 4%，如果通用汽车公司将有效价格降低 1%，其销售量将增长 4%，而且这样的需求价格弹性对每组消费者都成立。

14

- 这种价格变化 1%、销售数量改变 4% 的比率（相反方向），在从 20 000 美元价格开始变化的所有幅度内都成立。例如，价格下降 1.5%，意味着销售数量增加 6%。

你可能会问：这些数字到底是从哪里来的？这是根据各种数据资源大致估计所得。200 万辆的数据是根据这一时期 GM 轻卡的销售量得出的；1% 的价格变化导致销售量变化 4% 的比率（也被称为需求价格弹性）是根据第 4 章所学简单计算所得；30% 的需求来自最初赠券持有人是凭空想象而得；在完成建模后，我想要看到的是我的答案对这一数字的敏感程度。毋庸置疑，如果我在通用汽车公司工作，这些数据我能从营销部获得。这些假定的最后一点是，对于那些知道这一术语的人来说，我正式提出线性需求函数的假设。如果你不知道该术语，你可能要自己领会出来，要不然，只好等到第 4 章了。

最后一组假设明了了一件事：其他人在寻找赠券的过程中没有人会感到失望。发行了 470 万张赠券，通用汽车公司以 20 000 美元的价格卖出了 200 万辆车。如果要把 470 万张赠券全部用掉，通用汽车公司将不得不把销量增加一倍，这等于说价格下降幅度得大于 25%，即价格低于 15 000 美元，这时通用汽车公司卖出的每辆轻卡都将是亏损的。显然，通用汽车公司不会这么做。

根据这些假设，我们就能运用电子表格来建立一个数量模型。请见图 1.1，其中所示的是 Excel 工作表 GM1。

假定你没有读过前言，我再次提醒你，本书假定读者对 Excel 电子表格非常熟悉，特别值得一提的是，读者都知道利用 Solver 来做分析。在一些特定场合，对你的数学能力和计算能力的要求还要高。我使用的所有表格都适用于 Windows 和 Macintosh 系统，并且公布在与本书配套的网站 www.wwnorton.com/web/kreps 上。假如你还想了解的话，本书所示图片是 Windows 系统下的 Excel 格式 *。

	A	B
	GM1 (CH)	
1		
2	表格 GM1 ---- 工作表 1 ---- 基础模型	
3	P: 报价	$20,000
4	X: 赠券对原持有人的价值	$1,000
5	x: 赠券对其他持有人的价值	$500
6	Q: 赠券在转让市场中的价格	$200
7	k: 在转让市场中的额外成本	$50
8		
9	原卡车拥有者	
10	有效价格	$19,200
11	相对$20,000的价格变化百分比	-4.00%
12	相对600,000单位的数量变化百分比	16.00%
13	总购买数量（百万）	0.696
14	GM从对该组人群销售一单位中得到的净利润	$4,000
15	GM从对该组人群销售中得到的净利润(十亿美元)	$2.78
16		
17	其他购买者	
18	有效价格	$19,750
19	相对$20,000的价格变化百分比	-1.25%
20	相对600,000单位的数量变化百分比	5.00%
21	总购买数量（百万）	1.47
22	GM从对该组人群销售一单位中得到的净利润	$4,500
23	GM从对该组人群销售中得到的净利润(十亿美元)	$6.62
24		
25	总和	
26	GM从对两组人群销售中得到的净利润(十亿美元)	$9.40
27	GM实施该项目与不实施付出的成本(十亿美元)	$0.60
28		

Sheet 1 / Sheet 2 / Sheet 3

图 1.1　GM 卡车赠券模型的电子表格

说明：这一表格用来估计通用汽车公司实施卡车赠券项目的成本，函数的变量有：通用汽车公司对轻卡的报价，赠券的折价值，在赠券转让市场中出让者得到的收入和购入者为得到赠券必须支付的额外费用。

　　表格中第 1 组数字列出了模型的变量：报价 P，赠券对原卡车拥有者来说的价值 X，赠券对其他购买者来说的价值 x，赠券在转让市场中的价格 Q，购买赠券者为得到赠券必须支付的 Q 之上的额外成本 k。在图 1.1 中，对 5 个变量我随意输入了一些数值 20 000 美元、1 000 美元、500 美元、200 美元、50美元。这些只是尝试性数字，并不一定非常合适。

15　　　表格的下一部分是针对原卡车拥有者的。在第一行我们列出了他们购买GM 轻卡的有效价格，即 $P - X + Q$；在下一单元格我们列出了与 20 000 美元相比价格变化的百分比；在再下面的单元格，我们用 4 去乘并且取相反的符号，

---

　　* 原书为 Mac 系统下的 Excel 格式，但考虑到 Mac 系统在我国使用面非常小，再考虑到我国读者的使用习惯，所以在翻译成中文时使用的是 Windows 系统下的表现形式。——译者注

算出本组人如果购买会引起的销售数量变化的百分比；再接下来，我们算出该组消费人群将会购买的轻卡的数量，单位以百万辆计。如果你对根据公式计算的这些输入数据有怀疑的话，可以对它们进行仔细检查。再接下来的单元格是通用汽车公司从销售轻卡给这些消费者中所获得的净利润，通用汽车公司得到的收益为 $P-X$，成本为15 000美元。所以，我们就能得出卖给这部分消费者所获得的净利润，或者我们用每辆车的净利润乘以销售数量。最后输入的这部分数据是以十亿美元为单位来计算的。

下面，我们针对其他购买者重复上述计算。对他们来说，有效价格为 $P-x+Q+k$，通用汽车公司从销售每辆车中的获利为 $P-x-15\,000$。

最后，我们把通用汽车公司从两部分消费者处所得到的利润加总。为了马上看出结果，我们用100亿美元去减这一数字，所得结果就是实行赠券这一营销措施的成本。

为什么是用100亿美元去减？想想如果没有赠券的情形。假定 $X=x=Q=k=0$，将这些数值和 $P=20\,000$ 美元一起代入表格，你将发现通用汽车公司的得利为100亿美元。而且，如果我们设想通用汽车公司可以尝试不同的报价，你会发现 20 000 美元的报价是使通用汽车公司获得最大利润的报价。你可用不同报价在表格中进行尝试（保持 $X=x=Q=k=0$），或者你也可以用 Solver 程序命令改变价格单元格（B3）的值以最大化通用汽车公司的净利润（单元格 B26）。所以，100亿美元是通用汽车公司的参照水平，一旦 X 和 x 大于零，为了解决集体诉讼，我们通过比较通用汽车公司的利润相对于参照水平降低了多少，就能计算出解决这一法律纠纷的成本。

变量 X 和 x 无疑是在通用汽车公司的控制之下，它们是通用汽车公司给出的解决纷争的参数：$X=1\,000$，$x=500$。所以，今后我们只要运用这些数值即可。你也可以用其他取值在表格中进行尝试，或者参见练习1.1更加复杂的计算。

从另一方面看，变量 Q 和 k 是不受通用汽车公司控制的，至少不完全是。这些变量是由使用的赠券的市场条件决定的，这一市场通用汽车公司可以影响，但无力控制。在下面的讨论中，我只着重讨论 Q，把 k 的值一直设定为 $k=50$，在练习1.2中，要求你回答 k 的取值怎样影响通用汽车公司的利润水平。

因为通用汽车公司无力控制 Q，我设计了三种情形：

（1）如果 $Q=400$，即赠券相当于取80%的价值，通用汽车公司将花费多少？

（2）如果 $Q=200$，通用汽车公司将花费多少？

（3）如果 $Q=10$，即赠券在未使用的市场中几乎没有价值，通用汽车公司将花费多少？

图1.2是对前一表格经过三次处理后得到的，这是 GM1 表格中的工作表2，在表中的 B、C、D 三列，我们把通用汽车公司报出的轻卡价格都定为 20 000，假定 $X=1\,000$，$x=500$，$k=50$。下面我们讨论一下 Q 的三个取值。

	A	B	C	D
7				
8	P: 报价	$20,000	$20,000	$20,000
9	X: 赠券对原持有人的价值	$1,000	$1,000	$1,000
10	x: 赠券对其他持有人的价值	$500	$500	$500
11	Q: 赠券在转让市场中的价格	$400	$200	$10
12	k: 在转让市场中的额外成本	$50	$50	$50
13				
14	原卡车拥有者			
15	有效价格	$19,400	$19,200	$19,010
16	相对$20,000的价格变化百分比	-3.00%	-4.00%	-4.95%
17	相对600,000单位的数量变化百分比	12.00%	16.00%	19.80%
18	总购买数量（百万）	0.672	0.696	0.7188
19	GM从对该组人群销售一单位中得到的净利润	$4,000	$4,000	$4,000
20	GM从对该组人群销售中得到的净利润（十亿美元）	$2.69	$2.78	$2.88
21				
22	其他购买者			
23	有效价格	$19,950	$19,750	$19,560
24	相对$20,000的价格变化百分比	-0.25%	-1.25%	-2.20%
25	相对600,000单位的数量变化百分比	1.00%	5.00%	8.80%
26	总购买数量（百万）	1.414	1.47	1.5232
27	GM从对该组人群销售一单位中得到的净利润	$4,500	$4,500	$4,500
28	GM从对该组人群销售中得到的净利润（十亿美元）	$6.36	$6.62	$6.85
29				
30	总和			
31	GM从对两组人群销售中得到的净利润（十亿美元）	$9.05	$9.40	$9.73
32	GM实施该项目与不实施付出的成本（十亿美元）	$0.95	$0.60	$0.27
33				
34				

Sheet 1 \ Sheet 2 / Sheet 4 / Sheet 3 / sheet 2

图 1.2　在赠券转让市场中三种不同价格的情形

说明：通用汽车公司支出的多少要受到转让市场中赠券价格高低的影响。如果赠券的价格为400美元，通用汽车公司付出的代价为9.5亿美元。但是，如果价格为10美元，通用汽车公司在该项目上的净成本为2.7亿美元。

三种情形有什么区别吗？

如果 $Q=400$，根据模型，通用汽车公司的花费为9.5亿美元；

如果 $Q=200$，根据模型，通用汽车公司的花费为6亿美元；

如果 $Q=10$，根据模型，通用汽车公司的花费只有区区的2.7亿美元。

我们几乎已经可以"提炼"出这则故事的模型了，但还有些问题。到目前为止，我们一直把报价定在20 000美元上。但因为赠券可任意流通，消费者付出的有效价格要少于20 000美元。我已经指出20 000美元是通用汽车公司在没有赠券时为获得最大利润而索取的价格。如果你还没有仔细浏览表格中的数字，就请接受我的说法。但是在图1.2中，没有理由相信在三种情形下，20 000美元都是最优的报价。我们要问的问题是，对于三种情形，**GM 公司定出的最优价格为多少**？

17　　　运用 Solver 程序可以方便地找到答案。首先运用 Solver 改变 B8 来最大化 B31，然后是改变 C8 来最大化 C31，再接着改变 D8 来最大化 D31。如果你已经完成，那么你将会得到图1.3中的表。

```
GM1 ( CH)                                                    _ □ ×
        A                                    B        C        D
 7
 8  P: 报价                                $20,432  $20,532  $20,628
 9  X: 赠券对原持有人的价值                  $1,000   $1,000   $1,000
10  x: 赠券对其他持有人的价值                  $500     $500     $500
11  Q: 赠券在转让市场中的价格                  $400     $200      $10
12  k: 在转让市场中的额外成本                   $50      $50      $50
13
14  原卡车拥有者
15  有效价格                                $19,832  $19,732  $19,638
16  相对$20,000的价格变化百分比               -0.84%   -1.34%   -1.81%
17  相对600,000单位的数量变化百分比            3.36%    5.36%    7.24%
18  总购买数量(百万)                        0.62016  0.63216  0.64344
19  GM从对该组人群销售一单位中得到的净利润     $4,432   $4,532   $4,628
20  GM从对该组人群销售中得到的净利润(十亿美元)  $2.75    $2.86    $2.98
21
22  其他购买者
23  有效价格                                $20,382  $20,282  $20,188
24  相对$20,000的价格变化百分比                1.91%    1.41%    0.94%
25  相对600,000单位的数量变化百分比           -7.64%   -5.64%   -3.76%
26  总购买数量(百万)                        1.29304  1.32104  1.34736
27  GM从对该组人群销售一单位中得到的净利润     $4,932   $5,032   $5,128
28  GM从对该组人群销售中得到的净利润(十亿美元)  $6.38    $6.65    $6.91
29
30  总和
31  GM从对两组人群销售中得到的净利润(十亿美元)  $9.13    $9.51    $9.89
32  GM实施该项目与不实施付出的成本(十亿美元)   $0.87    $0.49    $0.11
33
  sheet2 / Sheet3 / Sheet4 /
```

图 1.3　假定通用汽车公司最大化其轻卡的报价

说明：当通用汽车公司最优化其轻卡的报价（从而最大化利润）时，赠券项目的支出就下降了。当赠券在转让市场中的价格为 10 美元时，通用汽车公司最优的报价为 20 628 美元，而且项目的支出费用也下降为 1.1 亿美元。

这降低了每种情形下通用汽车公司要付出的代价。根据价格变化百分比，降幅最大的是 D 列，$Q=10$。这时，通用汽车公司的报价可达到 20 628 美元，因为此赠券计划的损失仅仅为 1.1 亿美元。现在，三列中的花费差异很清楚了。对于通用汽车公司来说，$Q=400$ 时实施该项目的代价几乎是 $Q=10$ 时代价的 8 倍。

其中的含义是什么呢？我们从这种非常特殊的有关轻卡市场的模型中可得出哪些结论呢？我们可以看出，只要通用汽车公司关注这一策略，对其花费影响最大的是 Q，即在赠券转让市场中的赠券的价格。Q 的水平低，通用汽车公司花费的代价低；Q 的水平高，通用汽车公司花费的代价也高。如果通用汽车公司试图降低这一项目的成本，只有在 Q 尽可能低的情况下才能做到。

当 1993 年的建议方案首次提出后，法官在想什么呢？他大概从像图 1.3 D 列的数据中看出了问题，即对于原卡车拥有者来说，通用汽车公司分发后的赠券在转让市场中几乎毫无价值，因为如果一名消费者想购买一辆崭新的通用汽车公司的轻卡，付出的有效价格为 19 638 美元而非 20 000 美元，这样，只有受

18

第 1 章　微观经济学？为管理者而作？

害集体中的 14%（470 万拥有者中的 643 000 个用户）得到了 362 美元的降价优惠，对其他人几乎没有什么影响。

为什么法官认为 D 列至关重要呢？为什么不把转让价格定为 10 美元或更小一些的数字呢？对该问题的回答是另一个经济模型——供给等于需求的模型。总之，在最初提出的解决方案中，通用汽车公司将会发放 470 万张赠券，其中大约有 60 万张赠券由原有持有人使用，而余下的 400 万多张在转让市场中卖出。但是，根据通用汽车公司对轻卡的报价，大约有 140 万的其他购买者需要赠券。400 万张赠券显然供给过多，这么多赠券要去追逐相对较少的需求（140 万），这意味着为了争取到购买者，出让者将会展开激烈的竞争。出让者会竞相降价，对通用汽车公司来说，这意味着低水平的 Q 和较低的花费。

1999 年的方案有什么不同吗？现在有 580 万张赠券，这些赠券可被用于购买除土星分公司所生产的车辆之外的任何通用汽车公司生产的车辆，时间也延长了。对于其他购买者来说，在 15 个月过后，赠券的价值只有 250 美元。但是当考虑到赠券在时间和车辆类型上的适用范围时，你会看到现在对赠券的需求超过供给，所以，我们可以预计赠券的市场价格为 200～250 美元。对于受害人这意味着补偿提高，而对于通用汽车公司则意味着花费增大。

如果你已完全明白前面的分析，你在经济学研究上会大有前途。这则故事涉及许多在这本书中后续要讨论的问题。如果还不太理解也不必灰心，当你完成第 13 章的学习后，你会弄懂许多经济学理念。现在我希望你做两件事：

- 我希望根据这个已经有许多假定且大大简化的模型，读者从前述故事和案例中仍然还能得出许多其他重要的见解。不管为了更符合实际我们把这个模型建得多么复杂，基本见解都没有变化，即对通用汽车公司来说，这个策略的代价在很大程度上受到 Q（转让市场中赠券的市场价）的影响，所以通用汽车公司希望并采取行动来降低 Q 的取值。
- 我希望这个案例能激发起你对未来学习内容的兴趣，使你在运用经济学观察现实世界时能形成某种见解。

1.4　如何学习经济学？

本章最后一个话题是：怎么才能有效地学习微观经济学？你需要付出什么？

考虑一个相似的例子，学习如何打网球。假定你学习的目标不是消遣消遣而已，而是希望自己有一天出现在温布尔登的中心球场。你当然不能等到去温布尔登才开始学习，甚至你不能等到本地选拔赛举行时才开始学习。你可从阅读一些指导书和材料开始，其中解释了打球的规则、基本技能、不同击球方法的机理。之后你才会与教练一起到达球场，由他开始教授你基本的击球方法。开始时你可能只是练习连续地发出 50 个反手球，之后是 50 个正手球。经过一段时间的练习后，你才开始与你的教练练习连续对打（rally）。如果他是一名好教练，他将一会儿回反手球，一会儿回正手球。这种对打会慢慢地变成真枪实弹的对打，你开始可能只能赢几分，之后会赢得整场比赛。同时，你也开始与其他人进行娱乐性比赛。最终，你开始参加各种正式比赛，到温布尔登参赛已越来越接近实现了。

当然，事情并不会一帆风顺或立竿见影（cut and dry）。第一次比赛后，你可能会到练习场再去练习你的反手击球。事情往往是这样：在你第一次购买网球拍到你昂首步入温布尔登的中心球场之间，你走过了无数弯路，逐渐加大训练难度并变得越来越像自己想象的那样，最终，你可以以此谋生。

尽管并不能进行完全的类比，但学习和运用经济学与此类似。你开始学习的也是一些基础知识，其中包括基本概念和简单的练习。当掌握基础知识后，你会转向越来越复杂的问题和案例。最终，你可以将你的所学运用于现实世界。应当认识到即使打网球的职业选手也要回到练习场地和接受教练的指导，你也应不断地回到基础理论的学习上来。

根据超简化（ultrasimple）、简化原则，基本概念和简单的练习经常是最好的学习方法。我们还以 GM 卡车赠券为例。转让市场中赠券价格水平提高将会增加通用汽车公司的花费的原因在于，这一价格类似于对通用汽车公司和消费者征税。在更为复杂的模型中，这一点也是成立的。事实上，现实就是这样，这是你从模型中得出的最重要的认识之一。但你首先得明白征税如何发挥作用，为什么和在什么时间它们会成为买卖双方一个较大的成本构成部分。GM卡车赠券模型尽管相对简单，但对解释税收机理还是显得复杂了一些。为了向你展现我是如何考虑问题的——你将在第 13 章看到——我将通过对一种完全虚构的商品的所有假想生产者征税来解释这一点。一旦你掌握了这些抽象的基本理念——在某种意义上这类似于寓言，最清晰地表现事物的本质又避免了现实世界的复杂性——就容易理解在相对复杂但高度简化的 GM 模型中起作用的基本思想了。在从高度简化、纯粹是想象的事件进展中得出基本理念并认识到它们能适用于 GM 的模型后，你大抵也明白了为什么在更加复杂甚至完全现实的模型中，这种效应会一直存在下去。

21　　学习经济学的学生有时会被一些被称为虚构商品（widgets or poiuyts）的假想模型给弄得丧失信心。他们会说"这证明经济学是多么脱离现实，这些虚构商品侮辱了我的智商"。但是，当你开始学习基本理念的时候，最好是在简单的、纯粹的环境中运用虚构的商品，这样讨论的模型才有寓意（parables）而不只是对现实世界的描述。这种有寓意的模型能否成立的关键是，当你遇到像 GM 卡车赠券这样的实际事例时，你理解的基本作用原理是否已经体现在那些虚构的模型中了。这才是问题的关键。

"没有人会那么做事"

在我们研究的许多有寓意的模型中，我们认为企业是通过最大化利润函数的算式来决定产出水平的。在本书后面的某些章节，我们要研究一个保险公司的模型，该保险公司掌握了它想了解的客户的风险倾向和对待风险态度的所有信息。当我在课堂上提到这些时，必然有一些学生（大多是那些在课堂上经常发表见解的学生）提出反对意见，说在现实生活中没有企业是那样做事的，因为没有企业能掌握我们模型中的企业能掌握的那些信息。如果没有企业能实际做到这一点，我们何必辛辛苦苦地研究这些模型呢？我为什么不直接告诉你们实际是怎样做的呢？

不那样做的原因很简单。实际生活中如何做常常是非常复杂的，也反映出了现实世界的异常复杂性。如果我们马上转到实际应用，你可能对将要发生什么或其中是什么主要力量在起作用毫无头绪。通过首先研究基本模型的作用过程，你就掌握了大概的原理。当转入实际环境中后，你就能应用你已经掌握的原理。

当你学习打网球时，一场与温布尔登网球赛冠军的比赛除了教给你失败外，并不能教给你其他更多的东西。正手连续击球 50 次是打球的开始。在温网赛中，我还未见过正手连续击球 50 次的场景，没有人在温布尔登中心球场这样做事。但是为了能到中心球场比赛，正手连续击球 50 次的训练却很有用。

读书和练习并行：《学生学习用书》

假设你的网球教练已经让你读过正反手击球的理论、比赛规则、战略及战术之类的书籍。除此之外，他还会让你观看一些网球明星的比赛。当他播放那些比赛的录像带时，对一些重要片段他会慢放并花费时间对其中的技巧和采用的战术进行详细讲解，然后他会让你再到比赛中去尝试。

从理论书籍的学习中，你能学到很多，阅读其他人的分析报告和观察其他人怎样做，你也会有许多收获。尽管两者之间并不完全相似，阅读经济学书籍就像学习网球理论和观看比赛。你应该学习理论，观察其应用，之后再自己解决一些问题，问题可从易到难，从简单练习到复杂的难题，最后试着去解决更复杂的问题。最终，你可以承担经世济民的重任了（take on the real world）。

在这本教科书中，你不必承担经世济民的责任，没有一本书能做到这一点。但是从书本到现实世界是很大的一次跨越，你可以通过练习题在两者之间架起一座桥，这些练习题可以是简单一些的、复杂一些的，甚至是案例研究或者是兼而有之。

本书既有理论——对现实世界的见解分析——也有附在每章后面的练习。本书还配套有一本《学生学习用书》，其中对部分练习提供了答案。《学生学习用书》还包括了一些额外的学习材料（教科书中对这些没有谈及，因为它们的相关性不太紧密或者不适合初次阅读者）、用于复习的附录（教给你一些需要了解的微积分知识）。我建议，利用本书学习微观经济学时应完成每章后的练习，或者搞懂《学生学习用书》提供的答案的每一步骤。找到《学生学习用书》并完成练习才能算你完成了对理论的学习。

小　结

- 经济学是对个人和团体（如企业、非营利组织等）在市场和非市场制度架构中表现出来的行为进行模型化的学科。这些模型几乎总是假定行为人的行为是**有目的的**——有一个直接明确的目标，它也常常要去研究一些目标相互冲突的行为如何通过市场和非市场制度安排来达到均衡。这一研究既具描述性特征，也具评估性特征。在对一种具体的制度进行描述和评估后，经济学家们经常会继续提出政策建议，指出如果对制度做出改进，一些目标可以更好地实现。

- 经济学分析主体行为时采用的案例和职能特征对管理者有很重要的借鉴意义。

- 经济分析的工作过程是：分析模型，对实际情形进行简化，检验模型的各个组成部分，然后再整合在一起。有时这些模型会导出一些数量化结论，这时那些数字就有了意义；有时，尤其是高度程式化的模型，得出的是一些定性而非定量的见解。其中有些模型纯粹是寓意性的，在虚构的市场中买卖虚构的商品，这类模型主要是为了解释一些纯然环境中的基本概念。

23

- 寓意性模型中的企业解决问题的方式有时是超越实际生活中的企业的。实际生活中的企业通常并不像我们模型中的企业那样行动，但是如果实际生活中的行为接近于模型设想的行为，这些模型还是非常有用的，并且能对进行模型化的对象做出基本的经济学解释。

- 阅读非常重要，但是做简单练习、然后是难度大一些的练习、再做更为复杂的练习、分析意义全面的案例对把握经济学原理更为关键。除了阅读理论书籍，你必须积极地吃透每章后的练习和它们在《学生学习用书》中的答案。

练 习

在做练习前，我有几点忠告：练习 1.1 和练习 1.2 及本书其他章节的练习要求你进行最优计算，如根据一个或多个变量（如报价）和对模型取不同的参数来求最大化利润。运用 Solver 程序来进行最优求解要求你多次运用 Solver 来运算不同的参数。你可以运用一些小的技巧来调用 Solver 一次，即可同时完成不同条件下的最优化问题。这些小的技巧在《学生学习用书》第 1 章练习答案的开始部分做了介绍，为了节省时间，在你开始解答问题前先了解一下那些技巧。

1.1 根据 GM1 表格的基础数据，请考虑一下 GM 发放的不同面值赠券会有什么影响。除了正文中提到过的对原持有者购买可优惠 1 000 美元，对其他人购买可优惠 500 美元外，请特别考虑如下三种情形：

● 情形 1：对所有人赠券都值 1 000 美元；

● 情形 2：对原持有赠券的购买者值 2 000 美元，对其他购买者值 1 500 美元；

● 情形 3：对原持有赠券的购买者值 1 000 美元，对其他购买者值 200 美元。

你可以假定，在转让市场中，赠券的价格 Q 一直保持在 10 美元，转让赠券的额外支出仅为 50 美元。而且当你进行分析时，可以假定通用汽车公司能够最优化报价，也就是说，它总是能选择 P 水平以实现最大利润。当你完成分析后，请针对如下句子填空：

假定在转让市场中，赠券的转让价格接近于零，赠券的两种面值 X 和 x，_____ 对通用汽车公司更重要，因为_____。根据 X 和 x 的取值，当_____ 时，通用汽车公司运用赠券这种策略的代价增加。

1.2 根据 GM1 表格的基本数据，考虑不同参数值 k（赠券转让的额外成本，或者说摩擦成本）对通用汽车公司的不同影响，可以假定 $Q = \$10$，$X = \$1\,000$，$x = \$500$，改变 k 的取值，检验 $k = 5$、50、100 三种情况。就像练习 1.1 一样，假定通用汽车公司可以定出最优价格水平。你能对这里表现出来的规律做出定性解释吗？

第 2 章 经济学中最著名的图形

供给等于需求是经济学中最为著名的命题（expression），与之相配的图形也是经济学中最著名的。这并未言过其实。命题和图形被紧密地、理所当然地看作相关的概念。在本章我们要探讨这一命题和图形，因为：（1）它们是最重要的；（2）它们可以使我们继续上一章关于经济学家如何建立和运用模型的讨论；（3）它们可以使你更进一步理解 GM 卡车赠券的故事。

在第 1 章，我们已经知道，影响 GM 卡车赠券策略成本最关键的是赠券在转让市场中的主导价格水平 Q。如果 Q 的值很小，通用汽车公司为这一策略花费的成本也就相对较小；如果 Q 增大，通用汽车公司的成本也将增大。

根据 1993 年最初的方案，我们可以断言，Q 将非常低，所以，法官拒绝这一方案是明智之举。相对通用汽车公司的支出，法官可能对解决方案中原告的利益更感兴趣。但在这里，两者不谋而合。

在转让市场中，赠券的价格非常低这一断言可以通过比较得到证明：处在流通中的赠券数量众多而它们能被使用的数量却少之又少。这只不过是动用了经济学中最著名的、威力巨大的武器库中的一把小小的牛刀，也不过是竞争市场中基本准则的老生常谈，当供给与需求相一致时——或者简而言之，就是**供求相等**（supply equals demand）——就决定了价格。

许多人学习过经济学以后留下的强烈印象是：这一基本准则是微观经济学的核心和灵魂。这可能有些言过其实，但供求相等以及它们的图形（见图 2.1）委实是经济学的基石。

我认为只有等到你明白了供给和需求来自何处和各自代表了什么时，再运用这一经济学的利器才是一个不错的主意。论述清楚这一点能写下几百页。但是当我写作本书时发现，如果不在前面讨论这一图形，学员们和一些指导教师会觉得手足无措。这就给我提供了对经济学模型进行详细讨论的机会。前面我已经讨论了有关 GM 卡车赠券的故事，所以，花一点时间对这一话题进行讨论也没什么大的损害。

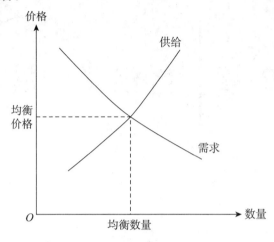

图 2.1　供给、需求和均衡

2.1　供给和需求

很少有人怀疑图 2.1 是经济学中最为著名的图形。每一个多少有点知识的人想起经济学时，都会想起该图形。如果你以前从未见过该图，那么你多半在过隐士生活。但该图到底意味着什么？

这幅图是由**供给函数**（supply functions）和**需求函数**（demand functions）的图形构成的。假定一种商品（commodity），如小麦，由多人在进行买卖。从各种特性来说，这种正常物品（good）保持着充分的一致性，所以，我们可以相信，从一个买者或卖者转到下一个人手中后保持的都是同样标准的数量。不论交易发生在一个单一的中心交易市场，还是发生在一个大量有关小麦价格的信息可以获得的大市场中的区域或地区市场，所有买者和卖者都了解最优价格水平。我们必须对这一市场从时空上进行界定，所以我们可考虑欧盟某一特定星期中的小麦市场。时空界定不能太宽泛，要不然它们将违背正常物品是同质商品的规定（因为 1 月份交易的小麦与 7 月份交易的小麦并不完全相同，所以，6 个月的时间太长了）和对正常物品保持同一价格的要求。

当然，将讨论的正常物品看作完全相同的和保持同一价格是模型化时所做的抽象化处理，很少能与实际完全吻合。模型的价值只在于提供一些有用的解释或预测，即使这种假设只是近似符合实际。

所以，需求函数表示的是在每种可能的价格水平上，正常物品的购买者选择购买的总数量。我们用 $D(p)$ 表示这种函数，其中的含义是只要价格发生改变，买者愿意购买的数量就会改变。假定价格水平提高，购买者的购买量将会减少，既可能是不买了，也可能是有其他的替代品。

供给函数表现的是对于每一个可能的价格水平，正常物品的卖者愿意卖出的数量。假定价格水平提高，出卖者将增加卖出量，我们用 $S(p)$ 表示这种函数。

把这两个函数叠加在一个坐标系中，就得到了图 2.1。读者可能习惯了作函数图形时，一般把自变量画在横轴上，把函数的值或者因变量画在纵轴上。但在经济学中，传统的做法是把价格标在纵轴上，所以，在把图 2.1 看作需求函数和供给函数图形时，你有三个选择：（1）把头转 90°；（2）把书转 90°；（3）逐渐熟悉自变量在纵轴上而函数值在横轴上的做法。

2.2 均 衡

假定物品的价格能以某种方式被确定下来，那么，确定在哪里才会使所有人满意呢？一方面，如果 p 处于供给大于需求即 $S(p) > D(p)$ 的点上，卖方愿意提供的数量要多于买方愿意购买的数量。一些物品将会待在货架上、仓库中或地窖里，无人问津和购买。当存货过多时，对于卖者来说，将不得不通过削价来减轻负担。另一方面，如果价格处在需求大于供给即 $D(p) > S(p)$ 的点上，那么，货架将空空荡荡，消费者则会努力寻找需要的物品。为保证获得所需物品，一些购买者将会愿意向卖者报出更高的价格。一些卖者也可能会认识到，即使他们提高卖出价格，仍能卖出那么多。这样，价格自然将会上升。只有等到价格使得供求相等，即 $S(p) = D(p)$ 时，市场才会出清。这时的价格既是购买者愿意报出的价格，也是卖者愿意接受的价格。我们称这个价格水平是**均衡价格**（equilibrium price），对应的物品数量 $x = S(p) = D(p)$ 为**均衡数量**（equilibrium quantity）。还要注意，如果供给是价格的增函数，需求是价格的减函数，那么至多有一个均衡价格和数量。

2.3 市场制度和图 2.1 真的起作用吗？

市场真的能得到一个供求相等的价格吗？它们会像刚刚描述过的那样起作用吗？如果不能，又是怎么起作用的？当市场的某些制度性的特征改变后，这些问题的答案又会怎么样呢？

也可以这样说，如果购买者知道价格水平，需求函数表示的是在每一价格上购买者想要购买的数量，供给函数表示的是在每一价格上卖者想要卖出的数量。但是，均衡价格和卖者、买者的供给与需求决策孰先孰后呢？本段开始两句话的意思是先有价格；人们看到价格后，会决定供给多少或需求多少。但价格是个人做出供给与需求决策后得到的结果。可以预计，在市场实现均衡的过程中，一定有一个动态调整过程。不管是哪种情况，图 2.1 都没有告诉我们对此的任何有关信息。

经济学家们对市场信仰有加。他们相信对某种物品，如果购买者和卖出者人数众多，如果该物品是真正意义上的商品，即对于买者和卖者来说买自/卖与谁没有什么影响，如果买者和卖者已经掌握了有关其他买者和卖者身上已经发生了什么的足够多的信息，那么绝大多数交易将会在或接近使供给与需求相等的价格上完成。经济学家们对市场的信仰有时是源于他们所受的教育。教科书中是这样说的，所以一定是正确的。大量的实证检验证据也支持这种信仰。证据并没有表明价格将变化到使供求相等是自然规律所致，但它的确意味着当前提条件符合时，它接近于成为自然规律。

证据来自现实生活或对市场进行的一些人工实验，这里我们介绍一些实验证据的情形。[①]

实验市场

参与实验的 10～20 人按顺序坐在一个安装有计算机终端的房间内，他们被告知将要参与一种被称为**幻象凳**（poiuyt）的神秘商品的市场交易。其中有一些人作为幻象凳的卖出者，而另一部分人作为买入者并持有幻象凳，所有人都拥有给定数量的货币用于交易，市场处在开放状态。

29   如果你看一下每个参与人的计算机终端，你将发现两类数据：计算机中显示出每个参与人的货币数量和拥有多少单位的幻象凳。计算机也会显示购买者现阶段订购该产品给出的最高价（bid）和出让者出让的最低价。购买价是由购买者给出的，出让价则是由幻象凳拥有者提出的，计算机程序阻止了每位参与人超过收入的购买行为和没有商品的卖空行为。

除了无所作为外，参与实验者有四种选择：一是愿意买进幻象凳且账户中也有足够的货币来抬高竞买价，就键入 B，并给出想竞购的数量。如果他有能力做出这一竞价且竞价水平比目前的最高价格水平高，他的竞价将会成为所有屏幕上的最高竞价。二是拥有幻象凳，愿意报出比目前报价更低的价格，可以键入 A，并给出想卖出的数量。同样，如果他的报价比目前价格水平低，他报出的价格将会出现在所有计算机屏幕上。三是他希望至少卖出 1 单位幻象凳，可以键入 S，他将按目前标价卖给任何人 1 单位幻象凳。他的存货数量将减少 1 单位，竞买者则增加 1 单位。他拥有的货币数量增加而存货数量减少。四是希

---

① 为了简化讨论，我提供了一个实际实验市场的简化版本。如果你想了解更全面的情况，参见图 2.3 中提到的参考文献或 C. R. Plott and V. L. Smith, "An Experimental Examination of Two Exchange Institutions," *Review of Economic Studies*, Vol.45, 1978, 133-153。

望购买并且能按目前的标价买进，可键入 P 来购买，计算机会记录下幻象凳和货币的变动。每完成一笔交易——有人卖出或买进——目前的竞买价和竞卖价在所有屏幕上变为空白，直到有人选择类型 A 并给出卖出数量，或选择类型 B 并给出竞买数量。

这种实验会持续一段时间。在一些实验中，对时间进行了限制，这时计算机会包括一个计时的钟表，以便参与实验的人知道时间。在其他实验中，市场一直是开放的，直到超过一定的时间长度（如为 30 秒）。在这期间，目前的竞买和竞卖价格没有改变，也就没有人买入或卖出。

在开始时，一些实验参与人获得了一些货币，另一些实验者则获得了幻象凳。一些人获得 6 单位幻象凳，一些人获得 2 单位幻象凳，还有一些人则没有。拥有幻象凳的人并不会一直持有它们，在交易结束后，他们可以带走通过交易积累下的任何数量的货币收入。那些没有幻象凳的人在读了类似下面的消息后，就会积极地去寻找幻象凳：

在交易开始时，你获得 5.00 美元的贷款。你可以用它来购买幻象凳，到后来，如果你愿意，你可以再卖出。在开始时，你没有幻象凳。在交易实验结束时，在你的交易余额之外，如果你拥有 1 单位幻象凳，将获得 1 美元；如果你拥有 2 单位幻象凳，将获得 1.5 美元；如果你拥有 3 单位幻象凳，将获得 1.75 美元。

为了全面起见，我们也看一则给幻象凳卖者的指令消息：

30　　在交易实验开始时，你获得 1 美元，你可以用于买卖幻象凳；你同时也获得 4 单位幻象凳。在实验结束时，你可获得相当于你账户中的货币余额数量的收入，幻象凳对你来说毫无用处，除非你能将它们卖出换成货币。

实验参与人仅仅知道一般的市场交易规则和他们自己是作为卖者还是作为买者。他们并不知道市场中交易的幻象凳数量有多少，也不知道其他人会出多少价钱。仅仅知道了这些信息后，他们将参加由计算机撮合的交易，比方说 15 分钟。市场随后再重新开始，每位参与人会恢复到初始状态，然后再开始交易。如此循环往复多次。在每 15 分钟结束时，每位参与人会根据他们各自操作的情况按规定获得收入。

这是一个相当复杂的市场。一个快速给出的解释无法确切地概括出其中发生了什么。在这类市场实验的实际操作过程中，事先得花点儿时间向参与人解释清楚。但部分参与人要真正明白这套系统如何运作，可能还需要几个交易时期。

根据这些情况，如果让市场独立运行，图 2.1 有助于我们预测将会发生什么。图 2.1 与这个市场制度安排的细枝末节没有什么关系：它并没有表明会有人买进还是卖出，也未说明在参与交易时参与人必须自己做出决策。它与交易是由计算机撮合的也没有直接联系。尽管如此，作为一名经济学教条的信徒，我还是要提出如下假说：

对实验参与人来说，要了解市场规则并形成判断价格变化方向的直觉至少需要几轮的交易。几轮交易下来，几乎所有交易都会逼近于一个单一的价格水平，这个价格水平可由类似于图2.1的模型和市场交易数据来预测。实际上，几乎所有的幻象凳都会易手，由对其出价超过上述价格的实验参与人买走。

为了使这一假说更加确切，我首先解释一下如何依据图2.1之类的模型和收集到的这类市场的数据资料来建立模型。为了简化，我们假定市场中仅有6个参与人，其中3人持有幻象凳，1人持有1单位，1人持有2单位，1人持有4单位。另外3人没有持有幻象凳，但分别被告知：

31 你开始时有5美元。在实验结束时，你如果有1单位幻象凳，将值1美元，2单位幻象凳值1.5美元，3单位幻象凳值1.8美元，4单位及以上值1.85美元。

你开始时有5美元。在实验结束时，你如果有1单位幻象凳，将值1美元，2单位幻象凳值1.3美元，3单位幻象凳值1.5美元，4单位及以上值1.60美元。

你开始时有5美元。在实验结束时，你如果有1单位幻象凳，将值0.5美元，2单位幻象凳值1美元，3单位幻象凳值1.5美元。

这里有三种不同的说法，每一种都针对一个没有幻象凳的参与人。

依据这些数据，我们希望建立起像图2.1那样的需求和供给曲线的模型。供给容易得出，但问题是如果每单位幻象凳的价格为1美元，3个拥有者愿意卖出多少呢？因为对任何卖者来说，留下的幻象凳一文不值，所以总的供给量为7单位。如果每单位幻象凳的价格降为0.5美元，答案也相同，仍为7单位。即使每单位幻象凳卖0.10美元，所有持有幻象凳的人仍然会愿意卖出，因为未卖出的幻象凳对他们毫无价值。所以，这个市场中的供给曲线就像图2.2(a)所描述的那样，是一条在数量为7单位上的垂直线，可以解释为无论价格如何，供给量都为7单位。

那么需求呢？假定每单位幻象凳的价格为0.90美元，那么3个需求者希望购买多少单位呢？我们来一一分析。第1个需求者将会在这个价格水平上买进1单位幻象凳，因为1单位幻象凳对他来说值1美元。如果他能以0.90美元买进，可以赚0.10美元。但是如果他买2单位，花费为1.80美元。2单位幻象凳对他来说值1.50美元，他将亏损0.30美元。当 P 为0.90美元时，第2个人也会购买 1 单位，第 3 个人则不会出手购买。那么当价格为 0.90 美元时，对幻象凳的需求为 2 单位。

　　现在假定每单位幻象凳的价格下降到 0.45 美元。第 1 个购买者就要盘算："如果我以 0.45 美元的价格买进 1 单位，我将赚 0.55 美元；如果买进 2 单位，总支出为 0.90 美元，我将赚 1.50－0.90＝0.60 美元；如果买进 3 单位，我将赚 1.80－3×0.45＝1.80－1.35＝0.45 美元；如果买进 4 单位，赚头为 1.85－4×0.45＝0.05 美元"。所以，当每单位幻象凳的价格为 0.45 美元时，第 1 个购买者最优的购入数量为 2 单位。第 2 个购买者将会购买 1 单位，第 3 个购买者则会购买 3 单位。所以，当每单位幻象凳的价格为 0.45 美元时，总需求为 2＋1＋3＝6。

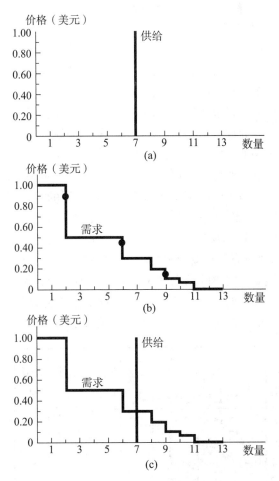

图 2.2　实验市场中的需求和供给

　　说明：图(a)、图(b)的供给曲线和需求曲线是根据文中的数据得出的，图（c）由上面两图叠加而成。我们可以看到供给与需求相等时的预测：在幻象凳价格为 0.30 美元时，有 7 张幻象凳易手。

　　同样，如果价格为每单位 0.15 美元，你也能计算出总的需求量为 9 单位。当图 2.2(b)中给出的需求函数不变时，对每种可能价格下的需求量的分析思路与上面相同。（当价格为 0.30 美元时，会有问题。这时的需求处在不确定状态，因为 1 个或几个购买者在购进 1 单位和不购进之间没有差异。那些需求曲线上平行的点表示的就是这一意思，也就是说，当价格为 0.30 美元时，需求为 7 单位或 8 单位。)

32　　　　与图 2.1 相对应，图 2.2(c)由图 2.2(a)、图 2.2(b)叠加而成。注意，预计的均衡位置也就是供给曲线和需求曲线相交的位置，是在每单位价格为 0.30 美元、数量为 7 单位的点上。如果我们对这类市场的预测是准确的，那么，对这一具体市场我们可做出如下预测：

33　　　　经过几轮交易后，参与人将了解这一市场的内在机制和市场运行的特性，交易将围绕每单位价格为 0.30 美元展开，所有的 7 单位幻象凳都将易手，而且第 1 个购买者将购进 2～3 单位，第 2 个将购进 1～2 单位，第 3 个将购进 3 单位。

　　　　你会怎么想？这能实现吗？这一假说能被证明或将被证伪吗？
　　　　这个例子中的数据是我编制的，所以我无法就这个问题编出一个确定性的答案。但是，根据这里给出的规则和许多其他不同的规则（例如，只允许卖者报价或只允许买者报价，拍卖只通过口头而非通过计算机等手段进行），这类市场已经通过实验的检验。在所有环境和所有类型的实验者中，图 2.1 一次又一次地被证明可行。这也是实验经济学得到的最有价值的发现之一。图 2.3 是从这类实验报告中引用过来的典型图形。图的左边列出了弗农·史密斯（Vernon Smith）根据实验归纳出的供给曲线和需求曲线。注意与前面例子不同的是，在史密斯的实验中，供给曲线并非完全垂直的。供给曲线与需求曲线在单位价格为 6.85 美元的位置相交，均衡数量为 11 单位或 12 单位。继续向右，你能看到 8 期交易实验的结果（先忽略不计第二行的数字）。在这 8 期中的每一期，你

34　　都看到连续的小圆点，代表了每期交易的次数和交易的价格水平。在第 1 期，第 1 笔交易的价格为 6.55 美元，第 2 笔为 6.70 美元，第 3 笔为 6.95 美元，第

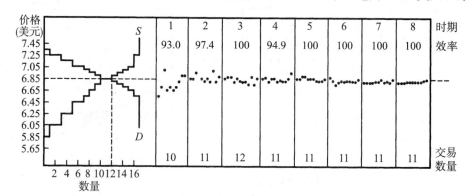

图 2.3　典型的实验结果

资料来源：V. L. Smith, "Markets as Economizers of Information: Experimental Examination of the 'Hayek Hypothesis'," *Economic Inquiry*, Vol. 20, April 1982, 165 - 179, Fig. 2. 引用得到牛津大学出版社的允许。

4 笔为 6.65 美元，等等。有 10 个点，意味着在本期有 10 单位产品易手，在图的底部标出数字 10。在第 2 期价格有小幅波动——注意，第 4 笔交易发生在 6.20 美元附近，第 3、4、6 期有小幅波动。到第 8 期，所有交易预期的均衡都在 6.85 美元附近，而且每期的第 11、12 笔交易也证明了这一点。* 第二行数字用来度量易手的数量是否最终落进了恰当的人手中，100 意味着完全吻合，而其他数字（93.0，97.4，94.9）反映了对理想交易的偏离。尽管这只是一组实验人员、一种交易环境和一种形式的初始禀赋及动机的实验结果，但图 2.3 非常典型地代表了这类实验的情形。

现实生活中的例子

在前面所做的描述中，读者可能发现对市场进行实验并不十分有趣，除非它们是对现实生活中发生的事情的复制。这一点不难做到，图 2.1 在现实生活的市场中照样行得通。突出的例子不仅可在主要大都会地区的商业中心和零星的零售市场中看到，而且在食品、金属等商品市场中也可看到。其中还会发现一些十分有趣的例子，这些市场中的均衡价格会随着供求条件变化而发生突然且剧烈的变化。例如，在大规模的商业不动产行业中，大量市中心区域的商住楼租期届满时，商住楼的租金会大幅下跌，因为市场已从供给偏紧转向供给过度。在粮食商品市场中，收成大幅缩减或大规模出口协议的签订会大幅提高价格。

哈佛大学商学院的案例——"油轮运输业"详细描述了另外一个有趣的案例。[①] "交易的对象"是将原油从波斯湾运到欧洲北部的港口如鹿特丹。在这条航线上，一些规模巨大的石化公司自己负责原油的输送、储存和管理。大多数采用的是所谓的定期租赁运输（time-chartered shipping）方式，一个石化公司会在一段时间里租赁独立经营的货轮，但其他的大量业务是通过所谓现场租赁（spot charters）来完成的。如果你希望运输一船原油，经纪人将去寻找那些独立经营且正寻找生意的货船。相对于所运送货物的价值，运费只是其中很小的部分，所以，寻找可租赁货船的人对将货物从波斯湾运到欧洲北部付出的代价不太看重。对货物运输的需求变化不定，也无法做出预测，欧洲气温的骤降就会造成短期内对原油需求的激增。供给就更复杂了。只要收到的运输收入能弥补运输的边际成本，其中大部分是燃料成本和运输保险费用，船主就会承担这种货物运输。货船运营商还可以通过加快运输速度来增加供给能力。货船加快运输速度将会提高运输成本，主要是由于增加燃料消耗，但如果运费收入增加得足够多，加快运输速度就是值得的，即所谓的多拉快跑多获收入。如果运输收入增加得多，闲置的货船也会投入服务。

很难用一幅图来对这一引人入胜的行业进行确切、详细的描述，但是如果

---

* 第 2 期有 10 个点，但交易数量为 11，原书如此。——译者注

① 哈佛大学商学院案例 HBS 9-394-034。

你希望了解现实生活中供求相等的活生生的事例,这个案例值得一读。(注意,这并非一个简单的案例,许多读者如果能在读完第 11 章后再回过头来读该案例,收获会更大。)

市场制度

再次重申,表示供给等于需求的模型图 2.1 是在完全忽略市场的重要制度框架细节的基础上建立的。在油轮运输业中,所谓的造市者(market maker)是在纽约城中的运输经纪人,他们因为要与运输业务的双方保持密切联系,花去了巨额的电话费用,通过电话撮合了需要用船来运送原油的货主和拥有油轮的运营商。运费尽管只占运送货物价值很小的比例,但也有好几万美元,所以,需要运送原油的货主会同时向几个经纪人询价以寻找最好的选择。由于经纪人之间的竞争,信息获得很充分,所以市场是出清的。

另外,市场也可通过其他途径被创造出来。一个资讯中心可以通过报纸分类广告和在超市的公告栏中张贴传单来收集与发布信息。证券和期货市场是供给等于需求的典型,其中包括了许多制度类型。纽约证券交易所采用所谓的专家系统,即一个专门的交易人员肩负创造流动性的任务;芝加哥期货交易所(Chicago Board of Trade)采用所谓的公开喊价(open outcry)制度;纳斯达克采用计算机撮合(computer-driven)制度(金融市场是供给等于需求的复杂类型,因为交易主体交易的价值依赖于对未来的预期。这也就是金融成为一门独立学科的原因之一)。图 2.1 做出的一个大致预测是,价格将会定在供给等于需求的点上,所以,所有这些市场的制度框架都相当好地发挥了作用。

36　　这并不是说市场制度无足轻重或不重要。它们影响着市场能否顺利发挥作用和能否实现理想的价格水平,使得供给等于需求。即使理想状态实现了,也只是接近。把购买者和出卖者聚合在一个近似单一的价格水平上的那些造市者,因为充当中介人或从事造市行动而生活富裕。

2.4　回到 GM 卡车赠券案例

在上一章对 GM 卡车赠券的分析中,我们建立了一个模型,其中赠券有一个转让价格 Q,我们得到的结论是通用汽车公司这一营销项目的成本依赖的关键变量就是 Q 的水平。特别地,当 Q 接近于零时,通用汽车公司为项目花费的成本会非常少。但如果 Q 的值很大,该项目的花费就非常大了。在得出这一结论后,我断言 1993 年的建议方案和最终方案的主要差异是 Q 值的大小。根据 1993 年的建议方案,Q 接近于零,而按最终解决方案,Q 的值相当大。因为随着时间的推移,赠券提供的折扣也发生了改变,最终的解决方案使事件变得复杂起来。下面我们将要集中讨论如果1993年的建议方案得以实施,按照我建立的模型将要发生什么。

声称 Q 将趋向于零包含了许多假定。其中一个假定非常隐秘,它几乎被忽略了,即交易赠券的市场已经建立起来。赠券的最初持有人和其他想购买通用汽车公司相关车辆的人知道到哪里去买卖那些赠券。

当然,我的模型做了许多非常简化的假设,比如说,通用汽车公司只销售一种类型的轻卡,在整个讨论期间通用汽车公司报出的车价为 P,这种类型车的制造成本为 15 000 美元,等等。但是这些仅仅是非常简化的假设,如果我们循着这种思路建立一个更为复杂的模型,主要结论并不会改变多少。建立起一个赠券的转让市场与我指出的假设赠券的转让价格为 Q 并不完全相同。但那些假定是我们分析的基础。

为什么我要相信赠券的转让市场会被建立起来呢?除非赠券能被用来购车或转让,否则它们对原持有者毫无价值。对于想购买 GM 轻卡的人来说,一张赠券值 500 美元。根据经济学基本原理和现实观察,经济学家相信,当某人拥有之物对他本人的价值低于该物对不拥有之人的价值时,通过交易将会找到一种实现这种利益的途径。好啦,走得太远了!在本书的后面,特别是在第 18 章、第 19 章,我们将看到这一点不成立的原因。但那些理由对 GM 卡车赠券一例并不适用,很少有经济学家会不承认有人(大概是几个人)会建立起一个 GM 卡车赠券的市场来。对这种可能的贸易利益的实现,还有非常多的方法和途径。因为有人会从他们创造出的市场的规模扩大中获利,他们一定会对这种市场的存在进行大张旗鼓的宣传。最后,类似于赠券的市场转让价格 Q 之类的东西就会被创造出来。

在假定赠券市场会被创造出来,从而使赠券供给与需求大致相等的价格也会出现之后,我们就能运用图 2.1 来预测 Q 为多少了。换句话说,依据供给和需求的条件,我们能建立模型来预测 Q 将接近于零抑或是一个明显大于零的值。

供给和需求依赖于 Q 和其他两个参数:通用汽车公司对轻卡的报价 P 和赠券购买者除了支付 Q 外,为确保获得赠券而支付的交易成本 k。为了能运用图 2.1,我们把 P 和 k 作为模型的固定参数。从本质上看,Q 将是 P 和 k 的函数,之后就像我们在上一章所做的那样,我们将试着求出通用汽车公司会把价格 P 确定在什么水平上,人们会在多大程度上控制 k,k 可能会取什么值。

假设 P 和 k 给定,寻找需求就容易了。其他得到赠券的人购买一辆轻卡时要付出的成本为 $P-500+Q+k$;如果没有赠券,他要付出 P,所以,只要 $Q+k<500$ 或 $Q<500-k$,他就希望得到一张赠券。自然,如果反向不等式成立,他将不再需要赠券。所以,**如果 $Q>500-k$,对赠券的需求为零;如果 $Q<500-k$,则对赠券的需求等于其他人购买 GM 轻卡的数量**。假定 $Q<500-k$,卖给其他人的轻卡数量依赖于 P、Q 和 k 的取值。其中任何一个数值变大,购车者的支出都将增大,卡车的销售数量都将变小。因为已经知道了这一事件如何发展,也知道了要估算出其他人购车数量的关键变量的上限值,所以,我们需要

决定在 P、Q 和 k 的取值降低的情况下，其他人对 GM 轻卡的需求量。通用汽车公司不可能将价格确定在 15 500 美元以下（在给定降价幅度的情况下，如果 P 的水平继续降低，通用汽车公司卖出一辆车将处在亏损状态），Q 和 k 的值不可能低于零，所以，如果 $P=15\ 500$，$Q=0$，$k=0$，对赠券需求的最大值是卖给其他人的 GM 轻卡数量，这一结果 GM1 已经告诉我们，即 280 万辆。

用图形表示的话，需求曲线的形状如图 2.4(a) 所示；给定 P 和 k，如果 $Q>500-k$，需求为零；如果 $Q<500-k$，需求将严格为正，且随着 Q 的下降而上升。当 $Q=0$ 时，需求水平（用 D_0 表示）依赖于 P 和 k 的确切值。只要 $P \geqslant 15\ 500$，D_0 的取值就不会大于 280 万。对于一个合理的取值：$P=20\ 500$ 和 $k=0$，D_0 的取值为 140 万。

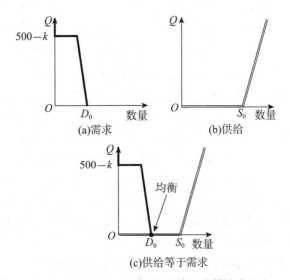

**图 2.4　根据 1993 年的解决方案，在转让市场上
赠券的供给与需求相等**

说明：图(a)、图(b)描述的是在赠券转让市场中，作为赠券转让价格 Q 的函数的赠券供给和需求的图形，其中通用汽车公司对轻卡的销售价格 P 是固定的，为得到一张赠券，购买者必须付出的额外成本为 k。请参见正文中对 D_0 和 S_0 的取值范围的讨论。把供给和需求叠加在图(c)中，得出结论为在赠券转让市场中，赠券的均衡价格 $Q=0$。

至于供给，在任何转让价 $Q>0$ 的情况下，赠券的持有者要么将其转让出去，要么用它来购买通用汽车公司的轻卡。如果给定 P 以及作为它的函数的 Q，那么赠券的供给数量就是处在流通之中的 470 万张赠券，减去原卡车拥有者对 GM 轻卡的需求量，这一供给量是 P 和 Q 的函数。在 $Q>1\ 000$ 美元前，这种情形会一直持续下去。如果超过了 1 000 美元的临界点，所有赠券的拥有者都想卖出而不想获得减价的优惠。不论是 Q 还是 P 的值增大，对 GM 轻卡的需求都会下降。当 $Q=0$，P 尽可能低时，需求达到最大（赠券在转让市场中的供给也会最小）。我们仍然坚持原来使用的低水平 P 的做法，即 $P=15\ 500$ 美元，因为通用汽车公司永远不会报出低于这个水平的价格。前面的电子表格计算告诉我们，原来的轻卡拥有人对 GM 轻卡的需求为 126 万辆。所以，在这个

Q 和 P 的取值水平上的供给为 470 万－126 万＝344 万辆。当然，这只是处在供给的低水平区域。假设 P 高到不寻常的 20 500 美元，而 $Q=0$，根据表格计算，原卡车拥有者对 GM 轻卡的需求为 66 万辆，那么，提供到赠券转让市场中的赠券数量为 470 万－66 万＝404 万张。供给曲线如图 2.4(b)所示。

为了找到供求相等点，我们把图 2.4(a)、图 2.4(b)叠加在一起得到图 2.4(c)。我们已经找到的两个取值范围是：在任何价格水平上，需求都不会超过 280 万辆，所以 140 万辆符合这一合理的取值要求；而供给也从来不会少于 344 万辆，404 万辆也非常合理。为了使供给与需求相等，只有 $Q=0$，把这一结果与我们在上一章的分析放在一起，证明了 1993 年法官对最初解决方案判决的合理性，因为这个解决方案的建议对于原卡车拥有者毫无价值。

那么，后来提出的解决方案有什么变化呢？因为更多的赠券被投入流通，供给增加了。但供给也可能降下来，因为原卡车拥有者自己使用赠券的可能性增大了。原因是赠券可使用的时间延长，并可被用于除土星分公司所生产产品之外的所有产品，对赠券的需求就大大提高了。需求曲线的图形要复杂一些，因为 15 个月后，赠券的价值改变了。但是如果进行仔细分析，可以清楚地发现在新的条件下，供求相等所预测的价格 Q 将大大高于零，事实上在 $250-k$ 或更高的水平上。

2.5 供给等于需求：作为一个模型

图 2.1 展示的供给等于需求是一个非常完美的经济模型的例子，既对一个非常复杂的现实进行了描述性解释，也进行了预测，尽管只是对现实进行了大概的预测。当然，当涉及市场的制度环境时，图 2.1 与其说是简化解释，倒不如说是对制度框架的不屑一顾：它只是简单地把制度作为现实。

40   所以，如果供给水平和需求水平只是被限定在均衡价格水平上，而均衡价格又依赖于供给与需求，那么，我们又回到了基本问题：孰先孰后？可以肯定的是，答案会让人唏嘘不已。在许多市场上，有一种力量会推动价格调整到使供求相等的水平，但图 2.1 对此未做出任何说明。说得更确切一点，不管它是什么，图 2.1 对这种力量的依赖都非常关键，但同时却没有对解释这种神秘力量说出任何求解之策。当我们运用图 2.1 的时候，如在通用汽车公司赠券一例中，我们必须问一问自己：**"考虑到市场制度环境、信息的可得性、销售商品的统一性、买者或卖者的人数等这类需详细界定的条件，我们能信赖这个内容简化的图形吗？"**而且如果这些条件可行，那么这种模型在实证中行得通吗？在一个更加广泛和多样化的市场体系中，答案是肯定的，这就是图 2.1 是最著名的经济学图形的原因。

小　结

- 经济学中最著名的图形是供给等于需求，即图2.1。
- 该图形是由两个函数构成的：供给函数和需求函数。这也是本书后面几百页内容的主题所在。
- 供给等于需求的模型对均衡价格如何实现的过程没有做任何解释。
- 从实证检验看，在买者与卖者人数众多、交易对象具有商品性质、信息量大且可自由获得的情况下，该模型成立。
- 在严格控制的对市场进行的实验中，该模型也被证明成立。
- 对现实生活的多种市场进行观测，该模型成立。
- 但是，通过供求相等来预测价格水平要依赖于从制度层面对市场是如何被创造出来的进行细节考察，说得更确切一点，依赖于市场功能如何发挥，但该模型没有对此做出说明。为了知道什么时候运用模型是合适的，需要我们去判断非模型化的市场制度是否能做出同样的预测，这需要通过一些典型的数据来检验。

练　习

相对于具体计算来说，本章关注的更多的是概念性的东西。一旦读者掌握了基本概念，就可以对具体事例中的供给函数和需求函数进行多种计算。此时，许多教师会指导你做这类练习。但是，正像本章开始时指出的那样，我不相信在弄明白供给与需求函数从何而来之前（对此我们要花时间去讨论），你会对计算有很深的理解，所以，我只设计了两个相对直观明了的问题。第1个练习的目的是使你明确地掌握GM1表格和本章已经建立的供给与需求的图形之间的联系；第2个练习是对供给和需求进行计算的具体事例。

2.1　在对通用汽车公司案例的分析中，假定 $P=20\,630$，$X=1\,000$，$x=500$ 和 $k=50$，在赠券转让市场的供给等于需求的图形中，当 $Q=10$ 时，供给和需求的水平为多少？当 $Q=300$时，供需水平又为多少？

2.2　本题讨论的商品市场中有大量的卖者，也就是所有该商品的生产者，同时有大量的买者，即大量的消费者。产品的供给量决定于企业卖出的价格，当价格水平提高时，产品的供给会增加。如果企业每单位产品的价格为 p，当 $p\geqslant4$ 时，它们的供给（从总量上看）为 $S(p)=1\,000(p-4)$单位（如果价格低于4，它们不会提供任何产品）。消费者的需求依赖于消费者对每单位产品必须支付的价格。q 表示消费者对单位产品支付的价格，当 $q\leqslant10$ 时，消费者的需求函数为 $D(Q)=2\,000(10-q)$。如果价格超过10，消费者的需求为零。

（a）假设在市场中，消费者对该种商品支付的价格正好等于生产者所得的价格（每单位产品），也就是说 $p=q$。这时供给等于需求吗？（为了练习，你可以画一幅市场供给和需求的图形。)

（b）假设这种商品销售所在区域必须支付 10% 的销售税，也就是说，如果每单位商品的标价为 p（这其实正好是卖者所得到的），那么，对于购进的每单位商品，消费者必须支付 $Q=1.1p$。在这种情况下，这一市场的均衡价格是多少？政府从中能收缴到多少单位税收？

（c）假设该种商品销售所在区域必须将总收益的 10% 上交给政府（对购买者不再征税）。也就是说，如果购买者每单位商品付出 q，出卖者得到的收益为 p，除 $p=0.9q$ 之外的部分必须交给政府。这时，这一市场的均衡价格是多少？政府能得到的税收又为多少？

第 3 章 | 边际这个边际那个

42 本章解释了经济学家为什么偏爱主观性的边际方法。

● 我将要解释经济学家们在什么意义上运用这一概念。

● 我将要解释为什么它对经济学家这么重要。

● 我对边际分析方法的运用的复杂程度是逐渐增加的，先是单变量无约束条件下的最优化，接着是离散条件下的最优化，再接下来是多变量无约束条件下的最优化，最后是有约束条件下的最优化。

本章要解决 4 个谜团。

谜团 1：豪华包厢数量

在美国，当设计许多体育场馆时，设计师面临的决策之一是应建造多少豪华包厢（用于观看比赛）。假定某一在建的体育场馆的包厢将全部被卖给当地有钱人，每个包厢的造价为 30 万美元，场馆设计者计划建造 25 个包厢，希望每个包厢能以 100 万美元卖出，净利润为 70 万×25＝1 750 万美元。一名同事认为这有些疯狂。因为每个包厢的造价仅为 30 万美元，而卖价为 100 万美元，仅仅建造 25 个，等于是有钱不赚，因为可以稍微降低售价并多建造一些包厢。这名同事的看法并不见得正确，为什么呢？

谜团 2：足球比赛中的门票销售

一名足球比赛推广商必须对两支参赛球队——维尔沃顿快乐围绕队（Wolverton Gladabouts，后文简称"维尔沃顿队"）和曼体卡联队（Manteca United）的 40 000 名支持者的座位进行合理分配。该名推广商可以对两队支持者所在的不同区域的球票制定不同的价格。如果她向维尔沃顿队的支持者卖出了 W 张球票，每张球票将得到 $20-W/2\,000$ 英镑；如果她卖给曼体卡联队的支持者，不管她会卖出多少张球票，每张都将得到 10 英镑。她的目标是卖出 40 000 张球票后得到的门票收入最大。一个朋友建议说，两队平等地分配 40 000 张票是最好的，因为这意味着每张球票卖同样的价钱——10 英镑。而采取其他的办法，她从一支球队的每张球票上得到的要多于从另一支球队所得到的。为什么这个朋友的建议是错的?

谜团 3：生产线的盈利能力

假定一个企业制造和销售三种产品：甲（widgets）、乙（gidgets）和丙（gadgets）。一个简单的利润表如表 3.1 所示。请注意，一般性管理费用（overhead）包括了用于管理方面的一般性支出，会在三种产品上平均分摊。企业的最高管理者在看到表 3.1 后决定停产丙产品，因为该种产品从总成本来看处于亏损状态。为什么这个决策是错误的?

表 3.1		利润表		单位：美元
	甲	乙	丙	总额
销售额	120	160	70	350
减去：				
可变成本	70	90	55	215
分摊的一般性管理费用	40	40	40	120
对利润的净贡献	10	30	(25)	15

说明：该企业的丙产品是净亏损的，应该马上停产吗?

谜团 4：福雷多尼亚应该出口钢铁吗?

有一个叫作福雷多尼亚的神秘国度，在实施自由贸易前是一个典型的钢铁制造小国，它只有一家钢铁厂，生产并销售一吨钢的价格为 680 美元，这一价格大大超过世界市场每吨钢 375 美元的价格。高得不可思议的关税有效地阻止了从所有其他国家的钢铁进口，也保护了该钢铁厂免受来自国外同行的竞争。取消关税的可能性微乎其微，因为该钢铁厂对主要政党和几个小的在野党提供了大量政治捐款。

这个钢铁厂从来没有出口过钢铁。当每吨钢在国内能卖 680 美元时，为什么要以 375 美元出口呢?而且有充足的理由支持不出口钢铁，钢铁厂的决策者关注钢铁的平均制造成本，尽管这种成本随钢铁厂钢铁产量的变化而变化，但从没有低于 400 美元/吨。所以，如果以 375 美元/吨卖出，该钢铁厂不可能获利。尽管一切看似合理，但该钢铁厂出口钢铁仍能增加利润。为什么呢?

3.1 像经济学家那样思考：边际思维

每一个谜团中暗含的逻辑都有问题，因为它们没有考虑到**边际效应**（marginal effects）或**边际权衡**（marginal trade-offs）。一个类比可解释这一关键的术语。

假设你正站在一座被浓雾包围的山上，你只能看清四周一步以内的东西。要问的问题是：你站在巅峰上了吗？

尽管你没法确定是否站在山顶上，但有时你却可以确信不在山顶上。问一下自己，在任何方向上该座山是否**在边缘上**（on the margin）向上倾斜？在任意方向上迈出一小步是否站得更高了？当这些问题的答案是"是"的时候，你就不是在山顶上。

这里的黑体字"**在边缘上**"其实是多余的。如果我不使用这一说法，上述问题也有同样的意思。在这里，我使用这一术语的意思是想提出这样的问题：在离你咫尺之遥的范围内"**这座山向上倾斜吗**"？从一般意义上讲，"**边际变化**"（marginal change）一词意味着很小的变化。

这种检验方法能确定你没有站在山顶之上，但它无法使你确信你站在山顶上。任何经常爬山的人都知道，任何山坡都有被经济学家、数学家和登山者称为**局部最高点**（local peaks）的点，从与之邻近的山峰来看，这些点都不会是整座山峰的**全局最高点**（global peak）或整体最高点（peaks overall）。在地球表面，珠穆朗玛峰是世界最高点。勃朗峰（Mont Blanc）尽管引人入胜，但只是局部最高峰。如果你正站在勃朗峰峰顶上，可以检验一下"我迈出一步可以站得更高吗"这一问题，你会发现无法办到。但是，这并不意味着你已经站到了地球上的最高点上。

这种对**局部最大化**（local maximization）的检验在某种意义上证明了为什么边际方法是经济学中最为有用的一种方法。在经济学模型中，我们假定，行为主体（消费者和厂商）有动机努力使自己尽可能获得最大利益，我们对这种有目的的行为通过一些表示福利（well-offness）的数理函数的最大化求解来进行模型化。按照检验是否在山之巅的思路，我们可一直询问：眼下讨论的行为主体是否能通过做出一些微小（边际）调整来改善他们的境遇？他们只有在穷尽所有可能的边际改进之后，才能最大化他们的状态。

这种检验似乎不值得一提，但经济学家们对作为形容词的"边际的"一词的运用到了令人难以置信的程度。例如，在帕金（Parkin）的《经济学》（一本非常优秀的经济学原理教科书）的索引中，以边际作为主干词条列出的索引有[1]：

边际分析、边际利益、边际成本、边际成本定价原则、边际产品、劳动边际产品、边际消费倾向、进口边际倾向、储蓄边际倾向、边际替代率、边际收益、边际收益产品、边际社会收益和边际社会成本、边际税率、边际效用、边际效用的变动、每美元边际效用、边际效用理论。

---

[1] *Economics*，6th edition（Reading，MA：Addison-Wesley，2003）.

这些都是对这个极为简单的术语的运用。不管简单与否，这个理念非常有用，因为它会促使经济学家（当然也包括读者在内）在做决策时，对微小变化带来的边际影响予以足够的重视。

下文就以本章开始时的第 4 个谜团（即福雷多尼亚是否应该出口钢铁）来做分析。讨论中提出的问题是：当每吨钢在国内能卖 680 美元时，为什么要以 375 美元出口？为什么平均生产成本从来没有低于 400 美元时，可以以每吨 375 美元出口？这些问题提得并不高明。国内每吨钢售价 680 美元是企业收到的平均价，同样，400 美元也是平均成本。福雷多尼亚的钢铁制造商不应该从平均值而应从边际分析开始考虑问题。

3.2　一个简单的例子

福雷多尼亚钢铁制造商面临的问题并非这类问题中最为简单的一个。先撇开解决福雷多尼亚钢铁问题（你将在练习 3.3 中再遇到该问题），讨论一个更为简单的问题。一个厂商生产像图 3.1 所示那样的三槽幻象凳，它面临的决策是生产并销售多少。

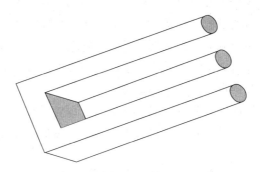

图 3.1　平面上的三槽幻象凳

用 x 代表该厂商制造的幻象凳数量。该厂商知道如果它想多卖出幻象凳，每单位产品的所得收益就得降低。说得更具体一点，该厂商知道，如果它生产并销售 x 单位的幻象凳，它卖出每单位产品的价格由下面的函数给出：

$$P(x) = 6 - \frac{3}{5\,000}x$$

如果该厂商销售 x 单位的幻象凳，那么，它得到的总收益为 $x \times P(x)$ 或

$$\mathrm{TR}(x) = x\left(6 - \frac{3}{5\,000}x\right) = 6x - \frac{3}{5\,000}x^2$$

这里 TR 是**总收益**（total revenue）的缩写。同样，厂商也能计算出生产 x 单位幻象凳的总成本为

$$TC(x) = 1\,000 + x + \frac{x^2}{5\,000}$$

所以，如果产量为 x，那么其所得利润等于总收益减去总成本：

$$\pi(x) = TR(x) - TC(x) = \left(6x - \frac{3}{5\,000}x^2\right) - \left(1\,000 + x + \frac{x^2}{5\,000}\right)$$

$$= 5x - \frac{4}{5\,000}x^2 - 1\,000$$

厂商希望选择产出水平 x 以实现最大利润。这一问题包含了大量经济学道理，为了不打断思维惯性，我们来看看已经发生了什么：

- 我们假设厂商正考虑决定选择产出率或产出水平 x。不论 x 表示的是产出率（表示每日、月或年的产出数量）还是产出水平，都意味着生产了 x 单位的幻象凳吗？这种区分与本章讨论的主题没有多大关系，所以在此我们并不关心这种区别。但这种区别在第 10 章却很重要。在本例中，我们给出的定义为 x 表示的是每月生产的幻象凳的数量，所以收益表示的也是每月的收益，总成本也是每月的总成本，利润也是每月的利润，其他仿此。
- 我们假定，厂商得到的收益是由 $TR(x)$ 函数（作为 x 的函数）给出的，这个函数也可从函数 $P(x)$ 推出，$P(x)$ 表示价格水平是厂商每月销售数量的函数，函数 $P(x)$ 在第 4 章也被标为**反需求函数**（inverse demand function），这是那一章的主题之一。
- 我们假定每个月为了生产 x 单位产品，厂商必须付出的总成本可由总成本函数 $TC(x)$ 计算出来。
- 厂商的利润函数或者说每月利润作为产出率的函数为 $\pi(x) = TR(x) - TC(x)$。假定厂商为获得最大利润而去决定产出率 x。

采用电子表格和 Solver 来求解问题

什么水平的 x 能最大化 $\pi(x)$？运用微软的 Excel 和一些嵌入的求优化的程序如 Solver 就能轻易找到答案。首先建立符合模型要求的电子表格，如图 3.2(a)——这是表格 CHAP3-1 中的工作表 1——符合这一要求。在 B 列中，你仍将看到：

- 第 2 行是 x 的产出率，输入常数值。在图 3.2(a)中，为了开始运算，我输入 1 000。
- 第 3 行，每单位产品的价格是 x 的函数，可用 Excel 的公式"＝6－3 ＊ B2/5 000"得出。
- 第 4 行，总收益也是 x 的函数，可由 Excel 的公式"＝B2 ＊ B3"得出。
- 第 5 行，总成本也是 x 的函数，可由 Excel 的公式"＝1 000＋B2＋B2^2/5 000"得出。

● 第 6 行，厂商的利润，可由 Excel 的公式“=B4−B5”得出。

在图 3.2(a)中，你可以看到，如果 $x=1\ 000$，由表格计算所得的利润为 3 200 美元。

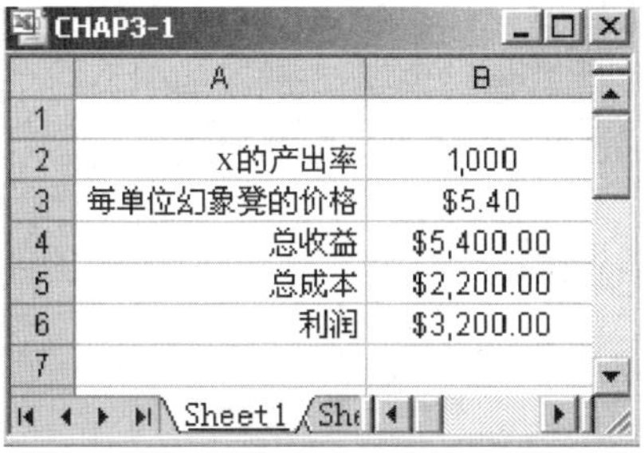

	A	B
1		
2	x的产出率	1,000
3	每单位幻象凳的价格	$5.40
4	总收益	$5,400.00
5	总成本	$2,200.00
6	利润	$3,200.00
7		

(a)

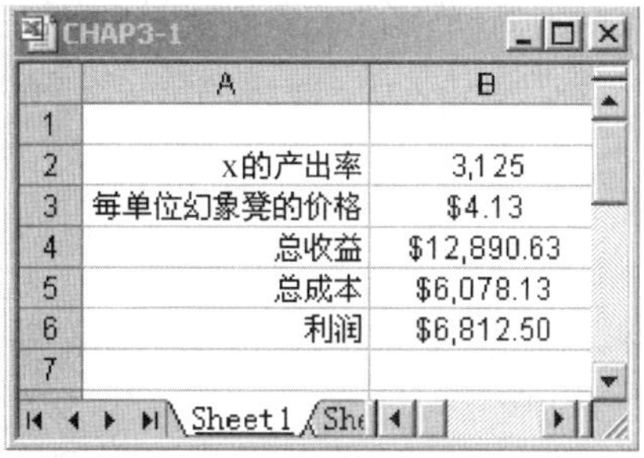

	A	B
1		
2	x的产出率	3,125
3	每单位幻象凳的价格	$4.13
4	总收益	$12,890.63
5	总成本	$6,078.13
6	利润	$6,812.50
7		

(b)

图 3.2 表格 CHAP3-1 的工作表 1

说明：这是找到使得利润最大化的产量的基础表格。图（a）表示的是计算 1 000 单位幻象凳的情形。图（b）表示的是使用 Solver 程序通过改变单元格 B2 来求单元格 B6 的最大值的情形。通过 Solver 计算出的使得利润最大化的产量为 3 125。

为了获得最优解，可通过运行 Solver 程序，改变单元格 B2 来最大化单元格 B6。Solver 会轻松得出结果，见图 3.2(b)，最优数量为 3 125，所得利润为 6 812.50 美元。

离散状态下的边际利润、边际收益和边际成本

假定你使用的 Excel 中没有 Solver，你又如何找到问题的答案呢？这就要借助“边际的”这个富有魔力的词了。

48 属形容词词性的“边际的”一词，当被经济学家们用于单变量时，其意思大概是，当自变量改变 1 单位时函数值的变化率。准确定义这一概念的方式是**离散边际函数**（discrete marginal function）。从中你可以看出，当自变量改变 1 单位时，函数值变化多少。例如，当产出率 $x=1\ 000$ 时，厂商的离散边际利润等于 $\pi(1\ 001)-\pi(1\ 000)$，离散边际收益是 TR(1 001)−TR(1 000)，离散边际成本为 TC(1 001)−TC(1 000)。

在表格 CHAP3-1 的工作表 2 中，见图 3.3，我在基础工作表 1 上又增加了 8 行，用来计算当产出率第 2 行的数值变化时的离散边际利润、离散边际收益和离散边际成本。第 1 步我将基础数据复制到第 8～12 行，但在第 2 行产出率的输入值的基础上，我增加了 1 单位。这样，我就能计算出产量增加 1 单位时的总收益、总成本和总利润。之后在第 14、15、16 行，我做了需要的减法，得到了 3 个离散的边际值。

这样做的用意何在呢？请看第 16 行——离散边际利润。当 $x=1\ 000$ 时，得出的值为 3.40 美元，即如果厂商选择 $x=1\ 001$，利润将增加 3.40 美元。当 x 增加时，地面向上倾斜，意味着：(1) 我们并没有最大化 x 的值；(2) 变化

方向随 x 的增加而递增。试一下 $x=2\ 000$，我们看到，离散边际利润仍为正值，所以，我们还可增加 x。下面试一下 $x=5\ 000$（我建议你通过电子表格来做这些尝试）。这时我们看到，边际利润为－3.00 美元。在这种情形下，当 x 减少时，山坡的斜率才上升。所以，下一步试一下 $x=4\ 000$。

CHAP3-1（CH）

	A	B
1		
2	x的产出率	1000
3	每单位幻象凳的价格	$5.40
4	总收益	$5,400.00
5	总成本	$2,200.00
6	利润	$3,200.00
7		
8	增加1单位x	1001
9	新的价格	$5.40
10	新的收益	$5,404.80
11	新的成本	$2,201.40
12	新的利润	$3,203.40
13		
14	离散边际收益	$4.80
15	离散边际成本	$1.40
16	离散边际利润	$3.40
17		

Sheet1 Shee

图 3.3　表格 CHAP3-1 的工作表 2

说明：计算离散边际利润、收益和成本。在计算出 $x+1$ 时的总收益、成本和利润后，通过减法就可得出离散的边际收益、成本和利润。

49 边际利润的数值能告诉你你是否站在巅峰：如果是正值或负值，你就不站在巅峰；如果为零，你可能站在巅峰。如果不站在巅峰，你就能知道向哪个方向走，你可继续站得更高。如果没有 Solver，你就只好不停地寻找直到边际利润为零为止。

通过验算，你将发现，在 3 125 附近，边际利润为零。这就像站在了巅峰。当然，Excel 在这里给出的是整数近似值。如果你需要更精确的结果，可继续增加小数点后的位数。你如果尝试这样做了，当你到达巅峰时，即当 $x=3\ 125$ 时，离散边际利润的精确值为－0.000 8 美元。这并不意味着你应该减少 x，即使是一点点，你如果降低 x，总利润也将降低。这是由计算离散边际变量引起的，当你到达巅峰时，向任何方向迈出的一小步都会使你降低高度。

你可能担心，当 $x=3\ 125$（左右）时，边际利润为零，而你只是站在局部高点上而不是整体利润的最高点上。这种担心是可以理解的，以边际为基础的检验自身永远不会解决这一问题。当我们使用微积分来解这一问题时，我将向你展示 3 125 也一定是整体的最大值。

回头再看图 3.3，你可看到当 $x=1\ 000$ 时，边际收益为 4.80 美元，边际成本为 1.40 美元。这意味着，如果你将 $x=1\ 000$ 变化到 $x=1\ 001$，总收益将增加 4.80 美元，总成本只增加 1.40 美元，从**边际利润等于边际收益减边际成本**

的原则看，边际利润将增加3.40美元。所以，试图寻找边际利润为零时x的取值也可以表示为，试着去找到使边际收益等于边际成本时x的取值。当边际收益大于边际成本时，你应该增加x，而当相反的条件成立时，你应该减少x。

再次运用微分方法

使用微分方法在本书属选读性内容，也就是说你可以跳过所有使用微分计算的章节，而不会影响你对基本原理的学习。但是最好不要因为不懂微分计算就跳过所有相关内容。微分计算并不难学，如果你不了解微分计算，恐怕再没有更好的机会来学习这一方法了。将微分计算运用于微观经济学源于人们的直觉，因为微分计算与边际分析完全吻合。在许多微观经济学原理中，微分计算处在核心地位。想要更好地学习微分计算，这里运用的和《学生学习用书》的附录中给出的微分计算知识显然不够。如果你从未接触过这方面的知识，你可能得向他人请教。但我还是强烈建议你继续读下去。本书的主要目的是教给你微观经济学方面的知识，在这一过程中，学习基本的微分计算是一种额外的奖赏。

50　　前面部分分析的是离散边际的情形。我们看到了，当自变量增加1单位时，利润函数值、总收益函数值和总成本函数值具体变化多少。用登山来类比的意思是说，我们能精确计算出迈出一步后，高度具体升高了多少。

既然你能看到脚下的地面，为什么不能直观地观察到你所站地方的坡度呢？从诸如利润、总收益和总成本函数来看，你所站地方的坡度就等于是对函数求导。当x取一个值时，函数的导数表示为$f'(x)$，通常可近似写成离散边际形式：$f(x+1)-f(x)$。尽管在大多数情况下取近似值显然是更好的办法：

$$\frac{f(x+0.1)-f(x)}{0.1}$$

如果用0.01、0.001替换掉0.1，取近似值就更为可取。

当经济学家们提到边际利润、边际收益、边际成本时，如果没有用形容词"离散的"，一般是指利润、总收益、总成本的导数值，也就是各个函数曲线的斜率。这时，前面所说的一切仍然成立。

- 当边际利润为正时，利润增加；当边际利润为负时，利润减少。最优的产出水平，如果转换成利润最大化的术语，是指边际利润从正值转向负值的拐点，假定这种转向仅此一次。
- 边际利润等于边际收益减去边际成本。
- 当边际收益大于边际成本时，提高产量会增加利润；而当边际收益小于边际成本时，减少产量会增加利润。假定边际收益在开始阶段大于边际成本，然后等于边际成本，最后小于边际成本，那么，利润最大化对应的产出只是指边际收益降低至等于边际成本的点。

51　　在我们提出的大量模型中，不管函数多么复杂，只要我们能得到一个正常的公式，运用微分方法就能计算（关键在于求导数）边际变量，这是这一方法

的优势所在。例如，目前的问题是

$$\pi(x) = 5x - \frac{4}{5\,000}x^2 - 1\,000$$

$$\mathrm{TR}(x) = 6x - \frac{3}{5\,000}x^2$$

$$\mathrm{TC}(x) = 1\,000 + x + \frac{x^2}{5\,000}$$

那么，边际利润、边际收益、边际成本为

$$\pi'(x) = 5 - \frac{8x}{5\,000}$$

$$\mathrm{MR}(x) = 6 - \frac{6x}{5\,000}$$

$$\mathrm{MC}(x) = 1 + \frac{2x}{5\,000}$$

对微分计算一无所知或生疏已久的读者，这里有些看不懂了。我们在这里采用了函数导数计算中通用的规则，这些规则在《学生学习用书》的附录中可以查到。在这个例子中：

- 边际利润 $\pi'(x)$ 是斜率为负的线性函数。当 $x=0$ 时，其值为正，开始时为正，然后降至零，之后马上转变为负值。所以，利润开始时增加并达到最大值，之后下降。当边际利润由正值变为负值时，利润达到最大，也就是解 $5 - 8x/5\,000 = 0$，得到 $x = 25\,000/8 = 3\,125$。
- 边际收益是斜率为负的线性函数，边际成本是斜率为正的线性函数。当 x=0 时，边际收益大于边际成本，即 $\mathrm{MR}(0) = 6 > 1 = \mathrm{MC}(0)$，所以，此时边际收益会在边际成本之上。它们只交叉一次，之后边际成本将大于边际收益。所以，当边际收益等于边际成本时，利润实现最大。解下式：$6 - 6x/5\,000 = 1 + 2x/5\,000$，$x = 3\,125$。

如果你对这些方法不熟悉，不要对使用两种方法求得的结果相同感到难以理解。因为 $\pi(x) = \mathrm{TR}(x) - \mathrm{TC}(x)$，那么 $\pi'(x) = \mathrm{MR}(x) - \mathrm{MC}(x)$，故当 $\pi'(x) = 0$ 时，$\mathrm{MR}(x) - \mathrm{MC}(x) = 0$，这就是我们所说的 $\mathrm{MR}(x) = \mathrm{MC}(x)$。

离散边际值和精确边际值近似相等

我认为离散边际值和精确边际值是近似相等的，就以 $MR(2\,000)$ 为例。精确的边际计算值是通过微分计算得到的：

$$\mathrm{MR}(2\,000) = 6 - 6 \times 2\,000/5\,000 = 6 - \frac{12}{5} = 3.60 \text{ 美元}$$

如果你在电子表格 CHAP3-1 的工作表 2 中的数量单元格中输入 2 000，所得结果与上面相同。

换成其他方法又如何呢？在 CHAP3-1 的工作表 2 中，在 x 的对应值中输入 2 000，然后转到单元格 B14，多取几位小数，你会看到，边际离散的精确值为 3.599 4 美元。当 $x=2$ 000 时，离散和精确的边际收益值相差了 1 美分的 6%。

这里并不是想用一些特殊的近似数值来强迫你接受，而是想使你明白通过 Excel 或其他办法进行的离散边际计算是采用微分对边际值进行精确计算所得值的近似值。

注意，这种近似计算在变量做出其他相对小的离散变化时同样适用。如果你要计算 TR(2 032)－TR(2 000)，就可通过近似计算 32×3.60 来得出，或者用变量的改变量乘上当 $x=2$ 000 时的函数斜率的值而得出。通过近似计算得到的值为 115.20 美元，通过 TR(2 032)－TR(2 000) 精确计算出的值为 114.585 6 美元。同样，TR(1 998.5)－TR(2 000) 可通过（－1.5）×3.60＝－5.40 美元近似计算得出，精确计算出的值为－5.401 35 美元。

3.3 想一想我们为什么这么做：在人们思考问题时，并非总是首先想到边际方法

假定你属于对微分计算了如指掌的读者中的一员，你可能在纳闷为什么一本主题为微观经济学的书转向讨论如何学习微分方法了。又假定你是对微分计算知之不多的读者中的一员，或已对此疏远多日，你大概也在想同样的问题，尽管双方心态各异。

本书并非学习微分方法的教科书，也并非要让你对如下事实印象深刻：当斜率为正时，函数是递增的；而当斜率为负时，函数是递减的。经济学家讨论问题时经常提到边际这个边际那个，只是因为他们在思考问题时，运用这些术语会迫使他们去考虑边际效应。但是，一些变量的边际效应并不总是很明显。

53 　　例如，电子表格计算和公式计算的结果都是 MR(8 000)＝－3.60 美元。这就是说，如果厂商卖出 8 001 单位而非 8 000 单位，其总收益将减少 3.60 美元。但不论是卖出 8 001 单位还是 8 000 单位，每单位产品的卖出价格都是（大约是）1.20 美元，但为什么总收益下降了呢？

当 $x=8$ 000 时，每单位幻象凳的价格为 1.20 美元，那么当 $x=8$ 001 时，价格应稍稍降低一点，但下降幅度非常小。如果使用价格公式和运用 Excel 来计算不进位的结果，你会发现当 $x=8$ 001 时，价格为 1.199 4 美元，即当数量从 8 000 单位变化为 8 001 单位时，每单位产品价格降低了 0.000 6 美元，或 1 美分的 6%。

这就解释了边际收益为负的现象。当厂商的销售量从 8 000 单位变为 8 001 单位时，对厂商收益有两方面的影响。增加 1 单位得到了 1.20 美元；但是，原来的 8 000 单位中的每单位的销售价格下降了 0.000 6 美元，也就是说，那 8 000 单位损失了 0.000 6×8 000＝4.80 美元。两种效应的净结果是增加 1 单

位销售得到的 1.20 美元减去由其他单位产品价格下降造成的 4.80 美元损失，即净损失为 3.60 美元。这就是边际收益。

回头再看本章的第一个谜团。每个豪华包厢的建造成本为 30 万美元，假设这就是边际成本。按照前述谜团的说法，要建造 25 个包厢，每个售价 100 万美元，但为什么只建 25 个呢？

现在看谜团，"谜"已解开。先假定体育场馆建造并销售 25 个包厢，每个包厢的价格是 100 万美元。假设再增加 1 个包厢，也就是 26 个，如想全部卖出，每个包厢的价格将不得不降低。当然，也有可能依其所在位置的不同，包厢卖出的价格也各不相同。当包厢从 25 个变为 26 个时，厂商的边际收益就是从第 26 个包厢中得到的收益，而前 25 个包厢的价格也无须降低。但是，出于某种原因，设计者需要对所有包厢定出同样的价格，在考虑是否建造第 26 个包厢时，设计者就不得不考虑边际效应对其总收益的影响了，知道第 26 个包厢的卖出价格高于成本仅仅是事情的一个方面。想了解更多，试着做一做练习 3.4。

这些就是本章的主要论点。经济学家们讨论问题时之所以总说边际这个边际那个，是因为经济学家们在构建行为人（如厂商）的行为模型时，如果想求出一些函数（如利润函数）的最大值就必须这样做。当求一个函数的最大值时，你首先要想到的是边际效应，这也并非什么高见。这与说你没有站在巅峰上是因为你脚下的地面在这个或那个方向上向上倾斜是一样的道理。但是它提醒了经济学家（也包括各位读者），做各种各样决策时应考虑到边际效应。

接下来还要做什么？总的来看，已大功告成，但是从实用的角度看，我想通过三个渐次复杂的例子对这一原理做出解释。

54

3.4 离散变量最优和边际

在经济学模型中运用微分计算是因为假定变量是可无限细分的，也就是说，你可以对它做任意拆分。在实际生活中，变量可任意拆分会引起麻烦。当幻象凳的产出水平为 $x^* = 3\,127.886$ 单位时，边际利润为零，可我们如何创造出小数点后的 0.886 个单位的幻象凳呢？

尽管我们不能对幻象凳做任意拆分，但这一点并非十分重要。如果通过微分计算得出生产 3 127.886 单位幻象凳的结论，那么制造 3 127 或 3 128 单位大概最接近于最优利润水平。事实上，如果我们近似到 3 130 或 3 120，问题也不大。如果我们一定要弄清楚，我们可以计算当产量为 3 127 和 3 128 时的利润水平，并比较哪一个更大一些，但这样做会使得模型过于精细。

在经济学的其他问题上，因为不需做出其他改变，所以我们也就不必面对模型变量的无限细分问题。如当我们面临的选择为做某件事情或不做某件事情

---

* 原书 x 为 n，疑有误。——译者注

而没有中间选择或我们的中间选择非常少时，为了找出最优结果，我们必须对每个离散变量的利润水平进行计算，然后对它们进行比较。

所以，在面对离散选择时，我们可以经常运用边际分析的思维逻辑。一个典型的例子是本章开始时提出的谜团 3，即成本分摊问题。一个企业生产销售三种产品：甲、乙、丙，利润表如表 3.2(a)所示。一般性管理费用被平均分摊到三种产品上。企业的最高管理者看到丙产品无法弥补成本支出，处在亏损状态，打算停止丙产品的生产。但是当停止生产丙产品后，利润表变成表 3.2(b)，甲产品出现全面亏损的情况。甲产品也被停止生产，利润表变成表 3.2(c)。这时，该厂商全部亏损，已到达清算破产边缘。

表 3.2		三个利润表		单位：美元
利润表（a）				**（时期 1）**
	甲	乙	丙	总额
销售额	120	160	70	350
减去：				
可变成本	70	90	55	215
分摊的一般性管理费用	40	40	40	120
对利润的净贡献	10	30	(25)	15
利润表（b）				**（时期 2）**
	甲	乙		总额
销售额	120	160		280
减去：				
可变成本	70	90		160
分摊的一般性管理费用	60	60		120
对利润的净贡献	(10)	10		0
利润表（c）				**（时期 3）**
		乙		总额
销售额		160		160
减去：				
可变成本		90		90
分摊的一般性管理费用		120		120
对利润的净贡献		(50)		(50)

说明：三个利润表表示的是生产三种产品的企业当停止了不盈利产品的生产后，总成本分配的情形。最初的情形从总体上看是盈利的。按行为规则做出的决策导致了企业最先停止生产丙产品，再停止生产甲产品，最终停止生产乙产品，这使得一个盈利企业变成一个亏损企业。从中得出的教训是，成本的利润贡献不一定等于每种产品的边际利润贡献。

企业开始时是一个盈利厂商，做出终止无利可图生产线的一系列决策后，企业自身也难以为继了，自然也谈不上盈利。其中必有做错之处。

问题在于总的成本分摊并非按边际成本分摊方法来进行。当企业停止生产和销售某种产品后，并没有降低分摊到该种产品上的管理费用额度。当厂商停产丙产品后，原来分摊到该种产品上的管理费用被重新分配到其他两种产品上。是否停止丙产品或其他产品的生产，应该考虑这种决策对总利润的**边际或累加影响**（marginal or incremental impact）。如果一般性管理费用并不受保留或停产一些产品生产线的影响，一种产品的边际或累加的利润等于销售收益减去可变成本，停产丙产品没有任何意义。对利润的边际或累加影响将会导致利润减少 70－55＝15 美元。

管理会计核算和经济学

56

（在适当的时候，我将会说明微观经济学与各项管理职能的关系，如会计核算、融资、信息管理系统、人力资源管理、市场营销、运营和采购、战略管理等。在某些章节，这种联系会成为主要内容。但在这个时候，必须离题讨论一些其他内容。）

尽管这个例子非常清楚，但在现实生活中分离出这种决策的结果却并非易事，因为在做出停止生产线的决策时，必须考虑纠缠在一起的所有事情。当评价一种产品、一个分公司等的盈利能力或内部核算数据时必须格外小心。

处理这种数据是成本核算或会计核算的管理职能。尽管管理会计核算有时就像是运用一些僵硬的、人为的办法来分摊成本，但除此之外，仍有许多其他的东西。为了能回答"**内部会计**（internal accounts）怎样发挥作用"，你首先必须回答"为什么必须保留会计核算"的问题。

保留内部会计的首要目的是对产品生产、管理和后勤服务等的工作绩效进行核算。如果一个企业采取的是由核心决策者自上而下的管理方式，那么，做这种核算就是使决策者了解生产成本如何构成，以改进他的决策。这是对我们刚讨论过的事例所蕴含意思最为接近的解释。在该例中，利润表被用来（或被误用来）做出停产什么产品、保留什么产品的决策。当会计们只向一名决策者持续提供信息时，就像这个例子所表现出的那样，那么，核算程序应该反映要做出决策的累加成本和累加收益（incremental costs and benefits）的效果。

绝大多数大公司和组织是分散决策的，它们拥有不同的决策主体（分公司和业务部门负责人），他们在各自的管辖范围内独立做出决策。在这样的企业中，采用会计核算的目的是对自主决策者提供一种激励，激励既可以是回溯性的（retrospectively），即提拔业绩优秀的分公司管理者，也可以是前瞻性的（prospectively），即管理者的年度奖金与他所管理部门的业绩明确挂钩。在这些方式中，当涉及数字时，想想如何回答如下问题：固定成本要分摊吗？如果要分摊，如何分摊？这些问题的答案将不同于这些数据被用于自上而下方式的决策时。你可以想象得出，在分散决策的组织中，对这些问题的回答会更加复杂。（参见练习 3.12，那是一个最为简化的例子。）

除了用于内部管理目的外，出于与企业外的单位如税务部门、管制部门、法律部门、大投资者、潜在收购者等打交道的目的，也是许多企业保留会计核算的理由。每个针对为什么要保留内部会计的答案都包含着"如何保留"的不同答案。例如，当会计被用来应对税务部门时，"如何保留"引出的回答是"推迟会计收益的入账"和"使用转移价格将利润转移到低税率地区"。而且对"为什么要保留内部会计"这一问题可有不止一个答案。这些不同答案之间可能还会相互冲突。因为企业通常不希望保留不同建制的内部会计，要回答"如何保留"的问题，必须在企业对不同会计核算数据的需要中寻找平衡。

经济学会将这一切都考虑在内，最简单的一点是自上而下决策的会计数字应该反映出累加成本。尽管分散决策和恰当的激励的情形非常复杂，因为这牵涉到许多行为人各自的独立决策，但是其内容大部分仍然包括在经济学的主要框架内。如针对税务或管制部门，会计师经常会寻找现行制度的漏洞，而成本会计准则委员会（Cost Accounting Standards Board）、政府和管制机构则努力使会计过程保持公正，在一定程度上反映出所从事经济活动的内在价值，而又防止会计师"做账"。

我们将在第 14 章讨论内部会计如何使用（财务会计的作用将在第 18 章讨论，与此相关的伦理方面的考虑将在第 24 章讨论），特别是转移价格问题。这是一个相对专业的主题，你的会计核算指导教师会详细向你讲述。

3.5　多变量最优化

在我们最初的例子中，企业只生产一种产品——幻象凳。下面我们考虑复杂一些的例子，假设企业要生产两种产品——幻象凳和键盘凳（qwert）。假设两种产品可相互替代。如果企业大量销售幻象凳，就会压低键盘凳的价格。（像肉商销售的牛肉、鸡肉之类的产品是现实生活中的替代品事例。如果肉商卖出的鸡肉量大，而牛肉价格不变，那么后者销量会减少，为了保持牛肉的销量不变，牛肉必须降价。）具体说来，假定该企业决定销售 x_p 单位的幻象凳和 x_q 单位的键盘凳，那么每单位幻象凳的价格为

$$P_p(x_p, x_q) = 90 - \frac{x_p}{100} - \frac{x_q}{300}$$

每单位键盘凳的价格为

$$P_q(x_p, x_q) = 120 - \frac{x_q}{100} - \frac{x_p}{150}$$

我们假设了一个非常简单的成本函数：如果厂商制造了 n_p 单位的幻象凳和 n_q 单位的键盘凳，总成本为 $TC(n_p, n_q) = 10x_p + 20x_q + 1\,000$。这意味着固定成本为 1 000 美元，加上每单位幻象凳的成本 10 美元及每单位键盘凳的成本 20 美元。如果企业想最大化利润，两种产品各自应生产多少？

电子表格计算

该企业的利润由三部分构成：

- 销售幻象凳得到的收益：$x_p[90-(x_p/100)-(x_q/300)]$；
- 加上销售键盘凳得到的收益：$x_q[120-(x_q/100)-(x_p/150)]$；
- 减去总成本：$10x_p+20x_q+1\,000$。

运用上述等式，很容易构建一个电子表格用来计算。作为 x_p、x_q 函数的利润值，图 3.4(a)中表格 CHAP3-2 的工作表 1 就是根据这些条件来建立的，其中尝试变化的值为 $x_p=1\,000$，$x_q=5\,100$。

（a）基本表格

（b）当 $x_p=1\,000$，$x_q=5\,100$ 时的离散边际值

图 3.4　表格 CHAP3-2：幻象凳-键盘凳的例子

说明：这两个表格描述了模型的最基本构成和对幻象凳-键盘凳的各项相关值的计算，其中的情形是 1 000 单位的幻象凳和 5 100 单位的键盘凳。边际利润的数值不为零，所以还有改善的余地：因为幻象凳的边际利润是正值，所以应该生产和销售更多的幻象凳，而键盘凳的边际利润为负值，当减少键盘凳的生产时，利润也会增加。

离散边际计算和 Solver 程序

59

很显然，下一步就是要运用 Solver 或微分法来寻找答案。但在运用这些手段前，我们可以运用电子表格来计算一下离散的边际值。有两个变量 x_p、x_q，对五项值进行计算（幻象凳的收益、键盘凳的收益、总收益、总成本和利润）的结果每一项都列在表格上。我们也有了两个离散边际值，一个是当 x_p 增加 1 单位时，另一个是当 x_q 增加 1 单位时。在 $x_p = 1\ 000$ 和 $x_q = 5\ 100$ 的情况下，CHAP3-2 中的工作表 2[见图 3.4(b)]列出了那些边际值。

图 3.4(b)中的数据表明，如果我们将幻象凳的数量增加 1 单位，比如 $x_p = 1\ 001$，而 $x_q = 5\ 100$ 不变，从幻象凳的销售中得到的收益增加 52.99 美元，而从键盘凳中得到的收益却减少了 34.00 美元。后者的收益下降值得细究，它反映出这样一个事实：如果增加幻象凳的销量，为了保证键盘凳的销量不变，其价格必须降低。所以，增加 1 单位幻象凳的销量，总收益将增加 18.99 美元，而成本只增加了 10 美元，所以，幻象凳的边际产品对边际利润的影响是使利润净增加 8.99 美元。从另一方面看，键盘凳的销量增加 1 单位，带来的收益增加量为 11.32 美元，而使幻象凳的收益降低 3.33 美元，即两种产品的边际收益为 7.99 美元，而成本支出为 20.00 美元，所以，键盘凳增加 1 单位销量使得离散边际利润减少了 12.01 美元！

当我们同时改变多个单位的两种产品时情形又如何呢？只要改变量不大，任何数量的净冲击大致上都是可以相加的。例如，如果将幻象凳的销量增加 10 单位，变化到 1 010，而键盘凳的销量增加 5 单位，变化到 5 105，则净利润大概可增加

$$10 \times 8.99 + 5 \times (-12.01) = 29.85 \text{ 美元}$$

如果我们做精确计算，改变量为 28.25 美元。

60

很显然，当 $x_p = 1\ 000$ 和 $x_q = 5\ 100$ 时，利润并未达到最大。企业可以通过增加 x_p 或减少 x_q 或双管齐下来获得更多的利润。可以尝试同时把 x_p 增加到 1 200 单位、x_q 减少到 4 800 单位，这样做后，我们发现利润增加了，现在幻象凳的离散边际利润为 7.99 美元，键盘凳为 -8.01 美元。所以，增加幻象凳并减少键盘凳仍是个不错的主意。

到什么时候停下来呢？只要两种产品的离散边际利润显著不为零，利润就会增加。这就是"雾中登山"故事所包含的意思。事实上，将此与登山类比是一个不错的想法：在登山时，你可以南北运动，也可以东西行进。在这个例子中，你可以提高或降低幻象凳的产量，也可以降低或提高键盘凳的产量。当两者的离散边际利润都接近于零时，利润达到最大。按照这一标准，我们可找到最优点，也为改进离散边际利润提供了一个指引，即如果一个变量的边际利润为正值，产量就增加，反之则减少。这样，利用电子表格我们不难计算出最优点为 $x_p = 2\ 000$，$x_q = 4\ 000$。或者说，这时两者的边际利润值都为 -0.01 美元，

见图 3.5。这确实是最优组合。但请注意：

● 像在单变量例子中一样，离散边际变量在巅峰之时为微小负值。这并非意味着要减少变量的值，它只简单反映了在巅峰之时，向任何方向上迈出一步都会降低高度。

● 我们不能肯定该点是否为整体最优的，因为仅仅迈出一小步对事情的影响并不大。也就是说，这可能只是局部而非整体最优。

当然，一旦我们把基本数据表放在一起，就可利用 Solver 来计算答案了。我们再回到初始的取值，$x_p = 1\,000$，$x_q = 5\,100$，启动 Solver 程序通过改变单元格 B5、B6 来最大化单元格 B17 的取值，马上得到的结果为 $x_p = 2\,000$，$x_q = 4\,000$。但是，如果我用手工来计算，可以发现如下几个要点：

● 当有两个变量 x_p、x_q 时，我们有两个离散边际值。

● 当利润达到最大时，每个变量的边际利润必须为（接近于）零。

● 在达到最优点时，每个变量的边际收益等于边际成本。在此之前，我们没有对此发表过评论，但如果你看一下图 3.5，你将发现单元格 D13 与 D15、E13 与 E15 几乎相等。

CHAP3-2							
	A	B	C	D	E	F	G	H
1								
2				离散边际值	离散边际值		多增加1单位	多增加1单位
3		基础值		幻象凳	键盘凳		幻象凳的值	键盘凳的值
4								
5	幻象凳数量	2000					2001	2000
6	键盘凳数量	4000					4000	4001
7								
8	幻象凳价格	$56.67					$56.66	$56.66
9	键盘凳价格	$66.67					$66.66	$66.66
10								
11	从幻象凳得到的收益	$113,333.33		$36.66	-$6.67		$113,369.99	$113,326.67
12	从键盘凳得到的收益	$266,666.67		-$26.67	$26.66		$266,640.00	$266,693.32
13	总收益	$380,000.00		$9.99	$19.99		$380,009.99	$380,019.99
14								
15	总成本	$101,000.00		$10.00	$20.00		$101,010.00	$101,020.00
16								
17	利润	$279,000.00		-$0.01	-$0.01		$278,999.99	$278,999.99
18								

图 3.5　表格 CHAP3-2：幻象凳-键盘凳例子中的最优值

说明：你可以利用 Solver 找到使利润最大的产量值，或者也可以用手工来寻找，遵循的原则是如果边际利润为正值，就增加产量，如果出现负的边际产出，就降低产量。当你找到最优的产出规则时，就会出现上表中的数字。

最后一点中蕴含着一个重要的经济学观点。从幻象凳得到的边际收益是多少？除非你还记得提高幻象凳的产量将会引起键盘凳的价格下跌和从键盘凳所获收益减少，否则你可能会错误地认为，从幻象凳所得到的边际收益仅仅是幻象凳的销售增加量对其自身的累加收益的影响。事情并非这样，幻象凳的销量增加带来的边际收益是对总收益产生的边际影响，这其中还包括对键盘凳收益的影响。所以，当利润最大化实现时，我们发现单元格 D13 而非 D11 大致与 D15 相等。

运用微分法：偏导方法

当用微分法来解这一问题时，我们可大大地简化离散情况下的计算。首先将利润写成 x_p 和 x_q 的函数：

$$\pi(x_p, x_q) = x_p \left(90 - \frac{x_p}{100} - \frac{x_q}{300} \right) + x_q \left(120 - \frac{x_q}{100} - \frac{x_p}{150} \right)$$
$$- (10x_p + 20x_q + 1\ 000)$$

相乘并合并同类项后得到

$$\pi(x_p, x_q) = 80x_p + 100x_q - \frac{x_p^2}{100} - \frac{x_q^2}{100} - \frac{3x_p x_q}{300} - 1\ 000$$

62 分别对每个变量求边际利润，这是指当两个变量单独变化时，利润函数的变化率也就是对利润函数求两个变量的偏导。即

$$x_p \text{ 的边际利润是 } \frac{\partial \pi}{\partial x_p} = 80 - \frac{2x_p}{100} - \frac{3x_q}{300}$$

$$x_q \text{ 的边际利润是 } \frac{\partial \pi}{\partial x_q} = 100 - \frac{2x_q}{100} - \frac{3x_p}{300}$$

当两个边际利润函数等于零时，利润函数实现最大，即

$$80 - \frac{2x_p}{100} - \frac{3x_q}{300} = 0 \quad \text{和} \quad 100 - \frac{2x_q}{100} - \frac{3x_p}{300} = 0$$

求解有两个未知数的这两个方程，得 $x_p = 2\ 000$，$x_q = 4\ 000$。

几个要点与前面相同。对此不应感到意外，因为离散边际变量是对离散的导数值的近似，而导数值是对连续离散边际变量或差值的近似。特别有：

- **求多变量函数的最大化，所有变量的偏导数的值应该都等于零**。所以，想知道什么时候多变量函数取得最大值，只需求各变量的偏导，并同时使它们都等于零。

- **在这个问题中，你既可以使两个边际利润函数都等于零，又可以使每个变量的边际收益都等于其边际成本**。但是请记住，如果你要用边际收益和边际成本，请使用完全的边际收益函数（两种产品总收益的偏导），而不只是对幻象凳的收益求偏导。

- **使偏导数等于零，只是求最大值的必要条件而非充分条件**。这就是"雾中登山"提示的现象：当脚下地面在某一方位向上倾斜时就知道自己不站在巅峰，但是当地面呈平坦状态时，你也不敢确定就站在巅峰上。你甚至可能处于一个局部低地的底部。

当偏导数等于零时，你怎么就能确定可以解决这一问题呢？如果这使你感

到不快，数学方法在这种情况下可使你感到安心。我们不再讨论这些方法——本书毕竟不是数学教科书——你自己再去找其他的参考书，注意**二阶条件**（second-order conditions）和**凸性最优问题**（convex optimization problems）。

3.6 谜团 2：受约束的最大化

在前面幻象凳和幻象凳-键盘凳的例子中，企业确定产量时并未受到任何其他约束。但在许多经济问题中，变量会受到约束。所以，问题变为在约束情况下找到最大化选择。

有些数学方法可用来解受约束的最大化问题，如拉格朗日乘子法和汉密尔顿函数法，但对它们的使用经常会阻碍对实际发生情况的认识。在本书中，我们采用更加感性的方法来解受约束的最大化问题。

先让我们回忆一下谜团 2：

一名足球比赛推销商必须对两支参赛球队——维尔沃顿队和曼体卡联队的40 000 名支持者的座位进行合理分配。该名推销商可以对两队的支持者所在的不同区域的球票制定不同的价格。如果她向维尔沃顿队的支持者卖出了 W 张球票，每张球票都将得到 20—W/2 000 英镑；如果她卖给曼体卡联队的支持者，不管她卖出多少张球票，每张都将得到 10 英镑。她的目标是卖出 40 000 张球票后得到的门票收入最大。

解决这一问题的一种方法（基本方法）是将其转变为单变量无约束问题，假设球票推销商希望分配比赛所有的 40 000 个座位，假定 W 是分配给维尔沃顿队支持者的座位，那么，40 000—W 就是分配给曼体卡联队支持者的座位，门票收入为

$$W\left(20-\frac{W}{2\,000}\right)+10(40\,000-W)$$

变量 W 实际上是受到约束的，W 不能为负值，也不能大于 40 000，但是当你忽略这些约束并运用 Solver 或微分法来求门票收入最大化时，你将会看到，得到的答案还是令人满意的。

对这一做法进行一般化应用并不容易，它掩盖而不是揭示了人们的直觉。我这里对此提出不同的方法。首先仍然是构建电子表格，基本数据表如图 3.6(a) 中的 CHAP3-3 的工作表 1 所示。两个变量 W 和 M 分别位于单元格 B2 和 B3。

单元格 B5 中是 W+M 之和，单元格 B7 和 B8 是每张球票卖给维尔沃顿队支持者和曼体卡联队支持者的价格，单元格 B10 和 B11 是卖给两队支持者所得的球票收入，B13 是总的门票收入。开始时，我确定的值为 W = 15 000

和 $M=25\,000$。

这时，你可运用 Solver 程序通过变动 B2 和 B3 来使 B13 最大化，约束条件是单元格 B5 的值不能大于 40 000，B2 和 B5 的值不能为负。如果你从未使用过有约束条件的 Solver 程序，我建议你试一试。

（a）基本数据表

（b）当 $W=15\,000$ 和 $M=25\,000$ 时的离散边际变化

图 3.6 表格 CHAP3-3：维尔沃顿队-曼体卡联队比赛的座位分配问题

说明：为了找到两支球队支持者座位的最优分配办法，我们先建立一个基本数据表（a）。我们可以用 Solver 来解这一问题，改变单元格 B2、B3 的值求 B13 的最优值，约束条件是 B5 小于等于 40 000。或者你可以运用边际分析，将根据基本数据表得出的离散边际值列在表（b）中，然后从中寻找所要结果。遵循的原则是，如果从一组所得的离散边际门票收入低于从另一组所得，就将一张门票从前者所在组移到后者。

除了借助 Solver，我们还可以用边际方法来考虑问题。请读者再观察一遍图 3.6(b)，但看更多的列。D 列给出的是多给维尔沃顿队支持者 1 张球票的边际收益值，E 列给出的是多给曼体卡联队支持者 1 张球票的边际收益值。

请特别注意，在计算 D 列、E 列的离散边际值时没有考虑总座位数的约束。即从单元格 E13 可知，如果体育馆有 40 001 个座位，15 000 个给维尔沃顿队支持者，25 001 个给曼体卡联队支持者，比之于 40 000 个座位时的分配比例

15 000 和 25 000，推销商可多得 10 英镑。

图 3.6(b) 中的其他数据还告诉了我们什么？从边际上来考虑，多分配给维尔沃顿队支持者 1 张票，可使门票收入增加 5 英镑，而多给曼体卡联队支持者 1 张票，可使门票收入增加 10 英镑。很显然，如果体育馆有 40 001 个座位，推销商将最后一个座位给曼体卡联队的支持者，其收入会多一些。

但该体育馆只有 40 000 个座位，所以，问题不是应该将边际座位（marginal seat）分配给哪支球队的支持者，而是在两队支持者之间座位应该依据边际原则进行分配吗？边际门票收入的数字说得很清楚，多给曼体卡联队支持者 1 个座位意味着门票收入增加 10 英镑，而减少维尔沃顿队支持者 1 个座位意味着门票收入减少 5 英镑，所以净得 5 英镑。

在两队支持者间的座位分配有一个收益权衡问题。只要从多给曼体卡联队 1 个座位得到的边际门票收入超过给维尔沃顿队，那么减少后者、增加前者就是合理的做法。反之亦然。**当实现门票收入最大化时，多给曼体卡联队支持者 1 个座位所得到的边际收入必须等于多给维尔沃顿队支持者 1 个座位所得到的边际收入。**

读者也可使用 Solver 来找到答案，或者采用刚刚提出的规则，自己也能从表格中找到答案。不断地增加边际门票收入高的球队的座位，而减少边际门票收入低的球队的座位，直到从两队所得到的边际门票收入相等。

你会发现，使两队边际门票收入相等的座位分配方案是 $W=10\,000$、$M=30\,000$ 或 $W=9\,999$、$M=30\,001$。两种方案的结果相差无几。读者知道如何去找出这一结果，图 3.7 是我得出的结果。注意，从两队所得边际门票收入并不完全相等。从维尔沃顿队所得到的离散边际门票收入反而比从曼体卡联队少 0.000 5 英镑，但这已足够接近了。

66

	A	B	C	D	E	F	G	H
1				W引起的边际变化	M引起的边际变化		多给W1个座位	多给M1个座位
2	W-给维尔沃顿队支持者的座位	10,000					10,001	10,000
3	M-给曼体卡联队支持者的座位	30,000					30,000	30,001
4								
5	总的座位数	40,000					40,001	40,001
6								
7	维尔沃顿队支持者票价	£15.0000					£14.9995	£15.0000
8	曼体卡联队支持者票价	£10.0000					£10.0000	£10.0000
9								
10	从维尔沃顿队支持者得到的门票收入	£150,000		£9.9995	£0.0000		£150,010	£150,000
11	从曼体卡联队支持者得到的门票收入	£300,000		£0.0000	£10.0000		£300,000	£300,010
12								
13	总的门票收入	£450,000		£9.9995	£10.0000		£450,010	£450,010
14								

图 3.7　表格 CHAP3-3：在维尔沃顿队和曼体卡联队支持者之间的座位最优分配

说明：在最优分配情况下，离散边际门票收入（几乎）是相同的。这表明，此时你把 1 个座位从一支队移到另一支队并不会增加门票收入。

现在清楚了，为什么推销商的朋友的建议——采用同一票价——不正确。在两队支持者间采用同样的票价使得每个座位的平均门票收入相等了，这样做符合公平原则，但为了使门票收入最大化，我们需要使边际门票收入相等。

▶ 管理者微观经济学

采用微分法的计算

门票收入由下式给出：

$$R(W, M) = W\left(20 - \frac{W}{2\,000}\right) + 10M$$

边际门票收入由 W、M 对该函数求偏导得到，即

$$\frac{\partial R}{\partial W} = 20 - \frac{2W}{2\,000} \quad 和 \quad \frac{\partial R}{\partial M} = 10$$

因为已经给出的原因，座位在 W、M 之间的替代是一对一的，除非两种边际门票收入相等，否则总的门票收入不可能实现最大化。所以，推销商的问题是解如下方程：

$$20 - \frac{2W}{2\,000} = 10$$

容易得出 $W = 10\,000$。（练习 3.10 对这一问题做了稍难一点的调整。）

最后，就像你在一座浓雾弥漫的山上无法区分局部最高点和整体最高点一样，边际门票收入相等也不能保证答案一定正确。但就目前这个问题而言，我们可运用边际的逻辑来证明我们的答案是正确的。维尔沃顿队支持者的座位的边际门票收入是一个斜率为负的线性函数，也就是说，分配给维尔沃顿队支持者的第 1 个座位的边际门票收入约为 20 英镑，此后开始递减。而分配给曼体卡联队支持者的座位的边际门票收入一直保持在 10 英镑，所以，我们会把第 1、2、3 个座位分配给维尔沃顿队的支持者，而且在分配给维尔沃顿队支持者的座位的边际门票收入降至 10 英镑以前，我们会一直这么做。这时，余下的座位才会分配给曼体卡联队。

也就是说，如果该体育馆的座位数少于 10 000 个，门票的定价函数不变，每个座位都会被分配给维尔沃顿队支持者。如果座位数增加为 11 000 个，10 000 个给维尔沃顿队支持者，1 000 个给曼体卡联队支持者；如果是 12 000 个，10 000 个给维尔沃顿队支持者，2 000 个给曼体卡联队支持者。假如体育馆有 200 000 个座位，也采用同样的门票定价函数，则 10 000 个座位给维尔沃顿队支持者，190 000 个给曼体卡联队支持者。维尔沃顿队支持者得到头 10 000 个座位，根据这样的定价函数，他们再不会获得其他门票，不管体育馆有多大。

小　结

● 在经济学讨论中经常出现边际这个边际那个的说法，主要是由下述两个

原因引起的：

其一，在经济学模型中，行为主体的行为被认为是有的放矢的，对这种行为进行模型化是采用某种一维手段来寻找最大值，如利润和效用的最大值；检验是否达到最优化的必要手段是，在目前状态下不存在边际改进的可能性。

其二，一旦谈到观察各种行为或决策的边际影响，经济学家都知道要认真思考什么是边际影响。

- 离散边际值是所关注的数量值如利润、收益、成本增加一单位引起的变化值。如果运用微分计算连续的边际变化，就是求（偏）导。两种方法所得结果为近似值。在分析时，可采用离散边际方法、电子表格法或微分法。

- 对于只生产一种产品的企业来说，当边际利润为正值或边际收益大于边际成本时，利润会提高，相反，利润会降低。所以，要寻找实现利润最大化的产量，应该使边际利润等于零或使边际收益等于边际成本。

- 一般来说，边际收益并非等于最后销售的那一单位产品的价格，它通常要低于这一水平，这反映了由此引起的收益损失，因为为了增加一单位产品的销售，单位产品价格必须降低。

- 对于生产多种产品的企业来说，利润最大化的原则同样适用。因为当假定其他变量保持不变时，其中一种变量的变化引起的所讨论对象的变化率可用边际变量来表示。边际成本、边际收益代表了总成本、总收益的变化率，而后两项集中展现了企业所有活动的情况。

- 对于离散情况下的最大化问题，你不能借助于微分法，但是边际思维的逻辑和累加效果的方法还是可以采用。

- 对受约束的最大化问题，适用的一般性原则要复杂一些（我们将逐步讨论），但座位分配问题显示，边际思维方式，特别是考虑到不同经济行为的边际贡献可以相互进行替代还是一条可行之路。

练 习

3.1 假设一个企业生产一种产品，每单位产品的售价为 $p = 100 - x/100$，x 是产出水平，总成本函数为 $TC(x) = 200 + 20x + x^2/300$。当利润最大化时，企业的产出水平为多少？

3.2 假设一个企业生产一种产品，每单位产品的售价为 $p = 20 - x/1\,000$，x 是产出水平，总成本函数为 $TC(x) = 5\,000 + 4x$。当利润最大化时，企业的产出水平为多少？

3.3 假定在福雷多尼亚只有一个钢铁生产企业——切克里尼重工业公司（Chiccolini Heavy Industries，CHI），其总成本函数为

$$TC(x) = 10\,000\,000 + 200x + \frac{x^2}{1\,000}$$

x 是每年钢铁产出水平（用吨表示）。如果该钢铁企业在国内销售 x 吨钢，该企业确定的

每吨钢的单价为

$$P(x)=1\,000-\frac{x}{250}$$

世界市场钢铁价格为每吨 375 美元，但由于福雷多尼亚对进口钢铁设置了高得难以置信的关税，所以国内钢铁需求者无法进口钢铁。

（a）CHI 的平均成本函数记为 AC(x)，等于总成本除以产量：

$$\text{AC}(x)=\frac{\text{TC}(x)}{x}=\frac{10\,000\,000}{x}+200+\frac{x}{1\,000}$$

这一函数呈什么形状？当产出率 x 取什么值时，平均成本最小？（运用微分计算或 Excel 的 Solver 程序。如果不知道怎样开始，参考 FREEDONIAN STEEL 表格中的工作表 1。）在这一产出水平上的平均成本为多少？

（b）假定 CHI 决定完全忽略世界钢铁市场而只在国内销售。当 CHI 实现利润最大化时，钢铁产出水平是多少？你可运用微分计算或电子表格和 Solver 来求解这一问题。

（c）CHI 应该出口钢铁？为了回答这一问题，构建一个包括两个变量——国内钢铁销售量和国外钢铁销售量的表格。根据这两个变量计算总成本函数、国内价格、国内销售的收益、国外销售的收益、总收益和总利润。运用 Solver 通过改变两个变量来使总利润最大。如果你喜欢，可以用微分计算来完成，但这个问题最好先采用电子表格计算。如果你觉得有难度，参照 FREEDONIAN STEEL 表格中的工作表 3。

（d）在问题（c）中，你将会得出结论：CHI 确实需要向国外销售钢铁。为了解决这一凭经济直觉得出的结论，运用你在问题（c）中建立的表格，并且增加与两个变量相对应的两列，一列是边际收益，一列是边际成本（也可参见工作表 4）。运用这个表的经济学逻辑解释：在国内销售的价格要高于国际市场，甚至 CHI 的每单位产品的平均成本从没有低于 400 美元的情况下，CHI 为什么要出口钢铁。

70　　**3.4**　请看谜团 1，体育场馆的建造者对 25 个豪华包厢可以按每个 100 万美元售出，而建造成本只有 30 万美元。假定按照法律要求，建造者销售所有豪华包厢的价格必须相同，为了卖出 26 个包厢，他必须把价格定为 95 万美元。建造者销售 25 个包厢赚钱多，还是销售 26 个赚钱多？

3.5　在图 3.8 中，我们看到的是只生产一种产品的企业的边际利润函数。这个企业的利润函数呈何形状？假定当产量为零时，利润也为零。（为什么最后一句说明非常重要？）

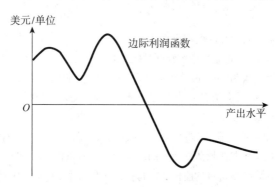

图 3.8　练习 3.5 中的边际利润函数

3.6　在图 3.9 中，我们看到的是只生产一种产品的企业的边际收益函数和边际成本函数。

你认为何处是企业利润最大化时的产出水平？为什么这样认为？（假定在产量为零时，总收益和总成本为零。这个假定有必要吗？）

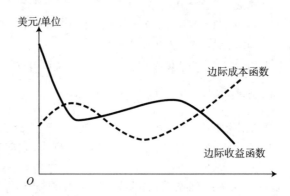

图 3.9　练习 3.6 中的边际收益函数和边际成本函数

3.7　（对成本核算感兴趣的人选做。）在我们举出的简单例子中，为什么对全部成本分摊不予重视，而且一般性管理费用在所有产品类别中平等分配？你可能已经想到这里有问题，因为这显然使得生产销售小的产品不受重视，它们承担了不相称的管理费用。因此，我们假定管理费用按每类产品的收益比例来分摊。也就是，如果甲带来了 100 美元收益，乙带来了 200 美元收益，丙带来了 300 美元收益，那么，固定成本按 1∶2∶3 的比例分摊到三类产品上。这种更为复杂一些的管理费用分摊办法能解决我们此前提出的问题吗？（提示：如果这样分摊管理费用，按照我们此前的数据会发生什么？）

3.8　（本题是正文中幻象凳-键盘凳问题稍难一点的版本。）假设 x_p、x_q 表示企业幻象凳和键盘凳的销售数量，两种产品的反需求函数为

$$P_p = 100 - \frac{x_p}{100} - \frac{x_q}{400}$$

$$P_q = 80 - \frac{x_q}{50} - \frac{x_p}{200}$$

总成本函数为

$$TC(x_p, x_q) = 300 + 20x_p + 10x_q + \frac{(3x_p + x_q)^2}{1\,200}$$

求利润最大化时的产出率。

3.9　一个企业生产经营两种摇头娃娃，红色娃娃每个售价为 $20 - x_r/1\,000$ 美元，蓝色娃娃每个售价为 $17 - x_b/2\,000$ 美元。假设该企业卖出了 x_r 个红色娃娃、x_b 个蓝色娃娃，生产 $x = x_r + x_b$ 个娃娃的总成本为 $4x + 2/4\,000$ 美元。当利润最大化时，企业应生产和销售红、蓝两色娃娃各多少个？

3.10　(a) 假定体育馆座位问题的数据做如下调整：体育馆能容纳 30 000 人，W 表示的是分配给维尔沃顿队支持者的座位数，每张票售价为 $20 - W/2\,000$ 英镑；M 表示的是分配给曼体卡联队支持者的座位数，每张票售价为 $24 - M/3\,000$ 英镑。要使门票收入最大，如何分配座位？

(b) 如果你喜欢挑战，假定体育馆能容纳 60 000 人，而非 30 000 人，答案又将如何变化？

3.11 在练习 3.8 中，面临的约束为 x_p 和 x_q 之和不能大于 2 000。即使你懂得拉格朗日乘子法暂时也不要用，请试着用边际分析的逻辑来解这一问题。

3.12 3.5 节中幻象凳-键盘凳一例可被用来讨论管理会计核算问题，其中核算数据被多个子公司使用。假设讨论的企业有两个子公司——幻象凳公司和键盘凳公司，假定最高管理者精于管理会计核算，当评价两个子公司的绩效时，除了了解 1 000 美元固定成本分配之外还知道得更多。所以，当他在评估幻象凳公司如何运营时，会用从幻象凳得到的收益减去生产幻象凳的可变成本，即 $10x_p$ 美元，对键盘凳也会这样。假定生产幻象凳和键盘凳数量的多少最终由子公司的负责人来决定，后者的目的是使他们自己所管辖子公司的利润最大。这会引发什么问题? 对此并没有绝对的答案。因为这涉及两个子公司管理者之间的相互影响，它涉及的技巧我们在第 21 章才会遇到。请尽你最大的努力找到这种分散决策背景下的原因。请注意，子公司的利润等于其自身的收益减去自身成本的想法是有问题的。

第4章 需求函数

在对后面 7 章内容做了一些简要介绍之后，本章将集中讨论需求函数，因为它们与追求利润最大化的企业密切相关。我们将首先从总体上对需求函数进行讨论，然后转向本章的核心内容：**弹性**（elasticity）及其在经济学模型中的应用。

上一章前半部分采用的模型——关注的是一个幻象凳制造商——建立于几个重要的微观经济学原理之上：

- 企业有权决定生产和销售多少单位的产品。
- x 单位产品的制造和销售成本由**总成本函数**（total cost function）$TC(x)$ 给定。
- 销售 x 单位产品得到的收益由**总收益函数**（total revenue function）$TR(x)$ 给定，也可反过来用产量 x（如果能全部售出）与得到的产品价格 $P(x)$ 相乘来得到。
- 企业要根据利润最大化目标来确定 x，或 $\pi(x) = TR(x) - TC(x)$。

假设企业有三个职能部门：对于每一可能的产量 x，运营部门要决定如何用最有效的成本生产 x，这就决定了 $TC(x)$；营销部门销售产品要尽可能多获得收益，这就决定了 $TR(x)$；最高管理者通过向运营部门和营销部门了解情况，掌握了 TC 和 TR，然后决定利润最大化的产量 x。

如果你能用这样超级简单的方式来分析一个企业，你就掌握了后面 7 章的大致脉络。营销是本章及随后 3 章的研究主题。而且在本章，营销部门也被做了简化处理，企业用一个价格销售其所有产品。我们在第 5 章讨论了产品最终到达消费者之后，在第 6、7 章我们才会讨论一些有创造性的营销安排。在这些章节，我们对企业的运营部门做了简化处理，即设总成本函数为线性的，即 $TC(x) = kx$，其中 k 为常数，代表企业的边际成本。在第 8、9、10 章三章，我们将对运营做进一步的探讨。

这样，仅剩下最高管理者了，他们要决定利润最大化时的 x。**这一模型合理地反映了现实生活中企业的行为吗？** 阅读本书的许多读者可能已在实际企业

中工作了多年，我大概了解大家的疑问是什么。这并非说现实的企业或它们的

高级管理者就是这样做的。或者，如果你想听一听最高管理者是如何说的，我将引用约翰·里德（John Reed）的观点。此君是花旗银行总裁，当花旗银行与旅行者集团（Travelers）合并后，他是花旗集团的总裁。作为一名银行家，他能观察到许多与花旗有业务往来的企业的运作。他提出如下观点：

> 经营的目标是建立长久的、不断成功进取的企业……我的许多同事和我逐渐认识到，利润并非我们需要的坚定目标所依，事实上，我们正在追求的比这要丰富得多。①

在了解了里德的观点以及大多数管理大大小小企业的企业家的看法后，经济学家们在对企业模型化时，仍认为它们是追求利润最大化的行为主体，它们的决策者天生就神奇地知道他们的企业能做什么，并且具有实施决策的惊人天赋。这又如何理解呢？

- 当适用于现实世界时，这一假设就不像看上去的那样滑稽不可信了。在现实世界中，对于已存活多年的企业来说，利润最大化意味着股权价值最大化。说得夸张一点儿，最高管理者把股权持有者利益最大化看作"高"于一切的目标，至少在美国是这样。大家一致的看法是，管理者对股票持有者的股权增值倾注了极大的热情。

- 即使管理者并不是有意去实现利润最大化，他们的行为也可近似看作如此。这种"实证经济学"辩解说，经济行为人是否有意像模型设定的那样去做并不重要，重要的是他们的行为与模型的预测是否相符。让我们做一个典型的类比［就我所知，这个类比是由米尔顿·弗里德曼（Milton Friedman）最早提出的］：一棵树在春天生成它的叶冠，在考虑树叶生成代价时并没有解决尽最大可能暴露在阳光下这一复杂难题。尽管这是典型的简单加总问题，但这一异常复杂的最优化问题还是大大超过了普通树木的能力。但是，树的叶冠的形成作为一种最好的近似解决了这一问题。把树形象地模型化为"受约束情况下最充分暴露于阳光下的行为者"在预测树的叶冠方面做得相当不错。同样的道理也适用于企业和其管理者。约翰·里德们可能没有有目的地去实现利润最大化，他们也可能认为这已超过了他们的能力所及。但是，你可以问一下约翰·里德（没有丝毫冒犯之意），他是否认为一棵树知道它正在最充分地暴露于阳光之下？

75 　　树木的发育呈现出的这一方式与进化压力有关。一棵树如果能生成良好的叶冠，将可能会产出更多的籽，从而有更多的"后代"。同样，我认为利润最大化是一个企业行为的良好模式，也是因为考虑到企业所受的竞争压力。盈利能力强的企业一般也能吸引更多的资本，成长得也

① 引自 "Citigroup's John Reed and Stanford's James March on Mamagement Research and Practice," *Academy Management Executive*，Vol. 14，No 1.，2000。

更迅速。一个未能充分实现盈利的企业是被接管或并购的对象。如果管理者愿意仿效盈利更多的同行的行为，结果就像是自然选择中青睐利润最大化行为一样。

最后，实证经济学的辩护建立在有力的实证检验证据之上。由于利润最大化假设的重要性，对此进行的实证检验引起了极大关注，一项对实证研究大致合理可信的综述报告已完成，所得数据总体上支持利润最大化假设，从而与现实世界相吻合。

- 最后一个辩护理由是：从多个目标来看，具体的管理目标对于我们从模型中所得出的结论来说并不重要。即使管理者不追求利润最大化，他也有兴趣来增加利润和降低成本。或引用里德的话说就是，"利润和股票市盈率之类的事情对企业成功生存和发展意义重大"。在我们的模型中，假定利润最大化是企业管理者单一的、坚定的目标虽然有些牵强，但是当我们试图去解释差别化定价的做法如何增加收益（第7章）、经验曲线如何影响产出水平（第10章）、暗中串谋的机理（第22章）之后，即使增加利润只是管理者的目标之一，我们得出的结论也仍然成立。我们的一些结论——特别是与第12章和第13章讨论的市场效率相关的结论——在很大程度上要依赖于利润最大化假设，我们要注意结论及见解与假设的内在联系。但是，管理者最感兴趣的一些结论通常不会有问题。

这一讨论并没有结束，特别是当我们在第24章再次对企业概念进行经济学解释后，我们对企业模型及其行为的理解会更贴近实际。但是，眼下尽管知道有缺陷，但我们仍然坚持利润最大化这一简化的企业理念。

4.1 需求和反需求函数

76　　　需求函数表示的是在每一价格上人们对一种产品的购买数量，我们用符号$D(p)$来表示。通常其图形表示像第2章图2.1的供给等于需求图那样，价格标示在纵轴上。

在第3章，我们讨论了包含同样意思的不同类型的需求函数。在那里，需求函数通常被表示为$P(x)$，表示的是如果销售x单位的某种产品，每单位产品的价格为多少。典型图形是数量变量标示在横轴上，价格也就是函数值标示在纵轴上。

这些函数的图形如果是指同样的产品市场，画在页面上看上去是一样的。如果需求函数是当价格为13美元时销售量为4 000单位，那么，当销售量为4 000单位时销售价格为13美元。从数字上讲，两个函数互为反函数，所以$P(x)$被称为**反需求函数**（inverse demand function）。

- 当我们说需求函数和反需求函数画出来的图是一样的时，这并不意味着它们是同样的函数。它们互为反函数。对于以价格作为因变量的需求函数，经济学家们也习惯将价格标示在纵轴上，所以它们才看上去一样。

● 因为需求函数是可逆的，所以，我们应该知道一个价格水平不能对应两个不同的需求水平。对反需求函数也是这样，一个需求量不可能对应两个价格水平。只要我们假定需求和反需求都是减函数——价格水平越高，需求量越低，反之亦然——两种函数就都是可逆的。

● 在我们讨论的模型中，我们一直在做代数式的可逆运算。即对一个市场来说，如果需求函数为 $D(p)=1\,000(105-p)$，那么这个代数式变为反需求函数就为 $P(x)=105-(x/1\,000)$。同样，如果对某产品市场来说反需求函数为 $P(x)=12-0.002x$，我想你也能毫不费力地得出该市场的需求函数为 $D(p)=6\,000-500p$。

一个企业面对的需求和一个行业面对的需求

一般情况下，对需求函数概念的使用有两种不同的方式，它既可以指整个行业面对的需求，也可以指行业中一特定企业面对的需求。例如，我们希望讨论美国的汽车需求，但有时我们也可能讨论同一时期通用汽车公司面临的需求。对于一个行业只有一个企业的情形来说，二者没有区别，我们称该行业和这个唯一的企业为**垄断者**（monopoly），但在由多个企业组成的行业中，这种区别就很重要。

77

一般情况下，对于同样的价格变化，一个企业面对的需求相对于一个整体行业而言，反应比较敏感。假定每个手提电脑制造商都把价格提高比方说10%，对手提电脑的需求将会下降。但如果其他厂商的产品价格保持不变，而戴尔计算机提价10%，则对戴尔手提电脑的需求下降会更多（就比例而言）。

差异化产品和同一化产品

从行业范畴定义的需求暗含的假定是，销售的产品和确定的价格在各生产企业中高度统一。由于计算机产品种类甚多，我们从不讨论作为整体的计算机行业的需求函数，我们把对 Wintel（Windows-Intel）的台式电脑和手提电脑的需求作为计算机行业的需求函数的代表，尽管相对于种类繁多的计算机行业，这有些夸张。

这些想法也适用于生产一种类型的产品，但针对各种具体需要又有多个型号、质量的差异化产品的一个企业。例如，本田公司销售不同车型的汽车，或同样类型的车，但发动机功率、悬挂形式、外形不同。本田公司的思域车和先驱车（Prelude）的销售市场并不相同，我们不会把两者写成一个需求函数。

当一种产品可以用多种型号销售时，如果买者能区分清楚各产品而不会把它们看成完全的替代品，这种产品就是**差异化**（differentiated）产品。如果买者对企业销售的不同产品不能清楚区分，或多或少地把它们看作同一产品或完全替代品，则这种产品被称为**同一化产品**（commodity）。

尽管明白了我刚说的意思，有时把差异化产品看成是一种商品对于建模来说更有意义。例如，在第1章和第2章，在我们构建通用汽车公司生产的轻卡模型时，尽管其中包括面包车、微型面包车、标准皮卡、平装皮卡以及通用汽车公司多个分厂生产的各种轻型车，但我们把它们都看作是一种普通的轻卡，用一种需求函数来概括。根据他们的销售目标，通用汽车公司的市场营销人员几乎肯定会认为这太过简单，但只要我们的目的是从定性角度探究什么因素决定着通用汽车公司不同赠券项目的花费成本，这样的假定就足够了。对这种模型做出灵活的处理并非一朝一夕能做到，但是当分析的目的只是从直觉上寻求一些见解时，就越简单越好。弄清楚第1章、第2章中的电子表格模型计算中的内在机理，显然非常难以做到。如果我们从一个考虑到了通用汽车公司各种类型轻卡的模型开始，难度就更大了。

竞争性企业和对市场有控制能力的企业

特别注意，在商品市场中，行业面临的需求和一个生产者面临的需求差异是非常大的。例如，整个行业对从波斯湾到北欧的原油现货航运的需求（即期）对价格并不敏感。航运到炼化厂的成本在原油的整个成本中所占比重并不大，当寒流袭击北欧、取暖油库存快速减少时，炼化厂愿意支付把原油从波斯湾运到炼化厂的任何市场要价。但是，拥有并经营所谓巨型原油运输油轮（VLCC）的众多经营者提供给现货航运市场的运输服务几乎没有什么差别，经纪人（撮合供求的人）拥有发达的网络资源，对可用的VLCC的信息了如指掌。所以，对于从事现货运输的小型船主，由于只拥有小型的储油油轮，所以面临着激烈的竞争。而对于单个油轮的经营者来说，如果其要价低于竞争对手，他能装满可用的所有油轮。但如果他的要价比竞争对手高，他的油轮将接不到业务，只能在波斯湾中毫无目的地游荡。

总之，VLCC的拥有者是**价格接受者**（price taker），市场的现行价格是由整个行业的供给和需求力量共同决定的。单个经营者要么在这一价格水平上经营，要么无事可做。用经济学语言来说，当一个行业的所有人都是价格接受者时，我们就说那个行业是**竞争性的**（competitive）或**完全竞争性的**（perfectly competitive），在这个行业中的企业也是完全竞争性的。

这是日常语言和经济学语言有差异的地方之一。当一名新闻记者在报道一个公司时，说它在新技术上投入巨资，已经在世界市场上具有很强的竞争力时，他并没有包含该公司已失去对自己产品的定价控制能力的意思。可是，当一名经济学家说一个市场已经变得竞争程度越来越高时，他的确切含义是，这个行业的企业正越来越成为价格接受者而非价格制定者。

一个企业如果能根据产品产量来选择价格，而产品销售数量又由需求函数决定，那么，这种市场就被称为**非完全竞争**（imperfectly competitive）市场，或说企业有能力控制市场。这里的差异比非此即彼的简单分类的内涵要丰富得多。苹果计算机公司在提高 Macintosh（简称 Mac）计算机的价格后，并不会引起需求的大幅下跌，因为消费者认为 Mac 计算机与标准的 Wintel 计算机有很大的不同。享有一定声誉的 Wintel 品牌机（如戴尔计算机）的制造商对市场的控制能力尽管逊于苹果公司，但仍有一定的控制力。东亚地区制造普通 Wintel 型计算机的生产厂商已接近于竞争状态。

完全竞争企业，即对市场没有丝毫控制力的企业的概念，是经济学的一个重要的抽象假设。用规范的经济学语言来说，这样的企业面临的是一条不变的反需求曲线，$P(x) = p_m$，p_m 是市场确定的价格，图形如图 4.1 所示。这一函数没有反函数（也就是把图 4.1 旋转 90°后显然就不能代表一个函数了），所以，完全竞争企业没有需求函数。

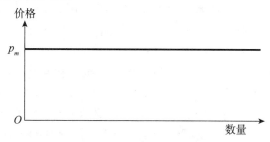

图 4.1　完全竞争企业面临的需求曲线

说明：完全竞争企业不能根据自己的产品来变动价格，它面对的是市场价格 p_m，在此价格下，它能卖出任何想卖出的数量。它的反需求函数保持不变，$P(x) = p_m$。

供给函数（supply function）是供给等于需求的关键所在。供给函数是指一个行业的供给数量是市场现行价格的函数。这种关系仅仅对完全竞争企业才有意义。在第 11 章之前，我们假定企业都不是完全竞争企业，我们也不坚持供给必须等于需求。但在第 11 章，完全竞争企业成了故事的主角，第 2 章的理念再次成为核心假设。

对市场有控制能力的企业是选择价格还是选择产量？

完全竞争企业完全没有能力影响产品销售价格，它只能选择产出水平或产出率。那些有能力影响市场的企业又会怎么样呢？它们是选择价格还是选择产量？根据需求函数，许多人想当然地认为这种企业先选定价格，然后根据价格选择销售数量。

就像我们在一些简单模型中所做的那样，如果我们假定企业知道对自己产品的需求函数，也就等于说企业选择自己希望的销售量，然后据此调整价格。大概最能为人接受的说法是，对市场有控制能力的企业会沿着需求/反需求函数来选择价格和产量的组合。在选定价格或产量后，也意味着选定了另一个，所以，两者事实上也就同时选定。

当讨论这些简单模型时，你拥有如下选择：你可以把数量作为主导变量，将利润看作产量函数，然后通过 Excel 或微分方法求出最大值；你也可以把价格作为主导变量，将企业选择的利润或收益和成本表示为价格的函数，然后求最优值。只要你能仔细选择其中一个相应变量，不管用哪种方法都能达到目的。练习 4.1 用两种方法来求解利润最大化问题，从中可以看出答案是相同的。

价格和产量哪一个更好一点呢？这是一个从代数式计算方便与否方面考虑的问题。出于多种考虑，典型的做法是选择产量。所以，**总收益**（total reve-nue）、**总成本**（total cost）、**边际收益**（marginal revenue）、**边际成本**（mar-ginal cost）总是表示成企业销售数量的函数。

单位选择问题

当小麦价格为每蒲式耳 4.00 美元时，需求为 400 万蒲式耳。这句话是什么意思？大概唯一明确的事情是每蒲式耳小麦用美元表示的价格。当我们使用小麦一词时，我们必须界定清楚市场的地域范围和讨论的时间区间。

- 小麦有不同种类和不同的等级。在经济学模型中，我们通常进行简化，把小麦看成是一种复合的商品。出于应用方面的考虑，这种简化处理是非常有意义的让步，在分别处理不同类别小麦的问题时也很有必要。而且，今日交割的小麦与 6 个月后交割的小麦并不相同，这就区分开了小麦市场的现货交易和期货交易。
- 不管是对单个企业的需求还是对整个行业的需求，通常都受制于地域的限制，如对美国小麦的需求或对加利福尼亚小麦的需求。如果将需求的地域定义得非常狭窄［如帕洛阿尔托（Palo Alto）］或非常宽泛（如全世界范围内），意义就不大了，因为对前者来说，在帕洛阿尔托的需求会受到邻近城市门洛帕克（Menlo Park）的需求的很大影响，而在后者情形下，全球范围内很少会形成同一价格。但是对一些商品，如原油，说全世界范围的需求却是经常和自然而然的事。
- 需求有时也受制于买者所在的不同组群。一名电气产品制造商可以考虑家用、商用和行业等对电气产品的不同需求。针对消费者的营销，企业可按人口的不同特征来分解需求，如按不同年龄、不同性别、不同家庭收入等来区分。
- 时间必须具体。对于每蒲式耳 4.00 美元的小麦的需求是指一天、一个星期还是一个月的时间？

对于本书的绝大部分模型，我们很少会把一切事情都定义得这么具体，主要是因为我们构建的模型通常是具有解释意义而非针对现实世界。但是，在有些情况下，当我们要讨论现实世界时，我们就要说得具体一些，你也会发现，说比做容易得多。

其他条件不变：什么被设为不变呢？

需求函数表示的是作为价格的函数的对某种产品的需求如何随着价格水平

的变化而变化。但是，需求数量变化的决定因素除了价格之外，还有许多：对小麦的需求还受到替代品如玉米和大米价格变化的影响，在一定程度上也受到经济运行状况变化的影响；对雪佛兰车的需求受到福特车、本田车价格的影响，在很大程度上也受到经济运行状况的影响；对 Mac 手提电脑的需求造成影响的有：其他与 Mac 兼容的手提电脑价格、Mac 台式电脑价格、其他（Wintel）手提电脑价格，以及消费者对未来 18 个月 Mac 手提电脑价格的预期。

当我们运用需求函数时，我们要考虑在许多决定总的需求量的因素中一个变量变化对需求的影响。为了做到这一点，我们不得不想办法处理其他变量取值的问题。经济学家通常念的咒语是 ceteris paribus，这一拉丁语词组的意思是"其他条件不变"，即把其他影响变量固定在某一水平值上。不要认为美国下个月对 Mac 手提电脑的需求函数仅有一个，事实上是由其他变量作为参数值的一组函数。

其他条件不变，说来容易，但做起来却并非如此。例如：

- 当我们构建对美国航空公司（AA）从芝加哥飞往旧金山的航班的需求函数时，对该条飞行线路我们认为美国航空公司应如何定价呢？我们可以假定美联航 * 的票价不变。但是当我们构建对美国航空公司的需求函数来决定价格时，如果美国航空公司的管理者认为美联航将会对美国航空公司的任何减价措施做出回应，那么，对美国航空公司的相关需求应该考虑到美联航的价格回应。

82

- 对 Mac 计算机的一种新产品的需求受到消费者对不远的将来 Mac 产品如何定价的预期的影响。如果苹果计算机今天大幅降低价格，消费者有可能预期未来价格会下降得更多，这自然会压低现在的需求。苹果计算机今天的价格政策影响到消费者的预期，所以，在构建今天的需求函数时，假定预期不变就没有意义了。

- 当我们从整个市场的角度构建对小麦的需求函数时，我们也应该认为玉米现在的价格固定不变吗？在你做出肯定回答前，我又提出第二个问题：我们是否也应该假定玉米的供给不变？原因是，如果你改变了小麦的价格，你就无法保持玉米的价格和供给不变。如果说小麦的价格下跌，对玉米的需求也应下降。如果玉米的供给不变，其价格就必须下降；如果玉米的价格不变，其供给就必须下降。所以，当我们构建对小麦的需求函数时，我们应该保持玉米的价格不变还是供给不变呢？

上述情况没有一个能简单处理。在美联航和美国航空公司一例中，经济学家们通常在需求函数中明确地包含两种价格，并运用第 20 章至第 23 章讨论的技术手段来分析竞争的相互作用。在第二例中，管理者将向市场营销专家讨教，看一看苹果计算机在消费者中的声誉如何，他们又会怎样解释今天的价格变化。在构建对小麦的需求函数时，如果考虑的是短期，保持玉米供给不变要好一些；如果进行长期分析，假定玉米价格不变要好一些。对这些建议，在没

---

* 美国航空公司的竞争者之一。——译者注

有弄懂基本意思时，不要大惊小怪。你知道许多经济学家会采取其中一种做法。现在重要的是记住，当你听到经济学家们说保持"其他条件不变"时，不要再把这认为是小事一桩。

需求曲线向下倾斜吗？

事实上，在本书讨论的每一个例子中，需求曲线都是向下倾斜的：价格越高，需求量越少。（对于完全竞争企业来说，需求函数无法定义，反需求曲线是一条直线。）假定需求曲线向下倾斜使得分析在几个方面变得轻松起来，例如，当需求曲线向下倾斜时，我们可以将需求函数和反需求函数互换来使用。但我们并不想只被一种传统的分析思路所引导。

83 难道需求曲线真的向下倾斜吗？许多经济学家的回答是，一般情况下是这样，但也可能存在需求曲线向上倾斜的情形，至少在某一价格范围内会发生这样的现象，特别是当我们考虑的是一个购买者的需求或人口中一部分人的需求时。当购买者对所购物品的质量无法确定，并且认为价格显示出了质量的一些信息时，就会出现需求曲线向上倾斜的情况。一个并不直接但很重要的例子就是金融证券（如股票）：如果某一公司的股票价格上升，投资者会马上注意到，一些人认为一定有关于公司的利好消息，所以需求增加了。当然，在某一价格上，这种情形（指向上倾斜的需求曲线）并不会延续下去，但存在的可能性还是有的，至少有时是这样。价格上升、需求增加尤其会发生在信息不灵通的投资者身上。

对这种可能性要仔细考虑，特别是在证券市场上更要当心。但在本书下面的内容中，我们遵循经济学的传统，假定需求曲线向下倾斜。

4.2 企业知道对其产品的需求函数吗？

在前面几页内容中，我们假设利润最大化的企业根据需求函数来决定其产品价格和产出水平。但是在现实生活中，当企业这样做的时候，它们真能发现它们面对的需求函数吗？

说得明白一点，没有哪一个企业会发现像我们假定的需求曲线模型中的那些精细的数学模型。富有经验和悟性的管理者会大概估计出如果把价格提高或降低一定水平，其产品销售会改变多少。换句话说，他们大概知道围绕目前的定价，需求函数是怎么样的。但是，离开他们熟悉的价格区域越远，他们知道的就越少。通用汽车公司大概知道如果价格提高或降低 1% 左右，其汽车销售量会变化多少。但是，当价格变化 20% 时，就很难猜出销售量会变化多少了。

对于要对大量消费者进行大规模营销的企业来说，在构建需求函数时，在猜想之外还要做很多工作。这些企业可以对它们面对的需求进行系统的统计估计，它们可以通过多种手段来收集数据，一些企业从消费者中选取几组调查对象来询问一些假设的问题。例如："如果我们的产品定价为 X，你会购买多少？如果定价为 Y，你又会购买多少？"或者不仅是看消费者对一些假设问题的反应，企业还可用产品在市场中进行实验，在某一区域的销售采用一种价格而在另一区域采用另外一种价格。

因为两项技术的进步，这种市场营销实验变得容易多了。第一项进步是超市的扫描设备，它们记录并对每个消费者数据进行分类储存，特别是记录了具体哪类消费者购买了什么；第二项进步是互联网和互联网销售。例如，亚马逊公司——一个网络售书公司，非常想知道对某本书来说，如果在目前价格上大幅降低价格，需求会做出什么反应。亚马逊公司可以方便地在网络上随机地给出不同价格。对第一个消费者按正常标出的价格销售，对第二个消费者按折扣价格销售，随后对销售结果进行统计分析就能得到想要的结论（见练习 4.15）。

最基本的问题是，企业虽然不知道它们面对的需求函数是怎么样的，但是它们通常知道需求在它们已有的定价附近怎样变化，所以，它们至少可进行边际分析。

4.3　弹性理论

经济学家们通常用弹性一词来描述一个变量对另一个变量变化的反应程度。在本章，我们只讨论需求弹性：

一个需求函数 $D(p)$ 在一个给定的价格水平上的需求弹性是指当价格变化 1% 时，需求量变化的百分比。

用离散变化来计算弹性

上面的说法有些拗口，我希望能用一个公式说清楚。让我们从需求函数 $D(p)$ 和价格 p_0 开始。假设 x_0 是要开始讨论时的需求量，即 $x_0 = D(p_0)$。

- 如果价格变化很小，从 p_0 变到 $p_0 + \Delta p$，价格变化的百分比为 $100\% \times \Delta p / p_0$。
- 当价格变化到 $p_0 + \Delta p$ 时，需求量变化到 $D(p_0 + \Delta p)$。需求量的变化为 $\Delta x = D(p_0 + \Delta p) - x_0$，需求量变化的百分比为 $100\% \times \Delta x / x_0$，弹性是需求量变化百分比与价格变化百分比的比率。约掉百分号用 $v(p_0)$ 表示价格为 p_0 时的需求弹性，可得

$$v(p_0) = \frac{\Delta x / x_0}{\Delta p / p_0}$$

我们也可以用反需求函数 $P(x)$ 来讨论需求量为 x_0 时的需求弹性，同样也

是当价格改变1%时，需求量变化的百分比。用$\hat{v}(x_0)$来表示需求弹性，其公式就像上面所示。

这样就提出了4个问题：

（1）如果$\hat{v}(x_0)$的公式与$v(p_0)$的公式完全一样，那么$\hat{v}$上的帽子上标是什么意思？

（2）当很小的价格变化（Δp）为多大时，才有意义？

（3）为什么我们要用变化百分比的比率来表示？

（4）这样做有什么好处吗？

要回答这些问题可能得用几页纸，让我一步步来。例子最容易理解，也最能清晰表明事情发生及发展的经过。假定需求函数为$D(p)=1\,000(20-p)$，初始价格$p_0=15$，相应的需求量$x_0=1\,000(20-15)=5\,000$。为了找出由这一需求函数决定的各种价格与需求量组合情形下的需求弹性，我们可以计算价格稍有不同情况下的需求量变化。例如，我们可以把价格提高到15.30，这时需求量为$1\,000(20-15.30)=4\,700$，价格变化了0.30，即在15的基础上上涨了2%，而需求量从5\,000降至4\,700，即在5\,000的基础上下降了6%。这样，与这一需求函数对应的需求弹性，在价格和需求量的这组对应值下为$-6\%/2\%=-3$。

● 我们正在运用的方程的构成要素有$p_0=15$，$q_0=5\,000$，$\Delta p=0.30$，$\Delta x=-300$，所以，根据公式计算得

$$\frac{-300/5\,000}{0.30/15}=\frac{-0.06}{0.02}=-3$$

● 弹性为负。p_0和x_0两者都为正，但因为需求曲线向右下方倾斜，所以Δx的符号与Δp的符号相反，一个为正，另一个为负。

● 我们也可以从最初的需求量$x_0=5\,000$开始，反需求函数为$P(x)=20-x/1\,000$，由此可得相应的价格水平为$20-5\,000/1\,000=15$。我们也可以选择改变需求量，从5\,000变为4\,700，$\Delta x=-300$，与之相对应的价格变化为$\Delta p=(20-4\,700/1\,000)-15=15.30-15=0.30$。这样，我们运用公式得到与上面相同的需求弹性值$-3$。

86

$\hat{v}$之上的帽子符号代表着什么？弹性是需求函数在具体的价格-需求量组合下表现出的特性之一。在保持价格不变情况下，当我们要说明价格与需求量之间的关系时，我们用$v(p)$表示，没有帽子符号；在保持需求量不变情况下，当我们要说明价格与需求量之间的关系时，我们用$\hat{v}(x)$表示。但是对于给定的需求函数和由其规定的价格-需求量组合(p_0,x_0)，需求弹性是同一码事。或者用符号表示就是如果$x_0=D(p_0)$，那么$v(p_0)=\hat{v}(x_0)$。在这一具体例子中，$v(15)=\hat{v}(5\,000)=-3$。

在计算弹性时，当价格变化值Δp非常小时，有什么关系吗？还用同样的需求函数和同样的初始价格$p_0=15$开始讨论，但假定价格只变化到15.15、15.03或14.70。这会改变我们在一般意义上定义的弹性，但在这个例子中没有多少影响。为了看清这一点，我们把弹性公式变形写成如下形式：

$$\frac{\Delta x/x_0}{\Delta p/p_0} = \frac{\Delta x}{\Delta p} \times \frac{p_0}{x_0}$$

在这个例子中，分数 $\Delta x/\Delta p$ 的值不变，因为需求函数是线性函数，但是对于非线性的需求函数，当 Δp 变化时，这个比率会随之变化。

用微分方法计算得到的弹性公式

我们已经说过，只要需求函数在价格 p_0 上的变化是平稳的，即使 Δp 很小，你选择什么样的值也都没有问题。原因是当 Δp 的值很小时，$\Delta x/\Delta p$ 接近于 $D'(p_0)$，即需求函数在 p_0 处的导数。所以，如果需求函数能给出一个算式，你就可以在 p_0 点上求导。你不必为价格或需求量变化太小而感到手足无措，相反，可用下式：

$$v(p_0) = D'(p_0) \times \frac{p_0}{x_0} = D'(p_0) \times \frac{p_0}{D(p_0)}$$

例如，如果需求函数为 $D(p) = 1\,000(20-p)$，那么 $D'(p)$ 是常数 $-1\,000$，所以，当 $p=15$ 时，需求弹性为

$$-1\,000 \times \frac{15}{5\,000} = -3$$

或者你也可以写成反需求函数 $P(x)$，而不一定是需求函数 $D(p)$ 的形式。将 $\hat{v}(x_0)$ 变形为

$$\hat{v}(x_0) = \frac{\Delta x/x_0}{\Delta p/p_0} = \frac{1}{\Delta p/\Delta x} \times \frac{p_0}{x_0}$$

87 当 Δx 的值很小时，$\Delta p/\Delta x$ 接近于 $P'(x_0)$，即反需求函数在 x_0 处的导数。因此

$$\hat{v}(x_0) = \frac{1}{P'(x_0)} \times \frac{p_0}{x_0} = \frac{1}{P'(x_0)} \times \frac{P(x_0)}{x_0}$$

例如，对于反需求函数 $P(x) = 20 - x/1\,000$，当 $x_0 = 5\,000$ 时，对应的价格为 15。对反需求函数求导得到常数 $-1/1\,000$（得到常数是因为反需求函数是线性函数），根据公式有

$$\hat{v}(5\,000) = \frac{1}{-1/1\,000} \times \frac{15}{5\,000} = -1\,000 \times \frac{15}{5\,000} = -3$$

总之，弹性的基本定义为：当需求函数和由其决定的价格-需求量组合给定时，需求量变化百分比与价格变化百分比的比率。弹性既可表示为价格的函数 $v(p)$，也可表示为需求量的函数 $\hat{v}(x)$。为了计算弹性，你可以使用离散变量的公式或者需求函数导数和反需求函数导数的两个公式。这些公式写在一起为

$$v(p_0) = D'(p_0) \times \frac{p_0}{D(p_0)} \approx \frac{\Delta x/x_0}{\Delta p/p_0} \approx \frac{1}{P'(x_0)} \times \frac{P(x_0)}{x_0} = \hat{v}(x_0) \qquad (4.1)$$

其中隐含的意思是 $D(p)$ 和 $P(x)$ 互为反函数，价格-需求量组合 (p_0, x_0) 位于给定的需求/反需求函数上。注意，在开始和结束时，我使用了等号，但在中间使用的是约等号。一般来说，需求弹性一词当在精确意义上使用时用微分计算公式，而使用离散数据只给出了弹性的近似值。Δp 和 Δx 的值越小，近似程度越好。

变化的弹性与不变的弹性

我们还有两个问题没有回答：为什么要用变化百分比的比率来表示？这样做有什么好处吗？在回答这两个问题前，我们要对需求函数弹性的一般变化做一些说明。例如，在我们使用的例子中，$D(p) = 1\,000(20 - p)$，当价格为 15、需求量为 5 000 时，我们计算的结果是需求弹性系数为 -3。当价格为 5、对应的需求量为 15 000 时，事情会怎样？你可以自己计算，不论用价格离散变化的方法还是用微分方法，即式（4.1）中的任何一种，结果均为 $v(5) = \hat{v}(15\,000) = -1/3$。或者再尝试一下价格为 10、对应的需求量为 10 000 时 $v(10) = \hat{v}(10\,000) = -1$ 的情形。

88　　一些特殊的需求函数的需求弹性是常数，这种需求函数的形式为 $D(p) = Cp^k$，常数 $C > 0$ 而 $k < 0$。对这种需求函数来说，$D'(p) = Ckp^{k-1}$，所以用微分方法计算的公式为

$$v(p) = D'(p) \times \frac{p}{D(p)} = Ckp^{k-1} \times \frac{p}{Cp^k} = k$$

所以，这种需求函数的需求弹性为常数 k。

为什么要用变化百分比的比率来表示？

为什么我们见到的是变化百分比的比率？如果我们想知道的是如何表示出数量变化对价格变化的反应程度，为什么不用简明的、人们已经熟悉的对需求求导数的办法？

举例可能是回答问题最好的方法。假设我们正在研究欧盟内部对小麦的需求。当价格为每千克 2.5 欧元时，一个月的需求是 6 000 万千克。当价格上升到每千克 2.6 欧元时，需求降低为 5 800 万千克。通过运用离散变化计算可知，0.1 欧元的价格变化造成了 200 万千克的数量变化，导数为 2 000 万。但如果我们做如下改变：小麦的计量单位不是千克而是公吨，时间不是一个月而是一个星期，而且标价货币也不是欧元而是德国马克，所有这些改变都会导致数值的很大变化。当提到导数值为 2 000 万时，这一数字并没有向我们给出任何提示：对于小麦的需求对价格变化的反应是非常强烈、中等还是一点也不敏感我们依旧一无所知。

但如果我们看到的是变化百分比的比率，取什么单位并不重要。在 6 000

万基础上下降 200 万降低了 3.33%，不管涉及的单位是千克、公吨还是盎司。如果在一定时间内，需求相当稳定，计算时间无论是日还是周都不要紧。同时，当价格从 2.5 欧元升至 2.6 欧元时，价格上涨了 4%，不管计价货币是欧元、德国马克还是法国法郎，价格都是上涨了 4%。

此外，如果小麦价格上涨 4%，导致需求下降了 3.33%，而同时同样的价格变化导致对小牛肉的需求下降了 8%，那么，我们可以说对于同样的价格变化，小牛肉的反应程度要大于小麦。就企业面临的需求来说，假设 Mac 计算机的价格上涨 5%，导致对其需求下降了 8%，而戴尔的手提电脑价格上涨 5%，导致对其需求下降了 20%，在东亚地区制造的一般的 Wintel 计算机价格上涨 5%，导致对其需求下降了 50%，那么，我们可以说，苹果公司对市场的影响力大于戴尔公司，而后者比东亚计算机制造商的影响力又要大得多。

相对价格、边际收益和弹性

89 如果我再回头讨论上一章提出过的一个问题，这一表示方法就看得更清楚了。还记得吧，边际收益一般来说要低于价格。当销售量从 x 变为 $x+1$ 时，总收益的变化量（边际收益）由两部分组成。第一部分是增加 1 单位销售带来的收益增加额 $P(x+1)$，但抵消这种增加额的是前 x 单位的收益损失，因为前 x 单位的销售价格不再是 $P(x)$，而是比它水平低的 $P(x+1)$，这样引起的收益损失为 $x[P(x)-P(x+1)]$，用代数算式表示为

$$\mathrm{MR}(x)=(x+1)P(x+1)-xP(x)=P(x+1)+x[P(x+1)-P(x)]$$

（当然，这是计算边际离散变量的方法，我们马上会用微分法重新来解。）在大多数情况下，x 是相对较大的数值，所以，$P(x+1)$ 与 $P(x)$ 近似相等，所以，如果我们把第一部分的 $P(x+1)$ 替换为 $P(x)$，就得到了近似的等式：

$$\mathrm{MR}=P(x)+x[P(x+1)-P(x)]=P(x)\left[1+x\frac{P(x+1)-P(x)}{P(x)}\right]$$

有人会反对说："如果 $P(x)$ 近似等于 $P(x+1)$，那么上式第二部分中的价格差 $P(x+1)-P(x)$ 就近似为零了。所以，按照近似的逻辑，我们是不是可以不考虑该项？"不能！因为尽管 $P(x+1)-P(x)$ 的值非常小，但与它相乘的是一个大数 x。特别是当 x 是以千或更高数值为单位来计算时，$x[P(x+1)-P(x)]$ 的结果通常会比较大。

这个代数式的意义在于 $x[P(x+1)-P(x)]/P(x)$ 正是 $1/\hat{v}(x)$，至少到现在我们仍然是用离散方法来计算弹性。你如果感到不解，就请记住，在这种情况下，$\Delta x=1$，所以，我们得到

$$\mathrm{MR}(x)=P(x)\left[1+\frac{1}{\hat{v}(x)}\right] \tag{4.2}$$

90 如果使用微分法，按照求导规则，我们马上直接得到式（4.2），因为

$$\text{TR}(x) = xP(x),$$

$$\frac{\text{dTR}(x)}{\text{d}x} = \frac{\text{d}xP(x)}{\text{d}x} = P(x) + xP'(x) = P(x)\left[1 + \frac{xP'(x)}{P(x)}\right]$$

$$= P(x)\left[1 + \frac{1}{\hat{v}(x)}\right]$$

最后一个式子运用了反需求函数的弹性定义。

看一下式（4.2），它告诉我们需求弹性决定了边际收益偏离价格的程度。

- 微妙（knife-edge）的情形是弹性系数等于－1。从公式可知，$\text{MR}(x) = 0$，增加 1 单位销售量所得到的收益正好被之前 x 单位产品价格下跌导致的亏损所抵消。

$\hat{v}(x) = -1$ 的情形，我们称之为**单位弹性**（unit elasticity）。其他两种不同的情形是：$\hat{v}(x) < -1$ 的情形被称为**富有弹性的需求**（elastic demand），而 $\hat{v}(x) > -1$ 的情形被称为**缺乏弹性的需求**（inelastic demand）。式（4.2）还表明：

- 当需求富有弹性即 $\hat{v}(x) < -1$ 时，边际收益为正值，需求越富有弹性，边际收益越接近于价格。
- 当需求缺乏弹性即 $\hat{v}(x) > -1$ 时，边际收益为负值。当价格不变时，需求越缺乏弹性，边际收益越为负值。

我们已经注意到，一般来说，当你沿着一条给定的需求曲线移动时，弹性也会随之变化，除非需求函数具有不变的弹性值。特别地，对于线性需求函数来说，当组合为高价格低需求时，需求富有弹性［即 $\hat{v}(x) < -1$］；当组合为低价格高需求时，需求缺乏弹性［即 $\hat{v}(x) > -1$］。公式中所含的意思是在低需求水平处，边际收益为正；在高需求水平处，边际收益为负。我建议你通过练习 4.3 来强化对这一点的认识。

公式的运用

公式（4.2）可有多种用途。特别可用于解下面这类问题：

根据市场实验，企业了解到，当其产品价格处在 10～15 美元时，其产品的需求弹性大概为－2.5。企业目前的价格 $p = 14$ 美元接近于高价区域，在这一价格水平上，每月销量为 30 000 单位，企业的成本函数为 $\text{TC}(x) = 7.50x$。问题是：（a）企业目前已实现利润最大化了吗？（b）如果没有，为实现利润最大化，企业应将价格定在什么水平上？

为了回答这些问题，我们首先计算出企业的边际收益，当价格为 14 美元、销售量为 30 000 单元时：

$$\text{MR}(30\,000) = 14 \times \left(1 + \frac{1}{\hat{v}(30\,000)}\right) = 14\left(1 + \frac{1}{-2.5}\right)$$

$$=14 \times (1-0.4) = 14 \times 0.6$$
$$=8.40 \text{ 美元}$$

因为边际成本为 7.50 美元，企业应增加产量。

对于问题（b），如果价格变化后，弹性保持在 -2.5，当边际收益或价格 p 等于边际成本（7.50 美元）时，就实现了利润最大化，即

$$7.50 = p \times \left(1 + \frac{1}{-2.5}\right) = 0.6p$$

上式的解为 $p^* = 7.50/0.6$ 美元或 $p^* = 12.50$ 美元。注意，这一水平处在企业认为的弹性值为 -2.5 的区域内，所以可以根据我们已经讨论的方法来计算。这是解决利润最大化问题的好方法之一。

练习 4.4～练习 4.8 是针对公式（4.2）设计的。

其他弹性

我们并不想进一步讨论需求弹性，但请注意上面讨论的一切都只是**自价格弹性**（own-price elasticity）：计算的是一种产品需求量的变化百分比对自身价格变化百分比的反应程度。经济学家们也提出过其他的弹性，例如：**交叉价格弹性**（cross-price elasticity），描述的是产品 A 的需求量对产品 B 价格变化的反应程度；**广告弹性**（advertising elasticity），描述的是需求量对广告预算支出变化的反应程度；**收入弹性**（income elasticity），描述的是需求量对购买者收入或拥有财富水平变化的反应程度。

4.4　组群需求和需求加总

有时，我们需要讨论消费者中某一组群的需求函数。例如，电气设备供应商可能希望对民用、商用和产业用的需求分开来考察；一个直接针对消费者销售的公司希望对不同地域消费者的需求分开来研究。

假定一个企业直接向消费者销售产品。该企业考虑按年龄将需求划分为三个组群：25 岁以下的消费者的需求，26～55 岁之间的消费者的需求，55 岁以上的消费者的需求。销售给三组人的产品价格 p 相同，三组人的需求函数分别为 $D_y(p)$、$D_m(p)$、$D_s(p)$，下标 y、m、s 分别代表的意思是青年（youth）、中年（middle-aged）、老年（senior）。如果企业把价格定在 p_0 上，总的需求就是销售给各组的产品数量的和。青年组的总需求为 $D_y(p_0)$，中年组的总需求为 $D_m(p_0)$，老年组的总需求为 $D_s(p_0)$。因此，总需求函数就是三组需求函数的和：

$$D_\text{总}(p) = D_y(p) + D_m(p) + D_s(p)$$

正像你在图 4.2 中所看到的那样，一切似乎都很合理和正常。但是，无论是针对模型还是针对练习题，我们都会发现对如下两个问题有许多疑问：

（1）如果你想画出总需求曲线，记住价格应标示在纵轴上，所以，这种对函数的加总标示在横轴上。为了明白这是怎么回事，请看图 4.2。在图中，我假定三种需求函数都是线性函数（参见练习 4.9 对该图所用函数的假设）。

（2）假定已经给出三组消费者的反需求函数，分别为 $P_y(x_y)$、$P_m(x_m)$、$P_s(x_s)$。为了得到总反需求函数，我们可以对这三个函数进行加总吗？不能！反需求函数给出的是一定需求量将引起价格水平如何变化。如果我们给定了需求水平，比如说 $x = 3\,000$，并且加总：$P_y(3\,000) + P_m(3\,000) + P_s(3\,000)$，我们只是加总了对每组都销售 3 000 单位的价格水平！在这一价格总和水平下，三组中任何一组很可能都不会有需求，所以，加总价格毫无意义。

如果你已掌握了三组中每一组的反需求函数，为了获得反需求函数的加总，要做的第 1 步是把它们变为需求函数，然后加总需求函数就能得到总需求函数，然后再取总需求函数的反函数即可。

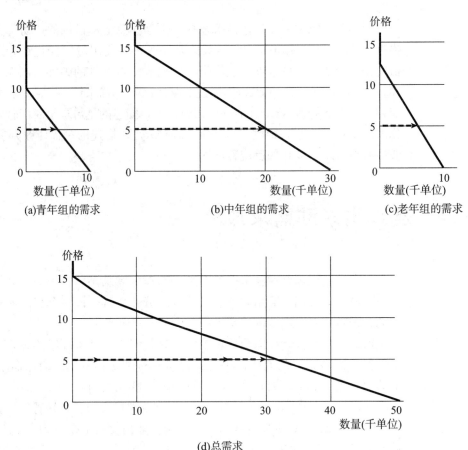

(a)青年组的需求   (b)中年组的需求   (c)老年组的需求

(d)总需求

图 4.2　将分组需求水平加总以得到总需求

说明：图（a）、图（b）、图（c）分别描绘的是青年组、中年组、老年组各自的需求曲线。为了得到总需求，在给定价格水平 p，我们可得到每组消费者在这一价格水平上的需求量，然后把它们加在一起。在图中，这转换为水平加总，就像图（d）所示的那样。

我强烈建议，在你做练习 4.9 时，要多用自己的方法，这个练习包含了以上所有内容。只有等到你能用自己的方法完成练习后，你才能彻底明白你读过的内容。

从部分需求弹性求得总需求弹性

93

就像前面讨论过的面向直接消费者销售产品的企业将需求分为青年、中年、老年三个组那样，我们已将需求分解为各部分需求，回忆一下，总需求函数为

$$D_{总}(p)=D_y(p)+D_m(p)+D_s(p)$$

假定我们知道每一部分的需求弹性，即

$$v_y(p)=D'_y(p)\frac{p}{D_y(p)}$$

$$v_m(p)=D'_m(p)\frac{p}{D_m(p)}$$

$$v_s(p)=D'_s(p)\frac{p}{D_s(p)}$$

简化代数式后得到

$$v_y(p)D_y(p)+v_m(p)D_m(p)+v_s(p)D_s(p)$$
$$=(D'_y(p)+D'_m(p)+D'_s(p))p=D'_{总}(p)p$$

94

则　　　$$v_{总}(p)=D'_{总}(p)\frac{p}{D_{总}(p)}=\frac{v_y(p)D_y(p)+v_m(p)D_m(p)+v_s(p)D_s(p)}{D_y(p)+D_m(p)+D_s(p)}$$

总之，当总需求是部分需求或各组需求之和，即把不同地域的消费者的需求、不同阶层的消费者的需求，甚至是各单位消费者的需求加总在一起时，总需求弹性是各部分需求弹性的加权平均值，这里的权数是各部分在总需求中所占的比重。

总需求下的边际收益

我们在本书中会遇到几个例子，其中的需求是不同地区消费者组群需求的和，不同组群消费者的需求函数是线性函数。当遇到这些例子时，注意边际收益将非常有意思，请参见练习 4.10。

需求的分解

企业经常要对它们面临的需求进行分解，对不同部分消费者确定不同的价格。你能看到当地的奶酪店对老年人打九折，但你却不一定能看到店主愿意让利来帮助穷人。"帮助穷人"必须与利润最大化原则一致才成为可能。当你

对制造商投入巨大成本来发放打折赠券或建立分销店来以比其他普通零售店低得多的价格销售产品的现象感到茫然时，你应该知道，企业采取这些行动的目的是分解总需求。这一差别化定价问题将在第 7 章讨论。但现在你已有足够的工具来分析这一问题，练习 4.13、练习 4.14 将让你先睹为快。

小　结

- 需求函数表示的是在每一价格水平上能销售的产品数量，反需求函数表示的是对销售的每一单位产品，企业能索取的价格。传统上两种函数的图像都是将价格标示在纵轴上，将数量标示在横轴上。

- 需求函数既可用来描述整个行业面临的需求，也可用来描述单个企业面临的需求。整个行业面临的需求特别看重同一化产品而看淡差异化产品。

- 针对现实问题的需求函数要求根据产品的特性、地域空间和时间范围来界定市场。

- 需求函数描述的是某种具体产品的需求是其价格的函数。函数的构建以其他相关变量（如替代品、互补品的价格）不变为前提。但在现实生活中，假定其他条件不变会涉及许多微妙的方面。

- 我们通常说总需求曲线是向下倾斜的，但没有规律保证一定会如此。

- 企业似乎不可能确切知道它们面对的总需求曲线，特别是当价格水平远离自己熟悉的区域时更是这样。不管是来自一般的经验还是非常细致的实证调查，企业经常会认识到在自己熟悉区域内的需求变动，也就是说，认识到它们熟悉的价格附近的需求弹性。

- 弹性——确切地说是自价格弹性——是当价格变化 1% 时需求量变化的百分比，可用沿着一条给定的需求曲线的不同点来计算。弹性既可用（小幅的）离散的价格变化和需求量来计算，也可用求导（微分法）方法来获得。相关的公式为

$$v(p_0) = D'(p_0) \times \frac{p_0}{D(p_0)} \approx \frac{\Delta x / x_0}{\Delta p / p_0} \approx \frac{1}{P'(x_0)} \times \frac{P(x_0)}{x_0} = \hat{v}(x_0) \quad (4.1)$$

- 弹性决定着边际收益对价格的背离程度，公式为

$$MR(x) = P(x) \left[1 + \frac{1}{\hat{v}(x)} \right] \quad (4.2)$$

- 有时，我们要讨论来自不同地域、组群或阶层的消费者对一种特定产品的需求，当想把这些部分需求加总为总需求时，应该保持价格不变，加总需求量，也就是进行水平加总。

练　习

4.1　一个企业的需求函数为 $D(p)=2\,000(50-p)$，总成本函数为 $\mathrm{TC}(x)=10\,000+10x$。

（a）运用电子表格计算该企业实现利润最大化时的价格-需求量组合。

（b）运用微分法计算该企业实现利润最大化时的需求量（和价格）。可利用计算需求量并使边际收益等于边际成本的方法。你能确定这就是利润最大化的点吗？为什么？

（c）运用微分法计算该企业实现利润最大化时企业产品的销售价格（或需求量）。可采用把利润看作价格的函数，并使导数等于零的方法。你能确定这就是利润最大化的点吗？为什么？

4.2　需求函数 $D(p)=1\,000(12-p)$ 的反需求函数是什么？（假定当价格高于12美元时，需求量为零。）根据这一需求函数，当价格 $p=8$ 美元时，对应的需求量为多少？当价格从8美元变为8.04美元时，采用离散方法计算价格-需求量组合（8，4 000）的需求弹性。当需求量从4 000变为4 080时，采用离散方法，运用反需求函数计算价格-需求量组合（8，4 000）的弹性。如果你已经学过微分计算，先用对需求函数求导数的方法计算一下上述价格-需求量组合的需求弹性，然后再运用对反需求函数求导的办法求出弹性。

4.3　（a）需求函数为 $D(p)=1\,000(12-p)$。既可用离散变量的办法来求价格为 $p=$ 1, 2, 3, …, 11 时的需求弹性，也可用微分法求出需求弹性函数 $v(p)$、$\hat{v}(x)$。

（b）对于一般意义的线性需求函数 $D(p)=A-Bp$，A、B 都是大于零的常数，运用微分法求出需求弹性函数。请求出如下两种情况下的弹性函数：一是作为价格的函数，价格处在 $0 \sim A/B$ 之间；二是作为需求量的函数，需求量处在 $0 \sim A$ 之间。再请求出 $\mathrm{TR}(x)$ 函数。当需求量 x 取什么值时，边际收益为正？取什么值时，边际收益为负？

4.4　某企业销售的产品，当价格为8美元时，每月产品销售量为10 000单位。据估算，当价格小幅变化时，当价格变化1%时，需求量变化3%（两者变化方向相反）。

（a）如果该企业将价格降低0.10美元，其总收益或总销售额将变化多少？

（b）如果该企业产品销售量减少150单位，其总收益或总销售额将变化多少？

4.5　一个追求利润最大化的企业以单位价格40美元销售其产品，在利润最大化产量水平上，企业生产的边际成本为10美元。对这一企业来说，$v(40)$ 为多少？

4.6　通用汽车公司是一个追求利润最大化的企业，生产一种型号的轻卡。这种轻卡的售价为20 000美元，每年的销售量大约为160万辆，在这种价格-需求量组合条件下，通用汽车公司估计这种轻卡的需求弹性为 -4。假定这些条件都成立，通用汽车公司生产一辆轻卡的边际成本是多少？

4.7　对英文原书第 90～91 页 * 的例题，我们在此再进行讨论。我们知道，14美元并不是利润最大化时的价格，根据题意应该是12.50美元。如果企业把价格降到12.50美元，企业的利润将增加多少？（注意，该题有一定的难度。）

4.8　企业采用如下所谓的成本加成定价（mark-up pricing）方法：首先企业要确定出销售产品的边际成本，然后在此基础上加上一个固定的比例，这样就得出了销售价格。

假设某企业拥有的生产技术能使其边际成本保持不变，该企业总是按边际成本之上加成

---

*　此处所说页码为英文原书页码，即本书边码。全书同。——译者注

20%的方法来定价，也就是说，如果生产某种产品的边际成本为 c，那么企业确定的价格为 $p = 1.2c$。如果我们认为该企业是利润最大化追求者，这对于该企业各种产品的需求弹性意味着什么？

4.9 英文原书第 92 页的例子提到，企业产品的销售对象是三类不同组群的消费者。假定企业面对的三类组群消费者的反需求函数分别为 $P_y(x_y) = 10 - x_y/1\,000$，$P_m(x_m) = 15 - x_m/2\,000$，$P_s(x_s) = 12.5 - x_s/8\,000$，请求出该企业面对的总需求函数和反需求函数。

4.10 某企业产品有两个消费者组群，组群 1 的需求为 $D_1(p) = 5\,000(20 - p)$，价格超过 20 美元时需求为零；组群 2 的需求为 $D_2(p) = 10\,000(14 - p)$，价格超过 14 美元时需求为零。这个企业的边际生产成本是常数 10 美元，价格定在什么水平时利润最大？

4.11 假设某企业销售的产品为轻卡，卖给消费者的单价为 20 000 美元。在这一价格水平上，销量为每年 150 万辆。在这些卡车中，45 万辆卖给了该企业的老用户，该组消费者在价格为 20 000 美元时的需求弹性系数为 −1.667；剩下的 105 万辆卖给了新用户，该组消费者在价格为 20 000 美元时的需求弹性为 −5。这个企业总的需求弹性在价格为 20 000 美元时为多少？

4.12 （a）一个直接向消费者销售产品的企业要在许多市场上试销一种新产品。该企业认为对其产品的需求全部来自 15～35 岁的女性，但 15～25 岁间的消费者与 26～35 间的消费者需求有很大的不同。具体来说，对于 15～25 岁组群来说，每 1 000 位女性消费者，当价格为 P 时，企业销售量为 $X_1 = 500(10 - P)$ 单位；对于 26～35 岁组群来说，每 1 000 位女性消费者，当价格为 P 时，企业销售量为 $X_2 = 250(15 - P)$ 单位。当 15～25 岁消费者为 40 000 人而 26～35 岁消费者为 25 000 人时，该企业面对的需求函数是什么？

（b）现实中的企业不可能掌握像问题（a）那样的信息。企业知道各个不同群体需求的局部（local）数据的假设可能更接近现实。局部数据的意思是说，价格变化的幅度非常有限。例如，根据对消费者进行的调查和试销，企业可能知道，当价格为 8 美元时：

- 对于 15～20 岁的 1 000 位女性消费者，可以预期销售出 600 单位产品，需求价格弹性为 −1.0；
- 对于 21～25 岁的 1 000 位女性消费者，可以预期销售出 500 单位产品，需求价格弹性为 −1.2；
- 对于 26～30 岁的 1 000 位女性消费者，可以预期销售出 400 单位 * 产品，需求价格弹性为 −1.5；
- 对于 31～35 岁的 1 000 位女性消费者，可以预期销售出 300 单位产品，需求价格弹性为 −2.0。

[注意，这些数据与问题（a）中的不同。] 在这一市场中，15～20 岁的女性为 25 000 人；21～25 岁的女性为 15 000 人；26～30 岁的女性为 10 000 人；31～35 岁的女性为 5 000 人。当价格为 8 美元时，企业预期能销售多少单位产品？当价格为 8.16 美元时，大约又能销售多少单位产品？

（c）假设该企业每单位的边际成本为常数 $c = 2$ 美元。假设该企业面对的是一条向下倾斜的边际收益曲线，根据问题的数据，对于企业实现利润最大化而言，价格定在 8 美元是高、低还是正好？

4.13 海边度假胜地马尔维诺小城的面包房将新烤制的面包卖给两部分消费者：本城居民和旅游者。后者以周为单位的需求由下面的需求函数给出：

---

* 原文为 600 单位，疑有误。——译者注

$$X_T = 120(5-P)$$

价格 P 位于 0～5 美元之间（高于 5 美元无人购买）。

当地居民以周为单位的需求由下面的需求函数给出：

$$X_L = 180(3-P)$$

价格 P 位于 0～3 美元之间（高于 3 美元无人购买）。面包房烤制每个面包的边际成本是常数 1.20 美元。

（a）假定 Acme 面包房可以对本地居民和旅游者制定不同的价格，对每一类消费者能制定的价格各为多少？从两类消费者中能获得的利润为多少？

（b）假定 Acme 面包房对两类消费者制定同样的价格，价格水平又为多少？这时面包房的利润又为多少？

（c）Acme 面包房已经向马尔维诺城议会提出议案，要求实行区域差别制（zoning variance）的销售方法，这样，它就可以向居住在城里的居民提供面包，不仅可使它在位于城内主要大道的店内向旅游者以最满意的价格提供面包，也可在新的零售点向当地居民以最满意的价格提供面包。该城的地形使得旅游者无法从为当地居民提供面包的店买到面包（他们可能无法发现这些店铺，因为马尔维诺当地居民非常不善言谈，对陌生人疑虑重重，没有人告诉旅游者这些店的存在），本地居民也不会到主要大道的面包店中购买面包，除非店内价格比居民区的面包价格低。Acme 的主要依据是这可以促进当地产业的发展。假定你是该城议会的议员，你关注面包房的利润最大化，因为它对你的竞选提供了慷慨的资助，但是你为了选票，也得关注当地消费者的福利。你同意这种区域差别制的做法吗？

4.14 假定一个边际生产成本为常数的制造商，在价格为每单位 10 美元时，销售量为 10 000，在这一价格水平上，该制造商面对的需求弹性为 -3。当价格为 10 美元时，利润达到最大。

该制造商决定开展一次提供赠券的促销活动。在这一活动中，任何持券人都会获得每单位产品减价 0.50 美元的优惠，购买大众中的某一部分人将获得赠券。（在现实生活中，你应该分别对购买的每一单位产品分发赠券。如果你认为赠券活动应该照这样来开展，可以想象，获得赠券的这部分人可以得到他们想要的多张赠券。）市场营销专家认为，得到赠券的人可以以优惠价购买 3 000 单位产品，在这种价格下的需求弹性为 -6。剩下的 70% 产品，购买者因为没有获得赠券，所以必须付全价，即每单位 10 美元［在下述问题（c）之前］。

（a）赠券活动对企业利润有什么影响？（有好几种方法可用于解这一问题，你可相互比较解的结果，以明白解的过程如何进行。另外，在继续做下面的练习题前，把你的答案再检查检查。）

（b）假设制造商把没有赠券的产品价格保持在 10 美元，然后寻找赠券的最优价值。应该把赠券价值定为多少？这对制造商的利润影响有多大？

（c）假设制造商要对无赠券的价格和赠券价值实现最优化，即 10 美元的价格和赠券优惠的幅度都要变化，那么，无赠券的价格和赠券价值各为多少？这对利润又会有什么影响？

（d）假设另一项赠券促销活动是 40% 的购买者得到赠券，但这 40% 的人的平均需求弹性为 -5.2。两项促销活动只能选择一项，对制造商来说哪一项更可取？

根据下面简便的计算方法——给定价格变化情况下计算需求量的变化——你得到的结果将会与我的相同。如果一类消费者的价格弹性为 -6，那么当其价格下跌 $x\%$ 后，需求量将增加 $6x\%$。我强烈建议你用 Excel 来解这一问题。问题（a）用手工计算问题不大，但其他问题的代数式计算相当烦琐。（解这一问题我用的电子表格是 PROBLEM 4-14，你如果需要可作为参考。）

4.15　（解这一问题，你应该会用到普通最小二乘法回归分析。）一个通过网络销售特制衣服的网络销售公司决定搞一次试销，某种款式的衣服一直标价为 50 美元，在未来的 6 个星期中，当随机标出 48、49、50、51 和 52 美元后，征询一下消费者的反应。（消费者看到这五种标价的机会是相同的。你可以假定公司有办法保证一旦向某一消费者标出了五种标价中的一种，如果该消费者再访问公司网页，他看到的标价还是那种标价。在现实生活中，这显然有一些问题，尽管有一些故意设计的嫌疑，但许多重要的结论可由此推出。）表 4.1 是该企业 6 个星期内的销售数据（你可以从电子表格 PROBLEM 4-15 中得到这些数据），请估计出该企业产品所面临的需求函数。

4.16　（如果对掌握本章内容还没有充分的信心，跳过该问题。）本章非常有意义的一点是推导出了下式：

$$\mathrm{MR}(x)=P(x)\left(1+\frac{1}{v(x)}\right)$$

假定你想把价格 p 而不是需求量 x 作为主导变量。这样，我们就要使用需求函数 $D(p)$，$\mathrm{TR}(p)$ 等于 $p\times D(p)$，即总收益或销售额是价格 p 的函数。用需求函数 $D(p)$ 和需求弹性函数 $v(p)$ 对 $\mathrm{TR}(p)$ 中的 p 求导，可推导出像上面一样的公式来。相对于需求弹性来说，这一导数的符号是什么（正、负或为零）？

101　　表 4.1　　　　　　　　练习 4.15 的数据（电子表格为 PROBLEM 4-15）

	第1周	第2周	第3周	第4周	第5周	第6周	总和
48	458	447	424	429	419	412	2 589
49	422	435	400	400	438	428	2 523
50	420	386	414	417	381	404	2 422
51	400	367	404	375	399	365	2 310
52	369	363	378	375	357	402	2 244

4.17　（这个问题是针对那些有时间且在中学时爱好代数的读者而设计的。）在练习 4.1 中我们看到，要解企业的利润最大化问题，既可把价格也可把数量作为主导变量。因为在那个问题中的总成本函数简单，你可能发现用价格比用需求量方便。可是经济学家几乎总是认为主导变量应该是需求量，至少在遇到解决简单的代数式这样的例子时（就像练习 4.1）是这样。事实上，边际收益、边际成本这些概念被作为总收益、总成本的导数值来使用，并被表示成数量的函数。

偏好数量部分是因为在完全竞争这种特殊情形下，价格被企业看作给定的值，销售量成了企业能决定的唯一变量。但这也反映了分析问题容易入手的事实，这要比练习 4.1 少一步推导。为了弄明白我说的意思，我们对练习 4.1 做一点改动。假定该企业的总成本函数为 $\mathrm{TC}(x)=10\,000+10x+0.001x^2$，你会发现用电子表格办法找到答案很简单，用数量值也相对容易，但是，把价格作为主导变量用解析法（analytic）（以微分为基础）来解这一问题还是非常有意思的，这也是该练习的意义所在。

84　▶ ┈┈┈┈┈┈┈┈┈ 管理者微观经济学

第5章 | 对消费者行为模型化

102 本章讨论追求效用最大化的消费者的经济模型，有人认为这是微观经济学的理论基石：

- 5.1 节引入模型。
- 5.2 节是本章的核心，运用模型来解所谓预算约束下消费者效用最大化的问题。
- 5.3 节用无差异曲线来图解这一理论。
- 5.4 节推导单个消费者的需求函数。
- 5.5 节提出对这一模型的证明。

截至目前，在我们所讨论的模型中，唯一有意识地做出选择的行为主体只有企业，它们根据利润最大化来选择产出水平。但是，在经济学世界中，其他类型的行为人也在做着选择，其中最为突出的是个人，购买多少、消费多少、储蓄多少、选择什么储蓄方式、到哪里去工作、付出多少努力等都是个人要做的选择。出于多种目的，包括更好地理解企业实际上在做什么，我们需要对个人的选择行为进行模型化。

本章将介绍消费者模型，其行为是追求效用最大化，这也是经济学家们进行分析的目的所在。特别要注意的是，我们最终会将这个模型作为我们对储蓄和投资行为、工作努力程度等进行分析的基本模型。当将它应用于各种实用分析时，我们称之为**追求效用最大化的个人模型**（model of utility-maximizing person）更合适一些。但经济学家们用消费者取代个人，我们也遵循这一传统。确实，我们在本章提出的所有用于解释的例子都是关于消费者的选择的，如午餐吃什么、在什么地方吃、在口袋里为未来留下多少钱，等等。所以，就目前我们所用的例子来看，使用消费者一词是完全合适的，但不要被它所误导。在后文，我们会在更为宽泛的层面应用该模型。

5.1 效用最大化模型

效用最大化的消费者模型非常简单。面对消费品集合，消费者必须从中做出选择。如果以 X 代表消费者面对的所有消费品的集合，那么消费者面临的选择问题是，从 X 的子集 A 中选出一种组合 x，这里 A 代表的是可供选择的商品束的集合。消费者在面对任何选择问题时的行为都可以按如下原则模型化：

　　每个 X 中的商品束 x 可用数字表示的价值 $u(x)$ 被称为 x 的效用。当面临的问题是从集合 A 中做出选择时，消费者要从构成 A 的元素 x 中选出效用最大者。

　　每个消费者都有自己的主观效用函数，反映了他自己的偏好和嗜好。如果消费者 H 喜欢苹果而不喜欢梨，那么根据他的效用函数，苹果数量多、梨子数量少的商品束比梨子多而苹果少的同样总量商品束带来的效用要大。

　　假设世界上只有三种不同的物品——面包、奶酪和意式腊肠。我们规定了每种物品的单位——面包是个，奶酪、腊肠是千克。一个商品束是由一定数量的三种物品构成的，如 3 个面包、3/4 千克奶酪、1 千克腊肠。面包排第一，奶酪排第二，腊肠排第三，我们把这一商品束简写成向量形式（3，0.75，1）；如果商品束写成（1.5，1，0），就意味着这个商品束中包括 1.5 个面包、1 千克奶酪、没有腊肠。

　　注意，这里有点令人费解。不要把 x 当作数字，认为它代表面包或奶酪的数量，所以，消费者选择就是从 X 中选几个点填满购物袋。相反，x 是消费束，一个三维向量，代表了消费者购物袋中的所有物品，消费者从 X 中选一个 x 是他到市场采购的结果。

　　假设消费者必须从下述四种商品束中做出选择：

$$(3，3，2)，(2，1，6)，(5，0.1，0.1)，(1，4，0.5)$$

同时假设该消费者有如下效用函数：

$$u(b，c，s)=3\ln(b)+\ln(c)+0.5\ln(s)$$

其中，b、c 和 s 分别代表在商品束 $(b，c，s)$ 中面包、奶酪和腊肠的数量。$\ln(\cdot)$ 是自然对数函数。保留两位小数，四种商品束的效用分别为

$$u(3，3，2)=3\ln(3)+\ln(3)+0.5\ln(2)=4.74$$

$$u(2，1，6)=3\ln(2)+\ln(1)+0.5\ln(6)=2.98$$
$$u(5，0.1，0.1)=3\ln(5)+\ln(0.1)+0.5\ln(0.1)=1.37$$
$$u(1，4，0.5)=3\ln(1)+\ln(4)+0.5\ln(0.5)=1.04$$

　　所以，消费者根据我们假设的效用函数，在四种商品束中选择了（3，3，2）。如果是在（2，1，6）、（5，0.1，0.1）和（1，4，0.5）中做选择，那么选择的商品束为（2，1，6）。关键的一点是，如果我们知道了消费者的效用函数，他在面对任何选择时，其行为就非常清楚了。借助消费者的效用函数，以及不管遇到什么商品束，他都会选择排序最先者这两个原则，他的选择行为就能得到充分的描述。

对基础模型的评论

（1）该模型的核心是每名消费者都有一个效用函数，且适用于所有可以进行选择的子集 A。消费者的效用函数不会因为可供选择的物品范围变化而改变，如果模型可变就没有意义了。这是实实在在的限制，我们在本章结束时会看到，对部分假定还存在着争论。

（2）在可供选择的商品束集合中，有时有不止一个商品束有最大效用。在这种情况下，我们假定消费者乐于选择这几个商品束中的任何一个，但没有进一步关注他到底选了哪一个。而且，当两个商品束有相同的效用水平时，根据模型，消费者不关心到底选哪个，我们说这时两个商品束对他**无差异**（indifferent）。

（3）基数效用函数并不重要，重要的是基于效用函数对商品束的排序。假设另有三名消费者，他们的效用函数为

$$v_1(b, c, s) = 6\ln(b) + 2\ln(c) + \ln(s) + 2\,701$$
$$v_2(b, c, s) = [3\ln(b) + \ln(c) + 0.5\ln(s)]^3$$
$$v_3(b, c, s) = b^3 c s^{0.5}$$

如果由这三个函数得出的排序与前面用 u 得出的排序相同，那么，对任何两种组合 (b, c, s) 和 (b', c', s')，$u(b, c, s) \geqslant u(b', c', s')$，当且仅当 $v_i(b, c, s) \geqslant v_i(b', c', s')$（$i = 1, 2, 3, \cdots$）时。所以，用这三个函数中的任何一个所得到的结论与我们前面提到的消费者所做选择的情形是一样的。换言之，根据我们对消费者选择行为的描述模型，无论我们认为最初的消费者是选择函数 u，还是选择三个 v_i 函数中的任意一个，都没有什么影响。

（4）当然，这也不是说所有效用函数描述的都是一样的选择行为。对消费者商品束设置了不同的排序位置的两个效用函数会导致不同的选择行为。例如，如果某消费者的效用函数为 $v(b, c, s) = b + c + s$，那么它将在我们提出的四种选择中选择 $(2, 1, 6)$，而不是 $(3, 3, 2)$。如果有人的效用函数是 $w(b, c, s) = 3b + c + s$，他则会选 $(5, 0.1, 0.1)$。（要确信你弄明白了这两种情形。）不同的消费者会设置不同的商品束序位，所以也就会做出不同的选择，至少在一些情形下是如此。

（5）对于特定的效用函数 $u(b, c, s) = 3\ln(b) + \ln(c) + 0.5\ln(s)$，注意如果 $x < 1$，$\ln(x) < 0$，那么 $u(0.5, 0.5, 0.5) = 3\ln(0.5) + \ln(0.5) + 0.5\ln(0.5) < 0$，这是不是意味着半个面包、半千克奶酪和半千克腊肠比没有东西更差？

绝不可以这样认为。数量化的效用没有任何具体意义，对数字 0 是这样，其他数字也是如此。认为效用为零意味着"什么也没有"的看法，就像认为 $0\,°C$ 和 $0\,°F$ 意味着没有温度一样。你大概可以这样认为：面包、奶酪和腊肠的数量多要好于数量少。即如果 (b, c, s) 是一个商品束，而 (b', c', s') 是另一个，且有 $b > b'$，$c > c'$，$s > s'$，那么，可以认为 (b, c, s) 的效用水平要高于 (b', c', s')。

因为自然对数函数是增函数，所以这种说法的确是对的，至少对于函数 $u(b, c, s) = 3\ln(b) + \ln(c) + 0.5\ln(s)$ 是这样。

（6）对效用函数 $u(b, c, s) = 3\ln(b) + \ln(c) + 0.5\ln(s)$ 来说，还有一个问题值得关注，那就是 b、c、s 其中一个或几个的数值为零。看一个例子，在商品束 $(10, 10, 0)$ 中，有 10 个面包、10 千克奶酪，没有腊肠。因为 $\ln(0) = -\infty$，所以 $u(10, 10, 0) = -\infty$。对于消费者来说，我们如何处理这种情形？

如果某消费者的效用函数是 $u(b, c, s) = 3\ln(b) + \ln(c) + 0.5\ln(s)$，那么三个商品束中的每种物品数量都必须为正，如果其中一项不符合这一条件，消费者将无法处理。数量为正，不管多少，三个商品束都比其中一种或多种物品数量为零的商品束要强。你可能认为这种效用函数太可笑了。消费者可能会接受没有腊肠的消费，愿意做出如下选择，比方说，认为 $(100, 100, 0)$ 强于 $(0.001, 0.001, 0.001)$。但是对这种情况，也可以认为你不相信具体的效用函数 $u(b, c, s) = 3\ln(b) + \ln(c) + 0.5\ln(s)$，你需要找到新的函数来满足 $u(100, 100, 0) > u(0.001, 0.001, 0.001)$。例如，函数 $w(b, c, s) = 3\ln(b) + n(c+3) + 0.5\ln(s+5)$ 表示的是对某个消费者来说，面包的数量必须大于零〔在任一消费束 (b, c, s) 中，如果 $b=0$，效用将为 $-\infty$〕，但即使没有奶酪和腊肠，也能生存下去。对于这个效用函数，$w(100, 100, 0) = 3\ln(100) + \ln(103) + 0.5\ln(5) = 19.255$，而 $w(0.001, 0.001, 0.001) = 3\ln(0.001) + \ln(3.001) + 0.5\ln(5.001) = -18.82$。

这就是模型。本章后面主要讨论用代数式和图形表示的模型，并把它们与需求函数联系起来。我将直接进行这种分析，但留下一些问题。你可以问一问自己，为什么每个人都相信这种模型。

我将在本章最后给出答案，但是先让我们做一个快速证明。

假设某人在一个路边小餐馆用餐。该上甜点了，顾客问服务员有没有"派"，服务员回答说"有"。

"我们有苹果派和樱桃派。"

顾客："请给我苹果派。"

服务员到厨房端来一份苹果派，并补充说："我们还有蓝莓派，你愿意要吗？"

对此，顾客回答道："你们又有了蓝莓派！如果那样，请给我一份樱桃派。"

从本质上说，效用最大化的消费者模型适用于任何不会表现出上述故事中行为的消费者。那种行为，也只有那种行为是被排除在外的。

5.2 消费者问题：物有所值

效用最大化的消费者模型经常也被称为**消费者问题**（consumer's problem）。

- 选择目标是消费束，这是一个罗列了各种商品数量的向量，也就是说，一个商品束是一个向量$(x_1, x_2, \cdots, x_k)$，k 代表了商品种类，x_1 是第一种商品的数量，x_2 是第二种商品的数量，直到 x_k 是第 k 种商品的数量。为了分析方便，我们设定 $k=3$，即三种商品，可以是面包（个）、奶酪（千克）、腊肠（千克），尽管这会使你想起前面的例子，但那个例子可被用于更一般的情形。

- 每种商品都有市场价格，p_j 代表的是其中第 j 种商品的市场价格，用货币表示的每单位商品的价格。假设每个面包的成本为 1.60 美元，每千克奶酪的成本为 5.00 美元，每千克腊肠的成本为 8.00 美元，那么，$p_1 = 1.60$ 美元，$p_2 = 5.00$ 美元，$p_3 = 8.00$ 美元。

- 消费者拥有一定的财富用于其消费支出。我们用变量 y 抽象地表示金钱的数量。但你可以具体一些，认为我们的消费者可花费的货币为 160 美元。

消费者问题是在有支付能力条件下购买最好的商品束。当花费的总成本低于其财富水平时，他买得起任何商品束。我们假设他的购买行为不会对商品价格造成影响，价格会保持在 p_1，p_2，$\cdots$ 的水平上，所以，他购买商品束$(x_1, x_2, \cdots, x_k)$的总成本为 $p_1x_1 + p_2x_2 + \cdots + p_kx_k$。如果满足其**预算约束**（budget constraint），他能买得起任何商品束$(x_1, x_2, \cdots, x_k)$，即

$$p_1x_1 + p_2x_2 + \cdots + p_kx_k \leqslant y$$

在我们所举的事例中，他可以把 160 美元全花在购买面包上，这样可买 100 个面包，不买奶酪和腊肠，商品束为$(100, 0, 0)$；或者全花在购买奶酪上，可买 32 千克奶酪，不买面包和腊肠，商品束为$(0, 32, 0)$；或者全花在购买腊肠上，可买 20 千克腊肠，不买面包和奶酪，商品束为$(0, 0, 20)$。这些都是他购买的极端情形。当然，他也可以购买 45 个面包、8 千克奶酪、6 千克腊肠。花费的成本为

$$1.60 \times 45 + 5 \times 8 + 8 \times 6 = 72 + 40 + 48 = 160$$

这也就是他能支出的全部。

如果他喜欢，也可不支出这么多，例如，他能买得起的商品束为$(40, 5, 5)$，即 40 个面包（支出为 64 美元）、5 千克奶酪（支出为 25 美元）、5 千克腊肠（支出为 40 美元），总支出为 $64 + 25 + 40 = 129$ 美元。如果这一结果对他来说是最好的，那么他将花这么多。

花钱"最好"如何来判断呢？这就要引入消费者效用最大化模型了。消费者的效用函数为 u，自变量是消费束 $(x_1, x_2, \cdots, x_k)$，其值是数值。消费者在其能支付得起的范围内选择能使其获得最大效用的组合。总结一下，消费者问题其实就是

$$\max u(x_1, x_2, \cdots, x_k)$$
$$\text{s.t.} \quad p_1x_1 + p_2x_2 + \cdots + p_kx_k \leqslant y$$

非负性?

在对消费者问题进行公式化描述的过程中，并未限制消费者选择非负商品，但我们一般假设他不能消费数值为负的某些商品。所以，对这种效应的限制常常会加到这一模型中。

用 Excel 和 Solver 寻找问题的答案

运用 Excel 和 Solver 可以很容易地解决该问题的具体例子。看下面的例子：

$$\max 3\ln(b) + \ln(c) + 0.5\ln(s)$$
$$\text{s.t.} \quad 1.60b + 5c + 8s \leqslant 160$$

图 5.1(a) 中的表格 CHAP5-1 所示的就是这一问题。首先输入三个变量：消费者消费的面包数量 b、奶酪数量 c、腊肠数量 s。然后，我计算出了消费者总支出和最后的效用水平。在图 5.1(a) 中，我开始时使用的值为 $b=c=s=1$，据此算出的总支出为 14.60 美元。

现在我们启用 Solver。在单元格 B6 中的值不大于 160 的约束下，通过改变 B2、B3、B4 中的三种商品的消费数量来使 B8 最大化。我对 Solver 发出这些指令后，它会自动运行，得到的结果如图 5.1(b) 所示。（如果你观察一下 CHAP5-1 的内部结构，就会发现我在定义效用水平时的做法有一些奇怪。如果你仔细观察会发现其中的原因是 Solver 和对数效用并不完全相容。对此的详细讨论事关 Solver 程序，而与效用最大化消费者无关，所以，我将在《学生学习用书》中予以讨论。如果你尝试自己构建 CHAP5-1，请参见这一讨论。）

109

(a)   (b)

图 5.1 用 Excel 解消费者问题

说明：图（a）是基本表格（CHAP5-1 的工作表 1），初始值 $b=c=s=1$；图（b）是最优化的结果，由 Solver 得到。

物有所值

为了解释 Solver 给出的答案，我通过 Excel 计算了三个消费变量的边际效用。图 5.2 就是我用 Solver 计算的结果，这是 CHAP5-1 的工作表 2。因为 1 个面包、1 千克奶酪和 1 千克腊肠的变化太大，所以我用增加 0.01 单位而非 1 单位来计算离散的边际变化。这里我声明两点：

- 在我进行边际计算时，我没有顾及支出预算约束。也就是在 B 列中，b、c、s 的支出的和最大为 160 美元。在 I 列，当我把 c 增加 0.01 单位时，该列的商品束支出大于 160 美元（见单元格 I6）。

- 第 8 行的边际效用计算采用的是效用增长率，即按照变量的每单位增长率来计算。也就是说，在单元格 E8 输入的公式是 ＝(I8－B8)/0.01，因为单元格 I8 中的值来自 B8 中的 c 增加 0.01。

	A	B	C	D	E	F	G	H	I	J
1				b引起的边际变化	c引起的边际变化	s引起的边际变化		b增加0.01	c增加0.01	s增加0.01
2	面包（个）	66.667						66.6767556	66.6667556	66.6667556
3	奶酪（千克）	7.1111						7.11110882	7.12110882	7.11110882
4	腊肠（千克）	2.2222						2.22220576	2.22220576	2.23220576
5										
6	总支出	$160.00		1.6	5	8		$160.02	$160.05	$160.08
7										
8	效用	14.96		0.04499657	0.14052626	0.22449692		14.9604775	14.9614328	14.9622725

图 5.2 三种商品效用的边际值，也是消费者问题的答案

说明：我们在基本数据表的基础上增加了对三种商品边际支出（第 6 行）和三种商品边际效用（第 8 行）的计算。注意，三种边际效用并没有均等化。这并不令人意外，三种商品有不同的价格，所以它们并不能进行 1 单位对 1 单位的对等替换。

很显然，从 1 个面包中得到的边际效用并不等于从 1 千克奶酪中得到的边际效用，也不等于从 1 千克腊肠中得到的边际效用。

边际效用不相等的原因是 1 个面包比 1 千克奶酪便宜，而后者又比 1 千克腊肠便宜。买 1 千克奶酪的钱，你可以买 3 个多面包。所以，如果 1 个面包的边际效用等于 1 千克奶酪的边际效用，就是说，少买腊肠，比方说减少 1/10 千克的购买，节约下来的钱可以买到 3/10 个面包或更多。

那么，根据边际方法求出结果应该找出什么样的等式呢？答案是，对三种商品的每一种来说都物有所值。

在计算一种商品的物有所值系数时，消费该种商品得到的效用增长率不是用每单位商品，而是用花在该商品上的每单位货币来计量的。

图 5.3 是用电子表格 CHAP5-1 计算出的物有所值系数。例如，用单元格 I8 的值减去单元格 B8 的值，我们得出了增加 0.01 千克奶酪的效用变化为 0.001 432 8。0.01 千克奶酪，按单价为每千克 5 美元计，花费为 0.05 美元，所以，每 0.05

美元带来的效用增加为 0.001 405 或每美元为 0.001 405/0.05＝0.028 1。在图 5.3 中，这一结果显示在单元格 E10 中。

图 5.3　增加了物有所值系数后的表格

说明：在图 5.2 的基础上增加了最后一行，计算了每种商品的物有所值系数，即用边际效用除以价格的值。因为在表格中计算的消费水平是最优的，所以物有所值系数是相等的。

事实上，如果你观察 CHAP5-1 的内在结构，你将发现单元格 E10 实际上等于 E8/E6，或者说用单元格 E8 中的奶酪的（离散）边际效用除以奶酪的价格。因为 E8 中输入的是效用增加值除以奶酪的增加数量 0.01，所以，计算结果也与前面同样精确。

一般来说，计算一种商品的物有所值系数是用该种商品的边际效用除以该种商品的价格。用符号 MU_i 表示商品 i 的边际效用（该种商品每增加 1 单位带来的效用增长率），用 p_i 表示每单位商品 i 的价格。商品 i 的物有所值系数为

$$\frac{MU_i}{p_i}$$

在得出消费者问题的答案时，各商品的物有所值系数必须相等。原因是如果商品 i 的物有所值系数超过商品 j，在预算支出不变的情况下，通过在商品 j 上少花费一些而把省下的钱用于购买商品 i，消费者将得到更多的效用。

检验一下，在图 5.3 中，三种物有所值系数值几乎是相等的。（它们只是近似相等，因为在这一表格中进行的边际计算使用的是三种商品的离散变化值。）

非负约束和物有所值的关系

这里不得不提及一些需引起注意的情形。假定商品 i 的物有所值系数超过商品 j，但是 x_j，即对商品 j 的消费却为零。在保持预算支出不变的情况下，消费者少消费一点儿商品 j，而把省下的钱用于多购买商品 i，他可多获得一些效用。但是当商品 j 已经为零时，消费者无法减少对它的消费。考虑到这一点，我们得出如下规则：

在得到消费者问题的解决办法时，所消费的所有商品的物有所值系数是严格的正数且必须相等，它们必须至少等于任何消费量为零的那种商品的物有所值系数。

微分法计算

刚刚提出的原则为用微分法解这类问题奠定了基础。仍然用我们举过的例子，消费者效用函数为

$$u(b, c, s) = 3\ln(b) + \ln(c) + 0.5\ln(s)$$

面包、奶酪和腊肠的边际效用正好是上述函数对这三个变量求偏导的值：

$$\mathrm{MU}_b = \frac{3}{b}, \ \mathrm{MU}_c = \frac{1}{c} \ \text{和} \ \mathrm{MU}_s = \frac{0.5}{s}$$

三种商品的价格分别为 $p_b = 1.6$，$p_c = 5$，$p_s = 8$，所以，物有所值系数为

$$\mathrm{bfb}_b = \frac{3/b}{1.6} = \frac{3}{1.6b}, \ \mathrm{bfb}_c = \frac{1/c}{5} = \frac{1}{5c} \ \text{和} \ \mathrm{bfb}_s = \frac{0.5/s}{8} = \frac{0.5}{8s}$$

应用规则为，如果所有商品的消费水平都严格为正，这些物有所值系数必须相等。因为对数函数的性质决定了如果任何商品的消费量均为零，其边际效用将为 $-\infty$，所以只当三者严格为正时，才有解。根据这一原则，我们得到

$$\mathrm{bfb}_b = \frac{3}{1.6b} = \mathrm{bfb}_c = \frac{1}{5c} = \mathrm{bfb}_s = \frac{0.5}{8s}$$

取上述分数的倒数，根据上述原则，若有解，则

$$\frac{1.6b}{3} = 5c = \frac{8s}{0.5}$$

还差一点，我们有三个未知数、两个方程。为了得到答案，我们得求助于逻辑推理了。我们知道，求解该问题必须受制于如下约束：$1.6b + 5c + 8s \leqslant 160$。但事实上，消费者在得到结果时肯定花光了 160 美元。我们确信这一点是因为我们知道留下的钱不能带给他任何效用，而花钱购入任何商品，则会提高效用。（真有人确实想在 160 美元以下来享用由面包、奶酪和腊肠构成的简便午餐吗？当然没有！在下面几节我们将讨论这一问题。）所以，除了物有所值系数相等外，我们还有一个预算等式：

$$1.6b + 5c + 8s = 160$$

根据等式 $1.6b/3 = 5c$，我们将预算式中的 $1.6b/3$ 换成 $5c$，因 $1.6b/3 = 8s/0.5 = 16s$，我们可以用 $0.8b/3$ 来替代 $8s$。将物有所值系数等式和预算等式合并后得到

$$1.6b + 1.6b/3 + 0.8b/3 = 160$$

通过简单运算，$2.4b = 160$，$b = 66.67$ 个面包。因为 $1.6b/3 = 5c$，$c = 1.6b/15$，我们得到 $c = (1.6 \times 66.67)/15 = 7.111$ 千克奶酪；从 $1.6b/3 = 8s/0.5$，我们得 $s = 2.222$ 千克腊肠。与图 5.1（b）做一比较。

上述规则充分吗?

在下文中,要求你通过找到符合规则要求的消费束来解消费者问题。符合的规则要通过"雾中登山"的检验(当沿着向上倾斜的山峰行进时,你有行进方向吗?)但附加了限制条件,此山有栅栏——非负约束和预算约束。你不能越栅栏而过。建立规则就等同于规定如下情形:如果在向上攀登途中你遇到了设置的栅栏,遵循规则越过仍然是被允许的。

但是,正像你在第3章所知道的那样,"雾中登山"的检验不能保证通过整体最优检验。请你记住我下面的这段话:除非有人明确告诉你其他信息,否则符合这一原则、可供消费者购买的任何可消费商品束一定是整体最优的,也是消费者问题的解。如果你对此有兴趣,可能会问我何以知道这一点,这是因为在我所给出的练习中,消费函数都是凹函数,而任何可行的消费集合都是凸的。要了解为什么这些条件就足够了,你要去进一步学习高级微观经济学或最优化理论。

消费者要倾囊而出吗?

一般用公式表示的消费者问题,预算约束显示为 $p_1x_1 + p_2x_2 + \cdots + p_kx_k \leqslant y$,这就允许消费者可以少花一些钱。如果这样做后他的效用水平会相对高一些,就是可以的。当消费者实际上花光了所有钱时,又能得到什么结论呢?

假设某种商品,如商品 i,总是非常受欢迎。也就是说,不管消费者如何消费其他商品,只要假定其他商品(但不包括 i)的数量不变,那么,i 的数量越多,带来的效用越高。这时,消费者将不会突然停止花钱。任何剩余下来的钱只要能多买进一点商品 i,消费者的状况就会获得改善。

效用函数中加入货币

114　　另外,我们假设,读者在大多数时间是去熟食店购买午餐,当你用完餐离去时会留一些钱在口袋中。你并没把所有钱都花在食物上,尽管这并没有使你完全满意,但你还是这样做了。如果增加你午餐时的食物数量,至少有一种食物会提高你的效用水平。你把钱节余下来的原因是你想在未来把钱花在其他东西上。对你来说,除了购买午餐之外,钱还可用于购买其他东西。

我们讨论的效用函数到目前为止没有讨论过这一现象,因为节余下来的钱财不再进入讨论的范围。任何不构成效用函数的因素都不是模型想要讨论的。那么,关键的问题是在讨论效用函数时把节余下的钱看作像面包、奶酪和腊肠一样的自变量来予以考虑。只要节余下来的钱有足够高的边际效用,消费者将会选择包含节余下来的钱的消费束。

用一个例子来说明这一点。为了用模型表现消费者购买了包括面包、奶酪

和腊肠的午餐后还有钱财节余的行为，我们使用的效用函数为

$$u(b, c, s, m) = 3\ln(b) + \ln(c) + 0.5\ln(s) + m^{1/2}$$

其中，新的变量 m 是节余的钱财，他的预算约束此前为 $1.60b + 5c + 8s \leqslant 160$，现在变成 $1.60b + 5c + 8s + m = 160$，或更易理解一些，变为

$$160 - (1.60b + 5c + 8s) = m$$

预算约束的第二种表达方式的意思是，他节约下来的钱是 160 美元减去他购买午餐的支出 $1.60b + 5c + 8s$ 后的剩余。你可以用微分法解这个简单的例子，尽管又是对数又是乘方，有一些难度。我用 Excel 和 Solver 来解答，在预算约束下用 Solver 求最大值，答案是 33.47 个面包、3.57 千克奶酪、1.12 千克腊肠，剩下 79.67 美元。

一般来说，当消费者效用随着节余的钱增加时，消费者的预算约束等式就会成立。事实上在任何情况下都会这样，消费者没有支出的钱都会节余下来。

如果消费者不借债，把节余的钱看成为正值就是合理的。我们假定在现阶段的分析中，他不能借贷，所以 $m \geqslant 0$。但在一些具体应用中，如为接受研究生教育而支付的学费，允许借贷的假定就是合理的。

方便的效用函数的具体形式

某消费者的效用函数包括面包、奶酪、腊肠和节余的钱，其形式如下：

$$u(b, c, s, m) = 20\ln(b) + 8\ln(c+1) + 5\ln(s+2) + m$$

假定价格为 $p_b = 2$ 美元，$p_c = 4$ 美元，$p_s = 10$ 美元，可用的钱为 100 美元。在这样的预算约束下，选择什么样的消费构成可使他实现效用最大化？

假设当该消费者解决他的消费者问题时，将有钱节余，他不会把 100 美元全部花在午餐上（我们在后面将对这一假设进行验证）。那么根据规则，钱财的物有所值系数必须等于其他消费数量大于零的商品的物有所值系数，还必须等于或大于消费数量为零的商品的物有所值系数。

从效用函数角度来考虑，节余的钱的物有所值系数并不难处理。像往常处理其他商品一样，用节余的钱的边际效用除以这些钱的价格水平。在这一例子中，节余的钱的边际效用为 1，节余的钱的价格，即你用于"购买"节余下来的钱中的 1 美元所花费的货币的数量，当然应该是 1。所以，消费者拥有的钱的物有所值系数为 1。

继续讨论三种食品：

- 面包的物有所值系数是其边际效用 $20/b$ 除以其价格 2，即 $10/b$。根据规则，它必须等于节余的钱的物有所值系数 1，所以，消费者问题的解为 $10/b = 1$，$b = 10$。
- 对奶酪来说，我们得到它的物有所值系数为 $[8/(c+1)]/4 = 2/(c+1)$，使之等于节余的钱的系数，即 $2/(c+1) = 1$，$c = 1$。

● 腊肠的物有所值系数为$[5/(s+2)]/10=1/(2s+4)$。当$s=0$时，该式值为$1/4$，随着s的增大，它会出现递减，因为腊肠的边际效用是递减的。所以，当腊肠的数量不为负时，腊肠的物有所值系数永远不会等于1。

结论是在他的预算约束下，当消费者实现效用最大化时，他消费的商品束为10个面包、1千克奶酪，不消费腊肠。在这种消费水平上，面包的物有所值系数＝奶酪的物有所值系数＝节余的钱的物有所值系数（其中，钱的系数恒为1），它们都超过腊肠的这一系数。所以，这也就是符合规则情况下问题的解。

116

现在我们证明了这种包含离开时还有节余的钱的消费者的假说：10个面包花去20美元，1千克奶酪花去4美元，该消费者总共花去了100美元中的24美元，留下了76美元。

对于消费者问题，这也是非常容易处理的一种情形。因为消费者效用函数的形式如下：

$$u(x_1, x_2, \cdots, m)=v_1(x_1)+v_2(x_2)+\cdots+m$$

即把"实际"的商品，如x_1、x_2等和节余的钱"串"（string）在一起。用文字解释就是，每种"实际"商品对效用水平的贡献就是把该种商品数量的函数加到总函数上，而节余的钱的贡献只是把钱的数量简单加到总函数上。

用经济学语言来说，我们称这种效用函数对实际商品具有**加性可分离**（additive separability）的特性，而对节余的钱具有拟线性特性。不管用什么说法，这种形式的效用函数非常易于分析。在下面所举的例子和对基本概念的说明中，我们一直使用这种函数形式。

对于具有这种特性的效用函数来说，一旦消费者足够富裕，他对"实际"商品的消费将不依赖于其财富水平。如在这个例子中，我们会发现给定价格不变，尽管可用的钱有100美元，但消费者只购买10个面包、1千克奶酪，不买腊肠，花去24美元，而节余76美元。假定消费者现在有1 000美元，只要价格不变，他的消费选择就不会改变，仍然只购买10个面包、1千克奶酪，不买腊肠，花去24美元，而节省下976美元。只要他的钱超过24美元，他对实际商品的消费构成就不会改变，在支付了购买成本后，任何多余的钱都会成为节余。

为什么会这样？通过观察每种商品的边际效用，你可能会获得一些启示。因为节余的钱是以$\cdots+m$的形式进入函数的，这样，节余的每美元的边际效用恒等于每美元的效用。在这种凹性的对数函数中，其他商品的边际效用是递减的。根据物有所值原理，消费者消费的每种商品都会达到这样的点：其边际效用除以其价格等于常数的货币边际效用1除以货币的价格1。消费任何多于该数量的商品都会使物有所值系数低于节余的钱的同一系数，而消费量的微小减少又显得减少得太多。因为货币的物有所值系数从来不会减少，不管消费者有多富裕，余下的钱都会如此。

117

这样描述人们偏好的模型合理吗？从规模角度来看，货币的边际价值为什么在其他商品的边际价值递减时仍保持不变？一旦你的财富达到了一定水平，不管你多么富有，你对商品束的消费都会不变吗？一般情况下对这类问题的回答都是否定的，在特定情况下才是肯定的。当你走进一家自助餐厅或熟食店购买午餐时，你大概不会去想银行存款还有多少，再看购买什么食物。如果你的银行存款增加比方说10％，并不会影响到你目前购买什么午餐。现在的银行存款增加了1倍或2倍，你可能会买不同的午餐——龙虾、色拉、鱼子酱，而看不上火鸡肉、瑞士奶酪加黑麦面包。但是，当你购买午餐时，你并没有想在这顿午餐上花去你银行存款的一半，所以，你选择什么与你的财富是目前的一半还是2倍关系不大。所以，用这种异常简化且方便的效用函数来刻画处在小康阶层的消费者的行为已经足够了。他们的行为特征是，每天会加入买午餐的行列，光顾每周7天都营业的杂货店或其他一类小店。但是当我们讨论房产买卖、投资、教育等行为时，这种效用函数就不合适了，因为在这类事情上的花费将占去一个人收入的很可观的部分。

总之，我们在列举例子和说明一些基本概念时采用这种异常简化的模型是因为它比较方便，但其中一些隐含的假设并不总是成立。

最后，提出两点评论：

- 前述讨论内容关注了效用函数中的…＋m 部分。"加性可分离"的假设［函数的其他部分表现形式为 $v_1(x_1) + v_2(x_2) + \cdots$］也涉及隐含的其他假设，但这些内容已经超出本书的范围，请阅读更深一些的经济学书籍以了解这些内容。从绝大多数经济学分析的目的看，…＋m 部分是限制较多的假设，这就是我要集中讨论它的原因。
- 在本章前面我已经指出，基数效用函数没有什么特别的含义。面对这种特殊形式的效用函数，下述说法也不见得是正确的：当效用用规模来衡量时，多留下1美元钱财正好多提供1单位效用。对这种效用函数来说，效用是用美元的数量多少来衡量的。

5.3　图形法：无差异曲线和预算线

118　　　对经济学概念，经济学家们喜欢用图形来解释，消费者行为理论也不例外。不尽如人意的是图形的表现力要囿于艺术家们的能力。经济学家一般不是艺术家，特别是当他们要用到多于两维的图形时，更显得力不从心。所以，在我们所举的例子中，图形用两种产品——面包和奶酪——来进行讨论。

无差异曲线

第1步是绘出消费者效用函数的一张"示意图"。图5.4便是一张典型的示意图，它表示的是无差异曲线或者消费者效用函数 u 的各种消费水平的集合。两个商品束如果产生的效用相同，将位于同一条无差异曲线上，图中的箭头（一般并不画出）表示的是增加的趋势，越向右，意味着 c 或 b 的数量增加，这会使你站在效用更大的无差异曲线上。这也说明这种具体的效用函数随着 c 或 b 的增加而增加。

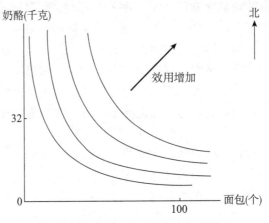

图 5.4 典型的无差异曲线组合图

可以把无差异曲线图看作一幅立体地形图（topographical relief map），标示南北和东西走向的坐标表示的是 b 和 c 的数量。可以想象，这就像绘在纸上的一座山，坐标 (b, c) 处的高度为 $u(b, c)$。当你向北或向东移动时，山在（不停地）升高。图 5.4 给出的就是地形的等高线，或者说具有同样高度或效用的商品束组合。

图 5.4 上的 4 条曲线并非效用函数 u 的曲线，它们代表的是像点 (b, c) 的一类点的集合，也就是说，在每条曲线上，$u(b, c)$ 的值是相同的，各条曲线按相同的恒量变化。当我们向东北方向移动时，这种恒量的值变得越来越大。例如，如果 $u(b, c) = 3\ln(b) + \ln(c)$，那么第一条无差异曲线将是满足 $3\ln(b) + \ln(c) = 5$ 的所有点的组合；第二条更靠近东北方向，是满足 $3\ln(b) + \ln(c) = 5.6$ 的点的组合；依此类推。

无差异曲线的形状

119

你在图 5.4 中看到的无差异曲线的形状的变化大致是从西北到东南，且凸向原点，这是标准的无差异曲线图。西北到东南的走向特征源于效用随两种产品的增加严格递增的假设。至于凸性，可以这样理解，沿无差异曲线任取一点 (b, c)，把面包的数量减少一点，比方说 $b - 0.1$，为了保持仍在同一无差异曲线上，你必须增加一定数量的奶酪来做补偿。第二次再把面包减少同样的数量，如 $b - 0.2$，为了保持在同一无差异曲线上，也必须增加奶酪的数量来做补偿。无差异曲线的凸性可简单解释为，当你把面包减少一个给定的量，如一个面包的 $1/10$，从 b 变到 $b - 0.1$，再到 $b - 0.2$，依此类推，为了保持在同一无差异曲线上，你必须增加奶酪来做补偿，而且增加的数量在每一步都必须递增。

尽管这是典型图形，但不能说人们的偏好符合这些特征是自然规律使然。特别是对一些商品来说，如非常甜的餐后甜点，数量增加最终会造成效用递减。在练习 5.6 和练习 5.10 中，我们分析了这种物品的无差异曲线。

假设某消费者要从图 5.5(a)中的 5 个深色点中做出选择。如果我们有该消费者现成的无差异曲线图，就很容易预测该消费者会做出什么选择。我们假定 5 个点在 5 条不同的曲线上，就像图 5.5(b)所示的那样，5 个点中处在海拔最高的无差异曲线上的点就是应该选择的点。

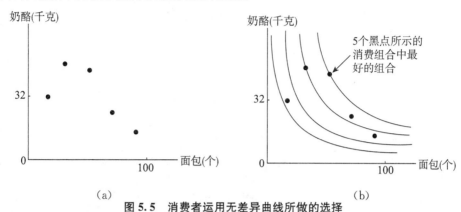

(a)　　　　　　　　　　　　(b)

图 5.5　消费者运用无差异曲线所做的选择

说明：为了从图（a）的 5 个深色点中做出选择，你需要先绘出消费者的无差异曲线。处在海拔最高的无差异曲线上的点就是应该选择的点，如图（b）所示。

现在尝试更难一些的问题。假设面包的价格为每个 1.60 美元，奶酪的价格为每千克 5.00 美元，消费者有 160 美元，消费者应选择哪一点？

首先看图 5.6(a)，把两点(100，0)和(0，32)用线段连接起来。这表示在用尽所有财富的情况下，在给定的价格水平上所能买得起的商品束(b,c)。财富用尽的预算（budget-exhaustion）方程为 $1.60b+5c=160$，这是一条直线。为了绘出这条直线，我们找到位于其上的两点。很容易找到两个端点。如果该消费者把 160 美元全部花在面包上，他将有 100 个面包，没有奶酪；如果他把 160 美元全部花在奶酪上，他将得到 32 千克的奶酪，没有面包。从这两点，我们可以绘出一条线段。

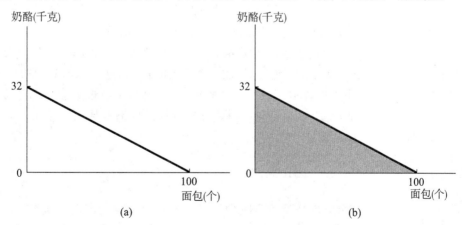

(a)　　　　　　　　　　　　(b)

图 5.6　财富用尽情况下的预算线和预算集合区域

说明：如果每个面包为 1.6 美元，奶酪为每千克 5 美元，花光 160 美元，我们得到预算线［图(a)］和预算集合区域［图(b)］。

在图 5.6(b)中，我把由该线段和原点(0，0)构成的三角形加了阴影，这就是消费者的预算集合区域，表示他能支付得起，即满足不等式 $1.60b+5c\leqslant160$ 的所有消费束$(b，c)$。

在图 5.7 中，我把图 5.4 和图 5.6(b)叠加在一起。消费者问题就是在阴影三角形即预算集合区域内找到一点，使他得到最大效用或处在最高（处在最远东北方向）的无差异曲线上。你能从图 5.7 中看到这一点和它的无差异曲线。

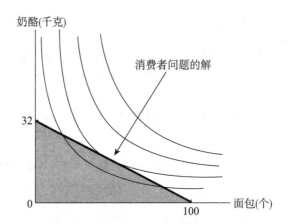

图 5.7　用图示法解决消费者问题

说明：把消费者无差异曲线叠加到他的预算集合区域上，该区域中最高（处在最远东北方向）无差异曲线上的消费束就是他的选择。通过该点的预算线与无差异曲线相切，这就是图示法揭示出的物有所值点。

图形中的物有所值点

应特别注意，预算线和无差异曲线的切点给出了最优消费束。这是图示法对物有所值系数相等规则的诠释，下面解释为什么：

● 在包含两种商品的世界中，无差异曲线是由方程 $u(x_1，x_2)=k$ 决定的，k 是常数。假设 x_1 增加一个不大的量 ε，这会引起效用增加大约 εMU_1，同时 x_2 减少了一个不大的量 δ，引起的效用下降为 δMU_2。如果说给出 δ 和 ε 后，两者变化的净效应导致的结果仍然是保持在同一条无差异曲线上，那么

$$\varepsilon MU_1 - \delta MU_2 = 0 \quad 或 \quad \frac{\delta}{\varepsilon} = \frac{MU_1}{MU_2}$$

注意，δ 是商品 2 减少的量，无差异曲线在该点的斜率为 $-\delta/\varepsilon$，所以，用边际效用计算的该点上无差异曲线的斜率为 $-\dfrac{MU_1}{MU_2}$。

● 预算线性方程为 $p_1x_1+p_2x_2=$ 常数，所以，该线的斜率 $-p_1/p_2$ 可以被看作 x_2 作为 x_1 函数的斜率。

● 所以，预算线与无差异曲线相切意味着

$$-\frac{\mathrm{MU}_1}{\mathrm{MU}_2}=-\frac{p_1}{p_2}=\frac{\mathrm{MU}_1}{p_1}=\frac{\mathrm{MU}_2}{p_2}$$

这就是物有所值系数相等的条件。

5.4 个人需求函数

前面两节讨论的消费者问题是在价格集合给定情况下进行的。假定我们在所有可能的价格水平上都能解决这一问题，特别是我们可以假定除商品 i 之外所有其他商品的价格都已给定，且消费者财富水平也一定时，作为 p_i 函数的商品 i 的选择数量应为多少。这一函数其实就是消费者对商品 i 的需求函数。

用代数法解这类问题一般来说不易下手，但对于一些特殊的效用函数，可以采用代数法来解。其中一个例子是练习 5.11，下面是第二个例子。

包括节余货币需求的效用函数

（这部分要用到微分计算，如果读者执意回避微分计算，可以不读本节余下的部分。）

某消费者效用函数为

$$u(x_1,\cdots,x_k,m)=v_1(x_1)+\cdots+v_k(x_k)+m$$

假设 v_i 是凹函数，这意味着 v'_i 即边际效用函数是递减函数。

前面已经说过，只有开始时有足够的钱，最后才会有钱节余下来。当价格为 p_j 时，对商品 j 的最优消费水平可由下式给出：

$$\frac{v'_i(x_i)}{p_i}=1 \quad \text{或} \quad v'_i(x_i)=p_i$$

绘出函数 v'_i 的图形，自变量 x_i 位于横轴上。在纵轴上找到 v'_i 与纵轴交点处的 p_i，用这个交点处的值你可以解方程 $v'_i(x_i)=p_i$，这就是当价格为 p_i 时消费者的需求量。

事实上，绘出这类图形后你将发现，v'_i 的图形与需求函数的图形是"一样"的（注意后面防止对此产生误解的说明），见图 5.8。先把它想象为边际效用函数 $v'_i(x_i)$ 的图形，即自变量沿着横轴或数量轴变化，函数值则标示在纵轴上。现在把图旋转 $90°$，如果函数的自变量是 p_i，函数的值（保持图形旋转 $90°$）就是在这一价格上的需求量。

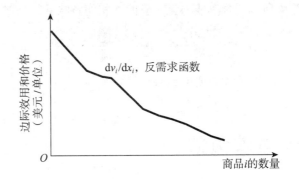

图 5.8　消费者对商品 i 的需求函数

说明：该消费者的效用函数为 $u(x_1, \cdots, x_k, m) = v_1(x_1) + \cdots + v_k(x_k) + m$；初始时有足够的钱，在做出最优消费束的选择后，仍有钱节余，因此他对商品 i 的需求函数由方程 $v'_i(x_i) = p_i$ 给出。如果绘出函数 $v'_i(x_i)$ 的图形，我们看到的就是他的（反）需求函数。

在前面一段中，为什么我们用了"一样"的说法？为了回答这一问题，请观察函数 v'_i 的图形，函数的自变量 x_i 的变化区间是从零到无穷。但在图 5.8 中——我画出的图——$v'_i(0)$ 并非无限的，不管 x_i 取多大值，$v'_i(x_i)$ 总是严格正数。将图旋转 90° 后，价格变成自变量，函数值是需求量。我们从中可以看出一些简单的差异：价格的变化从零变到无穷大，当价格足够高时，需求为零。[有多高呢？当价格 $p_i \geqslant v'_i(0)$ 时，需求量为零。]在价格轴的另一端，当 $p_i = 0$ 时，对需求并未做出实质性的定义。在这种情形下，如果商品可以送人，消费者的需求将会无穷大。

这种效用函数的特点是当 $v'_i(0)$ 为有限值时，对任何有限的消费量，v'_i 都不会为零。练习 5.13 分析了其他的可能性。

对这种特殊的函数，还有两点要说明：

- 一切推导都基于这样的假定：需求量由 $v'_i(x_i) = p_i$ 决定，而这一函数又要以消费者足够富裕、在购物结束后还有一些钱节余下来为前提。在应用时，你得确信这一前提成立，至少在你感兴趣的价格变化区间内成立。对这一点，见练习 5.4 和练习 5.5。

124

- 假设有足够多的商品 i 可供该消费者在他希望的价格上购买。这样的购买机会，即在 p_i 价格水平上购买商品 i 的机会与他无力购买商品 i 的情形相比，如何影响到他的效用水平？相对于这种特定的效用函数，尽管他有足够的钱节余下来，但无力购买商品 i 不会影响到他对其他商品的需求，所以，最终的影响必定为如果他能参与商品 i 的市场交易，他购买的数量将是由 $v'_i(x_i^*) = p_i$ 决定的 x_i^*。如果对商品 i 的消费能从 $v_i(0)$ 上升到 $v_i(x_i^*)$，他的效用水平将会增加。但这样做的结果会导致节余的货币减少，确切地说，他节余下来的钱将减少 $p_i x_i^*$，所以，从净值来看，他的效用将增加

$$v_i(x_i^*) - v_i(0) - p_i x_i^*$$

因为他的需求函数就是 $v_i'(x_i)$ 的图形，这种净效用增加就是图 5.9(a) 的阴影区域减去图 5.9(b) 的阴影区域，得到图 5.9(c) 的阴影区域，这一区域被称为商品的消费者剩余。在第 12 章和第 13 章，我们还要再用到这一概念。

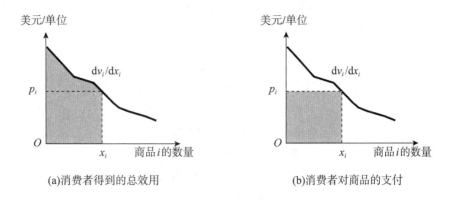

(a)消费者得到的总效用 　　　　　　(b)消费者对商品的支付

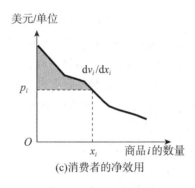

(c)消费者的净效用

图 5.9　消费者剩余

说明：假设图 5.8 的消费者有机会在 p_i 时购买商品 i。他选择 x_i^* 消费量是由 $v_i'(x_i^*)=p_i$ 决定的，从不买商品 i 到购买 x_i^*，他得到的效用为图 5.9(a) 中的阴影区域。他购买商品的成本支出是图 5.9(b) 中的阴影区域。所以，他在这一价格水平上购买商品 i 的净所得是图 5.9(c) 中的阴影区域，即他的消费者剩余。

5.5　为什么你相信这种行为模型？

效用最大化消费者模型是理论基础，或许是经济模型和思维最重要的理论基础，但大部分人在第一次接触到它时，都是持非常怀疑的态度。在每次购物后停下来用午餐时，你都会做是否物有所值的计算吗？

经济学家们对使用这一模型的辩护是，这是一种"好似"（as-if）模型，消费者表现出的行为好似取得效用最大化。就像第 4 章开始时提到过的树在生成叶冠时所表现出的那样，消费者并不一定实际上进行了计算，只要他们的行为与进行了这种计算时相符即可。

　　什么使得我们认为消费者的行为符合效用最大化原则呢？为了回答这一问题，让我们设想一种情景：某人被告知要从提供给他的物品组合中做出选择。为了具体一些，假定可想象出的选择集合是一个大型集合 X（该集合中包括杂货店提供的所有可消费的商品束或商品篮子，再加上节余下来的钱财），然后请消费者从 X 的每一个子集中做选择。他会选择什么呢？考虑他的下述选择行为会表现出的特征：

- 消费者准备从 X 的任一有限子集 A 中做出选择，他可能认为 A 的几个构成要素都是最好的，他愿意从中任意选择一项。面对这种情形，他不会因为惊慌失措而停止做出选择。
- 假定 x 和 y 是商品束集合 A 中的两个商品束，消费者表示愿意从 A 中选择 x。那么，若另一商品束集合 B 中也包含 x 和 y，如果消费者表示愿意从 B 中选 y，那么他一定也愿意选 x。

　　第一点没什么疑问，但第二点得考虑一下，这多少类似于一个人在正餐后的甜点选择，应排除本章开始时描述的那个人所做的选择。当只有苹果派和樱桃派时，他选了前者；当有苹果派、樱桃派和蓝莓派时，他就不可能偏好樱桃派。

126　　这两个特征似乎没有什么不妥，而且涉及的一些技术上的条件仅仅博士生才可能感兴趣。他们接受的看法是：任何遵照两条规则做出选择的消费者好似就在求效用函数的最大值。这是一种数学上的结论，我不指望你们能完全弄懂——证明并不容易。实际上，一些必须解决的技术问题并不会改变凭经济学直觉得出的结论，所以你接受我的说法即可。[①]

　　但是表象可能会引人上当。特别要注意的是，许多文献已指出第二个特征所说的意思是，消费者不会被一组选择对象如何被表现出来的框架形式（framed）所欺骗。他知道自己喜欢什么，他对选择的排序表明了他的选择，他的喜欢与不喜欢不受他能选择的客体集合左右。

　　邮购目录的设计者并不相信真正的消费者会非常理性，他们有时会把一种邮购产品分为两个版本放在同一版面上。第一个版本是标准的版本，标价比方说为 40 美元；第二个版本是进行了非常小变动的改进版，标价为 60 美元。邮购公司希望能卖出第一个版本，大幅提高第二个版本价格的目的是试图使你相信第一个版本的定价是合理的。目录设计者也可能在该页放上比标价为 40 美元的产品差得多的产品。同样，这里传达的信息是使读者相信，标价 40 美元的产品是一个值得做的好买卖。这种伎俩在某些时候真能起作用，这就违反了第二个特征的要求。

　　一般来说，许多广告的目的就是试图通过改变商品表现的"形式"来引起消费者购买行为的变化，而这些在标准的效用最大化消费者模型中是不予考虑的。在实际生活中，我们可观察到大量总体违背标准模型且人们能从中获利的

---

　　① 如果你不想就此接受我的说法，请参见 David M. Kreps, *Notes on the Theory of Choice* (Boulder, CO: Westview Press, 1988)。

行为，而这些违背行为又对销售者有利。

　　尽管如此，这种经济学模型仍被普遍用于分析效用最大化的消费者行为。像利润最大化企业一样，这样做时至少要在心中铭记如下两点之一：就实证检验来说，违背行为还没有严重到需要担心的地步；或者根据得出的结论看，那些例外没什么重要影响。最好的态度是把这看成一种有待证明的疑问之一（informed skepticism）。在研究针对消费者的营销学中，特别是那些依赖于社会和感知心理学的部分，你将会遇到大量难以置信但却总体违背（systematic violation）的情形。但是只要你对此保持足够警惕，模型还是有用的。但当适用性值得怀疑时，你得当心。并且当我们观察到一些总体违背行为与所得结论没有多大关系时要能够做出判断。

小　结

127
- 在讨论消费者效用最大化的经济学模型中，消费者效用函数与每个可想到的选择的基数有关。给定任何可供选择的集合，消费者从可使自己获得最大效用的可行集合中做出选择。
  - ◆ 效用函数对消费者可能的选择排出了序位。如果两个效用函数给出了相同的序位，则被认为是相同的函数，这意味着它们给出的是消费者相同的选择行为。
  - ◆ 在个人做选择的一些模型中，节余货币可作为自变量引入效用函数。节余货币的效用可用节余货币能够购买（模型外）的东西的价值来表示。
- 消费者问题是指在给定价格和钱财资源的情况下，从可能支付得起的所有商品束中选出最好的（效用最大的）商品束。
  - ◆ 当消费者问题有解时，商品的物有所值系数严格为正且必须至少等于未消费商品的物有所值系数。
  - ◆ 上述规则非常容易应用于那些包含节余货币的线性效用函数模型。
- 效用最大化模型被经济学家们解释成"好似"模型。没有人相信消费者确实能最大化自身的效用函数，但是，如果消费者的选择行为符合这一简化原则，消费者的行为就好似他们已实现效用最大化一样。
  - ◆ 不幸的是，在现实中可以观察到总体上违背两个规则之一的现象。面向消费者的市场营销人员和广告策划人员，会从他们操纵消费者选择的"形式"表现中获利。
  - ◆ 经济学家仍在使用消费者效用最大化模型，因为他们相信违背通常并不重要，或者希望从模型中得出的结论总体上不会受例外情形的影响。

练 习

5.1 三名消费者要选择的消费束包括 b 个面包、c 千克奶酪和 s 千克腊肠，下面是 3 人的效用函数：

消费者 1 对三种商品的排序根据的函数是 $u_1(b, c, s)=\ln(b)+0.5\ln(c)+0.5\ln(s)$；

消费者 2 对三种商品的排序根据的函数是 $u_2(b, c, s)=b^4 c^2 s$；

消费者 3 对三种商品的排序根据的函数是 $u_3(b, c, s)=b+2c+2\ln(s)$。

假定这三名消费者可供选择的三种消费束为

消费束 1：$(b, c, s)=(4, 0.5, 0.25)$；

消费束 2：$(b, c, s)=(2, 1.25, 0.5)$；

消费束 3：$(b, c, s)=(1, 0.5, 2.5)$。

每个人会选择哪个消费束？

5.2 假设某消费者的效用函数（消费束中有面包、奶酪和腊肠）为

$$u(b, c, s)=6\ln(b)+3\ln(c)+\ln(s)$$

消费者可消费的支出为 20 美元。面包、奶酪和腊肠的价格分别为 1.20 美元/个、3 美元/千克、4 美元/千克。在支出不超过 20 美元的预算约束下，该消费者选择商品要求实现最大效用。他购买的三种商品各为多少？

5.3 假设某消费者的可用支出为 160 美元，效用函数（消费束中包括面包、奶酪、腊肠和节余货币）为

$$u(b, c, s, m)=6\ln(b)+2\ln(c)+\ln(s)+m$$

假设 $p_b=1.20$ 美元，$p_c=3$ 美元，$p_s=4$ 美元，什么样的选择可使该消费者最大化其效用？

5.4 （a）当价格为 $p_b=1$ 美元、$p_c=2$ 美元、$p_s=4$ 美元且某消费者的消费支出为 18 美元时，其效用函数为 $u(b, c, s)=8\ln(b+2)+6\ln(c+1)+2\ln(2s+1)$，试求解该消费者的消费者问题。

（b）当价格为 $p_b=1$ 美元、$p_c=2$ 美元、$p_s=4$ 美元且某消费者的消费支出为 6.50 美元时，其效用函数为 $u(b, c, s)=8\ln(b+2)+6\ln(c+1)+2\ln(2s+1)$，试求解该消费者的消费者问题。

（c）当价格为 $p_b=1$ 美元、$p_c=2$ 美元、$p_s=4$ 美元且某消费者的消费支出为 50 美元时，其效用函数为 $u(b, c, s)=8\ln(b+2)+6\ln(c+1)+2\ln(2s+1)+m$，试求解该消费者的消费者问题。如果消费支出为 500 美元，会怎么样？18 美元、6.50 美元呢？

5.5 （a）当价格为 $p_b=2$ 美元、$p_c=5$ 美元、$p_s=10$ 美元且某消费者的消费支出为 83 美元时，其效用函数为 $u(b, c, s)=10\ln(b)+\ln(c+1)+0.5\ln(s+4)$，试求解该消费者的消费者问题。

（b）当价格为 $p_b=2$ 美元、$p_c=5$ 美元、$p_s=10$ 美元且某消费者的消费支出为 83 美元时，其效用函数为 $u(b, c, s)=10\ln(b)+\ln(c)+0.5\ln(s+4)+m$，$m$ 是节余的钱，试求解该消费者的消费者问题。如果消费者仅仅花费 6.60 美元，情况如何？

5.6 假定某消费者想购买一些棉花糖，该消费者的选择行为（是指他购买棉花糖的行为）可描述为最大化其效用函数 $u(c, m)=4c-c^2+m$，其中 c 是消费的棉花糖数量（单位：块），m 是节余下来的钱的数量（单位：美元）。注意，超过 $c=2$ 后，函数将随 c 的增加而递

减,该消费者的福利也会在超出 2 块后下降。

(a) 假设我们绘出的该消费者的无差异曲线通过价格-数量组合 (5.00, 1),在同一条无差异曲线上通过 1.5 块水平时节余的钱 m^* 为多少? 也就是与价格-数量组合 (5.00, 1) 位于同一条无差异曲线上的组合 (m^*, 1.5) 中的 m^* 为多少?

(b) 绘出消费者通过价格-数量组合 (5.00, 1) 和 (6.00, 1) 的全部无差异曲线。

5.7 看图 5.5(a) 和 5 个从左到右按顺序排列的点。该消费者的无差异曲线表现如图 5.5(b) 所示,从消费者的福利角度来考虑 5 个点应如何排序。(提示:最左边的点是最劣的,右边的点是次劣的。)

5.8 假设某消费者花 24 美元来购买面包和奶酪,每个面包的价格为 1.20 美元,每千克奶酪的价格为 3 美元。在一张图纸上画出该消费者的预算集合区域。

5.9 在图 5.10 中,我绘出了一名想买葡萄酒的消费者的 4 条无差异曲线。

(a) 假设每瓶葡萄酒的价格为 10 美元,消费者能支出 40 美元,他会买多少瓶葡萄酒(不要求太精确)?

(b) 如果消费者的支出仍为 40 美元,但葡萄酒的价格为每瓶 30 美元,消费者又会购买多少瓶葡萄酒?

130

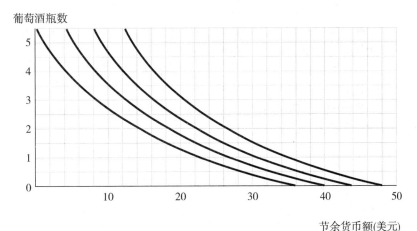

葡萄酒瓶数

节余货币额(美元)

图 5.10 练习 5.9 的一些无差异曲线

5.10 假设某消费者购买的消费束中有一定数量的棉花糖和双层巧克力奶油软糖。消费者有足够的钱来购买两种糖果,但是任何节余下来的钱都要被没收。他的偏好可被(非常粗略和叙述性地)描述为,他喜欢两种糖果但数量有限。如果我们用 (c, f) 来表示消费束,其中包括了 c 块棉花糖和 f 磅奶油软糖,那么所有消费束中他最偏爱的是 (2, 3),或说 2 块棉花糖、3 磅奶油软糖。

请根据上述信息绘出该消费者的无差异曲线并举一个例子。尽量试着使这些例子更接近实际,也就是说,尽量与人们接受的一般方式相一致。

5.11 一名消费者用于面包、奶酪和腊肠的支出为 10 美元,效用函数为

$$u(b, c, s) = 4\ln(b) + \ln(c+1) + 0.5\ln(s)$$

当面包价格为每个 2 美元、腊肠价格为每千克 2.50 美元时,尽可能全面地描述该消费者对奶酪的需求函数。

5.12 (a) 假设某消费者的效用函数为

$$u(b, c, f, m) = \ln(b) + \ln(c+3) + (2f - f^2) + m$$

其中，b 是面包个数，c 是腊肠的千克数，f 是奶油软糖的千克数，m 是节余的钱数。消费者支出为 100 美元，在任何价格水平上购买了最优数量的面包、奶酪、奶油软糖后，仍有钱节余下来，那么他对三种商品的需求函数（或简单一些，反需求函数）是什么？

（b）对三种商品他最多购买多少数量？为了回答这一问题，你必须找到使之支出最大化的三种商品的价格。（当求奶酪的价格时有一些小窍门。）

5.13 （本题主要为喜欢数学的读者而设计。）对于图 5.8 描述的需求函数来说，在价格非常高的情况下，需求量可以为零，而当价格趋近于零时，需求量似乎无限大。这并非没有可能，如某消费者要么购买 x 单位的商品，要么把钱留在口袋里时的情形。在特定情况下，假设消费者的效用函数为 $u(x, m) = v(x) + m$，其中 v 是凹函数。下面是函数 v 的四种可能形式，找出消费者对商品 x 的需求函数（作为自己价格的函数）：

（a）$v(x) = x^{1/2}$；

（b）$v(x) = 10\ln(x+1)$；

（c）$v(x) = 6x - x^2$；

（d）$v(x) = \begin{cases} \ln(x), & x \leqslant 1 \\ 3x - x^2, & x \geqslant 1 \end{cases}$。

仿照那些例子，完成下列句子。在这类问题中，商品 x 的效用和节余货币的函数形式为 $v(x) + m$（为了严格起见，v 是严格凹函数）。

不管价格有多高，如果＿＿＿＿＿＿＿＿，需求严格为正值；但是，如果＿＿＿＿＿＿＿＿＿，当价格上升至＿＿＿＿＿＿＿＿＿＿时，需求将为零。

当价格降至零时，如果＿＿＿＿＿＿＿＿，需求接近于∞；但是，如果＿＿＿＿＿＿＿＿＿，当价格为零时，需求将＿＿＿＿＿＿＿＿。

第 6 章 | 分销渠道和双重边际化问题

132　　工业制成品的典型销售是借助多层次的分销渠道来进行的：制造商—批发商—零售商—消费者。在本章我们将运用前面论述过的概念原理和技术手段来研究这一问题，特别是研究**双重边际化**（double marginalization）问题。因为分销链中每一环节涉及的各方为了从总蛋糕中分到自己的那一份，对产品价格进行了加成，这导致了总利润的降低。本章将讨论如何使用所谓的两步征税（two-part tariffs）或者收取代理费或特许费的方法来改进这一问题。

　　第 5 章讨论了商品和服务的一种类型的顾客，即消费者，自然还有其他类型和规模的顾客，例如，商品和服务可以销售给企业、政府、非营利组织等。为了完全弄明白市场销售中错综复杂的关系，你还需要知道销售给这些不同顾客的过程。

　　它们当然各不相同。如果看一下商学院的课程目录，你会发现针对消费者的营销课程和针对产业中企业的营销课程是有区别的。

　　在大多数情况下，产业类顾客将其购买的商品和服务作为自己生产过程的投入要素，所以，要想弄明白产业类需求的特点需要了解生产过程。我们在两章后才去讨论生产过程，所以，在本章我们不想沿着这条思路对此做太多涉猎。我们只是以产业类市场营销中最为简单的情形为分析对象：一个制造商按不变的边际成本生产一种产品并把它们卖给一个或多个零售商，然后由后者将其销售给大众消费者。这种简单的过程会引出什么讨论话题吗？

- 零售商通常销售的是竞争性产品（competitive products）。超市中销售的即食谷物类食物、清洁用品等种类繁多、花色多样，是由不同制造商生产的，所以，制造商的营销策略必须能吸引零售商的注意，并赢得订单。
- 第二个问题与对市场有影响力的零售商（retailer）有关。本书到目前为止都假定，面对着向下倾斜的需求曲线的制造商是自己定价，而顾客只是温顺地做出反应，但对市场有影响力的零售商则要对批发价进行讨价还价。

在此我们还不想对这些话题进行讨论。我们假定要讨论的零售商购买和再卖出的对象都是一个制造商。在与零售商的讨价还价中，制造商有足够强大的影响力，它们确定交易的条件，零售商将这些条件视作生活中难以改变的事实，它们据此来确定自己如何实现最大化利润。①

6.1　一个有关保时捷汽车的故事

在 1984 年以前，保时捷在美国的销售都是通过大众-奥迪的销售网来进行的。通常，一个经销商会同时卖奥迪和保时捷，当然有时经销商会销售所有三个公司的汽车。但是到 1984 年，保时捷和在美国的大众公司的销售协议，即由后者将保时捷汽车销售给经销商的协议到期。保时捷公司想借此机会重新考虑其在美国的营销安排。

美国的汽车销售

在 1984 年的美国，汽车销售大部分是通过经销商来进行的，它们从汽车制造厂那里买进小轿车然后再卖给消费者。经销商之间的存货交易（stock trading）也很普遍。经销商资格是由主要制造商授权的。一个经销商经销多种品牌汽车的现象正变得越来越普遍，尤其是在市区。许多经销商是由一个控股集团拥有或控制，如在加利福尼亚北部，许多经销商要么是麦克哈维（Mike Harvey）集团的成员，要么是卢卡斯（Lucas）集团的成员。制造商和经销商保持一定的距离，制造商将轿车批发给它的经销商，然后由后者按最有利的价格卖给普通消费者。

经销商常常会卖出一个好的价钱。经销商给消费者看的报价单（invoice）（尽管并不一定愿意这么做）通常会比经销商最终付出的价格要高。因为有些时候，经销商在报价单外再降低一些价格的做法在经销商中会很快传播出去，而且许多车卖出的价格其实要大大高于报价单上的价格。经销商会严格保守这类信息，但是，人们都在说，那时超过 90% 的车都是在制造商建议零售价格之上（MSRP）加上不超过 1 000 美元销售出去的，这是一个经销商非常满意并渴望的最高价。

当它们独立于制造商时，经销商会按授权协议担负一定的责任。它们必须为全国性或区域性广告付出一定的代价，必须拥有维修和售后服务所需的工具和零件存放的场地。

这种销售方式会带来许多激励方面的问题。最突出的是当制造商希望独立的经销商薄利多销时，经销商喜欢囤积车辆直到消费者愿意支付正常的标价

---

① 这个故事来自 *Automotive News*（February 20，1984；February 27，1984；March 12，1984；March 19，1984）和 *Fortune*（April 16，1984），这一案例是彼得·C. 赖斯（Peter C. Reiss）推荐给我的。

（sticker price，MSRP）。因为经销商要支付库存成本，所以它们想勤进快销。制造商和经销商之间的一些特别协议也促使经销商想加快销售速度。但是，一般来说，经销商并不愿意与制造商步调一致。

既然存在激励上的问题，我们可能疑惑为什么汽车销售要采取这种方式。独立经销商制度可追溯到艾尔弗雷德·P. 斯隆（Alfred P. Sloan）创建通用汽车公司之时。广为接受的解释是，斯隆认为独立的经销商会有更好的机会来建立起忠诚消费者的基本队伍，并对本地市场状况做更深入的了解，特别是对卖主愿意的出价（trade-ins）有更好的了解。

不管出于什么理由，独立经销商制度成为业界普遍的做法。而且因为经销商容易组织起来，又与当地政府联系甚密，所以在州政府层面通过了许多法规来保护经销商的利润免受制造商的剥削。这些法规常常会被用于规范所有特许商和特许加盟经销商的关系，特别是禁止特许商试图改变它们与特许加盟经销商关系的性质，除非获得特许加盟经销商的同意。换句话说，这种经济关系实际上被固定于最初的形式上，除非对双方有利才会改变。

回到保时捷的故事

1984 年，因为与大众公司的协议到期，保时捷宣布它想对在美国的销售采取全新的方式。经销商按照申请顺序成为独立的代理商（agent）。存货完全由母公司——美国保时捷（Porsche USA）来保管，母公司也负责车辆维护（vehicle preparation）方面的工作。价格由在美国的母公司——美国保时捷确定，不能讨价还价。鼓励代理商，也即原来的经销商保留它们原有的修理维护业务，但保时捷车的主人在遇到维修问题时，有很多渠道可直接与美国保时捷的地区中心机构取得联系。代理商也不必为合作性的广告付费，它们将获得大约为卖价 8％的佣金，而传统的销售方式是在成本之上加成大约 18％的比例。

保时捷的经销商对此并不满意，它们援引州政府关于经销商的法规条款，提交了许多法律诉讼。保时捷辩护说，它没有违反那些法规，因为是保时捷-奥迪经销商与大众公司有经销协议，而不是与保时捷。既然保时捷不再想通过美国大众公司来销售产品，新的销售安排不受原来条款的束缚。大众公司担心它会成为被诉讼的对象之一，所以它自身也提起了对保时捷的诉讼，认为它的代理关系受到经销商法律的保护。

当尘埃落定后，保时捷收回了它提出的新销售方案。尽管该公司继续宣称其在案件中证据有力，但已没有足够时间建立起它希望的代理商销售网络，所以，它将采用传统的经销商制度。当然，不管在法律诉讼中处在何种位置，这都是费时费力的事。

问题是，根据假定，保时捷应该预计到它会遇到阻力，但它为什么还想要建立新的轿车销售方式呢？值得注意的是，如果价格不变，保时捷就失去了向那些不管什么原因销售量不大的经销商索要高价的机会。（经销商会因此直接获益，但保时捷也间接获益，因为如果经销商卖出的价格高，保时捷也可提高批发价。）保时捷的故事提出了什么问题？

6.2 两步分销的简单模型

为了回答这一问题，我们分析一个非常简单的关于制造商和与之保持一定距离的零售商之间关系的模型。假设某一制造商生产某种产品的边际成本不变，比方说每单位为 11 美元，该制造商将产品卖给零售商的价格由制造商确定，我们用 p 表示。零售商随后卖给大众，价格为 P。我们假定该零售商在面向大众销售时处在垄断地位。为了能使数学推导和图形简单一些，我们假设零售的边际成本为零（但不是所售产品的成本为零），所以，零售商的边际成本为 p，即制造商确定的批发价格。尽管我提到的这些数字很难与保时捷汽车的边际成本或需求函数联系起来，但我仍然倾向于将所讨论的商品称为汽车。

假设零售商面临的反需求函数为

$$P(x)=131-\frac{x}{100}$$

136　　　其中 x 是零售商的销售数量，$P(x)$ 是每辆车的价格。我们要回答下列问题：

- 为了最大化它的利润，制造商的批发价应定在什么水平上？零售商将把零售价定在什么水平上？销售量为多少？两企业的利润各为多少？
- 假定制造商可以自己而不是通过中间商来零售汽车，如果不会增加零售成本，会引起什么后果？
- 假定制造商可以自己而不是通过中间商来零售汽车，但销售每辆车的边际成本为 k，而通过零售商销售的边际成本为零，也就是说零售商有零售成本上的比较优势。当 k 取什么值时，制造商愿意通过零售商来销售？当 k 取什么值时，制造商愿意自己进行直销？当 k 取什么值时，公众愿意通过零售商来购买？
- 假定制造商决定必须借助零售商来完成销售，这可能是因为在驾驭消费者市场方面制造商比零售商要差。在与零售商打交道时，有没有其他比只是简单收取批发价更好的办法和手段？

我们先回答这些问题，然后我们用保时捷的故事做对比，来看一看这个模型究竟教给了我们什么。如果你希望测试一下自己的分析技巧，试着用自己的模型来回答这些问题，并看一下你得出的答案能否解释现实世界中的保时捷问题，然后再阅读我们后续的分析。

确定最优的批发价

我们首先回答制造商确定的最优批发价 p 为多少。在这一简单模型中，制造商的利润为 $p-11$，因为生产的边际成本为常数 11 美元。为求总利润，可用零售商愿意购买的车辆的数量去乘 $p-11$，但这一数量又受到 p 的影响；降低 p 的水平，零售商愿意采购的车的数量将增多。所以，为了找到 p 的最优值，我们需要知道零售商愿意采购的轿车数量，而这一数量又是 p 的函数。

Excel 和 Solver 可以非常方便地解出在给定价格 p 时，零售商愿意采购的数量。例如，假设制造商将批发价格定为 $p=51$ 美元，零售商也就能确定出自己利润最大化时的采购数量和零售价格 P。如果零售商确定的零售价格为 P，那么它购入的车的数量为 $100(131-P)$，所获利润为 $(P-51)\times[100(131-P)]$。图 6.1 是 PORSCHE 表的工作表 1 中的一行。A 列是批发价格 p，这里是 51 美元；B 列是零售价格 P，在图 6.1（a）中最初确定的取值为 101 美元；C 列是依据 B 列的零售价格得出的零售数量；D 列是零售商所获利润。

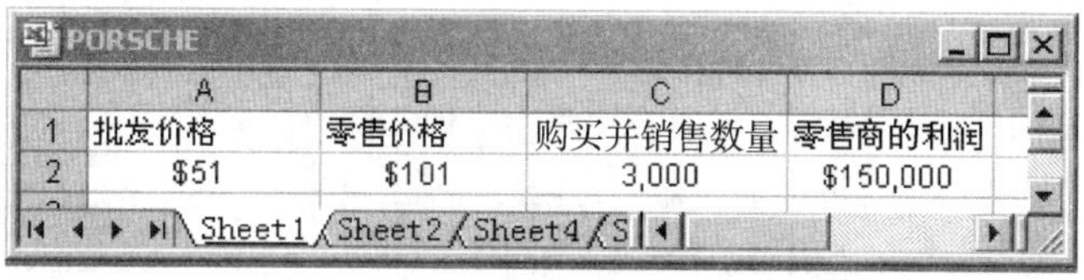

	A	B	C	D
1	批发价格	零售价格	购买并销售数量	零售商的利润
2	$51	$101	3,000	$150,000

(a)

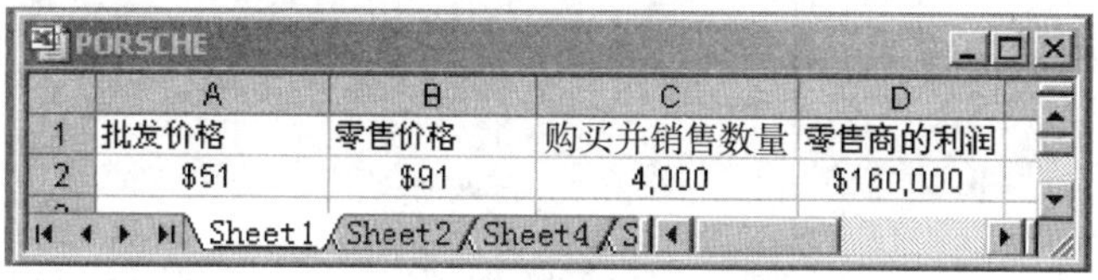

	A	B	C	D
1	批发价格	零售价格	购买并销售数量	零售商的利润
2	$51	$91	4,000	$160,000

(b)

图 6.1　PORSCHE 表的工作表 1：零售商问题的解

说明：零售商在把批发价格看作给定量的条件下选择零售价格。根据零售价格，就能算出需求量和零售商的利润。如果批发价格为 51 美元，图（a）表示的是零售价格为 101 美元时的基本数据。运用 Solver 可以改变单元格 B2 以求单元格 D2 的最大值，结果如图（b）所示。

我们启动 Solver 程序，改变 B 列数值来求 D 列的最大值，图 6.1(b) 给出了结果。如果 $p=51$ 美元，零售商将确定的最优价格为 $P=91$ 美元，同时要购进（卖出）的车的数量为 4 000 辆，获利为 160 000 美元。

所以，我们知道了，如果 $p=51$ 美元，制造商将卖出 4 000 辆车。但是当 $p=61$ 美元或 $p=41$ 美元时呢？我们运行 Solver，改变单元格 A2 中的值来看当变动 p 时，卖给零售商的车的数量如何变化。一旦我们得到了这些数据，就能求制造商的最大利润了。

Solver 在解这类问题时并不尽如人意。但对这个例子，我们可用它得出结果。请见图 6.2 的上半部分，这是 PORSCHE 表的工作表 2。我把工作表 1 的行复制了 13 次，依次粘贴在 A 列中，我分别选取了 p 的不同值，$p=11$，21，31，…，131。我把 $P=101$ 输入所有 13 行，在 D 列输入各行总额，单元格 D16 是合计的总额。随后我用 Solver 改变 B2 到 B14 的值来求 D16 的最大值，得出的结果如图 6.2 所示，同时也得出了 p 有 13 个取值的零售商问题的解。

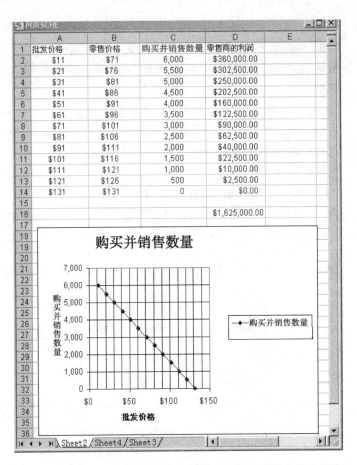

图 6.2　PORSCHE 表的工作表 2：零售商对不同批发价格的反应

说明：对于不同的批发价格，我们可以得到零售商对零售价格、购买并销售数量的最优反应。最优零售价格、最优购买并销售数量是批发价格的线性函数。在图 6.2 的下半部分，我们绘出了批发价格与购买并销售数量的关系线。

138　　　　A 列值与 C 列值的相互关系被放在了图 6.2 的下半部分。很显然，这是一个线性函数，你也可尝试 p 取其他值（如 $p=34.56$ 美元）的情形，你会发现这种线性关系一直成立，零售商的订购数量是批发价格 p 的线性函数。此外，我们使用表格中的数字得到了这一线性函数的系数，你将发现结果为 $x=50(131-p)$。

　　　　使用微分法，我们可以处理像 p 这样的字母所表示的问题，而且非常迅速。给定 p，零售商利润作为购买并销售数量 x 的函数，其公式为

139

$$\left(131-\frac{x}{100}-p\right)x$$

上式的意思是它等于价格减去成本再乘以数量。为了求出上式关于 x 的最大值，我们对 x 求导，使导数值等于零可得

$$131-p-\frac{2x}{100}=0 \quad \text{或} \quad x=50(131-p)$$

这就是我们在图 6.2 中看到的直线的方程。

为了用 Excel 得到这一结论，我们看图 6.3 所示的 PORSCHE 表的工作表 3。在不同行中，我们分别填入批发价格 p、制造商预期能销售给零售商的车辆数（作为价格 p 的函数）和制造商的利润。我们也在其中列出了零售商确定的零售价格 P，这可通过把数量代入反需求函数来得到。我们希望通过改变 p 来求出制造商的最大利润值。Solver 可以轻而易举地做到这一点。从图 6.3 中你可看出在 $p=71$ 美元时，运行 Solver 所得到的结果。在零售价格为 101 美元时，制造商可以卖出 3 000 辆车。制造商的利润为(71−11)×3 000=180 000 美元，零售商的利润为(101−71)×3 000=90 000 美元。（你如果从网上下载了 PORSCHE 表格，你会发现工作表 3 的值要小一些，$p=51$ 美元，最优化运算还未进行。）

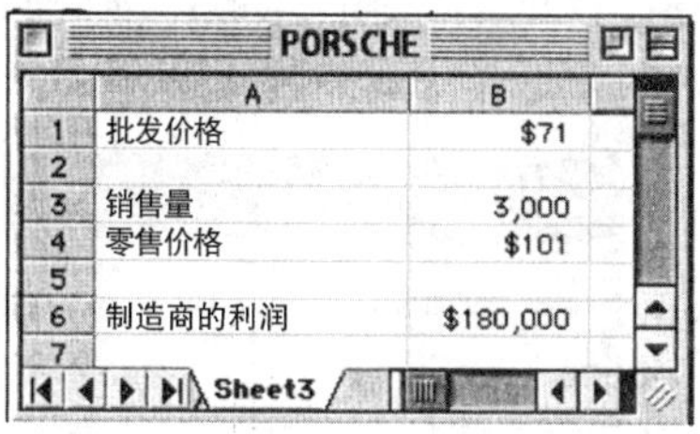

	A	B
1	批发价格	$71
2		
3	销售量	3,000
4	零售价格	$101
5		
6	制造商的利润	$180,000
7		

图 6.3 PORSCHE 表的工作表 3：最优化后确定给批发商的最优批发价格

说明：第 1 行给出一个批发价格后，我们可以使用工作表 2 中的公式（或运用微分法）计算出零售商用于再出售的数量和相应的零售价格，当然我也就可以计算出制造商的利润。启动 Solver 程序，改变单元格 B1 就可以最大化单元格 B6。表格所示的结果是当批发价格为 71 美元时，零售商卖出的数量为 3 000 单位，零售价格为 101 美元，制造商的利润为 180 000 美元。

140 或者进行微分运算。制造商的利润是 p 的函数：$(p-11)\times 50(131-p)$。我们用 p 来替代 x，正像我们在第 3 章中所学到的，这是允许的。为了求出最大值，首先进行多项式计算得到 $50(142p-p^2-1\ 441)$，对 p 求导后为 $50(142-2p)$。让这一导数值等于零，我们得到 $p=71$。这样，就可以计算出前面得到的数值。（如果必须用销售量 x 替代批发价格 p 来解这一问题，你如何做？见练习 6.2。）

直销给公众

下一步讨论的是当制造商可以把产品直销给公众时，它会怎样做。我在前面的计算中增加一个 k 值，即如果制造商直销给公众必须支付的边际成本。PORSCHE 表的工作表 4 给出了基本数据：在 A 列中增加 k 的值，B 列中是制造商确定的零售价格，销售数量位于 C 列，制造商所得利润位于 D 列（见图 6.4）。注意，D 列的公式是 $C_n*(B_n-11-A_n)$，n 为行数。

你如果下载了 PORSCHE 表，转到工作表 4，你将发现在 B 列中输入的零售价格实验值为 101 美元。但制造商试图确定的零售价格要最大化它的利润，所以下一步运行 Solver，通过改变零售价格来求它的最大化利润。运用技巧找出不同行的利润总和，然后运行 Solver，通过改变零售价格使利润总和最大。

上述一切我们通过 Solver 可一次性处理完成，结果列在图 6.4 中。

- 如果制造商在直销时没有增加额外的边际成本（第 2 行），它将会把零售价格定在 71 美元，销量为 6 000 辆，所获利润为 360 000 美元。注意，这一利润水平要大于前一节讨论的两步分销方案中制造商和零售商实现最优时（对制造商）的利润总和。
- 在两步分销方案中，制造商最优获利为 180 000 美元。当直销引起的额外边际成本 $k>35$ 美元时，制造商将倾向于采用两步分销法。
- 当 $k<60$ 美元时，消费者倾向于直销，因为相对于两步分销法，这时的零售价格低，销售量也多。
- 无须多言，不管 k 取什么值，零售商都不希望制造商直接将产品销售给大众，因为这样零售商只能出局了。

141

PORSCHE

	A	B	C	D
1	k的取值	零售价格	销售数量	制造商的利润
2	$0	$71.00	6000	$360,000
3	$5	$73.50	5750	$330,625
4	$10	$76.00	5500	$302,500
5	$15	$78.50	5250	$275,625
6	$20	$81.00	5000	$250,000
7	$25	$83.50	4750	$225,625
8	$30	$86.00	4500	$202,500
9	$35	$88.50	4250	$180,625
10	$40	$91.00	4000	$160,000
11	$45	$93.50	3750	$140,625
12	$50	$96.00	3500	$122,500
13	$55	$98.50	3250	$105,625
14	$60	$101.00	3000	$90,000
15	$65	$103.50	2750	$75,625
16	$70	$106.00	2500	$62,500
17	$75	$108.50	2250	$50,625
18	$80	$111.00	2000	$40,000
19	$85	$113.50	1750	$30,625
20	$90	$116.00	1500	$22,500
21	$95	$118.50	1250	$15,625
22	$100	$121.00	1000	$10,000
23				
24				$3,053,750

Sheet2 Sheet4 Shee

图 6.4　PORSCHE 表的工作表 4：制造商直销时的最优策略

说明：假设制造商直销给公众只支付额外边际成本 k（每辆），并且这样做了。运行 Solver 可求出制造商确定的最优零售价格。在这幅图上，当我们改变额外边际成本 k 的值时，你可以看到对应的零售价格、销售数量和制造商的利润。

这就是我们运用电子表格计算的过程。对于偏好微分计算的读者来说，计算过程如下：如果制造商直销给公众的边际成本为 $11+k$，它可使边际成本与边际收益相等。因为反需求函数为 $131-x/100$，总收益为 $131x-x^2/100$，边际收益为 $131-2x/100$，使边际收益等于边际成本，即

$$131-\frac{2x}{100}=11+k \quad 或 \quad x=50(120-k)$$

这样可求出零售价格为

$$131-\frac{50(120-k)}{100}=71+\frac{k}{2}$$

所以，制造商的利润为

$$\left(71+\frac{k}{2}-11-k\right)(50(120-k))=50\left(60-\frac{k}{2}\right)(120-k)=25(120-k)^2$$

142　　　　为了知道制造商在何时更愿意采用直销方式，我们寻找的是满足不等式 $25(120-k)^2\geqslant180\,000$ 的 k 值，$180\,000$ 美元是制造商通过零售商销售时获得的利润。用更直观的算式看，即当 $k\leqslant35.148$ 美元时，上面的不等式成立。另外，对消费者来说，他们要比较采用两步分销法时他们支付的价格 101 美元和直销时他们支付的价格 $71+k/2$。当 $k\leqslant60$ 美元，他们更加偏好直销。

　　　　有时微分法比繁杂的表格计算更简练一些。

双重边际化成本意味着什么？

　　　　为了弄明白我们将要讨论什么，先注意一种情形 $k=0$，即制造商像零售商一样把产品销售给消费者。根据模型，在这种情形下，直销给消费者的零售价格为 71 美元，销售量为 6 000 辆，获利 360 000 美元。但是在两步分销情况下，零售价格为 101 美元，销售量仅为 3 000 辆，总利润（制造商加零售商）仅仅为 270 000 美元，其中 90 000 美元归零售商，180 000 美元归制造商。

　　　　只要零售商没有在零售方面的成本优势，不难看出，两步分销的总利润比直销给消费者时要少。不管采用什么样的分销体制，都假设生产并销售给消费者的车的数量为 x 单位。从卖给消费者中得到的总收益为 $xP(x)$，制造 x 单位产品的总成本为 $\mathrm{TC}(x)$。如果零售成本为零，那么总利润（两步分销时两类企业的利润和）等于 $xP(x)-\mathrm{TC}(x)$。而在直销情形下，制造商会选择使 $xP(x)-\mathrm{TC}(x)$ 最大化的 x。所以，不管在两步分销时选择什么样的 x 值，所获总利润都不可能大于直销情况下的利润。而且，在某种意义上，在利润最大化条件下，两步分销的产量也不同于直销情形，两步分销的总利润也一定少一些。

　　　　说得明白些，两步分销情形下的产量必定少于直销情形下的产量。**对于制造商来说，为了获得利润，它必须把批发价格 p 定在超过边际成本的水平上。**但是它的批发价格又是零售商的边际成本，所以，**零售商的边际成本大于制造商的边际成本。**在直销情形下，制造商使它的边际成本与零售边际收益相等；而在两步分销情形下，零售商按照自己相对高一些的边际成本与零售边际收益相等的条件来确定需求量。因为零售商的边际成本相对较高，它利润最大化时的销量要小于直销情形下的销量。（这个结论与边际收益是销量的减函数无关，对任何连续的边际收益函数都成立，尽管这一观点有一些要花招。）

143　　　　总结一下，两步分销情形下的销量要低于直销情形下的销量，所以，对消费者也意味着更高的价格，同时它也意味着总利润要少一些。

　　　　但是，我要重申，只有在制造商从事零售业务相对于零售商没有成本劣势时，上面的结论才成立。我们发现，两步分销更实际一些，因为零售商在从事零售业务时花费的成本要低于制造商从事该项业务时的成本，因为前者更贴近市场，也能更好地推行价格差异化策略（我们将在第 7 章讨论）。

对这一现象用经济学术语表述就是**双重边际化**（double marginalization）。为了明白这一概念，请看图 6.5。在图 6.5（a）中，黑线表示的是零售市场的（反）需求函数 $P(x)=131-x/100$。零售总收益为 $\mathrm{TR}(x)=131x-x^2/100$，零售边际收益为 $\mathrm{MR}_R(x)=131-2x/100$，用灰线表示。

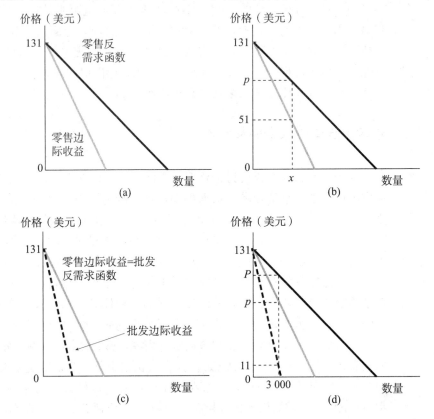

图 6.5 用图形表示的双重边际化

说明：图（a）所示是零售反需求曲线和零售边际收益曲线。图（b）所示是当批发价 p 给定（如 $p=51$ 美元）、零售商使它的边际成本与零售边际收益相等时，确定出的要购进的商品数量 x 和加成得出的零售价格 P。所以，批发反需求函数就是零售边际收益。在图（c）中我们看到第二次边际化，当零售边际收益函数等于批发反需求函数时，零售反需求被第一次边际化，当得到批发边际收益时，又进行了第二次边际化。最后在图（d）中我们看到，由制造商边际成本（11 美元）等于批发商边际收益得出了销售量（3 000 辆），这也决定了批发价 p 和零售价 P。当然，相对于直销来说，这是一个比较小的数量（在线性函数情形中，只是一半），前提是制造商分销的边际成本为零。

假设制造商把批发价格定在 51 美元，这也就是零售商的边际成本。为了实现利润最大化，零售商应该使批发价格与其零售边际收益相等。所以，如图 6.5（b）所示，批发价格 51 美元给出了 $\mathrm{MR}_R(x)=51$ 时零售商的需求量。所以，一般来说，当批发价为 p 时，$\mathrm{MR}_R(x)=p$ 会决定产量水平。这意味着对批发产品的需求（制造商期望销售的数量是批发价格的函数）是由零售边际收益回溯倒推出来的。换句话说，批发反需求函数正是零售边际收益函数。

批发边际收益曲线就是从批发反需求函数＝零售边际收益函数＝$131-2x/100$ 中推导出来的边际收益曲线。从数学意义上来说，你会发现这意味着批发边际收益为 $131-4x/100$，如图 6.5(c)中的虚线所示。

图 6.5 (d) 完成了对这一问题的讨论。给定制造商的边际成本，制造商通过使它的边际成本与批发边际收益相等决定产量和批发价格，从而零售价格可从与这个产量对应的零售反需求函数中得到。

所以，双重边际化一词的意思是，我们从零售反需求函数开始，在分销链中的每个环节（两步分销中进行两次）进行边际化处理，使边际收益函数等于制造商的边际成本函数。

鱼与熊掌兼得：向零售商收取预付金

当然，刚刚完成的分析并不意味着我们可以忽略零售商。它们确确实实存在着，而且我们已经指明了一个原因，解释了为什么零售商相对于制造商在零售业务方面有优势。

所以，根据我们已经讨论过的内容，两步分销还是直销的选择似乎转变为双重边际化成本和专业零售商所拥有的零售成本优势的比较。制造商可以拥有鱼或熊掌，但是它不能两者兼得，最起码表面看来是这样。

说得更具体一些，假定零售商从事零售的边际成本为零。如果制造商直接向消费者直销，它的零售边际成本为 30 美元。依据我们前面的计算结果可以知道，如果制造商愿意直销给消费者，零售价为 86 美元，可获利 202 500 美元。

假设在制造商的销售部门有一人提出建议，在单位成本之外可向零售商收取预付金（up-front fee）。换句话说，制造商可以这样告诉零售商：

你可以以每单位 p 的价格采购你希望的任何数量，你也可以如你所愿决定零售价。但在你购进任何数量产品前，你必须先付预付金 F。

制造商利润最大化条件下的预付金 F 和 p 的组合是什么？这会比直销给消费者要好一些吗？要想回答这些问题，我们必须先回答：什么样的预付金 F 和 p 的组合是零售商能接受的？

在现实生活中，我们要从心理学方面来考虑这一问题。假定零售商接受这种要求，支付了预付金 F。对于零售商来说，这笔支出已变为**沉没成本**（sunk cost），意思是说，这笔钱对它犹如黄鹤已去，所以它最好把这件事忘记，根据现在的情形重新考虑最优化问题。所以，当零售商的边际成本为每单位产品的购进成本 p 时，它将购买并销售 $50(131-p)$ 单位产品，将零售价格定为 $131-50(131-p)/100=(131+p)/2$，由支付预付金 F 得到的毛利润为

$$50(131-p)\left(\frac{131+p}{2}-p\right)=25\,(131-p)^2$$

零售商愿意支付预付金 F 以获得 $25(131-p)^2$ 这么多的毛利润吗？在实际生活中，这正是我们要引入心理分析的地方。很显然，如果预付金 F 超过 $25(131-p)^2$，零售商不会这样做。但是假设预付金只比 $25(131-p)^2$ 少 1 美元，零售商会接受这种要求而获得 1 美元的利润吗？或者预付金至少比 $25(131-p)^2$ 少 1 000 美元，即零售商至少获得 1 000 美元净利润时方接受？为了使零售商接受这一要求，制造商至少得留给零售商多少利润？

这个问题不好回答。这与零售商其他最好的获利机会和其心理认同有关。如果零售商认为受到了制造商的剥削，它还会接受一个有利可图的获利机会吗？这些话题与眼下讨论的问题关系不是太紧密，所以，我提出的模型假设是，只有至少可给零售商带来 100 美元的净利润时，零售商才接受这种要求。所以要想使零售商接受这种要求，预付金 F 必须不大于 $25(131-p)^2-100$。

146但是正像我们假定的那样，制造商知道这 100 美元的利润，因为我们也假定当批发价格为 p 时，制造商能计算出零售商的利润为 $25(131-p)^2$，所以，制造商没有理由使预付金 F 比 $25(131-p)^2-100$ 少。为什么留给零售商的净利润要大于零售商接受的必要利润水平呢？

所以，如果制造商把批发价格 p 确定后，它会把 K 定为 $K=25(131-p)^2-100$，那么它的净利润为

$$25(131-p)^2-100+50(131-p)(p-11)$$

我们解释一下该式的意义：第一项是制造商收到的预付金 F；第二项是它的销售数量 $50(131-p)$，乘上它销售的每单位产品的边际利润 $p-11$。

制造商希望通过确定 p 以及 $F=25(131-p)^2-100$ 来求上式的最大值。你可以使用 Excel，也可用微分法，我使用后者。第 1 步先化简表达式：

$$
\begin{aligned}
&25(131-p)^2-100+50(131-p)(p-11)\\
=&25(131-p)\big[(131-p)+2(p-11)\big]-100\\
=&25(131-p)(109+p)-100\\
=&25(131\times109+22p-p^2)-100
\end{aligned}
$$

对该式求导并使之等于零，得

$$25(22-2p)=0 \quad 或 \quad p=11$$

采取收取预付金再加每单位批发价格的做法，制造商会将批发价格 p 的最优水平定在 11 美元，这也是它的边际成本的值，所以，收取的特许经销权费为

$$25(131-11)^2-100=360\,000-100$$

注意，在这种方式下，制造商的全部利润来自收取预付金，其产品按照边际成本来卖出。

这样，除了 100 美元外，制造商鱼和熊掌可以兼得了：由零售商来做零售业务，因为从事这类活动，零售商更有效率，但是制造商几乎获得了与直销时同样的利润（如果它也像零售商一样有效率的话）。这里的"几乎"一词指的是

制造商必须留给零售商 100 美元的净利润，以使后者能接受这种安排。360 000 美元减 100 美元要比制造商直销的利润 202 500 美元多得多。

其中发生了什么？为什么是从单位批发成本与制造商的边际成本相等来得出答案？这实际上是从直觉得出的结论。关键是要认识到，既然有能力收取预付金，制造商实际上将会认识到它的生产活动和零售商的零售活动所创造的全部利润是多少。除了 100 美元外，它会把零售商的全部利润挖走（drain）。

这里有多少利润呢？制造商生产 x 单位产品卖给零售商，然后零售商再销售给消费者。x 单位产品的零售价格一定为 $131-x/100$，这正好是零售反需求函数。制造 x 单位产品花费的成本为 $11x$ 美元，只要由零售商来进行零售业务，成本就将为零。所以，制造商和零售商的利润加在一起一定等于 $(131-x/100)x-11x$。除了 100 美元外，全部落入制造商的腰包，它会使之尽可能大，我们知道如果使生产的边际成本等于零售边际收益，将会有 6 000 辆车被卖出。

零售商在这种安排中要选择 x。所以，从制造商的角度来看，要做的就是使零售商接受 $x=6$ 000 辆的安排。做到这一点并不难，零售商使自己的边际成本 p 等于零售边际收益即可。如果 p 被定在 $p=11$ 美元，那么，零售商会选择 6 000 辆车。换句话说，如果"传递"（pass along）给零售商的是制造商的边际成本，零售商选择的就是使利润总和最大化的产量。这对制造商来说太有利了，因为除了 100 美元外，它获得了其他的一切。

多个零售商

我们把这个简单模型放在类似保时捷的情形下进行分析，假定与制造商打交道的零售商不是一个，而是多个。说得具体一点，假设有三个市场，每个市场中都有自己的垄断零售商。市场 1 的零售反需求函数为 $P_1(x_1)=131-x_1/100$，市场 2 为 $P_2(x_2)=151-x_2/200$，市场 3 为 $P_3(x_3)=171-x_3/50$。假设三个市场之间是隔离开来的，地理上的障碍足以使不同的零售价格能保持下去。每个区域中的零售商（每区一个）的零售边际成本为零。制造商从事零售的边际成本在市场 1 中为 30 美元，在市场 2 中为 20 美元，在市场 3 中为 50 美元。每辆车的边际制造成本仍保持在 11 美元上。

在两个新市场中重复已经进行的分析易如反掌。（对市场 1 我们已做了详细分析。）针对固定费用加单位成本（fixed fee and per-unit cost）的两步分销模式，假定在每个市场上，必须留给零售商 100 美元的利润。如果你做了这样的计算，你得到的结果应该与表 6.1 一样。

直销还是要胜过市场 1、2 中的只是简单收取批发价格方式和两步分销方式，但是在市场 3 中，因为制造商的直销成本相对较高，所以，它更愿意通过零售商来销售产品，这样也就造成了双重边际化的成本损失。

对于制造商来说，三种方法中最优的方法是固定费用加单位成本定价法。在这种方法下，除了 100 美元外，制造商获得了在它有比零售商更低的成本优势时，从事直销所能获得的几乎所有的利润。注意，在这种方法中，每个零售商支付的每单位产品的成本是一样的，都是 11 美元，因为这种单位产品价格正好是制造商的边际制造成本。

表 6.1	三个不同且隔离开来的市场		
参数	市场 1	市场 2	市场 3
反需求曲线的截距	131	151	171
反需求曲线的斜率	−0.01	−0.005	−0.02
零售成本（美元）	30	20	50
仅仅索取批发价格的两步分销			
批发价格（美元）	71	81	91
零售价格（美元）	101	116	131
购买并销售数量	3 000	7 000	2 000
制造商的利润（美元）	180 000	490 000	160 000
零售商的利润（美元）	90 000	245 000	80 000
直销			
零售价格（美元）	86	91	116
购买并销售数量	4 500	12 000	2 750
制造商的利润（美元）	202 500	720 000	151 250
固定费用加单位成本定价的两步分销			
固定费用（美元）	359 900	979 900	319 900
单位定价＝批发价格（美元）	11	11	11
零售价格（美元）	71	81	91
购买并销售数量	6 000	14 000	4 000
制造商的利润（美元）	359 900	979 900	319 900
零售商的利润（美元）	100	100	100

说明：这个表的数据来自三种分销方式和三个市场（参数见书中文字部分）。如果是在批发价格形式的两步分销或直销之间做出选择，对制造商来说，在市场 1、2 中，直销要好一些。但是在市场 3 中，由于制造商从事零售业务的成本相对较高，所以制造商倾向于两步分销模式。（消费者在任何情况下都偏好直销，理由无须多言。）在所有方法中，最优的方法是按固定费用加单位成本定价的两步分销模式，这样，制造商几乎获得全部利润，同时也利用了零售商在零售市场中突出的销售成本优势。

149　　　　这是非常重要的一个结论。回头看制造商仅索取批发价格的两步分销方式，假定制造商的零售成本是三个市场中零售商支出的成本。我们假定三个不同的市场可以保持不同的零售价格，因为三个市场在地理上是隔离开来的，生活在高价格区域的消费者无法或不愿移动到低价格区域。尽管对个人消费者来说，把需求从一个区域转移到另一个区域是不现实的，但对于三个零售商来说，出于利益考虑，它们会认识到以下这点：对区域 1 的零售商来说，当它付出的批发价格比区域 2、区域 3 的价格低时，它就会大量购进然后转卖给区域 2 和区域 3 的零售商。

但是，在按固定费用加单位成本定价的情形下，每单位产品的价格在所有区域都是相同的，所以三个零售商就没有动力将产品在各区域间转卖了。

6.3　再论保时捷

我无法确信下面的猜想是否现实：我猜想保时捷公司重建其分销系统的目的是避免双重边际化的成本损失。一个很自然的问题是：为什么现在要这么做？一种可能性是与大众公司的协议到期了，保时捷公司有机会来进行重建。同时，也很容易想到，作为知名品牌的保时捷公司拥有忠实的追随者，所以，它可以利用这一优势以比通过零售商更有利的价格直接销售给消费者。日渐改善的交通运输体系使得集中维修和服务的做法增加了保时捷公司成本上的优势。最后一点，在直销成本固定后，需求弹性会随之降低，双重边际化的成本却增大了。由此不难设想，保时捷公司相信自己的车已经建立起了非常忠实的基本消费群体，需求正变得越来越缺乏弹性。

保时捷方案的核心是建立直销体系。原有的经销商仍然是订单持有人和服务提供商，但定价权归保时捷。为什么没有采用收取固定预付金，并利用零售商在销售成本方面的优势的做法呢？值得引起注意的是，尽管经销商可把拥有的存货相互转卖，但通过采用收取固定费用的做法，保时捷公司卖给所有经销商的每辆车的单价相同就能阻止这种情况发生。

我不知道为什么保时捷公司没有计划采用固定费用加单位成本（批发价）的做法。可能保时捷公司根本没想到这样做，但两个有说服力的解释值得提出：

- 如果保时捷公司试图这么做，可以合理假设经销商将提起法律诉讼，指控保时捷公司收取大量预付金的做法违背特许权法律的非转换（no-change）条款。保时捷公司可能已经认识到赢得这一诉讼的成功机会要小于前面已做的尝试。总之，维持独买（autonomy）地位的经销商网络但必须支付预付金，比之于已经做的尝试更难突破过去的做法。所以，法庭很可能把支付预付金看作对现存关系的改变。
- 我们的简化模型假定零售需求函数确实存在，制造商和零售商都同样知道这一点。但是在实际生活中，一定时间内（如一年）对轿车的需求是不确定的。一些外在因素也会产生影响，如一国经济的运行状况。而且区域性因素也影响当地零售商。例如，我估计在1998—2000年期间，对硅谷的保时捷经销商来说是一个明显的赚钱时期，因为网络公司创新（dot-com revolution）导致财富骤增。而在2001年，这一地区的经销商生意不会太好。

核心问题是，保时捷公司收取了一笔固定的年度预付金后，经销商几乎承担了一年的获利风险。这就引入了我们要到第15～17章才讨论的问题。根据风险分担的原理，这种做法可能非常缺乏效率。我们也可以设想一种方法，到年终时，把经销商欠保时捷"固定费用"的多少与国民经济运行和当地经济状况挂钩，但这种方法管理起来非常难。保时捷公司无法解决的一个难题是把"固定费用"与经销商实际所获年度利润挂钩，而固定费用加单位成本定价法能运转起来是因为经销商使自己的边际成本等于制造商的边际成本。如果固定费用与经销商的实际利润挂钩，则破坏了这种关系。

6.4 为什么法律要维护特许加盟经销商的存在？

最后，我们要对这一故事做出评价。保时捷公司未能按其预想的那样对分销体系做出改造是因为它面临法律上的难处。这种难处起源于法律保护特许加盟经销商所签订的授权协议不能变更，除非加盟经销商同意这么做，至少美国法律是这样规定的。

为什么这些法律可以实施呢？部分原因是利益集团使然。特许加盟经销商很容易结盟，它们也能轻易发现并非常关心对它们的利益造成影响的法律制度。尽管只是作为中小型商业企业的拥有者，但特许权所有者其实是有很大影响力的利益集团，因为它们可以通过政治捐赠影响当地立法者。

151

但事情不仅仅如此，为了对这一问题有一个正确的评价，我们需要用到在本书最后几章才讨论的理念。但是这里既然遇到了，我先做一个简略的解释。

大部分特许加盟经销商为建立起它们的特许业务，已投入巨大成本。汽车经销商要投资建立装饰豪华的展示厅和维修设施，快餐加盟商经常得投资建立"餐馆"。这种固定成本中的大部分投入通常会变为沉没成本，意思是说，当这些特许权拥有者退出所在行业时，并不能轻易或全部收回最初的投资。

如果特许加盟经销商可以随意地变更授权条件，这会使特许加盟经销商处在不稳定状态中，后者在投入只具有沉没成本意义的投资后，希望能从特许业务中不断获得利润。如果特许加盟经销商出人意料地大量收取数额固定的年度特许费，加盟商最初期望的利润就不复存在了。是否出于特许加盟经销商的利益而采用这种方式是一个非常复杂的问题。到第23章，在讨论可信度（credibility）时，我们将详细讨论这一问题。但也很容易看出，如果没有防止出现后续此类剥削的制度，潜在的特许加盟经销商将不愿意进行任何只具沉没成本意义的投资。（我们要到第19章才应用激励方面的原理来讨论特许加盟经销商不进行任何只具沉没成本意义的投资的话题。）

所以，这些法律实际上是出于保护特许加盟经销商的利益，因为它为特许加盟经销商提供了保证，所以它们才愿意在特许业务中进行投资。

小　结

本章内容与本书前面几章有很大不同，所以，我们也做一个不同类型的小结。不再探讨一些一般意义上的理念和分析方法，我们集中分析了一个具体故事——保时捷试图重建其在美国的分销体系，并建立了一个解释这个故事的模型。明白了保时捷的故事，我们就抓住了多步销售和分销的各个重要方面和多重边际化的问题。我们看到，其他方式而不只是简单地索取一个单位产品价格的定价方式可带来更多利润（至少是存在这种可能）。

如果你明白了多重边际化造成的成本损失来自哪里，制造商如何通过固定费用加单位成本定价方式做到鱼与熊掌兼得的原理，你就已掌握了本章的主要观点。本章模型也是对利润最大化企业模型是否成立的检验。有多个参与人明确谋求利润最大化的例子也是第一次出现。当一个参与人（制造商）进行最大化选择时，也必须考虑到其他行为人（如零售商）的最优化决策。

152 在现实生活的各个行业中，实际存在的是多步分销，了解多重边际化所存在的问题和可能的解决办法、思路本身就是非常有意义的事情。这对于制造商在一个国家而"依赖"他国当地零售商来销售产品的企业更有意义。除了本身非常重要外，本章也为第 7 章的扩展分析做了铺垫。固定费用加单位成本定价法只是著名的差别化定价（price discrimination）法中的一小部分。吃完这些开胃菜后，我们将要进入正餐。

练　习

6.1　按下面的假定，重新进行本章的分析：零售反需求函数为 $131-x/100$，制造 x 单位产品的总成本为 $\mathrm{TC}(x)=10\,000+11x$。如果通过零售商，零售 x 单位产品的成本为 $1\,000+10x$；如果制造商直销给大众，x 单位的零售成本为 $5\,000+30x$。要想使零售商签署协议同意接受支付固定费用 F 加单位成本定价 p 的方法，零售商必须获得 100 美元净利润。

6.2　在英文原书第 140 页中，我们发现制造商在两步分销但仅采用批发价格情况下定出的最优批发价格受批发价格变化的影响。如果你坚持要根据卖给零售商的数量来决定批发价格，你的分析如何进行？

第 7 章 | 差别化定价和剩余榨取

153

企业销售物品时并不一定会向每位消费者就所销售的每一单位物品索取同样的价格。归入差别化定价这个一般性名称下的各种技术手段都可以被用来增加销售同样数量产品带来的收益。本章讨论了这些方法中的两个主要方式：对愿意付高价者索取高的价格和榨取消费者消费商品的剩余。其中描述了大量可使用的方法：

(1) 按所在组群实施差别化定价：对老年人打折。

(2) 自我选择时实施差别化定价：顾客俱乐部和赠券。

(3) 三级差别化定价：不同产品。

(4) 二级差别化定价：门槛费、按数量打折等。

(5) 一级差别化定价：如保时捷想做的尝试。

本章关注下列现象：

● 同一本书的精装本（hard-cover edition）和平装本（soft-cover edition）的销售价格有很大的不同，特别是教科书。例如，我知道的一本书在欧洲的销售价平装本为 30 美元左右，精装本为 80 美元左右。当然，部分价格差异是由两种书的印刷成本不一样造成的，但没有这么大的差别。一本书用精装比平装成本只多 0.50 美元左右，为什么前者的零售价比后者高 50 美元？

● 2000 年 10 月，从旧金山到芝加哥的双程来回机票，星期天上午出发，星期二上午返回，最便宜的票价为 2 300 美元。但是同一条线路来回，如果出发时间提前 15 个小时，票价只要 450 美元。

● 包装食品如速食谷类食品的制造商会在所谓的广告邮购单（advertising mailers）上分发其产品的赠券，这些赠券可免费获取。这些赠券实际上可减少公司盈利达 40%，而且赠券的制作、分发和管理费时费力。为什么不节省下这些管理费用，只是简单地把产品卖得更便宜一些？

154

● 定制新的电话服务项目时，你将会对可选择的计费方式排列表感到吃惊，可选择的方式可能会使你眼花缭乱，以至电话公司有时会主动替客户按月计算账单，不管电话公司提供了什么样的服务，对消费者总是按最便宜的收费。电话公司这么做的目的是什么？

- 如果两个顾客，一个为男性，另一个为女性，分别与一个新的轿车经销商就一辆新车进行讨价还价，两人碰巧使用同样的讨价还价说辞，平均来看，男性顾客会获得更多的优惠，为什么？

所有这些现象都是与差别化定价有关的例子。使用差别化定价一词是出于下述原因：所有上述现象从本质上说都涉及对顾客的差别对待，寻找不同顾客的不同需求特征，对不同的人收取不同的价格。

企业为什么要对不同消费者收取不同的价格呢？考虑图 7.1 中的两个消费者。第一个人说他对现在被索要的价格不太敏感。他想要购买一定数量的某种物品，如果价格上涨 1 倍，他的需求会下降，但仅仅下降一点点。第二个人说他对价格很敏感，如果价格降低一点点，他将会大幅增加购买的数量。关于这两个人，我想问两个问题：

- 如果你能对他们收取不同的价格，对谁你将会收取高一点的价格，对谁又将会收取低一点的价格？
- 两个人的名字是非常富有需求弹性先生和非常缺乏需求弹性先生，分别对应谁？

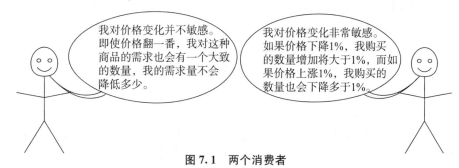

图 7.1　两个消费者

说明：如果你能对他们收取不同的价格，对谁你将会收取高一点的价格，对谁又将会收取低一点的价格？如果两人所言属实，谁是非常富有需求弹性先生？谁是非常缺乏需求弹性先生？

155　　很显然，你会向那个对价格不敏感者收取高价——他会为自己的物品付出高价，而向另一个收取低价，目的是使他多购买商品。前者是非常缺乏需求弹性先生，后者是非常富有需求弹性先生。

企业很少对每位个人消费者按定制价格（custom-tailored price）索价，但有时它们会把消费者分为不同的组群，不同的组群有不同的需求弹性。对缺乏弹性的组群索取高价以增加收益效果会非常明显。假定一个企业销售的产品的边际成本不变，为 40 美元，企业发现如果把价格定在 60 美元可使利润最大化。假定该企业可以把其顾客分为两大组群，其中一组的需求弹性系数恒为 -2，另一组为 -5。如果可向两组顾客索取不同的价格，那么向第一组索取的最优价格为 80 美元，而第二组为 50 美元，这样可使其利润增长 14.14%。（用微分法求导，见练习 7.10，解题步骤请见《学生学习用书》。）

问题是，企业如何能把这一诀窍运用于营销之中？

7.1 按不同成员所在组群进行差别化定价

最简单的一种差别化定价是按人口统计学区分的不同成员所在组群进行差别化定价。例如，食品店可以根据年龄对老年顾客购买东西按一定比例打折扣；剧场有时会对老年人打折；交响乐团会对学生订票打折；一个更为一般的例子是公交公司对老年票和学生票实行特价。

为什么？一种可能的解释是出于社会公平的良知：老年人赖以为生的收入很有限或固定不变，当地的奶酪店出于社会责任感向老年人提供他们能买得起的低脂食品；第二种解释是为了培养忠诚顾客。交响乐团对学生提供折价优惠是希望学生在离开学校后会成为长期的观众。

但是这种"折价济贫"（price break for the disadvantaged poor）的做法也是利润最大化的简单手法。老人和学生可能是弱势群体，但同时与他们的弱势相连的可能是他们对食物、音乐会门票的需求弹性相对较高（相对于一般大众来说）。所以，纯粹就利润最大化来看，向他们收取低价（如果可能的话）也是有意义的。

156 下面是按顺序列出的与此相关的三个评论：
- 并非每位老人的需求都比其他人富有弹性。通过成员所在组群进行差别化定价之所以有效是因为，平均来说老年顾客比非老年顾客的需求弹性大。
- 如果当地熟食店对老年人打 9 折，有什么可以阻止如下现象的发生：一名有经营头脑（enterprising）的老年人在店内购买 1 000 个三明治，然后在熟食店外以比他支付的价格高 5% 的价格再卖出，这样大约比熟食店的正常价格便宜了 5%？对此的一个解决办法是，熟食店大概不会对老年人大量订购打折。这个例子是杜撰的，但问题是存在的，差别化定价的做法在下述情形下不会成功：要实行差别化定价的商品能再次售出，即以低价买进的顾客能将商品转卖给那些只能出高价的顾客。正因为这个原因，此类差别化定价像其他将要讨论的方法一样，经常会被用在不易再次转让的东西如服务上。
- 在美国的许多州，25 岁以下开车的人要比大于这一年龄的人支付较高的保险费，至少在男性中如此。这并非因为年轻的开车人对保险的需求相对更缺乏弹性，而是因为年轻男性开车人发生事故的平均比率高。这并不是差别化定价，而是依据提供保险服务的成本的实际决定因素针对不同层次的消费者收取不同的价格。

根据成员所在组群实施差别化定价会引出严重的法律和伦理上的问题。比如说对老年人打折，人们就会认为是对其他人支付价格的上涨。如果总量需求富有弹性，比如说为 −3，某一组群的弹性为 −5，从而该组群享受了打折优惠，则其他组群的弹性就在－3～0之间了（到底有多么靠近依赖于这些组群的相对规模）。如果富有弹性的组群付出的价格低，在利润最大化情况下，意味着其他组群付出的价格就高。

尽管如此，绝大部分人认为老年人应该享受这种价格优惠。但是按成员所在组群实行的差别化并不总是这样温和。例如，法律学者伊恩·艾尔斯（Ian Ayers）派了一些训练有素的调查人员到芝加哥地区的新车销售商那里进行调查。[①] 这些调查人员已掌握了购买新车时进行讨价还价非常恰当的说辞，他们衣着得体，除了种族和性别不同之外，都尽可能做到外表和行为一致。艾尔斯派出的调查人员记录下了他们讨价还价的全过程，同时记录下了经销商在价格上的让步水平。艾尔斯搜集数据要回答的问题是，拥有经销资格的销售人员对于说辞相同、穿着相似，但只是种族和性别不同的消费者，反应会不同吗？他发现白人男性从经销商处得到的削价幅度比白人女性、黑人男性、黑人女性明显大得多。根据最后他们得到的报价计算，白人女性得到的报价的加成幅度平均比白人男性高40%，而黑人男性得到的报价的加成幅度大约平均是白人男性的2倍，黑人女性得到的报价的加成幅度大约是白人男性的3倍。没有一笔交易最终达成（艾尔斯的研究预算支持不了这么久），所以如果两类女性和黑人男性讨价还价时再耐心一点，或许最终也可获得与白人男性同样的报价。但即使讨价还价时间长一点，他们会得到同样的报价，这也是一种差别化形式。为什么会这样？

一种可能的解释认为这纯粹是一种偏见，一种违背经济利益的有意行为，目的是达到一些非经济目标，如伤害有色人种和女性。艾尔斯考虑到这种可能性，但他宣称，他搜集的资料不支持这一看法。相反，他认为这是一种基于成员所在组群而进行的经济上的差别化行为。相对于白人男性，白人女性、黑人男性、黑人女性对新轿车的需求更缺乏弹性。出于经济上或社会上或其他方面的考虑，女性和黑人男性平均来说比白人男性进行讨价还价的可能性要低。注意上个句子中的"平均来说"。黑人女性如果进行了充分准备，而且愿意进行艰苦的讨价还价，最终会获得与白人男性一样的报价，但她为此花费的时间要长一些，付出的努力要多一些。

如果艾尔斯的这些看法是正确的，新车经销商采取这样的方式对女性和黑人男性差别对待总的来说就有了经济上的意义了，即可以增加利润。这种差别化定价合法吗？虽然这种做法不合法，但因为很难对此进行强制执法，所以问题变为：这合乎伦理道德要求吗？大部分与我们讨论过这些问题的人都认为这种做法不会被法律允许，即使无法进行有效的强制执法，对这种行为也应从道义上严加谴责。我同意这种观点。但假定你也同意，我提出的反对意见是：对老年人打折合法吗？合乎道义吗？如果你对两个问题的回答都是肯定的，那么从哲学上或道义上进行区别的基础是什么？

本书是经济学而不是法律或伦理学教科书。我不想回答这些问题。我的基

① 选自 Ayers，"Fair Driving：Gender and Race Discrimination in Retail Car Negotiations，" *Harvard Law Review*，Vol. 104，1991，817-871。我借用了艾尔斯运用的术语，即白、黑作为种族，男、女作为性别。

本看法是，按成员所在组群进行差别化对待是基于如下简单理念：如果能对需求缺乏弹性的消费者收取高价而对需求富有弹性的消费者收取低价，那么就可以增加利润。在某种意义上，弹性的大小与组群的成员密切相关，对不同的组群收取不同的价格可以改善你的经营业绩。但是，改善你的业绩并不意味着你的做法合法或符合规则和伦理道德的要求。

7.2 按成员组群实施（近似）差别化定价策略：顾客俱乐部和赠券

按成员所在组群进行差别化对待的方法，使得按人口统计区分出的不同组群会面临不同价格，这种组群对其成员资格所具有的社会地位不产生任何影响。以这种方式对两个不同组群进行差别化定价常常是不可能的或非法的，即使不同的需求弹性可以增加利润。但是，有时会设计出一些方法来使得这种差别化可行。从理论上说，每个人都可以获得打折的机会，但在实践中，仅有一部分人，即那些更富有弹性的人会得到这些好处。这样的例子有：

● 在夏威夷的一个岛上，在靠近旅游点的超市中，你会看到各种商品的标价要比美国本土高出很多。当被问及这一问题时，超市管理者马上指出这里的一切商品如何必须从美国本土输入。但对许多商品来说，也列出了次低和大幅降低的价格。我不知道他们怎样解释，但我相信这是针对夏威夷当地居民中的俱乐部会员的价格。要成为这种俱乐部中的一员，你需要一张会员卡。商店也非常乐意给你申请加入的表格，但问题是会员卡只能寄送到你家中，而这要等待几个星期。"而你只在夏威夷岛待一个星期？这太遗憾了。"

　　这是怎么回事？旅游者在度假时对食物的需求弹性比当地居民要低，特别是那些租了度假公寓自己做饭——这样他们能节省点开支，也避免了上餐馆的麻烦——的旅游者。商店不可能对每一个持有夏威夷州驾照的人都提供打折服务（这可能也是违法的），但是采取会员资格的方式可以做到这一点。

● 一些饭菜精美的饭店经常会推出一些固定或半固定的菜单，即你可以不选，也可以从两道开胃菜中选一道，从两道主菜中选一道，从三种餐后甜点中选一种，这样可比按菜单订餐节省许多。价格低与成本有关，大概原料是以低价从市场中购进的，所以，它们会成为列在这种菜单上的佳肴之一。按菜单点的菜的原料变坏的可能性更高一些，因为按单点菜时点到某道菜的可能性变化很大。当要准备的菜单差异不大时，厨房工作人员感受到的压力实际上就减轻了。但是对某些有名的餐馆来说，它们半固定的菜单几乎每天都变更，这是它们找到的一种对老顾客进行差别化定价的方法。只要菜单经常变更，这些顾客会很乐意去品尝今日菜单上的特价菜，而那些偶然来此的用餐者，他们将会利用这次或不多的机会去点厨师特别拿手的特色菜。

- 斯坦福的购物中心位于斯坦福大学附近，是一个精品购物中心，其间到处是像安·泰勒（Ann Taylor）这样的时装精品屋。离斯坦福城60分钟车程的高速公路旁是吉尔罗伊城——世界最大的大蒜生产基地，这也是一个商品销售中心，特产商品的购买中心，其中也有一些与你在斯坦福购物中心见到过的像安·泰勒一样的时装精品屋。在吉尔罗伊城的商店中，你会找到"二等品"（seconds），即有一点小小的瑕疵，但是价格比"头等品"低得多的商品。你还会发现许多稍稍有点不流行或过季的商品，不用说是从斯坦福商店转过来的。但你也可以找到与斯坦福商店中一模一样的商品，但价格已低了许多。两种商店的经营成本不同可以解释部分价格差异，斯坦福购物中心店铺的租金和吉尔罗伊城相比是天壤之别。这也反过来解释了商品选择方面的差异，只有精品——头等品和现在最流行的商品——才能产生足够的利润，才有资格在租金昂贵的斯坦福购物中心占据一席之地。无疑从这种情形还可看出，两种商店吸引的顾客有不同的价格弹性，需求相对缺乏弹性者会被吸引到斯坦福，而需求富有弹性者会不辞辛苦，驾车到吉尔罗伊城购买。

- 在美国买被单、枕头套和毛巾的时间是在1月下旬，在该月会进行白色大甩卖（white sale）（被单、枕头套和毛巾也被称为"白色商品"）。为什么有人在比方说11月时为买进其中任意一种商品愿意支付高价？如果你需要新毛巾，或许可等到大甩卖季节，但这会给你造成许多不便，你会即刻就买。这无疑表明你的或者一般说在11月时购买这类商品的人的需求弹性，要比愿意等待大甩卖的人的需求弹性小。

160

- 在通过广播由名人所做的销售广告中，有时结束语为："告诉他们（卖主），是乔（Joe）（广播中的名人）让你来的，他们会替你付销售税"，或者"他们会打九五折的"，或者"他们会免费送你一个烘烤蛋奶饼的铁模（waffle iron）"。为什么提到乔的名字会引起你的关注？部分原因是当附赠品（如铁模）非常便宜时，这就成了商家评价广告成功与否的一种方法。但当价格优惠比较大时，如在美国销售税大约为8%，解释就变为乔的听众相对于其他人对商品的需求弹性大。这种报价使得商家对这部分富有弹性的人收取低价。

- 在美国，周日的报纸中塞满了插页，其中包括几乎所有种类商品的赠券。持有这些赠券可对一些促销商品享受折扣价，你必定可以预计到会发生什么：会有部分消费者翻遍这些插页来寻找对他们有用的赠券，相对于不这么做的人，前者的需求更富有弹性。

再重复一遍，上述每一种都几乎是按成员所在组群进行的差别化定价。与对老年人打折唯一的区别在于，在对老年人打折的方案中，消费者X是老年人或不是，X对此无能为力，但是在上述所列方案中，如果他愿意选择的话，任何个人消费者都可变为X，他可从周日的报纸上去找赠券、可以提乔的名字、可以等到大甩卖、可以驾车去吉尔罗伊城、可以按半固定的菜单点菜，或如果有时间也可以加入会员俱乐部。一些消费者会这么做，有些人则不会，不管是因为时间和精力不够或不知道这种可能性，还是因为物流配送不可能做到。只要利用这些机会的人比不利用者更富有需求弹性，这些做法就可成为提高利润水平的差别化定价的办法。

这些做法也有明显的缺陷，因为在宣布对老年人打折的同时也就意味着这些老年人的打折需求缺乏弹性。如果任何人说"是乔让我来的"就可以享受打折的话，这种折扣的享受者不论如何都会购买这种商品和服务。白色商品在1月上旬的销售不会太好，因为当人们无论是买被单还是买枕头套都只想付白色大甩卖的价格时（如果说在10月人们已这么做了），他们会再等上一个多星期直到1月的白色大甩卖开始。当涉及赠券时，这些基本的问题是最敏感的。因为赠券由制造商支付，所以零售商想使所有的消费者都得到赠券。下面的情形大家想必都已知道，商店把大批赠券正好放在对应商品旁边，这样就确保每位商品购买者都享受到价格优惠；如下情景大家也不陌生：店员站在付款处指引顾客注意赠券，很少有想买商品的人会错过这样的信息。

事实上，赠券带来了一些有趣的扭曲。假设有如下一种情形：每名顾客对某种商品的购买量都多于一单位，比方说要购买几品脱的冰激凌。又假设制造商能把赠券分发到市场中的某一类消费者手中，他们对产品的需求非常富有弹性。但为了控制赠券活动的成本，制造商规定每名顾客只能使用一张赠券，即只对一品脱的冰激凌打折。根据差别化定价原理，这种情况下的赠券活动是完全失败的。这样的赠券不会激发起额外的需求，因为每名顾客的边际成本就是商品的标价。当拥有赠券的消费者买进他们无论如何都要买的一品脱冰激凌后，只是得到了赠券的面值。赠券活动成功的关键（起码根据差别化定价的原理）是，对高需求弹性的那部分消费者，要把他们的边际成本降低到产品可卖出的水平上，才会激发起需求的增加，要想使赠券发挥作用，必须激发出其他方式无法做到的需求。

为什么我们会在一些赠券活动中看到"限每人一券"（limit one per customer）的规定？

- "限每人一券"是一种引导新消费者认识一种产品的方法，而不考虑对批量购买的老顾客和已经吸引住的那部分顾客所购买的所有该种商品打折。如果销售的是一种一旦试用就会"套"（hook）住顾客的产品，那么，这种营销手法就是一种可以"套"人的好方法。
- "限每人一券"是一种二级差别化定价方法，在本章后面将详细讨论。

7.3 三级差别化定价：产品差异

（一级差别化定价和二级差别化定价马上就会讨论，但是从阐述的角度看，从三级差别化定价开始讨论然后往回推演更为合理。）

我在夏威夷超市中以 4.59 美元购买的盒装干意大利面食与一名当地会员以 2.19 美元购买的盒装干意大利面食是同质的，而且超市的进货成本相同。同样，用 0.50 美元的赠券买的一品脱冰激凌和没用赠券买的一品脱冰激凌没什么区别。

但是当一名消费者购买被单、枕套类的东西，情愿在 12 月比在 1 月多花钱时，产品就不完全相同了。在 12 月买被单大概是由于时尚使然，以及它们在 12 月这一个月中非常有用。从斯坦福购物中心购买的衣服和在吉尔罗伊商店中购买的同样的衣服并不完全相同，表现在去商店的代价不同，购物中心的氛围不同，特别是购物时顾客得到的服务不一样。

正是出于这个原因，上一节描述的一些方法引出了三级差别化定价法，即制造商或产品销售人员运用不同的方式和条件在购买者中进行差别化分类，对"基本面"（basic）相同的产品，用不同的方式或附上不同的条件来销售。

一个简单的例子是在美国之外销售教科书。美国销售的绝大部分教科书是硬皮精装本，但在其他国家，学生们买到的大部分是软皮平装本，有时还要明显地贴上"国际学生版"之类的标签，但图书馆购买的都是精装本。就像本章开始时提到过的，两种书的印刷成本有些差别，一本 600 页硬皮精装书比一本软皮平装书多 0.50 美元左右。但售价差异使成本差异显得微不足道，人们经常看到软皮平装本是精装本价格的一半或更少，定价大约相差 50 美元。

图书馆购买的都是精装书，我不知道为什么它们不买平装书，然后自己装一个硬封皮，至少到现在还没有这么做。所以，对教科书的需求有两个来源：一个是图书馆和各类机构购买者，它们在什么价格水平上都不买平装书；另一个是个人，特别是学生，对于他们，硬皮精装书更有价值一些，但也只是一点点。出版商对此如何应对？

不考虑现实生活中的许多情形，如二手书市场和对同一本书再版等，一个简化的模型解释如下。

海外对软皮平装书的需求通常表现为如图 7.2 所示的形状。潜在地存在能够卖出的最大数量和价格变化区间，在该区间需求相当富有弹性。需求通过两种途径对价格做出反应：（1）教师根据书价具体指定采用哪本教科书；（2）即使教师指定了教科书，学生也可能会因为书价太高而决定不予购买。当实现利

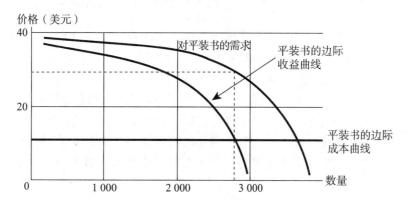

图 7.2　平装书的定价

润最大化时，数量大约为 2 800 本，价格为 30 美元。我把边际成本曲线置于大约 10 美元的位置，精装书和平装书之间 0.50 美元的成本差距是真实的数据，但提供给我数据的人要求我不能透露他的生产成本的真实（absolute）水平。但我可以说，10 美元的数字大大高于真实水平。

现在我们讨论精装书。假定眼下两个市场互不影响，完全来自图书馆方面的对精装书的需求曲线可独立描绘出来。在图 7.2 中，我把精装书的需求曲线、边际收益曲线、边际成本曲线叠加上去，得到图 7.3，使精装书的边际成本与边际收益相等，我们得出精装书的价格为 80 美元，需求量大约为 600 本。

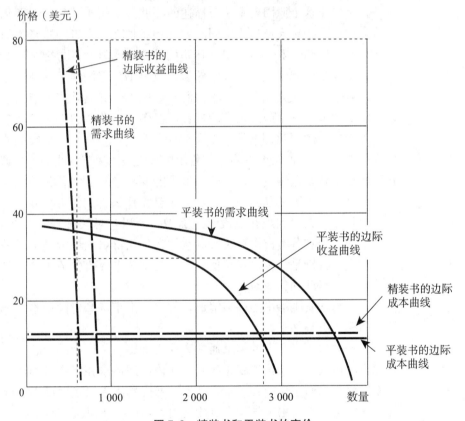

图 7.3　精装书和平装书的定价

根据这些数据和平装书与精装书的边际成本分别为 10 美元和 10.50 美元，出版商的获利为：精装书 69.50×600＝41 700 美元；平装书 20×2 800＝56 000 美元；总利润＝97 700 美元。

当然，两个市场会相互影响。如果精装书的价格降到 50 美元以内，精装书将会占领平装书市场的部分份额，具体要决定于价差的多少。如果精装书的价格高出平装书的价格在 5 美元以内，这种影响会变得更引人注目。我们假定平装书的购买者愿意多付 5 美元来购买精装书，那么，出版商可以把精装书的价格降到 35 美元，因而会再卖出 2 800 本精装书。这 2 800 本书中每本的边际利润从 20 美元提高到 24.50 美元，共增加利润 12 500 美元。原来 80 美元卖给图书馆的 600 本书，现在按 35 美元销售的书大约为 720 本，这导致销售利润下降 24 060 美元。对出版商来说，尽管将精装书卖给非图书馆用户每本书可增加 4.50 美元的利润，但更好的做法还是把平装书卖给非图书馆用户，而把精装书卖给图书馆，尽管对图书馆有剥削之嫌。

通过时间实施差别化定价

在三级差别化定价中，最为常用的工具就是时间。大致来说，如果你现在就想要这件产品，你就得付高价，如果你愿意等待下去，价格将会大幅降低。这种定价方式的关键在于，耐心不足消费者的需求相对缺乏弹性，而愿意等待的消费者的需求相对富有弹性。可以发现这种定价方式的多种表现：

- 在出版界，通俗读物和畅销书之类的出版物在最初的精装版本出版一段时间后，便宜的平装版本经常才会大量上市。
- 季节性的大甩卖，如 1 月的白色大甩卖，主要就是基于这一想法。

- 家用电器和其他价格不菲的耐用消费品在初次上市时，价格经常定得非常高，但随着时间的推移，价格也会逐渐跌落。这种效应有时会由于采用不同的销售渠道而被掩盖。例如，一种新款的照相机只能从零售商店买到，而商店的定价此时接近于制造商制定的价目表的价格，稍晚一些时候才会在折扣店看到。常见的情形是不隐瞒价格，因为价目表的价格会随时间的推移逐渐下降。有时，制造商对此的解释是激烈竞争或经验曲线效应（experience curve effects）（见第 10 章）降低成本所致。这确实可部分解释价格下降，但是三级差别化定价也很有可能在其中发挥作用。
- 夜间打电话话费便宜。从事商业活动的用户对电话服务的需求相对缺乏弹性，他们的绝大多数电话都是在工作时间打的。个人用户则能够把他的需求移到晚上和夜间，因为他们的需求相对富有弹性。

对电话费的例子有两个评论。第一，电话网络的成本结构在很大程度上依赖于网络能处理的**最大负荷**（peak load），在网络负荷达到最大值之外的其他时间的边际成本等于零。夜间采取低价策略，目的就是想把需求从白天转移到晚上，以降低网络的最大负荷，从而降低成本。

第二，在这个例子中（其他例子也一定如此），很清楚，需求转移使得运用时间来进行差别化定价很难找到最好的办法。在前一节精装书和平装书的例子中，我们可以找到最优办法是因为我们假设了两种类型的书的市场是相互独立的。通过组群而进行差别化定价也能做到这一点，因为我们能具体区分每个按人口统计指标划分的组群的独立需求函数。但是在刚才讨论的所有例子中，降低平装畅销书的价格、在 1 月进行被单大甩卖、在上市 9 个月后电器打折和在晚上打电话收费便宜在某种意义上是对第一版的精装书市场、12 月的被单市场、新上市电器市场和白天打电话的市场进行"同类蚕食"（cannabalize）。在实践中，对这种需求转移的分析需要复杂的分析技术。

航空公司的定价

　　航空公司对乘客实施三级差别化定价被认为是在进行所谓的收益或收入管理（revenue or yield management），其实施过程非常复杂。基本思路已广为人知：预先购票要求、过夜停留要求、退票权利、舱位升级（upgrade）、座位的舒适程度和用餐质量都是可以用来对基本项目（在具体飞行中的特定位置）进行差别化定价的，需求非常缺乏弹性的乘客将会为"高质量"的服务条款和条件付出非常昂贵的价格。巨大价格差异的例子已在本书和本章开始时描述过。在这里，我要举另外一个例子。当我第一次写下这一行字时是在 2001 年 9 月，我要订从旧金山到巴黎的往返机票。我的旅行服务代理人报给我三种不同的普通舱位的价格：520 美元、1 230 美元、2 671 美元，票价差异主要取决于退票和舱位升级所享受的权利。其他可能选择为：商务舱往返的票价为 6 610 美元，头等舱为 8 652 美元。商务舱的食物确实要比普通舱好一些，也有更多的空间伸伸懒腰，但真有 6 000 美元那么好吗？是谁愿意支付这种额外的费用呢？

　　答案是商务人员。他们不是自己花钱买票（他们的老板付钱），如果老板对出差人员坐商务舱有政策规定，自然会支付高昂的票款。如果治疗需求缺乏弹性有什么秘方的话，这就是了。

　　现在考虑一下航空公司所面临的问题。目前航班的商务舱中有 49 个座位。当我写这部分时离航班起飞还有 6 个星期，其中出发航段中 9 个座位已经卖出，返程航段中 10 个座位已卖出。这样商务舱中还有许多可售座位。当这趟航班的飞机起飞后，如果座位仍然是空的，航空公司将没办法再售出该航班的那些座位。边际成本的一部分，即赠送给乘客的小礼品、酒和食物与舱位上座情况有关，大概最多 100 美元，尽管这可能有些高估，所以航空公司想把座位售完。

　　当然，你不花 6 000 美元也可得到商务舱的座位。你可以付 1 230 美元而放弃 40 000 英里的常规奖励里程（frequent flier miles），或你也可以付 2 671 美元而放弃 20 000 英里的常规奖励里程。或许也有这种可能，即当放弃的常规奖励里程的数量足够多时，你就可获得一张商务舱免费机票。如果航空公司在商务舱中留有一些座位供舱位升级用，你也可选择升舱。尽管我没有办法知道详情，但我敢打赌，这两次航班提前 6 个星期卖出的座位中绝大多数是顾客升舱或使用常规奖励里程用去的。但在我撰写这些章节、离出发还有 6 个星期的时间且 49 个座位中的大部分还没有卖出的此刻，已经没有了用于升舱的座位。航空公司中有人在随时观察这些航班中的商务舱和其他舱位，以及同一航线其他航班中的舱位情况。大概在起飞 3 个星期前，如果绝大部分舱位仍然空着，航空公司可能会增加用于升舱的座位（事实上确实是这么做的）。但是若在起飞 3 个星期前商务舱中的座位所剩无几，航空公司很可能会继续坚持希望在最后关头能以 6 610 美元再卖出一到两张商务舱的机票。毕竟，还有最后一个机会。航空公司经常会在起飞前 15 分钟给那些愿意用他们的常规奖励里程换取升舱的乘客提供机会。

我希望观点已经表述清楚。收益或收入管理其实就是在非常动态、复杂的情况下采取的一种三级差别化定价。这些方法确实与我们在一些只是讨论精装书和平装书的简单例子中的方法没有相似之处，但是基本的原则——对需求缺乏弹性者定高价而对需求富有弹性者定低价，用差异化的产品来进行想要的分类——则几乎是一样的。

用差异化产品来区分市场

阻止需求相对缺乏弹性的消费者购买低价商品是这些方法成功的关键所在。尽管这不言而喻，但一个非常引人注目的例子有助于我们坚定这种理念：某个塑料化工企业发明了一种特殊材料，该材料可用于牙齿填充和建筑工程，牙医业对这种材料的需求相对缺乏弹性。企业面临的问题是如何阻止牙医从与其有友好关系的建筑承包商那里以低价大批购买这种材料。该企业偶然发现一种非常有效的能达到这个目的的办法。它们在可用于建筑的材料中添加了少量的其他物质，如果这类材料被用于某人的牙齿，会导致使用者慢性中毒，这就有效阻止了交叉转卖。

7.4 二级差别化定价

在二级差别化定价中，每名消费者面临的是一个非线性的价格表。对于大批量购买予以打折是二级差别化定价；同样，如果价格表现的是对个人消费者最初购买的几单位商品给予折扣，但是超过最初几单位的任何数量将不得不付全价，这也是二级差别化定价。二级差别化定价中一种非常常见的形式是，消费者为了获得购买某种商品和服务的权利先支付一笔"入门费"（entry fee），然后再像其他标准定价方法那样，定出每单位商品的价格。在某些极端情形下，如迪士尼主题公园，仅仅收取入门费，无论顾客在其中参与了多少个项目，都不再付费。（消费者吃饭自理，入门费也不止一种形式，有单日票、三天票和季度票。为了不错过任何好机会，迪士尼也推出一些优惠门票和打折赠券的特种服务项目，一些像美国汽车协会这样的会员有资格享受额外打折服务。）

电信公司和公用事业公司也是实践二级差别化定价的行家，它们会推出非常复杂、非线性一揽子价格和项目服务。它们通常提供给顾客各种各样的价格选择表。例如，移动电话服务提供商会向顾客提供一系列使人眼花缭乱的选择项目，如固定月租费后每个月有不同的免费通话时间，再在免费通话时间之外按使用时间收取不同的价格。

确定非线性定价方法的过程一般来说非常复杂。对这种方法的最优结构并没有一套严格固定的描述规则。对大批量购买打折有可能是最优方案，对最初购买的几件商品打折也有可能是最优方案，这要依赖于具体消费者的需求特性。

几个简单的例子可以说明这是为什么。假定一种特定商品只销售给两类消费者：A类和B类。假设A类消费者的需求相对缺乏弹性，而B类消费者的需求相对富有弹性。如果该企业可以根据成员所在组群对A类和B类消费者进行差别化定价，在利润最大化要求下，企业向A类消费者收取的价格要高于向B类消费者收取的价格。说得具体一些，假设向A类消费者收取的价格为每单位15美元，那么向B类消费者收取的价格为每单位10美元。但我们假定按成员所在组群进行差别化定价不可行。

进一步假定A类成员购买该种商品的数量少（比如，不超过5件），而B类成员购买该种商品的数量多（比方说，不少于20件），那么，该企业就可以对购买数量多者实行打折。例如，对于购买数量达到5件的消费者按每件15美元收取，但对大于这一数量的任何数量的商品，每件商品只收10美元。A类消费者购买的5件按每件15美元支付，而B类消费者则按10美元支付，这就是我们想通过按组群差别化定价而达到的目的。

事实上，事情远非这么简单。只举一例：当购买量超过5件时，只需付10美元，A类消费者就可能愿意购买第6件、第7件。这对于销售产品的企业来说肯定有好处。但是，B类消费者会怎么样呢？他们愿意对最初的5件商品支付75美元吗？要想知道问题的答案，我们必须知道他们的效用函数。如果我们假定他们能接受，并且会像按每件10美元那样来购买（注意：当你考虑到他们的边际成本和边际效用时，这并不完全合理），那么该企业一定会比只是按组群来差别化定价更合算。

另外，我们把这个故事反过来：A类消费者大量购买，不少于20件，而B类消费者不超过5件，A类消费者的购买价格为15美元，B类为10美元。该企业将按每件15美元提供商品，对最初购买的5件商品提供5美元的"价格优惠"（price break）。B类消费者实际上对购买的产品是按10美元支付的，他们对按10美元的价格购买5件后的任何多余数量都不再感兴趣，即当购买5件产品之后，价格上升，他们几乎不会再增加购买量。A类消费者在认识到总量超过20件后每件边际成本为15美元之后，其决策大致与他们面对每件15美元不变价格那样的价格表时所做的选择一样。与按组群差别化定价相比，销售产品的企业对这种非线性的定价要付出一些代价。B类消费者在最初购买的5件产品上节省了25美元，但超过5件之后，企业向他们收取了更高的价格。

每一类例子在实际生活中都不难发现。公用事业公司经常会推出"维持基本生存"（life-line）的服务项目，对于数量不多的这部分服务，每单位收取低价，但超过这一数量后，价格将提高。管制部门有时会要求公用事业公司报出这种维持基本生存的价格，以使得社会中相对贫困的人也能享受得起最基本的服务。但是似乎也可合理设想：使用了大量自来水、煤气和电的消费者是生活相当富有的人，他们对这类产品和服务的需求相对缺乏弹性，正是向这些人收取高价才是最优的。

另一方面也可考虑一下像迪士尼这样的主题公园推出的季度票比只是几天的门票贵不了许多的情形。假设组群 A（一个需求相对缺乏弹性的组群）作为旅游者从很远的地方到迪士尼进行一生只此一回的度假旅游，而组群 B（一个需求相对富有弹性的组群）是洛杉矶或周围的居民。A 组的成员（需求相对缺乏弹性）只购买几天的门票；如果边际价格足够低，由于 B 组成员的需求相对富有弹性，他们将会成批购买，即购买季度票（而且，B 组成员愿意来的时间是在不太拥挤的季节），所以，提供服务的边际成本也相对较低（迪士尼有多个满负荷工作时期）。这就是对大批量购买进行打折的正确理由和条件。

非线性定价方法也面临如何实施的问题。根据购买数量增加后应该减价还是提价的不同选择，面临的问题也有很大的不同：

170

- 如果单位产品价格随数量增加下降了，就会面临购买者转售的问题。简单地说，一个消费者大量购进后转售给那些只想少量买进的人。
- 如果单位产品价格随数量增加上升了，将面临的问题是：多名消费者少量买进后转售给一个实际需要者。在前面的故事中，前 5 件产品每件价格 10 美元，超过后每件价格 15 美元，假设某人想买 25 件，而自己买了 5 件后，如果让他的兄弟、姐妹、叔叔婶婶每个人都买 5 件，然后转给他，还有什么能阻挡他实际想买 25 件产品的愿望呢？

如果有能力控制转售，可解决第一个问题。如果你购买了迪士尼的季度票，你的照片将印在票上，这就不可能或非常难以转让这种入园的权利。如果有能力监督单个消费者消费的商品数量，可解决第二个问题。对于居民私人用电，电力公司可以看到电表，这是居民电路唯一的接入点。

7.5 对剩余的榨取

到目前为止，我们对差别化定价的讨论只集中于讨论不同组群的消费者具有不同需求弹性的情形，如果企业能索取不同的价格，这种做法就能增加利润。但是当遇到二级差别化定价即非线性定价时就要讨论第二个基本问题了：对消费者剩余的榨取。

为了弄明白其中的含义，考虑一种情形：某企业把产品销售给大量同样的消费者（identical customers）。注意，我们在做出这个假定时忽略了前面谈到的要实施差别化定价的动机。如果所有消费者都是一样的，为什么要把他们按组分类呢？

当企业向消费者按每单位产品价格 p 提供产品时，消费者购买了 x^* 单位，支付了 px^* 给企业。对于消费者来说，这样做通常会比他把钱留在手中不购买产品要好一些。假定他从消费 x 单位该产品中所得到的效用和为购买其他产品节余下来的钱财可用符号表示成下式：$u(x)+m$。（采用这种类型的效用函数仅仅是为了用于解释。所有产品都可被一般化为普通的效用函数形式。）在开始时，消费者没有消费产品 x，但有 m_0 单位的货币，所以，他的基本效用水平为 $u(0)+m_0$。当购物结束后，他购买了 x^* 单位产品，节余下 m_0-px^* 单位的货币，所得效用水平为 $u(x^*)+m_0-px^*$。我的观点是，在绝大多数情况下，只要他离开商店时满足下式，他的状况就一定变好了。

$$u(x^*)+m_0-px^*>u(0)+m_0$$

实际上，一个弱不等式"$\geqslant$"可能更正确一些。因为在消费者能做出的选择中，可以选择购买零单位，支付零美元，最后的效用函数就是基本函数式：$u(0)+m_0$。如果他购买了一定数量的商品，相对于开始时没有物品只拥有钱财，他拥有 x^* 单位物品但减少 px^* 的钱财时的状况会更好一些。我把这种他通过交易获得的效用增加称为剩余（surplus），即他从交易中获得的剩余是

$$[u(x^*)+m_0-px^*]-[u(0)+m_0]=u(x^*)-u(0)-px^*$$

现在，假设卖给这位消费者的企业想搞一点非线性定价的把戏。特别指出一点，它会对该名消费者按单位价格 p 提供后者想买的任何数量的产品，但是，它坚持说，如果消费者想买什么东西，必须先预付一笔费用，数额为 F。消费者愿意预付费用吗？

因为我采用的是简化类型的效用函数，所以我们很容易回答这一问题。如果消费者预付了 F，他进入商店时，就少了 F 这么多的钱。但是按照我们在这里假设的效用函数，只要在付出 F 单位的钱后，消费者余下的钱为 px^* 或更多，他的初始财富水平就不会影响其购买水平。所以，如果他预付了 F 并到商店中购买了 x^* 单位商品，则结束时效用为 $u(x^*)+m_0-F-px^*$。只要他最后的效用水平超过他选择不购买时的效用水平 $u(0)+m_0$，他将愿意支付这笔费用。换句话说（其实是换个字母），如果下式成立，消费者会预付费用：

$$u(x^*)+m_0-F-px^*>u(0)+m_0 \text{ 或 } u(x^*)-u(x)-px^*>F$$

总之，只要他预付费用的金额小于他不预付费用时从交易中所得到的剩余，他就会预付 F 这么多的费用。

当然，如果企业收取了这笔费用，它的利润将会增加 F 单位，而消费者的效用（或剩余）就少了 F 单位。所以，从企业的角度看，这是一笔划算的买卖：**只要预付费用不是太大以至消费者不再支付，就可以把消费者从交易中得到的剩余中的一部分转化为企业的利润。**

谢绝还价的报价方式

在回头继续讨论入门费之前，我们先到一个似乎只是在幻想中存在的空间去做一次短暂的旅行。

我们继续认为企业面对的是同一种类型的消费者，他们对所讨论的商品采用的效用函数形式为 $u(x)+m$，其中 x 是消费该种商品的数量，m 是节余下来的钱。企业的边际生产成本也假定为常数 c。

在这个幻想之地，假设企业在其中无所不知，特别是知道消费者的效用函数，再进一步假定企业能够制造出它向消费者提供的任何数量但谢绝还价（take-it-or-leave-it）的商品。所谓谢绝还价的报价方式采取的形式如下："顾客先生，你如果愿意购买这种商品，付给我 $\hat{Q}$ 这么多钱后，你可以购买 $\hat{x}$ 单位的商品，谢绝还价。"假如说消费者相信企业最终将坚持这种销售方式，那么他只能采取想买就买不想买只好走人的方式。

只有在其购买后所得效用至少等于他不买的效用时，消费者才会购买。也就是说，只有下式成立，消费者才会购买：

$$u(\hat{x})+m_0-\hat{Q}\geqslant u(0)+m_0 \quad 或 \quad u(\hat{x})-u(0)\geqslant\hat{Q}$$

是这样吗？有两个充分的理由（good ground）对这一结论提出异议：首先，如果上式实际上是一个等式，即他买进后得到的效用与不买进所得到的效用正好相同，消费者可能会拒绝购买。其次，如果购买比不购买只带来一点点效用增加，为了发泄对企业的不满，有一点自尊的消费者可能都会拒绝购买。也就是说，大概有一个所得效用的阈值 $u_t>0$，如果下式成立，消费者才会接受这笔交易：

$$u(\hat{x})+m_0-\hat{Q}\geqslant u(0)+m_0+u_t \quad 或 \quad u(\hat{x})-u(0)-u_t\geqslant\hat{Q}_t$$

这就是消费者愿意成交的条件。对此我想问的问题是：从企业的角度看，什么是最优的"不讨价还价"报价？

企业决定的最优报价很可能会被消费者拒绝，那么企业将不会获得任何盈利。但是，如果我们观察一下可被接受的报价，企业很显然会问：与可被接受的报价相对应，企业应该要求多少数量的货币收入 $\hat{Q}$？当企业向消费者提供了 $\hat{x}$ 单位商品后，这次报价带来的货币收入应该为

$$\hat{Q}=u(\hat{x})-u(0)-u_t$$

173　企业的净利润是

$$\hat{Q}-c\hat{x}=u(\hat{x})-u(0)-u_t-c\hat{x}$$

如果企业的报价能被消费者接受，那么，为了完成这一分析，选择的 $\hat{x}$ 要使上式尽可能最大。为了求上式取最大值时对应的 $\hat{x}$ 的值，对上式求导并使之等于零，得到 $u'(\hat{x})=c$，u' 是函数 u 的导数。

解释如下：如果生产并向消费者销售了 $\hat{x}$ 单位商品，消费者总所得（gross gain）中以效用表示的部分（不包括任何以货币形式转回到企业手中的部分）为 $u(\hat{x})-u(0)$，总所得中表现为消费者剩余的部分可能再被企业"挖"走，除了 u_t 部分，这是企业为了吸引消费者同意交易必须留下的。所以，在销售数量为 $\hat{x}$ 的情况下，企业所得的最好的净收益为 $u(\hat{x})-u(0)-u_t$，所得利润为 $u(\hat{x})-u(0)-u_t-c\hat{x}$。当 $u'(\hat{x})=c$ 时可以得到 $\hat{x}$ 的最大值，用文字表述就是：当消费者的边际效用等于企业的边际生产成本时，企业所获利润最大。

对此，我想按顺序提出如下几点：上段最后一句话中提及的边际效用等于

企业的边际生产成本，听起来有点奇怪。边际效用是用每单位某商品带来多少单位尤特尔（util，效用的衡量单位）来度量的，而边际成本是用每单位商品多少美元来度量的。使两者相等好似在说效用可用美元的多少来度量。我们将对此做一切解释。先看特殊形式的效用函数 $u(x)+m$，其中，m 是节余下来的钱，我们用货币的多少表示效用水平。如果我们没有假定这种特殊的效用函数形式，事情会变得更复杂，但是基本的经济学理念不会改变多少。

这样，我就知道了企业对消费者提出的最优谢绝还价的报价是什么了。这里的"最优"意味着这一报价可使企业利润最大。在这种交易中，商品的数量 $\hat{x}$ 可通过解 $u'(\hat{x})=c$ 得到。交易的货币部分 $\hat{Q}$ 等于 $u(\hat{x})-u(0)-u_t$（读到此时，请试着完成练习7.5、练习7.6）。

可能有些啰唆，但我还是想用一个离散变量的例子来重复一下刚才的故事。假定某一消费者愿意为买进的第1单位某商品支付最高达15美元的价格；第2单位带给他的用货币衡量的效用要低一些，他认为只值12美元；第3单位的边际效用为10美元。之后，继续下去，用货币衡量的边际效用分别为8美元、6美元、5美元、4美元……同时企业生产的边际成本为5.50美元。在这种情况下，如果企业只向消费者销售1单位，它可向消费者要价比方说14.95美元。如果想使消费者做这笔生意，必须留给他相当于0.05美元的剩余。如果消费者接受2单位"谢绝还价"报价方式的商品，那么企业实际上可索取的价格为第1单位15美元、第2单位11.95美元，或总共26.95美元。如果增加到第3单位，可收取 $15+12+9.95=36.95$ 美元，每增加1单位产品销售，企业将用5.50美元去生产。所以，在额外增加1单位产品带来的边际效用低于生产者付出的边际成本之前，企业会一直继续下去。这就是说，在这个离散变量例子中，企业向消费者出售5单位，总收益为 $15+12+10+8+6=51$ 美元，在生产的边际成本比边际效用低0.05美元的情况下，企业会一直把生意做下去。最后，我们把第1单位、第2单位……一直到不再购买时的商品的边际效用加总在一起，正是消费者购买的全部商品提供的总效用与他们刚开始没有商品时的初始效用之间的差。这就是我们刚才用微分法推出的值。

此外，我们可以远离这片谢绝还价的幻想之地。只要企业可哄骗消费者接受这种带给消费者的效用比最初时的 u_t 还少的交易，它就可以向消费者提供任何比这种谢绝还价的报价方式对其（企业）更好的交易。之所以会这样是因为无论企业如何设计交易构成，交易的最终结果都是消费者得到一定数量的产品，企业得到一定数量的货币收入。企业可以比较这种做法与相应的谢绝还价方式，从中发现最优者。除了欺骗消费者之外（对此我们在这里不做研究），我们知道，企业最好的做法是与消费者进行交易。

在非谢绝还价方式下，使消费者选择交易

当然，这也是一片幻想之地，企业很少向消费者提出"谢绝还价"的报价方式。消费者通常希望在购买数量上能有所选择，除非是一些单一数量的产

品，如轿车、住房或有线电视这样的成套商品。假定该企业提出的报价采取的形式是先付一定数量的入门费 F，然后按每单位商品价格 p 来购买，这样，消费者要决定：（1）是否支付入门费？（2）如果愿意支付，当每单位产品价格为 p 时，要购买多少？具体来说，企业根据下式提出这种报价：$F=u(\hat{x})-u(0)-u_t-c\hat{x}$ 和 $p=c$，其中 $\hat{x}$ 通过 $u'(\hat{x})=c$ 解出。

假定消费者选择支付入门费后，他将通过使其边际效用与单位产品价格相等来求出购买数量。也就是说，通过解 $u'(x^*)=c$ 来求出消费的数量 x^*，其中，c 是单位产品价格。这意味着消费者选择了 $x^*=\hat{x}$。只要从交易中获得的净效用 $u(\hat{x})+m_0-F-c\hat{x}$ 大于或等于 $u(0)+m_0+u_t$（假定仍然运用同样的效用阈值 u_t），消费者就会支付入门费。当前一式子与后一式子相等时，才决定出了 F。（如果你没有看出来，请演算一下。）因此，消费者将支付入门费，所以，企业的利润是入门费加上消费者购买商品的支付减去商品的生产成本，或

$$u(\hat{x})-u(0)-u_t-c\hat{x}+c\hat{x}-c\hat{x}=u(\hat{x})-u(0)-u_t-c\hat{x}$$

175

怎么是这个结果！对消费者来说，在自愿的情况下，面临的具体选择为 $F=u(\hat{x})-u(0)-u_t-c\hat{x}$ 和 $p=c$，这不正好就是企业在"谢绝还价"报价方式下的最优结果吗？

是时候讨论一些符合实际的方法了。在与消费者的交易中，企业必须确定入门费和每单位产品的价格。选择的单位产品价格为 c，即企业的边际生产成本。企业不难找到这个值，但入门费为 $u(\hat{x})-u(0)-u_t$。为了准确定价，企业就不得不去预测在最优交易达成时，消费者会购买多少，从这些数量中消费者能得到多少总剩余（用货币形式表示），消费者要求得到的效用阈值为多少。除非企业知道消费者的效用函数，要不然不可能做到这些。

从另一方面讲，在给定时间和实验能力的情况下，如果在支付入门费后，消费者对每单位产品支付的费用正好等于企业的边际成本，企业就可以在消费者身上去试验各种入门费，然后确定出最高的、不会引起消费者止步不前的入门费水平。企业期望的消费者可承受的最高入门费水平为 F。这也是运用非线性定价的一种方法，一种榨取消费者从交易中获取的总剩余的方法，甚至建立了一种不管提出什么交易，企业都能从消费中榨取剩余从而使企业取得最大利润的方法。

7.6 一级差别化定价

再设想一种情形，企业面对的是全体消费者，每个人都有自己的效用函数，但可能不相同。假定（这需要进行大胆设想）任何一个具体的消费者在走过商店门前时，企业的销售人员都能通过观察这个消费者而"看出"他的效用函数。再假定企业销售人员马上就能为每个消费者计算出：（1）在单位价格为

c 时，将要购买的商品数量、企业的边际成本；（2）消费那些数量的商品和不消费任何商品时的总剩余水平。用符号表示，对每一个消费者，企业销售人员能够"看出" $u'(\hat{x})=c$ 的解，然后根据 x 得出 $u(\hat{x})-u(0)$ 的值，这里 u 是走过门前的消费者的效用函数。

还可进一步设想，该销售人员走近消费者搭腔道："你好，朋友！在每单位产品价格为 c 时，你可以购买你希望的任何数量的这种产品。但是，不管购买多少，你首先得付 $u(\hat{x})-u(0)-c\hat{x}-u_t$ 的入门费。"为了简练，销售人员并没有读出这些符号，他通过计算后得出的值比方说为 $u(\hat{x})-u(0)-c\hat{x}-u_t=23$。他补充道："入门费为 23 美元。"

这就是一级差别化定价。分别针对每个消费者设计交易，且正好把消费者从交易中得到的剩余全部榨走，而且确定的交易条件还使得消费者购买的数量正好让企业从中获得最大利润。销售人员的说法也道出了一级差别化定价所用的工具是入门费和每单位商品收取价格 c，但允许消费者任意选择。企业也可用"谢绝还价"报价方式来代替这一做法。这时销售人员说："你好，朋友！你可用相当于 $u(\hat{x})-u(0)-u_t$ 的钱来购买 $\hat{x}$ 单位商品，谢绝还价。"这种"谢绝还价"形式也成为一级差别化定价是因为，几乎每一个消费者的剩余都将被"吸干"，而且交易条件使得企业所得尽可能最大，因为消费者最后选择的 $\hat{x}$ 由 $u'(\hat{x})=c$ 解出，这一数量使得交易的总剩余达到最大。

如果可行的话，这真是不错的买卖。但是在现实生活中，面临以下问题：

● 很明显，这要求对不同消费者采取不同的交易条件，这可能违法。

● 也面临转售的危险。一个消费者在支付入门费进入后，按单位商品价格 c 购买了一吨货物，然后走出店门开始与企业的经销商店展开竞争，转售商品。

● 对于消费者来说，由于各自为战，可能觉得接受企业提出的交易条件并非小事一桩。在听完销售人员提出的交易后，消费者回应道："请暂停！我将支付给你 0.25 美元的入门费，对我所购买的所有商品我都按每单位 c 美元来付钱。这样，你已有纯利润 0.25 美元，这已经好过如果我只是走过的情形。你还要说什么？"销售人员不可能会说"是"，但一旦开始与消费者讨价还价，企业的状况就比一级差别化定价时要差很多。

● 当然，销售人员有时会拥有出众的技能来计算出一个消费者愿意支付的最大值（这就是说销售人员出色的原因所在），但即使是非常出色的销售人员也很难做到书上描述的那么好。

所以，在绝大多数情况下，一级差别化定价是一种理想化的东西，也是一种参照标准，据此对实践中的差别化定价方法进行衡量。

一级差别化定价和保时捷

在放弃这种理想但无法实施的一级差别化定价方法前，我们再次回过头来讨论一下保时捷案例和我们在第 6 章提出的代理费加固定批发价格模式。我希望通过最后几页的分析，一些发自你脑后的声音会说道："这听起来的确像保时捷故事的最后一部分了，但这与这里讨论的内容有什么联系吗？"这是一个除了受到有关特许经销的法规限制外，作为销售者的保时捷最接近于一级差别化定价理想状态的案例。为了弄明白为什么保时捷能这样做，或如果没有现存的关于经销协议法规的阻碍，它已经这样做了，我们下面先逐条分析一级差别化定价为什么难以实行：

- 需要真正优秀的销售人员来确定每个消费者的效用函数。我们在本章一直都在讨论基于企业-消费者（B to C）的差别化定价。但保时捷在现实中进行的是企业-企业（B to B）的交易。在 B2B 交易中，购买者或零售商的"效用函数"是各个客户的利润函数，而利润水平又是由客户购买数量来决定的。在保时捷的案例中，其利润水平主要取决于市场中以零售商为媒介的对保时捷车的需求。保时捷不仅拥有销售的历史数据，而且有能力生成对新开拓市场中的各地域需求进行研究所需的数据。所以，它能把握大部分实施一级差别化定价的信息。

- 这种类型的差别化定价往往是非法的。注意，差别化定价完全体现为收取的特许费。像其他实施一级差别化定价的企业一样，保时捷也想使每单位产品的价格等于其边际成本，每个经销商都会如此。总的来看，如果保时捷能白手起家建立一个代理经销商的网络，它就能根据决定经销商利润大小的主要因素，如市场规模、彼此竞争的经销商的集中程度、区域平均收入和其他变量来变更代理费。保时捷遇到的法律问题并不在于变更代理费本身是非法的，而在于试图变更现行经销合同条款的问题。

- 委托人可能不遵守协议。作为一个现实的问题，除非受到原来的经销协议的约束，保时捷很可能将与潜在特许加盟经销商进行艰苦的讨价还价。我们在第 23 章分析保时捷的故事时会告诉你原因。

- 如果所讨论的商品可能被转售，这种方法就不灵了。注意，经过对不同运费和一些需要安装特殊排污装置（如加利福尼亚州的轿车）之类的成本开支进行调整后，保时捷希望其轿车的批发价格保持在同一水平上，从而不会引起经销商之间互相转售的问题。但是如果一个在俄勒冈州波特兰的经销商购进大量轿车后，卖给西部洛杉矶那些没有获得经销资格的经销商，转售问题就出现了。就目前情况来看，因为保时捷能控制转售者的行为，如只允许卖给当地分销商，而不允许在经销商之间进行转售，所以，还不存在转售问题。对这里涉及的法规我不太确定，但是，我确信保时捷已经成功控制了这种转售且根据地域收取了不同的经销费。

其他非常类似于一级差别化定价的例子

保时捷并非唯一可能实行一级差别化定价的例子。在许多服务性行业中，如律师、会计师、咨询师、医生等，费用是根据消费者的能力和意愿来收取的。这里也不存在转售问题，因为服务很难被转售。既然服务针对的是每个消费者，对不同人收取不同价格面临的法律问题就可避免了。决定这些方式是不是接近于一级差别化定价的因素，在某种程度上依赖于提供服务者是不是愿意和能不能做到。愿意的意思是说值不值得根据每个人来核算收费，能不能做到的意思是服务提供者能不能计算出消费者从服务中得到的价值（用货币表示的效用水平或利润增加水平）。

网络提供了一种符合这一思路的潜在手段。通过反复卖产品给一个消费者，企业（如亚马逊公司）就能知道那个消费者的效用函数。因为可以通过"计算机"报价，所以企业可以针对每个消费者来设定价格。事实上在 2000 年，亚马逊公司就被发现对同一本书的不同消费者收取不同的价格。亚马逊公司宣称，它不想搞差别化定价而只是在市场中进行实验，来找出像第 5 章所讨论的那种意义上的整个市场的需求曲线。你可以自己判断一下亚马逊公司在做什么，但可以肯定其中暗含的意思接近于一级差别化定价。

对最优二级差别化定价并不利的事实

179   在一级差别化定价中采用的方法是，收取入门费并使消费者对每单位产品支付的价格正好等于企业的边际成本。对每个消费者都是如此，但入门费却要根据具体消费者的效用函数（或利润，如 B2B）做调整。

看到这一解释，学生们有时会错误地得出结论，认为对最优二级差别化定价来说也可采取这样的形式：入门费和每单位产品的定价。原因是，尽管在二级差别化定价中每一个消费者面对的是同样的入门费和产品单价，但我们至少知道每单位产品的最优价格水平等于企业的边际成本，剩下的唯一任务就是找到最优入门费水平。不幸的是，生活并非如此简单。如果对每一个消费者收取同样的入门费，每单位产品的最优价格将与企业的边际成本有很大的差异（一般是这样）。找到这一价格相当费事，在练习中你将会遇到这种问题。

7.7   总结性评论

本章讨论的内容并未把企业对消费者进行分类的百宝箱（bag of tricks）完全展示出来，同时也没有把如何获取消费者剩余以增加企业利润的办法讲完。例如，企业可通过打包战略（bundling strategies）来实现上述目的。例如，一支球队可以按比购买全部单场比赛门票低得多的价格销售赛季套票。当地剧院经常销售整个演出季节的套票，其中有剧院的各种演出，包括为喜欢瓦格纳、莫扎特、意大利歌剧等的观众安排的演出。（但是，如果公众不喜欢比方说瓦格纳的歌剧，最优的打包策略是把瓦格纳的歌剧放在每个专门演出莫扎特和意大利歌剧的剧目组合中。）如果你想了解更多的、这里没有提到的关于对消费者分类的方法和技巧，有大量的文献可供参考。

小　结

差别化定价有多种方案，其中包括按成员所在组群进行分类的方法、自选组群的方法、对差异化产品实施的三级差别化定价方法、二级差别化定价方法（采用非线性定价）、一级差别化定价方法（包括两种方式："谢绝还价"报价方式和收取入门费加单位产品价格的报价方式），以上所有方案都想达到两个目的：

（1）找到不同方法，使不同的消费者支付不同的价格。具体说就是，需求相对缺乏弹性的消费者支付的价格水平高，而需求相对富有弹性的消费者支付的价格水平低，至少在边际上如此。

（2）找到各种方法来榨取单个消费者从交易中获得的其他剩余，或者说得更直接一点，找到使剩余从消费者那里转到企业保险箱中的途径。

● 一般来说，这些方案很难达到"最优"。事实上，许多身经百战的公司不停地在运用这些方案，如航空公司、电信服务商等。还没有公司说已找到最好的方案，为提高盈利水平，它们设计了非常复杂的方法，同时也追求两个目标：

一是通过组群进行差别化定价的一些特定情形和一些自我选择的具体方案足以达到简单的最优化。

二是如果实施差别化定价者掌握必要的信息，一级差别化定价也相当简单，因为它只涉及对入门费进行个体化设计和使单位产品价格等于边际成本的问题。

● 大部分差别化定价方案面临的问题与下列问题有关：了解消费者、转售、关于差别化定价的法律规定和道德观念，以及不遵守协议的消费者。

练　习

练习 4.13、练习 4.14 已经向你介绍过通过组群进行差别化定价和发放赠券的机制。如果你当时没有做那两道练习，现在可以做了。

7.1　这里是另外一个按组群进行差别化定价的例子（沿着练习 4.13 的思路）。假设某一产品的边际成本为 5 美元，需求有两个来源：老年人和非老年人。老年人的需求由反需求函数 $P_S(y)=15-y/500$ 决定，其他人的需求由反需求函数 $P_R(y)=20-y/2\,000$ 决定。

（a）如果面对两种需求的垄断，企业只能对产品制定一种价格，最优价格应定在什么水平？利润将会是多少？

（b）如果垄断者能制定两种价格，一种针对老年人，另一种是正常价格。什么价格可使利润最大？最大（高）利润水平是多少？

7.2 假定一个企业销售给老年人的产品的价格和销售给其他人的产品的价格一样，均为每单位 10 美元。在这一价格水平上，总共销售了 10 000 单位，2 000 单位给老年人，8 000 单位给其他人。在价格为 10 美元时，老年人的需求弹性为－3，其他人的需求弹性为－1.5。

（a）假定该企业决定提高对非老年人的商品价格，幅度为 0.10 美元，同时降低对老年人的价格。降低对老年人收取的价格后，企业的销售量仍（大约）是 10 000 单位（即非老年人的需求量下降正好被老年人的需求量上升弥补），对老年人应该降低多少美元？

（b）［问题（a）的答案是对老年人应该降低 0.20 美元。如果你无法解出这个答案，就请使用这一结果。］如果把对非老年人收取的价格提高到 10.10 美元，而同时把对老年人的价格下调到 9.80 美元，对企业利润有什么（大约）影响？

（c）注意，我对该企业的边际生产成本并未说什么。为了回答问题（b），为什么不需要知道这些信息？

7.3 在第 1 章关于通用汽车公司的电子表格和卡车赠券模型中，假定 Q（赠券在转让市场中的价格）为零，k（与这一市场转让相关的交易成本）也为零。假定通用汽车公司确定 $X=1\,000$ 美元，$x=500$ 美元，即使通用汽车公司可以最优化它的报价，按照这个模型，对通用汽车公司来说，这样的方案也会耗去一笔很大的开支。为什么？这种开支主要花在什么地方？当 $X-x$ 的差额增大时，这一成本开支还要大，这又是为什么？在什么假设条件下，这种针对两组消费者（最初的卡车拥有者和其他购车人）的赠券方案（通过 Q、k、X 和 x 值的变化）会比不推行这一措施带给通用汽车公司更高的利润？

7.4 2000 年 10 月 10 日，一本关于人力资源管理的书在亚马逊网站（Amazon.com）上的卖价为 102.75 美元，同时，在亚马逊英国网站（Amazon.uk）上的卖价相当于 36.29 美元（这并非国际学生版之类的版本，是由同一出版社出版的书，式样也相同），你认为这是怎么回事？

7.5 一个生产某种产品的企业，其边际成本为常数 3 美元，有能力实行一级差别化定价：该企业有特殊才能，看到任何消费者后，能洞悉他的效用函数，它也愿意进行数学计算，不会遇到任何法律上的难题，也能控制好对产品的转售。其众多消费者中的某一个消费者的效用函数为 $u(x,m)=16x^{1/3}+m$，这里 x 是该消费者消费的商品数量，m 是节余下的钱。（该消费者有大量的金融资产，所以，他不必担心他的钱会用光。）企业应该对这个消费者提出什么

样的报价？对这一问题，请做两次回答：第一次采用"谢绝还价"报价法，第二次用收取固定费用加单位成本定价法。

7.6 假定一个企业面对的是 4 个消费者：拉里（Larry）、梅（Mae）、科利（Curly）和谢普（Shepp）。每个消费者的效用函数为 $u(x)+m$，其中 x 是企业生产的产品中被消费的数量，m 是购买其他产品后节余的货币（你可以想象每个人开始时有很多现金，所以"节余的货币为负"这样的约束从来都不会出现）。对于拉里来说，函数 u 为 $u(x)=10x-x^2$；对于梅来说，函数 u 为 $u(x)=8\ln(x+1)$；对于科利来说，函数 u 为 $u(x)=8x^{1/2}$；对于谢普来说，函数 u 为 $u(x)=8x-x^2$。

（a）这个企业的边际成本恒为 2 美元。4 个人中，谁是最优（实施一级差别化定价或利润最大化）的会被提出"谢绝还价"报价方式的对象？与此 4 个人的交易所获总利润为多少？

（b）假定该企业针对 4 人确定入门费加单位产品价格的报价方式。企业可以分别针对每个人具体制定入门费加单位产品价格。企业定出的最优入门费（在利润最大化情况下）和单位产品价格为多少？在这种情况下的总利润为多少？

（c）假定该企业必须对其产品确定线性非差别化价格。最好的（利润最大化的）价格是

什么？总利润为多少？[对问题（a）和问题（b），你应该通过分析去解，而这个问题和问题（d）可进行数学推导，也可使用 Excel 或其他电子表格程序。]

（d）（本题不易回答。）假定企业可为其产品确定入门费和单位产品价格，但这两项对 4 个消费者必须一视同仁（企业可以控制产品的转售）。入门费和单位产品价格的最优组合是什么？

7.7 假定我们有一种产品仅能按整体单位消费，也不能转售，制造商的边际生产成本为 3 美元。有三个消费者，编号分别为 1、2、3，每人的效用函数形式都是 $u_i(x)+m$，其中 x 是消费后以整数计的产品数量，m 是节余的货币。对于第一个消费者，有

$$v_1(0)=0,\ v_1(1)=10,\ v_1(2)=18,\ v_1(3)=23,\ v_1(4)=25,\ v_1(5)=26,\cdots$$

所以，他连续消费商品的边际（离散）效用分别为

$$\mathrm{MU}_1(1)=10,\ \mathrm{MU}_1(2)=8,\ \mathrm{MU}_1(3)=5,\ \mathrm{MU}_1(4)=2,\ \mathrm{MU}_1(5)=1,\cdots$$

对于第二和第三个消费者分别有

$$v_2(0)=0,\ v_2(1)=20,\ v_2(2)=39,\ v_2(3)=44,\ v_2(4)=48,\ v_2(5)=50,\cdots$$
$$v_3(0)=0,\ v_3(1)=30,\ v_3(2)=50,\ v_3(3)=60,\ v_3(4)=62,\ v_3(5)=61,\cdots$$

（a）最优的统一（线性）价格为 $p=19$，为什么？

（b）如果我们采用定额入门费加不变的单位产品价格的定价方案，那么单位产品价格就等于企业的边际生产成本 3 美元，为什么 $F=36$ 是最优的入门费水平？

（c）如果我们采用定额入门费加不变的单位产品价格的定价方案，边际成本为 5 美元，最优的入门费应为多少？

7.8 考虑一种产品销售给全体消费者的情形。该产品必须按整体消费，并且不能转售，生产的边际成本为 3 美元，所有消费者的效用函数都采用 $v(x)+m$ 的形式，m 是节余的钱。在这些消费者中，90% 的人的边际效用值为 $\mathrm{MU}(1)=20$，$\mathrm{MU}(2)=1$，$\cdots$；10% 的人的边际效用值为 $\mathrm{MU}(1)=30$，$\mathrm{MU}(2)=29$，$\mathrm{MU}(3)=1$，$\cdots$。对这些消费者来说，最优的统一定价方案是什么？最优的一级差别化定价方案是什么？如果已经宣布的最优的二级差别化定价方案是，消费者购买的第一单位的价格为 20 美元，之后所有的价格都为 29 美元，这种说法正确吗？

7.9 棒哥儿学院（Boogle College）是美国最后一所专招男生的学院，它拥有非常大的橄榄球场，比赛中很少能坐满观众。体育系看到这种现象后，决定给学生们提供打折票，但每个学生限购 2 张。而且规定，如果购买了打折票，只能由学生自己和一名同伴使用，这可通过学生证来控制。在 2 张门票之外，学生们当然可以多买，但必须对任何超出的票支付全价。按照一般原理，你认为这里正发生什么？

7.10 推导英文原书第 155 页第二段给出的数字。

第 8 章 | 平均成本和边际成本

184　　本章不长的内容主要讨论平均成本及它与边际成本和总成本的关系。在讨论过程中，我将引入有效规模（efficient scale）的概念，这是第 11 章的核心内容。

现在我们把注意力转向企业的生产方面。到目前为止，我们讨论的所有内容，除了保时捷的零售商外，企业的生产技术集中表现在其总成本函数 TC 上，它可以告诉我们，在生产水平达到 x 时，总成本支出为多少。而且，在截至目前所讨论的所有例子中，边际成本是常数，总成本即使在最复杂情况下也等于固定成本加上 x 乘以边际成本。

当然，对大部分企业来说，为得到 x 单位的产量水平，花费的支出一定大于某一给定的货币量。企业购买原材料或投入要素然后把它们转变（transform）为产品，这里"转变"一词的意思多得难以置信。即使是对于零售商，尽管它只是简单地从批发商那里买进商品再转售给消费者，它也提供了销售服务，如进货的挑选、运输、展示、销售协助等。也可这样来看，美国的好市多（Costco，批发式的销售店，亦译为仓储会员店）和 Balducci（纽约的一家大型熟食店）都销售熏鲑鱼。但是两者的经营方式、由此引起的管理问题和销售同样数量产品的总成本还是有很大的不同的。

一些管理者会把时间花在如何定价和决定销售量方面，但更多的注意力（即管理中更多的注意力）应放在工厂、设备、客户关系（对雇员更为重要）等细节管理上。在关于运营和人力资源管理的课程中，你将会看到这些细节管理的重要性。

而且，这些细节问题绝不是一些不重要的问题。在 20 世纪 80 年代，美国产业界绞尽脑汁（商业媒体是这么报道的）要学习日本模式中出众的制造技术和人力资源管理方式，退一步来讲，起码要学德国产业发展的经验。但 20 年后，情况发生了逆转，所谓的员工雇佣和资本运作的美国模式被认为更胜一筹，欧洲和日本又被告诫应该向美国学习。

所以，你们可能期待一本名为《管理者微观经济学》的书应该会责无旁贷地深入讨论如何将投入转化为产出的细节，你可能会认为这种细节的讨论会非常复杂。说得直白一些，对于日本、欧洲和美国的管理模式的优点，还有许多不确定和没有弄清楚的地方。实际上，几乎直到本书结束，因为细节太复杂，我们都不能把运营、人力资源用智慧的语言表达清楚。但是，我们在这里可提出一些话题：

- 第 9 章将引入技术和成本最小化的基本经济模型。经济学家如何对技术进行模型化？在给定投入转化为产出时可供选择的方法、投入要素价格、产出目标水平的条件下，什么是得到这一产出水平最廉价的方法？
- 大多数企业的生产要花费时间，动态使用生产要素。生产设备不能开开停停，生产中必定会有摩擦。许多生产过程中使用的原材料有一定的耐用性，所以，要用到像**折旧**（depreciation）和**净现值**（net present value）之类的术语。正像我们在全面质量管理活动中所看到的那样，企业的技术并不是静态的，而是根据企业具体做什么而不断改进的。第 10 章将介绍与动态生产技术相关的话题。
- 在讨论这些原理之前，本章先讨论平均成本和边际成本的关系。管理人员有一种错误的趋向，即用平均变量替代边际边量。通过清楚地解释边际、平均、总量变量之间的关系，我希望你们不会成为只会用平均变量思考问题的牺牲品。

8.1 生产单一产品企业的平均成本

对于生产单一产品的企业来说，平均成本非常容易求出。在产出水平为 x 时，生产一单位产品的平均成本被定义为

$$AC(x) = \frac{TC(x)}{x}$$

注意，因为 x 是分母，如果 $x=0$，AC 函数没有意义；如果 $TC(0)=0$，我们有 $0/0$，而如果 $TC(0)>0$，平均成本无限大。

利润率

假定所说企业不实行差别化定价，那么其总收益是单位产品价格乘上销售数量，企业的利润率是销售产品价格减去平均成本，利润等于平均利润乘以销售量。用公式表示为

$$\pi(x) = TR(x) - TC(x) = xP(x) - xAC(x) = x[P(x) - AC(x)]$$

不要把这看得太深奥，这不过是一个会计等式。

边际成本和平均成本的关系

假设你正走过一支队伍，询问其中每个人的身高。与此同时，你计算了到

目前为止的平均身高。假定当你问到第 1 076 个人时，前 1 075 个人的平均身高为 69.322 英寸，而第 1 076 个人的身高为 74.25 英寸。当把这个人计算在内后，平均身高将高于还是低于 69.322 英寸？如果第 1 076 个人的身高为 64.5 英寸，新的平均身高是高于还是低于 69.322 英寸？

这个问题容易回答。如果队列中下一个人的身高高于到目前为止的平均身高，这个人会把平均身高拉高；如果下一个人的身高低于到目前为止的平均身高，这个人将把平均身高拉低；如果队伍中的第 $n+1$ 个人的身高正好与前 n 个人的平均身高相等，平均身高不会因为计算了这个人的身高而变化。

这一点对成本、收益和其他一切事情都适用，具体可表达为：

当边际成本小于平均成本时，平均成本将下降；当边际成本大于平均成本时，平均成本将上升；当边际成本等于平均成本时，平均成本不变。

注意，对这些含义要做双向理解：如果边际成本比平均成本低，平均成本将下降；如果平均成本下降，边际成本一定比平均成本低。

对这个例子的类比可能会使你相信这种说法是正确的，但你还需要一些正式的证明，这里是两种证明。第一种运用离散变量，第二种运用微分法和连续变量。

- 当 x 变为 $x+1$ 后，总的成本变为 $(x+1)\,AC(x+1)=TC(x+1)=TC(x)+MC(x)=xAC(x)+MC(x)$，其中 $MC(x)$ 是我们讨论过的离散边际成本。第一项和最后一项可写为 $(x+1)\,AC(x+1)=xAC(x)+MC(x)$。两边减去 $(x+1)AC(x)$，然后再除以 $x+1$，得到

$$AC(x+1)-AC(x)=\frac{MC(x)-AC(x)}{x+1} \tag{8.1}$$

- 对平均成本求导：$dAC(x)/dx=d[TC(x)/x]/dx$。按导数规则，上式 $=(1/x)(dTC(x)/dx)-(TC(x)/x^2)=(MC(x)/x)-(AC(x)^*/x)$，得到

$$\frac{dAC(x)}{dx}=\frac{MC(x)-AC(x)}{x} \tag{8.2}$$

等式(8.1)和等式(8.2)的意思相同，当 MC＞AC 时，AC 上升，而当 MC＜AC 时，AC 下降。

一个例子

通过一个典型的例子可帮助我们找到分析的思路。图 8.1(a)所示的是总成本函数图形。注意，这种特定的总成本函数有 TC(0)＝0。

考虑在图 8.1(a)中产量轴上标出 x 点和与此对应的总成本水平 TC(x)。在该点上，AC(x)大还是 MC(x)大？很容易看出，平均成本要大一些。如图 8.1(b)

＊ 此项原书为 AC(y)，疑为 AC(x)之误。——译者注

所示，把点（0，0）和$(x, TC(x))$连在一起的弦是实线，与总成本曲线在点
$(x, TC(x))$相切的线是虚线。产量水平为x时的平均成本是弦的斜率，切线的
斜率是边际成本，所以$AC(x)$大于$MC(x)$。

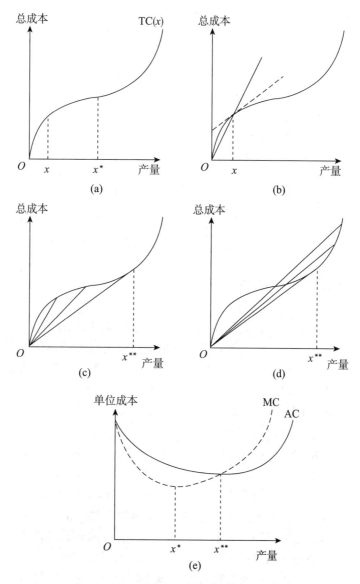

图 8.1　从总成本曲线推导出边际成本曲线和平均成本曲线

　　说明：对于图（a）中所示的总成本曲线，与任何产出水平x对应的边际成本都是总成本曲线在该点切
线的斜率，对应的平均成本是连接$(0,0)$和$(x, TC(x))$的弦的斜率［见图（b）］。图（c）和图（d）表示的
是随x的增加，平均成本如何变化：弦的斜率在产量达到x^{**}之前是递减的，然后递增。注意，在点x^{**}
处，弦与总成本曲线相切，所以，在该点处，MC＝AC。随着x的增加，TC切线的斜率也表现为先递减然
后递增。在总成本曲线的转折点上，斜率（或MC）最小，在图上用x^*表示，它小于x^{**}。把所有这些加
在一起，我们得到图（e）。

　　从图 8.1 中我们可以看出边际成本函数的图形形状。边际成本是总成本曲

线的斜率，在开始阶段下降，随后逐渐递增，然后转向。从递减到递增的转折点，我们用 x^* 标示在图 8.1(a) 上。

下面讨论平均成本的图形形状，$AC(x)$ 是连接点 $(0,0)$ 和 $(x, TC(x))$ 的弦的斜率。图 8.1(c) 和图 8.1(d) 表现的是随 x 逐渐增大的弦的斜率变化。在图 8.1(c) 上，x 比 x^{**} 小，在图 8.1(d) 中，x 比 x^{**} 大。注意，在从 x 增加到 x^{**} 的过程中，弦的斜率在下降，但当大于 x^{**} 时，它又随 x 的增加在增大。所以，在 x^{**} 之前 $AC(x)$ 下降，之后上升。

还有一点要注意。在点 x^{**}，连接点 $(0,0)$ 和 $(x^{**}, TC(x^{**}))$ 的弦与总成本曲线相切，这时，边际成本等于平均成本。

把上述曲线加在一起，在图 8.1(e) 中，我们画出了平均成本曲线和边际成本曲线。（随着我们越来越接近 $x=0$，如图所示，AC 和 MC 逐渐靠近，我对此做一点解释。）当平均成本下降时，边际成本小于平均成本，而当平均成本上升时，边际成本又会大于平均成本。当 $MC(x)=AC(x)$ 时，平均成本在最低点。（在图 8.1 中，边际成本曲线和平均成本曲线都是 U 形的，但不能说所有成本曲线都是如此，只有那些从图 8.1 特定的总成本函数中推出的曲线才具有这一特征。）

平均成本趋近于零

在进一步讨论其他图形的形状前，我们先看一下当 $x=0$ 时，平均成本函数的变化特征。$AC(0)$ 不太好定义，因为这涉及零做分母，但我们可以考虑当 x 趋近于零时，平均成本如何变化。为了避免数学上的反常情况，我们假设在接近于零时，TC 和 MC 都是连续函数。有两种情形值得考虑：$TC(0)=0$ 或者说没有固定成本；$TC(0)>0$，固定成本大于零。[$TC(0)<0$ 的情形很少见，所以不值得讨论。]

● 当产量接近于零时，如果 $TC(0)=0$，那么，平均成本接近于 $MC(0)$。

● 当产量接近于零时，如果 $TC(0)>0$，那么，平均成本无穷大。

第二点容易看出。如果 $TC(0)>0$，当 x 值非常小时，$AC(x)=TC(x)/x$ 一定发散到无穷大；你正在用一个离零越来越近的量 x 来除一个数。换成经济学语言就是：当固定成本大于零时，将它分摊到越来越小的产量上导致的结果是平均成本越来越高。

第一点有点难解释。按照离散分析的观点，$TC(1)=MC(0)$，其中，$MC(0)$ 是当 x 从 $x=0$ 变为 $x=1$ 时的离散边际成本，但是 $AC(1)=TC(1)/1$，所以 $AC(1)=MC(0)$。

或者用前面对一队人员身高进行平均化的说法讲就是，边际成本不断地接近于零的说法就相当于说，队伍中前面几个人的身高几乎相等。在这种情况下，常识告诉我们，前面几个人的平均身高非常接近于其中任何一个人的身高。只有当每个人的身高不一样时，平均身高才会与边际个人身高不一致。

当讨论到这些离散意义上的观点时，学生们有时会抱怨说这种论证与图 8.1 不一致。我们刚才说，当 $TC(0)=0$ 时，$AC(1)=TC(1)=MC(0)$。但是，如果我们比较图 8.1(a)与图 8.1(e)，似乎 TC(1)比 MC(0)要小得多。当 MC(0)显著为正值时，TC(1)看上去非常接近于零。这并非不一致，因为图 8.1(e)纵轴上的刻度与图 8.1 中其他图的刻度有很大的不同。还是想一想通用汽车公司制造轿车的例子吧。平均成本在 15 000 美元左右。当我画总成本曲线图时，通用汽车公司每年生产的轿车是以百万计的，所以纵轴刻度必须与 750 亿美元（500 万辆）总成本相对应来绘制。在我们绘制的 750 亿美元的图中，一辆车的总成本（大约 15 000 美元）几乎就为零了。

当 TC(0)＝0 且 x 取非常小的值时，AC(x)向 MC(0)靠近也可用数学来进一步证明。

$$TC(x) = \int_0^x MC(y)dy + TC(0) = \int_0^x MC(y)dy$$

因为已经假定 TC(0)＝0，只要边际成本函数是连续的，当 x 取很小的值时，上式可近似为

$$TC(x) \approx x MC(0)$$

所以 $$AC(x) = \frac{TC(x)}{x} \approx MC(0)$$

当 x 取非常小的数值时，近似有效。〔如果你知道洛必达规则，当 x 趋近于零时，你也可以将其运用于 AC(x)＝TC(x)/x 来提供另外的证明。〕

其他三种情形

在图 8.1 中，没有固定成本，边际成本先降后升仅仅是多种可能性中的一种。我在此还要给出本书中用得最多的其他三种情形。想了解更多，见练习 8.4。

第一种情形是最简单的，没有固定成本，边际成本为常数。相对于一个常数 k 而言，总成本函数是线性函数，TC(x)＝kx。边际成本函数和平均成本函数也是常数，AC(x)＝MC(x)＝k。图 8.2 表现的是这种情形。

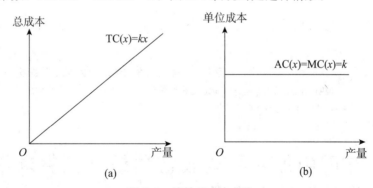

图 8.2　线性总成本曲线

说明：对某一常数 k 来说，如果 TC(x)＝kx，那么 AC(x)和 MC(x)也是常数函数。

第二种情形是把严格为正的固定成本和常数边际成本结合在一起的函数，即 TC(x)＝K＋kx，其中 K（固定成本）和 k（边际成本）是常数。我们有 MC(x)＝k，AC(x)＝K/x＋k，如图 8.3 所示。当 x 的取值非常小时，平均成

本会急速上升至无穷大；当产出水平增加时，随着固定成本 K 分摊到单位产品中的比重越来越小，平均成本会越来越接近于边际成本 k。

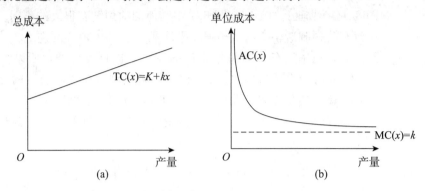

图 8.3　固定成本加常数边际成本曲线

说明：对于函数 $TC(x)=K+kx(K>0)$，边际成本是常数 k，随着产量 x 变得越来越大，平均成本会不断下降，处于边际成本上方并逐渐靠近边际成本。

第三种情形是严格为正的固定成本和递增的边际成本结合在一起的函数。（我假定边际成本递增没有拘泥于只是简单的情形。）总成本函数是凹函数。平均成本会因产量可无穷大而下降，但最终会因递增的边际成本被拉回，所以，平均成本曲线呈碗的形状。当然，边际成本曲线仍会在平均成本最低点处穿越平均成本曲线，如图 8.4 所示。

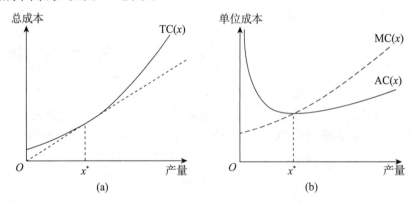

图 8.4　固定成本加递增的边际成本曲线

说明：当边际成本上升而固定成本严格为正时，我们得到一个碗形的平均成本函数，在最低点处正好 MC 从下往上穿越 AC。

8.2　在图中加入平均收益曲线（反需求函数）和边际收益曲线

现在，在平均成本函数和边际成本函数图中加入平均收益曲线和边际收益曲线。我将注意力集中于传统的做法上：**企业确定单位产品价格，消费者选择数**

量。所以，**平均收益**（average revenue）或 $AR(x)=TR(x)/x$ 正好是反需求函数。

四个函数被画在图 8.5 中，这幅图中的成本曲线是由图 8.1（e）和图 8.4 合成的。因为当 x 的取值无限变小时，平均成本会变为无穷大，固定成本为正值，边际成本先降后升，所以，平均成本呈碗形。

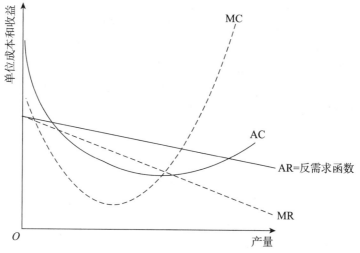

图 8.5 边际成本曲线、平均成本曲线与边际收益曲线、平均收益曲线

说明：在前面边际成本、平均成本图的基础上，我们加上平均收益曲线（反需求函数）和边际收益曲线。给定这些函数，什么区域利润为正值？什么区域利润增加？

在这幅图中，当产量 x 在什么水平时，企业的利润为正值？在什么样的产量水平上，利润增加？答案是：

● 当平均收益（反需求函数）大于平均成本时，利润为正。

● 当边际收益超过边际成本时，利润增加。

利润为正值的区域是图 8.6（a）中的阴影区域，利润上升区域是图 8.6（b）
中的阴影区域。两者虽有明显的交叉区域，但不互相包含。因为利润开始时为负值，所以如果利润不增加，它永远不会变正；一旦利润变为正值，只有在其下降时，才能变为负值。

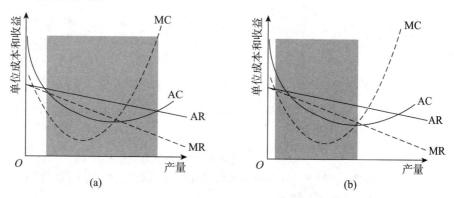

(a)   (b)

图 8.6 利润为正的区域和递增的区域

说明：将 AR＞AC 的区域〔图（a）中的阴影区域〕利润为正；当 MR＞MC 时，利润递增〔图（b）中的阴影区域〕。

对应的利润曲线如图 8.7（a）所示，图 8.7（b）是重复图 8.6。请注意，什么区域利润为正，什么区域利润为负，什么区域利润上升，什么区域利润下降，什么地方利润最大（即边际收益等于边际成本时）。

在图 8.7 中，我们注意到，利润最大化时的产量比利润率（单位产量平均利润或 AR－AC）最大化时的产量大。一般看来，这是正确的。只要平均成本和平均收益函数没有扭结，在一些产量水平上利润为正，利润最大化对应的产量总会大于利润率最大化对应的产量。从一般直觉上的理解是，在利润率最大化的产量点上，把产量增加一点，企业得到的利润额还会增加。如果你会进行微分计算，可自己证明这一点（见练习 8.11）。

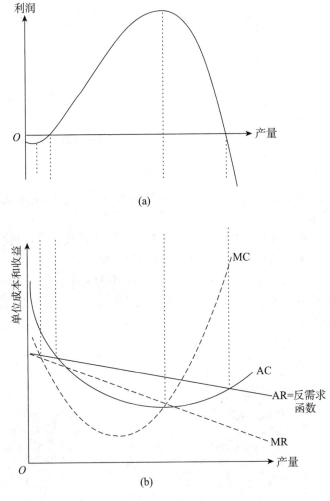

图 8.7 增加利润函数后的图形

说明：将图 8.6 中的平均成本曲线、边际成本曲线和收益曲线重新画在这里的图（b）中，以此可导出图（a）中的利润函数图形。

8.3 从平均成本到边际成本

给定像图8.5那样的图，在不同的坐标轴组合中，你应该能画出对应的利润函数，并指出什么区域利润为正，什么区域利润递增，什么时候利润最大。请在图8.8中运用那些技巧来做练习，一旦遇到困难，再看教材。

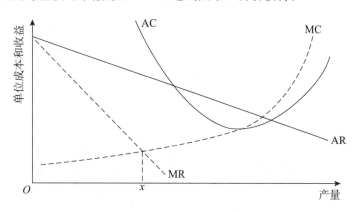

图8.8 此时利润函数会怎样呢？（这里你会发现一些错误）

这里一定有什么地方不对劲。只要平均成本大于平均收益，利润将为负值，而相反的情况成立时，利润才是正的。而在这里，利润开始时是负值，然后变为正值，最后变为负值。当边际收益大于边际成本时，利润增加，当相反的情形出现时，利润减少。根据图8.8，利润先升后降。当边际收益等于边际成本时，利润当然达到最大化。根据图8.8，问题出现在当产量为 x 时，利润达到最大化但仍然为负值。当产量再增加一些后，利润变为正值，这不可能为真。

这里关键的一点是，人们不能随便地画出四条曲线，称它们为边际成本曲线、平均成本曲线、平均收益曲线、边际收益曲线，更不用说在什么区域边际 X 处在平均 X 之下，平均变量下降，在什么区域边际 X 处在平均 X 之上，平均变量上升了。边际 X 与平均 X 之间的关系比这要紧密得多。实际情况是，如果你画出一条曲线并称之为平均 X 曲线，那么，边际 X 的位置也就完全决定了。

我用边际成本来解释这一观点。我使用微分法，但你同样可用式(8.1)来证明我画图的过程。关键的一点是式(8.2)，$AC'(x)=[MC(x)-AC(x)]/x$（AC'上的撇表示求导），解出 $MC(x)$ 得 $MC(x)=xAC'(x)+AC(x)$。可以开始画出平均成本曲线了（图8.9依据下列步骤画出）。

第1步：选择你希望计算出 $MC(x)$ 的产出水平 x，在纵轴上对应 x 标示出 $AC(x)$ 的水平。

第2步：在你感兴趣的点上画出 $AC(x)$ 的切线，寻找切线与纵轴的交点，该交点就是 $AC(x)-xAC'(x)$。

第3步：你在纵轴上第1步标示出的点与第2步标示出的点之间的距离就是 $-x\mathrm{AC}'(x)$。从点 $\mathrm{AC}(x)$ 开始，在相反方向上移动这么长一段距离，你就得到 $\mathrm{AC}(x)+x\mathrm{AC}'(x)$ 的点，这就是 $\mathrm{MC}(x)$。

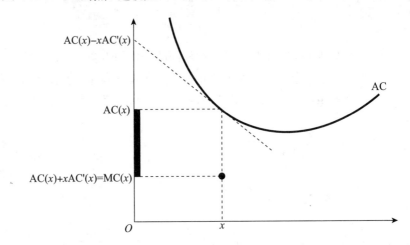

图 8.9　从平均成本曲线推出边际成本曲线

说明：先给定平均成本曲线和生产水平 x，在纵轴上标示出 $\mathrm{AC}(x)$，把在 x 处所做的平均成本曲线的切线延伸到与纵轴相交。在 $\mathrm{AC}(x)$ 的另一方向，将 $\mathrm{AC}(x)$ 移动从 $\mathrm{AC}(x)$ 到切线与纵轴交点那么多的距离，这就是 $\mathrm{MC}(x)$。边际成本曲线穿过黑色区。[$\mathrm{AC}'(x)$ 是 $\mathrm{AC}(x)$ 的导数。]

反过来情况如何？在至少不知道总成本或平均成本中的一个的情况下，你能从边际成本函数推出相应的平均成本函数吗？在不知道固定成本的大小时，你无法知道平均成本究竟是在边际成本上方还是下方。即使这一问题解决了，例如告诉你对某一个常数来说，$\mathrm{TC}(0)=K$，从 $\mathrm{MC}(x)$ 的图形来推出 $\mathrm{AC}(x)$ 一般也是一件非常困难的事。为什么呢？概括地说，因为在图形上观察微分比观察积分要容易得多。如果现在还有什么更巧妙的办法，恕我孤陋寡闻，有所不知。

8.4　有效规模

平均成本达到最低（如果存在）的生产规模 x 被称为（技术上）生产的**有效规模**（efficient scale）。这可通过 Solver、微分计算使平均成本导数等于零或解 $\mathrm{MC}(x)=\mathrm{AC}(x)$ 来得到。这是第 11 章的重要工具，练习 8.1、练习 8.2 和练习 8.9 即为此而设计。

每次当经济学家们把形容词"有效率的"加在某一事物前面时，人们猜想这一定是重要的事物。有效规模是第 11 章中非常重要的内容，但在此不是。当我们从单一产品的角度来考察企业时，有效规模与生产的利润最大化并没有关系。与利润最大化相对应的产量，如图 8.10(a) 和图 8.10(b) 所示的那样，既可能低于也可能高于有效规模水平。在上述两图中，我未画出边际成本曲线，我把它留给了读者（练习8.10）。请证明与边际成本等于边际收益对应的产量点在图8.10(a)中处在有效规模的左边，而在图8.10(b)中处在有效规模的右边。与利润最大化对应的产量也有可能正好是有效规模，但边际收益曲线必须在有效规模产量上穿越边际成本曲线，边际成本曲线也正好在有效规模产量上穿越平均成本曲线，就像图8.10(c)所示的那样。这有可能发生，但必须机缘巧合，因为一般来说，平均成本曲线与边际收益曲线之间的位置没有内在联系。

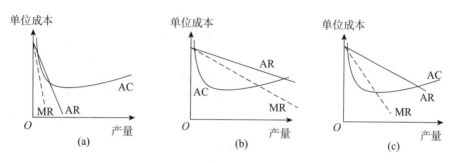

图8.10　利润最大化和有效规模

说明：在图（a）中，与利润最大化对应的产量小于有效规模；在图（b）中，前者又大于后者；在图（c）中，二者正好吻合。

8.5　多产品企业和成本函数

大多数企业生产的产品不止一种。平均成本概念如何延伸到这种情形呢？

从原则上讲，定义多产品企业的总成本函数并不难。企业生产的产品种类为$k=1, 2, \cdots, K$，$\mathrm{TC}(x_1, x_2, \cdots, x_K)$表示企业生产$x_1$单位的第一种产品、$x_2$单位的第二种产品……直到$x_K$单位的第$k$种产品的总成本。只要你熟悉偏导，管理成本的概念原则上也容易处理。特别地，如果$\mathrm{TR}(x_1, x_2, \cdots, x_K)$表示的是产出向量$(x_1, x_2, \cdots, x_K)$的总收益，那么对于$K$中的每一种产品，MR＝MC就变为

$$\frac{\partial \mathrm{TR}(x_1, \cdots, x_K)}{\partial x_k} = \frac{\partial \mathrm{TC}(x_1, \cdots, x_K)}{\partial x_k}$$

但平均成本的概念呢？

在某些情况下，产出向量$(x_1, x_2, \cdots, x_K)$的生产成本可以被分成一个个独立的部分，即单种产品的成本函数$\mathrm{TC}_k(x_k)$，$k=1, 2, \cdots, K$，如下式所示：

$$\mathrm{TC}(x_1, x_2, \cdots, x_K) = \mathrm{TC}_1(x_1) + \mathrm{TC}_2(x_2) + \cdots + \mathrm{TC}_K(x_K)$$

如果这种情形出现，而且总收益也可以被分解成每种产品独立收益的加总，则我们可以把在本章中介绍的方法应用到每种产品上。如果企业可被拆分为K个

子企业甚至 K 个独立企业，每个企业生产一种产品，由于成本、收益的概念并没有改变，因此多产品企业就没有什么要紧了。

当然，如果成本、收益或两者都不是像上述方式那样由独立部分加总而成，多产品企业就不能按生产种类的方式来进行分拆了。从收益方面看，一种产品的销售数量可能对另一种产品的销售数量产生正面或负面的影响；从成本方面看，在产品生产中可以发生协同（synergy）效应或反协同效应。例如，割草机和吹雪机之间就有协同效应，生产这两种产品的机器和劳动人数大致相同。由一个企业生产两种产品，在冬天和春天生产割草机以便在春天和夏天销售，在夏天和秋天生产吹雪机以便在秋天和冬天销售，就能节省库存成本。再举个并不新鲜的例子。庞蒂亚克（Pontiac）车和雪佛兰汽车在生产成本方面就有协同效应，如发动机、车身或其他零部件的开发成本就可在不同车型中共同分担。至少企业的一些支出，如管理费用和基础研究和开发费用，都可分摊在不同的产品上。关于这一点的一个具体而简单的例子是考虑一下如下形式的成本函数：

$$TC(x_1, x_2, \cdots, x_K) = OC + VTC_1(x_1) + VTC_2(x_2) + \cdots + VTC_K(x_K)$$

这里 OC 是不受每种产品产量水平影响的固定的一般性管理成本，其他成本都可分摊到每种产品上（VTC 的含义是可变总成本，即总成本中随产量大小变化而变化的部分）。

在这样复杂的情形下，总成本函数将变得比下式更复杂：

$$TC(x_1, x_2, \cdots, x_K) = TC_1(x_1) + TC_2(x_2) + \cdots + TC_K(x_K)$$

而生产的平均成本的含义就多多少少有些难以确定了。

成本会计做的一件事情就是把企业的成本分摊到产品上。至少在各部门生产不同产品的情况下，它们要试着把部门间分担的成本分摊给各个部门。但这并不意味着它们已经找到了把总成本写成如下形式的方法：

$$TC(x_1, x_2, \cdots, x_K) = TC_1(x_1) + TC_2(x_2) + \cdots + TC_K(x_K)$$

一般来说，分摊给产品 1 的成本份额要依赖于其他产品的产量。例如，如果固定成本是按销售收入比例分摊到各种产品中的，那么分摊给产品 1 的成本数量减少将降低产品 2～K 带来的收益。大部分成本分摊方案可被想象为 $TC(x_1, x_2, \cdots, x_K)$ 函数形式，并把它写成下式：

$$TC(x_1, x_2, \cdots, x_K) = TC_1(x_1, x_2, \cdots, x_K) + \cdots + TC_K(x_1, x_2, \cdots, x_K)$$

但当根据产品销售数据来分摊生产成本时，对成本的分解比这还要难，因为它要依赖于产品成本曲线的位置。由于如何做影响甚大，所以成本分摊实践就有一定研究意义了，但是，像第 3 章中的例子所揭示的那样，在运用从成本分摊方案中导出的平均成本和利润率数据时，有时会做出非常愚蠢的决策。再重申一下已经说过的意思，在你问及成本应该如何（或者是否应该）在各种产品或部门之间分摊之前，你必须知道这种成本分摊有什么用处。

8.6 为什么主要讨论平均成本？

因为大多数企业生产多种产品，所以大多数多产品生产函数都会涉及成本分摊问题。因为平均成本是最容易求出的，有时在某些情形下还是无意义的，你可能奇怪为什么我们整章都在讨论平均成本的概念。

第一，仔细想想对单一产品企业进行讨论时，我们学到的那些具体而有价值的经验教训，例如：

- 利润最大化一般并不会保证生产是在平均成本最小的有效规模上进行的，与前者对应的产量可大于也可小于后者。
- 在利润率最大时，利润最大化不能实现。一般来说，与后者对应的产量水平要大于与前者对应的产量水平。

第二，再次重复本章开始时的话，在明白了边际变量、平均变量和总变量的关系后，我希望读者能避免落入只是盲目地从平均成本考虑问题的陷阱。

第三，我们在第 11 章将看到，当把供求均衡与这些内容结合后，平均成本的概念和有效规模在经济学中可以发挥非常重要的作用。

小　结

- 单一产品企业的平均成本的定义为 $AC(x) = TC(x)/x$。
- 当 MC>AC 时，AC 呈上升态势，而当 MC<AC 时，AC 呈下降态势。所以，当 AC 曲线呈碗形时，MC 曲线开始时在 AC 曲线下方，在 AC 曲线最低点穿越而上。
- 当 TC(0)=0 时，AC、MC 从同一点开始。当 TC(0)>0 且产量水平越来越小时，AC 发散到无穷大。
- 经常运用的边际成本和平均成本的图形如图 8.1(e)、图 8.2～图 8.4 所示。
- 当 AR（反需求函数）>AC 时，利润为正值；当 MR>MC 时，利润增加。
- 给定平均成本函数或平均收益函数，通过简单地画图，你能够找出与某一具体产量水平对应的边际成本曲线或边际收益曲线。
- AC 最小时的产出水平被称为有效规模，可通过使 $AC'(x)=0$ 或求解 $AC(x)=MC(x)$ 来求出（参见练习 8.1、练习 8.2）。
- 利润最大化与有效规模没有对应关系，除非偶然巧合（参见练习 8.10）。
- 多产品生产企业会引起我们对平均成本概念理解的问题，但边际成本、边际收益的概念没有变化，而且 MC=MR 仍然是每种产品利润最大化的咒语（参见练习 8.12）。

练 习

200　　**8.1**　假定一个企业的总成本函数为 $TC(x) = 10\,000\,000 + 50x + x^2/16\,000$，这意味着其边际成本函数为 $MC(x) = 50 + x/8\,000$。

　　(a) 根据上述信息，绘出该企业的平均成本曲线、边际成本曲线，会像图 8.1(e)、图 8.2、图 8.3、图 8.4 那样吗？为什么？

　　(b) 企业的平均成本函数是什么？当 x 取什么值时，边际成本小于平均成本？当 x 取什么值时，边际成本大于平均成本？

　　(c) 企业的有效规模为多少？与有效规模对应的企业的平均成本为多少？

　　(d) 假定该企业面临的反需求函数为 $P(x) = 250 - x/4\,000$。当 x 取什么值时，该企业利润为正值？（为了用算式解出答案，你得知道二次方程式，也不要期望答案是一个整数。）当 x 取什么值时，该企业利润会增加？当 x 取什么值时利润最大？

　　8.2　根据下列总成本函数，回答练习 8.1 中的所有问题：

(a) $TC(x) = 40\,000 + 55x + x^2/9\,000$。

(b) $TC(x) = 60x$。

(c) $TC(x) = 250\,000 + 60x$（求有效规模需要技巧）。

(d) $TC(x) = 55x + x^2/9\,000$。

(e) $TC(x) = 20x - x^2/20\,000$，$x \leqslant 50\,000$；

　　$TC(x) = 10x + x^2/20\,000 + 250\,000$，$x \geqslant 50\,000$。

　　8.3　（本问题需要求积分。）练习 8.1 和练习 8.2 (a) 中的成本函数是我们在本书中多次见到过的类型：正的固定成本 F 和线性（且递增）的边际成本 $MC(x) = a + bx$，其中 F、a、b 是严格大于零的正数。按照这样的取值，这种情形下的图形呈什么形状？有效生产规模为多少？

　　8.4　图 8.1 到图 8.4 给出的是本书最为常见的平均成本和边际成本的图形，但也有其他形状。下列情形下的图形呈什么形状？

　　(a) 没有固定成本，边际成本递增。

　　(b) 没有固定成本，边际成本递减。

201　　(c) 严格为正的固定成本，边际成本递减。

　　(d) 严格为正的固定成本，边际成本先下降然后上升。（为了避免出现异常情形，你可以假定边际成本不必拘泥于上面的限制。）

　　8.5　图 8.11 给出了两个例子，每个例子都绘出了边际成本和平均成本、边际收益和平均收益的曲线。针对每幅图，画出相应的利润函数图。找出什么区域利润为正，什么区域利润为负，什么区域利润递增，什么区域利润递减，什么时候利润最大。［在图 8.11(a) 中，平均收益和平均成本为线性函数。总利润函数的确切形状是什么？］

　　8.6　对图 8.11(b) 所示的成本函数，总成本的形式为 $TC(x) = K + kx$，K、k 为常数。

　　(a) 假设 K 增加，利润函数图形会怎样变化？说得具体一些，当 K 增加后，利润最大化的点和利润为正值的区域如何变化？

　　(b) 假设 k 增加，利润函数图形会怎样变化？说得具体一些，当 k 增加后，利润最大化的点和利润为正值的区域如何变化？

202　　(c) 当 K 取某个值时（比图中给出的要大），除了 AC 等于 AR 的产量水平外，AC 将大于所有的 AR。当 K 取该值时，平均成本曲线将与反需求（平均收益）曲线相切，那么，切点上的产量水平是什么？

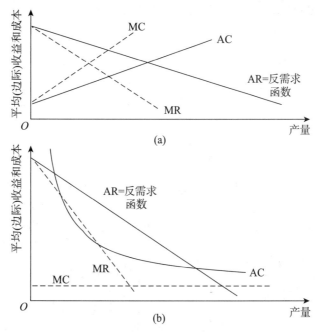

图 8.11　练习 8.5 和练习 8.6：四条曲线的两种组合

8.7　图 8.12 给出的是某企业的平均成本曲线和反需求曲线，为了不引起误解，我要明确指出反需求函数是线性函数，平均成本在产量增加到 160 单位之前一直为常数 10 美元，之后会递增。

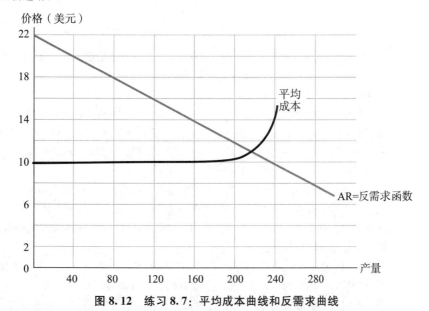

图 8.12　练习 8.7：平均成本曲线和反需求曲线

（a）复制图 8.12，在你的复制图上尽可能精确地画出边际收益曲线。

（b）当产出水平为 130 单位时，边际成本的值为多少？

（c）你能说出利润最大化时企业的产出水平吗？如果能，这个水平是多少？如果不能，在什么程度上你可以找到这一水平?

8.8 图 8.13 给出的是某一企业的平均收益曲线和平均成本曲线,当产量为 100 时,边际成本和边际收益水平为多少?(用画图法来解。)

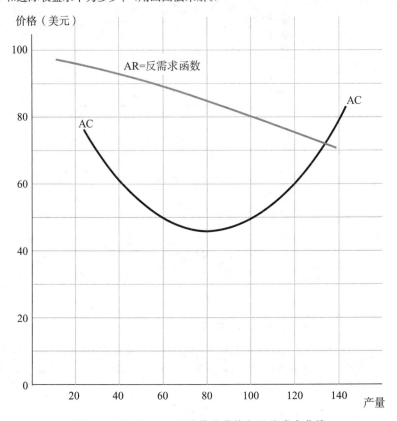

图 8.13　练习 8.8:平均收益曲线和平均成本曲线

8.9 再次考虑福雷多尼亚唯一的钢铁制造商切克里尼重工业公司的总成本函数 $TC(x) = 10\,000\,000 + 200x + x^2/1\,000$,运用实现有效规模时边际成本和平均成本的特性,求出这个公司的有效规模和最小平均成本。(我们又回到练习 3.3。)

8.10 在讨论图 8.10 时,我指出,在图(a)中,利润最大化时的产出水平要小于有效规模对应的产出水平,而在图(b)中,要大于有效规模,在图(c)中正好相等。请用恰当的一两句话概括每种情形。为什么如此?你可以假设(如果你愿意)那些图上的边际成本是递增函数。

8.11 在本书的正文中,我指出只要能得到正的利润,实现利润最大化时的产出水平就比利润率最大时的产出水平高。试用微分法证明。(提示:计算利润率函数的一阶导数并使之等于零。对那些在数学上非常认真的读者来说,可以假定利润函数有导数,利润函数和利润率函数都能取得最大值。)

8.12 企业生产两种产品——S 产品和 P 产品。企业对 S 的反需求函数为 $P_s = 200 - s$,对 P 的反需求函数为 $P_p = 200 - 2p$。企业的总成本函数为 $TC(s, p) = 50(s + p) + (s + p)^2$。当企业实现利润最大化时,生产的产品 S、P 各为多少?(注意,p 在这里代表 P 产品的数量,而非价格。在这个问题中,我们用斜体大写字母 P 代表价格。)

第9章 | 技术和成本最小化

204 本章讨论生产技术的经济模型以及它们与总成本函数之间的联系。

● 技术可用几何模型来描述，如等产量线；也可用算式模型来描述，如生产函数。要讨论像柔性和规模收益之类的概念。

● 在给定技术模型和生产投入要素价格的情况下，我们要找出生产既定产量的成本最小的方法，也就是总成本函数。

● 如何把理想的产出数量分配到与成本相关的要素上是成本最小化研究的第二个问题。

● 总之，关于有约束最大化问题的一般线索都集中在一起了。

本章篇幅较长，资料丰富，不要指望一口气能把它读完。

9.1 对技术模型化

在本章，我们想象厂商像一个企业那样有能力把各种投入整合在一起生产出任意产量的产品。一个企业的**技术**（technology）在本质上是对其这方面能力的完整描述。我们要使用两个生产技术模型——等产量线图和生产函数。

等产量线图

当一个企业运用两种其他商品作为投入来生产一种产品时，就要用到等产量线图（isoquant diagram, iso 为希腊语前缀，意思是"相等"，所以，isoquant 可解释为"产量相等"）。

假设一个企业要花费劳动时间和使用金属片来生产一种小的装饰品。对每一给定数量的装饰品，我用图画出制造这些物品所花费的劳动时间和金属片的组合点。图 9.1 中的坐标轴分别代表的是可供选择的劳动投入量和金属片投入量，所以，图中深色圆点代表的是 10 单位劳动和 5 单位金属片。假设用 10 单位劳动和 5 单位金属片，企业可以生产 6 件装饰品。又假定 6 件装饰品又可以由 7 单位劳动和 8 单位金属片来生产，该组合点用空心圆点表示。6 件装饰品的等产量线图通过这两个点，就像图 9.1 中标出的曲线。注意，点（5 单位劳动，12 单位金属片）是这条等产量线上的第三个点，这种投入组合也能生产 6 件装饰品。

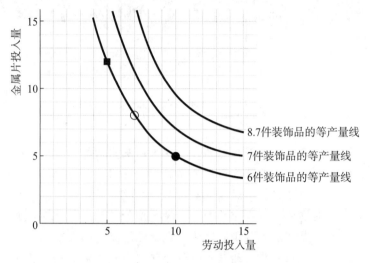

图 9.1　等产量线图

说明：当用两种投入要素生产一种产品时，我们画出各种产量水平和给定产量水平上两种投入的所有组合就得出了该图。

7 件装饰品和 8.7 件装饰品的等产量线也画在了图 9.1 上。注意，7 件装饰品的等产量线位于 6 件装饰品的等产量线的右上方，8.7 件装饰品的等产量线又位于 7 件装饰品的等产量线的右上方。这反映出了为得到更多的产量，需要更多的投入。

凸状等产量线和边际替代率

绝大多数等产量线图都有凸状的等产量线，这意味着它们像图 9.1 所示的那样凸向原点。这对应了下面的特性：随意选取一条等产量线，并从上边随意选取一点。沿着这条等产量线移动，减少一定数量的一种投入要素——用 δ 表示减少的量。为了弥补这种下降，另一种投入要素必须增加一定数量——用 ε_1 表示。再次减少同样数量的第一种投入要素，为了保持在该条等产量线上，第二种投入要素必须再次增加一定量，用 ε_2 表示。每次当我们这样做的时候，不管以哪一点作为起点，不论是哪种投入要素变化，对于 δ 的任何数量的变化，第一次用于弥补投入要素 1 减少量 δ 的 ε_1 要小于第二次用于弥补投入要素 1 减少同样数量的 ε_2，所以，等产量线呈凸状。

在给定产量水平的前提下，一种投入要素可以替代另一种投入要素的想法非常重要，而且还有一些与之对应的术语。先从第一点开始，ε_1/δ 被称为投入要素 2 对投入要素 1 的（离散）**边际替代率**（marginal rate of substitution，MRS）。随

着 δ 趋向于零，我们得到了在这个基点上的等产量线切线的斜率，即所谓的（连续的）MRS。根据 MRS 概念，等产量线凸性的意思是，沿着任何一条等产量线移动，即减少一种投入要素而增加另一种，第二种投入要素对第一种投入要素的 MRS 是非递减的。

技术柔性和等产量线

技术柔性可有多层意思，例如，当一个企业能迅速改变产出率而不需投入很大成本时，可以说该企业的技术是柔性的。对于多产品企业来说，柔性意味着在不同产品间迅速而低成本地转换产出水平的能力。用等产量线来描述，柔性是指 MRS 的变化。看下面的极端情形：

- 非替代性技术。假定每一个产出水平 x 都要求每种要素的投入量最低，一种投入要素不可能去替代另一种。例如，一种生产技术为，为了生产 x 单位产品需要投入 $3x$ 单位要素 1 和 $x+x^2/4$ 单位要素 2，两种投入要素不能相互替代。生产 2 单位产品需要投入 6 单位要素 1 和 3 单位要素 2。如果你有 6 单位投入要素 1 和 10 单位投入要素 2，你不可能生产出多于 2 单位的产品。6 单位投入要素 1 只足以支持生产 2 单位产品而不会更多，因此，投入 7 单位不需要的要素 2 就只能浪费了。这种类型生产技术的等产量线呈直角形状，如图 9.2(a) 所示。

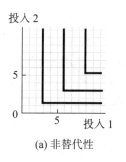 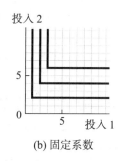 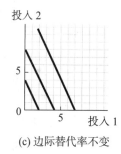

(a) 非替代性　　　　(b) 固定系数　　　　(c) 边际替代率不变

图 9.2　等产量线的三种类型

- 固定系数技术。在刚刚讨论过的非替代性技术条件下，生产 x 单位产品需要的投入要素 1 和投入要素 2 的比率会随着产量水平的变化而变化。生产 2 单位产品要投入 6 单位要素 1 和 3 单位要素 2，比率为 2：1；而生产 3 单位产品时，要投入 9 单位要素 1 和 5.25 单位要素 2，比率为 1.714：1。在许多非替代性技术条件下，要求投入的要素水平不随产出水平的变化而变化，这种类型的技术被称为**固定系数技术**（fixed-coefficients technology）。作为非替代性技术的一种特殊情形，等产量线的形状仍为直角，但现在直角的顶点位于从（0，0）出发的一条射线上。在图 9.2(b) 的例子中，投入要素 1 对投入要素 2 的比率为 1：2。

- 边际替代率不变技术。在边际替代率不变的技术条件下，我们总是能用一定数量的投入要素 2 交换 1 单位的投入要素 1，边际替代率是常数。

这种情形下的等产量线是像图 9.2（c）中所绘的平行线。图中投入要素 2 对投入要素 1 的边际替代率为（常数）2∶1。

从变换投入要素的能力来看，前两种技术是非柔性的，而第三种则具有较大的柔性。一般来说，等产量线越接近直角，技术上越缺乏柔性，等产量线越接近直线，技术上越趋向于柔性。

这种意义上的技术柔性程度通常依赖于分析的时间跨度。从通用汽车公司每日的运营过程看，转换劳动和资本的能力非常有限，资本在此的意思是指机器人、原料运输装备等。一旦一条生产线建立起来，这条生产线的任务就决定了每辆下线车辆需要的劳动数量也大概是固定的。但是，当计划新的生产设备或使现有设备适应新的流程时，生产设计人员就有了很大的柔性。他们可以用机器人代替劳动者，或者反过来做。这就是说，等产量线图在绘制时就有很大的不同，特别是当它们与这种柔性相关时，这要依赖于我们的分析是基于一个工厂每日的运营，还是在开始时设计一个工厂。

生产函数

生产函数给出的数据与等产量线相同，但在形式上是函数形式。一个生产函数 f 表示的是在每种投入要素集合给定时，我们从中得到的最大产出。例如，按图 9.1 表示的技术有

$$f(10 \text{ 单位劳动}, 5 \text{ 单位金属片}) = 6$$

同样，还有 $f(7, 8) = 6$、$f(6, 14) = 7$ 和 $f(12, 8) = 8.7$。

为了区分企业生产过程的投入和产出，我们用 x 代表产出，用 y 代表投入，所以 $f(y_1, y_2) = x$ 的意思是，产出水平 x 是由 y_1 单位的投入要素 1 和 y_2 单位的投入要素 2 得到的。产出品的价格用 p 代表，而投入要素的价格用字母 r 代表，所以，当产出品 x 是由投入要素 y_1 和 y_2 生产所得时，得到的收益为 px，投入的成本为 $r_1y_1 + r_2y_2$。

等产量线图和相应的生产函数说的是同样的事，但两种方法各有千秋：

- 等产量线图对技术的展示通常更为清晰。古语说：一图抵万言。在这里可以把言换成符号，同样成立。通过观察等产量线，你能迅速得到关于技术柔性程度的大致印象，但通过生产函数就很难做到这一点。（当然，非替代性、固定系数和边际替代率不变等特殊情形下的技术也可通过代数算式表示出来，参见练习 9.3。）
- 但是等产量线图不能把所有可能的产量水平都表现出来，而生产函数给出的数据要完整得多。
- 当求解企业成本最小化问题时，通过利用它包含在生产函数中的技术信息，我们可用电子表格或微分法进行处理。
- 等产量线图只能被用于讨论一种产品、两种投入要素的情形，生产函数则可以把一种产品可想象到的多种要素都包含其中。如果我们有 4 种投

入要素，按顺序分别为劳动、金属片、使用车床的时间、电力，那么 $f(4，5，3，2)＝8$ 的意思是 8 单位的产出可通过 4 单位劳动、5 单位金属片、3 单位车床使用时间、2 单位电力来得出。

关于最后一点，不管是用等产量线还是生产函数，人们很少对每种投入要素分开进行详细讨论。经济学家们经常用投入总量来代替。例如，对于汽车生产来说，可列入投入要素的有：有技术的蓝领工人、白领工人、原材料、资本、设备和能源，而没有更详细地包括不同类型的劳动、原材料、资本和能源。为了公平评价等产量线图，即使对于生产技术中涉及两种以上投入的总量情况而言，等产量线图也可被用来描述那些投入总量间的互相替代关系。例如，对于制造汽车来说，等产量线也可被用来描述有技术的蓝领工人与资本之间的替代，前提是要了解使用的原材料与汽车产量（大致）成比例，以及对能源的需求取决于汽车产量和使用的能源密集资本品的数量。

多种产出品时又会怎样？

生产函数可以允许多种投入，但是产出品只限于一种。我们又怎么来表现多产品的企业呢？

对于不同产品生产过程中采用相互独立技术的情形，即几种生产要素组合在一起生产出一定数量的某种产品，而不影响其他产品的生产的情形，处理起来没什么问题，只需独立对待每种产品的生产函数即可。但经常遇到的情形是产出相互之间会产生**生产的外部性**（production externalities）现象。意思是说，生产 x 单位的产品 1 所需的投入要素种类和数量，受到其他产品产出数量的影响。这些外部性可以是正的，即一种产品生产得越多，越有助于生产其他产品。如生产产品 1 的技术会带来多余的热量，这些热量有助于生产产品 2，或者不同产品共享一些生产性要素和诀窍的情形。外部性也可能为负，如两种产品都依靠同一条河的河水作为冷却水和制冷系统的水源，如果产品 2 的产量增加，提高了水温，那么产品 1 的生产过程中需要补充的冷却水就会增加。

外部性的存在使企业的生产技术表现变得复杂起来。在这种情形下构建一个标准模型是不可能的，但并非不重要，我在此先不予讨论。

规模收益

假设在一种生产技术中，我们把所有投入都增加了 10％。产量会出现什么变化？具体来说，产出水平的增加是大于、小于还是正好等于 10％？技术的**规模收益**（return to scale）的论题就提出来了。

不管是从产出数量还是从投入规模的增加来看，当回答"大于、小于、等于"问题时，下面的术语在使用时意义都是相同的：

- 假定有 n 种投入，对于所有从 y_1 到 y_n 的产出集合和所有投入要素规模 $a＞1$ 来说，如果 $f(ay_1，ay_2，\cdots，ay_n)≥af(y_1，y_2，\cdots，y_n)$，那么，生

产函数 f 具有规模收益递增的特性。

- 对于所有从 y_1 到 y_n 的产出集合和所有投入要素规模 $a > 1$ 来说，如果 $f(ay_1, ay_2, \cdots, ay_n) \leqslant af(y_1, y_2, \cdots, y_n)$，那么，生产函数 f 具有规模收益递减的特征。

- 对于所有从 y_1 到 y_n 的产出集合和所有投入要素规模 $a > 1$ 来说，如果 $f(ay_1, ay_2, \cdots, ay_n) = af(y_1, y_2, \cdots, y_n)$，那么，生产函数 f 具有规模收益不变的特征。

有两点需要明确：

（1）在前两项定义中，$a > 1$ 的意思是我们观察产出如何对投入的增加做出反应。在第三项定义中，因为是等号，所以，我们可以说投入规模按比例增加或减少。

（2）在前两项定义中，关于产出我们用的是弱不等式，所以第一项定义为非递减性（nondecreasing）规模收益、第二项定义为非递增性（nonincreasing）规模收益可能更确切。而且，因为这个原因，规模收益不变是递增性和递减性规模收益的特殊情形。请原谅我的做法，但在经济学语境中就是这样定义的。

在那些定义中，要提出的最重要的一个备注是，对于每种投入要素集合和投入规模的每一种比例变化，都要求不等式（或等式）成立。为了明白这一备注，我们来回答如下问题：为什么技术上会存在规模收益递增和规模收益递减现象？

- 对规模收益递增的一种解释是纯技术性的，这也是绝大多数人首先想到的。高炉炼钢、火力发电、陆路和海路货物运输都是有力的证据，至少在达到某个相当大的规模前，生产规模越大，产出过程越有效率。

- 对规模收益递增的另一种解释是劳动分工和大规模生产。一名工人自己制造轿车的所有零部件，然后把它们拼装起来显然比一组人生产一定数量的轿车，对汽车的装配铸造、缓冲装置安装等进行专业分工的效率要差。

- 在规模生产中，生产的支出并不一定会随规模扩大成比例增加，特别是与知识相关的支出。对研发进行一定的投入所得到的知识既可被用于工厂 A 的生产，也可被用于工厂 B 的生产，即使 A 的规模是 B 的两倍。所以，如果我把投入量扩大一倍，包括对研发的投入，我们就会得到更多的知识，这会使得产出增加两倍多。

- 关于规模收益递减的标准说法集中于协作和管理的成本方面。随着规模的扩大，用于监督和协调各部分的管理能力越来越弱。在各种设施变得越来越大时，对单个工人的激励越来越缺乏效率。所以，增加所有投入要素带来的产出增加比例要小于投入要素增加的比例。

所有这些解释可能是正确的，从某些技术而言，所言确实为真，但并非都会如此。**前三种力量在低产出水平阶段非常有力，会带来规模收益递增，当到了高产量水平阶段后，最后一种力量占了主导地位，导致了规模收益递减。**

上一段最后一句话对前面提出的问题做了回答。对规模递增、递减和不变的正式定义，要求考虑到所有规模变化和投入要素基本向量变化都符合适当的不等式时才能做出。低产量时规模收益递增，而高产量时规模收益递减，都不满足这一定义。所以，如收益递增、收益递减这样的概念并不适用于正规的定义。但是，它们确实可在非正规的意义上来使用，前一段最后一句就是在这一意义上来非正式地使用它们，接下来的讨论也是如此。

9.2 从技术到成本函数：成本最小化问题

假设企业的技术是由生产函数 f 决定的，并假定投入要素 j 的价格为每单位 r_j 美元（$j=1, 2, \cdots, n$），价格与该企业的购买数量无关。那么，该企业生产 x 或更多单位产品最经济、最有效的方法可由解下列问题得出，这被称为**成本最小化问题**（cost-minimization problem）。

$$\min r_1 y_1 + r_2 y_2 + \cdots + r_n y_n$$
$$\text{s. t.} \quad f(y_1, y_2, \cdots, y_n) \geqslant x, \ y_1 \geqslant 0, \ y_2 \geqslant 0, \cdots, y_n \geqslant 0$$

产出约束被写成不等式，但是如果投入更多的要素得到更多的产出总能成立，且生产函数是连续的，等式也能得出同样的答案。

成本最小化问题是企业整个利润最大化问题的一个组成部分。追求利润最大化的企业，可以被认为通过两个步骤来解决这一问题。首先，对每种可能的产出水平 x，要求解的就是最小成本，即找到生产 x 的最便宜的方法，我们据此可以得出成本函数 $TC(x)$。其次，一旦得出 $TC(x)$，通过观察总收益减去总成本，企业就能找出最优的产出水平。这样，MC= MR 就可派上用场了。

导出总成本函数图形

对于生产技术为两种投入要素的情形，我们可运用等产量线图来解决企业的成本最小化问题。

我们来考虑图 9.1 所示的企业运用劳动和金属片来制作装饰品的例子。假定使用 1 单位劳动的费用为 2 美元，使用 1 单位金属片的费用为 3 美元。那么，在图 9.1 的格纸上，我们可画出一条由给定支出水平上各种投入要素的组合点构成的等成本线。例如，12 美元的等成本线是一条满足 $2l+3m=12$ 的由各种 (l, m)（l 代表劳动，m 代表金属片）组合成的线段。图 9.3(a) 描绘的是一条 24 美元的等成本线。

在图 9.3(b) 中，我们增加了 6 件装饰品的等产量线。制作这 6 件装饰品的最省钱的方法是什么呢？我们要沿着 6 单位等产量线去寻找最低的等成本线。如图所示，我们可用 7 单位劳动、8 单位金属片来制作 6 件装饰品，即在 2×

7＋3×8＝38美元的等成本线上。但是如果我们增加雇佣工人的数量，而减少金属片的数量，也可在同样的等产量线上通过移动到更低的等成本线来降低成本。当我们到达图9.3(b)中与星号(＊)对应的点，即6单位等产量线与一条等成本线相切的点时，这一过程才会停止。从图中可以看出这个成本最小的点的坐标大约是（10.5单位劳动，4.5单位金属片），这样，总成本为2×10.5＋3×4.5＝21＋13.50＝34.50美元，这就是在这种投入要素价格水平上制作出6件装饰品的总成本最小的方法。

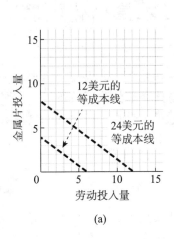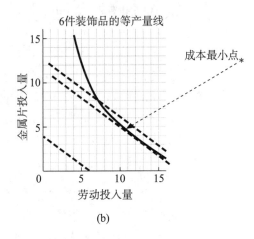

(a)　　　　　　　　　　　　(b)

图9.3　总成本曲线的推导过程

说明：为了找出生产6件装饰品的最省钱的方法，请找到接触到6件装饰品的等产量线的最低的等成本线（最靠近西南方向），这就得出了最小成本生产方法的原料账单，即10.5单位劳动和4.5单位金属片，这样，最小总成本为2×10.5＋3×4.5＝34.50美元。

所以，TC(6)＝34.50美元。要想找出 x 取其他值时的 TC(x)，用 x 单位的等产量线仿此即可。

用电子表格法解成本最小化问题

为了能用电子表格法解成本最小化问题，我们把企业的生产函数改成 Excel 可执行的格式。假设企业使用三种投入要素——资本、劳动和原材料，分别用 k、l 和 m 代表。企业的生产函数为

$$f(k, l, m) = k^{1/2} l^{1/8} m^{1/4}$$

假定三种投入要素的价格分别为 $r_k = 1$、$r_l = 2$ 和 $r_m = 2$，那么，生产 100 单位产出的最省钱的方法是什么？

见图9.4(a)，这是 CHAP9 的工作表1。第2、3、4行是三种投入要素的投入水平，相应地计算出产出水平和投入的总成本，分别保存在第6行和第8行。图(a)中是初始值 $k = m = l = 100$，产量为 56.234 单位，总成本为 500 美元。

运行 Solver，在产量水平至少为 100 单位的约束下，求混合投入成本的最小值。Solver 运算的结果如图9.4(b)所示。从中我们可以看出，TC(100)＝

675.74 美元。

(a)   (b)

图 9.4　应用电子表格方法解成本最小化问题

说明：图（a）是表格 CHAP9 的工作表 1，其中列出了投入、产出水平和成本。运行 Solver，在 C6≥100 条件下，通过改变 C2、C3、C4 来求 C8 的最小值，结果如图（b）所示。

这一答案如何解释呢？在图 9.5 所示的 CHAP9 的工作表 2 中，我计算了 k、l、m 各自的边际值。我把每个变量分别增加 0.001，观察对产量和混合投入成本的影响。注意在计算时，我把投入标准化为 1 个单位的变化，也就是在单元格 E6 中输入（I6－C6）/0.001。当然，对混合投入的成本的边际冲击，其实就是每种投入的价格。（如果不清楚，请再思考一下。）

	A	B	C	D	E	F	G	H	I	J	K
1					k引起的边际变化	引起的边际变化	m引起的边际变化	k增加0.001单位		增加0.001单位	m增加0.001单位
2		k的投入数量	386.139641						386.140641	386.139641	386.139641
3		l的投入数量	48.2660481						48.2660481	48.2670481	48.2660481
4		m的投入数量	96.5362326						96.5362326	96.5362326	96.5372326
5											
6		产量	99.9999996		0.129486751	0.258978871	0.25896912		100.000129	100.000259	100.000259
7											
8		成本	$675.74		1	2	2		$675.75	$675.75	$675.75
9											
10			比率		7.722797842	7.722637732	7.72292864				
11											

图 9.5　对成本最小化解的解释

说明：本表是 CHAP9 的工作表 2，在原有成本和产量计算的基础上，增加了由 k、l、m 的变化引出的边际变化。例如，当 k 增加 1 单位时，产出增加了 0.129 486 751 单位，也就是说，k 的边际物质产品为 MPP_k＝0.129 486 751。根据这一结论，投入要素价格对边际物质产品的比率相等。参见正文中对此的解释。

　　每种不同投入要素对生产函数 f 的边际影响其实就是增加 1 单位投入要素带来的产出增加，经济学家们一般称之为投入的边际物质产品。这里增加了"物质"，目的是提醒我们，产出在这里是以实物单位而非货币单位计算的。MPP_l 代表的是要素 l 的边际物质产品，其他仿此。

　　最后，在第 10 行，针对每种投入要素，我计算了边际冲击对投入成本组合的影响（就是投入要素的价格）与投入要素边际物质产品的比率，即在单元格 E10 中输入＝E8/E6，也就是 r_k/MPP_k。值得注意的是，在最优解中，三种投入要素的比率几乎相等。

　　事实上，也没有什么特别之处，因为离散边际计算中的近似计算不可能会正好相等。在成本最小化问题的解中，它们必须相等。为了弄明白这是为什么，假设该企业确定的 k、l 和 m 的投入水平将得到100单位的产出，但是上述比率并不相等。具体可假定，k 的比率小于 l。

假设 k 增加一个不大的量，比如说 $0.001/\mathrm{MPP}_k$。这会使现有产出水平增加 $(0.001/\mathrm{MPP}_k) \times \mathrm{MPP}_k = 0.001$，也就是说，等于投入要素改变量引起的产量变化乘上投入要素的单位变化引起的产量变化的比率。同时，我们把 k 增加 $(0.001/\mathrm{MPP}_k)$，而把 l 减少 $(0.001/\mathrm{MPP}_l)$，这种改变会使产出水平回到100。我们再强调一下：

如果我们同时把 k 增加 $0.001/\mathrm{MPP}_k$，而把 l 减少 $0.001/\mathrm{MPP}_l$，那么净效应是产出水平维持在100。

但是，k 增加 $0.001/\mathrm{MPP}_k$ 引起成本增加 $(0.001/\mathrm{MPP}_k) \times r_k$，而 l 减少 $0.001/\mathrm{MPP}_l$ 引起成本减少 $(0.001/\mathrm{MPP}_l) \times r_l$。所以，对成本的净影响为

$$\frac{0.001}{\mathrm{MPP}_k} \times r_k - \frac{0.001}{\mathrm{MPP}_l} \times r_l = 0.001 \times \left(\frac{r_k}{\mathrm{MPP}_k} - \frac{r_l}{\mathrm{MPP}_l} \right)$$

假设 k 的比率小于 l，则上式为负。当然，如果 l 的比率相对偏小，我们会走向另一端——减少 k 和增加 l。对于 l 和 m、k 和 m，这同样适用。得出企业成本最小化问题的任何解的必要条件是，任何两种投入要素的价格与它们边际物质产品的比率都相等。

这几乎总是对的。值得注意的一点是，假设目前的情况是 $r_m/\mathrm{MPP}_m < r_k/\mathrm{MPP}_k$，但 k 的投入为零。假定投入要素价格与边际物质产品的比率不变，我们就必须增加 m 的投入量而减少 k 的使用量，但 k 已为零，我们不能再减少 k 了，所以正确的规则是：

当得出企业成本最小化问题的解时，投入要素价格与投入要素边际物质产品的比率，对任何两种使用数量严格为正的投入要素应该相等，这一相等的比率应该小于或等于任何未使用投入要素的该比率。

用微分法解成本最小化问题

刚刚提出的原则对离散边际分析只是近似成立，而对以微分法为基础的边际进行分析时则严格成立，因为后者对投入要素边际物质产品的计算是通过对生产函数求投入要素的偏导而得出的。

我们就用刚刚使用过的 Excel 计算的例子来说明。企业的生产函数为 $f(k, l, m) = k^{1/2} l^{1/8} m^{1/4}$，投入要素的价格为 $r_k = 1$，$r_l = 2$，$r_m = 2$。事实上，我们会做得比 Excel 还好。我将要同时求解与整函数（entire function）$\mathrm{TC}(x)$ 对应的任何产出水平上的成本最小化问题。

首先要注意，对任何 $x>0$ 的产出数量，我们需要投入的三种要素必须严格为正，因为如果任何一种投入为零，这种具体的生产函数值也将为零。这就意味着在成本最小化问题有解时，投入要素价格与边际物质产品比率对所有投入要素来说都必须相等。根据上述原则，最优解为

$$\frac{r_k}{\mathrm{MPP}_k}=\frac{r_l}{\mathrm{MPP}_l}=\frac{r_m}{\mathrm{MPP}_m} \tag{9.1}$$

三种边际物质产品函数为

$$\mathrm{MPP}_k=\frac{\partial f(k,\,l,\,m)}{\partial k}=\frac{\partial k^{1/2}l^{1/8}m^{1/4}}{\partial k}=\frac{1}{2}k^{-1/2}l^{1/8}m^{1/4}$$

同样，

$$\mathrm{MPP}_l=\frac{1}{8}k^{1/2}l^{-7/8}m^{1/4} \quad 和 \quad \mathrm{MPP}_m=\frac{1}{4}k^{1/2}l^{1/8}m^{-3/4}$$

所以，式（9.1）被写成

$$\frac{1}{\frac{1}{2}k^{-1/2}l^{1/8}m^{1/4}}=\frac{2}{\frac{1}{8}k^{1/2}l^{-7/8}m^{1/4}}=\frac{2}{\frac{1}{4}k^{1/2}l^{1/8}m^{-3/4}}$$

先看第一个等式，两边约掉 $m^{1/4}$，并求倒数，得

$$\frac{k^{-1/2}l^{1/8}}{2}=\frac{k^{1/2}l^{-7/8}}{16}$$

把 k 放右边，l 放左边，等式变为

$$\frac{l}{2}=\frac{k}{16} \quad 或 \quad 8l=k$$

在最优产出水平上，我们使用 1 单位 k 相当于使用 8 单位 l。同样，第二个等式的结果为

$$\frac{m}{16}=\frac{l}{8} \quad 或 \quad 2l=m$$

令第一项与第三项相等，得到 $4m=k$。

不要为事情似乎一下子变得如此简单而高兴得太早。这种类型的生产函数名为柯布-道格拉斯生产函数（Cobb-Douglas production function），这种函数使事情变得非常容易处理。像我们假设的那样，投入要素价格独立于产出水平 x，k 与 l 的最优比例为 $8:1$，l 与 m 的最优比例为 $1:2$，k 与 m 的最优比例为 $4:1$。（实际上，前两个比例隐含了第三个比例，我们多做了几步。）

总之，我们现在知道，不管 x 取什么值，当成本最小化问题有解时，t、m、k 的比例为 $1:2:8$，我们用 l^* 表示投入要素 l 的使用量，那么，$m^*=2l^*$，$k^*=8l^*$，所以总产量为

$$f(k^*, l^*, m^*) = f(8l^*, l^*, 2l^*) = (8l^*)^{1/2}(l^*)^{1/8}(2l^*)^{1/4}$$
$$= 8^{1/2}2^{1/4}(l^*)^{7/8}$$

如果我们要得到产量 x，我们只需解

$$x = f(k^*, l^*, m^*) = 8^{1/2}2^{1/4}(l^*)^{7/8} \quad 或 \quad x^{8/7} = 8^{4/7}2^{2/7}l^*$$

$$或 \ x^{8/7} = 2^{12/7}2^{2/7}l^* = 2^{14/7}l^* = 4l^* \quad 或 \quad \frac{x^{8/7}}{4} = l^*$$

所以，有

$$k^* = 8l^* = 2x^{8/7} \quad 和 \quad m^* = 2l^* = \frac{x^{8/7}}{2}$$

在解出与成本最小化问题对应的 x 后，容易求出 $\mathrm{TC}(x)$ 为

$$\mathrm{TC}(x) = k^* + 2l^* + 2m^* = 2x^{8/7} + \frac{x^{8/7}}{2} + x^{8/7} = 3.5x^{8/7}$$

我推导得快了点，第一次阅读如果没有完全理解不要太担心，你可以通过练习 9.5 和练习 9.6 继续熟悉。

图 9.3 和规则

我们现在明白有两种途径可以解成本最小化问题：图示法——采用等成本线和等产量线；算式法——采用运算规则。在图示法中，答案是等产量线与等成本线的切点。相切本质上说也是规则。

218 等成本线为 $r_1y_1 + r_2y_2 =$ 常数。用 k 表示这一常数，把 y_2 表示成 y_1 的函数。我们得到：$y_2 = k/r_2 - (r_1/r_2)y_1$，所以等成本线的斜率为 $-r_1/r_2$。至于说等产量线的斜率，表示的是在边际上需要投入多少单位的投入要素 2 才能抵消由投入要素 1 下降造成的产量下降。依据我们推导规则时提出的观点，当 δ 变化不大时，投入要素 2 增加 δ/MPP_2 是为了弥补投入要素 1 减少 δ/MPP_1。所以，等产量线的斜率为两个值的比率，为负号，因为一个增加而另一个却减少。消掉 δ 并经过简化，斜率为 $-\mathrm{MPP}_1/\mathrm{MPP}_2$。等成本线与等产量线相切，所以，$-r_1/r_2 = -\mathrm{MPP}_1/\mathrm{MPP}_2$。重新排列，得到所要求解的规则。

规则和存在扭结的等产量线

图示法除了具有从图形直觉上易于把握的优点外，我似乎在强调微分法（运用生产函数）要优于图示法（运用等产量线）。如果留给你的是这一印象，我对这一误解做一说明。

微分法，至少在这里使用的微分法，要依赖于平滑的或者用数学语言说是可微的生产函数。如果这些条件不符，你求出的所有那些 MPP_i 就没有意义了，因为毕竟它们都是 f 的偏导数。而且对一些比较标准的技术来说，生产函数 f

并不可微。例如，非替代性技术就没有可微的生产函数。而且从更一般的意义上讲，任何等产量线有扭结的生产技术都不是可微的生产函数。

所以，如果你想把这一规则运用于比方说非替代性技术的分析，你将会遇到麻烦。如果你考虑这一问题，这个具体的事例还过得去，因为如果你有不可替代的技术，从投入品价格推出总成本函数是件很容易的事。［推导过程请见练习 9.4(b)。］但其他等产量线存在扭结的技术就要费思量了，例如练习 9.14。在这种情况下，除非你的数学知识可驾驭左右双边求导，否则图示法还是必需的。

没有明确定义价格的投入

我们已经假定一组投入要素的总成本是清楚明确的：每种投入要素的价格为 r_j，投入要素组合 $(y_1, y_2, \cdots, y_n)$ 的花费为 $r_1 y_1 + r_2 y_2 + \cdots + r_n y_n$。

但在现实生活中，事情并非这么简单，有时很难分清每种投入的价格。一类重要的难题（我们在下一章将要讨论）是投入品的耐用性。例如，一种投入要素是使用机床的时间，如果企业租用机床，这不会有什么问题，$r_{机床}$ 就是机床的租金率。但大部分企业购买机床之类的设备后，使用期限不止一个生产周期。那么，这种耐用性投入品的成本如何计算呢？请参见第 10 章。第二大类问题是投入要素还没有明确的市场价格，因为这类商品还在讨论中。最典型的例子是管理者的时间，特别是所有者型管理者（owner-manager）的劳动投入。绝大多数这种类型的管理者的工资由企业支付，对企业来说，雇用该类人员的成本就是支付的工资水平似乎也说得过去。但是由于各种原因，如税收和融资方面的考虑，所有者型管理者对自己支付的工资很少会等于他投入时间的经济成本（economic cost）。原则上，他投入时间的经济成本其实是他的时间的机会成本，也就是利用其他最好机会所能赢得的东西。这代表了他的时间的机会成本，因为如果企业不"雇用"他来监督并管理企业的运营，他就能赢得这么多的货币收入，可以依此作为企业的收入。尽管核算方法相当清楚，但在实践中经常很难，有时甚至无法计算机会成本。而且，不管容易、艰难还是不可能，企业很少会这样来进行核算。

这一说法要加倍小心。第一，我们关于能轻易知道与每种投入相关的成本的假设并不切合实际。第二，企业在进行会计核算时，并不总是能确切地对每种投入的成本进行合理的计算。对其中的原因和更多的相关内容，我们在下一章讨论。

规模收益和平均成本

假设某企业的技术是规模收益递增的。给定产出水平 x 并假定 $(y_1^*, y_2^*, \cdots, y_n^*)$ 是投入要素的向量，据此得出的产出水平 x 是最省钱的，所以，

$$\mathrm{TC}(x) = r_1 y_1^* + r_2 y_2^* + \cdots + r_n y_n^*$$

假定企业希望把产量增加到 ax 水平，$a>1$。因为属规模收益递增型企业，我们知道，投入向量$(ay_1^*, ay_2^*, \cdots, ay_n^*)$至少能生产出 ax 这么多的产量。所以，生产 ax 的成本不会高于

$$r_1 \times ay_1^* + r_2 \times ay_2^* + \cdots + r_n \times ay_n^* = a \times (r_1 y_1^* + r_2 y_2^* + \cdots + r_n y_n^*)$$
$$= a\text{TC}(x)$$

220 也就是说，如果企业的技术是规模收益递增型的，那么，对所有产出水平 x，当 $a>1$ 时，有

$$\text{TC}(ax) \leqslant a\text{TC}(x)$$

取两个产量水平 x 和 x'，设 $x'>x$，$a=x'/x$，所以 $a>1$。因为，$\text{TC}(x')=\text{TC}(ax) \leqslant a\text{TC}(x)$，如果我们在不等式两边除以 $x'=ax$，我们得到 $\text{AC}(x')=\text{TC}(x')/x' \leqslant a\text{TC}(x)/(ax)=\text{TC}(x)/x=\text{AC}(x)$，所以，平均成本函数是非递增性的。同样的观点也适用于规模收益递减和不变的情形。

- 规模收益递增型企业的平均成本函数是非递增性的；
- 规模收益递减型企业的平均成本函数是非递减性的；
- 规模收益不变的企业的平均成本函数也不变，所以总成本函数是线性的。

但是，典型企业会怎么样呢？即概括来说，在产量处在低水平时呈现规模收益递增特征，而在产量处在高水平时呈现规模收益递减特征。这种技术模型意指平均成本曲线是 U 形或碗形的，这就是在经济学例子中，平均成本函数多呈碗形的原因所在。

9.3 成本不依赖于生产过程的生产分配

我们已经讨论了等产量线和生产函数，要开始研究新的主题了。如果你想这么做，这里就是本章能找到新突破的地方。

假定一个企业生产某种产品，该企业有两套设备可用于生产这种产品：设备 1 生产 x_1 单位产品的成本为 $\text{TC}_1(x_1)=10x_1+x_1^2/1\,000$；设备 2 生产 x_2 单位产品的成本为 $\text{TC}_2(x_2)=9x_2+3x_2^2/2\,000$。该企业希望用两套设备总共生产 15\,000 件产品，但要求使用两套设备的总成本最小。如何进行生产？最小总成本为多少？

221 这是讨论如何在成本相互独立（cost independent）的几种途径中分配产品生产时，具有普遍意义的问题中的一个。我们一般假设企业希望生产 x 单位的某种产品。有多种可行的途径（如有 N 种）可供选择。运用第 n 种途径生产出 x_n 单位产品的总成本不影响其他途径，这部分是公式中的成本独立部分。总成本函数为 $\text{TC}_n(x_n)$。不同的途径既可能是不同的设备，也可能是不同的技术。这些设备或技术可直接从其他企业那里购买。所以，企业面临的成本最小化问

题为

$$\min \ TC_1(x_1)+TC_2(x_2)+\cdots+TC_N(x_N)$$
$$s.\ t.\ \ x_1+x_2+\cdots+x_N=x,\ x_1\geqslant0,\ x_2\geqslant0,\ x_N\geqslant0$$

如果在完全一般性意义上来解这一问题，会非常困难，参见练习 9.16。所以，我们做两个简化的假设：N 个总成本函数的所有边际成本函数都是非递减性的；所有的总成本函数都是连续的。特别地，如果任何总成本函数中都有固定成本，这种成本不能被不生产任何产品的工厂忽略。

一个不同的问题

为了解决这一问题，我们把注意力先转移到一个与此不同但最终有紧密联系的问题上。问题的条件相同。企业可用 N 种要素中的任何一种来生产产品，而每一种都有成本独立的总成本函数。我们把与第 n 种途径相关的边际成本函数写成 $MC_n(x_n)$。那么，

给定边际成本水平 c，在此水平或更低水平上，从第 n 种途径可以获得多少单位的产品？这时，从 N 种途径中总共可以获得多少单位产出？

我们用 $X_n^*(c)$ 表示第一个问题的答案，用 $X^*(c)$ 表示第二个问题的答案，所以

$$X^*(c)=X_1^*(c)+X_2^*(c)+\cdots+X_N^*(c)$$

回答我们例子中的问题包含了这种技巧。与例子中两个总成本函数对应的边际成本函数为 $MC_1(x_1)=10+x_1/500$，$MC_2(x_2)=9+3x_2/1\,000$。首先看设备 1，如果 $c<10$，在此成本水平或更低水平上，我们仍不能用设备 1 生产出任何单位的产品；但是，如果 $c\geqslant10$，因为边际成本是递增的，我们会生产到与这一边际成本对应的最后一单位产品。那么，我们要解方程

$$c=MC_1(x_1)=10+\frac{x_1}{500}, \ \text{即} \ x_1=500(c-10)$$

所以

$$X_1^*(c)=500(c-10)$$

同理可得

$$X_2^*(c)=\begin{cases} 0 & c<9 \\ 1\,000(c-9)/3 & c\geqslant9 \end{cases}$$

把两者相加，有

$$X^*(c)=\begin{cases} 0 & c<9 \\ 1\,000(c-9)/3 & 9\leqslant c<10 \\ 1\,000(c-9)/3+500(c-10)=833.333c-8\,000 & c\geqslant10 \end{cases}$$

一般来说，$X_n^*(c)$ 是 $MC_n(x_n)=c$ 的解。根据限制条件，当 $c<MC_n(0)$ 时，$X_n^*(c)=0$。〔特殊情形是：在一个产量区间，边际成本是常数，边际成本会非连续性跳跃，当 c 取某些值时，边际成本永远不会上升到像 c 那样高。这些特殊的情形最重要的意思是，一种要素的 $MC_n(x_n)$ 是常数。练习 9.11 会遇到这种问题。〕

对这种情形作图：$X^*(c)$ 是边际成本函数的横向加总

对图示法的关键认识是，$X_n^*(c)$ 的图形几乎正好是 $MC_n(x_n)$ 的图形。当然，成本是自变量，而产量是函数值。$X^*(c)$ 正好是（反）边际成本函数的横向加总。

我来解释一下。为了得到 $X_n^*(c)$，你可以解 $MC_n(x_n)=c$。在图形中的意思是你在纵轴上（成本或价格）找到 c，横向移动直到与边际成本曲线相交，然后再往下。所以，把成本作为自变量，而把产量作为函数值，$X_n^*(c)$ 的图形与边际成本的图形几乎一样。加上"几乎"一词的意思是指成本 c 要小于 $MC_n(0)$，因此，$X_n^*(c)=0$。因为 $X^*(c)=X_1^*(c)+X_2^*(c)+\cdots+X_N^*(c)$，$X^*$ 其实是这些函数的横向加总的和，非常类似于对需求函数加总。图 9.6 所示就是这一图形。

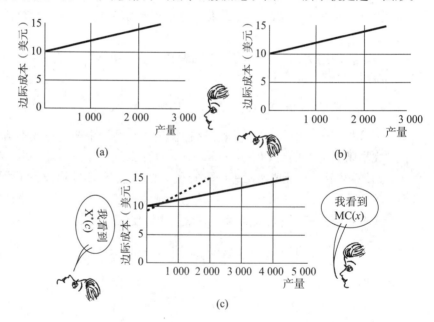

图 9.6 通过横向加总求出 $X^*(c)$ 和 $MC(x)$

说明：图（a）是例子中第一种设备的边际成本函数。把 c 作为自变量，把产量作为函数值，当产量为零时，边际成本为 10 美元，我们把得到的 $X_1^*(c)$ 画在图（b）中。把 X_1^* 和 X_2^* 横向加总得出 X^*，然后把产量作为自变量，把成本作为函数值，你看到的是企业总的边际成本函数。

再论成本最小化问题

本部分开始回答"一个企业有两种设备，当计划总产量为 15 000 时的成本最小化的方法是什么"这一问题。我先写出如何做的步骤，然后再解释为什么。下面就是答案。

第1步：计算 $X^*(c)$，我们已经做过，参见前文"一个不同的问题"小节中的式子。

第2步：解方程 $X^*(c)=x$，求出 c，x 作为计划的产量。我们要求的产量为15 000单位，$X^*(c)$ 函数由两组函数构成，且我们不知道15 000对应哪一组，但这容易找出。当 $c=10$ 时，我们从 $1\,000(c-9)/3$ 组移到 $833.333c-8\,000$ 组，$X^*(10)=333.33$。要得到15 000单位，我们还需要更多的边际成本，所以我们解下式：

$$833.333c-8\,000=15\,000 \quad 或 \quad c=\frac{23\,000}{833.333}=27.60\ 美元$$

第3步：由这个 c 值来从 X_n^* 函数中寻找答案。答案是

设备1：$X_1^*(27.6)=500(27.6-10)=8\,800$
设备2：$X_2^*(27.6)=1\,000(27.6-9)/3=6\,200$

为什么这就是答案？根据我们的假设，不忽略固定成本，每种方法不出现递减的边际成本，那么，生产一定数量产品最省钱的办法是：从边际上最省钱的单位开始，不论哪种途径都可以，一直保持按边际上最省钱的途径来增加产量直到你需要的数量。从函数 $X^*(c)$ 中，我们可以得知在边际成本不大于 c 时，你能得到多少产量。所以，剩下要求解的问题是：当我们知道了需要实现的产量后，边际成本将为多少？因为例子中 $X^*(27.6)=15\,000$，所以，当边际成本不大于27.60美元时，得到的产量正好是15 000单位。这是我们要回答的第一个问题。还有一个问题是：通过比较每种途径——例子中是每种设备——找出各自提供的产量：第一种途径提供多少，第二种提供多少，等等。换句话说，我们解 $X^*(c)=x$，得到 c，目的是找到当实现 x 单位产量时，边际成本的截止水平（cutoff level）。之后，针对每种途径，计算 $X_n^*(c)$，找出每种途径提供了多少单位产品。

$X^*(c)$ 的反函数就是企业的总边际成本函数

我们在这里得到了意外收获。假设我们要生产15 001单位产品，那么与此对应的边际成本是多少呢？为了得到15 000单位产品，我已耗尽了边际成本不大于27.60美元的所有供给。我们使用的每一台设备（在这个例子中，两台都积极工作）都愿意花27.60美元来提供下1单位产品，所以，第15 001单位的成本为27.60美元，或者因为离散边际的关系，会稍微大一点点。

但这意味着如果 $X^*(c)=x$，那么当企业的产出为 x 单位时的边际成本 $MC(x)$ 就是 c。如果是按边际成本最小化的方式提供产品，把函数 $X^*(c)$ 反过来就得到了企业的边际成本函数。或者，如果你更喜欢图示法，X^* 的函数图形

被画在图 9.6(c)中，它几乎就是由企业的边际成本函数水平加总而得出的。这里的"几乎"一词指的是对于边际成本函数，产量是自变量，而成本是函数值。

例如，我们把 $X^*(c)$ 反过来（你应该知道如何做，与第 5 章需求函数反过来很相似），每件产品的成本变化是从 9 美元到 10 美元，从 10 美元到大于 10 美元，对应的产量变化为从 0 到 333.33，从 333.33 到大于该值。第一段为 $X^*(c)=1\,000(c-9)/3$，求 c 作为 x 的函数，得到 $c=9+3x/1\,000$；第二段为 $X^*(c)=833.333c-8\,000$，求 c 作为 x 的函数，得 $c=(8\,000+x)/833.33$。所以，把各部分合在一起就得到了企业的边际成本函数。如果假定企业通过两种成本最小化途径生产，就得到

$$MC(x)=\begin{cases}9+3x/1\,000 & 0\leqslant x\leqslant333.333\\(8\,000+x)/833.333 & x\geqslant333.333\end{cases}$$

为了得出企业的总成本函数，把这一成本函数与任一固定成本相加即可。但这并非必需。许多问题需要的是边际成本。例如，我向你提出的问题是，如果面对的反需求函数为 $P(x)=20-x/3\,000$，那么，对于一个拥有两种设备的企业，每种设备应提供多少产量？边际收益为 $MR(x)=20-x/1\,500$，边际成本如前所示，所以，问题的答案也就唾手可得了。（参见练习 9.10。）

规　则

我们已经解决了受约束的利润最大化问题，这应该是为求出结果要使用的各种被认可规则中的一种。如果求解这一问题时我采用的一些间接方法掩盖了其中的规则，请允许我给出规则并马上做一澄清。请记住，我的假定是，每种设备的边际成本函数都非递减，而且任何固定成本都不能忽略不计。

如果 $(x_1^*,x_2^*,\cdots,x_N^*)$ 是生产总量为 x 单位时的最小成本方法，那么，一定有

$$\begin{cases}x_1^*+x_2^*+\cdots+x_N^*=x\\MC_i(x_i^*)=MC_j(x_j^*) & i,j,x_i^*>0,\ x_j^*>0\\MC_i(x_i^*)=MC_i(0)\geqslant MC_j(x_j^*) & i,j,x_i^*=0,\ x_j^*>0\end{cases}$$

第一个等式当然需要，我们必须求出 x 的总量。至于规则的第二部分，假定企业有两种可用途径 i 和 j，即 x_i^* 和 x_j^* 严格为正，但它们的边际成本并不相等。假设 $MC_i(x_i^*)>MC_j(x_j^*)$，那么，企业从 j 途径得到的产品要多一点，而从 i 途径得到的产品要少一点。如果此多的量与彼少的量相等，比方说等于 δ，那么，生产的总产量没有变化。但成本变了，因为 j 增加 δ 单位引起的边际成本增加 $MC_j(x_j^*)\delta$ 也要相对大一点，而因 i 减少节省的边际成本的量 $MC_i(x_i^*)\delta$ 相对要少一点。对总成本的净影响为

$$MC_j(x_j^*)\delta-MC_i(x_i^*)\delta=\delta[MC_j(x_j^*)-MC_i(x_i^*)]$$

其中，因为 $MC_i(x_i^*) > MC_j(x_j^*)$，所以上式为负。总成本还在减少，这表明我们并未实现成本最小化。

不要因为字母符号而有些不知所措。理念很简单。事实上，我们在第 3 章已对这一规则进行过探讨，只是那里是收益最大化而非成本最小化。因为在这个问题中是 1 单位对 1 单位进行替代，即从 j 多得到 1 单位，就得从 i 少得到 1 单位，如果边际成本不相等，企业将会从低边际成本一方多获取产品而减少从高边际成本一方得到的产品数量。自然，每种有效提供产品的途径的边际成本都等于从解 $X^*(c) = x$ 中得到的 c 值，c 就是截止点的边际成本。

唯一值得注意的是一些没有被使用的资源。当产量为零时，其边际成本可能大于那些被使用资源的边际成本，因为我们无法减少那些目前产量为零的可用资源的数量。这是规则的第三点。

最后的评论

我们所做的没有无法忽略的固定成本和边际成本非递减的假定也有一些不足。然而，不对有些规则和程序做一些复杂的改变，我们就不能做好这一分析。但是，如果你对已经做过的分析感兴趣，试着做做练习 9.16。

同时，不要把这错误地理解为仅仅是技巧。就像你在第 12 章将看到的，在这些理念背后，是自由市场资本主义胜过计划经济的重要原因。

9.4 约束条件下的最优化：综合分析

我们已经讨论了在约束条件下实现最优化的 4 个例子：第 3 章讲的是在曼体卡联队和维尔沃顿队支持者之间的座位分配问题；第 5 章讲的是在预算约束下，消费者实现效用最大化问题；本章关注的是企业的成本最小化问题，即在产出水平约束下使投入成本最小，以及在给定产出数量下把产量分配给成本独立核算的设备时的总成本最小化问题。

每一个问题都是在一个约束函数下求目标函数的最优化，从这些例子中，我们可以看到：

- 门票收入最大化：分配给两个球队支持者的座位总数是固定的。
- 效用最大化：在消费者支出给定时，得到的效用数量最大。
- 投入成本最小：生产一定量的产出。
- 总成本总和最小：生产或得到一定数量的产品。

每一个都是在一种约束条件下求有约束的最优化问题。你可能有一天会遇到多种约束下的最优化问题（如果你选了线性规划课程，一定会遇到），情形就更为复杂了。

对于每一个问题，为了找到答案，我们运用边际分析来寻找规则或法则。

从两个例子中，你应该掌握的理念尽管有一点小小的差异，但规则和法则的本质还是一样的。

当得到解时，一个决定变量对目标函数的边际影响和该变量对约束条件的边际影响的比率必须等于其他决定变量的同样比率。

为什么呢？如果这些比率不相等，在满足约束条件的情况下，我们通过增加一种变量而减少另一种变量，可继续使目标函数值得到进一步改善。上述规则强调变量对作为比率分母的约束条件的边际影响的原因在于，当我们增加一种或减少另一种变量时，是要保持符合约束条件的比率不变。当变量以这样的规模来增加和减少时，它们对目标函数的边际影响表现在分子上，正因为如此，我们知道对目标函数的净影响是如何改善目标函数值的。

在讨论的这些问题中，当涉及各种决策变量时，如消费物品的数量、投入要素的使用量、由某种特定途径生产的产品等，这种一般性结论要受到的限制是非负性。当增加一种变量而同时减少另一种变量时，如果要减少的变量已经为零，我们的观点就不合要求了。除了这种约束条件外，基本原则还是如上所述，是成立的。

为什么要用这些来烦读者呢？原因是，尽管 4 个具体的例子非常有趣，但请不要忽视超越它们的一般原则和逻辑。你如果明白了基本的推理原则，那么当你遇到其他约束最优化问题时，你对如何解决这些问题就会得心应手。在本书后面还至少有两个这样的例子。

小　结

- 企业可采用两种投入、一种产出的技术，可通过图示法即等产量线来表现。与非替代性技术、固定系数技术和边际替代率不变技术对应的是三种重要的图形。弯曲度不大的等产量线具有更大的柔性和可替代性，对应的生产自然也处在一个更长的时间范围内。
- 一个单一产品企业的技术可用生产函数式来表示。
- 解决企业成本最小化问题有三种方法：

(1) 图示法：使用等产量线和等成本线。

(2) 电子表格法。

(3) 微分法，采用的规则是

$$\frac{r_i}{\mathrm{MPP}_i} = \frac{r_j}{\mathrm{MPP}_j} \leqslant \frac{r_k}{\mathrm{MPP}_k} \qquad y_i,\ y_j > 0;\ y_k = 0$$

MPP_i 是 $\partial f / \partial y_i$ 的简写，表示投入要素 i 的边际物质产品。

- 规模收益涉及的是生产技术的假设，说得更具体一点，当投入水平按一定比例增加后产出会增加多少。一般的模式是在开始阶段规模收益递增到一定水平，然后转入收益递减阶段。收益递增来源于技术更有效率、专业化分工带来的利益、固定成本分摊的好处等；收益递减源于协调和激励方面的非效率占据主导地位。

- 规模收益不变意味着平均成本（边际成本）为常数，收益递增意味着非递增的平均成本，收益递减意味着非递减的平均成本。所以，以上列出的规模收益的一般模式意味着平均成本曲线呈碗形。

- 通过几种成本独立核算的途径提供产品时，如何使总成本最小，其实就是回答如下问题：对于给定的边际成本 c，在边际成本水平等于或小于 c 时，能生产多少单位？在这一问题中，整个企业的边际成本函数是不同途径边际成本函数的水平加总。

- 采用同样的边际分析方法，我们已讨论过 4 个有约束的最优化例子。关键的一点是考虑一个自变量对目前函数的边际影响与该变量对约束条件函数的边际影响的比率。

练　习

9.1　在生产一种特定造型的椅子时，企业使用的是劳动时间和机床运转的时间。制造一把椅子至少要使用 2 小时劳动和 1 小时机床，而两者的任意组合至少需要 6 小时，即 5 小时劳动、1 小时机床才能生产出一把椅子。同样，4 小时与 2 小时、3 小时和 3 小时等组合也能生产一把椅子。但 5 小时机床和 1 小时劳动不成立，因为劳动时间至少为 2 小时。该企业的技术是规模收益不变的。

（a）该企业的等产量线呈什么形状？先画 4 把椅子的等产量线，然后是 6 把。

（b）假设劳动每小时支付 10 美元，车床每小时支付 15 美元，企业生产 6 把椅子的最优投入组合是什么？

（c）根据（b）中给出的条件，企业的成本函数（总成本、平均成本、边际成本）呈什么形状？把总成本函数画在一幅图中，而把平均成本、边际成本一起画在第二幅图中。

9.2　假设一个企业用下面非常简单的技术生产装饰品，每件装饰品正好需要 1.5 单位的金属片和一些劳动时间：1 件装饰品需要 3 小时劳动，2 件装饰品需要 4.5 小时，3 件装饰品需要 5.5 小时，4 件装饰品需要 6 小时，5 件装饰品需要 7 小时，6 件装饰品需要 8.5 小时，7 件装饰品需要 10.5 小时，8 件装饰品需要 13 小时，9 件装饰品需要 16 小时，10 件装饰品需要 19.5 小时。（对于装饰品生产的中等水平，你可以按照需要修正取值。）在装饰品的生产过程中，金属片和劳动时间无法互相替代。如果你需要制造 8 件装饰品，你就得投入 13 小时劳动和 12 单位金属片，没有例外。

（a）这个企业的等产量线呈什么形状？

（b）假设劳动工资为每小时 10 美元，金属片的价格为每单位 2 美元，从 2 到 10 之间每个整数水平上的生产成本各为多少？

（c）如果每件装饰品可以卖到 30 美元，这个企业该生产多少件装饰品才能获取最大利润？

（仅为 2 到 10 之间的整数。）

9.3 （a）一个用几种投入要素生产一种产品的企业的生产函数为

$$f(y_1, y_2, \cdots, y_n) = \min\{g_1(y_1), g_2(y_2), \cdots, g_n(y_n)\}$$

对每个变量来说，每一个函数 g_i 都是严格递增的函数，这是非替代性、固定系数或边际替代率不变技术吗？

（b）问题仍然是（a）中提出的问题，但生产函数为

$$f(y_1, y_2, \cdots, y_n) = G\left(\min\left\{\frac{y_1}{a_1}, \cdots, \frac{y_n}{a_n}\right\}\right)$$

$a_1, \cdots, a_n$ 都为正值常数，函数 G 为严格递增函数。

（c）问题仍然是（a）中提出的问题，但生产函数变为

$$f(y_1, y_2, \cdots, y_n) = G\left(\frac{y_1}{a_1} + \cdots + \frac{y_n}{a_n}\right)$$

9.4 对非替代性技术的一种具体解释为，对每个产出水平 x，每种生产该产出水平的投入要素都有一个最低水平。即如果有 n 种投入要素，我们把技术具体化为 n 个函数 $y_1(x)$，$y_2(x), \cdots, y_n(x)$，这里 $y_i(x)$ 是生产 x 单位产品需要投入的要素 i 的数量。我们很自然地假定每一函数都是非递减的。

（a）练习 9.2 是这种解释的一个例子。有两种投入要素——金属片和劳动，把它们各自标示为 1 和 2 [所以，$y_2(4)$ 表示的是为生产 4 件装饰品需要投入的劳动数量]。$y_1(10)$ 代表什么？函数 $y_1(x)$ 又代表什么？$y_2(10)$ 代表什么？

（b）一般来说，有 n 种投入，就会有 n 种投入要素的函数 $y_i(x)(i=1, 2, \cdots, n)$。假定投入要素的价格为 $r_1, r_2, \cdots, r_n$，该企业的 $TC(x)$ 等于什么？

（c）这个问题与练习 9.3 有什么联系？

9.5 图 9.7 所示的是一个企业用劳动和原料生产 100 单位一种名为 utemkos 的产品时的等产量线。这些等产量线的函数为

$$f(l, m) = l^{1/2} m^{1/2}$$

（这是我能画出的最为精确的等产量线，对这个问题来说，精确度已足够，但是，从这个函数来看并非完全精确。）与这个生产函数对应的生产技术规模收益不变。原材料的价格为每单位 1 美元，劳动的价格为每单位 4 美元。

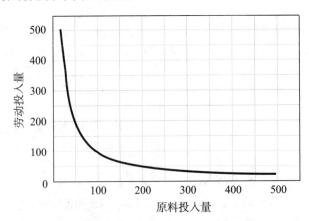

图 9.7 练习 9.5 的图形：100 单位产品的等产量线

（a）先用 100 单位产品的等产量线，再用电子表格，最后用生产函数算式，求出 TC(100) 的值。

（b）假设企业面对的反需求曲线为 $P(x)=12-(x/2\,000)$，其中，x 是生产并销售的产品数量，$P(x)$ 是产品价格。为实现最大利润，企业应确定的价格水平为多少？应该生产多少单位？〔提示：如果在问题（a）中，你曾使用图示法，并注意到了这种技术是规模收益不变的，那么，你仍然能用图示法回答这一问题。〕

9.6 一个企业制造一种名为喜利普（xillip）的专利产品，使用两种投入要素——劳动和原材料。我们用 x 代表喜利普的产量，用 m 代表原材料的投入数量，用 l 代表劳动的投入数量，企业的生产函数为 $x=m^{1/3}l^{1/6}$。另外，企业要生产喜利普必须有许可证，该许可证每一个授权周期的费用为 300 美元，不管产量为多少。1 单位原材料的价格为 1 美元，1 单位劳动的价格为 4 美元，对喜利普的反需求函数为 $P=160-2x$。通过两个步骤，找出企业利润最大化的生产计划。第 1 步，找到该企业的总成本函数；第 2 步，通过边际成本等于边际收益，找出利润最大化的产出水平。

9.7 请再考虑教材正文中提出的企业生产函数为 $f(k,l,m)=k^{1/2}l^{1/8}m^{1/4}$ 的例子。这个企业的规模收益是递增、递减还是不变？（是其中之一。）练习 9.5 中的生产函数呢？（我已经告诉你它是规模收益不变的，这里请给予证明。）假设另一个企业的生产函数为 $f(k,m)=k^{1/2}m^{2/3}$，这个企业的规模收益是递增、递减还是不变？从中可引申出什么样的一般性原则？

9.8 请看图 9.8 的等产量线图，在图中我仅画出了 10 单位产品的等产量线。

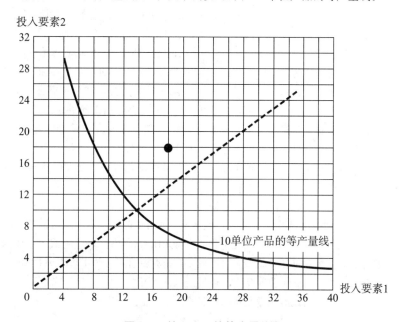

图 9.8　练习 9.8 的等产量线图

（a）假定我告诉你该企业的规模收益不变，20 单位产品的等产量线会在什么地方穿过虚线？在图上用 X 标明确切点的位置。

（b）假定我告诉你该企业的规模收益递减，下列等产量线会处在黑点的什么方位：12 单位产品的等产量线，14 单位产品的等产量线，16 单位产品的等产量线，18 单位产品的等产量线？注意，我问的是这些等产量线会在黑点的什么方位，所以不止一个正确答案。

9.9 图 9.9 所示为一个生产瑞普斯（rewps）产品的企业产量为 10 单位时的等产量线，投入要素有两种——劳动和原材料，劳动为每单位 10 美元，原材料为每单位 2 美元。

(a) 企业生产 10 单位瑞普斯尽可能省钱的成本为多少？

(b) 假设你知道该企业规模收益递减，选择一个正确答案填入下列句子空白处。

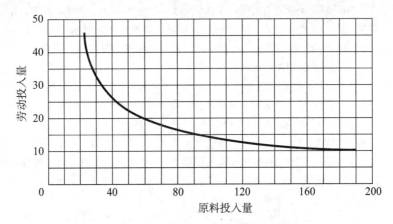

图 9.9　练习 9.9 中 10 单位产品的等产量线图

生产 15 单位瑞普斯的总成本为 $\begin{cases} 不大于 \\ 等于 \\ 不小于 \end{cases}$ ＿＿＿＿＿＿＿。

9.10　完成英文原书第 225 页的问题，对于有两种设备的企业来说，如果企业面临的反需求函数为 $P(x) = 20 - x/3\,000$，求出每种设备应生产多少单位产品。

9.11　某单一产品企业有三种途径来生产产品。如果 x_1 表示第一种途径生产的产量，为此支付的总成本为 $TC_1(x_1) = x_1^2/1\,000 + 4x_1$；如果 x_2 表示第二种途径生产的产量，为此支付的总成本为 $TC_2(x_2) = 3x_2^2/1\,000 + x_2$；第三种是直接从其他厂商那里以每件 6 美元购进的。企业可用三种途径的任意组合来生产产品。假设企业面临的需求函数为 $D(p) = 400(16 - p)$。那么，利润最大化时产量水平为多少？这一产量是如何在三种途径之间分配的？

9.12　企业可用两种生产方法中的任意一种来生产一批化工产品：第一种途径是通过水合作用，然后蒸馏；第二种途径是完全分离的催化过程。投入包括原材料（一种不同的化工原料，每千克 1 美元）、控制反应过程的劳动时间和使用资本设备的时间。具体来说，用水合作用-蒸馏方式来处理 1 千克原材料需要 0.03 劳动小时，每小时价格为 20 美元，用催化方式需要 0.09 小时，工资水平不变。假定该企业可以改变买进原材料的数量和劳动时间，但是不能改变已经拥有的两种方式的生产能力。采用水合作用-蒸馏方式每小时最多可处理 1 000 千克原材料，采用催化方式最多可处理 500 千克原材料。每 1 千克原材料通过水合作用-蒸馏方式最多可生产 0.4 千克产品，而通过催化方式可得到 0.5 千克产品。

该企业的总成本函数是什么？忽略机械设备的固定成本。

9.13　按照练习 9.12 对生产过程的描述，画出每小时 200、300、500 千克的等产量线图（投入为劳动和原材料）。

9.14　（如果你有线性规划方面的知识，你会发现这非常有助于你解如下问题，方法是把成本最小化问题看成是线性规划问题。）假定你已按要求完成了练习 9.12。我们假定该企业不能把每一个工作小时要求投入的劳动小时压低到 18 单位以下，但它可以把劳动小时（每个劳动小时花费 20 美元）最大增加到 60 单位的水平。如果每工作小时使用的劳动小时大于 60，企业必须按每劳动小时 30 美元支付。这个企业的总成本函数是什么？再次忽略机器设备的固定成本。

最后两个问题是为掌握微分知识和愿意尝试抽象思维的读者准备的。

9.15 (a) 假定企业的反需求函数为 $P(x)$，$TR(x)$ 是相应的总收益函数，$MR(x)$ 是边际收益函数。再假定企业有三种投入要素，生产函数为 $f(y_1, y_2, y_3)$，投入要素价格（企业把它们作为给定约束）为 r_1、r_2 和 r_3。在不使用变量 x 的情况下，我们可以把企业利润最大化的问题表示为

$$\max \mathrm{TR}[f(y_1, y_2, y_3)] - (r_1 y_1 + r_2 y_2 + r_3 y_3)$$

$$\mathrm{s.t.}\ r_1,\ r_2,\ r_3 \geqslant 0$$

请把实现利润最大化时对投入要素的选择用函数 $\mathrm{MR}(\cdot)$ 和 $\mathrm{MPP}_i(\cdot)$ 表示出来。

（b）运用你从问题（a）中提出的任何原则重新求解练习 9.5。

(c) 假设企业在其投入要素市场中并非价格接受者。具体地说，假定对投入要素 i 支付的价格为 $r_i(y_i)$，该函数仅仅受企业投入 i 的数量的影响（如果把 r_i 作为 y_1、y_2、y_3 的函数，事情将变得复杂一些）。根据这些再把问题（a）做一遍。

9.16 在正文中，当讨论将产出分配给成本独立核算的生产设备时，假定每种设备的边际成本是递增的，并且假定，如果有固定成本，固定成本不能忽略。下面的问题将解释如果没有这些假设会引起什么。

假定在一个企业内生产设备 i 的总成本为 $\mathrm{TC}_i(x_i)$，x_i 是该设备生产的产品数量（假定总成本函数只受 x_i 影响）。假定企业对设备 i 的管理者提出要求，其设备对企业生产活动的贡献为 $q x_i - \mathrm{TC}_i(x_i)$，$q$ 是企业总管理者制定并要求所有设备管理者执行的产品转移价格。（设备管理者把 q 作为给定变量，他们不考虑设备对 q 的最终取值的影响。）企业领导者要求设备 i 的管理者汇报作为 q 的函数的产量的最优值为多少。换句话说，设备管理者要在 $x_i > 0$ 的约束下，对于 q 的每一个取值，解 $q x_i - \mathrm{TC}_i(x_i)$ 的最大化问题。对这一问题的答案的集合是 q 的函数，即集合 $X_i^*(q)$。对一般的总成本函数来说，当 q 给出一个取值后，这个问题有多种解法。

(a) 假设在目前阶段，与设备 i 的总成本函数 $\mathrm{TC}_i(x_i)$ 对应的边际成本递增，如果有固定成本，也不能忽略不计。（你可以把 MC_i 也看成是一个连续函数，尽管你正在试着解这个问题，你可能面临的 TC_i 函数是不连续的，所以 MC_i 会有跳跃。）请证明对每一个 q 的取值，集合 $X_i^*(q)$ 包含一个数值，如果 $q \leqslant \mathrm{MC}_i(0)$，那么这个数值为零，如果是其他情形，唯一的解由 $q = \mathrm{MC}_i(x)$ 得出。

(b) 假设与设备 i 对应的总成本函数的边际成本递增，固定成本严格为正，但如果设备不生产产品，可完全忽略不计。用 $\mathrm{AC}_i(x_i)$ 表示设备 i 的平均成本函数。从第 8 章我们知道平均成本函数是碗形的。用 x_i^* 表示设备 i 的有效规模，用 q_i^* 表示其最小平均成本，即 $q_i^* = \mathrm{AC}_i(x_i^*)$，请证明当 $q < q_i^*$ 时，$X_i^*(q)$ 由 $\{0\}$ 给出，唯一解由等式 $q = \mathrm{MC}_i(x)$ 得出；而当 $q = q_i^*$ 时为 $\{0, x_i^*\}$。

(c) 现回到任意设定设备 i 总成本函数的情形。请证明，在 q 取下列值时，集合 $X_i^*(q)$ 是"递增"的：如果 $q' > q$，$x' \in X^*(q')$，$x \in X^*(q)$，那么，$x' \geqslant x$。

(d) 假定企业有 n 种设备。企业高层领导从每种设备 i 收集与每个 q 值对应的各种设备产出的 $X_i^*(q)$。假定企业希望总产出水平为 X 单位，并按成本最小化的方式分摊给 n 种设备。问题是有这样的转移价格 q，使得对于 $x_i \in X_i^*(q)$ 的每一个取值 $x_1, x_2, \cdots, x_n$，满足 $x_1 + x_2 + \cdots + x_n = X$ 吗？用文字解释就是，存在这样的转移价格，当价格公布后，设备管理者最大限度地使用设备，使整个企业的总产出也正好等于 X 单位吗？如果答案是肯定的，这就是成本最大化问题中产出分配的答案。

(e) 这与本章讨论的"水平加总"的技术有关吗？

第 9 章　技术和成本最小化

第10章 | 多期生产和成本

质量是免费的。

——菲利普·克罗斯比

天下没有免费的午餐。

——米尔顿·弗里德曼

本章讨论多期生产值得关注的三个方面:

(1) 改变生产计划在短期内会提高成本。

(2) 一些生产要素是长期资本资产。在理论上,这个问题容易解决,但在实践中则困难得多。会计实际处理耐用性资产的方法(如折旧等),需要费些笔墨来解释。

(3) 今天的行动会影响到明天的能力。

20世纪80年代早期,管理中最流行的浪潮之一是经验曲线(experience curve),其含义是生产的单位成本会随生产经验的增加而下降。意思是说,单位产品成本将随经验积累而下降。管理大师和咨询家鼓吹道:几个企业共存的产业中的制胜之道是产品积累快于对手,以最终获得成本优势。20世纪90年代早期,全面质量管理(TQM)是当时的流行理论。菲利普·克罗斯比(Philip Crosby)的名言"质量是免费的",言简意赅地表达了这一理念:企业可以不支付任何成本来改进质量,甚至可通过提高质量降低成本。

仅把经验曲线战略和TQM作为浪潮来看待还远远不够,它们包含了非常有影响力的重要理念。但是,它们经常被那些并不理解它们内涵的管理者用于造势的目的,结果可想而知,难尽如人意。要想明智地使用它们,必须理解它们。

经验曲线和TQM与企业的成本结构密切相关,所以,在经济学教科书中,要理解它们,必须从弄明白经济学成本模型(第9章的主题)开始。但是,如果把经验曲线和TQM与第9章所定义的总成本、生产函数或等产量线摆在一起,似乎它们之间并无联系。为什么呢?因为在第9章,企业的技术能力都是静态的。企业的其他一些技术能力只有在给定要素成本和需求函数的市场环境中才会发挥出来；它会利用投入产出决策来最大化即期利润（immediate profit）。经验曲线和 TQM 涉及的是动态的生产效应，今日的生产决策影响到企业明天的技术能力。

经验曲线和 TQM 尽管重要，也仅是动态生产理论中的一部分。在本章，我们讨论三种具有普遍意义的动态生产现象：

（1）今天生产的例行程序（至少在一段时间内）约束着企业明天的行为。重复今天已经做的容易办到，而改变生产技术或水平可能会暂时抬高生产成本。一句话，改变生产的例行程序会带来摩擦。

（2）一些投入要素具有耐用性。耐用性投入要素的名单中不仅包括物质性资本，如金属车床、石油炼化机械等，而且包括很难计算的资产，如企业的人力资本，甚至可扩展到无形资产，如信誉和与供应商的关系。

（3）大概最无形的生产性资产是企业自身拥有的技术诀窍（know-how）或技术。企业今天的生产决策可以影响到企业明天的技术能力。企业可以直接参与和生产及加工过程有关的研发，并从干中学到如何做，这就是经验曲线和TQM 最终要关注及讨论的。

摩擦、具有耐用性的生产性资产和技术诀窍之间的界限并不清晰，无力获得或重新布置可耐用的生产要素（至少在短期内）会导致摩擦，技术诀窍经常包含在企业的人力资本资产之中。而且，当对生产过程进行动态化建模时，三种范畴在一定程度上可作为独立部分来对待，所以才有了本章的结构。

动态生产过程是一个非常复杂且重要的主题。正是在这一块内容上，基础的微观经济学与其他一些课程，如公司财务、管理会计、生产/运营管理、人力资源管理等建立起联系。我们不可能在一章内容中列举出所有这些课程之间的细微差别，但（我希望）我们能建立这种联系，所以，当你学习这些课程时，你将会明白它们之间的关系和它们与生产成本的经济意义之间的关系。

10.1 今天、明天和下一年度的利润

在讨论动态效应的不同范畴前，我们必须首先面对企业的基本目标：利润最大化。

如果讨论的只是一期，利润就等于收益减去（经济）成本。这种定义很清楚，也是从一维意义上来做出的，我们知道是什么限定着利润的增加。但是当讨论的是多期生产时，要做出的决策可能是提高明天或明年、从现在开始的 5年后的净现金流量，即总收益减总支出（gross receipts less gross expenditure），但今天的净现金流量要降低。5 年后多出的 5 美元值得今天投入 1 美元的现金流吗？值得今天投入 4 美元的现金流吗？你如何对这种替代进行模型化？

经济学标准模型假定，在涉及利润最大化问题时，企业在多种现金流量中会选择净现金流市场价值最大化的目标。净现金流市场价值是指所有者的净现

金流在市场中可获得的货币数量。而且，根据金融市场理论，企业净现金流的市场价值是指，由债务的市场价格通过利率贴现而得出的净现金流量现值的和。（我认为读者已知道什么是现值。如果不熟悉，请参阅关于公司金融的教科书。）所以，依照前面在一期情形下企业要最大化利润的假定，在多期情形下，我们假定企业选择的目标是最大化净现金流的现值。

10.2 摩 擦

假定波音公司目前每月产出 747 型飞机 3 架，每月的成本为 6 000 万美元。我们想知道，如果波音公司每个月把产出率扩大到比如说 6 架，其成本为多少？

如果你向波音公司的工程师和生产专家提出这一问题，他们大概会这样回答："这依赖于……"其中一个依赖因素是离这种不得不做出的变化还有多久。在 1 个月内把产出率扩大到 6 架比在 6～12 月内完成这一任务代价要大得多。事实上，在 1 个月内让波音公司把产量扩大一倍几乎不可能。

（波音公司的工程师可能也会告诉你，波音公司的生产技术现在有很显著的学习曲线效应。但在此我暂时忽略这一效应，在本章最后一节我会给出解释。）

回忆一下我们在上一章讨论企业的总成本函数 TC(x) 时使用的术语和符号。如果我们说生产 747 型飞机每月的总成本和每月的产出率 x，根据本节第一段的数据，似乎是 TC(3)＝6 000 万美元。我们在本节第二段提出的问题是，如果是 TC(6) 又会怎样？并没有简单的答案。具体地说，如果我们想知道下个月的月度成本，TC(6) 的值可能会是无穷大，因为在 1 个月内把产出率扩大一倍是不可能的。所以，TC(6) 会有不同的取值，这要依赖于我们是指 3 个月、6 个月还是 12 个月。

所以，每个月生产 6 架 747 型飞机的（每个月）总成本并不能给出一个明确的定义。这不仅依赖于我们给波音公司多长时间来达到这一产出率，而且要受波音公司生产开始时的例行日程的影响。

240 经济学家们试图通过短期、长期，有时候是中期（intermediate-run）的生产变化来对这种复杂局面进行模型化。他们设想企业已经按照一个给定产出率 [被称为现状（status quo）或现期] 生产了一段时间，然后才提出不同生产水平上的短期总成本函数，也可能还有中期总成本函数和长期总成本函数。用 x_0 表示现期的生产水平，用 SRTC(x；x_0) 表示以 x_0 作为现期、产出率达到 x 时的短期总成本函数，LRTC(x) 自然就是产出率为 x 时的长期总成本函数。

- 短期、长期、中期（如果有的话）到底是多长？没有一个恰当的答案，这要依据所讨论问题的内容来定。
- 当我们写出 SRTC(x；x_0) 时意思是产出率为 x 时的短期总成本要依赖于生产的现期水平 x_0，而当我们写出 LRTC(x) 时是说长期总成本并不依赖于 x_0。不管长期有多长，它都被认为长到足以使原来的"现期产出水平"不影响长期产出为 x 时的成本水平。

短期总成本和长期总成本间的典型关系

在经济学有关摩擦和不同时期的模型中，两个典型的假定是：

（1）对于每一种现期产出水平为 x_0、新的产出为 x 的生产过程，生产 x 的短期总成本至少与生产 x 的长期总成本一样大，用符号表示为

$$\text{LRTC}(x) \leqslant \text{SRTC}(x；x_0)，x \text{ 为任意值} \tag{10.1}$$

（2）在现期产出水平 x_0 上，生产的短期与长期总成本相同，用符号表示为

$$\text{LRTC}(x_0) = \text{SRTC}(x_0；x_0) \tag{10.2}$$

对这些假定合理性的解释很简单：为达到产出水平 x，企业在短期内能做到的在长期内自然也能做到，但相反的情形不成立。所以，寻求成本最小化的企业在长期不会比在短期做得更差，但可能会做得更好，这就是不等式（10.1）的意思；但是如果企业不改变产出率，继续生产 x_0，也就不会有什么变化，在长期会做得与在短期一样好，这就是式（10.2）表达的意思。

这些只是假设而非自然规律，它们可能并不成立。例如，一些企业在几个星期到几个月的短期内，通过使现在雇用的工人多加班的办法增加了对劳动的使用量。但在长期内，现有工人不可能维持超时工作，所以，企业必须雇用新工人，并进行培训、加薪，其他工人也会如此。目前参与加班的工人是原有的有经验的工人，相对于培训和提高工资来招募新的工人来说，代价要低一些，所以通过增加劳动投入引起的短期的产出增加，较之于长期永久性的产出增加成本要低一些。同样的道理，供给者在目前价格上愿意在短期增加和减少产品供给，但长期变化就要求重新确定价格。这样，相对于目前的价格，企业状态可能要差一些。

等式（10.2）的合理性在于认为企业现期的生产水平已经是最省钱的了，但是对我们研究的一些问题，这可能并不成立。以波音公司为例，假定现期产量 $x_0 = 3$，即波音目前每个月生产 747 型飞机 3 架。假设我们对如下问题非常感兴趣：如果它花在技术工人身上的工资突然大幅增加，波音公司该怎么办？我们可以想象，波音公司在现行工资水平和现期产出率水平 $x_0 = 3$ 上已经选择了最好的技术工人和机器人的组合，但是当工资率大幅增加的时候，即使波音公司仍然选择保持现期的产出率水平 $x_0 = 3$，公司也想做出一些调整。具体说来，它可能会用一些机器人来替代工资突然增加的技术工人。如果从长期来看，波音公司能更多地进行这种替代（在短期内公司购置不了很多的机器人），那么，即使按照目前的产出率水平，波音每月生产 3 架 747 型飞机的短期总生产成本也要大于在长期生产等量同样型号飞机的总成本。

在具体环境中，为了说清楚式（10.1）和式（10.2）是否成立，我们必须进一步详细了解企业正在做什么，时间框架怎么样，企业在短期而不会在长期面临的约束，等等。在本章的练习中，有几个更为详细的例子，有些符合式

（10.1）式（10.2）的假设，有些则不符合。

我们不在此争论式（10.1）和式（10.2）的假设是否成立，而是转向讨论这些假设暗喻了什么。作为开始，图10.1表示出了短期和长期总成本函数的变化情况。假设总成本提高后，除了在现期产出点上两者相等外，短期总成本要大于长期总成本。假定两个函数都是平滑（没有扭结）函数，但在现期点上它们必须相切。

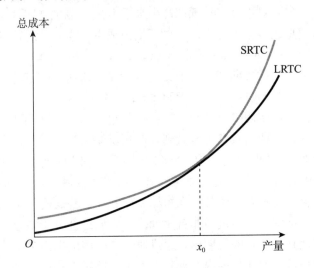

图 10.1　两种假定下的长期总成本和短期总成本

说明：本图表示的是假定在所有产出水平上，短期总成本至少与长期总成本一样大，且它们在现期产出点 x_0 上相等。注意，在现期产出水平点上，SRTC 与 LRTC 相切。

短期平均成本和长期平均成本

从图10.1中我们可马上得出图10.2——长期平均成本曲线和短期平均成本曲线。除了在现期产出水平两者相等并相切（假设成本函数是平滑的）外，

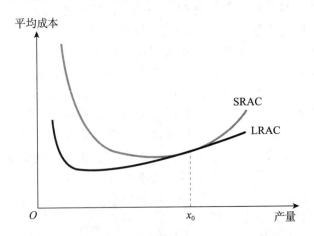

图10.2　两种假定下的长期平均成本和短期平均成本

说明：如果两个假定成立，且长期总成本曲线和短期总成本曲线如图10.1所示，那么长期平均成本曲线和短期平均成本曲线如本图所示。

短期平均成本总是大于长期平均成本。这是由图 10.1 推出的一个简单结果。

$$\mathrm{LRAC}(x) = \frac{\mathrm{LRTC}(x)}{x} \text{ 和 } \mathrm{SRAC}(x) = \frac{\mathrm{SRTC}(x)}{x}$$

所以，当短期总成本大于长期总成本时，短期平均成本就大于长期平均成本；而当前两者相等时，后两者也相等。

短期边际成本和长期边际成本

现在转入有时会难以解释的部分。假设两个总成本函数是平滑的。那么，如果前面两个假设成立，短期边际成本和长期边际成本在现期是相等的，而在偏离现期点上，短期边际成本曲线比长期边际成本曲线要陡峭，至少在从现期产出水平开始的一个小的变化区间内是这样。见图 10.3。

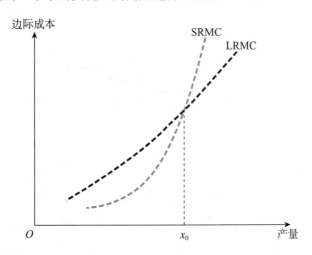

图 10.3　长期边际成本和短期边际成本

　　说明：SRMC 与 LRMC 在现期产出水平点上相等，反映了长期总成本曲线和短期总成本曲线在该水平上相切。产量从此点增加后，SRMC＞LRMC；而从此点减少后，LRMC＞SRMC。

　　第一部分，即在现期产出水平上长期边际成本和短期边际成本相等，只是重述了两个总成本函数在现期产出水平上相切的说法。当长期产量大于现期产量时，SRMC＞LRMC，即从现期点起短期总成本上升得比长期总成本快，而各期的边际成本表示的是在每一单位产量增加量上，各期总成本必须上涨的数值。

244　　当产量比现期水平减少时，各期边际成本表示的是每减少一单位产量，各期总成本必须减少的数值。因为短期总成本大于长期总成本，所以，短期总成本减少的量就比长期总成本减少的量少。因此，在低于现期水平的产量上，短期边际成本要小于长期边际成本。

　　下面的部分可能在理解上有一些难度。理解的关键是读者要一直提醒自己，边际成本表示的是总成本的变化率。当偏离现期产出水平后，如果产量增加，长期成本的增加慢于短期成本，而如果产量减少，长期成本的下降又快于短期成本。牢牢记住这一点，就理解了两者间的关系。

把三幅图放在一起

请看图 10.4，该图看上去有些杂乱（gruesome），但它只是把图 10.1、图 10.2、图 10.3 重新画了一次。图(a)中是两种总成本函数的曲线，取自图 10.1。在图（b）中，三种产量水平也已标明：现期水平 x_0 意义同前，LRES 和 SRES 分别代表的是长期有效规模和短期有效规模，即在这一水平，长期平均成本和短期平均成本达到最小。

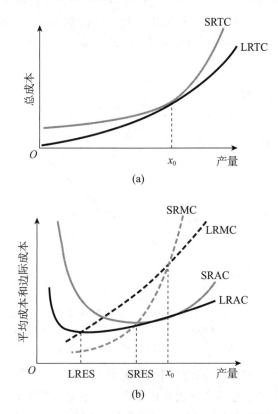

图 10.4　把图 10.1、图 10.2、图 10.3 放在一起

说明：图(a)是重复图 10.1，表现的是在两个假设得以满足条件下的长期总成本曲线和短期总成本曲线。图(b)是把长期和短期平均成本曲线、边际成本曲线叠放在一起，注意，产出水平 LRES、SRES 分别代表的是长期、短期有效规模。

在图(b)中，两期的平均成本曲线和边际成本曲线画在一幅图中了。注意：在现期水平点上，（1）LRAC＝SRAC，LRMC＝SRMC；（2）在长期有效规模上（即 LRES 点上），LRAC＝LRMC；（3）在短期有效规模上（即 SRES 点上），SRAC＝SRMC。

对需求和边际收益变动的反应

为了应用摩擦模型，假定在需求函数给定时，企业实现利润最大化时的价格水平和产量水平分别是 p_0、x_0。假定需求曲线突然向内移动，带动了边际收益曲线也向内移动，从短期和长期来看，企业各会有什么样的反应？请按图 10.5 来分析。

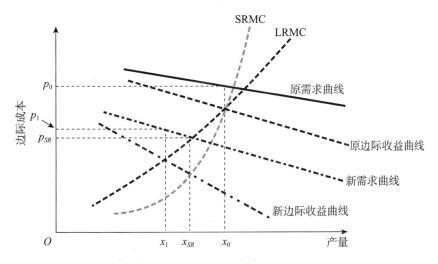

图 10.5　对需求和边际收益减少的反应

说明：根据原需求曲线和原边际收益曲线，企业生产 x_0 而把价格定在 p_0 上。需求曲线以及相应的边际收益曲线忽然内移，在短期内企业把产量削减至 x_{SR}，价格定在 p_{SR}，在长期内产量会进一步减少至 x_1，价格反弹到 p_1，

假设该企业在短期利润最大化时选择的产量水平为 x_{SR}，等于收益减去短期总成本；在长期利润最大化时选择的产量水平为 x_1，等于收益减去长期总成本。

假设我们做了如下假定：该企业在短期将使短期边际成本等于短期边际收益，在长期将使长期边际成本等于长期边际收益。因为短期边际成本曲线比长期边际成本曲线陡峭，因而，企业在短期的产量比长期多，即 $x_{SR} \geqslant x_1$，所以在短期，价格要比长期时低，价格在出现较大的下降后会反弹上来。这里没有深奥的东西。企业遇到的摩擦是在面临逐渐减少的产量时，实现利润最大化。价格开始时会有较大幅度的下降，但随着需求的下降，企业不断减少产量，价格就会强烈反弹。

企业会像我们设想的那样行动吗？

在前面的内容中，我们假定企业在短期寻求短期利润最大化，而在长期寻求长期利润最大化。假定短期为 1 个月，长期为 1 年，我们也假定长、短期的区别是在短期企业不能增减工人人数，最后假定需求的变化只是暂时的，预期为 8 个月左右。

在这里我们假定，在第 1 个月左右的时间（短期），随着产量的改变，企业削减的原材料的投入数量等于原来用于生产减少的产量的原料。而几个月后，企业仍在解雇工人，所以，6 个月后（长期），它雇用的工人更少，产量也更低。再过 2 个月后，需求回升，企业又会缓慢增加产量，开始阶段是少量增加，之后会越来越多，假设它能不断把工人召回。

这合理吗？如果企业预期需求下降是暂时的，它可能决定并不是解雇工人而是想办法渡过需求下降期，仅仅只做短期调整，因为它的目的是使贴现后的月度现金流最大。如果需求变化预期持续得足够长，新建立的现期产量不会在短期内迅速被改变，那么，企业跟随需求的变化而变化，削减使用的劳动力的假定就有意义了。其实，在我们有关企业从现期进行长期和短期调整的模型中，企业所面临的环境还是相对稳定的，所以，企业可以在现期制订出长期成本最小化生产计划，并预期在一个相当长的时间保持不变，之后才遇到突然和意想不到的变化。在某种意义上，环境的变化是暂时、可预测或渐进的。从企业最优利益来考虑，需要进行大量分析才能谋划出企业的短期和长期行为各是什么。

新的现期水平

下面，我们完成对企业针对需求而做出的变化的分析。随着时间的流逝，企业在长期把产量调整到 x_1，这就建立起了一种新的现期产量水平点，企业也会有一条新的短期成本曲线。再重复一遍，对每一个现期产量水平，我们都有不同的短期成本曲线。另外，长期成本曲线不会随现期水平的变化而变化，除非在一个特别长的时期中才会对此表示担心。图 10.6 是对此进行解释的典型图形，图（a）所示为总成本曲线，图（b）所示为平均成本曲线和边际成本曲线。

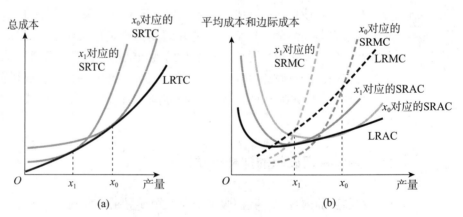

图 10.6　多个现期水平点的长、短期成本曲线

说明：对应于不同的现期生产量 x_0、x_1，我们有不同的短期成本函数。

中 期

在下一章，在分析多个企业的相互影响时，我们要用到摩擦模型和我们这里创立的企业对环境变化做出的长短期反应的模型。在实际运用中，我们有时还会加上一个中期反应的分析。所谓中期（intermediate run，IR）是指介于短期（SR）和长期（LR）之间的一个时期，中期成本曲线也应处在两期之间。具体说就是，中期边际成本曲线处在短期边际成本曲线和长期边际成本曲线之间，三线相交于现期水平点上。当然，短期边际成本曲线最陡峭，长期边际成本曲线最平缓。如图 10.7 所示。

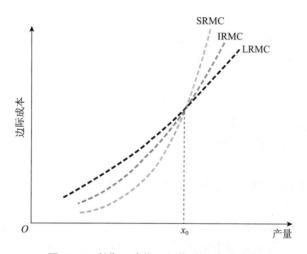

图 10.7　长期、中期、短期边际成本曲线

说明：如果我们在讨论中增加一个中期，就对两个假定做了扩充，于是得到了长期、中期、短期边际成本曲线图。

存在扭结的总成本函数和不连续的边际成本函数

248　　　　我们在模型中假定，总成本函数在现期产量点上是平滑的，或者说是可微的。假设一个企业在短期不能自由改变劳动投入量，但它可以通过支付加班工资增加工时投入量，但加班工资要比正常劳动时间支付的工资高，甚至要考虑到奖励之类的收益。也可以解雇工人，但必须暂时支付解雇费用。如果你把这些考虑进模型（练习 10.3 和练习 10.4 提供了这种机会），你将会发现相应的短期总成本函数在现期产量点上有扭结。这就意味着短期边际成本函数是不连续的，所以，当对需求等因素的变化做出反应时会有有趣的表现。

10.3　耐用性资产

我们下面转入对第二种类型的生产多期效应的分析：耐用性资产。话题变化了，叙述风格也变了。我们的叙述避开了图形和函数。

耐用性资产的范围

一个企业的耐用性资产范围非常广泛，明显能包括在内的有：实物资产，如建筑物和土地；大型固定资产，如高炉、冲压机、流水线；以及一些暂时性设备，如装配架、固定装置和工具。但要列出耐用性资产清单，包括的项目就不止这些了。它包括：

249

- 人力资本或企业拥有的劳动力中的技能、培训能力的储存量。
- 商誉（goodwill），包括与供应商、雇员、工会官员（如果工人已经组织起来）、政府官员等建立起的商誉。
- 需求方的资产（demand-side asset），通过多年来提供高品质的产品和服务或强大的广告攻势在消费者中建立起的声誉。

企业对工人的人力资本没有法律上的所有权，但常常实际上实施了控制。[1]而商誉和声誉在很大程度上是无形的，它们非常有价值和影响力，我们在第24章将对此展开讨论。

把耐用性资产包括在经济学模型中

对耐用性资产来说，最具概括意义的一点是它们可被用于多个生产周期中。今日支付货币购买资产，其价值在后续时期累积收回，而且不管是有形资产还是无形资产，随着时间的流逝都会有折旧。折旧率的高低不管怎样，通常主要是由企业来控制的。所以，为了保持和改进（enhance）现有资产，如维护或增值今天已有的资产、保持工具处在良好的使用状态、改进机器的运转效率或维护企业生产高品质产品的声誉等必须支付的费用，要从企业今天的现金流中减去，但这会增加明天的现金流。这里的折旧并非全是会计意义上的折旧，而是实际折旧，一种对产出贡献能力的暂时改变。有形资产的折旧符合这种意思，而无形资产，如人力资本和对顾客的商誉则常常会升值（appreciate）。

在理论上，耐用性资产容易应对。在多期生产分析中，我们不用企业利润，而用净现金收入流量作为目标。我们假定，企业选择生产计划包括要投资哪种资产以及如何保存，目的是使合理贴现后的净现金流的和最大化。

所以，做出是否建造一种特殊的高炉、对工人进行培训或对商誉进行投资的决策要进行现值计算。投资建造高炉必须马上付出投资，而建造高炉在未来会带来收益递增或生产成本递减，因此会带来净现金流的增加。如果建造高炉能带来企业现金流净现值（NPV）总额的增加，那么，可以做出投资高炉的决策。

250

许多读者从经验中已经知道，企业有时会运用其他方法，如内部收益率或偿还期来评价是否使用某种耐用性资产。我推荐读者去读金融教科书，弄明白

---

[1] 参见 J. Baron and D. Kreps, *Strategic Human Resources*, chapter 4 (New York, Wiley and Sons, 1999)。

为什么 NPV 的计算是最好的。

像许多读者已经知道或其他人也能猜想的那样，耐用性资产越不具体，实际进行这些计算越难。为博取供应商的良好评价而进行的投入对未来的现金流有什么影响？投资于员工培训和建一个用于午餐时间打篮球的体育馆又有什么影响呢？所以再次重申，耐用性资产在理论上易于计算，但在实践中很难按 NPV 的处方来抓药，企业管理者不得不依赖他们自己的直觉来决定增加还是不增加资产价值。

会计折旧和利润表的填报

假定耐用性资产在实践中能用 NPV 法评估。比较现金流 NPV 的计算方法与会计记账方法，特别是对耐用性资产核算的特殊的会计方法，即企业在利润表中认为如果采用直线折旧法，资产折旧应当从当期收入中减去。考虑如下问题：

- 如果说有什么区别的话，会计收入和经济利润有什么联系？
- 为什么会计要对资产折旧？
- 从经济学的角度看，会计要承担什么过失或责任吗？

首先，我要指出，这些都是难以回答的问题，各种相关机构或人，如会计师、经济学家、律师、管理者、管理实施者和税务机关，对答案有激烈的争论。根本无法得出一个为大家普遍接受的答案，甚至无法得出一个令人比较满意的答案。它需要我们现在未谈及但后面会提到的概念，但此时也是讨论这一问题的好机会。

为了回答这些问题，我先从利润表有什么用处开始谈起。利润表有多种用途，我集中讨论最重要的作用：利润表为企业之外的人，特别是外部投资者提供有关企业目前"健康状况"的信息。这些信息是与企业有业务关系的企业需要的。一个名为 XYZ 的企业的潜在投资者需要了解 XYZ 现在的经营状况如何，该名投资者首先依靠的是 XYZ 的年度报告和利润表。

251 假设 XYZ 获得了未来 5 年生产某种产品的许可证。企业想最充分地利用许可证的价值，因为它已经建立了理想的产品分销渠道，购买许可证所带来的累积性净现金流的现值也显著为正。但购买许可证先期支出的费用非常高，只能通过未来累积收益来收回。购买许可证最终会为股东带来价值增值，但购买许可证的费用必须马上支付，这会减少企业现阶段的现金流。

在一个充满精明投资者的理想世界中，XYZ 将会发布如下消息："本期我们为购买许可证花去了 N 美元。我们相信，在未来 5 年，每年最终收益中会额外增加 M 美元。"投资者也会对这则消息的真实性进行核实，并计算累积现金流的贴现值，对企业管理者做出明智决策的行为留下良好的印象。

遗憾的是，现实中的投资者并不去做这些计算，而是关注那份把企业现阶段经济活动综合成统一的收入数字的报告。那么，XYZ 如何报告购买许可证的财务后果呢？

假设 XYZ 按资产的购买价格支付费用，每次都从现金流中支付一些。比方说，在 5 年的许可证周期中，每次支付购买价格的 1/5。如果那些乐观的预言是对的，那么，企业每年使用许可证实现的现金流足以支付每年许可证的使用费份额。

这在会计学上被称为直线折旧（straight-line depreciation）。它不是把购买许可证的花费全部在当期收入中列支，而是按使用年限进行折旧，把购买费用按比例分摊到使用周期的每一个阶段。

从下面两点看，这并非理想的做法：第一，如果真的相信这是一个管理者做出的明智决策，为什么购买了许可证后不马上在第一年的 NPV 中完全"认可"（recognize）这笔花费呢？第二，如果许可证使用后在第 4 年和第 5 年产生的累积现金流非常大，而在第 1、2、3 年一般，在第 1 年至第 3 年每年都按 1/5 分摊许可证费用，会使得这些年度的经营状况看起来比实际要差一些。

为什么要采用并不理想的直线折旧的做法呢？原因是会计数字如果要对投资大众有用，企业就必须有一些能实现的目标。企业常常有言过其实的倾向。如果收入数据完全是主观臆造出来的，那么这些数据并不可靠。如果想让投资者和外部机构相信企业的利润表，必须有一些会计规则和标准，而且必须由独立的机构，如外部审计机构来证明企业对那些规则和标准的运用是恰当的。

当然，规则越程式化、越客观，会计数字对当期企业经营的反映越没有针对性。对资产的直线折旧法就是其中一例。这是一种能普遍适用的规则，它能适用于多种多样的环境，降低了利润表中随意操作的自由度，所以，对具体环境变化的适用性并不好。

当会计人员对他们的职业规则进行争论时，国际会计准则理事会（International Accounting Standards Board，IASB）或它在各国的成员机构所认可的公认会计原则（GAAP）应该而且经常会成为争论依赖的框架标准。首先关注的是讨论的项目如果变成理想化的计算办法，对企业长期利润会产生什么影响。之后的争论内容为如果允许管理者操控理想规则，什么样的客观和程式化的标准在各种各样的具体情形下都能运用。

以上就是基本问题，我用三个评论对此做一总结。

（1）一些会计师和会计理论学者可能不会同意如下说法：收入应该衡量目前的决策如何影响企业现在和未来的利润水平。会计师能提供的另一份主要材料是资产负债表，即关于企业资产和负债状态的报告书。从这个角度来看，收入应该是衡量已实现利润的现期流量；如果管理者做了一个明智的决策，所购买资产的价值超过了为此付出的代价，资产的价值应该在资产负债表中得到体现。我对这种看法抱有极大的同情心。但是，这将使得决定收入的一些会计程序更难理解；为什么不只是在资产负债表中报告现金流和已被认可的资产价值呢？

（2）到了 20 世纪 90 年代后期，所谓的网络公司热对传统的会计常识提出了挑战。这些公司尽管连续多个季度发布的都是亏损的季度财务报告，但其市场价值仍非常大。会计收入也许是衡量企业管理水平高低的一种手段，但对网络公司来说并不是一个理想的方法。

问题出在网络公司大量投资的资产是传统会计核算中难以处理的项目，如市场份额、分销渠道、消费者基础、技术诀窍和人力资源，这些资产将来会有回报，而且非常丰厚，起码市场这么认为。但是支出是即期的，马上要体现于当期的财务报告中。会计师应该把这些支出看成投资，在财务报告中应该进行适当折旧，但他们并没有这么做。公司不断出现亏损，同时其资本化的市场价值很大。

（3）我还是忍不住要批评大部分国家——至少是美国——在做国民预算时所采用的资产计算方法。它们在做出年度基础设施投资（如公路）时并没有认真考虑投资是否值得进行，对折旧也从不认真计算。本书并非宏观经济学教科书（在宏观经济学这一充满神秘色彩的经济学分支中，我并不是专家），但是，我认为我有资格指出，当人们在谈论联邦预算盈余或赤字的时候，没有考虑在预算内长期使用的国民资产的形成或磨损，他们没有介入这种既有意义也需要智慧的争论。

10.4　技术诀窍

我们讨论的第三种多期效应是技术诀窍。在一定意义上，技术诀窍是一种耐用性的生产性资产，可以像对待人力资本（源）或在消费者中的商誉一样对待它们。对技术诀窍的投资改善了未来的现金流，是否对一种技术诀窍进行投资应该根据这项投资是增加还是减少企业现金收入流量的现值来决定。技术诀窍应该（但很少）在企业的资产负债表中得到反映，技术诀窍的折旧或溢价引起的信贷变化也应该出现在财务报告中。

但是，技术诀窍被置于自身的范畴内，当我们考虑生产函数的变量如机床、高炉、技术工人时，技术诀窍是函数自身。

对于技术诀窍的某些投资是有形的和直观的，一个制造业企业购买了一张许可证就拥有了使用某种生产流程的权利。这应该（通常也会）在企业的资产负债表中得到反映，其费用应该按许可证的使用期限来分摊；某些形式是直接的，但并不具体，如对研发的投资。但是，技术诀窍投资中大多数令人最感兴趣的形式是非直接投资，如经验曲线效应和 TQM。

经验曲线

在飞机、计算机芯片和许多同类产品的制造过程中，一个经验性的规律是随着累积产量的翻倍，其直接生产成本降低一固定的比例，至少从平均数来看是如此。如果有人说某种制造过程的 80% 遵循的是学习或经验曲线，意思是说，该企业第 2 000 单位产品的成本相当于第 1 000 单位产品成本的 80%，第

3 000 单位产品的成本是第 1 500 单位产品成本的 80%。对这种理念有各种各样充满想象力的解释，大家关注的是，当企业所属工厂产能扩大几倍后，单位成本如何降低，同样的一般性产品，当企业从相对落后发展到相对先进后，成本怎样发生变化，等等，但基本理念还是相当清楚的。如果企业能够引起重视，不管生产什么，通过从经验中学习都是投入较少的方法，所以，单位成本的降低顺序按一定的可预测模式进行。

这一理论引出了大量结论。在 20 世纪 70 年代晚期到 80 年代早期，管理咨询企业曾极力推广经验曲线这种理念。当时，这一理念只是不太确切地被解释为，获得市场最大份额的企业是谋求长期利益的企业。处于幼稚产业或处在产品生命周期早期阶段的企业，应该会愿意以比当前成本低的价格销售产品，因为这样做它们就可赶上经验曲线，在一段时间之后会到达某点，企业会获得大量正现金流。在一种新型飞机竞标过程中，相对于其当前的生产成本，飞机制造商经常会报出非常低的价格，目的也是赶上经验曲线。军用飞机供应商最初的销售计划都是亏本的，目的是通过再获订单或获得外国政府的订单来获利；民用飞机供应商最初采取非常有进攻性的销售策略，目的是扩大生产规模。

当经验曲线开始发挥作用时，生产本身就自然成为降低生产成本的一种投资，自然也会提高未来的利润。从经济学计算的角度看，早期亏损，即收益小于生产的直接成本并不一定就是亏损，因为一些生产成本其实是对知识的投资，对这一观点的争论可从日本企业在美国市场上销售动态随机存储器芯片（DRAM）看出。美国制造商坚持认为日本在美国市场上倾销 DRAM，这里的"倾销"一词的意思是亏损销售以阻止当地（美国）生产者进入这一行业。日本企业 DRAM 的销售价格确实低于直接制造成本，所以，美国人很敏感地指出这种非利润最大化的定价行为，只能是出于某种恶意。日本的制造商反驳道：从经济学意义上看，直接成本并不能准确衡量制造业的成本。它们争辩说它们为了获得长期总利润最大（化）才这么定价的，这和美国制造商进不进入这个市场无关。

对经验效应的模型化

255 　　对经验效应的模型化要重新认识总成本函数。到目前为止，每当我们写出 $TC(x)$，我们都认为变量 x 是产出率，即在一个具体时间段内，如 1 个月或 1 年内生产的产品数量，所以，我们主要集中于讨论产出率如何受到成本的影响。但是当考虑到经验效应之后，在一定时期内生产 x 单位的总成本既是 x 的函数，也是当期生产阶段之前累积的产出数量——我们暂时用 X 来表示——的函数。把总成本函数写成 $TC(x, X)$，我们假设 TC 是 x 的增函数，是 X 的减函数。

　　根据经验曲线最简单的形式，事情还要简单。即可以设定为每当把累积的产量扩大一倍时，单位成本就降低一个给定的百分比，与产出率高低无关。这不太可信，因为从一件事就可看出这种说法意味着，第 10 000 单位产品的成本是一样的，不管是花 5 个星期还是 5 年！尽管这种假设不可信，但它意味着对 $TC(x, X)$ 可以做如下简化：

- 生产 n 单位产品的成本为 c_n，而不管何时生产。
- 如果企业在现期以前生产 X 单位产品，而在现期生产 x 单位产品，这一时期的总成本为

  $$c_{X+1}+c_{X+2}+\cdots+c_{X+x}$$

- 对于 $\gamma<1$，有 $c_2=\gamma c_1$，$c_4=\gamma c_2$，$c_6=\gamma c_3$，$c_8=\gamma c_4=\gamma^2 c_2=\gamma^3 c_1$，依此类推。
- 所以，如果企业在现期以前生产 X 单位产品，而在现期生产 x 单位产品，这一时期的总成本（大约）为

  $$\frac{c_1\left[(X+x)^\beta-X^\beta\right]}{\beta}, \qquad \beta=\frac{\ln(\gamma)}{\ln(2)}+1$$

得出最后一步结论所需的数学知识我认为超出了读者的能力，所以，可以先接受这一结论。

符合现实世界的公式

这是一个值得关注的模型，有两个理由。第一，它认为产出率对成本并不重要。不管波音是 1 年生产 10 架 747 型飞机，持续生产 10 年，还是 1 个月生产 20 架飞机，持续生产 5 个月，第 101 架飞机的生产成本都是一样的。波音生产第 101 架飞机时是不受产出率影响的。第二，成本按照有规律的模式下降，所以，我们用两个参数就能决定单位成本和总成本：第 1 单位产品的成本和经验曲线的陡峭程度。

256　　事实上，这确实有点不同寻常，但世界并没有这么简单。成本既依赖于产出率，也受累积经验的影响。经验有助于降低成本，但是随时间降低的比率不一定是随机的。以前的经验可以借鉴，因为有溢出效应。波音在生产 747 - 300 型飞机时并未开始一条新的经验曲线，它从生产 747 - 100 型和 747SP 型飞机的生产经验中获得好处。大型产品的不同部分有不同的经验曲线率（experience-curve rates）。例如，机翼的成本降低比率要比机舱大，而且这种价格的降低并非没有代价，企业可采取具体措施来加快或放缓成本降低的比率，这就是我们下文要开始讨论的 TQM。

而且，通过累积产量来降低成本的想法意味着，追求利润最大化的企业，如果从收益减去成本来看，在生产周期早期应该是产出过度扩张（overproduce）但绩效很差（underperform）。用前面章节已讲过的术语来说就是，MC＝MR 仍然成立，但是计算边际成本另有技巧。

自然资源的获取

与成本随产量累积而下降的经验曲线相反，在某些情况下，产量累积会带来生产成本提高。最普遍的情形是自然资源的获取，例如，获得石油储备、发

现新的煤矿和矿藏。因为储量或矿脉的衰竭，获取它们越来越难，成本也越来越高。在这种情形下，获取易于枯竭的资源（石油、煤或矿石）的"成本"应该比只是物质开采的成本要大，正是在这种意义上说，生产后期的获取成本提高了。这种状态所具有的经济学意义和成本构成模型，与经验模型讨论的情形一样，除了 $c(x, X)$ 随 x、$X——x$ 是当期获取的产量，X 是此前获取的产量——的递增而提高外。

全面质量管理

257　　如果说经验曲线充斥于 20 世纪 80 年代早期的各种管理类出版物和管理学教育之中，那么 10 年之后震耳欲聋的词语就是"全面质量管理"（TQM）。全面质量管理并不是只有一种形式，而是有多种多样的形式。而且，许多其他同样引人注目的词语或术语与全面质量管理交替使用着：**世界级制造技术**（world class manufacturing）、**精益生产体系**（lean production system）、**看板系统**（kanban system）、**丰田生产方式**（toyota production system）等。它们都有同样的特征：

　　管理人员和工人必须齐心协力，以坚韧不拔的努力根据某种规范来不断地改进生产过程和一步一步地提高产品质量。生产过程和生产规范被精细地、系统地总结成文，并特别关注是否符合规格要求。与质量和生产过程相关的问题一旦出现，应马上处理掉，而不应该掩盖或留待后来处理。工人应该对自己生产的产品的质量负责，他们必须知道如何识别质量问题，而且能够根据对全部生产过程的全面了解和管理实践中的变化在问题出现时予以解决。生产过程应该持续处在递增的压力之下，这种压力来自降低生产流程中的存货、缩短生产周期和快速转换等，因为压力为工人和管理者提供了在生产过程中发现问题和改正问题的机会。供应商必须被紧密地整合到生产过程中去，作为全面质量管理努力改进的一部分。

　　在传统经济学对企业进行质量选择的讨论中，都假定为了获得高质量产品必须多支付成本。如果高质量可以赢得消费者更好的评价进而获得更高收益，企业是愿意支付这种成本的。但是提高质量会带来总成本的增加，从而抵消收益的增加。

　　与此相反，全面质量管理理论上的好处被该理论的提出者之一——菲利普·克罗斯比的一句箴言点明了："质量是免费的。"克罗斯比的箴言否认了伴随高质量而来的高收益与高成本之间的互相抵消。他宣称，如果企业采用他详细描述的具有普遍意义的管理方式来追求更高的质量，那么，提高质量不会引起成本的提高。事实上，企业可以发现，生产高质量产品的费用还会减少。

258　　经济学家们对什么东西是免费的之类的说法的自然反应是一句名言：天下

没有免费的午餐。[1] 所以，在全面质量管理发展的早期，经济学家们往往把全面质量管理斥为骗术。没有东西是免费的，质量也是如此。但全面质量管理不应被抛弃。应正确看待全面质量管理，它蕴含着深刻的意义，甚至有经济意义，因为两者并不一定是同一种东西。

从经济学的角度看，全面质量管理的魔力——如果全面质量管理能发挥作用的话——来自这样的理念：如果企业对改进产品和生产过程进行投资，那么企业的生产技术能够得到改善。这涉及学习如何使现有生产更有效率，并对产品进行改进、设计以使其更加具有可制造性。获得改进产品和生产过程必需的知识的途径是，对当前的生产过程进行深入了解，从当前的生产过程出现的错误和缺点中吸取教训。在追求更高品质或更好的行为规范时，人们应注意到对规范遵循不佳的情形，因为正是这些产品或生产过程需要改进而且能被改进。所以，通过更好地遵循行为规范来追求更高品质，恰恰就是在追求产品种类和生产过程的完善。从长期来看，这就会导致品质越来越高，成本越来越低。

全面质量管理内容非常丰富，对完善生产过程或产品设计进行最有效投资的方法还包括生产过程中的存货管理（这里，"看板"和"精益生产"术语派上了用场）、劳动力培训、提高工人的知识技能和自信、与供应商的密切关系，等等。这些细节事关全面质量管理是否有效，因为这些手段决定着人们是否能获得生产过程和产品设计的知识技能。全面质量管理的本质就体现在这些细节中，在此我不做详细讨论。（在第 21 章我将讨论全面质量管理中的供应链管理。）但从最基本的微观经济学角度看，全面质量管理事关对技术诀窍的投资，涉及今天与明天现金流的替代。克罗斯比的质量是免费的这一表述，从这一点看，应该被重新表述为：质量是对技术诀窍的巨大投入但却能迅速获得回报，尽管它抬高了今天的成本。

小　结

- 本章讨论了关于多期生产的一些话题。
- 与利润最大化对应，我们假设企业最大化其市场价值，具体操作中是使贴现后的净现金流最大化。对这种操作方法的证明和合意贴现因子的确定是金融市场理论和公司金融理论中的内容。

259

- 考虑到的第一个动态效应是生产中的摩擦，即当产量与现期生产计划不同时，短期成本高于长期成本。

---

[1]　这句名言的来源可追溯至 19 世纪，当时的一些沙龙提出了"免费午餐"的口号。消费者认为他们可享用免费午餐的想法很快得到了纠正。罗伯特·海因莱恩（Robert Heinlein）在《陌生土地上的陌生人》（*Stranger in a Strange Land*）中把"免费午餐"这一短语通俗化为：天下没有免费的午餐或 TANSTAAFL。经济学家米尔顿·弗里德曼把这一术语引入经济学的词典中，作为芝加哥学派的指导原则。

- 如果在每一单位产量水平上 SRTC 至少与 LRTC 相等，并且在现期产量水平上 SRTC＝LRTC，那么，在现期产量水平上 SRMC＝LRMC，当产量比现期增加时 SRMC≥LRMC，当产量比现期减少时 SRMC≤LRMC。

- 考虑到的第二个动态效应是耐用性资产的作用。我们在此讨论的是有关收入的会计核算，特别是折旧的计算。会计核算后的收入报告其实是按统一的标准对企业经营状况进行衡量，也被作为向投资者和外部人士披露的消息来看待。因为外部人士对这些数字非常信任，所以，这些数字必须通过非常客观的方式进行核算，这也就损害了其精确性。折旧被看作耐用性资产（起码是某些耐用性资产）的费用，所以，折旧被分摊到资产使用周期中。

- 考虑到的第三个动态效应是特殊的耐用性资产——技术诀窍。本章讨论了两种具有非直接累积特征的技术诀窍模型：生产成本的经验曲线与全面质量管理。

练　习

10.1　某一企业使用两种生产要素 m 和 l，生产函数为 $f(m, l)=m^{1/3}l^{1/6}$。另外，该企业每期必须支付的固定成本为 300 美元，每单位 m 的价格为 1 美元，每单位 l 的价格为 4 美元。该企业面对的曲线为 $P=160-2x$（这里与练习 9.6 相同）。

在这种情况下，企业的总成本函数为 $TC(x)=300+3x^2$，企业每期生产 16 单位产品即可实现利润最大化，价格为每单位 128 美元。为了生产 16 单位产品，企业对 l 的最优使用是 64 单位，m 为 512 单位。

把长期和短期考虑进来，假定企业在长期中可以对 m、l 进行调整，所以，$300+3x^2$ 是长期总成本函数。但是，从一个月的短期来看，它无法改变 l 的使用量。

（a）从现期产量 16 单位开始，使用 64 单位 l，那么短期总成本函数是什么？

　（b）问题(a)的答案是 $SRTC(x)=556+x^3/8$（现期产量为 $x_0=16$，$l_0=64$，$m_0=512$）。运用 Excel 或其他电子表格程序，在第一幅图中画出长期、短期成本曲线，在第二幅图中画出长期、短期边际成本曲线。取值范围是总成本 $0≤x≤24$，平均成本 $3≤x≤24$。你所画的图与图 10.1、图 10.4 有什么区别吗？

（c）假定企业在当前产出水平上看到反需求函数突然从 $P=160-2x$ 变为 $P(x)=180-2x$，并假定企业想在短期内最大化其短期利润，在长期内最大化其长期利润，试计算短期及长期产出水平、价格水平、投入水平、总成本和利润。

10.2　练习 10.1 中的企业的生产函数为 $f(m, l)=m^{1/3}l^{1/6}$，每期固定成本为 300 美元，像上面的假定一样，短期被定义为在一个时期中 m 可变，而 l 不变。企业被假定在现期时产出水平为 16 单位，使用 64 单位的 l 及 512 单位的 m。假设 l 的价格突然从每单位 4 美元上升到每单位 6 美元，那么，新的长期、短期总成本函数是什么？如果反需求函数不变，仍为 $P=160-2x$，企业在短期和长期对这种投入要素的价格变化有什么反应？

10.3　我们继续以练习 10.1、练习 10.2 中的企业为例。l 是劳动，m 为原料，之所以这么命名，是因为 l 或劳动在短期内固定不变。可简单解释为因为雇用工人并培训要花时间，特别是对于技术工人来说；劳动合同签订后，特别是经过工会签订后，经常是禁止解雇工人的，除非在足够长的时间前已经通知。尽管需求状况或工资会出现突发的和意料外的变动，但在短期 l 的水平不会改变。当然，有时 l 并不是完全固定的。

再回到 $r_l = 4$ 的情形，假定从现期生产 16 单位产品开始的短期内企业不能解雇工人，即它必须使用现期中已使用的 64 单位，但可通过加班来增加工人的劳动量，加班工资为每小时 6 美元，最多可增加 16 单位的加班时间，或总共 80 单位劳动时间。从长期来看，企业可以随意增加或减少工人数量，每单位劳动工资为 4 美元。

（a）企业长、短期总成本函数是什么？

（b）在这样的背景下，如果反需求函数突然变动到 $P = 180 - 2x$，那么企业在短期和长期有什么样的反应？

10.4 某企业拥有的是固定系数（和规模收益不变）的生产技术，x 单位产出需要投入 $3x$ 单位的第 1 种投入要素 m 和 $x/5$ 单位的第 2 种投入要素 l。

（a）假定生产要素 m、l 的每单位价格分别为 1 美元和 10 美元，求总成本函数。

（b）假设企业面对的反需求曲线为 $P(x) = 23 - x/5$。在利润最大化时，企业的产出水平为多少？企业定价在什么水平？利润为多少？

（c）假定在短期内企业可随意增减 m 的数量，而不能改变 l 的数量，那么短期总成本函数是什么？如果反需求函数突然变动到 $P(x) = 23.5 - x/5$，企业有什么反应（在短期和长期）？

（d）假定在短期内，企业可自由变动 m 的使用数量，但对 l 的变动有一些限制：可以雇用更多的 l，额外增加每单位 l 的费用为 15 美元，也可解雇所有想解雇的 l，但必须支付解雇工资，每单位 l 为 5 美元，那么短期总成本函数和边际成本函数是什么？如果反需求曲线突然变动为 $P(x) = 23.5 - x/5$，企业会做出怎样的反应（长期和短期）？如果反需求曲线突然变动到 $P(x) = 25 - x/5$，企业又会做出怎样的反应（长期和短期）？

（e）在问题（d）中，你会发现，由于支付加班费用导致了与现期数量对应的短期总成本函数出现扭结，比较本题的问题（d）与练习 10.3 中的问题（d），为什么在这种情况下，在总成本函数中也会发现扭结？

第11章 | 竞争企业和完全竞争

262　　　本章是本书的一个转折点，讨论的重心将从最优化转向均衡。对这种转变做出一些一般性解释后，我们将开始讨论完全竞争市场。

- 我们要讨论竞争性企业在把市场价格看成给定的情况下，如何对其产品的不同价格做出反应。
- 这些企业的供给反应被加总后得出市场供给函数，然后通过供给等于需求，寻找均衡。
- 短期、中期动态均衡也要做出讨论。
- 最后探讨从长期来看，企业进入或退出某一行业的决策。

本章最后要对垄断竞争做一个简略的讨论，这一市场结构模型在本书后续章节中运用得不多，包括这一内容只是出于体系完整的考虑。你可以跳过，这样做对理解以后的内容不会产生任何影响。

从本章开始，本书的中心话题有了很大的变动。到目前为止，我们只关注单个个体的行为，即企业和消费者都追求他们自己的目标。核心概念是最优化。

在我们的模型中，企业和消费者生存于一个界定清楚但又限制了各自能做什么的环境之中。例如，一个企业需要的某种投入要素的价格为 10 美元，这一价格是从哪里来的？为什么是 10 美元而不是 5 美元？在某些情形下，企业和消费者在追求他们各自的目标时所处的环境，是由许多企业和消费者的相互作用决定的。在其他情形下，一小部分企业和消费者的相互影响就能决定他们所处的环境。但是几乎在所有情况下，构成成员之间及两两之间的相互作用规定和限制了他们各自能做什么。

从现在开始，讨论的重点从单个主体的行为转到他们之间的相互影响。关键理念是均衡。从一般意义来讲，均衡是一种行为人（消费者和企业）行为的排列方式。在给定其他所有行为人的选择的情况下，其中的每个行为人做出其最优选择。

263　　　均衡的基本概念必须适应具体情形。我们在本章和接下来的三章，将处在一个简单的市场结构中，其中许多著名的图形取自第 2 章。之后我们在其中引入越来越复杂的内容：第 15 章引入不确定性；第 18、19 章引入私人信息和道德风险；第 20 章引入动态分析和少数行为人的相互作用。换言之，我们从商品买卖开始，其中市场价格传递出了任何人想了解的有关其他人行为的一切信息。到结束时，我们讨论非常复杂的动态交易，如英特尔、微软和戴尔计算机之间的长期关系。

市场结构及其他

本书余下部分的主要内容是，在经济交换中逐渐引入复杂的情节。同时，第二条故事主线也出现了。并非所有的市场都会一样。一些市场，如小麦市场，许多买卖者进行交易。而商用飞机行业主要由两个卖者统治——波音和空中客车，但买者多种多样，其中不乏大且有影响力的客户。当谈到个人计算机操作系统时，微软是名副其实的垄断者，尽管不归任何人拥有的 Linux 正在削弱微软在该行业中的绝对优势地位。互联网市场有许多的竞争企业，但并不像小麦市场，互联网企业经常有自身的行业细分市场（niche），这样就形成了它们对市场的影响力。

尽管纷繁复杂，但微观经济学传统上分析 4 个典型的市场模型：

（1）**垄断**（monopoly）市场。一个卖者面对许多买者，后者的典型特征是可以对产品需求曲线加总。垄断企业根据利润最大化原则来确定产出和价格。这一市场大部分是具有长久历史的行业，从第 3 章到第 7 章，以及从第 8 章到第 10 章都涉及垄断的基本理论。但是，微软的管理者可能会说，现实中的垄断企业所面临的困难，我们还未沾边呢。在接下来的几章，垄断一词是在传统意义上来使用的，即一个企业面对的是固定的需求，并以此来制定利润最大化的价格。在第 23 章，我们会讨论一些现实生活中垄断企业所面临的问题。

（2）**完全竞争**（perfect competition）市场。这种类型的市场与一个非常著名的图形有关：交易的是商品，充斥的是大量相对来说非常小的买卖者，信息丰富，这也是本章和接下来三章讨论的重点。

（3）**垄断竞争**（monopolistic competition）市场。这种市场中也有大量买者和卖者，但是销售的商品还是有明显的差异性，所以每一个卖者还是有一定的市场影响力，竞争对手对其影响仅仅是就竞争总体或平均而言的。在读到这一段描述后，本书编辑请我给出一个例子。在本节最后，我会对模型进行讨论，并解释为什么不能对这个合理的要求做出回应。

（4）**寡头垄断**（oligopoly）市场。在这种市场中，仅有几个有影响力的卖者和大量对市场无能为力的购买者。汽车制造业是一个典型的例子。寡头垄断涉及我们后面要讨论的许多复杂的内容，事实上对寡头垄断的讨论推动了那些复杂内容走向深入。到第 20 章时我才会讨论这种市场类型。

4 个市场类型并没有包罗一切。也有一个买者对一个卖者的市场，这类市场被称为双边垄断（bilateral monopolies）市场；还有多个卖者、一个买者的市场，如在一个小城镇的劳动力市场中，有一个占绝对优势的雇佣者，这被称为**独买**（monopsony）市场。在最重要的企业对企业的交易情形中，一些市场中存在着非常有影响力的供给者，而购买者则相对小得多，商用飞机制造行业就是一个典型的事例。波音和空中客车在一边，而主要的航空公司和飞机租赁公司在另一边。我认为**双边寡头垄断**（bilateral oligopoly）是对其比较合理的概括，但我还没有看见谁这么用过这一概念。其他行业，如航空客运行业，非常类似寡头垄断，但至少在一些市场中，还有许多处于边缘区域的小竞争者。对其他情形我们也会讨论，特别是在第 22～24 章。

市场之外是发生在准市场或非市场环境中的各种交换形式。当我们主要集中讨论市场时，我们提出的一些分析工具，特别是本书最后几章提出的工具，可被用于研究市场之外的交易，包括政治和一些社会中的交换方式。（在你阅读到最后几章之前，对此不必太过重视。）

做了这些介绍后，我们转入对竞争企业和完全竞争的分析。

11.1 竞争企业的供给决策

假定企业只生产一种产品，用 $TC(x)$ 代表企业生产和销售 x 单位产品的总成本。

假定这种产品是一种商品，许多企业供给几乎完全相同的产品，消费者并不关心他们购买的是哪个企业生产的产品，而且消费者会寻找对他们最有利的价格，他们的信息也非常灵通。所以，产品存在一个市场价格。任何生产者或销售商如果试图以高于这个价格来销售产品，产品将无人问津，任何企业按照这个价格或稍低一些的价格都会赢得如其所愿那么多的消费者。我们讨论的企业如果要销售产品，将都按这一价格进行。（在这部分后面，我们会给出具体事例。）

用 p 代表这一产品的市场价格。假定我们讨论的企业表现出的特征是，在任何时间所做的决策都不会影响 p。换言之，企业把 p 作为既定的。用经济学术语来定义，我们称这种企业是**价格接受者**（price taker）或者称之为**竞争性企业**（competitive firms）。

是否有这样的企业，其生产决策对其索取的产品价格没有丝毫影响？即使是销售商品的小企业，假定其对自己的产品价格没有丝毫影响，似乎也是不合理的，原因如下：

- 对某产品来说，即使企业打算增加或减少相对行业供给总量来说非常小的量，也会对产品价格产生小的影响。如果没有，即小的变化不影响价格，那么大规模的变化也可能没影响，因为大的变化是小的变化的和。这听上去不是有点儿滑稽可笑吗？

- 企业可以谋划一个生产决策来使其产品供给产生巨大变化，如企业决定销售的产品数量 10 倍于所有其他企业提供的产品量。这必然会使行业供给总量发生大的变化，自然也改变了产品价格。

对这两个反对意见的回答是，价格接受者的假定是模型抽象假设的需要，而不是绝对真理，它在一些情形下大致是成立的。我们希望，根据一些实证证据，这种基于理想状态建立的模型能够对那些假定大致可以成立的状态提供有益的预示和预测。更为直接的对这两个反对意见的回答是：

● 即使企业对价格有影响，如果影响足够小，它们的行为与企业正好是价格接受者时的行为，实质上没什么区别。

● 我们有意排除了一个企业生产水平大规模变化的情形，既可能是因为该企业没有做出这种改变的能力，也可能是因为做出这种改变的成本太大，阻碍了它这么做。

这样就把问题留给实证检验了。难道真有会满足或近似满足完全竞争假设的产业吗？事实上，有很多这样的产品，如小麦、猪肉之类的农产品以及天然气、原油和铜丝之类的自然资源制品，就是最明显的例子。再举一个稍稍有趣的事例（之所以说有趣是因为事情还不太清楚）。如果给定楼层、建筑质量等，大都市市中心的商务办公楼接近标准商品。这并不是说一些居民区的名声、楼层高低或视野好坏对租金高低没有影响。许多办公楼已接近没有差异，所以商业房地产中介用"每平方米租金"作为标准来标注市中心商务办公楼。

边际成本等于价格

如果一个企业认为在价格为 p 时，可以按其需要销售商品，而提高价格则无一售出，那么其总收益函数为 $TR(x) = px$，所以，企业的边际收益为 p。所以，通常所说的利润最大化条件，即边际成本等于边际收益可简化为

$$MC(x) = p$$

价格接受型企业的供给曲线，情形 1：供给曲线（几乎）为边际成本曲线

如果企业把 p 看作给定值，那么它将把作为价格函数的生产量和向市场的供给量定为多少？这一数量，因为被看成价格 p 的函数 $s(p)$，所以也被称为企业的**供给函数**（supply function）。

假定企业没有固定成本，即 $TC(0) = 0$，而且边际成本递增。当面临的价格为 p 时，企业选择 $s(p)$，所以，$s(p)$ 单位的边际成本为 p，用符号表示为 $s(p)$ 是由 $MC[s(p)] = p$ 来决定的。图形也非常简单。图 11.1 中的图(a)所示的是企业的总成本函数，图(b)是边际成本函数。对图 11.1(b)中纵轴上所取的任何价格水平 p，企业供给数量 x 以此作为边际成本，所以，供给函数 $s(p)$ 被画在图 11.1(c)中。[在图 11.1(c)中，函数的自变量为价格，标示在纵轴上。]

企业供给函数（几乎）是企业的边际成本函数。

我们循环引用是因为 MC(x) 和 $s(p)$ 并不是同样的函数。边际成本表示每单位货币数额（成本）是产量的函数。企业供给函数表示产量是每单位价格的函数。说得更确切一点，一种函数是另一种的反函数。但是，在图形上它们看上去相同，所以我们可以说，供给曲线（几乎）是边际成本曲线，尽管这样说有一些草率。

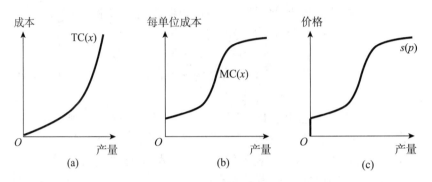

图 11.1　情形 1：边际成本递增企业的供给曲线

说明：图(a)表示的是没有固定成本而边际成本递增企业的总成本曲线；图(b)是对应的边际成本曲线，而企业的供给曲线显示在图(c)中。

267　　为什么说几乎是呢？因为在图 11.1(c) 中，我们在纵轴上标出了一段粗线，它也是供给曲线的一部分，但该线段并非边际成本曲线的一部分。当企业面对的价格低于边际成本的最小值时，$p = \mathrm{MC}(x)$ 无解，企业不提供任何产品。

价格接受型企业的供给曲线，情形 2：递增的边际成本和正的固定成本

现在假定企业的边际成本递增、固定成本为正。这一假定使得平均成本曲线呈标准碗形，如图 11.2(b) 所示。

当价格低于边际成本的最小值时，一切都如前面的分析，即在价格如此低时，企业供给为零，而当价格高于最小边际成本时，企业供给曲线沿边际成本曲线的变化轨迹变化。当我们用 p^{**} 表示边际成本最小值、用 p^{*} 表示平均成本最小值时，对于处在两个取值之间的价格，情形有些复杂。而且，这种复杂程度要依赖于对下述问题的回答：企业能通过不产出产品（或退出经营）来回避固定成本吗？

如果必须支付固定成本，那么它与企业供给决策的相关性不大。企业的供给曲线像图 11.1(c) 一样，在图 11.2(c) 中重复给出。

另外，如果产出量为零，固定成本可完全不用支付。那么当价格低于 p^{*} 时，企业产出水平将选择零。因为价格低于平均成本最小值，不论企业选择生产什么规模的产出水平，其价格水平都小于平均成本。所以当企业生产任何大

于零的产品时，利润将为负值，而当产量为零时，利润也为零。当价格为 p^* 时有些特别。企业既可选择产出为零，利润为零，也可选择最小有效规模，利润也为零。如果选择其他产出水平，利润将为负。所以，只有两种可能的产出水平：零或最小有效规模，这表示在图 11.2(d) 中。

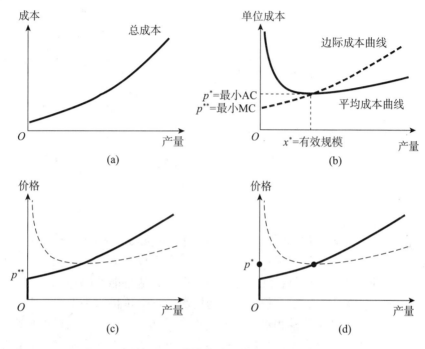

图 11.2　情形 2：递增的边际成本和正的固定成本

说明：图 (a) 和图 (b) 给出了总成本曲线、边际成本曲线、平均成本曲线。当价格小于 p^{**} 时，产出水平为零，而大于 p^* 的变化轨迹与边际成本曲线相同。若价格处在 p^* 和 p^{**} 之间如何呢？如果即使产出水平为零，企业也必须支付固定成本，那么如图 (c) 所示，当价格变化时，供给沿着边际成本曲线变化。如果产出水平为零，可以不必支付固定成本，那么，在这些价格上产出水平为零，如图 (d) 所示。在关键价格 p^* 上，即价格等于平均成本最小值，供给量既可为零，也可为最小有效规模。

268　　　　还有一种可能，企业产出为零，可免除部分固定成本。我把这个难题留给读者，见练习 11.1。

价格接受型企业的供给曲线，情形 3：边际成本为常数和没有固定成本

在第三种情形下，企业无须支付固定成本，总成本函数为线性函数，所以边际成本为常数。在这种情况下，企业的行为非常特殊。在任何低于常数边际成本的价格水平上，供给为零。而在任何高于常数边际成本的价格水平上，供给无限大，因为既然已经认为价格将这样变化，那么对价格也就没什么影响。厂商就相信无限增加的产出水平将带来无限增长的利润。当价格等于常数边际成本时，企业愿意提供任何数量的供给量，参看图 11.3。

269　　　　对图 11.3 不要太认真。得出极端情形是因为对模型看得太过认真，边际成本不可能永远保持常数。即使是这样，企业也将最终认识到在产量规模达到一

定水平后，价格将会被压低。如果根据模型得出企业在价格为 $p-0.01$ 美元时不生产，为 p 美元时可提供任意数量，为 $p+0.01$ 美元时可提供无限数量，那么应该认为这是企业理想化的结果，即企业可对小幅价格变化做出巨大反应。

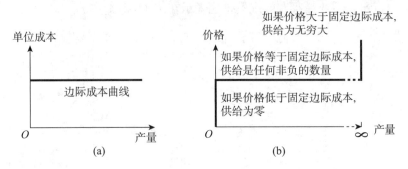

图 11.3 情形 3：边际成本为常数和没有固定成本

其他情形

在本书举出的所有算式例子中，边际成本曲线要么呈递增形态，要么呈平直形态。如果呈平直形态，意味着固定成本为零，这包括了我们后面将看到的所有情形。但是在现实生活中，还有其他可能性吗？一个行业成为完全竞争行业的关键一点是在任何可成为均衡价格的价格水平上，单个企业实现利润最大化时的产量规模相对于整个行业来说都非常小。所以，这与边际成本先下降然后上升是吻合的。当然，这要求每个企业的边际成本都上升得足够快。这种情形下的数理分析要比我们已分析过的情形难一些，但我们在本章其他地方提出的许多重要的看法仍然成立。

可是，生产技术有时并不支持完全竞争市场的存在。例如，设想一种情形：当企业生产的产品相对市场需求较多时，边际成本是常数或递减的，企业的固定成本支出也较大。事例包括电力行业、天然气配送以及移动电话出现前的当地电信服务业等。这就是自然垄断行业的情形。一个企业能够有效率地服务市场，第二个企业则不得不支付固定成本但却无法获得支付边际成本后的好处。所以，不论从有效率生产还是从市场竞争的结果看，垄断都是自然形成的。最大的企业总是能以比竞争对手更低的价格出售产品。在技术上偏爱相对大型企业的行业就不符合完全竞争条件。但是它们也确实存在着，政府就不得不对此多加注意。在第 12 章和第 13 章，我们简单地讨论了与各种行业相关的反垄断法和垄断管制。

来自消费者的供给

并非所有供给都来自企业，有时消费者也是供给来源之一。想一想通用汽车公司轻卡赠券故事中的未使用赠券形成的市场。供给来自原有皮卡拥有者，但他们又不想购买新的通用汽车公司的轻卡。

在本章和接下来的三章所举的例子中，供给者总是追求利润最大化的企业。但是，特别要注意的是从我们在下一章得出的一些结论看，你可能要想一想为什么价格接受型消费者决定了供给量。如果感到困惑，参见练习 11.4。

11.2　竞争企业的均衡

现在我们可以讨论完全竞争市场的均衡了。其中所有的买者和卖者都是价格接受者。市场中交易的是商品，对这种商品的需求由需求函数决定。我们假定需求曲线是向下倾斜的，但我们并不讨论它来自哪里。

所有供给都来自竞争企业。如果行业中有 N 个企业，我们用 $n=1$，2，$\cdots$，N 来表示，$s_n(p)$ 是当价格为 p 时，企业 n 的供给数量，所以，整个行业的供给曲线由下式给定：

$$S(p)=s_1(p)+s_2(p)+\cdots+s_N(p)$$

也就是说，在任何价格水平上的总供给就是该价格水平上各个企业供给水平的横向加总。为什么是横向？因为当我们把它们画成图形时，我们总是把价格放在纵轴上(需求也是如此)，我们固定价格，然后横向加总数量。

三个事例

我们通过三个事例来加以说明。第一个事例，假定所说产品由 50 个企业提供。每个企业的总成本函数为 $\text{TC}(x)=2x+0.01x^2$。由于固定成本为零，所以每个企业的边际成本函数为 $\text{MC}(x)=2+0.02x$，该函数是递增函数，当 $x=0$ 时，函数值为 2。

271　　　因为这些企业的边际成本递增且无固定成本，当价格低于最小边际成本 2 时，供给量为零，而当价格大于 2 时，供给量大于零。当价格 $p>2$ 时，企业的供给量是价格等于边际成本的解，即

$$p=2+0.02s(p)\text{或 }p-2=0.02s(p)\text{或 }s(p)=50p-100$$

行业供给量是单个企业供给量的和。因为所有 50 个企业都是相同的，所以在价格 p 上对任一企业的供给量乘上 50 就是行业的供给量。所以，当价格 $p\leqslant2$ 时，企业的供给量为零；当 $p\geqslant2$ 时，供给量为

$$S(p)=50s(p)=50(50p-100)=2\,500p-5\,000$$

第二个例子，为使问题复杂一些，我们假定由 100 个企业供应商品，其中 50 个企业的总成本函数已经给出，这 50 个企业的供给函数如前面所计算的那样。另外 50 个企业的总成本函数为 $\text{TC}(x)=3x+0.005x^2$，所以，相应的边际成本函数为 $\text{MC}(x)=3+0.01x$。因此，当价格小于 3 时，供给量为零，而当价

格大于 3 时，每个企业的供给量为

$$p=3+0.01s(p) \text{ 或 } p-3=0.01s(p) \text{ 或 } s(p)=100p-300$$

所以，行业供给分为三个部分：当价格 p 低于 2 时，没有企业供给产品，所以，$S(p)=0$；当价格 p 在 2~3 之间时，前 50 个企业中的每一个供给 $50p-100$，后 50 个企业没有提供产品，所以总供给量为

$$S(p)=2\,500p-5\,000$$

当价格为 3 或大于 3 时，前 50 个企业中的每一个供给 $50p-100$，供给总量为 $2\,500p-5\,000$，后 50 个企业中的每一个供给 $100p-300$，供给总量为 $50(100p-300)=5\,000p-15\,000$。所以，当价格为 3 或更高时，总供给量为

$$S(p)=2\,500p-5\,000+5\,000p-15\,000=7\,500p-20\,000$$

272　　　　这个供给函数的图形如图 11.4 所示。注意，当扭结处于 $p=2$ 时，前 50 个企业突然开始提供产品；从 $p=3$ 开始，后 50 个企业加入，开始提供产品。

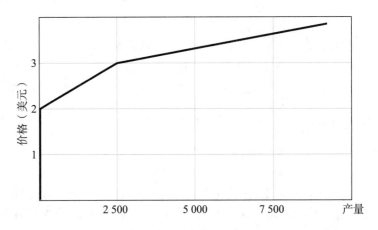

图 11.4　第二个例子中的供给曲线

说明：该例子中有 50 个企业的边际成本函数为 $2+0.02x$，另外 50 个企业的边际成本函数为 $3+0.01x$。没有一个企业有固定成本。前 50 个企业从价格 $p=2$ 时开始提供产品，后 50 个企业从价格 $p=3$ 时开始提供产品，所以出现扭结。

在这个小的例子背后，有着现实的可资借鉴的教训。如果这个行业的均衡价格为 2.50 美元，我们只会看到 50 个企业在生产。如果试图画出这个行业的供给曲线，我们只能考虑这 50 个企业，我们不可能得出如图 11.4 所示的那条供给曲线，因为后 50 个企业只有当价格大于 3 时才会进入这个行业，所以，没有后面一段。在考虑行业供给曲线时，你必须考虑到企业是否会对价格变化做出反应从而加入这一行业，如果进入，对供给的冲击是什么。

第三个例子，企业可回避固定成本。具体来说，假设有一个包括 50 个同样企业的行业，每个企业的总成本函数为

$$TC(x)=100+2x+0.01x^2 \qquad x>0,\ TC(0)=0$$

固定成本为100，只有当企业有产出时才会支付。从前面的分析我们知道，只要价格高于企业最低平均成本，企业供给曲线的变化轨迹就是边际成本 $MC(x)=2+0.02x$ 变化的轨迹。如果价格低于平均成本最小值，企业不提供产品。

我们可通过三种办法来找到企业平均成本的最小值：运用 Solver，对平均成本函数求导并使导数值为零，或使边际成本等于平均成本。我采用最后一种方法，平均成本为

$$AC(x)=\frac{100}{x}+2+0.01x$$

令平均成本等于边际成本：

$$\frac{100}{x}+2+0.01x=2+0.02x \ 或 \ \frac{100}{x}=0.01x \ 或 \ 100^2=x^2$$

所以 $x=100$。把 x 的值代入平均成本函数或边际成本函数，找到最小的平均成本：

$$AC(100)=\frac{100}{100}+2+0.01(100)=1+2+1=4$$

所以，单个企业的供给为：如果 $p<4$，供给为 0；如果 $p=4$，供给为 0 或 100；如果 $p>4$，供给为 $50p-100$（由解 $p=2+0.02x$ 得出）。

行业供给曲线由 50 个这样的供给曲线水平加总而成：当价格 $p<4$ 时，$S(p)=0$；当 $p>4$ 时，$S(p)=2\,500p-5\,000$；难点是当 $p=4$ 时，$S(p)=0$，100，200，…，4 900，5 000。这里的道理在于，当 $p=4$ 时，行业中任意一组企业可提供 100，而其他无动于衷。如果 50 个企业中的 k 个的供给量为 100 单位，则总供给为 $100k$，k 的取值为 0，1，2，…，50。见图 11.5。

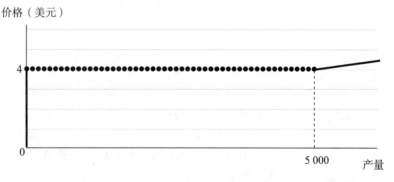

图 11.5 第三个例子中的供给曲线

说明：第三个例子中的 50 个企业边际成本递增且能避免固定成本。这些企业的生产有效规模为 100，此时平均成本为 4 美元。所以，如果价格低于 4 美元，没有企业提供产品；如果价格大于 4 美元，沿着边际成本曲线提供产品；如果价格等于 4 美元，供给量可为 0 也可为 100。所以，当价格为 4 美元时，供给曲线是一串点。如果所有 50 个企业都选择 0，则行业供给为 0；如果 1 个企业选择 100，而另外 49 个企业选择 0，则行业供给为 100；依此类推，行业供给为 200，300，…，5 000（即所有 50 个企业都选 100）。

均　衡

现在该是推出关键结论的时候了。需求函数已经给出，行业供给函数也已经得到，在两者交汇处就得到均衡。

例如，在第一个例子中，有 50 个企业，每个企业的总成本函数为 $TC(x) = 2x + 0.01x^2$，行业供给为

$$S(p) = \begin{cases} 0 & p < 2 \\ 2\,500p - 5\,000 & p \geqslant 2 \end{cases}$$

如果需求函数为 $D(p) = 10\,000 - 500p$，均衡价格是供求相等时的价格，即

$$10\,000 - 500p = 2\,500p - 5\,000$$

此时如果 $p < 2$，我们担心该如何办。上式可化简为

$$15\,000 = 3\,000p，即 \ p = 5$$

在这一价格水平上，供给等于需求等于 7 500 单位，即 50 个企业中，每个企业的供给量为 7 500/50＝150 单位。我们还能求出每个企业的总收益、总成本和利润：总收益为 150×5＝750 美元，总成本为 $2 \times 150 + 0.01 \times 150^2 = 525$ 美元，利润为 750－525＝225 美元。

如果不相交会怎么样?

在我们建立的许多模型中，如果供给不与需求相交，会遇到麻烦。在多种情况下都可能发生这一现象，我们来看下面的例子。回头看供给函数的第三个例子，在价格为 4 美元时，供给是 51 点，如图 11.5 所示。假定需求函数是连续递减函数，当价格为 4 美元时，需求为 3 560 单位，那么供给没有与需求相交。当价格高于 4 美元时，需求要小于 3 560 单位，而供给至少为 5 000 单位；当价格低于 4 美元时，供给为零，需求超过 3 560 单位。当价格正好为 4 美元时，需求落入下面两点之间：35 个企业每个生产 100 单位，供给少一点，而 36 个企业又多一点。我们不会看到 35 个企业各生产 100 单位，而其中一个生产 60 单位，因为如果价格为 4 美元，那么这个企业若只生产 60 单位，利润将为负值。

当我们遇到具有这一特征的模型时，解也很简单：不要再认真看待模型。我将马上对此做出解释。

11.3　短期和中期分析

在一个已实现均衡的竞争性市场中，需求突然发生变化。按照我们在第 10

章前三分之一内容中的分析，随着时间的变化，企业对产品具有不同的供给能力。这会导致什么样的均衡价格模式？

假定在这个行业中的企业有能力在短期内做出反应，在中期反应更加多种多样（长期的情形留待后面讨论）。按第10章讨论的内容，我们假定每个企业都有短期、中期的总成本和边际成本曲线，两种边际成本函数在企业现期生产水平上相交，短期边际成本曲线比中期陡峭；不存在固定成本，或者更合理一点，假设固定成本无法回避，所以固定成本在短期、中期都不相关。

图11.6所示的是稳定的均衡。企业的供给曲线沿边际成本曲线变动，行业供给量是各企业产出水平的横向加总，所以，我们得到了短期、中期行业供给曲线，两者在行业当期产出水平上相交，短期行业供给曲线比中期行业供给曲线更陡峭。

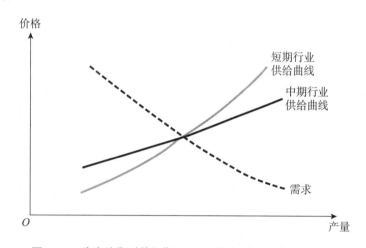

图 11.6　稳定均衡时的短期(SR) 和中期(IR) 行业供给曲线

说明：类似于企业的短期、中期边际成本曲线，行业的短期、中期供给曲线在现期均衡产出水平上相交，短期供给曲线比中期供给曲线更陡峭。

使用"更陡峭"一词可能会引起误解。供给曲线表示的是，数量是价格的函数。但是如果把价格标示在纵轴上，那么，更陡峭是否是说短期供给函数的导数值更大一些？或者说当你观察像图11.6这样的图形时，是否短期供给曲线更接近纵轴？

276

我指的是后者的意思。短期供给曲线看上去更接近纵轴，因为在短期，供给对价格变化的反应相对比较小。短期供给函数的导数值相对较小，而短期反供给函数（给定供给量水平时，需要与之对应的价格）相对较大。表现在图中，曲线接近纵轴。

当需求突然增加时，价格会上涨（根据图11.7）。随着价格的上涨，企业沿着短期供给曲线移动，增加产品供给。新的短期均衡在新需求曲线和短期供给曲线相交处实现了，价格-数量组合比以前要高。

随着时间的流逝，企业能进行短期无法做到的调整。在新的短期均衡价格上，这会导致供给过度（overabundance），所以价格会回落到最初水平。当需求与中期供给曲线相交后，中期均衡就实现了，价格处在原有均衡价格和新的短期均衡价格之间，产量要比两种情形下都大。

这就是模型中交点如何变动的情形。在实际生活中，当然没有正好适应所有企业的单一的短期和中期。假定经济激励足以推动它们这样做，一些企业能迅速调整其产出水平，其他企业则反应要缓慢一些。但是，我们在模型中看到的都是平滑变化，而在现实中看到的是如果需求突然增加，均衡价格会急速上升。这必然会刺激供应商增加供给，尽管根据它们各自能力不同，反应有快有慢。随着供给的增加，价格开始滑落。一次新的刺激将推动价格上涨到新的供给曲线上，随着供给的增加再向下回落。只要中期供给曲线是向上倾斜的，价格就不会回到开始的点上，但是相对于最初的骤升，还是会出现回落。

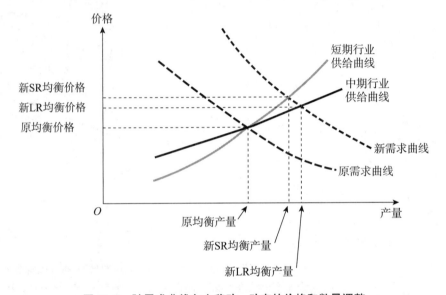

图 11.7　随需求曲线向上移动，动态的价格和数量调整

说明：当需求增加后，从短期看，价升量增；从中期看，供给继续上升，所以价格会回落到原有水平。

11.4　长期、进入和退出

277

如果有短期和中期，就一定有长期。在长期模型中，新的企业会进入一个行业，而行业内的企业可能了却它们的所有债务而退出。我们认为，当企业看到一个行业有获利机会时会进入这个行业，而招致亏损时会退出。

经济利润和会计收入

经济利润（economic profit）一词需要解释一下。对经济学家来说，利润等于总收益减去总成本。可归入成本并构成总成本的项目只限于在资本设备、土地等上的资本花费。如果企业借钱是为资本进行融资，对所借资本的利息支出就是一种正常的花费。但是，当我们从模型回到现实世界后，企业对资本的筹资可通过发行股票来实现。在企业的会计收入报表中，就不会包括股权资本的费用支出，因为企业的会计核算收入是用来计算当所有的债务都从收益中扣除后，还有什么留给了股票持有人。在这一非常重要的方面，会计核算收入并不等同于经济利润。

当评估如下假定时心中要清楚这一界限：如果一个行业的经济利润为正，则企业将进入这个行业，如果为负就退出。经济利润为零并不意味着没有会计收入。当经济利润为零时，股票持有人要求他们的投资获得足够多的会计核算收入才会满意，因为这样他们的投资收益才会赶上整个市场的收益率水平。假设经济利润为正时企业才进入的核心意思是指，一个行业中的股票持有人获得的收益率高于市场平均收益率水平，才可能吸引投资者进入。如果这样来解释经济利润为负时企业退出的假设，意思就是：如果股票持有人获得的收益率低于行业平均水平，资本将流出。经济利润和会计核算收入之间的界限清楚了，我们关于进入和退出的假设就相当合理了。

再论长期、中期和短期

278

如果在图 11.6 中考虑了进入和退出的因素，我们恐怕得增加一条供给曲线，该条曲线比中期行业供给曲线要平坦一些。

根据图 11.7 的原理，当需求突然增加后，我们可以预期：（1）价格急速上升，数量在短期小幅下降；（2）之后价格会回落到比最初均衡价格高一些的水平，数量在中期会继续增加，最后在长期也增加；（3）由于新进入企业的推动，数量会进一步增加，但回落后的价格水平不会低于原来的均衡水平。

在进出自由和最优技术可以获得的情况下，当长期均衡实现时，还会有利润和亏损吗？

假定目前在某一行业，**从任何技术能力来看，没有企业比其他企业有优势**。对于一个企业可用的任何技术，对于所有企业（包括潜在进入企业）都可用。再进一步假设**潜在进入者的供给没有限制**。

上述黑体字是为了引起你的注意。对具体情况来说，这些假定可以成立，也可以不成立，当然也可能近似成立。例如对农业部门来说，有些农场的土地好，有些就差，相对好的土地的供给是有限的。因为土地的质量在某种程度上决定着收成的好坏，所以有幸拥有好地的农场主就拥有更有生产率的技术。另一个例子是，在为经济相对富有的西欧、北美和日本市场提供相对便宜服装的东南亚地区的制造业中，就有大量的潜在制造商，借助于便宜的劳动力，它们已经拥有最低成本的技术。（这是描述性的而非规范性的。）

在这样的假定条件下，在长期均衡实现时，企业不可能获得经济利润。如果某个企业能获得经济利润，潜在的进入者就会像这个企业一样观察到价格变化，并计算出它们在这个价格水平上可以获得的正的经济利润，所以它们将进入这个行业，价格也将会下降。只要经济利润存在，这个过程就会继续下去。当价格下降到没有企业能获得经济利润时，进入也就停止了。同样的道理，如果企业遭受了亏损，它们将会退出，在经济利润为零之前，这种退出会一直继续。

这些情形对于 U 形的平均成本技术来说是最为清楚和明了的。因为只有通过退出行业，才可以避免固定成本。所以，当价格高于平均成本最小值时，企业获得的利润为正值；而当价格低于平均成本最小值时，企业遭受亏损。所以，只要价格高于平均成本最小值，企业就会进入；当价格低于平均成本最小值时，企业就会退出。因此，当长期均衡实现时，情形如下所述：

如果一个行业中最好的技术可为所有生产者免费获得，潜在进入者的数量也无限制，这些进入者也准备利用这些技术，而且这些最好的技术的特征是 U 形的平均成本，那么在完全竞争市场中唯一的长期均衡价格水平位于平均成本最小值处。在长期均衡点上，每一个生存下来的企业的生产都处于有效规模，经济利润为零。

用图形对上述说法进行解释

上述内容的图形会怎样呢？当需求变化后，会有什么样的动态调整呢？请看图 11.8，图(a)所示的某一企业具有 U 形的平均成本技术特征，平均成本最小值为 p^*，那么长期均衡价格一定等于 p^*。所以，如果我们在图(b)中画出需求曲线，那么均衡一定如图所示。注意，有效规模标示为 q^*，当长期均衡实现时，N 个生存下来的企业中的每一个都生产 q^*。（如果在价格为 p^* 时，需求不是 q^* 的整数倍又该如何？我们将在下一小节对此进行分析。）

假定一个行业中的企业在短期内对需求的变化可能做出回应的方式有限。图(a)中的平均成本曲线反映的是它们在中期可能采取的行为的完整区域，这个中期的时间相对于新企业进入和现存企业退出的时间要短一些。所以，图(a)所示的平均成本曲线是该行业中的企业的中期平均成本曲线。我们把它标示出来，相应的图(c)中的边际成本也是如此，并按照上一章通常所做的假设画出了短期的平均成本曲线和边际成本曲线。

该行业的短期和中期供给曲线表示在图（d）中。这是把 N 个生存下来的企业的短期和中期的边际成本曲线水平加总得出的。把它们转移到图（e）中，并加上突然外移的需求曲线，我们就可以进行动态分析了：当最初的价格骤升后，现存的企业会做出短期调整；随着现存企业做出中期调整，价格回落，但不会一路回到 p^*；最后，因为价格高于 p^*，吸引了新的进入者，新的长期均衡实现时价

格回到 p^*，所有生存下来的企业都在有效规模 q^* 上组织生产，企业数目增加了 M 个。所以，在价格为 p^* 时，沿着新的需求曲线得到的需求量为 $(N+M)q^*$。

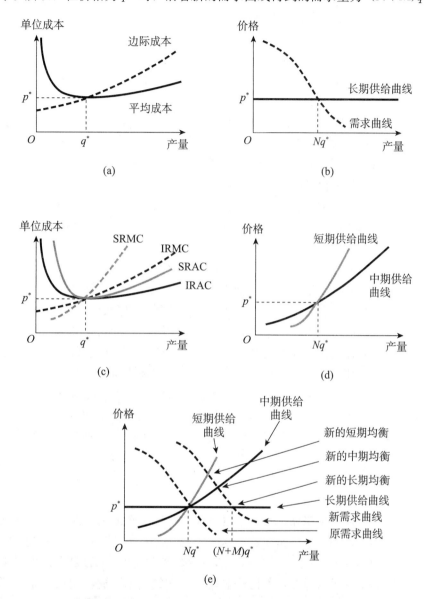

图11.8　需求在短期、中期和长期增加后的动态调整

说明：以一个处在长期均衡的行业为例，大批等待进入该行业的潜在进入者已经掌握了最先进的技术。在任何长期均衡状态，得以生存下来的企业获得的经济利润都只能为零，因为得以生存下来的企业的调整使得事情只能如此。当需求曲线突然向外移动后，在短期内价格会突然上升，然后向原有水平回落，就像图11.7所示的那样。从长期来看，由于价格提高会吸引新的进入者，导致供给增加，反过来推动了价格下降。如果所有得以生存下来的企业的平均成本的最小值都相同，那么价格将会回到原有水平，新的进入者用于满足对产品的新增加的需求。

尽管在图（e）中并没有表现出来，但请注意，当新的长期均衡实现后，有 $N+M$ 个企业得以生存下来，并且短期和中期的供给曲线会向外移动。它们等

于 $N+M$ 的横向加总的和乘上代表性企业的边际成本曲线。

再谈没有交点的情形

如果在价格为 p^* 时，需求并不是正好等于 q^* 的整数倍，会引起什么后果呢？这个问题之所以重要是因为，当在图 11.8 中画出平行直线式的长期供给曲线时，按照图 11.5 的做法，我画出的长期供给曲线应该是按照顺序排列的分开的点，除非那些点一直是连续的，因为有无数多个企业在价格为 p^* 时准备进入这一行业，并把产量定位在有效规模 q^* 上。如果实现的 $D(p^*)$ 并不是 q^* 的整数倍，那么需求将不会与长期供给曲线相交。

根据模型的说法，如果发生这种情形，那么这个行业就有些不稳定。假定 $D(p^*)=34.3q^*$，那么 34 个企业太少，而 35 个企业又太多。如果市场中有 34 个企业，那么每个企业都将获得小额利润，这会吸引新的进入者，于是第 35 个企业进入。但是，这样 35 个企业都有亏损，所以 1 个企业必须出局。这样又会有利润存在，吸引新的进入者，如此循环。

在实际生活中，当企业并不完全相同时，我们很容易看出不同，34 个效率最高（依据它们的平均成本最小值排列）的企业存在于市场中，获得少许的经济利润。假定下一个最有效率的企业能在使 34 个企业所在市场出清的价格水平上获得利润。如果它明白自己对价格的影响，尽管很小，但足以导致其亏损持续，那么它将不会进入这一行业。但如果认识不到这一点，它进入后将会从这种进入中得到教训。所以，我们大概可以在 34 个企业上稳定下来，每个企业都获得超额利润，当然这一超额利润是如此之少，并不足以吸引新的企业进入。从对价格和均衡数量预测的角度看，这实际上正是模型预测的结果。

租 金

从长期来看，在竞争性行业中，所有企业的（经济）利润均为零。 这一说法是正确的还是错误的？从一般意义上看，这当然是错误的。如果没有障碍来阻挡其他企业进入这一行业，如果所有企业，不管是得以生存下来的企业，还是潜在进入企业，都已经掌握了同样的技术，这种说法就是正确的。但是这样的假定在一些情况下似乎是正确的，而在其他情况下可能是错误的。如果一个农场主拥有一块非常肥沃的土地，这使得他可以在投入较少的情况下获得较多的产出，那么在长期均衡时，这个企业也能获得正的利润。

经济学家们非常偏爱上一段中用黑体字标出的说法，但有时他们又会把它简化成一种同义反复的说教。这种文字游戏如下：如果前一段中所述的农场主拥有的土地能获得高产，那么这种优质的土地应该比贫瘠的土地获得更高的租金。如果农场主拥有土地，那么租金实际易手的问题就不存在。但如果我们假定土地拥有者将土地外租而不是自己耕种，那么我们就得考虑到土地可获得租金的问题。租金为多少呢？按照（租金的）经济学定义，租金将被确定在使上

282

一段中黑体字的说法正确的恰当水平上。

当分析对象是农场土地时，**租金**（rent）的定义特别合适。租金一词，有时被称为**准租金**（quasi-rent），也可以被用于下列情形：一个产业中的企业拥有一种可显著、有效地降低成本的专利技术，或者即使这种技术并非专有但仍是超过竞争对手的技术。这个幸运的企业并未获得经济利润，相反，它的专利权或只是一种生产技术获得的租金正好使得企业的利润为零。当一些生产投入要素如土地、专有的生产过程和优势技术的供给数量相对固定的时候，这一概念也会被用到。所以，进入某个行业的过程并不会把投入要素带给拥有者的价值吞噬掉。之所以采用租金一词，是因为就像大多数经济学名词一样，它在18、19世纪的英国就被确定下来，当时最主要的例子是农业土地。在美国的所得税分类中，你可能感到奇怪为什么租金和特许权使用费（royalties）适用于同样的法律而且报税的形式也相同。这符合经济学原理。请读者自己去查找特许权使用费的词源。

这是简单的语义学。当你听到人们（他们使用经济学语言）谈论经济租金时，他们心中想的就是这种意思。当你听到一个过于狂热的经济学家说，在竞争性市场中，经济利润必须为零时，你要知道他所指的一切背后所包含的语义学意义，即通过投入其他企业不能相匹敌的投入要素所获的经济利润，被贴上了租金的标签。

企业会在有效规模上组织生产吗？

在第8章，当我引入有效规模一词时，我曾对利润最大化企业必须在有效规模上组织生产嗤之以鼻。利润最大化企业应该在边际成本等于边际收益的产出水平点上组织生产，这可能大于也可能小于有效规模。

可是，当我们讨论竞争市场时，企业在有效规模上组织生产的说法有了新的含义。任何实现利润最大化的竞争性企业，当经济利润为零时，都必须在有效规模上组织生产，而且，均衡价格必须等于平均成本最小值。这与进入或退出某一行业是否自由关系不大。如果价格低于平均成本最小值，企业将无法依靠负利润生存下来。如果价格高于平均成本最小值，在一定的生产规模上，企业一定会获得正利润。利润为零发生于价格等于平均成本最小值之时，除了退出所在行业，只有在有效规模上企业利润才能为零。

所以，从竞争性企业的经济利润为零来看，它的生产一定是有效率的。而且，一个利润最大化的竞争性企业要确定地获得正的利润，就一定要在有效规模之上（above）组织生产（见练习8.11）。

长期供给曲线是平直的吗？

（第一次阅读本书可以跳过或只是略读本小节内容，因为它讨论的是非常具体的内容。）

如果所有企业都可免费获得制造某一产品的最好技术，那么，长期均衡的供给曲线应该是平直的吗？按图11.8的方式，在一个大批潜在进入者可获得最低成本制造技术的模型中，上述结论仍然成立。为什么？如果所有企业（包括潜在进入者）掌握的是同样的技术，那么，行业的均衡价格一定等于平均成本最小值。在任何高一些的价格水平上，企业都会有正的利润，从而吸引进入者进入。而在任何低一点的价格水平上，企业都会遭受亏损并退出。

可是这种推理并非无懈可击，长期成本依赖于技术和投入要素的价格。如果投入要素的长期供给曲线并不是一条平直线，例如，该行业使用量的增加引起投入要素价格上升，那么，随着行业生产规模的扩大，每个企业的长期平均成本曲线上升，平均成本最小值也会增大，所以，行业的长期供给曲线就不会是平直的。在这种情形下，尽管长期利润保持在零上，但是每个企业为了保持长期利润为零需要的价格却在上升，因为要弥补投入要素成本的上升。

所以，这里要弄清楚，说投入要素供给曲线并非平直线，并不是说单个企业在要素市场中似乎有影响市场的力量。只要所有企业都相对不大，它们对投入要素的购买规模就不会对投入要素价格产生可感觉到的影响。但是当所有竞争性企业都扩大它们对投入要素的需求时，这样的购买规模就足以推动投入要素价格上升了。这与如下认识是一致的：当行业内每一个企业都认为自己在产品市场上是价格接受者的时候，这个行业作为整体还是能而且确实影响着产品的价格。

284　　这意味着，一个行业的供给（实际上）并非各个企业供给函数的水平加总，即使在假定进入或退出该行业不可能的情况下，这一说法也是成立的。单个企业的供给曲线是在投入要素价格不变时画出的，至少对小型的单个企业来说大体上如此。但对于整个行业来说，这一点并不成立。

可以以谷物种植业为例，在我们能找到的行业中，该行业最接近竞争性行业。没有一个农场主，即使是农业巨头，能对化肥价格产生较大影响力。所以，单个农场主的供给曲线会把化肥价格看成既定变量。但是整个行业对化肥的需求却是巨大的，若更多的土地被用于耕种或对已耕种土地加大细作力度，就会推动化肥价格上涨，多施肥会带来高产量。所以，行业供给曲线要比单个企业供给曲线横向加总"更陡峭"。

想尝试其他（相对地说）简单一些的例子，请参见《学生学习用书》第11章问题之后的讨论。我可以向你保证，这是比较难的，如果在进行这种讨论后你能形成自己的方法，你就掌握了本章内容。

11.5　为什么我们关心完全竞争？

就完全竞争来说，你了解的内容大概已经超过了你想要了解的东西。确实，许多初次学习经济学的人对此的反应是第一次学到的有些知识比预想的要多，因为在现实世界中，没有完全竞争的行业。

这一说法并不正确。一些重要的行业足以证明模型提出了非常好的预测，至少在一定的期限内如此。有大量事例可作证，如农业中的许多部门、部分劳动力市场以及交易量巨大的金融证券部门。金融证券部门非常值得关注，因为价格是在高度组织化的交易中确定的，这些交易中还加入了其他活动（如金融消息的披露），使得市场更接近完全竞争。

直接应用自身证明了这个市场存在的理由，除此之外，对于偏离这一状态的市场和行业，完全竞争提供了一个非常好的对照标准。例如，在经济学中，近期一项重要的创新理论被称为**完全可竞争市场**（perfectly contestable market）理论（本书没有讨论），这个市场模型认为进入者威胁使得企业做出的反应就如同完全竞争企业。这种理论，以完全竞争作为出发点，对美国制定航空业松散管制政策产生了非常大的影响。

完全竞争市场的重要性还体现于其他方面。它对市场效率提出了非常清晰的表述，而这是我们下一步马上要讨论的内容。

11.6　垄断竞争

在开始新的讨论主题之前，我想就垄断竞争说几句话。在对主题做了简单介绍后，我将解释为什么只是几句话，而不是什么也不说。

一个垄断竞争行业或市场包括许多供应商（生产者）和许多购买者，但是不同于完全竞争，这时讨论的产品不是同一化产品而是差别化产品。也就是说，不同的消费者或多或少喜欢不同生产者生产的各具特色的产品。例如，可想一想街道两边各种风味的餐馆。有些是印度风味的，有些是中国风味的，还有些是意大利风味的，等等。而且，对于印度餐馆来讲又有所不同，一些提供印度北方风味的食物，而另一些又专门提供印度南方风味的特色食物。就某一消费者来说，他最喜欢印度北方风味，接下来喜欢中国四川麻辣风味和意大利西西里岛风味，之后是中国北方风味；而另一个消费者则偏好黎巴嫩风味和印度南方风味；如此等等。

在这样的环境中，没有理由相信一种市场价格可适用于所有餐馆。如果经营印度北方风味食物的餐馆把价格定得高于其他餐馆，它会失去一部分顾客。但是，对于强烈偏好印度北方风味食物的消费者来说，他们愿意支付高价。尽管有许多供给者，但每个餐馆对市场都有一定的影响力，面对的需求曲线也是向下倾斜的，每个经营者都通过边际收益等于边际成本使利润最大化。

当然，每个餐馆的需求都会受到所有其他餐馆定价的影响。假定一家经营印度北方风味食物的餐馆泰门（Tandoor）的一份午餐的价格为 10 美元，而其他所有餐馆的价格为 5 美元，那么，泰门的销售额将要比其他餐馆定价为 12 美元时低。问题是其他餐馆的定价怎样影响对泰门的需求？

在垄断竞争中，任何生产厂商面临的需求就像泰门一样，都要受到其他企业价格整体分布状态的影响。比方说，一家紧邻泰门的名为"味上味"（Vesuvio）的意式餐馆降低价格可能对泰门的需求没有多大影响，但是，如果其他所有餐馆都降价，那么，对泰门的需求就要下降了。再者，如果新的餐馆进入这个市场，对泰门的需求也会下降。但是，不管其他餐馆如何定价或有多少餐馆存在，泰门对其市场都仍有一定的影响力，它的需求曲线不可能是平直线。

这种市场的均衡会是怎么样的呢？每个企业都被认为只是最大化自己的利润，即根据边际成本等于边际收益来决定自己产品的价格和数量。而且通常假定行业的进入是自由的，因为经济利润为正会吸引行业外企业进入，当然，如果尽了全力后仍然亏损，企业将从行业退出。为了简单起见，假定所有企业的平均成本都呈 U 形。从长期均衡来看，由于企业可自由进出，所以边际（生产）企业的利润一定为零。这也就意味着边际企业面对的需求曲线一定会与企业的平均成本曲线相交，否则企业的利润将为负，并且将从行业中退出。但是需求曲线将不会穿越企业平均成本曲线，否则企业的利润将为正值，其他企业将进入。换句话说，（边际）企业的需求曲线将与企业的平均成本曲线相切，如图 11.9 所示。根据假定，企业面对的是向下倾斜的需求曲线，所以其产出水平一定小于有效规模水平。

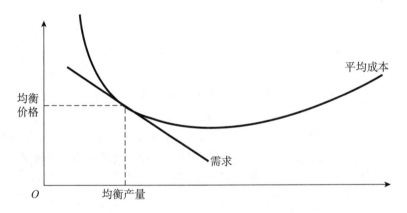

图 11.9　垄断竞争行业中的边际企业

说明：这种企业处在进入和退出的边际之间，利润一定为零。这意味着企业面对的需求曲线与平均成本曲线相切，因为需求曲线向下倾斜，所以，产量一定小于有效规模水平。

这就是基本观点。尽管有竞争和自由进入，但企业仍对市场有影响力。理论告诉我们，在这种情况下，企业会在有效规模之下组织生产。（对于处在进入和退出两个极端之间的边际企业，这一点是成立的。如果我再运用租金概念或文字游戏，对所有在这一行业中的企业都应如此。）

对垄断竞争市场的讨论，我不想再说更多，因为我发现在现实中很难找到符合假设的行业。具体来说，既然认为企业面临的需求并非完全弹性的，那么其他企业的价格效应不影响所论企业的需求似乎不可能。（这种影响其实很大。）如果一个企业生产的产品与其他企业的产品有差异，那么它对市场就有影响力。泰门其实有它自己的顾客群，但是产品差异的基础——位置或菜系风味——意味着,相近的竞争者对泰门面对的需求还会有很大的影响。如果泰门隔壁的餐馆或隔一个街区远的印度北方风味的餐馆改变价格,这对泰门的需求还是有很大影响的。如果我们假定这些都成立(如果把下一章应用的概念提前到这里,泰门其实是一个区域的寡头垄断者),那么,就需要合适的经济分析工具来找寻餐馆市场变化的均衡点了。(我们在第 22 章会看到有什么变化。)

我不敢说垄断竞争理论的基本假设从实证上看是空洞且不切实际的。确实有一些行业大致符合这些假定。电子商务(通过互联网销售产品)有一些相似之处。但是我认为即使这种行业存在,也非常少见——事实上,我无法找到一个这样的行业——这使得该理论很少有人问津。通过比较发现,许多重要的行业与完全竞争的假设近似。

那么,为什么还要劳烦你了解这一理论呢?垄断竞争市场具有的一些特征使得它在经济理论中非常有用,特别是在宏观经济学有关贸易和经济增长的理论中。你在宏观经济学中会遇到这些模型,为了避免惹得你的宏观经济学教授不高兴,我在这里只是简略提及。当你在其他课程中遇到垄断竞争模型时,我建议你忘掉前面讨论的一切内容。但在本书中你需要这种观点。

小　结

- 竞争企业(价格接受者)相信它能按现行价格卖出其愿意卖出的任何数量的产品。
- 对竞争企业来说,MC=MR(边际成本等于边际收益)为价格等于边际成本或 $p=MC$ 所替代,因为竞争企业的边际收益就是它所能接受的价格。这意味着,竞争企业没有固定成本和递增的边际成本,其边际成本函数"其实是"其供给函数。如果边际成本递增且为正,而且可回避,那么供给函数为处在或大于平均成本最小值之上的边际成本函数。
- 在竞争市场中,各个企业的供给曲线的横向加总就是总供给曲线。
- 在竞争市场中,通过供给与需求相等得到均衡。
- 在自由进入和退出行业中,当可获得的经济利润为正时,企业进入;如果为负,则退出。
- 如果一个市场中的企业和大量潜在进入者都广泛地获得最优技术,进入和退出自由,那么长期均衡价格一定等于与最优可获得技术对应的平均成本最小值。能够生存下来的企业会在有效规模上组织生产,所有企业的经济利润都为零。
- 因为经济学家们喜欢竞争导致经济利润为零的结果,所以他们发明出了租金概念,即对生产贡献突出的技术和生产投入要素的报酬。这使经济利润为零成为一种狡辩。
- 尽管在取得最优技术时仍可自由进入和退出,但长期供给曲线也会向上

288

倾斜，因为行业产出变化会影响投入要素价格。如果我们假定投入要素价格没有变化，长期供给曲线就是平直线。

- 完全竞争分析的意义在于一些重要的行业近似于完全竞争行业，它也是一个参照标准，特别是当我们在下一章讨论有关经济学效率的话题时。
- 垄断竞争关注的是行业中有许多竞争者，但企业仍有市场影响力的情况。它在宏观经济学中的一些领域非常有用，但在本书余下部分已无多大用处。

练 习

11.1 一个竞争企业的总成本函数为 $TC(x) = 5\ 000\ 000 + 5x + x^2/10\ 000$。对 500 万美元固定成本，如果企业产出为零，400 万美元可回避，但 100 万美元则完全无法回避。即使企业停止生产，它也必须支付 100 万美元。求这个竞争企业的供给曲线。

11.2 一个竞争企业的边际成本函数为 $MC(x) = 3 + x/20\ 000$，该企业的总成本函数为 $TC(x) = F_1 + F_2 + 3x + x^2/40\ 000$，其中 F_1、F_2 为固定成本，企业如果产出为零，可回避 F_2，但 F_1 无法回避［即 $TC(0) = F_1$］。该企业的有效规模（平均成本最小时 x 的值）为 60 000。当价格高于 5 美元时，该企业供给水平为正。F_1、F_2 的值为多少？

11.3 一个竞争企业的边际成本函数为 $MC(x) = 8 - x/10 + x^2/2\ 000$，该企业的总成本函数 $TC(x) = 8x - x^2/20 + x^3/6\ 000$，该企业的供给函数是什么？假定企业的固定成本为 10 000 美元，如果产出为零，全部固定成本都可以回避，试求这种情况下的企业供给函数。

11.4 一个消费者有节余货币的效用函数为 $u(x) + m = 10\ln(x+1) + m$，原有禀赋为 100 单位的 x 和 1 000 美元。该消费者可以根据价格买进或卖出。如果每单位 x 的价格为 4 美元，消费者将卖出 25 单位。在这种情况下，他最终拥有 75 单位产品并有 1 100 美元节余，获得的效用水平为 $10\ln(76) + 1\ 100$。如果他买进 25 单位产品后，最终的状况是 125 单位产品和 900 美元货币，效用水平为 $10\ln(126) + 900$。给定产品价格 p，或买或卖，消费者不管做什么，最终都要使效用尽可能高。作为价格 p 的函数，消费者该怎么做？

11.5 假定某一完全竞争行业有 10 个完全相同的企业，每个企业的总成本函数 $TC(x) = 4x + x^2/2$。进入该行业和从该行业退出都不可能。对商品的需求为 $D(p) = 10(20 - p)$，试求这个市场的均衡。

11.6 假定在完全竞争行业，每个企业的总成本函数为 $TC(x) = 10\ 000\ 000 + 2x + x^2/100\ 000$，需求函数为 $D(p) = 500\ 000(42 - p)$。

(a) 如果该行业中有 5 个企业，没有退出或进入，试求均衡。

(b) 如果有大量潜在进入者，而且企业的进入和退出完全自由（如果它们实际生产，要支付固定成本），试求均衡。

11.7 假定在一个特定完全竞争行业中，（任一单个企业的）产品制造技术的总成本函数为 $TC(x) = 100 + 3x + 0.04x^2$。设有无数企业可以进入该行业，总成本函数与上相同。只有这些企业进入该行业，它们才需要支付固定成本。

(a) 如果对产品的需求由 $D(p) = 200(10 - p)$ 给定，试求该行业的长期均衡。均衡时，产品价格为多少？交易量为多少？有多少企业可得以生存？每个企业的产出和盈利各为多少？

(b) 假定对产品的需求突然变为 $D(p)=200(12-p)$。从短期来看，企业无法改变其产出数量，新的短期均衡怎么样？从中期来看，企业可以根据给定的总成本函数来调节产出水平，行业的中期均衡会表现为什么？从长期来看，企业可以进入和退出该行业，求行业新的长期均衡。

11.8 假定在练习 11.7 所示的行业中，有 4 个企业的生产技术出众，它们的总成本函数为 $TC(x)=50+x+0.04x^2$。另外 8 个企业的成本函数如练习 11.7 所示。其他企业不可能进入这一行业。

如果对产品的需求由 $D(p)=200(10-p)$ 给定，试求该行业的均衡。

我没有说这 12 个企业的固定成本是否能够回避。这对回答该问题重要吗？为什么？

11.9 假设在练习 11.8 中，并非 8 个企业的成本函数如练习 11.7 所示，而是大量企业都有同样的成本函数。假定如果企业不生产，则全部固定成本都可回避。如果对产品的需求为 $D(p)=200(10-p)$，试求该行业的均衡。

第 12 章 | 市场效率

291

本章有两个目标：

● 提出消费者剩余和生产者剩余的概念，对计算出的消费者和生产者参与市场交易所得到的价值用货币表示出来。

● 运用这些概念，我们将解释为什么经济学家对市场和价格如此狂热。这是因为竞争市场是有效率的，即它们最可能带来最高水平的总剩余。但这一说法是有条件的，本章要讨论其中的许多条件。

阅读本章可能有些艰难，许多观点比本书其他部分要抽象一些。如果你的逻辑和数学知识不太好，你会发现本章比较难读。如果无法理解所述论点为什么支持结论，至少要明白所得结论的意思。在下一章，你将会有很多机会来看到那些概念和理念如何被具体使用。

如果你进行公众调查，请被调查者举出经济学家们使用的名词短语，供给等于需求无疑会获得冠军，第二名大概就是"看不见的手"了。

"看不见的手"是由经济学之父亚当·斯密提出的，指的是一个经济中价格可实现资源的良好配置。经济学家们，尤其是那些相信市场的经济学家们，对价格机制偏爱到了几近狂热的程度。其中一位会这样说："设想有大量偏好和能力相互冲突的消费者和生产者，他们的行为需要进行协调。"价格机制可担此重任，它会"告诉"消费者某个具体交易物品的"成本"，也同时会告诉生产者，它提供的交易物品的市场价值。作为对论题的准备，相信市场的经济学家可能会这样解释：价格和市场机制就像"看不见的手"，准确有效地对消费者和生产者行为进行协调，取得了无须改进的结果。

委实，"看不见的手"和公正一起有时被认为是苏联模式经济体制失败的原因之一。苏联运行的是一种中央计划和管理式的经济。从最高层管理者开始，有一个庞大的运行机构和组织；我们不是看轻计划部门和其他计划制订部门的能力，但计划并不总是能做得尽如人意。

292

通过比较可以看出，在通过价格驱动的经济中，价格把计划分配过程分散化了。很显然，分散化带来了良好的结果。在寻求自身效用最大化的过程中，单个消费者掌握了大量信息并且有时间和动力去处理这些信息。在追求利润最大化的过程中，企业也掌握了大量信息并且有时间和动力去处理这些信息。价格发挥了重要的信息沟通作用：对追求利润最大化的企业和谋求效用最大化的消费者来说，价格把他们想要了解的有关对方的需要和能力的一切信息简单明了地表达了出来。企业和消费者在均衡价格和自我利益引导下所取得的结果，是计划和管制经济所无法企及的。

毋庸讳言，引起苏联模式经济体制失败的原因有很多，如腐败的政治制度、缺乏承担风险和创新的个人激励机制是其中重要的原因。但是很少有人会怀疑，通过命令来运作像苏联或者像波兰这样规模的经济是一件非常艰难可怕的任务。在莫斯科的计划制订者要能决定为明斯克制造多少双鞋子。但他们对鞋子的式样并没有什么概念，如果他们选择的式样不对，造出的鞋子可能会留在明斯克的货架上，因为明斯克的消费者可以用他们的旧鞋来凑合。相对来说，苏黎世的私人制鞋商却有强烈的愿望和时间来了解哪种样式是明斯克人能接受的。即使在莫斯科制订计划的官僚们想去了解明斯克的最新流行款式（这值得怀疑），他们也没有足够的时间和机会去掌握这些信息。而价格，或更加确切地说，决策和信息搜集的分散化，再加上市场体制提供的激励在此却大有可为。

确切地讲，"看不见的手"能做什么？在本章，我们会发现在条件满足的情况下，"看不见的手"能得到最优但并不一定是公平的结果。

在介绍了具有导言性质的思想观点之后，我可以开始讨论了。经济学家对这种观点通过不同方式进行了评论。不同的评论意见之间的一个重要的分歧是分析的视野不同。我们可以只观察一个单独的市场如鞋子市场，这被称为**局部均衡分析**（partial equilibrium analysis）；我们也可以一次观察整个市场，经济学语境中称之为**一般均衡分析**（general equilibrium analysis）。我们也提出了适用于第一种批评的工具，所以可以观察单个市场。

12.1　消费者剩余和生产者剩余

293　　在本章绝大部分内容中我们以完全竞争市场为分析对象，这里所有的供给都来自企业，所有的需求都来自消费者。

图 12.1 是通常意义上的供给等于需求的图形，在供求曲线交点处是均衡价格和均衡数量。注意两个阴影区域，深色阴影区域是由均衡价格和均衡数量以左的需求曲线围成的，这个区域被称为消费者剩余。浅色阴影区域是由均衡价格和均衡数量以左的供给曲线围成的，这个区域被称为生产者剩余。

消费者剩余是用货币度量的、消费者在这个市场交易中所获得的利益（benefit）。

生产者剩余是用货币度量的、生产者在这个市场交易中所获得的利益。

所以，用货币度量的两部分利益和价值的和是由于存在这个市场而产生的。

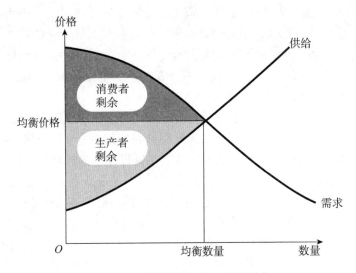

图 12.1 消费者剩余和生产者剩余

说明：消费者剩余（图中深色阴影区域）是用货币度量的、消费者在均衡时所获得的利益。生产者剩余（图中浅色阴影区域）是用货币度量的、生产者在均衡时所获得的利益。

我们马上来验证这一说法，它们并非在一切情况下都严格成立。为了理解这两个概念，我们必须进一步说明"利益"一词的意思。下面两节将讨论这些说法和含义什么时候成立和为什么成立。

12.2　生产者剩余

294　　　生产者剩余其实就是对企业在行业中获得的利益的一种想象出来的表述方式。

假定现在某一行业中所有企业都无固定成本且边际成本递增。图 12.2 给出了一个生产者的边际成本图形，这也是生产者的供给曲线。假设均衡价格和厂商的供给决策如图所示。在图（a）中，长方形阴影部分中的高表示的是价格，长表示的是企业的产出水平，面积是厂商的总收益。在图（b）中，边际成本曲线以下、企业产出水平以左的阴影部分表示的是全部的边际成本，也表示生产者

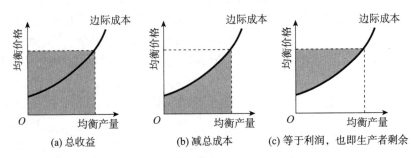

图 12.2　生产者剩余＝单个生产者的利润

的总成本。两个阴影部分的差表示在图(c)中，是总收益减去总成本，或者说是利润。

这是对于一个生产者而言的。现在我们把它扩展到多个生产者。假定该行业有 m 个企业，分别为 1，2，…，m，用 $s_j(p)$ 来代表企业 j 的供给函数，所以总的行业供给函数为

$$S(p) = s_1(p) + s_2(p) + \cdots + s_m(p)$$

（1）图 12.2（c）中的阴影部分表示的是单个企业也就是企业 j 的利润。我们知道，供给是价格的函数，所以，把你的头或书转动 90°，这个区域就是 $\int_0^{p'} s_j(p)\mathrm{d}p$，这时 p' 是均衡价格。我们可恰当地认为 $S_j(p) = 0$，即价格 p 是如此之低，所以，企业不愿供给任何产品。

（2）通过类推可得整个行业的生产者剩余为 $\int_0^{p'} S(p)\mathrm{d}p$。

（3）但生产者剩余或 $\int_0^{p'} S(p)\mathrm{d}p$ 也可表示为

$$\int_0^{p'} [s_1(p) + \cdots + s_m(p)]\mathrm{d}p = \int_0^{p'} s_1(p)\mathrm{d}p + \cdots + \int_0^{p'} s_m(p)\mathrm{d}p$$

这是所有企业利润之和。

固定成本和生产者剩余

当行业内一个或多个企业有更复杂的总成本函数时，情形又如何呢？我不准备做包罗万象式的分析，我们仅讨论最基本的情形：企业的边际成本递增以及固定成本为正值的情况。这类企业还可以进一步分为可回避固定成本企业和不可回避固定成本企业。

行业的生产者剩余——由均衡产出水平左边的行业供给曲线和均衡价格围成的区域——等于行业内所有企业的利润之和加上它们无法回避的固定成本。

无法回避的固定成本很容易理解，就以一个企业为例。无法回避的固定成本，因为无法回避，所以对企业的供给决策没有影响，企业的供给曲线也是如此。如果我们重新画图 12.2(c)，我们把阴影部分定义为等于企业利润加上无法回避的固定成本。

假定企业能回避部分或全部固定成本，如图 12.3 所示。图(a)表示的是企业的总边际成本函数。图(b)表示的是企业的供给函数，它是边际成本曲线高于价格水平 p^* 和产出数量 x^* 之上的轨迹，但如果价格低于这一水平，产量将为零。通过第 11 章的学习我们知道，当价格-数量组合为 p^* 和 x^* 时，企业正好抵偿了固定成本中可回避的部分。也就是说，价格为 p^*、产出数量为 x^* 时的全部固定成本[图(c)中的阴影部分]加上企业的可变利润正好等于其可回避的固定成本。所

以，在图(d)、图(e)和图(f)中，对于企业供给曲线上的某一价格和产出水平(p', x')，生产者剩余［图(d)］就是企业的总收益［图(e)］减去总可变成本［图(f)中的深色阴影部分］和可回避的固定成本［图(f)中的浅色阴影部分］之和。

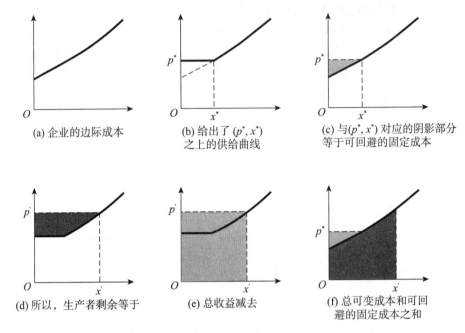

(a) 企业的边际成本   (b) 给出了 (p^*, x^*) 之上的供给曲线   (c) 与 (p^*, x^*) 对应的阴影部分等于可回避的固定成本

(d) 所以，生产者剩余等于   (e) 总收益减去   (f) 总可变成本和可回避的固定成本之和

图 12.3　考虑部分可回避固定成本的生产者剩余

总结一下，对单个企业来说，当其边际成本递增且固定成本为正时，其生产者剩余等于总收益减去总可变成本和可回避的固定成本之和，也等于利润加上不可回避的固定成本。

这是就一个企业而言的。如果是几个企业，只不过是把上述所有带积分号的变量重复一下。当你这样做时，记住，前面部分使用的利润已经变成包含不可回避固定成本在内的毛利润（profit gross of unavoidable fixed cost）。

不可回避固定成本和不同时期

在绝大多数情况下，在生产者剩余中计入不可回避固定成本没有多大影响。如果生产者的固定成本无法回避，那么在任何制度安排中，它们都无法回避，那就只好由社会来承担。但是，当我们将生产者剩余用于分析生产者对税收和价格管制做出短期和较长期反应时，会引起误解。（我用较长时期代替了长期以便把中期包括在内。）

图 12.4(a)给出的是一个竞争行业的短期、较长期的典型供给曲线。短期供给比较长期供给缺乏弹性，但两者在现期水平上都经过 X^* 水平点。

在图 12.4(b)中，我们重画了短期供给曲线，标出了现期生产水平 X^* 和价

格水平 p^*，阴影部分是生产者剩余。在图 12.4(c)中，我们按同样的思路重复了较长期供给曲线。所以，图 12.4(b)中的阴影部分代表的是短期生产者剩余，它等于短期生产者利润。图 12.4(c)中的阴影部分代表的是较长期生产者剩余，它等于较长期生产者利润。因为较长期供给曲线比短期供给曲线平坦，所以，图 12.4(b)中的阴影区域比图 12.4(c)的要大一些，这似乎意味着在现期产出水平上，短期生产者利润大于较长期生产者利润。在我们对短期成本和较长期成本进行讨论时，我们说，在现期产出上两者的成本是相同的，所以，这里一定出现了什么问题。

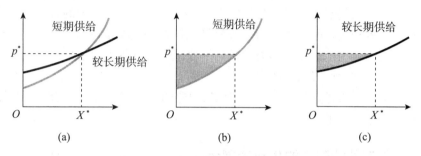

图 12.4　短期和较长期的生产者剩余

说明：图(a)所示为较长期和短期供给曲线；图(b)所示为短期生产者剩余；图(c)所示为较长期生产者剩余；图(b)、图(c)的价格和产量为较长期的现期水平。短期生产者剩余要大于较长期生产者剩余，这是否意味着短期利润也大于较长期利润？请见正文中的解释。

实际上没什么大惊小怪的，问题就是不可回避成本在短期比在较长期大，阴影区域是利润加上不可回避固定成本。

为简单起见，假定所有固定成本都不能回避。那么，图 12.5 所示的短期和较长期成本可以被用来解释上述问题。在现期产出水平上，企业的短期和较长期总成本是相同的，而较长期总成本在其他时候要低于短期总成本。那么很显然，当产出水平为零时，短期总成本或短期固定成本大于较长期总成本，也就是大于较长期的固定成本。

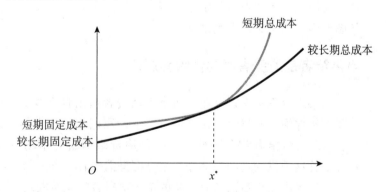

图 12.5　短期和较长期的总成本曲线

所以，图 12.4 和图 12.5 给出了如何从短期和较长期供给曲线寻找行业总体短期不可回避固定成本和较长期不可回避固定成本之间的差距。在现期产出水平上，两个成本是一样的，所以偏离这一产出水平后，行业短期和较长期供给曲线之间的区域［图 12.4(a)中的三角形］就是固定成本之间的差距。

在实际应用中，会提出下面这样的问题：在对该产业征税或实行价格管制后，生产者利润在短期会怎样变化？在较长期又会怎样变化？从行业供给曲线上，我们无法知道固定成本的具体值，所以也就无法得出不管是较长期还是短期的具体利润水平。但是如果我们想要知道生产者利润的变化，固定成本就不包括在内了。生产者剩余的变化等于生产者利润的变化，不管生产者剩余是衡量净利润还是衡量包括不可回避固定成本的毛利润。如果你仔细观察的话会发现，基于生产者剩余变化而进行的比较是完全合理的做法：当你想衡量短期的利润变化时，采用的办法就是根据短期供给曲线找到短期生产者剩余的变化；当你想衡量较长期的利润变化时，采用的办法就是根据较长期供给曲线找到较长期生产者剩余的变化。

通过这种方式，任何无法回避的固定成本在一个合适的期限内都被从比较中减掉了。

其他情形下的生产者剩余

到目前为止，我们对生产者剩余概念的研究都只是集中在完全竞争行业中的均衡状态下。尽管只集中于一点，但这一概念仍具有一般性，这一概念的核心是生产者利润的和，并考虑到了各种范畴的固定成本。

对竞争性市场均衡来说值得称道的是，从供求图形上可以"看出"生产者剩余，它是一种可被认识的区域。在其他情况下，这一点仍然成立。最值得关注的是，在垄断行业，根据一般的边际成本-边际收益图形，也很容易找出包含各种固定成本在内的生产者利润。如果在图上有平均成本曲线，你还能找出除去成本的净利润（参见练习 12.4）。但在其他情况下，"看出"生产者剩余就非常困难了。

当讨论生产者剩余时，我们几乎总是只限于竞争市场均衡或垄断行业，这样，我们总是能"看出"生产者剩余。但到了其他环境中，你需要非常小心地从图形中来确认生产者剩余。

当供给者是消费者时的供给者剩余

如果供给不是来自企业，而是由消费者卖出自有物品，情况又会怎样？对此我不想详细展开讨论。在这种情况下，我们把生产者剩余改成供给者剩余即可。这时，供给者剩余区域表示的是用货币衡量的市场参与人中的供给者利益，尽管这种供给者的一部分甚至全部是消费者。方法如下：

(1) 画出卖出自己自有物品的单个消费者的供给曲线。

(2) 模仿我们对消费者剩余*的分析。如果担心自己做不好，可以参考内容深一些的经济学教科书，我认为不必为此担心。

---

* 消费者剩余应为生产者剩余，疑有误。——译者注

12.3　消费者剩余

接下来我们讨论消费者剩余。首先应该承认，一般来说，图12.1中深色的阴影区域并不是消费者从消费该商品中得到的、用货币衡量的精确意义上的利益，相反，它只是给出了这一利益的近似值。我不想解释下述说法的意思：一般意义上的效用所代表的利益如何用货币来衡量？当这种近似是针对具体商品时，这种近似的性质是什么？这要做许多艰苦的工作，要进行许多艰难的推演，你不喜欢，我也不愿意，所以，你无条件接受这一说法吧。要不，去读博士研究生水平的教科书中的相关主题吧。

但是，你也没那么容易就走开。在一些特定情形下，这一区域也能对那些收益提供精确的衡量，这就是**线性节余货币效用**（linear-money-left-over utility），其函数形式为 $u(x_1, x_2, \cdots, x_k) = v_1(x_1) + v_2(x_2) + \cdots + v_k(x_k) + m$，这里 m 是节余下来的货币。在第5章，我们已经讨论过单个消费者的情形，把一个消费者的论证推广到了一组消费者，可用12.2节提出的积分求和。

保留需求模型中的消费者剩余

300

我用第5章的一个例子来完成论证，我希望可以清晰一些。这涉及一种非常特殊的消费者需求，又称为**保留价格模型**（reservation-price model）。这个模型的特征是：

- 对所讨论的商品，每位消费者都希望消费的数量要么正好为1个完整单位，要么不消费。
- 用货币来表示，如果消费1单位商品相当于 r 美元，那么就称 r 为商品对消费者的**保留价格**（reservation price）。如果消费者消费1单位商品的支出为 p 美元，那么，他的效用以货币衡量增加了 $r-p$ 美元。
- 所以，消费者决定是否购买该种商品就很简单了。如果商品价格低于他的保留价格则购买；如果商品价格高于他的保留价格，就放弃购买；如果商品价格等于他的保留价格，买与不买两可。

例如，假设有10个消费者，对商品的保留价格分别为16美元、4.50美元、3美元、10美元、8美元、2美元、8美元、4美元、6美元和5美元。如果商品价格为9美元，第1、4个人购买，其他人放弃。第1个人得到的效用增加用货币表示为 $16-9=7$ 美元，第4个人为1美元。当价格为4.40美元时，第1、2、4、5、7、9、10个人都会购买，效用增加值分别为11.60美元、0.10美元、5.60美元、3.60美元、3.60美元、1.60美元、0.60美元，需求曲线如图12.6所示。

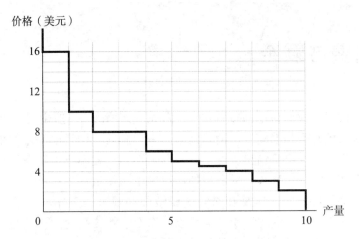

图 12.6　保留价格情况下的需求曲线

通常我们认为消费者人数要多于 10 人，保留价格散布于一个区间内。这样给出的需求曲线就是有许多小阶梯的楼梯状曲线。图 12.7 就是这种需求曲线，沿着供给曲线和 3 个保留价格分别为 9.50 美元、8.50 美元、6.80 美元的消费者，均衡数量为 24，均衡价格为 4 美元。

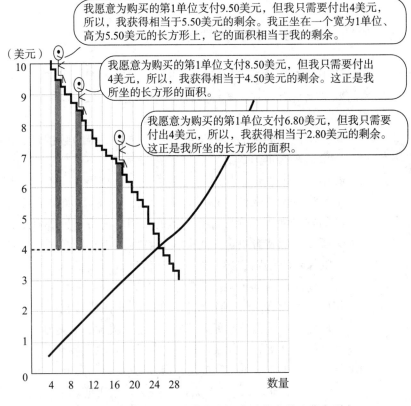

图 12.7　供给曲线、需求曲线和 3 个消费者的消费者剩余

301　　　看那个保留价格为 9.50 美元的消费者，因为他只需付 4 美元，所以，他的

福利增加了 5.50 美元，像图中所示的那样，他享受到的剩余就是他所坐的阴影长方形的面积，其他两个消费者亦如此。

在图 12.8 中，把所有消费者放到一起，如果我们把他们的效用增加值或剩余长方形放在一起，所得阴影区域我们称为**消费者剩余**（consumer surplus）。

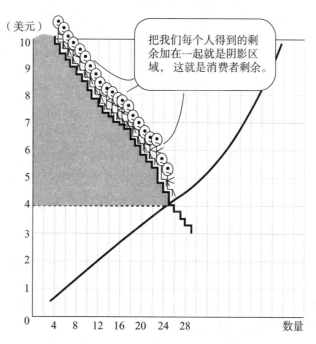

图 12.8　消费者剩余是所有消费者享受到的剩余

非均衡情形下的消费者剩余

像讨论生产者剩余时提到的情形一样，有时，我们对消费者剩余概念的应用不仅仅限于竞争市场供求均衡条件下。当把这一概念用于对垄断行业的分析时（垄断企业面对的需求函数不变），没有丝毫变化。或者在任何具有下述特征的环境中情况也是同样：产品价格被消费者看成给定的量，消费者在此价格下随意购买。当产品被采用差别化方式销售时，情况有些复杂。但是如果你足够细心，仍然可以计算出。例如，在一个对卖者最理想的世界中，按一级差别化方法，消费者的剩余将会被定为零。

302　　　　其他环境中的情况就难以处理了。例如，政府对鞋业国有化后，生产出 1 000 万双鞋。假定在每双 50 美元时，市场需求量为 1 000 万双鞋，但是鞋业委员会决定每双最多只卖 10 美元（当然，鞋业委员会提供的货币不一定是美元）。可以想见，每双 10 美元时的需求大大超过 1 000 万双，所以，必须对这 1 000 万双鞋进行配给。鞋店门口排起了长队。有人开始贿赂售货员，黑市也应运而生，人们把他们不需要的鞋卖掉，或用鞋进行物物交换，换进自己所需的物品。作为一名经济分析人士，你必须算出由 1 000 万双鞋带来的消费者剩余，销售价格为每双 10 美元（至少官方价格如此）。

如果不做许多假设，你无从下手，即使假定了线性节余货币效用函数，你也必须知道鞋最终穿在谁的脚上，因为你得知道穿鞋者得到了多少利益。正如将会发现的那样，竞争市场为人称道之处是谁对鞋评价最高——当然也愿出最高价格——谁得到鞋（围绕价格进行的报价幅度，我们后面解释），这就能计算消费者剩余了。但是当使用非市场的分配方式时，我们就犯难了，除非我们知道得到产品的人的身份，以及他们从消费这些商品中得到的用货币衡量的效用水平。想了解更多请参见练习 12.6。

企业和顾客

303　　　故事讲到现在，需求都来自消费者。在本章后面及本书后面的内容中，我们仍然保留这一假定。但在现实生活中，需求也可来自生产者，他们要购买生产过程中使用的投入要素。他们的情况会怎么样呢？

如果对细节进行分析，篇幅太长，我只是简单给出结论：对于要购买产品用于生产过程的企业来说，在把这种投入要素的价格作为既定变量后，由企业对投入要素的需求曲线之下、价格水平之上、购买数量之前围成的区域（即原消费者剩余区域），就是生产者从能够购买并使用的投入要素中所得到的利润增加量。显然，当部分需求来自企业时，消费者剩余一词就有些不合适了。但是如果我们称之为**顾客或购买者剩余**（customer or purchaser surplus），图 12.1 中的深色阴影区域衡量的正是这部分。

12.4　竞争市场最大化总剩余

现在我们已经有了针对具体市场交易结果来判断消费者和生产者获得的利益的标准，并且明白了"在完全竞争市场中实现的均衡是最理想的"这一说法所含有的意义。这一结果清楚表明，一个竞争性市场均衡使得生产者剩余和消费者剩余之和最大。这一结果具有非常普遍的意义，但仍需要做一些假定。特别地，

- 每个消费者从消费中得到的效用仅依赖于他自己的消费水平，产出水平或其他消费者如何消费对他没有影响。
- 同样，每个企业的产出水平仅依赖于企业自己的生产。

在第 14 章，我们还将看到这两个假定是"看不见的手"发挥最理想作用的关键。用第 14 章的语言来说就是，这种假定说明消费和生产没有外部性（externalities）。

尽管上述论点在普遍意义上是成立的，但要证明其为真还需要一些抽象的论证。这里我不想进行一般的论证，而是基于下述假设条件做一个简单论证：企业的边际成本递增，没有固定成本，消费者的效用函数为线性节余货币效用

函数，形式为 $v(x)+m$，其中 v 呈凹性。

根据这些假定，论证如下：在任何生产和消费计划中，消费者用一定量货币交换一定量的产品用于消费，而企业收进货币后购入用于生产产品的要素。企业收到的货币数量一定等于消费者付出的货币数量（货币交易是平衡的），消费者消费的产品数量也一定等于生产的产品数量。假定消费者 i 用 m_i 单位货币换取 x_i 单位的产品后，他的消费者剩余为 $v_i(x_i)-m_i-v_i(0)$。同样，企业 f 得到 m^f 单位的货币并生产出了 x^f 单位产品，其生产者剩余为 $m^f-\mathrm{TC}_f(x^f)$。（我对 x 取下标，如 x_i，来表示消费者 i 的消费水平；对 x 取上标，如 x^f，来表示生产者 f 的产出数量。）所以，把所有人的剩余加总后得

$$\sum_i \left[v_i(x_i) - m_i - v_i(0) \right] + \sum_f \left[m^f - \mathrm{TC}_f(x^f) \right]$$

其中第一项是所有消费者的消费者剩余和，第二项是所有企业的生产者剩余和。但因为从消费者手中转移到企业手中的货币是相同的，即 $\sum_i m_i = \sum_f m^f$，所以，剩余加总可简化为

$$\sum_i \left[v_i(x_i) - v_i(0) \right] - \sum_f \mathrm{TC}_f(x^f) \tag{12.1}$$

这样，就有了第一个主要结论：

求剩余和最大化的问题就是，在要求消费数量必须等于产出水平，即 $\sum_i x_i = \sum_f x^f$ 的约束下，求出能使式（12.1）最大化的消费者的消费水平和企业的产出水平。

这一问题的解是什么呢？这是一个约束条件下求最大化的问题，非常类似于 9.3 节求解的问题，即约束条件中的变量之间有此升彼降的关系。解这种最优化问题的规则是（不考虑 x_i 和 x^f 为零的情形）：

这种问题的解是，所有边际成本都应相等，所有边际效用也必须相等，而且它们两项也必须相等。

总之，如果一个企业的边际成本高于另一个企业，我们就可以重新安排生产，用较低一些的总成本得到同样的产出数量。如果一个消费者的边际效用大于另一个，那么我们就可以重新安排他们的消费，这样，前一个消费者的效用增加要大于第二个消费者的效用减少。而且，如果消费者 A 的边际效用高于企业 B 的边际成本，那么我们可以让 B 多生产并给 A 消费，A 由此提高的效用要大于 B 投入的成本；如果 B 的边际成本超过 A 的边际效用，可要求 B 减少生产，A 减少消费。

这样的边际相等正好发生在竞争性市场的均衡状态中，关键是均衡价格 p。回忆一下，我们在本章导言里提到，价格发挥重要的信号作用。现在我再对此

做详细阐述：均衡价格告诉了生产者他们的产品对于消费者来说在边际上价值几何；它也告诉了消费者产品在边际上的成本价值几何；当然，双方并没有考虑这些，他们想到的是如何最大化效用或利润。但在他们这样做的时候，他们使得生产的边际成本等于产品消费的边际价值，这样也就使得总剩余最大化了。这就是"看不见的手"在起作用。

分步解析：生产效率、消费效率和正确的总量计算

我希望上述推理已经很清楚了，但是如果还不清楚，让我们来分步解析。开始的情形是当我们考虑总剩余时，货币的转移并不重要。一个团体口袋中多1美元就是另一团体口袋中少1美元。这在总剩余的计算中会被剔除，重要的是物质产品的结果如何，其中包含三项：

（1）生产和消费的产品的总量 X。

（2）生产 X 单位产品的总成本，总成本要依赖于总产量在生产者之间如何分配。

（3）消费者从消费产品中得到的总效用，这要依赖于 X 单位产品在消费者中如何分配。

依据上述三点，有：

- 生产 X 单位产品的最经济的方法要通过竞争性市场来实现，找到可供给 X 单位产品的价格 p，然后让追求利润最大化的企业选择当价格为 p 时生产多少。
- 带给消费者最大效用和的 X 单位产品应通过竞争性市场来分配，找出需求为 X 单位时的价格水平 p，然后让谋求效用最大化的消费者选择价格为 p 时的需求量。
- 供求相等时的数量 X 能使消费者从消费中得到的效用之和减去整个行业生产的总成本之后的差额最大。

或者也可以说，完全竞争使得生产成本最小，消费者得到的效用最大，并能准确确定生产量和消费量。

当企业对市场有影响力时，这一切都无法实现

当市场并非完全竞争时，情况又会如何呢？假定一个追求利润最大化的企业面对的是一条向下倾斜的需求曲线，图12.9给出了需求曲线、边际收益曲线和边际成本曲线。这种情况下没有供给曲线，因为企业面对向下倾斜的需求曲线来确定其产出价格，而不是对外部给定的市场价格做出反应。

这种情形的市场均衡由边际成本与边际收益的交点决定，给出的价格和产量如图12.9所示。深色阴影区域是消费者剩余，浅色阴影区域是企业利润加企业所面临的任何固定成本（见练习12.4）。所以，两个阴影区域加在一起就是市场所生成的总剩余，它小于粗线围成的三角形区域带来的最大剩余量。在企

业追求利润最大化的过程中，产出水平由边际收益等于边际成本决定，这要低于由边际成本等于边际效用或反需求函数给出的最大化的总剩余水平。

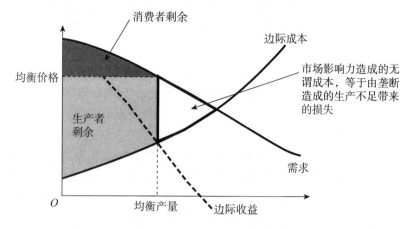

图 12.9　垄断企业的剩余

说明：企业面对的是向下倾斜的需求曲线，产出水平由边际成本等于边际收益来决定。这一水平要低于边际成本等于产品最后一个消费者的边际效用所决定的水平。相对于一个社会能达到的最好状态，该社会的总剩余损失是粗线描出的三角形，即所谓由垄断导致的无谓损失。

政府在其中有份吗？

截至目前，我们在本书所讨论的货币的易手不管是从企业到消费者，还是在多数情况下，从后者到前者，都是从一方的口袋中流出，然后流入另一方的口袋。但在下一章，第三个重要的参与演员要登场了，即在企业、消费者之后的政府，它要实施征税或进行补贴等活动。在下一章和练习 12.7，当我们评估货币从政府部门净流出或净流入的结果时，我们平等看待政府获得的净收益中的 1 美元与消费者和生产者剩余中的 1 美元，即总剩余＝净消费者剩余＋净生产者剩余＋净政府收益。到第 14 章，我们将解释为什么政府手中的 1 美元要比经济中的私营部门持有的 1 美元价值要小一些或大一些。

12.5　效率和平等

在一些约束条件下（主要是指没有外部性，我们在第 14 章将给出解释），竞争性市场将使总剩余达到最大。但是，总剩余是对社会经济活动结果进行比较时能采用的一个良好标准吗？它体现了什么，又丢失了什么？

在任何借助于货币易手推动产出并分配给消费者的制度安排中，值得关注的两个定性的问题是效率和公平。

效率（efficiency）是指对社会总体而言，根据一种产品的边际成本和边际收益，产出的数量是否恰当，是否由最低边际成本的生产者提供，是否到了边际评价最高的消费者手中。从另一方面看，**公平**（equity）则关注的是把物品和钱财合在一起的转移是否能使生产和交换创造出的剩余得到公平分配。

生产者剩余与消费者剩余之和衡量的是效率而没有关注公平。对此可有多种解释，下面是其中的四种：

（1）当考虑总剩余时，只有实物性的产品转移值得关注。任何货币的转手都毫无意义。如果我们每隔一人从消费者中收取 10 万美元，然后在所有企业和另一半消费者中平均分配，社会总的剩余不会改变。我怀疑许多人可能认为公平的结果也并不受影响。

（2）在计算总剩余时，我们对消费者剩余和生产者剩余按相同的单位来相加。这样做我们可能抬高了利润的价值，因为它们最终会被归入企业股票持有人手中。但是从目前情形来看，因为股票持有人比一般消费者要富裕一些，所以有人认为企业的利润不应该像消费者所获利益那样平等对待。从制度安排的角度看，可以这样认为：消费者获得相当于 1 000 万美元的利益或剩余，企业利润减少 2 000 万美元可以被认为改善了公平状况，尽管这样做意味着总剩余减少了 1 000 万美元。

（3）当计算总剩余时，每位消费者的效用是以美元来计的。一个消费者的效用与另一个消费者效用的交换，是美元对美元的交换。假设有两个消费者，第一个富有，第二个贫穷。假设有一些物品，比方说是一些食物。我们问两个消费者：从边际上说，这袋食物对你值多少钱？对富有的消费者来说，因为他相当富裕，对其拥有的金钱的边际评价非常低，他几乎可以买得起想要的任何东西。他挥霍钱财，几乎没有什么能阻挡他的购买，对这袋食物他愿意付 100 美元。对贫穷的消费者来说，他钱不多而需要非常多，如住房、衣服等，所以他无力负担按这个价格来购买这袋食物，他只愿意支付 50 美元。那么，最大化消费者剩余就意味着把这袋食物卖给富有的消费者。这不公平！可以这样来理解。许多人甚至大部分人会认为从富有的消费者那里收取 1 000 美元，然后平均分配给 100 个贫穷的消费者将提高平等水平，因为 10 美元对穷人比对富人更值钱。但是，根据我们正在使用的效率的定义来衡量，10 美元对每个消费者都"值"同样的效用。

（4）当涉及对公平的判断时，效率忽略了很多方面，对此的最后一种证明是，比方说考虑一个垄断企业，其感兴趣的是最大化总剩余。它开始这样说道："确实是这样。当我使边际收益等于边际成本时，相对于总剩余最大化的产量要求，我现在的生产水平没有达到最优。这使我感到不快。所以，为了实现这一目的，如果可能的话，请允许我实施一级差别化的定价方式，我保证生产出使总剩余最大的产量。"如果允许它实施一级价格差别化定价策略，可以相信，我们的友善的和慷慨大方的垄断企业会实现自己的诺言。但是它之所以这么做，是因为它想把每一滴剩余都归入自己囊中。针对位于图 12.8 中的需求曲线中每一台阶上的消费者，企业会正好按他们愿意付出的保留价格向他们提供产品，直到最后一个消费者。这样的安排会使得企业获利，因为对于最后一个消费者来说，他对商品的评价超过生产的边际成本。根据几乎所有标准，毫无疑问这样做非常有效率，但是却很不公平，也谈不上慷慨大方。

依据基本经济学原理给定一种制度安排后，经济学家们并不愿意对公平做出评判。他们对公平有自己的看法，但他们更愿意把如何规范地衡量公平的问题留给哲学家去回答。哲学家们正准备接受这种挑战，约翰·罗尔斯（John Rawls）和罗伯特·诺齐克（Robert Nozick）——两位现代哲学家，已提出有力的与平等定义相对应的观点。但这是经济学而不是哲学教科书，所以在本书中，我们采用总剩余作为一种对制度安排的效率进行衡量的规范办法，而把效率和公平的互换看作非规范手段。

不要误会。不要认为规范的事物就一定重要，而不规范的就一定不重要。我们把公平和效率分开，使用总剩余，正式对效率进行了讨论。但是，不要因为为了公平而牺牲一点甚至很多效率而感到不安。我们在本章所做的就是提供了一套工具，用于衡量有多少效率已经被牺牲掉了。

12.6　福利和效率的其他方面

因为本章在开篇时含糊地提到了市场和集中计划决策的优劣问题，对此，我应该再做一些补充。

本章关注的是"静态效率"（static efficiency），即在一个给定的经济体系中，价格体系在实现生产和分配产品及劳务方面已达到有效水平。主要的结论是：如果企业和消费者为实现利润最大和效用最大对价格做出反应（假定两者都为价格接受者，没有外部性），那么，价格会引导经济实现有效率的生产和消费。这并不是说计划制订者和执行者不能做得这么好。但是，很容易理解，对于像提供给明斯克商店的鞋的数量和式样等分散决策这类事情，市场（利润和效用最大化动机）还是要优于集中计划决策。

310　　但是，本章所讲内容对效率经济的其他方面并未予以足够的讨论。例如，促进物质财富增长的重要手段是创新和新产品的发明。所以，这里应该对创新动机的各种观点进行梳理。特别要注意的是，在本章所讲的静态效率故事中，似乎包含着如果想改进效率，政府要促进竞争。反垄断行为似乎已明确指明了这一点。保护知识产权，如专利这样使竞争窒息的行为似乎是坏事。但是当创新者预期到他们能享受到创新活动的成果时，也就有了创新的动力。一些政治经济学家也争辩说，市场制度的优势并不是由市场驱动的西方国家在向洛杉矶、苏黎世的商店货架供给鞋时的式样比明斯克要好促成的。相反，市场制度的优势体现在其对创新者的创新提供了激励，对寻求投资者为值得的创新项目提供金融支持提供了激励。

我们还缺乏必要的工具来对这一观点进行充实。尽管我们现在没做，但在本书结束前，我们将用适当的形式完成这一工作。但这仍值得我们关注，这里所谈内容所蕴含的一些观点，即关于反垄断行为、专利权等的观点，在我们把创新过程的内容加入后，可能会变得软弱无力甚至变成相反的意见。

经济效率的另一个重要的方面是，社会中个体相互之间的交易是否按相对低成本的方式进行。在第 24 章我们将讨论这一主题。对于目前来说，可以这样说：根据达尔文式经济学，交易效率不可能实现最大化，因为每个企业和消费者只严格关注他们自己的福利，如果这样的话，那么只要目的正确，可以不择手段的心理就会占主导地位。

最后，效率依从于每个人的价值观。在我们所使用的模型中，企业和消费者是以"自利"为最高目标的。但是在现实生活中，每个人对像公平和为不幸的人提供帮助这类事情还是持有积极的态度，用规范经济学术语来形容就是：当消费者拥有这种偏好时，我们说这就是消费的外部性。我们在第 14 章将讨论这种外部性，而且在那里我们会看到，这会给本章已经非常出彩的理论造成麻烦。就目前来说，本章明确区分公平与效率所依赖的标准（record）并不完全符合实际。

小　结

311
- 在完全竞争市场中，生产者剩余是产品供给者利润之和加上所有无法回避的固定成本。
- 消费者剩余是用货币衡量的、消费者从购买和消费产品中所得的收益。这正好可用保留需求效用和节余货币效用来衡量（节余货币以…＋m 进入函数），其他函数只是近似衡量。
- 在完全竞争市场中，市场均衡时产品的生产、交换和消费所带来的总剩余实现了最大。
- 当最后生产的一单位产品的边际成本等于均衡价格时，该行业是以总成本最小的方式来进行生产的。
- 当最后消费的一单位产品的边际效用等于均衡价格时，该消费者是以总收益最大的方式来消费产品的。
- 生产的边际成本与相应的消费带来的效用相同，因为两者都等于价格，所生产产量也正好合适。
- 从消费者到生产者的货币转移，对总剩余的计算不产生影响。
- 在经济学语境中，这被表述为完全竞争市场在达到均衡时是有效率的。这也正是因为"看不见的手"在发挥作用。不管怎样，请记住下面三点：
- ◆ 效率并不一定意味着公平。经济学家们经常非规范地衡量公平，但是这并不意味着牺牲一些效率而取得更公平的结果就是一件错事。
- ◆ 当一个企业面对的是向下倾斜的需求曲线时，它使边际成本等于边际收益，不是把价格作为既定的，而是要确定价格，而边际收益又小于价格（因为需求曲线向下倾斜），价格等于边际效用，这意味着相对于实现充分效率而言，产出的产品太少了。

◆ 外部性会使问题复杂化，并影响基本结论（见第 14 章），因为要考虑到动态效率和创新过程（第 23 章）、交易效率（第 24 章）和消费者对公平的看法（第 25 章）。

练　习

12.1　假定一种产品的供给由 S(p)＝1 000(p－4)给定，需求则由 D(p)＝3 000(20－p)给定。在市场均衡时，消费者剩余为多少？生产者剩余为多少？

12.2　练习 11.9 中描述了一个完全竞争行业中的 4 个企业的总成本函数，为 TC(x)＝50＋x＋0.04x^2，而无数试图进入该行业的企业的总成本函数为 100＋3x＋0.04x^2。在任何情况下，如果不生产，就可回避固定成本。假定需求由 D(p)＝200(10－p)给出。在竞争市场均衡时，该行业的消费者剩余和生产者剩余各为多少？生产者剩余与企业利润水平有什么关系？

12.3　再看练习 11.7。一个行业自由进入和退出的企业数量没有限制，每个企业的总成本函数为 TC(x)＝100＋3x＋0.04x^2，对行业产品的需求最初由 D(p)＝200(10－p)给出，实现长期均衡时价格为 7 美元，总产量为 600。12 个生存下来的企业每个生产量为 50，利润为零。在短期，企业不能改变生产的产量；在长期，12 个企业可以改变产量，企业也可自由进出。在练习 11.7 中，当需求变动到 200(12－p)时，我们已求出短、中、长期的均衡。请计算最初均衡时的消费者剩余和生产者剩余，以及需求改变后，短、中、长期均衡实现时的消费者剩余和生产者剩余。注意，当你计算现期的生产者剩余时，为了使比较有意义，请计算 3 次。（理解了最后一句话也就抓住了这个问题的要点。）

12.4　图 12.10 给出了一个有固定成本和递增的边际成本的企业的平均成本曲线和边际成本曲线，也给出了对企业产品的需求曲线和边际收益曲线，并假定企业是市场的唯一供给者，所以对市场有控制能力。当它选择的价格和产量实现了利润最大化时，请找出代表包含固定成本的企业的毛利润、不包含固定成本的企业的净利润的区域。（如果需要提示，参见图 12.9。）

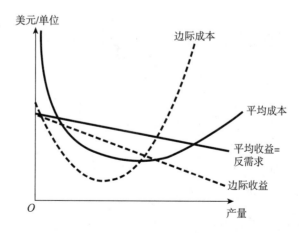

图 12.10　练习 12.4：一个对市场有影响力的企业面对的情形

12.5 假定一个垄断企业的边际成本函数为 $MC(x) = 4 + x/1\,000$，对其产品的需求函数为 $D(p) = 3\,000(20-p)$。如果垄断企业最大化其利润，消费者剩余和生产者剩余各为多少？

12.6 假定斯里纳维亚（Slynavia）共和国对鞋的需求函数为 $D(p) = 250\,000(90-p)$（为了讨论起来简单一些，假定每个消费者都希望最多买 1 双鞋）。鞋业委员会生产了 1 000 万双鞋用于销售。当价格为每双 50 美元时，需求正好为 1 000 万双。但为了符合政府要求，该委员会把价格定为 10 美元一双。在这一价格水平上，需求量达到 2 000 万双，所以，必须对鞋进行配给。

（a）假设实行配给办法后，2 000 万个消费者中的每一个人都希望按每双 10 美元买 1 双鞋，他们每个人都有相同的机会在 1 000 万双鞋中得到 1 双，即都有 0.5 的概率获得他随后会穿上的一双鞋。在这种情况下，如何合理衡量消费者剩余？

（b）他随后会穿上的意思是，配给的结果是使得那些对一双鞋估价达 80 美元的消费者无法得到鞋，而那些估价为 20 美元的人却能穿上鞋。在这种情况下，似乎就有了出现黑市的可能。假定形成了功能良好的黑市，出现了均衡的黑市价格，并在这一价格水平上进行交易。可用什么样的合理手段来衡量鞋子销售完（政府每双鞋卖 10 美元）后的消费者剩余？

12.7 假定对一种产品的需求由 $D(p) = 10\,000(10-p)$ 给出，25 个同样的企业生产该产品。每个企业的总成本函数为 $TC(x) = 4x + x^2/200$，这些企业之间是竞争性的，它们表现出的行为为好像对面对的价格没有影响。

（a）均衡价格和均衡数量为多少？在均衡时，消费者剩余和生产者剩余的水平为多少？

（b）政府对每单位产品征税 1 美元，向制造商征收。也就是说，如果企业生产并销售 x 单位产品，它必须向政府纳税 x 美元。征税对价格、产量、消费者剩余和生产者剩余有什么影响？

（c）把问题（a）中的消费者剩余和生产者剩余加在一起，并把问题（b）中的消费者剩余、生产者剩余和政府收益加在一起，为什么后者较小？

第 13 章 | 税收、补贴、管制价格和配额

在上一章，我们提出了一些与市场结果相关的效率和非效率的分析工具。在本章，我们要运用这些工具来研究政府干预市场的各种工具如税收、补贴、最高限价、支持价格、进口配额对市场的影响。

- 多年以来，日本通过设定异常严厉的进口配额来阻止从世界市场进口大米。例如，1985 年，对从美国进口的大米设定的配额为 20 000 吨，比日本消费量的 1% 的 1/5 还少。设定这些配额的目的是保护日本国内的大米生产者，因为相对于世界其他大米生产者，日本的大米生产者非常缺乏效率。当时，世界大米价格与日本大米价格之间的比率还不足 1：5。但是，日本大米生产者有很强的政治支持力量，所以，日本政府坚决反对大规模进口大米。大米进口的政治经济学非常复杂，在此我不想分析来自现实的模型是什么。但是我想提出如下问题：假设泰国大米生产者是世界上最有效率的生产者之一。比较两种可能的配额情形：日本政府允许自由进口大米，或允许大量进口，但将配额确定在大约等于日本大米市场总量的 40%，而将进口许可证通过行政手段颁发给国外生产者。在第二种情形下，假定泰国大米生产者得到的许可是，进口量大约相当于日本消费量的 20%，但如果是自由进口，它们将占到大约 50% 的市场份额。泰国政府作为大米生产者的代表应该强迫日本实行自由进口政策吗？答案可能会非常出人意料：如果日本政府将配额定在市场总量的 40%，泰国企业所获利润要大大高于自由进口情况下的利润，尽管这意味着泰国大米行业对日本的出口量要减少一半份额。
- 过去，欧洲经济共同体（EEC）通过价格支持措施，即由它购买并储存某些食物制品（如奶酪），将这些价格支持产品的价格人为地保持在高位。例如，有一个时期，EEC 自豪地拥有了所谓奶酪山。由于大量囤积，人们可以想象，奶酪在慢慢地变质。

这种价格支持政策的效果如何？消费者和纳税人为此支付了多少，而受

益农户又得到了多少？其他的办法可以为农户提供同样的好处吗？消费者和纳税人支付的代价会少一些吗？

- 州政府经常依靠对烟酒产品征税的办法来提高政府收益。为什么要对烟酒征税？一种说法是烟酒并不是什么美味佳肴（saviry good），所以，对它们课税容易被接受。对这类产品征税还有其他原因吗？谁支付税款，是消费者还是制造商？如果对每包香烟征税 0.50 美元，烟价只会有限上涨，从而减少烟草制造商的利润，还是烟价上涨大约 0.50 美元，从而税收全部由烟民负担？

- 租金管制是指对租房者支付的房租设置了最高限价，或在租期内限制了房租上涨的比率。租金管制通常又会升级为一种保护承租人免受出租人欺骗的手段。真是这样吗？当租金管制成为一种制度后，租金管制的影响在短期如何？在长期又如何？谁获益？谁受损？程度有多大？

本章通过研究各种冲击，特别是对生产者、消费者和总剩余的冲击来回答这些问题，冲击的源头有税收、补贴、支持价格、最高限价、配额。我们主要集中考察竞争性市场，但我们也会讨论垄断市场来看有什么变化。

在这些研究领域，实际上有数不清的问题可以进行研究。即使把本章内容增加为现在的 5 倍，也不可能面面俱到。本章的主要意义在于通过一些具体的问题和故事，提供一些尝试性的分析这类问题的思路。如果你希望弄明白一些政府政策或其他因素的冲击，你大概不得不构建自己的模型。

为什么你必须了解这些？如果你参与公共政策的制定，答案是很明显的：你采取的行动将影响到大众，这里所使用的工具有助于你弄明白这些影响。但即使你是一名私有部门的管理者，你的生活和工作也会受到这类政策的影响。在某种意义上，如果你了解这些政策的冲击，你可能会影响到对它们的争论的走向。

13.1 税　收

317

我们从税收开始讨论。为了使事情简单一点，我们只考虑对每单位商品征收固定数量的税，而不管其价格如何。这有别于按比例征收的销售税，按比例征收的税收数量的多少依赖于商品价格水平的高低。相关例子有对酒、烟和汽油征税，至少在美国是这样。我同时假定由商品销售者从其收益中支付政府税收，卖者向政府报告销售量并按这一销售量乘上每单位商品的价格向政府交税。商品的价格中包括这一税收额。如果一单位商品的应税额为 1 美元，每单位商品的成交价格为 5 美元，那么其中 1 美元交给政府，卖者得到 4 美元。

所以，如果用 $TC(x)$ 表示除去应缴税收后的商品总成本，用 t 表示每单位产品的应缴税收，销售商税后的总成本为 $TC(x)+tx$，边际成本函数变为 $MC(x)+t$。征税后边际成本增加了单位税收的量，在竞争性产业中，每个企业的供给曲线将移动增加的单位税收的距离（为了使问题简化，我们假定没有可回避的固定成本），所以整个行业的供给曲线也增加税收那么多的量。

当我们说税收使供给曲线向上移了 t 的距离时，我们通过图形来说明，是指你抬起头来看竖放着的书。反供给曲线确实上升了税收那么多的距离。如果有人告诉你（或者你根据边际成本函数等方法计算出）某一具体行业的供给函数为 $S(p)=2\,000(p-4)$，p 至少要大于 4 美元（即如果价格小于 4 美元，供给量为零）。如果对每单位产品征收 0.5 美元的税收，你不能在供给曲线上加上0.5。相反，当用代数式来解征税 0.5 美元对供给曲线提高的影响时，你必须首先把供给函数反过来，得到反供给函数，即 $P(x)=4+x/2\,000$；其次，把 0.5 加到反供给函数之上，得到 $P(x)=4.5+x/2\,000$；最后，再返回到供给函数 $S(p)=2\,000(p-4.5)$，价格至少大于 4.5 美元。

以下内容根据图 13.1 展开。图（a）所示为需求曲线、原供给曲线和新供给曲线，后者等于原供给曲线向上移动税收数量 t 的距离。新的均衡价格和数量都标示出来了。

- 均衡价格（消费者支付的价格）提高了，但是提高的量要小于税收的量。（如果供给具有完全弹性或需求完全无弹性，那么税收上升的量会完全表现在价格上。）我们用 P_0 表示原来的价格，用 P_1 表示新的价格，用 ΔP 或 P_1-P_0 表示价格上升的量。

- 消费者支付的价格上升后，销量或多或少下降了。我们用 X_0 表示原来的均衡数量，用 X_1 表示新的均衡数量，变化量为 $\Delta X=X_0-X_1$，注意，做减法后，ΔX 的值为正，表示的是减少的数量。

- 政府的税收收入很显然等于 $t\times X_1$，即单位税收乘上均衡数量，表现为图（a）中的阴影长方形。

- 消费者剩余减少了。图（b）中粗线围成的三角形面积表示原来的消费者剩余，阴影三角形面积表示的是新的消费者剩余。消费者剩余减少的量等于剩下的直角梯形面积，即 $\Delta P(X_1+X_0)/2=\Delta P(X_1+\Delta X/2)$。

- 支付税收后，生产者从每单位产品中只得到 P_1-t，它们的平均收益下降了 $P_0-(P_1-t)=t-\Delta P$。图（c）中粗线围成的三角形面积表示的是原来的生产者剩余，新的生产者剩余用阴影三角形面积表示。生产者剩余的损失是剩余的直角梯形面积，即 $(t-\Delta P)(X_1+X_0)/2=(t-\Delta P)(X_1+\Delta X/2)$。

- 把征税后新的消费者剩余、生产者剩余和政府税收加在一起，与征收前的消费者剩余、生产者剩余之和做比较。差别就是图（d）中用粗线围成的三角形面积，被称为**税收的无谓损失**（deadweight loss of the tax），面积等于 $t\Delta X/2$。

因为税收导致数量从 X_0 下降到 X_1，所以，总剩余下降了。生产和消费的社会有效水平（即使消费的边际价值与生产的边际成本相等的水平）为 X_0，这一水平是在没有政府的干扰下由"看不见的手"来实现的。当政府征税后，在最后消费的 1 单位的边际效用和最后生产的 1 单位的边际成本之间由于征税开了一个"小缺口",总剩余的减少额（税收引起的无谓损失）正好等于从 X_1 到 X_0 的效用减少额减去其间的生产成本。

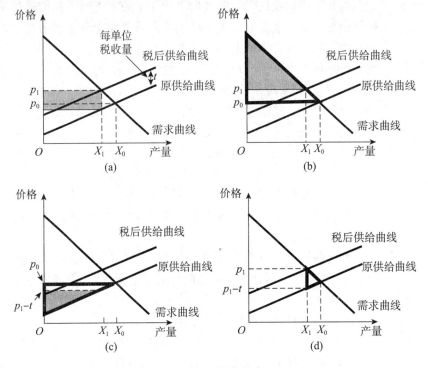

图 13.1　税收效应

说明：在竞争性行业中对每单位产品征收了 t 的税，这引起反供给函数提高了单位税收量。价格提高而产量下降，消费者剩余和生产者剩余 [图（b）和图（c）] 均下降，总剩余下降了图（d）中用粗线围成的三角形面积。

请注意，这里所谓的三角形和梯形只是从近似意义来谈的。当供给曲线和需求曲线是线性的时才是精确意义上的。如果供需函数平滑变化，没有扭结或跳跃，这些公式就是对单位税收价值的微小变化非常好的近似描述。

这些公式还可以用供给弹性和需求弹性或者曲线的斜率来重新进行更细致的表述。用反需求曲线的斜率和反供给曲线的斜率来表述大概是最方便的。我们把反供给曲线的斜率简写为 Slope_{IS}，把反需求曲线的斜率简写为 Slope_{ID}。因为需求曲线向下倾斜，所以，反需求曲线的斜率为负值。因此，后面在许多地方，我会用 $|\text{Slope}_{\text{ID}}|$ 来表示反需求曲线斜率的绝对值。做了这些定义后，我们可以写出一些公式了：

●　均衡数量减少量为

$$\Delta X = \frac{t}{|\text{Slope}_{\text{ID}}| + \text{Slope}_{\text{IS}}}$$

●　在价格水平提高时，转嫁给消费者的税收量为

$$\Delta P = \frac{|\text{Slope}_{\text{ID}}|}{|\text{Slope}_{\text{ID}}| + \text{Slope}_{\text{IS}}} \times t$$

● 税收的无谓损失为

$$\frac{1}{2}\frac{t^2}{|\text{Slope}_{ID}| + \text{Slope}_{IS}}$$

● 相对于企业来说，消费者的相对税收负担可以用两种方式定义：消费者剩余的损失与生产者剩余的损失的比率，即 $\Delta P/(t-\Delta P)$；消费者价格上升与生产者平均收益下降的比率。不管你如何定义，消费者的相对税收负担为

$$\frac{|\text{Slope}_{ID}|}{\text{Slope}_{IS}}$$

所有这些式子都适用于线性的供给曲线和需求曲线。当供给曲线或需求曲线为非线性的时，只要供给曲线和需求曲线是平滑曲线，税收额也很小，这些算式也能给出近似结果。

在继续进行分析之前，请运用这些算式计算一下供给函数为 $S(p)=2\,000$ $(p-4)$，需求函数为 $D(p)=1\,000(10-p)$，价格大于等于 4 美元，征收 0.30 美元税收的效应。可以参看练习 13.1 的答案。[提示：反需求曲线的斜率是需求曲线斜率的倒数，供给曲线与此类似。例如，需求曲线的斜率为 $-1\,000$，反需求曲线的斜率为 $1/(-1\,000)= -0.001$。]

那些算式并没有什么魔法，它们只是使用了一些非常简单的几何和代数知识。请自己推演或者参见《学生学习用书》中练习 13.2 答案的推导过程。不要只是背下来。把它们抄写下来置于方便之处对你会有好处，特别是当这类问题出现在考试中的时候。但是，如果你发现自己在计算新的价格和数量时忘了怎么算，也不要气馁。只是简单地把反供给曲线提高单位税收那么大的量，然后解税后的均衡价格和数量即可。

这些算式告诉了我们征税的经济学原理。

● 谁承受了税收的负担？这要依赖于反需求曲线和反供给曲线的相对斜率。谁的斜率大（陡峭），谁承受的份额就大。如果反需求曲线斜率的绝对值为反供给曲线的 3 倍，那么，消费者承受的损失相对大，价格将上升税收额的 75%，消费者剩余损失对生产者剩余损失的比率为 3∶1。

● 征税对均衡数量的影响有多大？供给和需求越富有弹性，影响越大。如果两者其中之一相对缺乏弹性，对数量的影响将会相对较小，但是如果两者都富有弹性，那么数量的变化将会很大。

● 无谓损失有多大？无谓损失是单位产品税收和产出减少数量乘积的一半。所以，当产量减少量较小时，无谓损失也较少，这就像我们刚刚指出的那样。当供给和需求其中之一（最好是两者）高度缺乏弹性时，就会出现上述情形。

为什么经常对烟酒等商品征税呢？就像前面已指出的那样，其中一个经常提及的原因是，出于父爱式（paternalistic）关怀或其他理由，政府希望人们减少对此类商品的消费；另一个原因是对这类商品的需求经常是缺乏弹性的，这

意味着无谓损失会小一些。图 13.2 表现了这种思想。

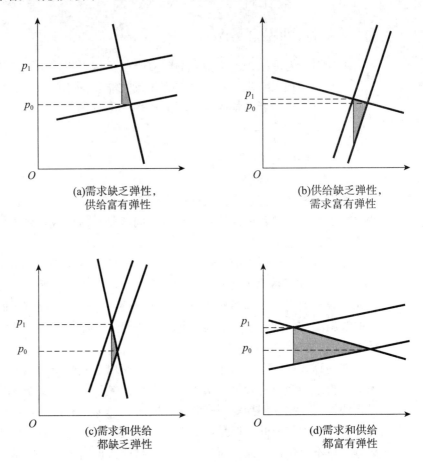

图 13.2　税收和供给弹性及需求弹性

说明：对于相同规模的税收，从四幅图可以看出，谁对于价格变化表现出更缺乏弹性的特征，谁承受的税收就多一些。当供需都富有弹性时，无谓损失就大一些；当一方缺乏弹性时，无谓损失就相对少一些；当双方都缺乏弹性时，无谓损失就更少。

比例税、含税价格和对买方征税

322　　　在前面的讨论中，我们假定的价格是税后价。但在许多情形下，商品标价不含税。如果某物品成本为 10 美元，销售税为 6%，消费者付款 10.60 美元给销售商，后者随后把 0.60 美元交给政府。价格含税而非税后净价的现象改变的只是形式，而不会改变经济学的核心思想，消费者支付的减去税收后的价格并不同于考虑税收后企业所得到的收益。

一般由商品的销售者负责把税收转交给政府，但有时也由购买者支付。例如，在加利福尼亚私人购买二手车，在申请登记和过户时，购车者必须支付一定的销售税。这与经济状况完全没有关系。销售者的净收益就是挂牌价格，而购买者则必须支付挂牌价再加上应缴税收（这里忽略了管理成本，因为这通常并不多）的数额。

比例税会使事情变得复杂一些。因为企业是价格接受者，它们会把税收数额看成是既定的，但是，直到你知道抬高的供给曲线与需求曲线相交时，你才能知道反供给曲线会升高多少。尽管代数式会复杂一些，但均衡原理是一样的。

对垄断者征税

对垄断者（或对市场有控制力的其他企业）征税的情形又如何呢？假定对每单位产品的征税是固定额度，由生产者支付，这将使企业的边际成本增加像税收这么多的数量，边际成本曲线和边际收益曲线也会有新的交点。转嫁给消费者的税收数量就相当复杂了，请参见练习 13.4 的答案。但是也有相对简单的情形：如果需求函数是线性函数，边际成本是常数（这意味着在竞争情形下，消费者将承担 100% 的税收），价格上涨正好是税收量的一半。见图 13.3。

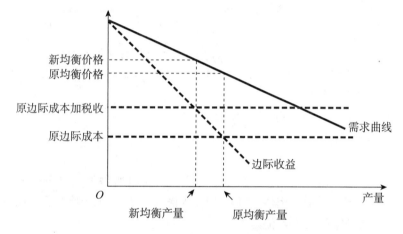

图 13.3　征税对垄断者的影响

说明：在边际成本不变和线性需求曲线的情况下，任一征税额的一半将被转嫁给消费者。

对垄断情形下的供给品征税将会导致很大的无谓损失。图 13.4 描述了一般情形。区域 A 表示的是征税后的消费者剩余，区域 B 表示的是新的生产者剩余，区域 C 表示的是征税后的净收益变化。所以，无谓损失并非三角形，而是四边形。我们现在得到的是一个斜线四边形 D。两者的差异还是相当明显的：在完全竞争情形下，无谓损失大抵等于单位税收乘以由税收引起的产量减少量的乘积的一半。在税率不高、产量减少也相当少的情况下，无谓损失是两个小数的积。但是在图 13.4 中，无谓损失大约等于由征税引发的产量减少量乘上平均收益和边际收益之差。征税的幅度尽管不大，产量减少量也较小，但平均收益函数和边际收益函数之间的差却相对较大，除非需求非常缺乏弹性。所以，相对于完全竞争行业，对具有市场影响力的企业征收数额不大的税收引起的无谓损失要大得多。

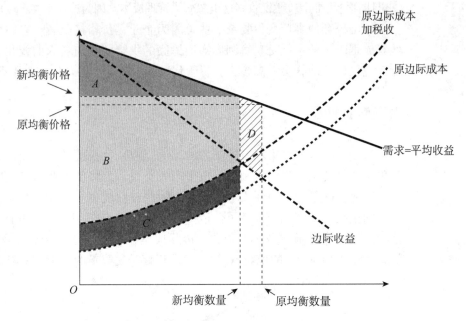

图 13.4 对垄断者征税的影响

说明：区域 A、B、C 分别是新的消费者剩余、新的生产者剩余（利润）和税收收入。斜线四边形 D 为征税的无谓损失。

补　贴

324 　　直接补贴就像征收赋税。我们对税收所做的大部分分析可运用于对补贴的分析，图形也相似。练习 13.5 和练习 13.6 为读者提供了像分析税收那样来分析补贴的机会，但是

- 当对竞争产业中的产品实施补贴时，产出水平将高于使总剩余最大化时的产出水平，最后几单位产品的真实成本要大于消费这些产品所带来的收益，所以，这就产生了无谓损失。

- 就总剩余而论，对垄断者的补贴有助于提高效率，因为这有助于增加产出，使产出数量越来越接近边际成本等于边际效用时的产出水平。这样的话，政府在处理诸如国家公园之类的用地特许权时总会得出一些有趣的结果，参见练习 13.6。

13.2　支持价格

　　对具体产品除了征税或提供补贴外，政府还有其他干预手段。有时可以把一种商品的价格定在某种预先设定的支持水平上，或者设定一个不能逾越的价

格天花板。我们在这一部分只对支持价格做出分析。我们将具体对两种不同的支持价格进行比较，我们将看到支持价格会导致出现差异非常大的无谓损失结果：

（1）一方面，政府将人为制定一个高于让市场自发作用达到均衡水平时的价格。在这个人为制定的高价水平上，供给超过需求，政府将全部买进多余的产品，储存起来或干脆毁掉。这就是欧洲经济共同体会把奶酪堆成山的原因所在。

（2）另一方面，政府可以制定两种价格。政府向生产者按人为制定的高价购买商品，然后把从生产者那里购进的商品以比供求相等时的价格低的价格卖出。

图 13.5 表现的是上述两种情形的对比情况。我们从通常采用的供求图形开始。注意，均衡价格为 p_e，假定出于某种原因，政府认为 p_e 水平太低。例如这是农产品市场，政府希望农产品保持高价，以防止农户经营不下去，也可能是从政治上考虑以防止农民大量流入城市。不管出于什么原因，政府决定将价格定在最低为 $\hat{p}$ 的水平上。在这一价格水平上，生产者将提供 $\hat{X}$ 单位的产品。

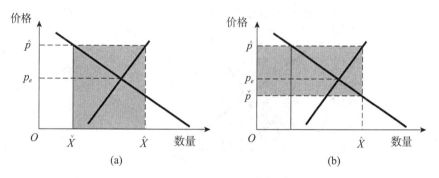

图 13.5　两种确定最低价的方法

说明：在竞争性市场中，均衡价格为 p_e，政府决定把价格定在 $\hat{p}$ 上，带来的产出水平为 $\hat{X}$。图（a）中政府可以向消费者收取的价格为 $\hat{p}$，给定需求量为 $\check{X}$，对多余的 $\hat{X}-\check{X}$ 产量，政府可以购买并销毁或储存起来，政府为此的支付为 $\hat{p}(\hat{X}-\check{X})$；图（b）中政府把消费者的价格定在 $\check{p}$ 上，这样，消费者购买数量为 $\hat{X}$，政府为此的花费为 $\hat{X}(\hat{p}-\check{p})$。

如果政府卖给消费者的价格为 $\hat{p}$，消费者的需求为 $\check{X}$，低于产出水平 $\hat{X}$。政府将购进多余的产量 $\hat{X}-\check{X}$，或销毁或储存起来或将其运送给需要这些产品的其他国家。政府为此的支付（在不考虑任何储存之类的成本的情况下）为 $\hat{p}(\hat{X}-\check{X})$，即图（a）中的阴影区域。

在图（b）中，政府把消费者的价格定在 $\check{p}$ 上，这远低于 $\hat{p}$，这样，消费者的购买数量为 $\hat{X}$。政府为此的花费（在不考虑任何储存之类的成本的情况下）为 $\hat{X}(\hat{p}-\check{p})$，这种总成本数量就是图（b）中的阴影区域。

哪种方法政府的花费会相对较少并不清楚。在剩余产品由政府购进并销毁或储存的情况下，当需求和供给缺乏弹性时，政府花费并不大；如果需求和供给富有弹性，则花费数额巨大。在两步定价方式中，政府最少的花费为 $(\hat{p}-p_e)X_e$，但是当需求富有弹性而供给缺乏弹性时，花费数额并没有这么大。

从所带来的总剩余来看，哪一种方式更好并不存在疑问。两步定价法总是好一些。图 13.6 和图 13.7 对此做了解释。图 13.6 对购进并销毁或储存给总剩余造成的损失进行了计算，而图 13.7 则对两步定价法下总剩余的损失进行了计算。很明显，后者要少一些，这不难解释：从总剩余来看，都是货币净转移，关键是两种方法的实物产品数量。两种方法生产的是同样数量的产品，但是采用购进并销毁或储存方法，被销毁或储存起来没有带来任何消费方面的利益；而在两步定价法中，那些在前一种方法中被销毁或储存起来的物品还是被消费了。图 13.7 和图 13.8 中的无谓损失的差异很显然正好是超额供给的消费价值。

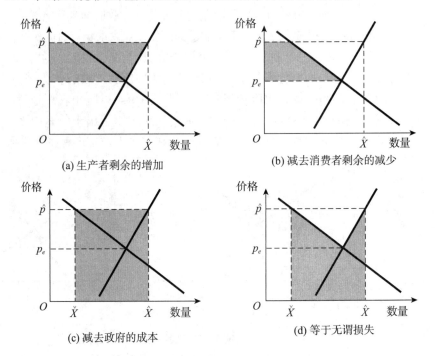

图 13.6　计算购进并销毁方法的无谓损失

327
　　既然无谓损失有差异，为什么政府或如欧共体之类的机构选择购进并销毁或储存的方法而不是两步定价法？理由很明显，政府采用前者的花费相对要少——缺乏弹性的需求使然，所以从政治上看前者更易被接受。而且在实际运用中，对外贸易也必须考虑在内。例如，假定在欧共体（EEC）销售的部分奶油来自欧共体之外。如果 EEC 对内部生产的奶油实施高补贴、低价格，国外生产者便会从这一市场中撤走。例如对加拿大乳牛养殖场场主来说，如果在 EEC 以每千克 10 法郎的价格销售则有利可图，但是如果价格降为 5 法郎则难以为继。为了使加拿大政府满意，EEC 可能提出对来自加拿大的奶油按最初每千克 10 法郎购买，然后便宜卖给内部消费者。如果这样，人们可以想象来自国内政治的谴责声：法德两国的税收被用来补贴加拿大的奶油生产者！另外，"奶油山"的方法会把销售价格推高至每千克 15 法郎。加拿大的奶油生产者自然高兴，他们愿意按这种支持价格增加对EEC的供给，而欧洲政府则会对从加拿大进口的奶油的原有数量进行配额限制。加拿大政府可能并不愿意接受配额，但相对于以前，加拿大奶油生产者的境况变好，所以 EEC 希望加拿大能理解并接受。欧洲的乳牛养殖场场主也很高兴，甚至生产冷冻设施的厂家也会因此获利，但欧洲的纳税人则不得不承受这一切。当然，对欧洲的消费者来说，少摄入一些奶油也有利于健康。

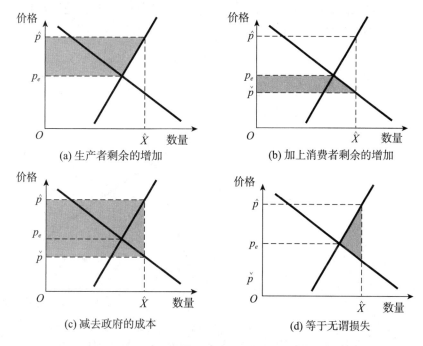

图 13.7　计算两步定价法的无谓损失

以上并不是我们可想象出的所有情形。第三种办法是把相对稀缺的需求"配给"给生产者。即对乳牛养殖场场主的生产实行配额，使供给降低到与支持价格对应的需求量水平，或者给乳牛养殖场场主补贴，让他们减少一部分生产。解释这种方法所蕴含的意义有点麻烦，因为乳牛养殖场场主可以找到办法来避开对生产的限制。关于这个问题，我们就此打住。

13.3　最高限价和租金管制

328

最高限价是对某些产品制定最高价格。这种做法通常是出于平等考虑（无约束情况下的均衡价格会高到不合理的水平）或满足某种集团的利益。如果最高限价政策发挥作用（如果其价格水平低于均衡价格），需求将超过供给。这就使得希望采用最高限价的机构不得不做出选择：要么增加供给（可以增加产品，也可强迫生产者以超过其意愿的水平来生产），要么对消费者实施配给。

租金管制是非常典型的例子。我采用了完全竞争模型来研究租金管制。在大多数大城市，房屋租赁市场的竞争程度是相当高的，公寓和别墅的拥有者之间竞争激烈。但是，这个市场又不完全符合完全竞争市场条件，因为公寓和别墅的面积大小、地段和舒适程度差异很大。通常，竞争会延伸到房屋租赁的多个层面。

假定对租赁房屋的供给、需求曲线被描绘在图 13.8 中。我把供给曲线画得非常缺乏弹性，因为可供租赁的房屋数量不管多少总是固定的。除了以所能索取的最好价格把房子出租外，房主还能做什么呢？他不能同时住所有的住房。（但事情似乎没有这么简单，我们马上会看到。）

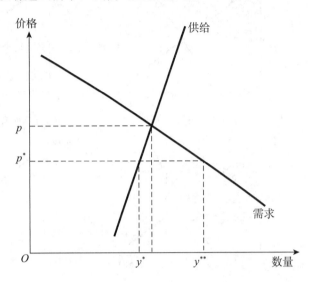

图 13.8　最高限价示意图（如租金管制）

说明：如果最高限价低于均衡价格，在管制价格上需求将超过供给。

假定出于公平的考虑，均衡价格水平过高，所以通过法规将最高限价定为 p^*。因为供给相当缺乏弹性，这并不会引起住房数量出现大幅下降。住房供给量降至 y^*。但是在价格为 p^* 时的需求为 y^{**}，这显然大大超过了供给。许多愿意在管制价格水平上寻找住房的消费者无法如愿。按管制价格租到住房的权利变成了一种有价值的财富。在绝大多数情况下，消费者一旦获得这种权利，将不愿让出。有时候这种权利可通过口头形式来转让，当某人不再续租某套公寓时，他会把消息告诉给朋友，就在房东知道房子的闲置消息之时，后者就去申请。潜在承租人要向原有租赁者支付一些好处费来获得接手承租的权利，尽管大家对此心照不宣（当然也是不合法的）。或者房子也可以以比管制价格高一些的价格转租出去，好处被那些幸运地以管制价格租到房子的人获得。对房东来说，面对过度需求，他们也会对租房者挑肥拣瘦，或者要求私下再有所补偿，这也是不争的事实。

这些租金管制的"腐败"成本难以鉴别，所以我假定它们不存在，只集中分析一个理想化的租金管制制度对剩余分配的影响。具体地说，我做了一个理想化的假定：当可租住的公寓被对其出价最高者租到时，这些公寓才得到最理想的应用。这意味着，因为 y^* 是在管制价格水平 p^* 上的供给数量，所以消费者获得的剩余就是图 13.9(a) 中的阴影部分。比较租金管制前后的消费者（承租人）剩余，管制带来的消费者剩余的增加是图 13.9(b) 中的长方形，但损失了一个小的阴影三角形。这显然是一个非常大的增加。

但房东方面则损失巨大，房东的生产者剩余损失是图13.9(c)中的阴影区域。我们注意到，这其实是图13.9(b)中的长方形的主要部分。房东的剩余损失是长方形加上右边的小三角形。所以，租金管制的无谓损失是图13.9(d)中的两个三角形。

如果供给相当缺乏弹性，无谓损失将不会太大。实施租金管制的目的是把房屋所有者的剩余再分配给承租人，这显然已经做到了。当然，配给带来的腐败或其他成本也必须考虑在内，已经租到房屋者对房屋的评价可能并不像无房者那样高所造成的隐含损失也必须考虑到。但是从这幅图来看，租金管制作为一种再分配手段，从效率上看似乎只是带来小的损失。

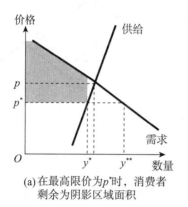

(a) 在最高限价为p^*时，消费者剩余为阴影区域面积

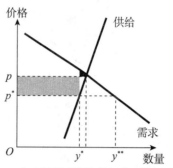

(b) 与实施最高限价前相比，增加了阴影长方形减去小三角形的面积

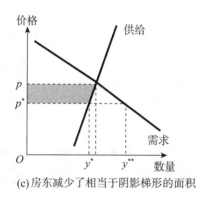

(c) 房东减少了相当于阴影梯形的面积

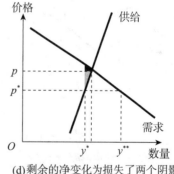

(d) 剩余的净变化为损失了两个阴影三角形的面积

图13.9　对租金管制之类的最高限价的分析

但是，反对对房屋租金进行管制的观点认为，这幅图太理想化（rosy）了。因为它假定房屋供给缺乏弹性，在短期内这可能是成立的，但是从长期来看，房屋拥有者并不会保持这么多的可租房源，或者如有可能，他们会撤回可供租赁的房屋。随着时间的流逝，人口增长后，需求曲线向外移动，租金管制意味着供给不会增加，新的可供租赁住房也不会增加。

330　如果供给相当富有弹性（从长期来看），图13.9所示的情形会恶化。图13.10中的图(b)和图(d)可以说明这一点。在图(b)中，承租人所得为四边形面积减

去三角形面积。而且，如果承租人的需求是高度缺乏弹性的，三角形会变得更大；如果可供租用的房屋减少，其结果是承租人的剩余总体上在减少。在图(d)中，无谓损失相当大。

反对租金管制的观点认为当实施租金管制后，图13.9通常会变为图13.10。从短期来看，承租人会受益而房主则遭受损失，无谓损失也并不大。但是，从长期来看，可租房存量下降了，承租人作为整体看的利益损失掉了，无谓损失也增大了。所以，持这一观点的人认为最好从开始时就避免实行租金管制。

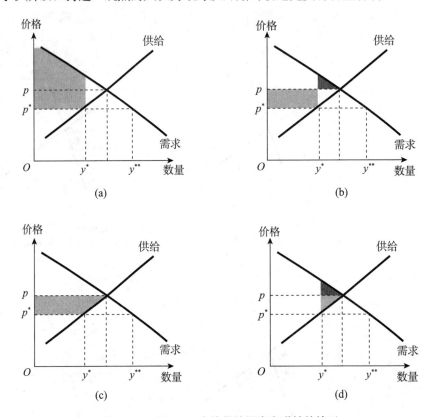

图 13.10 图 13.9 中的供给更富有弹性的情形

说明：如果供给更富有弹性，图形就没有那么理想化了。消费者剩余的增加［图（b）中的长方形减去图中的三角形］可能很小甚至为负，同时无谓损失却很大。

331 既然事情会这样变化，那么为什么租金管制能得以延续呢？为什么承租人没有预计到将要发生什么（如果事情真是如此变化），并且废除租金管制？反对实行租金管制者给出了两个答案：第一，废除租金管制并不会引起可供住房回升，除非潜在房屋提供者确信当房屋存量增加后，租金管制的法宝不会再被祭出。承租人认识到这些后，就会容忍一个数量不大的房屋存量，并在管制租金下最有效地利用这些房源。第二，承租人是一个分散的群体，并没有得到很好的组织。而那些非常幸运地按管制租金租到房子的人已组织起来。他们享受着最高限价带来的好处，他们是"四边形内"的房客，而受损者是那些只有增加可供租赁的房屋数量才能租到住房的消费者。政治力量会同情既得利益者，所以，租金管制就延续下来了。

最高限价和垄断者

332

对垄断者设置最高限价就不同了。这样既可增进效率，同时又会改善平等。见图13.11。图（a）表现的是垄断者通常情况下使边际成本等于边际收益的情形。阴影区域是消费者剩余和生产者剩余，而用粗线描出的三角形是因为垄断者在市场中使用其对市场的影响力而造成的总的剩余损失。

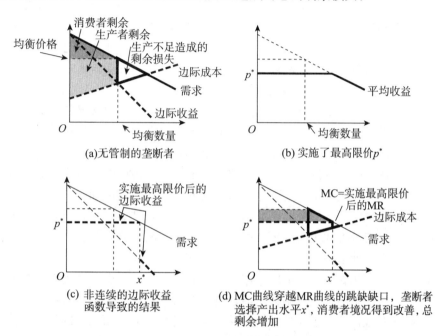

图 13.11　对垄断设置最高限价

说明：图（a）所示是实施最高限价前的情形；图（b）实施了最高限价，粗线是平均收益曲线；图（c）是与图（b）中的平均收益曲线对应的边际收益曲线；图（d）中加入了边际成本曲线。垄断者的价格为最高限价，产量为 x^*。阴影区域是获得的消费者剩余，粗线描出的四边形是获得的总剩余。

333

假定政府对垄断者的最高限价 p^* 定在原有的均衡价格和由边际成本曲线与需求曲线相交所决定的价格水平之间。x^* 是价格为 p^* 时的需求量水平。这意味着垄断者面对的是图（b）中的平均收益曲线。当产量为 x 时，如果 $x \leqslant x^*$，以此为函数的总收益将为 $p^* x$；如果 $x \geqslant x^*$，总收益将是原来的总收益水平。所以，我们得到了图（c）中的边际收益曲线，x^* 之前为从 p^* 出发的平行曲线，随后急速下降回到原有的边际收益曲线。图（d）所示是新的均衡价格和数量。在这种情况下，垄断者的供给量为 x^*，确定的价格为 p^*。因为 x^* 接近边际成本曲线与需求曲线的交点，所以总剩余增加了，消费者剩余增加了相当大的量〔图（d）中粗线描出的区域〕，而生产者剩余下降的量却并不大。因为是在两个不同的区域（你知道是哪两个区域吗?），生产者剩余的下降很难看出，所以，我没有在图中标出。但是获得的总剩余很容易找到，即用粗线描出的四边形。

这幅令人愉快的图形假定，最高限价高于由边际成本曲线与需求曲线相交所确定的价格水平。在图形中找出如下情形下的结果：（1）最高限价低于上述水平，但高于边际成本等于边际收益所决定的价格水平；（2）最高限价低于由边际成本和边际收益决定的价格水平。（在第二种情形下，最高限价会减少总剩余，尽管再分配的结果非常大。）

自然垄断、管制和放松管制

自然垄断是就效率和竞争而言的，指某一行业只有一个生产者的情形。自然垄断最引人注目的特征是，该种行业从技术上需要非常大的固定成本投入。相对于整个市场而言，符合有效规模要求的行业规模也非常大。电力行业、电信服务行业是经常被引用的例子，因为这些行业需要一个非常庞大的当地"网络"来分配电力和电话服务。

当技术上导致了自然垄断后，促进竞争既浪费又毫无办法。但是如果允许垄断者按其所愿来定价，则会导致非效率（生产不会按边际成本等于边际效用来组织），也会导致不公平。所以，政府经常会对自然垄断进行管制。根据图13.11的说法，政府会按照效率原则，将最高限价定在边际成本曲线与需求曲线相交的水平上。达到这样的理想水平会引出如下两个问题：对管制实施者来说，如何估算出企业的边际成本函数是件难事；如果固定成本非常大，按上述定价方式定出的价格可能意味着企业被迫定出低于平均成本水平的价格。

使事情更复杂的是，自然垄断企业有时会把垄断扩展到可竞争的领域中去。例如，电力部门利用自己在输电方面的自然垄断地位来建立自己在发电方面的垄断地位。不久之前，贝尔电话公司就曾利用自己在本地电话服务中的垄断地位建立了在长话服务甚至电信设备制造方面的垄断地位。在过去的几十年中，公共政策的目标就是防止此类事情的发生，防止自然垄断企业利用自身垄断地位来扩展其对市场的控制能力。

334 　对自然垄断、管制和放松管制的专门讨论可再写一本书。如果你对此有兴趣，这样的书已经存在，你也已经掌握了阅读这类书籍的绝大部分工具。

13.4　配额和关税

配额是指对某些产品的进口数量实施控制的制度。实行配额有多种理由，包括贸易报复等，但最主要的直接原因是保护国内产业。保护的目的要么是促进国内产业发展，特别是生产成本具有经验曲线效应的相对新兴的产业，要么是保护老的、无效率的产业。例如，日本多年来限制大米的进口以保护其"传统的"的、在政治上也有很大势力的水稻种植园主。

就像在本章导言中所说的那样，与日本大米进口相关的政策和贸易纠纷非常复杂。我不想就这种情形提出一个实质性的模型，但是我想指出的是对配额的经济分析有时会有意想不到的结果。我特别想解释的是为什么大米出口商（向日本出口）可能更想维护一种配额制度，即日本只允许进口其国内大米消费量的40%，而不是自由进口。

关键点是讨论在这两种情形下，什么决定了日本的大米价格。如果日本允许大米自由进口，大米价格一定会下降到按世界市场大米供给来决定的水平。日本国内的大米市场相当大，但世界大米市场更大。尽管大米的世界供给曲线并不是平行的（斜率为正），当日本可自由进口大米时，世界范围内的大米价格并不会提高太多。

但是如果配额定为日本国内市场消费量的40%，那么，日本市场的边际供应商将是其国内生产者。日本国内一些生产者相当有效率，但与国际上的生产者比起来，日本的水稻种植的边际成本是相当高的。我们可以想象，在这种情况下，由于国内边际生产成本的推动，日本的大米价格将是国际市场价格的两倍甚至几倍。

这使得对日本出口大米非常有利可图。在国际市场上，由于竞争激烈（供给也非常富有弹性），利润率非常低。当有40%的配额存在时，有幸获得对日本的出口权的国际上的生产者，其利润率甚至超过100%（与边际成本相比）。

当然，这也使得对日本出口大米的权利变得很珍贵，人们可以想见所有参与人的态度，他们都想保有手中的配额。

对此有三点评论：

（1）除了大米进口配额外，日本政府也可考虑对大米进口征收关税，或关税和配额双管齐下。这样的话，可以挤出部分国际生产者的获利。

（2）配额意味着日本消费者牺牲了消费者剩余并为此支付了巨额代价。事实上，如果你假定国际市场上的大米供给曲线相当平缓，配额给国内生产者带来的好处或带给生产者的利益、政府税收收入和配额收益要小于允许自由进口情况下带给消费者的利益。（如果你不明白这一观点，见练习13.9。）

（3）在20世纪80年代，日本的汽车制造商自愿限制了它们对美国的汽车出口，我们称之为自愿出口限制（VER）制度。新型轿车市场并不是完全竞争市场，经济学家们仍然在试图评估自愿出口限制政策对美国消费者、美国国内生产者和日本生产者的影响的大小。这些估计的结果千差万别。但是，据普遍的看法，这一限制并未损害日本汽车制造商的利益。一些分析人士坚信，日本汽车制造商从VER中大获其利。通过行政手段限制对美国的汽车出口，日本汽车制造商之间的竞争受到了限制，在美国的日本汽车价格也就提高了，因此，通过一个小的出口量就能保持应有的利润水平，甚至还有所改善。

小 结

● 对竞争性行业征税，税收负担的比例大小与需求、供给的弹性大小有关。

就税收造成的无谓损失而言，当供给和需求富有弹性时，损失大；只要有一方缺乏弹性，损失就相对要小。如果征税规模不大，征税所得收入相对于无谓损失来说要多一些。

- 对垄断行业征税后，税收负担的情形一般较为复杂。在一般情况下，在边际成本不变和线性需求情况下，税额的一半由消费者承担。无谓损失的大小由平均收益和边际收益之间的差额缺口来决定，无谓损失按与增加的税收收益同样的数量级来增大。

- 关于价格支持政策，当支持程度相同时，从无谓损失的角度来考虑，将多余的产量储存起来或销毁与政府从生产者那里以一个价格水平购进，然后再以较低的价格卖给消费者的方法相比，效率不可避免要差一些。但从政府花费的角度看，比较的结果并不清楚。

- 对于最高限价（如租金管制），就竞争市场而言，当即要回答的问题是，有限的供给如何配给？人们担心，对于配给引起的像黑市之类的问题的成本很难量化，而且这些成本经常是隐性的。假定配给问题能被有效解决，生产不足的无谓损失问题仍然存在。这一损失的大小依赖于供给弹性的大小：供给越缺乏弹性，意味着无谓损失越小。这一政策还有从卖者向买者的收入转移问题。当供给缺乏弹性时，购买者获利甚多，但如果供给足够富有弹性，他们则遭受净损失。就像人们经常在租金管制情形下看到的那样，最高限阶对买者的长期和短期影响有很大的不同。但是，既得利益者在政治上容易组织起来，这也就是这一政策能得以沿袭的原因所在。

- 对垄断企业征税的后果则温和得多，这种政策可以提高总剩余并把剩余从垄断者再分配给消费者。

- 对进口商品实施配额有助于保护国内生产者，也能为国外生产者带来好处，同时能抬高国内商品的价格。一般来说，大部分损失由国内消费者来承担。

练 习

13.1 设某种产品的供给函数为 $S(p)=2\,000(p-4)$ $(p\geqslant 4)$，需求函数为 $D(p)=1\,000(10-p)$。市场的均衡价格和数量为多少？如果对该产品征收 0.30 美元的税，那么新的均衡价格和数量为多少？税收的无谓损失为多少？相对于生产者负担的税收，消费者承担的税收为多少（你如何计算"负担"）？消费者剩余的损失为多少？生产者剩余的损失又为多少？你可以用征税前后的均衡价格和数量来回答大部分问题，你也可以用英文原书第 319 页和第 320 页给出的公式来计算。你可从中选一种，当然，最好两种方法都用，看一下公式的原理。

13.2 如果你已完成练习 13.1，你应该已知道公式的原理了。现在的问题是回答为什么。请推演公式，关键一点是画图要准确。

13.3 假设在某种产品竞争市场中，供给函数为 $S(p)=5\,000(p-2)$，需求函数为 $D(p)=2\,000(16-p)$。如果对该产品征收 0.70 美元的税，均衡价格会上升多少？均衡数量又会下降多少？税收的无谓损失为多少？为了回答这些问题，你一定得解出均衡价格和数量吗？

13.4 在本章中，我们指出（并且用图形做了说明），当垄断者面对的是线性需求函数、边际成本为常数时，当价格升高后，税收额的一半由消费者承担。在一般性的竞争行业中，价格上升后的税收分摊比例是反供给函数和需求函数相对斜率的相对直接函数（straightfor-ward function）。因此引出的问题是，当垄断者面对一般性的向下倾斜的反需求函数 $P(y)$ 和非递减的边际成本函数 $MC(y)$ 时，当征收（小额）税收引起价格水平上升后，消费者会承担多少呢？（这个问题有点难，要得到答案需要对边际成本求导，并对反需求函数二次求导。）

13.5 请推导出像英文原书第 318~320 页那样的对一个完全竞争行业实施补贴后发生情形的算式。你可以假定产品的生产获得了补贴，即生产者从政府收到的补贴是单位产品的固定补贴额乘以企业生产和销售的数量。

13.6 （a）一个垄断企业面对的反需求函数为 $P(x)=1\,000(100-0.01x)$，边际成本为常数 20 美元。政府决定对这种产品给予补贴，对企业生产并销售的每单位产品补贴 4 美元。补贴对消费者剩余、生产者剩余和总剩余的影响有多大？

338
　　（b）联邦政府和州政府经常对国家公园、各州的公园和休闲区域的特许经营权实施"私有化"政策。经营者通过竞标获得特许权，企业按希望获得特许权的标的来报价。经常遇到的一个问题是：政府提供给最终获得特许权者的服务水平如何？事实上，政府可以对特许经营的成本进行补贴。如果政府不希望对最终获得特许权的企业所制定的价格实行管制，那么，有时人们会认为政府应该按政府提供的所有服务项目的边际成本向获得特许经营权者收费用。为什么这个观点有可能是错误的？

13.7 拉夫斯·T. 法尔弗来（Rufus T. Firefly）是福雷多尼亚国的总理，他正在面临如何应对危机的难题。该国居民要求对高粱实行自由进口，但高粱生产者则威胁说，如果总理允许这么做，他们将全体把选票投给反对党。

对于该国居民来说，高粱是具有悠久历史传统的作物。福雷多尼亚古代传统故事描述了高粱对建立该国古代部落的重要意义。国典就是围绕使用高粱的仪式演化而来的。除了在各种典礼上使用外，高粱还是该国家级特产——高粱薄饼的最重要原料。

福雷多尼亚对高粱的需求是由需求函数 $D(p)=5\,000(10-p)$ 给出的，p 是用当地货币表示的每千克高粱的价格，数量用千克表示。该国用于种植高粱的土地不多，来自国内的高粱供给函数为 $S(p)=25\,000(p-4)$（$p\geqslant4$）（高粱供给者之间是完全竞争的）。如果高粱价格低于每千克 4 单位，国内供给为零。目前高粱严禁进口。（如果这听上去像日本的大米，这种类似完全是有意设计的。）

（a）高粱市场目前的均衡价格和数量为多少？假定高粱生产者的固定成本为零，那么，他们所获得的利润为多少？

世界市场上的高粱价格为 3 单位（用当地货币计），如果福雷多尼亚允许高粱自由进口，世界市场上的高粱价格并不会受影响，福雷多尼亚按每千克 3 单位的价格可以购进任何想要的数量。

（b）如果福雷多尼亚允许高粱自由进口，将会发生什么？新的均衡价格和数量为多少？本国高粱生产商会受到怎样的影响？消费者剩余会增加多少？

339
　　（c）从问题（b）中我们可以看出，本国高粱生产者对政策实施的后果不满意，总理考虑对本国生产者实施补贴。对于本国生产者销售的每千克高粱，政府按一个固定数额进行补贴，同时，高粱可以自由进口。总理希望把补贴水平确定在这样的水平：国内高粱生产者销售的数量正好是问题（a）中最初均衡时他们提供的产量。这样的话，应该补贴多少？在这一补贴

水平上，高粱的市场均衡为多少？

（d）当问题（c）中的市场均衡实现时，如果考虑到消费者的福利（用消费者剩余来衡量）、国内生产者的福利（用生产者剩余来衡量）和补贴的成本支出，与问题（a）中的均衡实现时相比，总的来看，福雷多尼亚人的福利是改善了还是恶化了？

13.8 假定在练习13.7中，总理在考虑另外的办法：他将允许一定数量高粱自由进口，允许10位好朋友和政治支持者有权进口最多为1000千克的高粱。他的朋友们可在世界市场上按每千克3单位的价格购进高粱，然后在国内按市场能承受的价格卖出。按此方法，超过10000千克的高粱由国内生产者提供，但得不到政府的任何补贴。在这种情形下，高粱市场的均衡状况如何？与练习13.7问题（a）中的市场均衡相比，国内消费者的境况是变好还是变差了？具体为多少？国内的高粱种植者的境况是变好还是变差了？具体如何？总理的10位朋友获得了多少利润？把国内消费者、国内生产者、总理的朋友和政府（用补贴成本或税收收益来衡量）的福利放在一起考虑，三种方式（没有进口、自由进口但对国内生产者进行补贴以及进口配额但许可证给予国内进口商）对福雷多尼亚来说，哪种最好？

13.9 在本章中，我断言，如果世界市场中大米供给曲线接近水平线，无论对配额和关税怎样组合使用，日本消费者所付出的都要大于日本大米生产者和政府所获得的剩余。所以，这些配额和关税一定是利益集团政治斗争的结果。我怀疑第二个结论可能会使你感到意外。但第一个断言的逻辑是什么呢？

13.10 再回想一下第1章对通用汽车公司卡车赠券的分析。我指出，一个数值为正的Q（在赠券转让市场中得到赠券的成本）与对通用汽车公司征税很类似。正值的k（赠券购买者支付的额外摩擦成本）就像对其他购买者征税。为什么？（按照本章的分析，当$Q>0$和$k>0$时，很显然就像征税，但为什么Q和k越大，对通用汽车公司来说越是坏消息呢？）

340 **13.11** 假定某个完全竞争行业中有10个完全相同的企业，每个企业的边际成本函数为$MC(y)=4+y$，假定需求函数为$D(p)=10(20-p)$。

（a）这个市场的均衡结果是什么？

（b）假定在这10个企业中，5个会造成污染，5个不会。为了减少污染，政府对5个污染企业生产的每单位产品征收1美元税，而对非污染企业则给予1美元补贴。在实施这些征税和补贴后，市场均衡结果如何？从5个被征税企业得到的税收等于对非污染企业的补贴吗？

（c）继续问题（b），假定这种情形下总社会剩余是生产者剩余（利润）、消费者剩余（按通常办法表示）和政府净收入（税收减去补贴）之和，然后从污染企业生产的每单位产品中减去2美元的损失（你可以认为这是社会从污染中遭受的损失）。分别计算四项构成，计算问题（a）和（b）中的均衡实现时的总社会剩余。比较以上结果。

第 14 章 | 外部性

341　　本章将讨论外部性问题，即某个参与人的行为影响到其他人的福利（效用或利润）的情形。当外部性存在时，市场的运行就不一定是有效率的，在这种情形下，政府干预市场能改善效率。我们将要

- 定义外部性并用事例说明。
- 讨论外部性为什么会导致市场出现非效率现象。
- 列出解决这些问题的各种方式。
- 讨论对一种具体外部性（如污染）的管制。
- 展示外部性概念如何被广泛地运用于大部分大型的、复杂的组织中。

　　支持"小政府"和减少政府干预市场者喜欢引用第 12 章的观点（即"看不见的手"使市场效率达到最大）和上一章有关非效率的几种论点来支持他们的观点。但是，支持政府干预活动者则引用下面四点来支持他们的观点：

　　（1）效率和平等不是一回事。应该有从利益拥有者向非拥有者再分配的保障机制。

　　（2）当生产者有能力影响市场时，市场将无法得到有效率的结果。在任何可能的领域，政府都应鼓励竞争，减少生产者对市场的影响程度并防止其影响累积增大。自然垄断应该受到管制，对市场有影响力的购买者也应如此，尤其是在劳动力市场中。

　　（3）要使市场运行有效率，交易的各个方面都必须进行良好的信息交流。了解到存在其他可能的交易对象的信息显然是非常有必要的。这也同样适用于如下情形：交易一方缺乏信息而另一方则拥有更多的信息，如关于交易产品的质量，等等。我们将在第 18 章讨论这些问题。就目前来说，诸如内部交易法、信息公开法和消费者权益保护法等的存在是有足够的理由的。

　　（4）生产和消费有外部性。这就是本章的主题。

342　　如果你想在公共部门或像发电部门这样的私营部门得到一份工作，本章所讨论的问题，如由污染引起的外部性问题和政府或其他部门应对这类问题的素材可能与你有关。当然，绝大多数有抱负的私营部门的管理人员对这些素材也只是一般感兴趣而已。这样的想法并不确切，本章的思想和原理可在更多层面

上与私营部门有关。直到本章结束之前，我才会用简练的语言来解释为什么是这样，但我希望你耐心读下去。这些原理，除了它们在政府对外部性的管制方面的应用外，几乎与每个管理者的工作都有关。

14.1 什么是外部性？

当任何行为主体（不管是企业还是消费者）的经济活动影响到其他行为主体的福利的时候，前者的行为就产生了外部性。当受到影响的主体获益时，外部性是正的，而当受到损害时，外部性是负的。

- 某人在电梯内抽烟，对不幸与这位瘾君子同时乘坐电梯的人就产生了负外部性。
- 当我的邻居花了大量时间来修理他房前的花园时，他对我就产生了正外部性，因为我也可以欣赏到他的花园的美景。但如果我未能修剪我房前的花园，我就对他产生了负外部性。
- 当一个在某条河流上游的企业将废水排入河流后，对下游使用河水的生产者和消费者就带来了负外部性，因为他们现在在使用河水前必须花费资源来净化水源。

除这些直观的外部性例子之外，还有一些不明显但很重要的例子。

网络和行业标准的外部性

网络的外部性一般是正的。当斯坦福大学决定加入信息交流网络时，对网络中的其他成员就产生了正外部性，因为对于已经入网的机构来说，能与斯坦福大学交流总是有益的事情。同样，一个电器生产企业按行业标准生产产品，将有益于其他符合标准的企业生产产品，因为这增加了标准有效性的基础。

交通堵塞的外部性

343　　假设你在交通高峰时放学或下班，你驾车从高速路回家，你增加了其他采用同样方式回家的人在路上花费的时间（尽管数量不是很大），因为增加了高速路的交通堵塞程度，你给他人带来了负效应。自然，选择回家的时间很重要：如果你在凌晨3：00驾车回家，你大概不会对其他人造成什么影响。

交通堵塞在某些情形下会非常严重，如机场。出于多方面的考虑，从纽约肯尼迪机场飞往西欧的跨大西洋航线的航班偏好于在晚上飞离肯尼迪机场。但是正像每个每天这个时段乘坐飞机的人都知道的那样，人们不可能都一下子飞起来。住在肯尼迪机场附近的人也知道，这种情况导致了傍晚和清早时，通向机场的高速路出现了交通堵塞。

公地问题

与交通堵塞的外部性紧密相关的一个负外部性问题是公地问题（commons problems）。这一名称来自这样一种现象：私人饲养的羊在村子的公地上放牧。如果我饲养的羊在公共草地上吃草，那么留给你饲养的羊可享用的草就减少了，我的羊就给你带来了负外部性，你的羊对我造成的影响同样如此。另一个非常有意思的例子是捕鱼，每位捕鱼者出于私利都会考虑超量捕鱼。

公共产品

在经济学语境中，公共产品是指一种产品具有一个参与人对其消费不会妨碍另一参与人对其消费的特征。这种产品可被任何喜欢它的人消费，而不会影响其他人对它的消费。

很难设想一种纯粹的公共产品。清洁的空气、国防、灯塔、收费公路、国家公园和新开拓的区域，经常被作为公共产品的例子来引用，尽管至少在收费公路或国家公园方面有明显的拥堵现象需要解释，这些事例仍表现出了公共产品的特征。

如果我们能控制享用公共产品的行为主体，公共产品也具有排他的可能性。例如，我们可以限制目前只是近似于公共产品的收费公路和国家公园的进入，这些近似的公共产品有排他的可能性。但是，对于大家能享用的清洁的空气来说，我们则很难阻止一些区域的居民来享受清洁的空气。

344 　提供公共产品的行为具有强大的正外部性。如果我能提供洁净的空气，或对空气进行净化或阻止空气污染，我便会带给其他人正外部性。因为有如此多的其他人可以享受到洁净的空气（洁净的空气近似于公共产品），我带来的正外部性的量就非常大了。

市场势力

当一个对市场有影响力的企业使用其市场势力来抬高自己产品的价格时，它就会影响到其他消费者的福利。当英特尔降低其处理器的价格时，它对摩托罗拉的利益有负向影响而对戴尔则有正向影响。这也是外部性吗？从规范的经济学来看，我认为这可以归入外部性。但是，我在此不想做深入探讨，我不想在本章讨论市场势力之类的因素所产生的外部性问题。

14.2　为什么外部性会导致非效率？

当企业和消费者的行为产生外部性时，市场均衡的结果可能不会使总剩余达到最大，即使假定市场是完全竞争的。要明白个中原因，可回想一下第 12 章的论点。在完全竞争市场中实现均衡且没有外部性时，消费者的边际收益等于均衡价格，并等于生产的边际成本。这带来的是有效率的结果。

但是，这只涉及消费者的私人边际收益和生产者的私人边际成本相等的问题。当个人消费产生外部性时，消费活动的社会边际收益（对总剩余的边际影响）与消费者的私人边际收益并不相同。当一个企业的生产活动产生外部性时，生产的社会边际成本并不等于生产活动的私人边际成本，市场均衡并不一定会导致这一结果。

假定一个企业由于排污而给其他企业和消费者带来了负外部性。当该企业使其私人边际成本与价格相等时，它并没有考虑到污染通常降低了其他消费者的效用或其他企业的利润（剩余）。它生产的产品数量可能多于社会需要的最优数量，除非它能顾及这一点，并把生产的外部性内部化。

14.3　治理外部性

345　　　治理外部性有多种方法。

社会规范

社会规范有时可以控制外部性。我房前的花园如果整修得好，可以为我的邻居带来正外部性，就像他们这样做也会为我带来正外部性一样。如果我们每个人都最大化自己的私人效用，那么每个人在房前花园中花费的精力都少于达到社会最优时需投入的精力。但是我们也可能陷入这样一种环境：因为社会压力，每个人都必须在整修花园上花更多的时间。假定我的花园出人意料地杂乱无章，那么我的邻居可能不再理睬我了。如果我对公共产权线上的杂草不理不睬，他们将对我的行为表现出难以接受的态度。事实上，因为我非常想得到邻居的良好评价，所以尽管我不做，他们也不会有什么明显的惩罚行为，但我还是会不停地整修我的花园。

这就提出了一个重要的观点，因为在本书最后我们要对此进行讨论，在此我只是简略地提一下。我刚才讲了两个有关行为规范的故事。第一个是我遵守整修房前花园的规范，因为如果我不这么做，我的邻居将采取对我不利的行为。第二个是我遵守规范是因为我把邻居的良好评价内部化了，他们的赞誉对我很珍贵，自然也提高了我的效用水平。无论哪一个故事能引起你的兴趣都是可喜的。每个故事适用于不同的环境。我们在本书最后将看到，最有力的制度安排经常是那些使它们同时发挥作用的制度。

产权和科斯定理

解决外部性的第二个办法是建立起边界清晰的"产权"。如果上游企业污染了河水，社会应该决定：（1）下游参与人有享用清洁的水的权利；（2）上游企业有权按照它们认为合适的方法处理废水。不管从哪个方面说，明晰产权都是可行的。但是，一旦产权得到清楚的确认，个人之间会就如何行使权利进行谈判。如果下游参与人有权享用清洁的河水，那么上游企业可以支付一笔钱给下游参与人，以换取它向河中排放污水的权利。如果上游企业有权按它认为合适的方法来排污，下游参与人可以向上游企业付钱以限制后者排污。当然，产权的建立有很大的再分配效应。上游企业需要获得排污权，所以如果限制了它排放污水，其他人就得购买这种权利，而不是企业为排污付费。不管在哪种情况下，只要产权界定是清晰的，一切都可顺利解决，我们也就能相信参与人之间的讨价还价会实现社会效率（socially efficient）。

这种解决外部性的方法就是著名的科斯定理，得名于其最初提出者罗纳德·科斯。他指出如果产权界定清晰，就不会存在外部性问题。解决外部性的科斯定理方法（清晰界定产权，然后通过市场交易或讨价还价来决定结果）近年来在经济学家和法律理论学者中很流行，但也不是没有问题。一个问题就是讨价还价的成本。假定我们把排污权给了企业，而让下游参与人通过讨价还价来减少排污量。如果下游有许多参与人，每个参与人都希望他人付钱给上游企业以减轻污染，每个人都希望他人付出努力而自己搭便车。你可以想象得出这一问题会导致什么样的结果：一个参与人无法排斥他人享受行为后果。如果我对上游企业支付补偿以减少它对河水的污染，结果却无法排斥你享受清洁的河水，也就是说，你从我的努力中获得利益。为了解决这一问题，我们也可以设想下游参与人都有权享受清洁的河水，所以，上游企业必须对它造成的任何污染给予补偿。这样的话，另一种形式的讨价还价又开始了：下游参与人对未污染河水的评价是私人信息，为了多获得补偿，每个人都声称污染造成的损失大于实际受到的损害。而且，如果我们认为下游参与人有权享用清洁的河水，但河水却被污染了，由此引出的问题是，我们必须确定谁对造成的污染负责，并支付赔偿。

科斯定理对分析问题是一个非常有用的出发点。它告诉我们，可考虑把所有外部性问题看成因为无法确定或很难确定产权而造成的"市场迷失"（missing markets）问题。如果产权能被明确，那么为了便于进行讨价还价，就会创造出市场。但经常遇到的情况是明确产权和参与人之间的讨价还价无法具体进行。所以，我们转入对解决外部性问题的第三种方法的讨论：集体行动。

集体行动

一些集体行动的方式并不正规，如对带来负外部性的参与人进行集体抵制或社会制裁（social sanctions）。像奥杜邦协会（Audubon Society）和吉瓦尼斯（Kiwanis）这样的共济会团体就带来了正外部性。但是，绝大多数政治性的集团（政府）采取集体行动则非常正规，例如：

（1）运用多方筹集的税收收入提供公共产品。

（2）经常运用税收和补贴作为激励手段，鼓励能产生正外部性的行为。

（3）对产生负外部性的行为要么直接进行管制，如完全禁止或加以限制，要么通过罚款和收费来予以阻止。

14.4　论对污染的管制

这是关于外部性的一般性理论。为了解释这一理论，特别是为了阐明对外部性（通过政府）进行正规管制和科斯定理的实际应用，我们以政府如何对河流、空气等自然资源的污染进行管制来予以说明。

假定一个企业——相对于其他企业和消费者居于河之上游——向河中排放了污水。对河流的污染影响到了下游其他企业和消费者的福利水平。

控制污染会获益但必须付出代价。如果污染损害了下游消费者的福利状况，那么，减少排放或消除污染就会带来外部福利和利益的增加。但是，消除污染要付出代价，代价通常由造成污染者自己承担。按照通常的边际理论的逻辑，当污染造成的外部边际成本等于消除污染所花费的边际成本时，就达到了社会最优。我们可用图形来对此做一解释。

如图 14.1 所示，企业的总利润水平依赖于污染水平。图（a）表示的是企业的

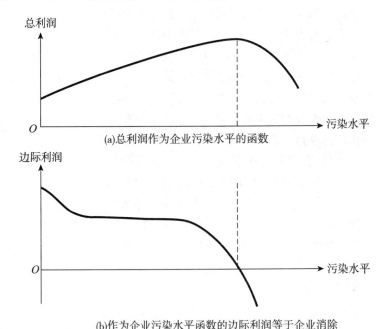

(a)总利润作为企业污染水平的函数

(b)作为企业污染水平函数的边际利润等于企业消除
污染的边际成本

图 14.1　利润和消除污染的边际成本

说明：图（a）表示的是企业的总利润水平是其污染水平的函数；图（b）是这一函数的导数。因为企业降低 1 单位产出水平的成本其实就是治污行为造成的边际利润的下降，所以，边际利润的另一个名称是消除污染的边际成本（marginal cost of abatement）。

总利润水平是其污染水平的函数，该函数达到最大值后转而向下。当污染效应非常严重以至影响到了企业的利润水平时（比方说，影响到了其所雇用工人的健康状况和福利时），污染程度加剧会导致企业利润下降。图（b）表示的是企业的边际利润是其污染水平的函数，或者说是总利润函数的导数。当边际利润为零时，利润达到最大。从图中可看出，边际利润函数是递减的，因为利润函数（假定）是凹形的。

图 14.1(b)中的边际利润函数还有一个名称——消除污染的边际成本，这个函数描述的是企业降低或消除 1 单位污染所花费的边际成本，这也是增加同样 1 单位污染所带来的边际利润。使用消除污染的边际成本的概念是因为在许多情况下，如建造水的过滤装置和烟囱除尘器之类的设施，可以使人想到降低污染的代价，而不是想到增加污染带来了多少边际利润。不要被语义扰乱思路，这不过是图 14.1(a)中图形的函数的导数。

348 图 14.2（a）描绘的是外部人口剩余作为污染水平的函数的图形。这是用货币衡量的下游区域每个人的福利，也是上游企业造成的污染水平的函数。对于消费者来说，这其中包括对污染造成的福利损失的度量；对企业来说，这要考虑到它们的利润损失，因为现在它们必须对使用的河水进行净化处理。这里有一个大胆的假设：我们可以把消费者和企业的福利看作污染水平的函数，并用具体货币价值表示出来。从实践看，找到这样的函数——或者只是尝试找到一个

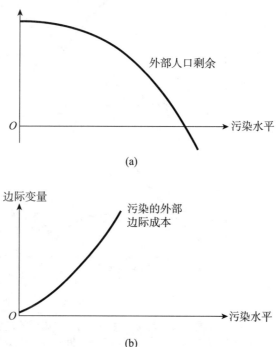

图 14.2　外部人口剩余和污染的外部边际成本

说明：图（a）描述的是外部污染的货币价值。当污染增加时，这个值将下降，污染越严重，下降得越迅速。所以，污染的外部边际成本［如图（b）所示］，也就是消除污染带来的外部边际收益，是污染水平的增函数。

近似值的想法——是非常艰难和复杂的。例如，假定污染可以造成环境的永久损害或一些物种灭亡，对此，我们可以用多少货币价值来衡量？因为假定了可以这样来计算，所以，我们有了图 14.2(a) 中的函数，即当上游企业造成的污染水平增加时，函数是递减的。这个函数导数的负值的图形描述在图 14.2(b) 中。这是污染的外部边际成本，或者说是消除污染的外部边际收益。

在图 14.3(a) 中，我们增加了企业的利润函数图形和外部人口剩余的图形。图(b)表示的是利润与外部人口剩余之和的图形。图(c)表示的是污染的外部边际成本和消除污染的边际成本。

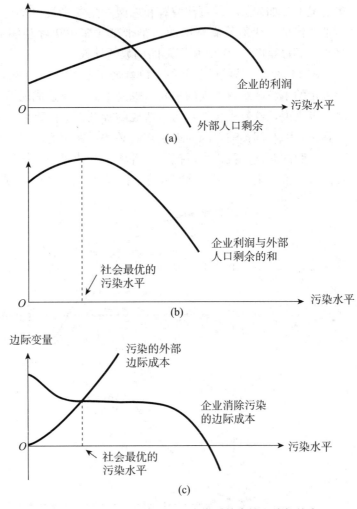

图 14.3 增加了总量和边际考虑后的直接和外部效应

说明：总剩余是把排污企业的利润与外部剩余相加，两个变量都是污染水平的函数。图(b)表示的是两者之和，该值随污染水平的降低达到最大，而不是在利润实现最大时取得最大值。这一水平（社会最优的污染水平）发生于污染的外部边际成本与消除污染的私人边际成本相等之时 [见图(c)]。

请注意在图(b)中，两项之和在开始阶段是上升的。通过对图(a)的观察，你应该明白个中原因：递减的外部人口剩余的变化率，即污染的外部边际成本，小于利润上升的变化率，即消除污染的边际成本。两项相加之和继续上升，直到外部人口剩余的降低速度等于利润的增加速度，到这一点时，总和达到了最大值。自此以后，外部剩余的下降超过了利润的增加。最终，随着人口的增加，利润继续下降，之后起主导作用的是外部人口剩余的下降。

当然，也可通过两个边际变量相等来找到两项之和的最大值点。见图(c)。

对污染管制的分析

350

有了这些图形后，我们就能进行分析了。首先，假定图形如图 14.4 所示。如果我们采用自由放任经济政策（意思是说，我们不干预企业的经济活动），实现利润最大化的企业选择的污染水平将位于消除污染的边际成本为零的水平上。

但是，如果我们选择社会最优的污染水平，即我们要使利润加外部剩余之和达到最大化，这时污染的外部边际成本等于消除污染的边际成本。

351

这里表达的意思是，当有外部性存在时，不受束缚的市场并不能实现社会最优。企业不会考虑其行为对其他人福利的外部效应。在这种情形下，它的污染大于社会要求的最优水平。

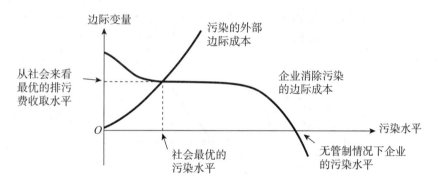

图 14.4　确定污染最优水平或对污染收取最优费用

说明：如果消除污染的边际成本函数和污染的外部边际成本函数已知，那么两条曲线的交点就是社会最优的污染水平。通过直接对污染水平进行管制，或把收取的排污费定在最优排污费水平上都可达到这一污染水平。

政府如何强制实现社会最优呢？有两种政策手段。我们可以直接管制企业的排污水平，我们也可以按每单位污染来收费或收取罚金（见图 14.4）。如果我们告诉企业它只能在社会最优污染水平上排污，这也就是企业会选择的水平。或者，如果我们向企业造成的每单位污染收取的费用正好等于污染的社会最优收费水平，那么污染也会达到这样的水平点，消除污染的边际成本等于这一收费水平，这也是社会最优的污染水平。两种政策工具都是可行的。

但是，在实际生活中，我们并不知道这些曲线的确切位置。当然，可以通过搜集和分析数据来估计出每条曲线的位置。细节无疑非常复杂。我们不再继续讨论这些问题。但问题是政府试图估计出这些曲线的位置和斜率。因此，如果我们制定出的允许污染的标准或对污染的收费是错误的，那么，社会成本又为多少呢？如果我们把标准定得太宽松，定在了高于最优的可污染水平，就造成了社会将付出如图 14.5 中阴影三角形部分所示那么大的代价。在同样的图形中，如果我们把标准定得过于严格，又会造成两曲线交点另一面的三角形损失。

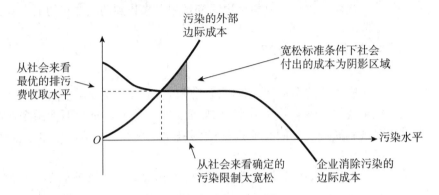

图 14.5　污染标准制定有误

说明：如果对污染实施直接控制，按照社会最优规范标准，允许的排污水平又定得过高，社会净成本就等于阴影三角形的面积。

352 从另一方面看，如果我们确定的排污收费有误，结果就如图 14.6 所示。我们把排污费定得太高，所以，企业对应于一个低于最优排污水平的低污染水平。同样，我们看到的阴影三角形是确定的排污费水平过高的社会成本。

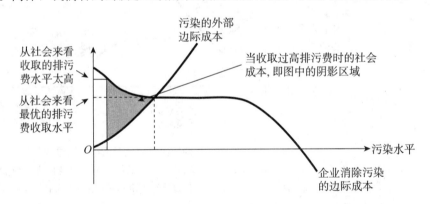

图 14.6　确定有误的排污费情形

说明：如果采取收取排污费方法，而且收取标准相对于最优标准来说又太高，企业的排污水平将低于社会最优水平，社会净成本为阴影三角形面积。

收费或制定排污标准，哪个更好一点？这依赖于政府对两条曲线的形状、位置和斜率的了解程度。假定政府对污染的社会边际成本非常了解，这一成本的函数线相对平坦，那么，我们就能按与社会边际成本相等的水平来收费（企业因为对社会造成污染而支付费用），让企业去寻找消除污染的最优水平。另一方面，当污染的社会边际成本处于相对较低的某一水平，函数线较陡峭，政府对企业消除污染的边际成本为多少也不清楚。所以在收取给定污染费后，政府不知道企业会降低多少单位的污染，那么，规定可行的污染水平就可能是较为稳妥的做法。

排污许可证的再转让

不要被对这些图形的简单解释所误导。现在大量的争论集中在如何度量污染的外部成本上。我们对水中物种的灭亡如何估价呢？对于未出生物种的福利我们又该看得多重呢？我们又如何评价环境未预见到的变化（如温室效应）呢？一旦这些话题能有明确的答案，担心收费和许可证之类的问题就有些犯傻了。一旦这些主要的问题能得以解决（通常是在政治立场上），控制外部性的机制问题就可用这种方法来处理了。因此，为了最有效地控制污染，按科斯的思路采用市场机制将是最富成果的做法。

例如，美国政府对发电厂的硫化物排放颁发的是可转让排污许可证。政府决定了允许的排放数量。允许的污染水平不仅要按前面小节提出的框架进行成本分析来确定，也要考虑政府和利益集团游说的分量。核心问题是，政府从现在的污染水平开始逐渐降低允许的排放数量。

政府已经决定可允许的总排污水平。所以，制定污染配额数量比收取排污费更有意义。这样做引出的问题是，给定政府希望并允许的总排污水平，如何在各个排污企业之间分配这种配额？最理想的情形是，政府对每个排污者规定的排污水平正好等于排污者消除污染的边际成本。至少在给定总排污量的前提下，从最大化社会剩余的角度来看，这样做是理想的。但政府对各个企业消除污染的边际成本并不太了解。例如，对于新泽西州的电气公共事业公司（Public Service Electric and Gas，PSE&G）来说，因为安装了一些发电的技术装置，相对于纽约的联合爱迪生公司（Consolidated Edison，Con Ed）来说，从边际

上看，减少污染要省钱一些。从社会剩余的角度看，政府应该对联合爱迪生公司网开一面，让其排污，而对新泽西州的电气公共事业公司则要严加管制。但政府并不知道这些事情。它可以要求相关企业汇报消除污染的边际成本，但是当企业知道这些数据将派什么用场时，就会尽可能高估它们的成本。而且，如果惩罚新泽西州的电气公共事业公司而对联合爱迪生公司听之任之，只是因为前者比后者拥有更廉价的消除污染的技术，这公平吗？

所以，政府并不是为每个公司确定一个排污的数量限额，而是对污染企业颁发许可证，每张许可证允许向大气排放一定量的污染物（硫氧化物）。改进办法是公司之间可以买卖这些许可证。原理如下：假设新泽西州的电气公共事业公司持有相当于1 000吨排污量的许可证，但它能以相对低的成本将排污量降低为400吨/年，并把相当于600吨排污量的许可证卖给其他企业（如联合爱迪生公司），因而可从中渔利。这是因为后者排污的成本非常高。假定这些许可证交易市场运转良好且是竞争性市场——事实上是两者得兼——那么关于排污许可证的均衡市场价格就能形成。这样，每个企业减少的排污量就会到达这样的点，即降低污染的边际成本等于均衡的市场价格。当然，这散发出了强烈的科斯的味道，政府给每个公司一定水平的排污权，这种产权可在市场中进行交易。

这种方法还有更有趣的特征。排污许可证规定了允许排污的最大数量。假定一些团体，如西瑞（Sierra）俱乐部，认为政府允许了太多的污染。在一定限度内，西瑞俱乐部可以筹集一定的资金，进入市场购买一定数量的排污许可证，然后把这些许可证搁置在一边。实际上已经有人这么做了。如果政府认为像西瑞俱乐部这样的团体在筹资用于这类事情时会遭遇严重的搭便车问题，政府可以通过税法来提供一些"帮助"。

上述对可转让许可证的描述有一些简单化，但是它指明了这种做法的基本内容：采用这种做法，让市场来解决问题，政府面对的分配份额问题（如何分配它合意的污染数量）就迎刃而解了。这是一个政府运用"看不见的手"的优点解决外部性问题的非常出色的例子，这时，如果实施全面管制，则可能会使事情变得更糟。

干预有用吗？

就这一点需要提出一些说明。因为外部性和本章开始时提出的其他三个原因，市场运行的结果可能并非社会最优，因为最优状况要结合最优效率和平等两个方面。在这种情况下，政府或其他非市场的行为可能会使事情获得改善，但不能保证政府或其他非市场的行为一定能做到这一点。试图通过政府干预或法规来改善市场运行的结果可能会导致腐败、寻租或为利益集团谋利的行为，甚至使得政府或立法机构完全贵族化和太过仁慈，结果会更糟糕，因为法规和管制条例不能在一般意义上与出于自我利益的市场同盟者处理信息的能力相协调。所以，还没有足够的理由说明政府可以改善市场运行的结果。支持干预行为的人应该提出更令人信服的观点，来证明政府干预从净结果上看将会使事情获得改善。

在过去的 20 多年中，即使是强烈支持政府应该干预市场的人也认识到，作为市场制度对立面的行政管理有其局限性。政府越来越多地对一个个具体情形进行检查，以了解什么地方可利用市场机制。可转让排污许可证是一个非常典型的例子。另一个对市场有影响力的例子是电信，该部门长期以来被认为是自然垄断行业，因为它需要铺设电话线路网络，所以，对大型电话公司政府应该实行国有化或管制。在某种程度上，近年来的技术变革从物质上提供了建设大规模网络的基础。但是，即使在近年的变化发生之前，政府也知道，只要按照一定的管制规则保证行业可以进入，电信业就能通过强化市场力量的竞争得到比行政管制更好的结果。

上述故事的寓意非常清楚：尽管有充分的理由干预市场，但是，市场制度本身蕴含的力量也不应被忘记。

14.5 组织内的外部性

除非你渴望管理公共部门或在一个受到某种政府管制的行业中工作，你可能已经发现，本章从一般意义上讲并不有趣，但本章的基本思想通过简化，把组织内的外部性考虑进来后，经常会引起有抱负的管理者的极大兴趣。考虑一个大型、多元化经营的企业。一般可假定决策分散化是有效率的，各个分支部门的管理者被赋予依据自己部门的情况做决策的权力。部门的收益要单独核算，各个部门的最高领导者的收入要根据这些核算的绩效来分配。

问题是每个部门在追求各自收益最大化时都可能降低其他部门的收益。在一定意义上这种情况确实存在，一个部门造成了对另一个部门的负外部性，每个部门在最大化部门利益之时导致了企业整体利润的下降。

一个部门的行为怎样影响到另一个部门的利润呢？一个明显的机制涉及各部门间为争取客户而展开的竞争。当通用汽车公司的雪佛兰分公司大做销售广告时，一般认为它会引起庞蒂亚克分公司的销售量下降。另外，一个公司内部的不同部门也会对稀缺资源展开竞争。例如，人们都听说过部门间对人力资源进行争夺的事例。部门 A 可能从部门 B 挖走其关键人才，而此人对部门 A 仅仅是有用而已，条件是提供职位提升或更高薪水，或两者同时提供。

看一个具体的事例，假设某公司有三个相同的部门，共同经营一项服务设施。我们用 $y_i(i=1, 2, 3)$ 来代表部门 i 在这项共同经营的设施中分配到的能提供服务的工作量。我们假定部门 i 的总收益，根据增加的收益情况，由如下函数来决定（单位：百万美元）：

$$y_i - 0.25y_i^2 - 0.1(y_1 + y_2 + y_3)$$

上述表达式的关键是最后一部分：$-0.1(y_1 + y_2 + y_3)$。对于该模型，这部分的意思是说，对这种服务设施的总需求水平越高，如果对每个部门的需求固定不变，那么每个部门获得的该项收益越低。此外，该项设施的运转还必须支付成本。如果对这项设施的需求分别为 y_1、y_2、y_3，设施的成本为固定成本 0.5 加上可变成本 $0.2(y_1 + y_2 + y_3)$。

（这并不是一个有关拥塞效应的较为实际的模型。一个更为现实的模型要考虑到，在对设施的总需求达到其负荷要求之前，服务质量只会发生轻微的下降，但到达这一点后，服务质量的下降会非常明显。要讨论更为现实的拥塞模型，在数学上将遇到很大困难，所以在这里我只是用非常简单的模型来解释一下其中的思想。）

从整个公司的角度看，最优的利用水平是多少呢？读者可用电子表格来解这一问题（见 CHAP14 的表格 1）。除了用电子表格方法外，我们也可用微分方法。各部门利益和设施的运转成本是 y_1、y_2、y_3 的函数，公司的总利润为

$$y_1 - 0.25y_1^2 + y_2 - 0.25y_2^2 + y_3 - 0.25y_3^2$$
$$-0.3(y_1 + y_2 + y_3) - [0.5 + 0.2(y_1 + y_2 + y_3)]$$

整理后得

$$0.5y_1 - 0.25y_1^2 + 0.5y_2 - 0.25y_2^2 + 0.5y_3 - 0.25y_3^2 - 0.5$$

当 $y_1 = y_2 = y_3 = 1$ 时，上式有最大值，公司净利润为 25 万美元。

现在假定该企业允许每个部门自己选择提供的服务水平。假设企业不向各部门收取任何费用，每个部门按照使其部门利益最大化的原则来提供服务，并且假定其他部门对设施的需求是固定的。因为各部门相同，所以，我们只集中考虑部门 1 会选择怎样的行为：通过调整 y_1 使 $y_1 - 0.25y_1^2 - 0.1(y_1 + y_2 + y_3)$ 最大化。因为 y_2、y_3 不是该部门控制的变量，问题转变为求 $0.9y_1 - 0.25y_1^2$ 的最大值，由此可得 $y_1 = 1.8$。同理可得 $y_2 = y_3 = 1.8$。如果你做数学计算，可知每个部门的总利润为 0.45，而企业提供这些服务的成本为 1.58，这样的话，企业的净利润为 $3 \times 0.45 - 1.58 = -0.23$（百万美元）。企业提供该项服务实际上是亏损的。

当然，会出现这种情形的原因是很清楚的：各部门并没有将提供该项服务的可变成本 $0.2(y_1 + y_2 + y_3)$ 内部化。企业应该向各部门收取 0.2 乘上它们对设施需求水平的"转移价格"（transfer price）。如果企业这样做，部门 1 就是对 $y_1 - 0.25y_1^2 - 0.1(y_1 + y_2 + y_3) - 0.2y_1$ 求最大化，简化为求 $0.7y_1 - 0.25y_1^2$ 的最大值，即 $y_1 = 1.4$。部门 2 和部门 3 同样会提供这一水平的服务。企业净利润为 13 万美元（如果想知道这一数字是如何得到的，请演算一下）。这一结果尽管比前一种做法好，但仍不如两段前描述的情形好，各部门还在过度使用共用的设施。

为什么呢？因为尽管每个部门现在将提供服务引起的直接可变成本内部化了，但各部门并不考虑它自己的需求会影响到另外两个部门获得的服务质量。

解决办法是什么呢？就像对污染进行管制一样，提供两个基本办法：企业可以规定每个部门提供的服务水平。对每个部门配给 1 单位的服务；或者把转移价格提高到足够高的水平，使得每个部门都能把其他部门的外部影响全部内部化，这意味着转移价格要从每单位 0.2 提高到 0.4。如果企业采用这种转移价格，每个部门自己将选择 $y_i = 1$，企业的总利润达到最大。

358

在这个非常简化的例子中，公司总部可以计算出每个部门可提供的服务数量和转移价格的大小，从而使得每个部门出于自身利益考虑做出正确的选择。但在实际生活中，对于与这类问题相关的成本及收益，公司最高领导者并不能做到了然于心，也不了解该使用哪种工具。具体来说，公司最高领导者不能确切估计出由每个部门直接提供的服务的价值，但是却大致知道每个部门对其他部门从边际上造成的外部效应的大小，所以，采用转移价格和分散决策是较为合理的做法。可是，对前述结论有许多假定。最一般也是最重要的一点是，公司最高领导者必须意识到这种外部性，采取这种或那种手段做好应对准备。要更多了解这一问题，参见练习 14.4。

小　结

● 当一个经济行为主体（消费者或企业）的行为影响到其他参与人用效用或利润度量的福利水平时，第一个参与人就给第二个参与人带来了外部性。如果第二个参与人的福利改善了，外部性是正的；如果福利变差了，外部性是负的。外部性既包括如污染等非常直观的事例，也包括如网络、行业标准、拥塞和公地等不直观的事例。

- 公共产品提供了外部性最极端的例子。公共产品是指可被希望消费该商品的多人共同消费，且一个人的消费不会引起其他人从消费中获得的福利减少的产品。真正的公共产品很难找到，像洁净空气这样的物品只是近似的公共产品。公共产品的提供会产生巨大的正外部性，因为许多人会从中受益。

- 有人认为当有外部性存在时，竞争性的市场均衡实现剩余最大化的说法就不成立了。因为在竞争性市场处于均衡时，消费者和企业关心他们私人所获效用和利润，而不会考虑到他们的行为对社会成本和社会收益的全部效应。所以，当外部性存在时，就有了政府对市场实施有益干预的空间。但是，说有了政府实施有益干预的空间并不等于说政府干预一定会有益。

- 外部性可通过一些非正式方式，如社会规范来解决。在理论上，外部性也可通过明晰产权并依靠市场和讨价还价来解决。经常采用的解决外部性问题的方法是政府管制或法律行为。政府通过税收收入来提供公共产品，它们鼓励提供有正外部性的物品而对产生负外部性的活动进行管制。

- 在对具体负外部性进行管制时，政府既可直接限定产生外部性活动的数量（企业 X 只能向大气中排放 N 吨氧化硫合成物），也可对其行为收取费用（企业 X 对向大气中排放的每吨氧化硫合成物必须支付 M 美元）。

- 当允许排污量为固定值时，排污许可证可转让的做法是对负外部性进行调控时利用市场机制来有效分配的一个办法。

- 外部性问题不仅对政府管制单个企业或个人的经济决策有意义，而且在一些大型组织中也可发现，分散化决策和组织中各部门间的外部影响共同作用会导致偏离最优决策（低于最大化利润水平）。

练 习

14.1 福雷多尼亚国的首都——福雷多尼亚城的商业区坐落在一个岛上。许多在该区工作的人每天要从大陆定时往返。具体地说，该地有 400 000 人要做这种通勤往返。福雷多尼亚人非常喜欢他们的轿车，每人上下班都开私家车，没有合乘现象。

从大陆到商业区进出有两条线路：飞火大桥和切科里尼（Chicollini）隧道。通过大桥和隧道上下班的时间要分别依赖于通过大桥和隧道的人数 n_B 和 n_T。具体地说，如果有 n_B 的人通过大桥，那么通过大桥的上下班时间为 $30+n_B/20\,000$ 分钟；如果通过隧道的人数为 n_T，那么通过隧道的上下班时间为 $40+n_T/5\,000$ 分钟。

（a）假设这 400 000 人上班不经过大桥就得经过隧道，即 $n_B+n_T=400\,000$，人们选择过桥还是过隧道要看哪条路线花费的时间较少。所以，在均衡实现时，n_B 和 n_T 的数量要使得通过两种方式上下班时间相等。那么 n_B 和 n_T 各为多少呢？

（b）我们定义总的上下班时间为 n_B 乘以通过大桥的上下班时间加上 n_T 乘以通过隧道的上下班时间。根据你从问题（a）中得到的答案，总的上下班时间为多少？

360

（c）假设福雷多尼亚城的市长可以控制通过大桥和隧道的人数。他根据使上下班时间最少来分配人数。为了使上下班时间最少，他如何分配通过大桥和通过隧道的人数？

（d）除了通过大桥和隧道会形成堵塞外，消费者通过大桥和隧道的边际成本为零。因此，无论是过桥还是过隧道都是免费的。但市长和市政厅正在考虑是否在两者中加一个收费站。如果大桥的收费站为 t_B，隧道的收费站为 t_T，这样消费者将会重新安排上下班线路，以使通过大桥的上下班时间 $10t_B$＋过桥时间（单位：分钟）等于通过隧道的上下班时间 $10t_T$＋过隧道时间（单位：分钟）。换言之，10 分钟上下班时间对上下班的人值 1 美元，找到 t_B 和 t_T 的值，其中一个为零。结果是，当存在收费站时，上下班的人将会重新安排他们的行路方式以最小化上下班时间。

14.2 福雷多尼亚人喜欢在位于该国中部的一个大湖贝拉湖捕鱼。贝拉湖中的鱼味道鲜美，该国人民为此愿意付重金求之。另外，贝拉湖渔民的生活严格遵循该民族的民间传说。（在该国，所有捕鱼的人都为男性，这个社会已远远地落后于时代。）每个渔民都有船，固定成本为 10 000 美元。另外，每捕到 x 磅鱼，需要的花费为 $(10＋X/1\,000)x＋x^2/100$，其中 X 为贝拉湖所有渔民捕鱼的总量（单位：磅）。（这就是说，捕鱼总量越大，单个渔民捕到 x 磅鱼的成本越大。）渔民捕鱼数量的多少要视鱼价（单位：美元/吨）而定，渔民一般把鱼价视为既定（他们是价格接受者）；他们知道自己的成本，把从湖中的总捕鱼量 X 看作既定，且为不受他们控制的变量。对贝拉湖鱼的需求由需求函数 $D(p)＝5\,000(60－p)$ 给出。

（a）假定正好有 10 个渔民在贝拉湖中捕鱼。（他们既无法退出，别的渔民也无法进入，他们也不能通过拒绝捕鱼而不支付固定成本。）贝拉湖鱼市场的均衡结果是什么？

（b）假定现在鱼市场的进入和退出是自由的，贝拉湖鱼市场的长期均衡结果是什么？消费者剩余和生产者剩余为多少？

361

（c）假定福雷多尼亚的渔猎局（Fish and Game Department）对从贝拉湖中捕到的每磅鱼征税 6 美元，该税由渔民支付。那么贝拉湖鱼市场（可自由进入和退出）的均衡结果是什么？请比较这种均衡时的总剩余（包括政府净税收收入）和在问题（b）中你所得到的总剩余，你能对结论做出解释吗？

14.3 考虑一个与他人共享资源的企业的问题，即本章最后一节提出的拥塞问题。假定共享设施的能力为每月 500 单位工作量。当对设施的需求为 450 单位或以下时，拥塞（和应有服务质量的滑坡）程度最低；但当对设施的总需求接近 500 单位时，拥塞程度就变大了；而当总需求超过 500 单位时，拥塞程度会非常严重。所以企业决定把每月对设施的需求限定在450 单位。

5 个部门对该设施有需求，所以每月企业首先对每个部门分配 90 单位该设施提供的服务。但企业总部又担心这样做的结果可能使总量无法达到 450 单位的最优水平。一个部门可能会从获取 150 单位服务中得到更多的（边际）收益，而另外一个可能为 70 单位。

根据可转让排污许可证原理，企业如何降低这一问题发生的可能性？如果总部为扩充该设施的能力每月需投入的成本为已知的，但是对每个部门能带来多少价值却无法确定，它怎么能确定是否应扩充设施能力？

14.4 在本章，我们没有对公共产品做深入讨论，对此感兴趣的读者，这里有一个问题有助于你熟悉与之相关的问题。

我们以一个包括 500 万个居民的经济中的一种物品为例。该经济中的每个人对该物品的效用函数为线性有节余货币函数，采取的形式为 $v_i(x_i) + m_i$，这里的 i 指每个具体的人，x_i 是 i 消费的该种物品的数量，m_i 是 i 节余下来的货币。而且，每个 v_i 采取的形式为 $k_i \ln(x_i + 1)$，对 i 来说，k_i 是一个特定常数。其中 $k_i = 24$、$k_i = 12$、$k_i = 6$、$k_i = 1$、$k_i = 0.5$ 分别对应 100 万人，生产该种物品的边际成本为固定的 3 美元。

（a）假定这是一种私人消费物品，就像我们在本章前面分析和讨论的那种类型的产品一样。那么，按符合效率的要求（总剩余最大），该种物品应该生产多少？如何在 500 万个消费者中进行分配？

（b）在下面的问题中，假定该物品为公共产品。这意味着如果该物品的总产量为 X，每个消费者就能消费 X 单位的物品，这样不会影响他人的消费和所获效用。那么，满足有效率要求（总剩余最大）的产量应该为多少单位？（因为该物品为公共产品，所以并不需要在个人之间分配物品。）

（c）假定该物品由私人捐助，即经济中的每个人要决定应该捐助的数量，然后把它们加总。如果捐助总量为 C，提供的数量将为 $X = C/3$。每个人捐助的数量依赖于他预期其他人捐助的数量。假设第一组 100 万人中的某人预期到所有其他人都不会捐助，那么这时这个人将捐助多少？如果他捐了上述数量后，其他的 4 999 999 个人预期到他会捐助，那么他们每个人又会捐助多少？

（d）假定物品由政府提供，但政府对每个人征税，征得 5 000 000t 美元的税收，而提供了 5 000 000t/3 单位的产品。如果 t 是政府按该产品的社会最优水平［你得到的问题（b）的答案］来确定的，那么，该社会成员相对于没有产品提供时的福利状况会变差吗？

（e）假设所讨论的公共产品有可能进行排他性消费。产品由垄断企业来提供，它宣称将提供 X 单位的产品，每个成员支付 p 美元即可享用。当 X 和 p 取什么值时，该垄断企业的利润达到最大？

第 15 章 | 风险规避和预期效用

363

本章将引进预期效用模型，该模型主要描述个人在不确定情况下的选择。首先，我们对观察到的人们在确定情况下的共有行为进行归类，然后我们引入并进一步讨论预期效用模型，最后我们检验一下该模型是否抓住了各类行为的特征。

不确定性是经济生活的主要内容，个人的主要决策如教育、职业、住房、储蓄、投资都面临着不确定结果。对企业来说，在产品开发和销售、技术采用、雇工方面也是如此。这仅仅是部分内容。一些非常重要的市场如证券市场、保险市场、期权市场和期货市场存在的主要作用就是帮助个人和企业应对不确定性。

到现在为止，在本书讨论的微观经济学的内容中，没有正式使用过不确定性这一名词，只是偶然非正式地讨论了不确定性问题。但在我们构建或分析过的模型中，不确定性还未正式出现过。

从本章开始，我们将对这一明显的疏忽予以校正。第 1 步就是构建个人在面临不确定结局时所做选择的模型。

15.1 个人如何对不确定性做出反应？

当面对不确定性时，每个个体的行为千差万别，有人疯狂，有人理智。对这种行为做全面描述是不可能的，但是对大致观察到的行为方式进行归类还是可以做到的。

选择对象的框架化表现对做出什么样的选择有重要影响

假定你正在向你所在国主管公共健康部门的官员［如美国疾病控制中心（Centers for Disease Control in the United States）］就对未来流行感冒有免疫

功能的一个研究项目提出建议。你可从两个项目中做出选择，对项目的陈述如下①：

364

　　如果听之任之，预期流行的感冒将导致 600 人死亡。（感冒患者要么完全康复，要么死亡。）你可以推广两个免疫疫苗项目的其中之一。第一个项目可确定地拯救 400 人；第二个项目有 1/3 的概率不会产生任何效果，有 2/3 的概率能挽救全部 600 人的生命。你会推荐哪一个项目？

　　你可能还在奇怪，我是管理专家，为什么要向我提这种生死攸关的医疗问题？假设选择由你来定，你如何做出决策呢？试试下面的问题：

　　你是所在国公共健康机构官员的顾问，你得到消息说一种新的感冒病毒将在今年冬天流行。为了抵抗这种流行性感冒，要从两种可选疫苗中选择一种，采用了一种疫苗就排除了采用另一种的可能。第一个疫苗项目，死亡 200 人将无法避免；第二个项目有 2/3 的概率无一例死亡，有 1/3 的概率 600 人将遭遇不测。你会选择哪一个项目？

　　这两个问题曾向许多医学界人士提出过，典型的回答是在前一种表述下选择第一种方案；在后一种表述下选择第二种方案。我自己的经验是学习管理的学生的典型回答也是如此。根据第一种表述，似乎能确定地拯救一些人要好一些，而根据第二种表述，似乎把人从一种确定的死亡中拯救出来更好一些。如果仔细思考一下，你会发现，根据实际的结果，其实问题的答案是一样的。在两种表述中，第一种选择的结果是相同的（400 人生存下来，200 人死亡）；第二种选择的结果其实也是一样的（2/3 的概率无人死亡，1/3 的概率 600 人死亡）。如果你在第一种表述中偏好第一种选择，按照你的逻辑，你应该也偏好第二种表述中的第一种选择。但是，就像数据所揭示的那样，问题表述方式的不同框架使人们的选择出现混乱，人们的选择依赖于可能选择的表述框架。

　　框架效应不仅仅在做生死抉择时表现出来，在几乎所有方面都可看到。一个非常有意思的例子是所谓的零幻觉（zero illusion）。读者问一下自己，愿意付 300 美元还是愿意参加一个掷硬币的赌局，条件是如果出现正面，你损失 600 美元，如果出现反面，你既不赢也不输。然后重新问一下这一问题，根据你的银行存款余额重新表述。我不知道你银行账户有多少存款，比方说有 24 220 美元，那么对问题的第二种表述框架为你是愿意肯定地持

365

有银行存款余额 23 920 美元，还是愿意参加掷硬币赌局，如果出现正面你的银行存款余额为 23 620 美元，如果出现反面则为 24 220 美元。根据你的银行存款余额做了上述调整后，读者可自己给出答案。在大多数情况下，

---

① 这些例子选自 D. Kahnemann and A. Tversky, "Prospect Theory：An Analysis of Decisions Under Risk," *Econometrica*，Vol. 47，1979，263-291。当然，并非逐字逐句。

如果选择的是第一种表述框架方式，人们偏好于参与赌局，而在第二种表述框架方式下，人们偏好于确定的事情。对此提出的解释通常为在第一种表述框架方式，人们的注意力过多地关注了零点（zero point），所以，也就有了零幻觉的概念：由于不想确定地失去 300 美元，人们愿意参与赌博，因为这样还有机会什么也不失去。但是在采用银行存款余额的表述框架时，心里承受的亏损负担不存在了，所以选择也就反过来了。

参与投注赔率已知的赌博要胜于参与赔率未知的赌博

假设一个容器中有 300 只大小相等且重量相同的彩球，其中 100 只是红色球，在剩下的 200 只球中，有些是蓝色球，其他为绿色球。如果某人从该容器中随机拿出的球是某种颜色的，将获得 100 美元。那么人们希望这个球具体为红色、蓝色还是绿色呢？许多被问及这一问题的人的回答是，他们对是蓝色球还是绿色球没有多大差异，但是特别偏好红色球。他们说，这是因为当红色为具体颜色时，赢的概率就清楚地为 1/3，而如果为蓝色或绿色，则赢的概率就不那么清晰了。平均来看，人们也可以说，抽到蓝色球或绿色球的概率像红色球一样，也是 1/3，但是，相对于概率未知的赌博，我愿意参加概率已知的赌博。①

有时，不同结果出现的可能性还是可知的，至少对于那些老谋深算的人来说是这样。在赌场中赌博的情形是其中较为典型的事例。在其他情况下，可能出现的结果是已知的，但是结果发生的概率则是凭主观判断来决定的。想一想对赛马下赌注的情形。下注者知道，如果对 Old Rust Bucket 下注 2 美元，一旦该马跑赢，他将会获得 25 美元。但这种结果出现的可能性只是一种主观判断，其他人对此并不这么看。在其他情况下，包括在许多重要的经济活动中，不仅事情发生的概率是凭主观判断得出的，而且对结果出现的范围，决策者也没有完全了解。

经济学家们采用如下说法：当必须对不确定事件做出决策时，事件可能的结果和其发生的概率客观上是已知的，那么这种情形就涉及**风险**（risk）和**客观不确定性**（objective uncertainty）。而当可能出现的结果已知，但它们发生的概率客观上未知时，就涉及不确定性或**主观不确定性**（subjective uncertainty）。而当可能出现的结果都不十分清楚时，就是**模棱两可**（ambiguity）或**无法预测的意外**（unforeseen contingencies）。按照这些概念，上述容器中彩球所表示的是对主观不确定性的规避，人们也倾向于规避无法预测的意外。

风险规避

接下来我们要讨论的行为方式是最容易处理的简单情形：在客观不确定性

---

① 这个例子改自 D. Ellsberg, "Risk, Ambiguity, and the Savage Axioms," *Quarterly Journal of Economics*, Vol. 75, 1961, 643–669.

条件下的决策。所以，在下面进行的各种讨论，我们要根据得到的奖金或结果及它们客观投注赔率的分布来进行。而且，当可能的结果或奖励采用货币形态时，这些现象也最容易讨论。所以，在讨论赌局之类的事情时，决策者面临的是获得100美元的概率为0.3，获得50美元的概率为0.2，一无所获的概率为0.4，损失200美元的概率为0.1。为了避免冗长的详细书写，我们用**机会节点**（chance node）来描述这种赌局。例如，刚刚所说的赌局的四种结果如图15.1所示。

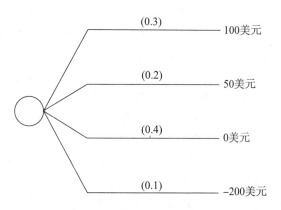

（0.3）——100美元

（0.2）——50美元

（0.4）——0美元

（0.1）——−200美元

图 15.1　对赌博的机会节点的描述

说明：所述赌局有四种结果，在四个分支节点上分别列出。每种结果的发生概率显示在每个分支的括号中。

对任何以货币作为奖励且获得奖励的客观概率已知情况下的赌局，我们都可以计算赌局的**期望货币价值**（expected monetary value，EMV），有时称之为**均值**（mean）——由每种可能的奖励和其发生概率相乘然后相加所得。

假设我们向某人提供了一个简单的二选一的赌局或其期望货币价值。例如，我们可以问某个人是想参加图15.1中描述的赌局，还是宁愿确定地获得如下货币数量

$$100×0.3+50×0.2+0×0.4+（−200）×0.1＝20 \text{ 美元}$$

许多人在多数情况下偏好确定的期望货币价值，在这种情况下，我们就说这样的人是**风险规避的**（risk averse）；如果某人对参与赌博和获得确定的期望货币价值没有差异，那么这个人就是**风险中性的**（risk neutral）；如果某人更偏好于参与赌博，那么这个人就是**风险偏好的**（risk seeking）。

赌局规模越大，风险规避倾向越普遍也越显著。当赌局的游戏规则为赢50美元对零，且出现概率分别为0.6和0.4时，许多人认为在参与赌博和确定的期望货币价值即30美元之间几乎没有什么差异。但是当游戏规则变为50 000美元对零、发生概率分别为0.6和0.4，或确定地获得30 000美元时，许多人强烈地偏好确定的状况。如果规模上升到100万美元，对确定状况的偏好会更强烈。这是一种非常重要的现象。第17章将讨论由此引出的经济后果。

风险规避是普遍存在的，但绝不是所有情况下都会如此。在一些具体情形下，风险偏好的行为也会经常见到，下面是两种具体情形：

（1）人们参与赌博是为了规避损失，特别是在他们有零幻觉的情况下。当

面临赌博游戏规则为－600美元对零，概率均为0.5时，与确定地付出300美元相比，人们更偏好前者。

（2）当受损概率较大但数额不大时，人们愿意参与赔率不大但回报丰厚的赌博。这是对人们为什么要买彩票的一种解释。典型的彩票有机会获得巨额奖金，但这些彩票获得各种奖金的概率一般比较小，获得大奖的概率几乎微乎其微，而亏损（即购买成本）使得期望货币价值的值变负的机会则相对大得多。很显然，人们购买彩票是奔着获得巨奖的非常渺茫的机会去的，所以，当某一彩票头奖金额非常大时，我们可看到疯狂购买的景象。

风险规避当然与个体的偏好、机遇和经历有关。在所有其他条件不变的情况下，相对于一名收入丰厚的大公司管理人员来说，一名预算支出紧张的学生很可能是风险规避者，且风险规避程度会更高一些。一个几乎没有参与过赌博的人很可能是风险规避者，相对于那些经常自担风险参与某种具体赌博的人来说，前者的风险规避倾向会更强烈一些。

关于风险规避的现象和更为一般的有货币奖励的赌博中的选择行为有一些重要术语。我们可以想象如下情形：对于任何一个给定的赌局来说，当询问一个参与人是愿意参与赌博还是确定地拥有 X 美元时，根据 X 数额的大小，人们可能选择参赌或选择拥有确定数额的货币。当 X 的数额正好使得某人在参与赌博或获得确定数额的货币之间没有差异时，那么我们就说 X 是该人参与赌博的**确定性等价**（certainty equivalent，CE）。

按照这一术语，风险规避意味着确定性等价要小于预期的货币价值，或 CE<EMV；对于风险中性者，CE＝EMV；而对于风险偏好者，CE>EMV。

对于风险规避者，CE<EMV，确定性等价与期望货币价值之差 EMV－CE 被称为个人参与赌博的**风险溢价**（risk premium，RP）。风险溢价越大，参与赌博的 EMV 与个人参赌的主观价值即 CE 之间的差额越大。也可近似地说，该参与人对赌博的风险规避程度越大。

递减（绝对）的风险规避

对某一特定的风险规避型参与人来说，随着他变得越来越富有或越来越贫穷，其个人的风险规避水平会怎样变化呢？一种方法是衡量当一个人总的财富水平增加时，对一个给定的赌局的风险溢价如何变化。对一个人来说，一般的趋势是当他变得越来越富有时，风险规避倾向会减弱，当然这并非对所有人都成立。换句话说，当一个人拥有的财富增加后，其对赌博的风险溢价会下降。这种行为方式被称为**递减（绝对）的风险规避**［decreasing（absolute）aversion to risk］。

确定性效应

当概率为 1 或 0 时，会引发一些具有共性的行为方式。例如，你如何在图 15.2(a)的两个赌局中做出选择呢？你如何在图 15.2(b) 的两个赌局中做出选择呢？一般观察到的模式是，赌局 B 要优于赌局 A，而赌局 C 要优于赌局 D。解释为：赌局 B 对一个较大的数额提供了确定性的保证，所以要优于有风险的赌局 A。但是赌局 C 和 D 都有风险（没有确定性效应），在给定赔率和奖金额的情况下，C 要优于 D。

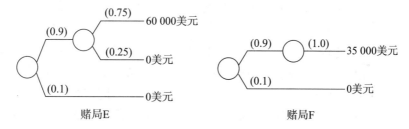

赌局 A   赌局 B   赌局 C   赌局 D

(a)你偏好赌局A还是赌局B?   (b)你偏好赌局C还是赌局D?

图 15.2　确定性效应

说明：对许多人来说，在图（a）中，相对于赌局 A，人们偏好赌局 B；在图（b）中，相对于赌局 D，人们偏好赌局 C。

369　　　　　为了看清为什么说这种观察是有问题的，比较一下图 15.3 中的复合（compound）赌局 E 和 F。在每个赌局中，有 0.1 的概率奖金为零，有 0.9 的概率做下述选择：如果你选 E，将参与赌局 A，如果选 F，将参与赌局 B。你如果把注意力集中在 0.9 的概率上，那么你的选择将会有差异。从形式上看，对 E 和 F 的选择，实际上是对 A 和 B 的选择，因为 B 优于 A，自然 F 要优于 E。但是，赌局 E 有 $0.9 \times 0.75 = 0.675$ 的概率获得 60 000 美元，F 有 0.9 的概率获得 35 000 美元。按照这种情形，赌局 E 与 C、F 与 D 都是相同的。为什么认为 C 优于 D 的人会不认为 E 优于 F 呢？

赌局 E   赌局 F

图 15.3　确定性效应（续）

说明：如何比较赌局 E 和 F 呢？如果认为图 15.2(a) 中的 B 优于 A，是否意味着 F 要优于 E？或者认为 C 优于 D，则意味着 E 优于 F 呢？

我不想在这里强调这种框架效应，尽管这非常有趣。我想强调的是，在赌局 B 中为什么一种奖金为正的"确定性"从心理上如此引人注目，至少对部分人如此。这就是著名的**确定性效应**（certainty effect）。[①]

高估小概率事件

在概率谱系的另一端，是概率值接近零的情形。想一想如何在图 15.4 （a）

---

① 确定性效应和高估小概率事件在卡尼曼和特沃斯基的文章《预期理论》中被分析过，这是阿莱悖论的一种特定情形，首次论述见 M. Allais, "Le Comportement de I'Homme Rationnel devant le Risque, Critique des Postulates et Axiomes de I'École Americaine," *Econometrica*，Vol. 21，1953，503－546。

中的赌局 A 和 B、图 15.4（b）中的赌局 C 和 D、图 15.4（c）中的赌局 E 和 F 间做出选择。当然，所有的判断都是主观的，在观察前两幅图时，普遍的看法是在图（a）中，B 优于 A，在图（b）中，C 优于 D。但是，当随后比较 E 与 F 时，却发现差异是 E 中有 0.04 的概率是选 A（没有其他），F 中有 0.04 的概率是选 B。如果这样，原来对 B 的偏好是否意味着对 F 的偏好要大于 E？另外，如果利用概率来计算，E 中有 0.01 的概率获得 100 000 美元，这正好是 C，而 F 中有 0.02 的概率获得 60 000 美元，这正好是 D。那么对 C 的偏好超过 D 会转变为 E 优于 F 吗？

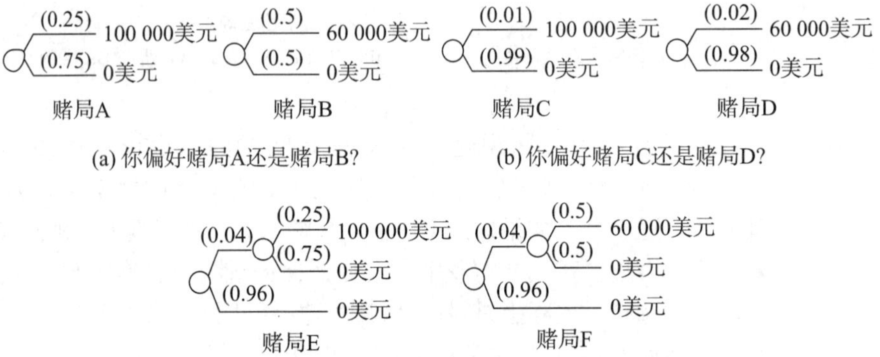

(a) 你偏好赌局A还是赌局B?　　(b) 你偏好赌局C还是赌局D?

(c) 你偏好赌局E还是赌局F?

图 15.4　高估小概率事件

说明：在图（a）和图（b）中，经常观察到的情形是赌局 B 优于赌局 A，赌局 C 优于赌局 D。具有这种偏好的决策者对 E 和 F 将具有怎样的偏好？

370

对 B 优于 A 而 C 优于 D 的行为方式的理性解释如下：在赌局 B 和 A 中，对发生概率及奖金的详细和审慎的研究表明，许多人认为赌局 B 要相对好一些。但是从获奖概率来看，无论 C 还是 D 都是相当小的。你能获奖只不过是运气而已。只要有好运气伴随，为什么不去赢得 100 000 美元而要去追求 60 000 美元呢？这种心理偏好的类型被称为**高估小概率事件**（overweighting small probabilities）。小概率事件的发生只能说某人非常幸运，但运气可有也可无。换句话说，决策者并不认为在赌局 C 中获奖比在赌局 D 中获奖的运气要好两倍，尽管客观上实际情况就是如此。

15.2　预期效用模型

综上所述，当一个人面临的选择有不确定后果时，个体之间的行为会千差万别。在前面一节中，我们对一些观察到的具有共性的行为模式进行了归类。对个人面对不确定后果时的经济选择进行模型化描述，我们其实是在对这些现象构建行为模型。

这就是我们想要做的事情。经济理论或更精确地说主流经济学理论对此的讨论相对较少。对于不确定结果情况下的个体决策模型，经济学家们最主要使用的是**预期效用模型**（expected utility model）。对上述所列的部分现象，该模型的解释还是相当成功的，但是，对另外一些方面却并不成功。为了陈述方便，我首先对模型做一简介，之后我再回头指出它能解释什么，不能解释什么。首先，我要解释这个模型如何能适用于如图 15.1 所示的赌局，即给定客观概率和货币奖励情况下的机会节点方式。

在这种赌局中，个人的偏好主要由他的**效用函数**（utility function）来描述，这一函数对货币奖励指定了一个相应的数值，即奖励的效用。（这如何适用于第 5 章效用函数中有平方的情形呢？在本章最后我要对此进行讨论，但现在最好先把这些忘掉。）这种效用函数的例子如图 15.5 所示。

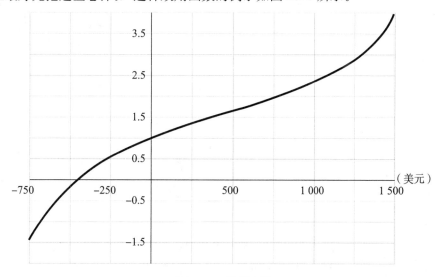

图 15.5　效用函数

现在假定这个人面临如何在赌局中做出选择。具体来说，假定此人要在如图 15.6 所示的三个赌局中做出选择。当面对这些选择时，我们假定该决策者：

（1）运用他的效用函数 U 把每一赌局中可获得的奖金转化成了相应的效用水平。例如，第一个赌局中第一笔奖金为 750 美元。为了直观起见，假定决策者的效用函数就是如图 15.5 所示的函数，他从 750 美元中得到的效用水平为 2.0。

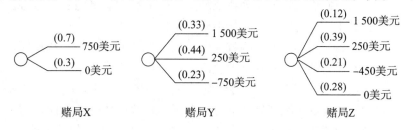

图 15.6　三个赌局

说明：如果参与人必须从三个赌局中选出一个（仅仅一个），他会选择哪一个？（见图 15.7 给出的答案。）

（2）计算每个赌局的预期效用：选定任一赌局，用获得每种奖金的概率乘上奖金带来的效用，然后把这些乘积加总即可得到。例如，第一个赌局获得 750 美元的概率为 0.7，分文不得的概率为 0.3，750 美元的效用为 [2.0]，分文不得的效用为 [1.0]。那么，第一个赌局的预期效用为(0.7)[2.0]+(0.3)[1.0]=[1.7]。（在这一计算中，我把效用水平放在方括号中。）

（3）选择预期效用最高的赌局。

在图 15.7 中，读者也能看到计算的结果。根据预期效用模型，面对如图 15.5 所示的效用函数，在图 15.6 的三个赌局中做出选择时，决策者应该选择三个赌局中的第一个，因为三者之中第一个的预期效用最高。

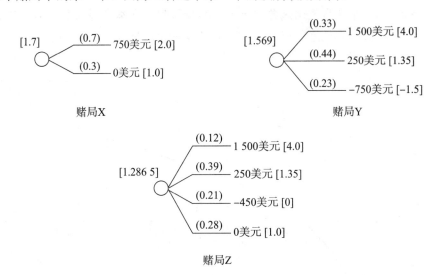

图 15.7　用预期效用模型来寻找个人的选择

说明：如果个人的效用函数如图 15.5 所示，面对图 15.6 的三个赌局，那么他将会选择第一个赌局，因为这个赌局的预期效用最高。

这也是一个好似模型，就像第 5 章讨论的消费者最大效用模型一样。个人在做出风险决策时，实际上并不会去计算预期效用并根据计算结果来做选择。但是，在我们所建立的经济学模型中，我们假定每个人好似是这么做的。

这种好似模型当被运用于具体消费和具体选择时，关键是要说明效用函数中决策者风险态度的特征。这里的"关键"一词有下面两重意思：

（1）决策者的行为特征是用效用函数和**假定他的行为符合预期效用最大化模型**来刻画的。后半句话不要忽略掉。

（2）对具体效用函数来说，只有在预期效用的序数排序被保留下来时，它才是重要的。这种奇怪的说法的意思是，如果效用函数 U（与预期效用最大化假设一起）表现出了某个特定个人的选择，那么，函数 V（可被定义为对 U 乘上一个正的常数然后加上另一个正的常数）代表的是同样的选择。效用是用一个人们想象出的无形单位尤特尔来衡量的，尤特尔的大小无论怎样升高/降低或扩展/压缩，在涉及不确定情况下的选择问题时，都不会改变行为模型的结果。特别要指出的是零效用水平没有任何基数上的意义。

非货币性奖励

上面已经讨论了关于货币奖励和客观概率的预期效用模型是如何发挥作用的。对主观效用的讨论，我们可以多做一些扩展，但对非货币奖励的扩展就简单多了。不管可能获得的奖金变化的区间是什么，效用函数 U 对每一奖金额都指定了效用水平，每一赌局的价值都可用预期效用来衡量：用每一赌局中每笔奖金获得的概率乘上奖金的效用，然后再加总求和。

在这一模型中，"奖金"包括收到的所有物品。如果你设想奖金是收到的一笔确定的货币再加上一个具体的市场份额（代表将来的收入），那么这笔奖励就是一种"组合奖金"（pair），如 100 000 美元和 10% 的市场份额。效用函数会对每一组合奖金给出一个效用水平。我们并没有区分奖金是货币、市场份额还是组合奖金。

从效用函数中找到确定性等价

对于图 15.6 中的三个赌局和图 15.5 中的效用函数，第一个赌局的预期效用为 [1.7]，第二个为 [1.569]，所以，我们的决策者应偏好第一个。对该决策者来说，第一个到底具体好多少？在预期效用中，差值（1.7 － 1.569 ＝ 0.131）没有什么特别的意义。因为效用函数的大小（尤特尔或其他）可以被随意扩大或缩小，所以很难对预期效用的水平差赋予什么含义。

当奖励为货币时，我们可以通过把预期效用水平转回到货币数额来衡量第一个好多少。这可通过把效用函数反过来看做到。对于图 15.5 中的效用函数，效用水平 [1.7] 对应的货币数额大约为 525 美元。（换句话说，图 15.5 中第一个赌局的确定性等价为 525 美元左右。）效用水平 [1.569] 对应的货币数额大约为 425 美元。这样，我们可用这种较为粗糙的衡量方法来求稍微精确一点的数值：第一个赌局和第二个赌局用货币衡量的差值大致为 100 美元。但是，必须承认，在这样的奖金规模水平上或这些计算所示的精确数值水平上，这也算不上是什么大的差距。但是，知道两个赌局可大致用货币额来衡量还是值得的。

如果你的视力还没有好到看出效用水平 [1.7] 对应 525 美元，而 [1.569] 对应 425 美元，不要感到失望。我也看不出，我是通过线性插值法（linear interpolation）得到那些值的——利用 [1.5] 对应 375 美元，而 [2.0] 对应 750 美元。

效用函数的性质

图 15.5 的效用函数体现了经济模型中效用函数的两个典型特征，但对另一个特性体现得不明显。图 15.8 则非常典型地体现了这三个特征：

（1）是递增函数，体现了拥有货币多多益善的思想。

（2）是连续函数，体现了对于决策者来说，当奖金水平连续变化时，赌局的价值不会发生剧烈变化。连续性确保了每个赌局都有确定性等价。

（3）具有凹性特征，这就相当于说是风险规避行为。

前两个特征没有争议，你很少会见到不具有这两个特征的效用函数。具体来说，图 15.5 中的函数就具有这两个特征。

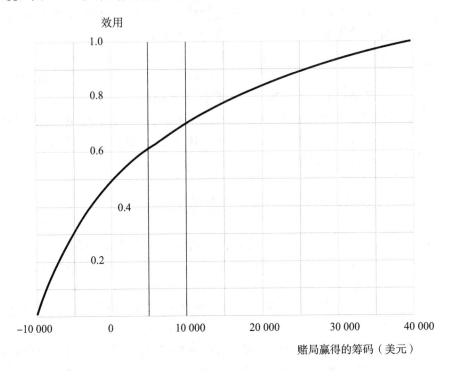

图 15.8　绝大多数经济模型中典型的效用函数

说明：说其典型是因为它具有递增性、连续性和凹性特征。

但是图 15.5 中的函数不具备凹性特征，也即风险规避特征。我并不想试图证明凹性意味着风险规避或反命题［具有良好数学背景的读者可用詹森不等式（Jensen's inequality）来证明］。请先接受我所说的以及如下关于风险中性和风险偏好行为的命题：

● 线性效用函数就相当于说是风险中性。

● 凸性效用函数就等于说是风险偏好。

对于图 15.5 中的效用函数来说，这些命题会有非常有趣的结论：该函数在奖金值大约为 500 美元之前呈凹性，而在 500 美元之后呈凸性。这就意味着对于一名决策者来说，如果其效用函数具有这样的特征，那么对于奖金小于 500 美元的任何赌局，赌局的确定性等价（CE）要小于赌局期望的货币价值（EMV）；但是，对于任何奖金大于 500 美元的赌局，赌局的 EMV 要小于 CE；对于奖金为 500 美元的赌局，在我们看到具体赌局之前，是无法对 CE 和 EMV 进行比较的。

所以说，预期效用函数模型足以表现出风险规避的特征，只是简单运用了凹性效用函数。而且，当其能解释风险规避特征时，并不只是针对风险规避。根据每个人效用函数的形状，风险中性行为或风险偏好行为也可符合模型的要求。

我们迫切需要得到之物（desiderata）的其他部分又如何呢？大体来说没什么好消息。

框架效应

有各种不同的框架效应（framing effect），但是我们关心的是决策者如何认识奖金和概率。在开始讨论这一问题前，有一点我们必须弄清楚：还没有充足的理由说，我们已经把奖金或货币价值放在横轴上了。将1 000美元标示在横轴上意味着从一项具体的风险投机中的净所得，还是说在赌局结束后决策者最终的银行账户上会多1 000美元？这当然是一件重要的事，我们必须清楚这些美元代表了什么。

当转向框架效应时，即使你非常小心地按照这样的方式来解释这些奖金的意思，也会遇到问题。就以我们给出的第二个框架事例为例。如果决策者在银行账户中有24 220美元，赌博输掉500美元与银行账户余额为23 720美元是一样的。但是，我们认为至少对某些人来说，这种数额相同的奖励和其他奖励如何用框架表现出来对个人做决策非常重要。

在某种意义上，预期效用模型对这类事情的表达并不明确。如果一个赌局的净收益或净亏损而不是银行账户余额净变化的框架表现形式对一个决策者的影响很大，那么，我们在选用决策者使用的框架模型时，必须十分小心。（即我们运用的效用函数必须反映这种框架。）在实践中，这很难做到，至少到目前为止，决策者并未系统地采用这种或那种具体选择的框架形式。实际上，绝大部分不确定性情况下的经济模型都不考虑框架效应，而是假定模型中的决策者同等看待赌局中净输掉500美元和银行存款账户余额减少500美元，即$B-500$，B是参与赌局前的余额。即使模型大体上足以反映出一些框架效应，它也很少这样来使用。

主观不确定性、模棱两可和对不可知赔率的规避

到目前为止，我们讨论的都是客观不确定性背景下的模型。当事件发生概率甚至发生与否的概率分布都不知道时，情况又会怎么样呢？这就是主观不确定性和模棱两可的情形。

对于决策者不知道所有可能结果发生概率的情况，经济学家们使用的绝大部分模型只是简单化地不予以考虑。

在本书结尾时，我们将看到，对未预计到的意外事件进行解释是微观经济模型遇到的尚未得到合理解决的巨大挑战之一。

至于主观不确定性，经济学模型典型的处理程序是假定：（1）决策者非常愿意对可能出现的不同结果指定一个发生概率，概率和为1；（2）决策者把客观概率完全作为主观概率来看待。这也就是说，决策者计算预期效用时用的是最优的猜想概率，这一猜想反映了客观赔率的分布、广泛的经验积累或粗略随机（rough-and-ready）的估计。

在 300 只彩球一例中，决策者面临着三种随机的结果：抽出的球可能是红、蓝、绿三色。因为她已经知道 100 只球为红色，所以，她可以较为客观地假定抽到红色球的概率为 1/3。所以，根据经济模型典型的程序，她对另外两个结果指派的概率和为 2/3，这样，所有结果出现的概率和为 1。如果她对每种结果指派的概率都为 1/3，这就过于感觉良好了。为什么蓝色球不可能比绿色球多呢？或者说为什么绿色球比蓝色球多呢？但是这样的指派是主观性的，或者换言之，依赖于她自己最优的判断能力。所以，**主观概率**（subjective probability）一词或**个人概率**（personal probability）也就被引进了经济学。关键的一点是，抽到绿色球和蓝色球之一的概率至少为 1/3，不论她对货币赋予了什么样的效用，她对彩球所下赌注至少与她抽到红色球时所下赌注的预期效用相同。在这个或更为一般的例子中，根据典型的程序，赔率分布不清楚的一般意义上的赌局是不会被考虑在内的。

一些人——我猜想这里一些的意思其实是大部分——对结果是主观性的概率的赌局是规避的。一些人（大多数？）将愿意选择对红色球下注而不会是蓝色球或绿色球。所以，作为描述人们在面对主观不确定性时如何做出选择的一种模型，标准的模型并不全面。对标准模型的实证批评有时被称为**埃尔斯伯格悖论**（Ellsberg paradox），因由埃尔斯伯格提出而得名，他第一个发现了标准模型的这种缺陷。

对标准模型的另一种思考向我们提供了避开主观不确定性灵活建模的机会。但是，其他方法没有多大应用价值，所以，我们不再继续深入讨论下去。

确定性效应和高估小概率事件

讨论到确定性效应和高估小概率事件，一个简单而令人失望的情形是预期效用模型未能包含这两种现象。我不想对此做详细解释，如果读者感兴趣，可参见练习 15.5。

378　在预期效用函数中这一缺陷就是有名的**阿莱悖论**（Allais paradox），因由莫里斯·阿莱发现而得名。许多其他的预期效用模型已经包含了确定性效应和高估小概率事件，其中最为有名的就是卡尼曼和特沃斯基提出的期望理论（本章前面已做过介绍）。尽管最近这些理论非常引人注目，但其应用非常少，所以我们也不再对它们进行讨论。

递减（不变）的风险规避

对描述性模型，我们最后想到的特征是这样一种说法：当每个人都越来越富有时，他们对风险规避的水平降低了*。在预期效用函数中，并不是每个效用函数（即使函数为凹函数）都能满足这一点。要查看一个给定的函数是否具

---

* 即承受风险的能力增强了。——译者注

有这一特征并不难。

假定我们所讨论的决策者面临的问题是，在以货币作为奖励的赌博中寻求使效用函数 U 最大化的预期效用。如 U 平滑到足以满足两次求导，使得函数

$$\lambda(x) = -\frac{U''(x)}{U'(x)}$$

为递减函数，那么 U 代表的选择行为是当决策者财富水平提高时，其风险规避水平呈递减趋势。（上式中，U' 和 U'' 分别是 U 的一阶导数和二阶导数。）

这里我不想对此做出证明。对证明感兴趣的读者可参看关于选择理论或不确定经济学的高级教程。我试着对此做一解释，与凹性效用函数对应的是风险规避程度，也就是说，效用函数的图形是向下弯曲的。风险规避的水平或程度与函数弯曲的快慢有关，或者用稍具技术性的术语来说，与它的曲率（curvature）有关。当自变量越来越大时，函数的弯曲度变小，那么风险规避就是递减的。用数学方式表达就是，一条曲线上某一点的曲率是用它的二阶导数除以其一阶导数。（在所得比率数值前的符号为负号是因为 U 是凹性的，所以，其二阶导数为负。）所以，风险规避程度递减就是曲率递减，即前面函数中的 $\lambda(x)$ 是递减的。

风险规避函数的一个重要特殊情形是这一比率为常数。这意味着决策者的风险规避程度是不变的。换句话说，不论决策者在什么样的赌局集合中做选择，在其现有的财富水平上增加一笔奖励所产生的效用都不依赖于其现有的财富水平。（练习 15.3 就是这方面的例子。）问题是，什么样的效用函数才满足这一条件？什么样的 U 所得到的 $-U''(x)/U'(x)$ 是常数？有简单导数知识背景的读者通过解这个函数后可发现，具有这样特点的函数 U 为

$$U(x) = -Ae^{-\lambda x} + B$$

这里 A 为正常数；B 为任意常数（常数 A、B 是积分的常数项）。这种函数被称为**不变的绝对风险规避效用函数**（constant absolute risk aversion utility function）。常数 λ 也被称为个人的**风险规避系数**（coefficient of risk aversion）。λ 的值越大，曲线越弯曲，相应地，具有这种效用函数的决策者的风险规避倾向越重。

15.3 总结性评论

经济学家们以及本书余下部分采用的预期效用函数是描述人们在面临不确定结果时如何做决策的一种模型。这个模型抓住了风险规避现象最基本的特征，也使得我们可以讨论递减或不变的风险规避。我们也可改造（fiddle with）预期效用函数以体现某些框架效应，尽管这样的经济模型实际上很少做到这一点。但这样的模型还不能包括对未知概率或主观不确定性进行规避、确定性效应或高估小概率事件这些特征。不管怎样看，这还不是很完善的描述性模型。

尽管如此，这仍然是一个相当不错的模型，因为它抓住了行为现象的其他特征，特别是对于数额不大的赌局，接近于风险中性，而这在经济学中非常重要，请见我们在第 17 章中的讨论。它还有其他重要作用，它是不确定情况下决**策规范理论**（normative theory）的基础，这也是第 16 章所讨论的主题。

其他不同于预期效用函数的模型试图考虑这种模型所忽略的一些方面，这类模型已越来越多地出现在经济学文献中。还有的模型实现了几种目的。特别是当你选修了金融学或金融市场之类的课程时，你会遇到不确定情况下所谓"均值-方差之类的模型"。对此在这里我不做讨论，你在《学生学习用书》中将会看到一些有关均值-方差模型的注释。

最后一个要谈到的话题是本章和第 5 章的关系，第 5 章中的模型是消费者寻求最大效用模型。为了弄明白二者之间的关系，请记住，那些模型试图做到一般化。我们构建的模型是每个人从一个物品集合中做出选择。

用 Z 表示要求个人从中做出选择的所有物品的集合。这些物品可以是各种不同种类的对象。

- 我们可以认为每个 z 是一个**商品束**（bundle of commodities），记为（z_1，z_2，…，z_N），N 代表商品的数量，而向量（z_1，z_2，…，z_N）表示的是包含 z_1 单位第一个商品的束，包含 z_2 单位第二个商品的束，等等。第 5 章讨论的就是这种商品。

- 我们也可以把每个 z 看成商品束（z_1，z_2，…，z_N，m），其中最后一项商品 m 是节余的货币数量，这正是我们在第 5 章中所讨论过的。

- 我们也可以把每个 z 看成一种彩票或客观概率分布已知的复合彩票，即有一个可能的奖励集合 X 存在，每个 z 是一张彩票或集合 X 中的一个赌局，这就是本章所讨论的物品。

- 我们也可以认为存在着数量有限的金融证券，每个 z 是一个由这些证券组成的证券组合。我们可以写成 $z=(z_1，z_2，…，z_M)$ 的形式，可解释为 z_1 是购买第一种证券的货币投入量，z_2 是购买第二种证券的货币投入量，等等。你在金融和投资类课程中会遇到这种类型的分析对象。

- 我们可以把 z 作为从投资中所获的现金流量，其中 $z=(z_0，z_1，z_2，…)$，z_0 代表从今日投资中所获收益，z_1 代表（比方说）下个月所获收益，z_2 代表两个月后所获收益，等等。

- 我们可以把 z 作为消费品的不同部件，如小轿车，在 $z=(z_1，z_2，z_3，z_4)$ 中，z_1 代表车的外形大小（z_1 代表微型车、小型车、中型车等），z_2 代表颜色，z_3 代表发动机大小，z_4 代表车的油耗的节省程度，即我们根据所列特征来描述每辆车。这种对物品的描述会在对消费者的营销中出现。

为了对个人遇到这些分析对象时做出的选择行为进行模型化，我们可使用第 5 章已使用过的效用函数。我们假定与集合 Z 中的每一个对象 z 对应的函数是一个数字化指数 $u(z)$；给定从中选择的物品集合时，每个人从中选择的是能带来最大效用的部分。当然，这并不意味着每个人都实际上在计算效用或通过效用函数来做比较。相反，这是一种"好似模型"，具体含义见第 5 章。

再回到本章，当我们面临节余货币问题时，我们继续假定一般形式的效用函数 u 有特殊的形式：$u(z_1, z_2, \cdots, z_N, m) = u_1(z_1) + u_2(z_2) + \cdots + u_N(z_N) + m$。在第 5 章，我们已经对这种特殊函数形式中的最后部分 $+m$ 给出了粗略的解释，这也就对如下说法给出了一个合理的解释：当花费的货币数额相对于决策者总的财富来说不大时，他的货币的边际效用几乎接近于常数。

我们在此可以做同样的事情。在本章中，可供选择的物品有特殊的结构，它们是有奖励的彩票。如果我们可暂时把彩票当作货币奖励来看待，概率也是客观的，那么，我们就可以把物品看作一个奖金序列，即 $\{x_1, x_2, \cdots, x_N\}$，与之对应的概率为 $\{p_1, p_2, \cdots, p_N\}$。我们进一步假设个人在选择彩票时采取的效用函数具体模型为

$$p_1 U(x_1) + p_2 U(x_2) + \cdots + p_N U(x_N)$$

对一些效用函数 U，其定义就是奖励的集合。

在第 5 章中，当我们假定有节余货币的效用函数采取线性形式时，我们做了一个特别的假定，即使近似的情况只是有时会出现，也认为这种假定会保持下去。在这里，我们对决策者参与赌局的总效用函数 u 的结构做了特别假定，这个假定排除了确定性效应存在的可能。这个假定使我们看到的是一个简化了的偏好，也使得特定模型变得简单起来。但是，这样的简化也使我们忽略了一些现象，对这些现象我们可通过其他模型来描述。

关键的一点是我们从两个不同方面来使用效用函数这一术语。在第 5 章，对于每个可选择的基本物品，效用函数 u 使得我们可以直接度量每个人对物品的偏好程度。在本章中，效用函数 U 只是构建衡量个人对彩票的偏好的方法的一部分；$U(x)$ 告诉了我们对奖金 X 的相对渴望程度，用发生概率 x 加权后再加总，就得到对一个具体赌局渴望程度的总衡量单位。

就像效用函数模型可被用来对不确定性前景或赌局下的效用进行描述一样，在一些具体环境中还可找到计算效用的其他具体方法。例如，当我们讨论一个企业的现金流时，典型的做法是对企业的这些现金进行贴现，这里的贴现因子反映了企业的资本成本。其他两个在前面特别提到的风险资产证券组合和用向量表示的特定对象，也同样得到了一些具体应用。你大概在金融学课程中会遇到前者，而在消费者营销分析课程中会遇到后者。当读者在其他课程和书中遇到其他具体情形时，它们与基本经济理论的联系总是相同的。以第 5 章内容作为基础结构，在这里每一个具体对象都被指定了一个数值或效用，决策者从这些可供选择的计分（score）中挑出分数最高者。当分析对象有特殊内在结构时，我们经常假定基本选择的效用可通过结构方法（就像本章所用的）计算出来。

小　结

● 从本章开始，我们增加了有关不确定性的内容。作为第 1 步工作，我们

在本章提出了预期效用模型，这也是不确定情况下经济学的主导模型。

● 我们从对行为方式归类开始，希望（理想化）找到一个具有充分解释力的描述模型，如包含框架效应、主观不确定性和模棱两可规避、规避风险但随财富的增加风险规避程度又会递减、确定性效应和高估小概率事件等特征。

● 在预期效用模型中，效用函数 U 对每种可能的奖励都赋予了一个效用水平，计算每个赌局的预期效用（对每种奖励水平，奖励的效用与发生概率相乘后，把积加总求和），并选择预期效用最高的赌局。不存在模棱两可，当需要的时候个人可使用主观概率，就像使用客观概率一样使用主观概率。

● 当奖励采取货币形式时，效用函数可用图形表示。效用函数（以及图形）几乎总是递减和连续的。在绝大多数经济学模型中，函数是凹性的，对应于风险规避。（线性函数＝风险中性，凸函数＝风险偏好。）效用函数的取值单位没有任何具体意义，它们所衡量的数值大小可被改变，可按同样的比例扩大或缩小。

● 预期效用函数并没有明确说明我们可以处理框架效应。它完全忽略了对主观不确定性和模棱两可行为的规避，也忽略了确定性效应和高估小概率事件。但是，当效用函数为凹函数时，这一模型体现了风险规避。

383

● 如果 U 是凹函数且 $\lambda(x)=-U''(x)/U'(x)$ 是递减的，那么随着财富的增加，风险规避水平递减。如果 $-U''(x)/U'(x)$ 的值是一个常数 λ，那么效用函数为常数型风险规避的。个人在赌局中的选择不受他的财富水平的影响，这样的效用函数为 $U(x)=-Ae^{-\lambda x}+B$，常数 $A>0$，B 为任意常数。

● 第 5 章的效用（小写 u）分析是消费者选择的基础，通过序数对每个基本对象标出数字以标明其"好处"的大小。作为计算赌局预期效用的一步，本章对效用函数 U 标出了奖金额，所以赌局成了选择的基本对象。

练　习

15.1 考虑图 15.9 描述的三个赌局和三个决策者，每个决策者基于预期效用来做出选择：

(a) 在如图 15.10 所示的赌局中，MBA 学员乔的效用函数的奖励分布如图所示。

(b) 戴维·克雷普斯教授在这种赌局中的效用函数是 $U(x)=-e^{-0.000\,01x}$，其中 x 是奖励的货币价值。

(c) 像克雷普斯教授一样，圣杰·帕特尔（Sanjay Patel）教授对奖励分布的风险规避系数也为常数，但比克雷普斯教授的风险规避倾向更高。帕特尔教授的效用函数为 $U(x)=-e^{-0.000\,02x}$。

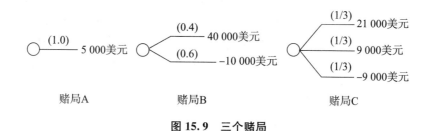

图 15.9　三个赌局

分别找出三人在每个赌局中的确定性等价和风险溢价（这要依赖于你是否计算预期效用）。三人如何对三个赌局排序？在解克雷普斯教授和帕特尔教授的问题时，运用 Excel 电子表格可提供帮助。

384

15.2　假设 MBA 学员乔的效用函数如图 15.10 所示。现在她面临一个掷两次硬币的赌局，如果连续两次出现正面，她获得 40 000 美元（其他情形所得为零）。她会选择这个赌局还是确定地获得 7 500 美元？对 MBA 学员杰克来说，如果他赢得的奖励用美元表示的效用函数为 $U(x) = \sqrt{x + 5\,000}$，他又会做什么样的选择？对吉姆来说又会怎样选择，如果他的效用函数为 $U(x) = \sqrt{x + 50\,000}$？三人对这一有风险的赌局的确定性等价各为多少？

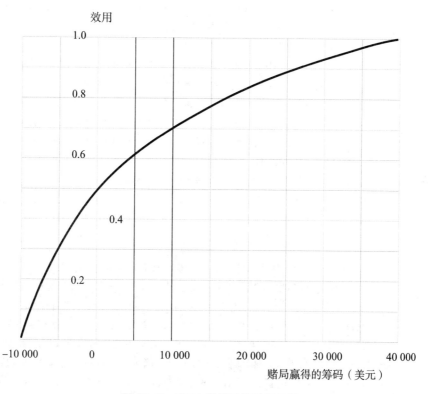

图 15.10　MBA 学员乔的效用函数

15.3　在不确定情况下，决策者面临的决策如下：这个决策者有 100 万美元资产。这些资产中的大部分即 75 万美元是该决策者的房产，余下的 25 万美元也非常确定。令人有些担心的是，此君房子有失火的危险，这样他将损失 75 万美元。他可以购买房产保险来避免损失，保险费为 4 万美元，可确保全部财产安全；如果购买了这一保险，不管失火与否，其资产都将为 96 万美元（房子没有抵押，所以保险公司将全额支付 75 万美元）。失火的概率为 0.05。

（a）对保险公司来说，在支付了预期理赔损失后，预期净收益为多少？

（b）如果该决策者为风险中性的，他会接受这样的保险赔偿办法吗？

（c）如果该决策者要实现预期效用最大化，效用函数为 $U(x)=\sqrt{x}$，x 为该决策者的总资产，那么，此人会买保险吗？

（d）（用 Excel 解这一问题。）假定问题（c）中的人购买的是部分保险。部分保险的作用机制如下：如果此人购买了比例为 α 的保险，α 是 0～1 之间的常数，他必须事先支付 $\alpha \times$ 40 000 美元的保费，之后一旦失火，此人从保险公司所得赔付为 α 乘上所遭受损失，在这个问题中为 $\alpha \times 750\,000$ 美元。如果此人可购买部分保险，而且能选择购买的保险数额，那么他选择的保险数额为多少？

15.4 假定我们提供给练习 15.1(c) 中的帕特尔教授如下三种赌局供他选择：

赌局 A：确定支付 50 000 美元。

赌局 B：支付 100 000 美元的概率为 0.8，支付 0 美元的概率为 0.2。

赌局 C：支付 200 000 美元的概率为 0.7，支付 0 美元的概率为 0.3。

（a）赢得赌局后的奖金会增加到帕特尔教授的现有资产上，目前资产额为 500 000 美元。帕特尔教授的效用函数 $U(x)=-e^{-0.000\,02x}$ 是用他的总资产作为单位来计算的。例如，如果帕特尔教授选择赌局 A，他的（预期）效用为 $-e^{-0.000\,02 \times 550\,000}$。该教授会选择什么？三个赌局中的每一个的确定性等价（用净资产来计算）为多少？

（b）假定帕特尔教授最初的资产不是 500 000 美元，而是 1 000 000 美元，这时他的选择又会是什么？三个赌局中的每一个的确定性等价（用净资产来计算）为多少？

（c）假定帕特尔教授最初的资产不是 500 000 美元，也不是 1 000 000 美元，而是零，这时他的选择又会是什么？三个赌局中的每一个的确定性等价（用净资产来计算）为多少？

（d）克里西纳·帕特尔教授是圣杰·帕特尔教授的双胞胎兄弟，克里西纳说他的兴奋程度是他兄弟的两倍，乐观程度也高 100 多单位。所以，克里西纳说他的效用函数为 $-2e^{-0.000\,02x}+100$。针对三个赌局，他又会做出什么样的选择？

练习 15.5 是对第 17 章主题的预习，值得去尝试。

15.5 MBA 学员简有机会参加一个赌局，可能净得 50 000 美元或净失 25 000 美元，发生概率都为 1/2。简在赌局中选择使其预期效用最大的赌局，她的效用函数为

$$U(y) = 12.585\,9 - 7.426\,7e^{-0.000\,021\,1y}$$

（a）如果她的另一种选择是确定获得零，她还会参加这一赌局吗？

（b）假定简可以对这一赌局进行"证券化"处理，即她可以根据赌局印 100 张股票，每张有 1/2 的概率获得 500 美元，有 1/2 的概率亏损 250 美元。假定简有 99 位朋友，每个人都有与简同样的效用函数，那么 99 位朋友中会有一个人愿意花 100 美元来买 1% 的赌局股票吗？

15.6 请证明，在图 15.2 和图 15.4 中，如果参与人是追求预期效用最大化者，则不管其效用函数采用何种形式，他都将从不考虑存在确定性效应或小概率事件效应的赌局。也就是说，在图 15.2 中，当且仅当他对 C 的偏好超过 D 时，为获得效用最大化，他对 A 的偏好超过 B；而在图 15.4 中，当且仅当他对 C 的偏好超过 D 时，他对 A 的偏好超过 B。

第 16 章 | 预期效用：如何用于规范决策

本章探讨预期效用模型如何被作为一种规范模型或决策工具。本章的主角并非抽象的决策者，相反，本章关注本书读者关心的问题：

- 首先，我们提出了五个针对人们行为的定性公理以证明预期效用模型的合理性。如果符合这五个公理，意味着读者所做决策应该是为了实现预期效用最大化。
- 其次，我们讨论了如何评估你的（主观）效用函数。
- 再次，我们讨论了一些你能使用的非常先进的程序和步骤，至少在某些情况下，它们可以改善你对自己效用函数的评价。
- 最后，我们讨论了你并不想运用预期效用模型的三个原因。

本章的目的是帮助你在面临不确定性时做出更好的选择。不管是在你的个人生活还是商务活动中，你都将随时遇到对几种可能会有不确定性结果的行为做出选择的情形，你会发现选择非常难以做出。一个简单的例子可以说明做出选择有多难。

假定我提供给读者如图 16.1 中的 5 个赌局供选择，你只能从中选一，你会选哪一个？你对自己选择的赌局正好适合你的自信程度有多大？

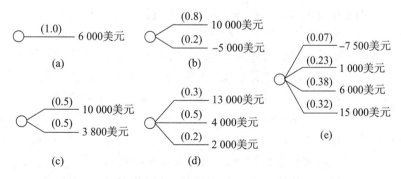

图 16.1　5 个赌局。 从 5 个赌局中选择一个，你愿意选哪一个？

如果你与绝大多数人差不多，你会发现做出选择并非易事，困难之处在于，你得在自己心中对有关赌局的几种奖励和像 0.07、0.38 这样的概率的所有方面进行整合计算。

尽管如此，可以假定我能使你确信，你喜欢选择的赌局是符合预期效用最大化原则的。进一步假定我可指引你关注一种组织方法，通过脑电图 EEG（electroencephalogram，一种测量脑波变化方式的装置），可以把个人的效用函数描绘出来。那么，对每个赌局来说，这种决策将变成简单地机械计算预期效用，或者如果你愿意，计算你的确定性等价，然后从中选择那些可带给你最大预期效用或确定性等价的赌局。

我几乎可提出这种两重允诺。我们希望使你相信，当满足了一些重要的告诫条件时，你在这种情形下做出的选择应该与预期效用最大化的感觉相一致。提到脑电图的应用前景，我可以向你展示通过进行简单的主观判断，如何使你得到与解这类问题非常近似的效用函数。

16.1 预期效用程序的合理性证明

第 1 步要使你相信，你的选择得符合预期效用模型。在目前情况下，我们讨论有客观概率的赌局。在我演示的例子中，奖励总是采取货币形式，这也仅是为了解释起来方便。我想说的是它可用于有客观概率和奖励采取任何形式的赌局。

我也会把所谓的复合彩票或赌局等可能的对象放入讨论的集合。在你获得奖励之前，这些讨论对象中可能出现一些顺序随机摆放的事件。例如你掷骰子，如果出现 1 点或 2 点（概率为 1/3），我给你 500 美元；如果出现 3 点（概率为 1/6），则由我掷硬币，如果是正面，你赢 500 美元，如果是反面，我继续掷，如果这次出现正面，你赢 500 美元，反面为零；如果骰子摇出 4 点、5 点或 6 点（每种可能性为 1/6），你输给我 10 美元与点数的乘积。这种复合抽签的情形如图 16.2(a) 所示（先不看该图）。

要求你对这种赌局做两两对比。具体来说，当你选出任何两个赌局后，我会要求你回答，你是否认为第 1 个与第 2 个一样好和你是否认为第 2 个与第 1 个一样好。对于这些偏好判断，

- 我不排除这样的可能性：你会从两方面对该赌局做出解释。在这种情况下，我会把你的说法理解为你对两者是无差异的。
- 我也不排除这样的可能性，至少目前还未排除：对两方面你都不愿意表示出你的判断。

- 当你说赌局 A 和赌局 B 一样好，但你没有说 B 和 A 一样好时，我对此的解释是相对于 B 来说，你严格偏好 A。

最后，我假定你愿意把你的偏好判断和你的选择按下述方法联系起来：如果必须从一个赌局集合中选择一个赌局，你选择的对象与集合中的其他赌局至少一样好。

对你的偏好，我们还能说什么呢？下面所列 5 个特征，你对赌局的偏好可能满足也可能不满足。当你看到这些特征时，问一下自己，这些特征看上去像规范的理想条件吗？即你的偏好满足这些条件吗？

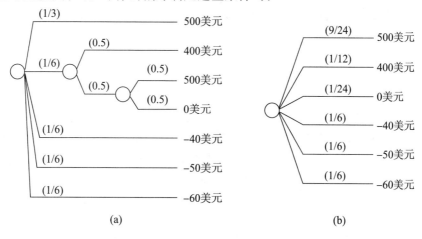

图 16.2　复合赌局和简化为一步的赌局

说明：图（a）所示为一个复合赌局，要经过几个步骤才能完成。按照概率规则，可以把复合赌局简化为一步完成，如图（b）所示。这样，你就可遵循特征 1（对复合赌局进行简化），对你来说，两者没有差异。

特征 1：对复合赌局进行简化。你在复合赌局和简单赌局（一步完成）之间是没有差异的，而后者减少了对概率理论规则的应用。

如果你的偏好满足这一特征，图 16.2(a) 和图 16.2(b) 的赌局对你是没有差异的，因为如果我们将各个分支相乘然后把由概率运算出来的结果相加，在图 16.2(a) 中得到的货币奖金与在图 16.2(b) 的赌局中所得到的是一样的。

特征 2：完备性。对任何两个赌局 A 和 B，你愿意做出的判断是 A 与 B 一样好或 B 与 A 一样好。

这就是说，对于我选出的任意一对赌局，你总是愿意做出一种选择或另一种选择（或者是两种，如果它们对你是无差异的）。不要马上同意这一特征，对许多人来说，在某些情形下做出偏好判断是比较难的事。但是，这里的问题是对任意两个赌局，你是否想表达出你的判断，而非是否能表达你的判断。

特征 3：传递性。如果你认为赌局 A 与赌局 B 一样好，B 又与 C 一样好，那么你就可以判断，对你来说 A 和 C 一样好。

我假定你对传递性没有疑问。

特征 4：连续性。假定你认为赌局 A 严格优于赌局 B，而赌局 B 严格优于赌局 C。构建两个复合赌局：在赌局 D 中，如果连续掷 10 000 次硬币，每次都出现正面，你获得参与赌局 A 的机会，在其他情况下，你获得参与赌局 C 的机会。而在赌局 E 中，如果连续掷 10 000 次硬币，每次都出现正面，你获得参与赌局 C 的机会，在其他情况下，你获得参与赌局 A 的机会。则赌局 E 严格优于赌局 B，而赌局 B 严格优于赌局 D。或者也可以说，如果这一点不成立，比 10 000 大一些的有限数可使之成立。

太拗口了。但是思路简单，赌局 D"几乎"与赌局 C 一样，因为赌局 C 出现的概率为 $1-(0.5)^{10\,000}$。因为你认为赌局 B 严格优于赌局 C，所以，对你来说，B 应严格优于"几乎与 C"一样的赌局 D。如果这个数值不成立，那么我们也能找到比 10 000 大的数使之成立。这是特征 4 一半的意义，当涉及另一方面的事情时，特征 4 的另一半意义也成立。

特征 5：替代性。假定相对于 B 来说，你严格偏好 A。任意选取第三个赌局 C 和任意概率值 $p>0$，构建如下两个复合赌局：赌局 D 中出现赌局 A 的概率为 p，出现赌局 C 的概率为 $1-p$；赌局 E 中出现赌局 B 的概率为 p，出现赌局 C 的概率为 $1-p$。也就是说，两个复合赌局的差异是：对于赌局 D，你赢得赌局 A 的概率为 p，而在赌局 E 中，你赢得赌局 B 的概率为 p。因为 $p>0$，相对于 B，你严格偏好 A，所以，你对 D 的偏好一定超过 E（这个特征说明了这一点）。

不要担心我对各个特征给出的名字，也不要浪费时间去记忆它们的名字和特征自身。把注意力集中在：你是否发现了适合你的偏好的一些规范且理想的原则？你愿意在你的偏好总是满足这些特征的基础上做出选择吗？如果不，你愿意违背哪一点？

391

我希望你认为这些是规范且理想的原则。你会在你的偏好满足这些特征的基础上做出选择。许多人，当他们考虑在赌局中做出选择时，会发现这些特征在绝大多数情况下是完全合理的。（但不要马上就接受它们，起码要等到本章结束。）

为了使你相信这 5 个特征是规范且理想的，我可以解释其中的关键所在。

数学结论：对赌局中任何符合前面 5 个特征的集合的偏好都与预期效用模型相容，因为对一些仅根据奖励集合来定义的效用函数来说，当且仅当一个赌局的预期效用高于另一个时，人们对前者的偏好才胜过后者。对一些效用函数来说，与预期效用最大化对应的任何偏好集合一定会遵循这 5 个特征。

所以，如果你认为这 5 个特征是规范且理想的，那么，对于效用函数 U 来说，你就会基于预期效用最大化来做出选择。请注意，上一章提到过的预期效用理论是好似理论的进一步拓展。我们没有看到人们在计算预期效用并用这些假定来指导他们的选择；预期效用作为一种描述性模型在某种意义上似乎是说人们正是这样做的。但是现在，根据规范的要求，似乎并非如此。我不想暗示按照规范且理想的原则做选择似乎就是在计算预期效用。我在推销——从做出明智决策的角度来看，如果你认为5个特征是理想的，那么你是在接受——通过明确（explicit）运用预期效用计算，改进你在不确定情况下采用其他方法做出的错误决策。

我们还没有讨论你个人的效用函数。实际上，对5个特征和这一基本结论还有些事情没有说清楚。在讨论完你如何评估自己的效用函数后，说明这些事物就容易多了。

16.2　评估自己的效用函数

如果我们有什么办法制造一台机器来发现你个人的效用函数 U，那么在赌局中做出选择，就永远不会成为问题了，至少在你赞成5个特征的情况下会如此。不幸的是，社会科学家们还没有发明出能找到你个人效用函数的机器。你必须得自己做，当然，有些方式使得这一过程相对容易一些。

392

假设你必须在许多赌局中做出选择。具体地说，假设你不得不从如图16.1所示的赌局中做出选择。首先要注意的是，奖金变化区间是从亏损7 500美元到赢得15 000美元。这样我们就能得到你在这一区间的效用函数。

首先，人为地设定－7 500美元的效用为零，而15 000美元的效用为1。就像上一章所讨论的那样，效用函数可根据你的需要进行变形、扩大、缩小；在实际应用中，这意味着你可以对效用依你所愿任意确定两个货币值，把区间定为0～1，从最坏的可能到最好的可能，证明非常方便，所以我们做了这样的假定。

接下来问自己三个问题：

（1）与你有1/2的概率赢得15 000美元和有1/2的概率亏损7 500美元相比，你愿意用多少能确定获得的金钱与之交换？

你可能拒绝回答这个难有确切答案的问题。你能准确告诉我你的确定性等价是多少吗？这其实就是我们所提出的问题——在五五开的赌局中奖金为15 000美元和－7500美元。一个简单的答案是，你没有办法给出精确的回答。但相对于要从如图16.1所示的5个赌局中做出选择来说，做出这一判断容易多了。为了便于讨论，假定你的答案是2 000美元，也就是说，如果我提供给你的是一个风险赌局和2 250美元，那么相对于风险赌局你会选择确定的2 250美元，但相对1 750美元，你会选择赌局。这样，我们继续。

（2）对于一个赌局，你有1/2的概率获得15 000美元，有1/2的概率得到**2 000美元**，你认为确定地获得多少单位的货币与这一赌局相同？

为了分析之，我们假定这一货币值为7 500美元。（为什么2 000美元用黑体，我将在下面做出解释。）

（3）对于一个赌局，你有1/2的概率亏损7 500美元，有1/2的概率得到**2 000美元**，你认为确定地获得多少单位的货币与这一赌局相同？

因为这一赌局大概比不参与赌局更糟，所以，我不得不把问题改为如下说法：

（3）′为避免一个不得不参与的赌局，即有1/2的概率亏损7 500美元，有

1/2 的概率获得 **2 000 美元**，你愿意付出多少？

如果对问题 3 的回答是－X 美元，那么对问题 3′ 的回答就是 X。假定 X 等于 3 000 美元，这就意味着你愿意支付 2 750 美元而不愿参加赌局，但如果要支付 3 250 美元，你则愿意参赌。

问题 2 和问题 3（3′）的确切答案要依赖于你对问题 1 的回答。如果你对问题 1 的答案为 1 500 美元，那么问题 2 所关注的赌局的奖金将为 15 000 美元和 1 500 美元，而非 15 000 美元和 2 000 美元，这就解释了为什么用黑体表示，凡是看到黑体部分，用问题 1 的答案予以替代。

当对三个问题给出答案后，我们可以开始构建你的个人效用函数了。我们确定的取值范围为 $U(15\ 000)=1$ 和 $U(-7\ 500)=0$。所以，在这一取值范围内，你给出的第一个答案使得 $U(2\ 000)=0.5$。为什么呢？对于一个获得 15 000 美元和 －7 500 美元的概率都为 1/2 的赌局来说，在我们确定的取值范围内，预期效用即为 0.5。如果这个赌局肯定是 2 000 美元，或者说为了便于说明，你假定为 2 000 美元，那么 $U(2\ 000)$ 一定等于 0.5。

同样，在这一取值范围内，你给出的第二个答案使得 $U(7\ 500)=0.75$，第三个答案使得 $U(-3\ 000)=0.25$。为什么呢？因为如果 $U(2\ 000)=0.5$，那么，有同等机会获得 15 000 美元奖金和 2 000 美元奖金的预期效用为 $0.5[1.0]+0.5[0.5]=[0.75]$，而且你认为这个赌局和确定的 7 500 美元之间无差异。同样，对于各有一半机会获得 －7 500 美元和 2 000 美元的赌局来说，其预期效用为 0.25，即你在这个赌局与确定地亏损 3 000 美元之间没有差异。

这样，我们就可描绘出这 5 个点，如图 16.3(a) 所示。所以，我们也就可大致给出你的效用曲线，如图 16.3(b) 所示。这是一幅粗略的轮廓图，但是，如果你运用这个函数从风险赌局中进行选择，你大概可对你的偏好给出一个不错的近似描述。

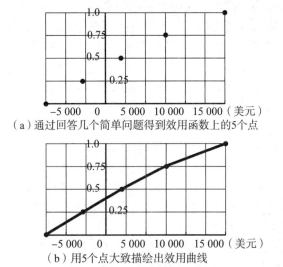

（a）通过回答几个简单问题得到效用函数上的5个点

（b）用5个点大致描绘出效用曲线

图 16.3　确定性效用函数

说明：通过要求你对一些简单赌局——有两个等可能的结果——提供确定性等价，我们可近似得出你个人的效用函数。

在第 1 步之后，我听到的怨言也在增多，你可能正在想：这有点疯狂。你不得不从风险赌局中做出选择，这一程序被认为可使这些选择相对容易些。但是这一程序要求你在风险赌局和确定的事物之间做出无差异的判断时必须非常小心。这样做有什么好处呢？

好处来自这样的事实：我要求你做的细致判断是你被要求做出的判断中最简单的一种；要求你比较的是等可能地获得两笔奖金的赌局和一个确定的价值额。绝大多数人在风险赌局间做出选择时遇到的难题是，他们并不善于对大额奖金和概率为 0.38 和 0.23 这样的赌局做出判断。如果概率为 0.23 会怎么样呢？如果一个赌局有四种不同的奖励，获奖概率在 0.07～0.38 之间，那么如何对奖励进行加总计算以得到对这个赌局好坏的整体判断呢？比较一个有同样可能获得不同奖励的赌局和一个确定值并不是一件容易的事情。但是，这要比直接比较两个更为复杂的赌局要容易一些。相对于更为复杂的比较，这种简单的比较可能会使你更接近对你的偏好的描述。关键的一点是，如果你认为前面提出的 5 个特征是合理的规范原则，那么，你可以接受在相对简单情况下做出的判断，并据此建立起你的效用函数，然后根据这些函数来评判更为复杂的选择。

如果不犯错误，当把如图 16.3(b) 所示的模拟效用函数或多或少机械地用于对如图 16.1 所示的 5 个赌局的选择时，你对 5 个赌局的偏好将获得一个非常不错的描述，前提是对于这种胜负各半的赌局来说，采用的这种粗略的效用函数所得到的答案反映了你的主观判断。当然，你也可能犯错误，比方说，第一个判断就出错了，对于获得 15 000 美元和 −7 500 美元各为五五开的赌局来说，你的确定性等价接近于 1 500 美元，而不是 2 000 美元。但是在这种情况下，出现判断错误的可能性要比不用同一标准来比较图 16.1 中的 5 个赌局更大。而且，在计算确定性等价时，对效用函数的任何合理运用都会使你发现一种赌局比另一种赌局到底好多少（根据你的分析）。如果在确定性等价上的差异不大，那么，你就不能像差异较大时那样来相信你的分析。如果差异不大，当你按照你的分析意见来做出判断时，即使这些意见是错的，危险性也并不高。

最后，我们通过一些相对简单的事情来增强你在评估效用函数时的自信。下面我提出三种最常见但也最有说服力的做法。

一致性检验

改进你的判断的第一个方法是简单的一致性检验（consistency check）。假设你给出的答案如前：取值为 $U(-7\ 500)=0$，$U(15\ 000)=1$，$0.5=U(2\ 000)$，$0.75=U(7\ 500)$，$0.25=U(-3\ 000)$。现在请问，如下赌局的确定性等价为多少：获得 7 500 美元和 −3 000 美元的概率都为 1/2？

因为这个赌局的预期效用为 $0.5[0.75]+0.5[0.25]=[0.5]$，这一答案与你对 2 000 美元做出的其他判断是一致的。

在绝大多数情况下，人们在开始的时候并不能通过这种一致性检验。要经过思考甚至用三种主观判断来编造一些结论，直到你愉快地接受 0.5 单位效用的奖金就是如下赌局的确定性等价：获得 0.75 单位效用和 0.25 单位效用的概率相同。确实，这是一种快速并且方便的检验你的判断的方法。

构建框架：抵御零幻觉

尽管我们并未明确指出，但在我们评估的效用函数中，横轴上的单位表示的是你在一种具体赌局中的所得或所失。像在上一章所指出的那样，当人们面对的赌局被这样构架时，人们易患零幻觉。

所以，在评估你自己的效用函数时，从实用的角度来看，你应该想通过不断修改问题的表现框架去抵御零幻觉，至少要去检查是否存在这种零幻觉。

如果你把参加所有赌局后的结果都用银行存款净余额的框架形式表现出来，那么你可以把这一幻觉完全消除。例如你面对的选择是如图 16.1 所示的 5 个赌局，你的净资产余额为 24 220 美元。参加赌局可能出现的结果不是在 −7 500 美元 ~ 15 000 美元之间变化，而是被看成你的净资产余额在 16 720 美元 ~ 39 220 美元之间变化，或者被看成在更大范围内的整数点之间变化更方便一些，如 15 000 美元 ~ 40 000 美元。并不是要努力去寻找奖金为 −7 500 美元和 15 000 美元的概率各为 1/2 的赌局的确定性等价，而是要试着去找出根据掷硬币来决定你的流动性资产余额将为 15 000 美元或 40 000 美元时，对你无差异的确定性资产余额。当把一切都用你的净资产余额的框架形式表现时，你很可能会得出一些数字，这些数字准确地反映了你对这一事物的实际感受。

风险规避系数为常数

这是改进对个人效用函数的评价的最后一项手段，如果运用得当，它将非常有用。我把自己看成一只供实验用的豚鼠（guinea pig）。

假设我目前的银行账户余额和未来收入的预期已经给定，那么，我可以合理地假定我对于奖金在 −50 000 美元 ~ 150 000 美元之间的赌局的风险规避系数大致为常数。（首次写出这段话的时间是 1996 年。当你读到这段话时，它仍然成立，尽管我愿意接受的风险规避系数为常数的区间已经扩大了，而我自己在这一区间的风险规避程度也已经降低了，但从我已经做过的融资情形看，结果还是相当良好的。）

上述黑体字句子是理解下面内容的关键。解释如下：

我是风险规避者，我相信随着我拥有的总财富水平的增长，我的风险规避程度会降低。这也就是说，对于某一给定的赌局，在某人连续给我增加 100 万美元的情况下，我对某一赌局包含的风险溢价的看法很可能会降低。当我的净资产接近零时，我不能确信我的风险态度会怎样，但是只要我的资产保持大致的水平，我不认为我的风险态度会有很大的变化。关键问题是，资产保持大致的水平是什么意思？当我的银行存款和其他资产的水平给定时，我认为亏损50 000美元和获得150 000美元将不会明显影响我对风险的态度。对此的一个检验是，在近来股票市场的波动中，我不知道，我的净资产已接近50 000美元。

这意味着，在奖金为−50 000美元～150 000美元之间时，大体上说，我的效用是指数形式的。也就是说，在亏损和获奖区间内，我的效用函数的大致形式为$U(x)=-Ae^{-\lambda x}+B$，x是从目前赌局中所得到的净奖励额，将要被加到我的资产中，$A>0$，A、B均为常数。如果我需要评估预期效用以便在赌局之间做出选择，A和B的取值之间是不相关的。所以，我定义$A=1$，$B=0$。因此，**寻找50 000美元亏损到150 000美元盈利之间的效用函数可归结为寻找风险规避系数λ。**

那么，该怎样求呢？我给出三种凭直觉推导出的我的确定性等价。我有意地选择三种五五开的赌局，尽管奖金数不同，但它们都在−50 000美元～150 000美元之间。

- 赌局1，奖金为零或150 000美元，两种情形出现的概率各为1/2，我的确定性等价大约为60 000美元。
- 赌局2，奖金为零或10 000美元，两种情形出现的概率各为1/2，我的确定性等价大约为4 500美元。
- 赌局3，奖金为零或50 000美元，两种情形出现的概率各为1/2，我的确定性等价大约为21 000美元。

请你相信，我这里对CE的主观判断是最好的。也就是说，这些数字不是编造的。

先看赌局1，当零和150 000美元出现的概率都为1/2时，我的确定性等价为60 000美元。请记住在这一取值区间，我的风险规避系数不变，所以，我的效用函数采取的形式为

$$U(x)=-e^{-\lambda x}$$

那么，这个赌局的预期效用为

$$(1/2)(-e^{-\lambda \cdot 0})+(1/2)(-e^{-\lambda \cdot 150\,000})=-0.5(1+e^{-\lambda \cdot 150\,000})$$

从另一方面看，60 000美元的（预期的）确定效用为$-e^{-\lambda \cdot 60\,000}$。如果我对确定性等价的判断是正确的，$\lambda$的值一定使得两个效用水平相等：

$$-0.5(1+e^{-\lambda \cdot 150\,000})=-e^{-\lambda \cdot 60\,000}$$

Excel可解出λ（我没有用解析法），得到$\lambda=0.000\,005\,48$。

但是，由我的另外两个确定性等价的判断值也可求出λ的值，即应该满足

$$-0.5(1+e^{-\lambda \cdot 10\,000})=-e^{-\lambda \cdot 4\,500} \text{和} -0.5(1+e^{-\lambda \cdot 50\,000})=-e^{-\lambda \cdot 21\,000}$$

由第一个等式得出$\lambda=0.000\,040\,2$，由第二个等式得出$\lambda=0.000\,013$。因为我们得出了不同的λ值，我的主观直觉判断就与预期效用函数模型和现行的假

定——在这一奖金区间我的风险规避系数为常数——不一致了。

这没什么好奇怪的。我的直觉判断可能是错误的，而且，仅仅是在$-50\ 000$美元～150 000美元之间，我的风险规避系数大约为常数。但是作为一种帮助决策的规范原则，我发现风险规避系数为常数是一个非常有用的假设。我对三个确定性等价的判断表明，根据效用函数$U(x)=-e^{-\lambda \cdot x}$来做选择（这一区间的赌局），当$\lambda$大约为0.000 01时，我所面临的选择是连贯的（即它们符合5大特征），风险规避系数为常数，大致与我直观做出的对确定性等价的判断是一致的。

具体来说，当$\lambda=0.000\ 01$时，我的三个赌局的确定性等价分别为49 173美元、4 875美元和21 907美元。表16.1给出了λ的4种取值下的确定性等价值，即λ分别为0.000 005 48、0.000 040 2、0.000 013和0.000 01。注意，当λ越来越小时，我的确定性等价越来越大，λ被称为**风险规避系数**（coefficient of risk aversion），它的取值越大，个人的风险规避倾向越严重。也请注意我的确定性等价如何对这一参数的变化做出反应。在这一取值区间，赌局2反应甚微，而赌局1反应强烈。

表16.1 在四种常数风险规避系数条件下，三个赌局的确定性等价

λ 值	CE1	CE2	CE3
0.000 005 48	60 003	4 932	23 293
0.000 040 2	17 183	4 501	14 115
0.000 013	43 087	4 838	21 007
0.000 01	49 173	4 875	21 907

当$\lambda=0.000\ 01$时，我的感觉如何？表16.1列出了我回答问题所需要的数据。从本质上讲，这个问题就是，对五五开的赌局，当第一个赌局的确定性等价为49 000美元左右、第二个赌局的确定性等价为4 900美元左右和第三个赌局的确定性等价为22 000美元左右时，我愿意接受吗？与我最初的估计60 000美元、4 500美元和21 000美元相比，我非常乐意接受第三个赌局。但是对于第一个，我能确信将参与赌局而不是接受55 000美元吗？对第二个，我则愿意接受4 800美元吗？事实证明（一定也不意外），我确信都不会接受。这就是为什么我认为$\lambda=0.000\ 01$是一个不错的折中值（compromise value）。

我再强调一遍，在不确定性情形下，我不是一个完美的赌局选择者（perfect chooser）。我认为我的直觉判断是有缺陷的。这种方法的好处在于我可以把5个原则当作规范，然后声称："在这种情况下，我接受它们。"我也可以观察在这一区域对赌局的风险规避系数为常数情况下的特征，然后声称："对我来说，当奖金处在这一区间时，粗略地假定风险规避程度不变是有意义的。"那么，按照逻辑，我应该使我的选择符合预期效用最大化要求，即$U(x)$采取的形式为$-e^{-\lambda \cdot x}$，λ为常数（相对于x在这一取值区间而言）。我可以观察一些直觉判断，大致明白λ的取值，并且观察我的判断的一致性如何，最终不断改进我从直觉中推出的确定性等价，得到更具一致性特征的数据。

如果我发现 5 个特征加上风险规避系数为常数在定性基础上有吸引力，并且我的确这样认为，那么，相对于我从直觉上对确定性等价做出定量判断来说，我更倾向于相信自己在定性方面的判断，即使针对的是一些简单的赌局。所以，当必须做出决定的时候，我就掩盖我的直觉定量判断，并且更加自信最后我会做出更好的选择。这就是对如何在规范意义上使用这一模型的解释。若想对此有更多了解，参见练习 16.2。

16.3　什么样的行为是明智的？

我们讨论了预期效用函数模型在客观概率已知的赌局中有助于做出规范决策的合理性。那么对于主观不确定性问题，又会怎么样呢？

上一节指出，作为这种环境中的一种描述性理论，经济学家们使用预期效用模型，当决策者在评估中需要主观概率时，会将它们与出现的任何客观概率平等对待。换句话说，大多数经济学模型并不承认对主观不确定性的规避，但因为规避主观不确定性是现实生活的要求之一，所以，这也是预期效用作为描述性模型的缺陷所在。

作为一种规范性的理论，我们得出了不同的结论。对什么是赌局，有不同的特征集合和不同但更一般化的表现方式。对于前面给出的 5 个合理性特征，如果你同意扩大这些特征组合规范运用的可取性，那么得到的结论就是你应该评估这些概率，并且认为它们好像是客观的。对不确定性的规避（规避赌局仅仅是因为投注赔率未知）并不存在规范性上的意义。

在此我不想做详细讨论。如果你参考阅读微观经济学和不确定性选择方面的高级教科书，注意由萨维奇（Savage）和安斯科姆-奥曼（Anscombe-Aumann）提出的不确定情况下的选择理论。

框架效应

在抵御零幻觉的讨论中，我们明显看到，只要规范理论成立，经济学（或者是经济学家）假定你不会被问题的具体外在表现框架所愚弄。有一点要指出（也是事实），根据人们的观点如何被表现出来，人们在做出决策时，也可能受到愚弄而改变可能做出的决定。还要指出的另一件事情（我并不指望你会同意该点）

是，受到这种形式的愚弄有时是人们想要的结果。如果你并不想被这种外在表现框架所愚弄，那么在构建你的效用函数的过程中，提出问题时要特别小心。

确定性效应和高估小概率事件

类似地，我们在上一章看到人们的选择经常会表现出确定性效应和高估小概率事件的特征，但在本章我们强调了运用预期效用做选择在规范意义上的可取性问题。就像在上一章所指出的那样，因为确定性效应和高估小概率事件与预期效用最大化并不相容，所以我明确断言，你最好规避这些在规范意义上并不可取的行为方式。

事实上，不难看出这个结论来自哪里。回想一下上一章对确定性效应和高估小概率事件的描述，特别是在讨论时提出的三个问题。提出这些问题时要仔细考虑特征 1（对复合赌局进行简化）和特征 5（替代性）的含义。如果你承认特征 1 和特征 5 在规范意义上的可取性，你就会清楚地发现确定性效应和高估小概率事件是不可取的行为方式。

风险规避有意义吗？

在上一章，在讨论人们在面临不确定性结果情形下要做出选择时，我们对观察到的许多现象做了行为上的分析，现在我们可以肯定地说框架效应、规避主观不确定性、确定性效应和高估小概率事件从规范意义上看都是应该避免的。这样，就仅仅剩下风险规避和随财富增加递减的风险规避现象了。风险规避从规范意义上看也是不受欢迎的吗？

有时学生们认为，作为一名风险规避者其实从规范意义上看也是令人不快的，或者是愚蠢的，原因是，即便你总是挑选预期效用最大的赌局，但最终还是摆脱不了平均数规律的支配。但是这个说法毫无价值。首先，即使平均数规律发挥作用（我马上就会指出并不总是这样），如果今天的赌局为你明天的赌局提供了赌金，那么你要实现的是你的财富预期增长率的最大化，而不是从任何赌局中所获增值的最大化。两者并不相同。更重要的是，假使人们未来能赢得期望货币价值最高的赌局，平均数规律最终仍会发挥作用吗？"最终"到底是指多长时间？

401　　10 年，20 年，还是 10 000 年？某些赌局在你一生中不会重复出现 5 次，更不用说你相信的平均数规律所要求的必要次数了。所以，在面对风险时，表现出风险规避没什么错。

16.4　怀疑的理由

怀疑预期效用模型在规范意义上的可取性，还有其他的理由，我这里提出其中重要的两个。

证券组合效应

假设你要进行个人投资。具体地说，假设你持有的证券组合中包括大量福特汽车公司股票。你的股票经纪人打电话给你，建议对福特汽车公司股票进行期权投机交易。如果你买进这些期权，当福特汽车公司的股票表现良好时，你可获利，而当福特汽车公司的股票价格下跌时，你则会亏损。

如果遵循本章列出的程序步骤，你可以把按照这种建议进行投机所得到的后果看作一个赌局，然后比较这个赌局与什么也不做或选择其他投资方式的预期效用。

可是这样做并不妥当，因为从这个具体赌局所获的利润与你的整个证券组合的价值之间是正相关关系。当你觉得相对富有时，这个赌局也将带给你良好收益；而当你变得相对贫穷时，这种投机带来的收益也会很差。也就是说，这种风险合成（compound）了你已经面临的风险。在这种情况下，你就不能单独评估这种风险，而必须与整个资产的全部组合结合在一起考虑。

投资顾问对这个问题了解得非常清楚。你如果不太了解，对你的建议是，把你的整个证券组合看成一个组合而不是当作单个投资。但是这个问题并不限于在金融市场中所进行的投资。在大部分概率为主观概率的情况下，因为它们涉及的是现实世界事件的概率，所以，奖励对你的价值依赖于获得奖励时的"状态"（state）。例如，你正在考虑创建一个风险投资企业，这自然涉及新产品的销售。在某种程度上，成功往往与良好的经济状态联系在一起。但是，从这一风险投资中得到的利润，在经济状态不佳时对你来说可能更加值钱。如果你的风险投资企业遭遇破产，说得尽可能悲观一些，你得去找工作了，当经济增长缓慢甚至出现衰退时，寻找工作要比在经济高涨期难得多。如果你比较两种对你来说有同样的获利概率分布的风险投资，一种在经济状态良好时获利多，而另一种在经济状态不佳时获利多，那么后一种对你来说更有价值。

与此相关的极端例子是保险。假设你对自己的房屋购买了火灾保险，你支付的保费超过了你将被赔付的预期货币量。如果你把这种保险购买行为看作一个孤立的赌局，这看上去无疑非常糟糕，期望货币价值为负而且风险犹存。但是人们并不是这样来看待保险的。有关保险的关键一点是：当需要补偿时，例如当你的房子失火时，你会得到对你相对有价值的补偿。

在上述三种情形下，5个特征规则会怎么样呢？为什么它们不起作用？5个特征规则中没有一个是有问题的，但整个解决问题的方法却有缺陷。在不确定情况下这种选择方法的出发点是，当我们观察一个赌局时，对你最为重要的是能得到的奖励值或得到奖励的对应概率。在这些例子中，这并不正确。在这些故事中，自然状态影响到了你可能得到的奖励的价值。两个奖励金额和获奖概率相同的赌局，如果是在不同的环境条件下获奖，对你来说这看上去可能完全不同。

解决证券组合问题有两种手段。你可以计算出在不同背景下可能获得的不同奖励的价值。从理论上说这项工作非常伟大，但是，对你的效用函数进行评估太过复杂。另一种方法是，你可以在大到足以使基本模型发挥作用的规模的基础上对决策问题进行框架化处理。例如，并不是独立看待福特股票看涨期权的赌局，而是把它与你的整个证券组合联系在一起。对保险获赔也不是孤立地去看，而是把它与发生火灾或其他灾难后你购买保险或不购买保险的净财富水平联系在一起。

不确定性的快速解决

第二个要注意的问题有一个奇怪的名称：**不确定性的快速解决**（temporal resolution of uncertainty）。假设我向你提出三个赌局：赌局 1，你有 1/2 的概率获得 500 000 美元，有 1/2 的概率获得 0 美元；赌局 2，你有 1/2 的概率获得 500 000 美元，有 1/2 的概率获得 0 美元；赌局 3，你有 1/2 的概率获得 500 000 美元，有 1/2 的概率获得 0 美元。注意，我的打字机没有卡住。这些赌局的奖金和获奖概率是相同的。但是，它们在其他方面并不相同。不管在哪一个赌局中，如果你赢得 500 000 美元，你将在 9 个月后才能拿到钱。在赌局 1 中，我 9 个月后将掷硬币，然后告诉你结果；在赌局 2 中，我今天就当着证人的面掷硬币，并在 9 个月后告诉你结果；在赌局 3 中，我今天就告诉你结果，但你要 9 个月后才能拿到钱。

403　　许多人偏好赌局 3，尽可能迅速解决不确定性问题更可取，因为它可使你制订其他行动计划。例如，如果你知道从现在算起 9 个月后将获得 500 000 美元，那么你可能会对自己的度假计划和工作打算做出调整。如果我 9 个月内不告诉你是否获奖，你将不得不在这个过渡期做出临时计划。

关键的一点是三个赌局的奖金和获奖概率都相同。预期效用程序将不可避免地把它们看成一样，因为预期效用程序只考虑奖金和获奖概率。但是，总的来说，早一些得到解决的赌局更有价值，因为它们提供了信息方面的价值。这些都是预期效用程序所忽略的方面，当这方面的效应很重要时，预期效用程序就可能被严重误导。[①] 在这种情况下，你必须对你做出的选择看得更远、更广，甚至可在一个单独模型中包括所有与你必须做出的抉择相关的内容。

如果这是一个伟大的思想，为什么从未听说过？

证券组合效应和对不确定性问题的快速解决使得预期效用模型的应用变得复杂了。尽管如此，如果你能意识到这些问题，也不把预期效用模型应用于它不适用的地方，这一模型在帮助决策者面对不确定性时做出更好决策方面还是有很大帮助的。

到了此时，一个重要问题无法回避了：既然是如此伟大的思想，为什么以前从未听说过？或者换一种说法，实际生活中的管理者在面对各种赌局式的决策时，使用过这一程序吗？

---

① 后来在解决了不确定性问题后，对预期效用程序又提出了其他问题。关键的一点是，推迟解决的不确定性问题使得特征 5 不可信。这涉及非常技术性的分析，所以在此我不详述了。如果读者有兴趣，请参见 D. Kreps, *Notes on the Theory of Choice*，chapter 12（Boulder CO：Westview Press，1988）。

许多案例证明这一细致的程序是具有实用价值的。人们在计划获得大笔收入并进行决策分析时会运用这种技术。如果你不记得以前见到过这种技术手段，那是由于你大概因睡过头而错过了会议或没有阅读呈送给你的备忘录。这并不是一种广泛使用的决策手段。

对此的合理解释（对预期效用模型在具体应用中的怀疑的第三个和最后的原因）是这一技术手段假定，赌局中涉及的风险是从单个个体中产生出来的。但现在的情形是，许多风险是由管理者代表企业或委托人来承担，被代表者而不是管理者做出决策时的个人风险偏好非常重要。由企业、政府机关和其他组织承担的风险经常会被分摊到许多人头上。我们在下一章要详细探讨风险分摊是如何对风险进行分散的，所以，风险规避的作用就不太重要了。说得更确切一点，风险规避可发挥作用，但只适用于某些情形，而不是眼下正在考虑的赌局所面临的风险。**在现实生活中，你看不到这一程序有多少实用价值，但是现实世界提供的风险分摊机会要比我们目前考虑的丰富得多。**但是，

（1）为了理解那些更丰富的机会，你必须首先弄明白自己和其他人如何对风险做出反应。在上一章描述并使用的这种模型为我们指明了方向。

（2）在某些情形下，特别是牵涉到风险企业的创立时，只要与风险分摊机会以及其他机制结合起来运用，这种技巧就能使用本章采用的这种方式来规范地运用。

小　结

- 在上一章描述并使用的预期效用函数，在本章重新包装为一种帮助决策的规范，目的是帮助你在面对不确定情形下的选择问题时做出更好的决策。

- 采用这种帮助决策的规范的关键是考虑一下你是否同意 16.1 节中列出的 5 个特征，以及这些特征是否称心如意地反映了你的偏好判断。如果你发现它们在规范意义上是可取的，你想使你的决策符合预期效用模型中的某些函数就是符合逻辑的。

- 随后的问题是评估你的个人效用函数。采用这种最简化的判断手段（比较具有相同概率的奖励和确定的价值的赌局），你大致可得出自己的效用函数。对现有效用函数进行评估和再加工存在多种技巧。

- 在某些情形下，5 个特征从规范意义上看并没有多大吸引力，至少在简单的应用下是如此。这其中包括由相关风险引出的大量问题（证券组合）和不确定性快速解决的情形。

练 习

16.1 回到本章开始时的问题。假定你面临从如图 16.1 所示的 5 个赌局中做出选择的情形：

（a）根据你的直觉而不借助任何工具来对 5 个赌局对于你的价值进行排序。如果能做到，找到你的排序中哪一种更"接近"（close）你的判断，以及在什么地方会出现较大的定性差距（就你的关注程度而言）。

（b）运用本章讨论的技术手段对你自己在奖金为 $-7\ 500$ 美元～15 000 美元区间的效用函数进行（大体上的）评估。

（c）运用效用函数评估 5 个赌局，找到你所关注的确定性等价。然后把结果与问题（a）的答案进行对比。不借助辅助手段或问题（b）、问题（c）的技巧，哪个你较为满意？

16.2 学生们有时对寻找一个人的风险规避系数的做法表示反感，一旦就某一区间做出判断，个人的风险规避系数大概为常数。更为具体一些，学生们有时反对我草率地引入 $\lambda = 0.000\ 01$，就像本章描述的那样。

但是，λ 的确切取值有什么差别吗？假定我必须从如图 16.1 所示的 5 个赌局中做出选择。我的风险规避水平在 $-50\ 000$ 美元～150 000 美元之间是不变的，这一范围包括 5 个赌局的奖金的区域。因此，采用本章讨论的方法，我得出我的风险规避系数处在 $0.000\ 005$～$0.000\ 015$ 之间，而 $0.000\ 01$ 是一个不错的折中。难道我定在 $0.000\ 008$～$0.000\ 012$ 之间有什么要紧吗？要想回答这一问题，请以图 16.1 的 5 个赌局为例，看一看当决策者的风险规避系数为处于 $0.000\ 005$～$0.000\ 015$ 之间的一个常数（在那些赌局奖金所在区间）时，决策者如何评价它们。

第17章 风险分摊与分担：证券与保险市场

406

本章对股权、保险和期货市场的存在提出了经济学上主流的理论解释。对承担的风险，通过在许多个人间进行分摊达到风险分散化的目的，换句话说，对风险进行证券化（securitizing）处理，大部分由个人风险承担者承担的风险就被消除了。这就是本章的主要内容。在做出这些分析后，本章继续提出了两个应引起注意的方面和一个引申结论。

阻碍风险被完全分摊的力量主要来自逆向选择和道德风险。

即使风险可被广泛分散，任何一份风险的价值，都要依赖于该份额增加到个人风险承担者所拥有的一般证券组合风险中的数量的多少。

对于给定的风险和一定数额的投资者，会遇到分摊风险有效性问题。

在20世纪90年代后半期，"首次公开发行"（initial public offering，IPO）这一概念被学习管理的学生们认为是获得名声和财富的关键。学生们成群结队去创建风险企业，盼望着有一天：（1）风险企业可公开筹资；（2）钱财会滚滚而来；（3）保时捷能换成法拉利。至少这是一个梦想。

而且在更为一般的意义上，证券、期货、保险市场事实上对每个行业的管理者都很重要。所以，明白这些市场中的经济现象非常有必要，至少对有抱负的管理者来说是这样。

● 这些市场在经济中发挥哪些作用？

● 它们如何创造价值？

● 它们创造价值的能力受到哪些限制？

金融学科主要关注这些问题，许多学管理的学生至少学习一门，经常是多门金融学课程。我并不想抢你可能选修的金融学课程和阅读的金融类书籍的镜头，但既然引入了风险规避，对这三个基本问题做出回答就有意义。

首先，可以肯定地说，这些市场在经济中扮演多重角色。特别是证券市场和其他金融市场是企业获得流动性的渠道。也就是说，这些市场使得企业在预期后来获利的情况下，可以从目前的交易中获得可用现金。在此，我不想讨论

407

金融市场在提供流动性方面发挥的作用，我关注的是这些市场通过分摊和分担风险创造价值的方式。

17.1 基本理念

我们从前面两章讨论的主要现象之一——风险规避开始讨论。考虑一个有相同的可能性获得 50 000 美元和 −25 000 美元的赌局。这一赌局的预期价值为正的 12 500 美元，但是亏损的可能性也很大，而且潜在损失数额也不小。所以，许多风险规避者将拒绝这一赌局。

具体来说，假定这个赌局被提供给了 MBA 学员简，她是一位使预期效用最大化的决策者，效用函数为 $U(x) = 12.585\ 9 - 7.426\ 7e^{-0.000\ 021\ 1x}$。简对该赌局的预期效用计算如下：

- 奖金 50 000 美元的效用水平为[10]。
- 奖金 −25 000 美元的效用水平为[0]。
- 所以，赌局的预期效用为：$(0.5)[10] + (0.5)[0] = [5]$，对应的确定性等价大约为 −1 000 美元。
- 相反，如果简不参与这一赌局，她获得的奖金额为零，其预期效用为[5.159 2]。

所以，简拒绝这一赌局会更好一些。

假定这一赌局是有相等的机会获得 500 美元和 −250 美元，那么，简从这一赌局中得到的预期效用经计算为 5.178 5，相应的确定性等价为 123.516 美元，简将会接受这一比原来规模缩小的赌局。

假定简已明智地认识到，她不会乐意去参与一个完全赌局，但愿意参与一个相当于 1% 份额的赌局。她如何来消除其余 99% 的风险呢？一种可行的办法是找到一群朋友和伙伴，假设他们像她一样都是风险规避者，他们也将愿意接受小规模的赌局。说得更具体一些，如果她能找到与她的效用函数完全吻合的 99 位朋友，她可给每个人 1% 的份额，每个人都很高兴，对每个人来说这份礼物值 123.516 美元，她留下 1% 的相当于 123.516 美元的份额。

408　　　简应该转让 99% 的风险股份吗？她保留较大份额不是更好吗？事实上，用 Excel 和 Solver 计算后可以发现，如果简要转让这一赌局的份额，她留下 43.8% 的赌局份额对她最有利，她的确定性等价为 2 684 美元（见练习 17.1）。

但简应该比这还要聪明一些。让出这一赌局份额就等于让出了一个有价值的项目。也许她应该卖出风险企业的股份。例如，如果她找到 99 位与其效用函数相吻合的朋友和合作者，她可以把这一赌局的每个份额以 123.516 美元的价格卖给他们中的每一位。也就是说，如果她把每份价格定为 123 美元，任何与她有同样效用函数的人都将愿意支付这个价格来购买一份，这样，购买者得到相当于 0.516 美元的净确定性等价（记住，这是一种指数形式的效用函数，从任一赌局的奖金中减去一个常数将导致赌局的确定性等价正好减少这一常数）。这对简意味着一大笔钱，如果她卖掉 99 份，每股相当于赌局总额的 1%，每份 123 美元，她将得到 99×123＝12 177 美元加上余下的 1% 的确定性等价 123.516 美元。总的来看，她赚了 12 300.516 美元，她正准备拒绝这一赌局呢！

对于小风险的一般性结果

简的故事是她将份额卖出或转让给正好与她有同样效用函数的朋友或合作者。至少可以说，简不可能找到与她正好有同样效用函数的朋友和伙伴。但是，这个故事所揭示的经济学现象并不依赖于找到与其正好有同样效用函数的人。

一般性的结论如下：一个风险规避且欲获最大预期效用者，面对一个被称为赌局 A 的赌局，其对赌局的确定性等价不会大于其预期效用。一般来说，确定性等价要小于预期价值。如果我们想把赌局 A 卖与该人，他通常不愿意按赌局的期望货币价值来支付。通常情况下，购买者愿意支付的数量要少得多。即使赌局 A 的期望货币价值为正，如果其风险性大，有很大的可能性为负值，我们可能得向愿意承担风险的人支付一定的补偿。

选取一个低于 100% 的目标比例 β——可以把 β 看作 98%，或者任何小于 100% 的比例。**不管个人的风险规避程度如何，存在一个小的比例系数 α，如果我们对某人提供了相当于赌局的 α 份额，那么个人愿意支付的值为赌局的期望货币价值 $\alpha \times \beta \times$ EMV。**（从数字上说得更精确一点，只要决策人的效用函数是平滑的，在自变量为零时是可导的，这种说法就是正确的。）

409上述黑体字部分是本章的关键所在，即是理解证券、期货和保险市场的关键所在，所以不要匆匆一扫而过。我要对此做更为具体的解释。就以 MBA 学员简面临赌局 A 为例，她等可能地获得 50 000 美元和－25 000 美元，所以期望货币价值为 12 500 美元。简对一些风险规避且寻求效用函数最大化者说：“我愿意把我赌局中的一个小的份额 α 卖给你，但你得为此向我付钱。”α 份额的期望货币价值为 $\alpha \times 12\ 500$ 美元，但是，简对钱看得没有那么重，她愿意按 12 500×α× 98% 来卖出 α 的份额（按照上述黑体字部分的说法，β＝98%）。上述黑体字部分的意思是，已经确定卖出份额目标为期望货币价值的 98%，简能发现 α 大于零，但又比零大得不多，所以，人们愿意支付 12 500×α×98%。

比例 α 的大小依赖于几个因素。它要受到最初赌局的风险程度高低的影响，风险程度越大，α 值将越小。它也受目标比例 β 大小的影响，β 值越接近于 100%，α 的值将越小。此外，α 也受销售对象的影响，购买份额的人风险规避倾向越严重，α 值将越小。

但是，一旦目标比例 β 确定下来，简就可以把其赌局化整为零出售给任何风险规避且寻求效用最大化的人，得到相当于份额期望货币价值的部分。所以，在一个存在大量对前景看好的投资者的世界中，她可以分批小额销售直到把整个赌局卖掉，最终她将得到整个赌局的价值乘上 β 的收入。当 β 越来越接近于 1 时，她的销售份额越来越小，销售对象越来越多。但是，从理论上说，她能获得赌局全部的期望货币价值（参见练习 17.2）。

证券化既有趣又有利可图

一般来说，当风险规避者（可以是任何人）面临巨大风险时，他们能通过把风险化整为零然后销售给外部人来改善自己的境况，因为外部人分担了风险。目前，我们忽略与风险证券化和销售风险份额的过程相关的交易成本。根据理论说法，任何赌局以这种方式分摊给多人后，其价值几乎都等于最初拥有者的期望货币价值，即使是风险规避型拥有者也会如此。拥有者最初的风险规避并不重要，因为到头来，该拥有者和其他人都不会承担太大的风险。

410　　风险分摊的基本思想读者大抵已经熟悉，至少大概了解，因为这是现代资本主义制度的主要特征。在证券市场中交易的既有股票，又有风险更大一些的负债，还有比负债和股票更复杂的其他许多金融工具，这就是通过风险分摊来抵御风险规避的证明。亨利·福特不想让自己和其后人承担福特汽车公司全部的风险，所以，到了适当的时候，他把这个具有风险的公司公开上市以向公众发行股票，因为相对于福特及其家人，公众能更好地承担企业的风险。每天新的例子层出不穷，大量私人拥有的公司都选择公开上市。企业家和风险资本所有者分担风险，后者通过向风险企业提供资本获得一定比例的风险报酬。你可能会认为这不仅仅是企业获得资金（也就是获得流动性）那么简单的事情；如果这仅是获得资金的事情，那么通过债务合约，即对风险资本所有者的回报并不依赖于风险企业经营的好坏，就成了按既定规则行事，而不是股权安排，这样，风险资本拥有者将承担经营好坏的结果。（因为根据有限债务的法律规定，你可能从破产中一无所获，所以名义负债也有风险，也提供了风险分摊。股权安排增加了风险分摊的数量，它们的相对盛行表明，风险分摊至少在很大程度上可解释我们见到的风险资本安排动机。）通过证券化进行风险分摊的另一种形式是不动产信托投资，它要对持有单一抵押品的风险（包括不能归还和过早归还）进行分摊。

另一方面，当个人承担的风险的预期支付为负值时，我们就要引入保险市场了。假设某人拥有的住房受到火灾的威胁。为了简化假定，该幢住房要么完全烧毁，损失 200 000 美元，要么不受丝毫损失。假定在某一年，房屋烧毁的概率为 0.001，那么，房屋所有人面对的赌局的期望货币价值为 $0.001 \times (-200\,000) + 0.999 \times 0 = -200$。但是，如果房屋所有人是完全的风险规避者，那么他的确定性等价还要低。当房屋所有人购买保险且支付了每年 300 美元保费后，保险公司承担的失火的风险是 200 000 美元的损失。保险公司收取 300 美元保费后之所以愿意承担这一风险是因为它接近于风险中性，所收保费要大于对其所承受风险的补偿。**说其接近于风险中性，是指保险公司将承担的风险分摊到了公司众多不同股东头上。**

期货市场是一个相对并不明显的风险分摊形式。在期货市场中，比方说在小麦市场中，人们买进或卖出的小麦可在几个月后进行交割。想一想一个小麦种植者的作物还在地里时的情形。他面临两种风险：第一种风险与他的收成有关：会遭遇水灾吗？会遭遇蝗灾吗？第二种风险与当其收获时，作物能卖多少钱有关。如果现在小麦每蒲式耳售价为 3.00 美元，四个月后会是 3.00 美元、3.30 美元还是 2.70 美元？注意，每蒲式耳 0.30 美元的价格变化意味着小麦种植者的总收益变化 10%。在收成给定的情况下，这意味着巨大的净收益的波动。期货市场为农场主提供了对第二类风险提供"保险"的机会。当作物还在地里时，以给定的价格水平提前卖出部分收成。另外，小麦的大买主，如面粉厂，为了防备价格上升也提前买进小麦。

这就是本章的主要内容。如果你把风险细分出去，你就可避免风险，在风险的世界中，能避免风险就能创造价值。这就是对证券市场存在性的一种合理解释，也是对期货市场和保险市场最有影响力的解释。

当你掌握了这些主要内容后，我们可以得出如下结论：

结论 1：风险分担应该到这样的程度：没有风险规避者仍会遗留下很大的风险。（为什么？因为如果有人仍面临很大的某种风险，那么他对风险的评价将小于期望货币价值。如果将风险分摊出去，这个人将获得全部的期望货币价值。）

结论 2：根据结论 1，任何赌局对其最初持有者的价值都是其期望货币价值，因为一旦赌局可通过证券化分摊出去，这也就是其市场价值。

如果结论 2 成立，事情就太美妙了。在学习了有关效用函数的所有内容后，我们可以把它忘掉而采用期望货币价值。当然，这应以人们确信风险能证券化或广泛分摊为条件。

但是，如果我们观察现实世界，结论 1 并不成立。福特家族并非把福特汽车公司所有的股份出售，而只是将一小部分卖给了别人。一般来说，许多公司的主要股份是由其创立者或他们的家族持有的，而其他企业的很大一部分股份由个人投资者持有。我们能观察到通过杠杆收购之类的手段如何将公众持股公司转变为私营公司。为什么结论 1 会成立呢？

即使结论 1 成立，结论 2 也不一定正确。

本章后面的内容是探讨为什么结论 1 不成立，或者假使其成立，为什么结论 2 就不成立。之后我们引入对后面几章很重要的主题——有效风险分摊。

17.2　为什么风险并不总能通过细分来分摊？

有许多理由可解释为什么结论 1 不成立。

● 并非人人都会同意把一个特定风险企业看成一个赌局。假定 MBA 学员简相信赌局有 0.7 的概率可带给她 50 000 美元的收入，有 0.3 的概率可带给她−25 000 美元的收入，所有其他人认为中奖概率为 50：50，因此，她无法把每1％的份额卖到125美元以上的水平。但假定她对未来预期非常乐观，即使每1％为125美元，她也会留下53.54％。（你能计算为什么是53.54％吗?）

- 第一个理由有些问题，当其他人相信企业家并非过分乐观之人时，这样做将损害该企业的发展。假定简使别人相信，她有0.7的概率获取50 000美元，但如果这样做，她将会把自己的想法暴露给许多潜在的竞争对手，而后者的竞争将损害她的盈利机会。那么她就可能愿意承受一些盈利项目的风险，即使她进行风险分担，她得到的也将少于她知道的所售股份的全部价值。

- 通过保留风险项目的大部分份额，个人经常可保留或获得控制权，如在董事会中占有一席之地，或者获得足够多的股份，获得董事会委派的权利。个人从中所获价值可能超过从风险分担中所获利益。

- 一个赌局经过证券化处理会产生交易成本。如果不是从费用而是从本质上说，其中一些交易成本微不足道，如证券印刷、寻找客户及钱券交易等方面的费用。除了这些一般性交易成本之外，还有两种重要和敏感的交易成本——逆向选择和道德风险的成本。

第18章和第19章将讨论逆向选择和道德风险。所以，我在此不想全面涉猎这些话题。但在这里讨论赌局证券化时，我将对它们做一个简要说明。

假定有人在大街上遇到你，想卖给你金矿的股份。他提供给你的显然是一个风险项目，他提供给你的招股说明书传达出的信息是你能获得按一定概率分布的收益。但是你也知道招股说明书说的内容没有传达出全部信息，一些重要的事实材料并没有给出。例如，出让者已经完成的早期工作可能产生的后果。所以，你可能在想，这个人对这座金矿前景看法悲观吗? 你可能会担心这些，因为假使一些金矿所有者掌握的是乐观的私人信息，而其他所有者掌握的是悲观的私人信息，那么后者就倾向于卖出他们手中的股份（参见练习17.5）。换言之，从发展前景看，在大街上销售"金矿股份"有可能在所有金矿中造成逆向选择。

或者设想某人在大街上靠近你，想向你销售他企业风险项目的股份。招股说明书说得很清楚，这个项目的收益在很大程度上依赖于他对这个企业即将投产的产品付出努力的程度。你可能担心，一旦他把风险项目的大部分销售出去，他还会有动力为项目的成功长时间付出辛勤的努力吗? 他可能会发誓这么做，但这种誓言可信吗? 即使你能确信他会努力工作，难道他不会把项目的钱用于购买办公室昂贵的地毯、公司飞机或其他方面吗? 他难道不会把时间和项目投资于由自己离职后去管理的子公司，而对你持股的项目则听之任之吗? 在这种情形下，你面临着道德风险问题。

总之，我们可清楚地看出结论1在某些情形下不成立的原因。只要结论1不成立，结论2也就不成立。如果风险规避者承担了很大风险，个人的风险规避倾向在决定风险项目总价值上就发挥着重要的作用。

17.3 赌局间的相关性：为什么即使结论 1 成立，结论 2 也不成立？

假定事情还没有那么糟糕，即使结论 1 成立，结论 2 也可能不成立。原因是当新的风险在许多人之间分摊时，它已经进入人们已持有的证券组合的风险中了。

假设有一个集中的风险分摊机构，如果你愿意，可称之为 NYSE（即纽约证券交易所）或 NASDAQ（即纳斯达克交易系统）。任何拥有风险项目的人都可把项目带到这个机构中来，在这里分割成小的份额销售给社会中的其他人。在任一时点上，许多人分散持有一个风险程度很高的整体项目中的一小部分。这些风险项目并不一定是独立的。许多由企业经营的风险项目，当经济形势趋好时，大部分项目也相对进展顺利，而在经济萧条时，一般表现也不太好。所以，当我们观察证券组合的风险时，尽管它是由多个小的风险项目组成的且由众多个人持有，但组合仍面临着整体的系统风险。

接下来是关于风险需要分摊的新建企业。如果这个新建企业的风险独立于每个人持有的证券组合的系统风险，那么新风险中的一小部分对每个人确定性等价的边际影响大约就等于这一小部分的期望货币价值。如果这样，结论 2 就成立了。

可是，如果这种新的风险与每个人的证券组合有正相关关系（当经济运行良好，这种新风险项目收益高时，其他风险项目的收益也很好），那么，即使新风险的一小部分在一定程度上增加了人们持有的证券组合的风险，他们也不会把增加的价值看成期望货币价值的提高，而且这种增加的价值相对要小一些。

414　　从另一方面说，如果这种新的风险与每个人的证券组合有负相关关系（该项目收益高时，其他风险项目总体上收益很差，储藏黄金的做法就是如此，因为当经济表现不好时，金价趋向上升），那么，对每个人来说，这一部分的价值都要超过它的期望货币价值，因为它起到了提供保险的作用。

关键是在这个所有风险都需分摊的世界中，对一种具体风险分摊的评价如何与所有需要进行风险分摊的证券组合协调起来。忽略了风险分摊带来的益处的全部预期效用和期望货币价值都不正确。

那么，什么才是正确的？在这一问题上，要从现代金融理论那里寻找答案。现代金融理论的支柱是资本资产定价模型（CAPM）。CAPM 最主要的分析方法并非我们这里讨论的预期效用的分析框架，而是使用均值-方差偏好方法。但是，CAPM 所得结论（即证券的价值不仅受到预期收益的影响，而且与市场组合的收益有关）与我们这里所看到的完全相同。

有了这些导言后，我可以集中于大型的、完全竞争市场的分析，其中，销售的东西是有风险的股票。这就是竞争的金融市场理论，是 CAPM 的主要研究领域，读者会在金融学课程、书籍和指导教师那里学到这方面的内容。在接下来的两章开始讨论前，我们还是先给出了结论 1 不成立的原因（为什么风险不能以更小的份额分摊出去），特别是针对逆向选择和道德风险问题而言。但是，为了证明这些话题是否正确，我们首先得留意与风险分摊有关的最后一种手段。

17.4 有效风险分摊

假设有四人：约翰、保罗、乔治和荣格。每个人都有自己的效用函数，他们依据各自的预期效用来评估赌局。四个人的效用函数可能相同，但我们想考虑的更为一般一些，即认为他们的效用函数不同。

四人面对的是一个"集合彩票"（joint lottery），货币奖金有不同的概率分布。这种集合彩票可能是他们承担一些风险项目后的结果，也可能是他们四人各自分别要面对的彩票的总和。

四人决定组成一个风险分摊辛迪加（risk-sharing syndicate），从他们的集合彩票收益中分红。也就是说，如果彩票中奖，比方说获得 1 000 美元、2 000 美元、3 000 美元和 −4 000 美元的概率分别为 0.1、0.2、0.3 和 0.4，那么，他们必须决定一个对收益进行分红的规则。一种可能的方法是平均分；第二种方法是约翰是其他人的两倍，但 −4 000 美元不包括在内，如果出现这种情形，他要付 3 000 美元而其他人每人付 333.33 美元。

他们应该定出一个什么样的分配规则呢？每个人通常想让自己多得而别人少得，所以，可以想象他们之间会有一场艰苦的讨价还价。但是，理想的结果至少是，我们希望四人能定出一个**有效分摊原则**（efficient sharing rule）。所谓有效分摊原则是指，如果没有其他原则使得四人中每个人的境况至少与实施第一条原则时那样好，四人中的一人（或多人）的境况也不会严格好于在第一条原则下的境况。

一般说来，当四人都为风险规避者时，找到有效风险分摊原则相当困难。就一般程序来说，我只是提出一小部分。另外在一些简单的例子中，你可以用 Excel 和 Solver 来解这类问题（见练习 17.7）。但有一个特定情形要简单一些，而且对我们下一章的内容很重要，所以我先讨论它。

荣格是风险中性者

假定至少有一个人是风险中性者，而其他人为严格的风险规避者（当任何彩票有很大的不确定性，即有两种或多种中奖的概率存在时，若个人对赌局评价的确定性等价小于赌局的期望货币价值，那么该人为严格的风险规避者。用效用函数术语来说就是，一个严格的风险规避效用函数是严格凹的，没有任何线性部分）。具体说来，假设荣格是风险中性的，而其他人是严格的风险规避者，那么，任何一个有效风险分摊原则都意味着对约翰、乔治和保罗的分摊份额不会随结果的改变而改变，荣格吸收了全部风险。

换句话说，对任何有效的分享计划，约翰得到固定数量的货币 y_J，保罗得到 y_P，乔治得到 y_G，余下的由荣格得到，分别为：获得 1 000－y_J－y_P－y_G 美元的概率为 0.1；获得 2 000－y_J－y_P－y_G 美元的概率为 0.2；获得 3 000－y_J－y_P－y_G 美元的概率为 0.3；获得 4000－y_J－y_P－y_G 美元的概率为 0.4。四人必须就 y_J、y_P 和 y_G 的数量进行商定，但是任何一个计划都不会给 3 人固定份额，而且把所有风险都推给荣格也是缺乏效率的。

为什么会这样？举一个风险分摊的例子，其中约翰承担了部分风险。把规则做如下改变：不管结果如何，给约翰一笔钱（等于其承担风险份额的期望货币价值），且从荣格那里划出；对荣格的回报为，把约翰的原有份额再加上他之前拥有的一切减去荣格转给约翰的期望货币价值。因为荣格是风险中性者，这一变化并不会影响他的总预期效用；他放弃了与承担额外风险对应的期望货币价值，这对他是求之不得的事情。乔治和保罗不受影响。但约翰的状态改善了，他用期望货币价值替代了赌局，因为他是严格的风险规避者，他对任何赌局期望货币价值的偏好胜过参与赌局本身。

总之，当在几个人之间有风险分摊时，其中有人是风险规避者，有人是风险中性者，最有效率的做法是所有风险都由风险中性者承担。

一般意义上的有效风险分摊

如果没有风险中性者又该如何？我不想给出一个完整的答案或对已给出的答案做完全解释，但我能对此做一些改进。（下面的证明对于数学水平不佳者较为困难，如果读不懂，对理解本书内容没有太大影响。但是既然在前面的章节中已经花费大量时间搜罗，本着一分耕耘一分收获的原则，在此不得出一些结论似乎太遗憾了。）在解释中我尽可能简单明白。这个辛迪加组织中有 I 个成员，每个人都是预期效用最大化的追求者，第 i 个人的效用函数写成 U_i，我假定每个人都是风险规避者，风险中性者是非常特殊的情形，这意味着每个人的 U_i 都是凹函数。我也假定每个 U_i 都是严格递增并且可微的，把 U_i 的导数写成 U'_i。因为 U_i 是凹函数，所以 U'_i 是非递增函数。因为每个 U_i 都是严格递增的，所以 U'_i 对所有变量严格为正。

我假定这个辛迪加组织持有的合资风险项目的盈利水平为 $Y^1, Y^2, \cdots, Y^N$，相应的概率为 $p^1, p^2, \cdots, p^N$。（注意，右上角数字表示的是盈利，右下角数字表示的是在辛迪加组织中的成员序号。）

在这一解释中，该组织的风险分摊原则是排列 $\{y_i^n\}$ 中的数字，$i=1$，$2，\cdots，I$ 和 $n=1，2，\cdots，N$，这里 y_i^n 是 i 在总盈利水平 Y^n 中的份额或盈利。这些份额之和应等于总量，或对每个 n 来说，有 $\sum_{i=1}^{I} y_i^n = Y^n$。

当且仅当每个 i 和 j 从 1 到 I，每个 m 和 n 从 1 到 N 时，分摊原则 $\{y_i^n\}$ 是

有效的：

$$\frac{U'_i(y_i^n)}{U'_i(y_i^m)} = \frac{U'_j(y_j^n)}{U'_j(y_j^m)}$$

为什么呢？这就是前面章节中的物有所值逻辑在发挥作用。指定辛迪加组织的 2 个成员 i 和 j，在给定该组织其他成员的分摊原则的情况下，再假定 j 的预期效用为常数（约束条件）。为了最大化 i 的预期效用，应该做什么呢？挑出两个结果 Y^m 和 Y^n，在两种状态下，i 所占份额对其预期效用的贡献为

$$p^n U_i(y_i^n) + p^m U_i(y_i^m)$$

j 所占份额对其预期效用的贡献与上式相同，只不过把 i 换成了 j。因此，y_i^n 对 i 的预期效用的边际影响为 $p^n U'_i(y_i^n)$。因为在状态为 n 时，i 多得 1 美元就等于 j 少得 1 美元（因为其他人所占份额是固定的），y_j^n 对 j 的预期效用的边际影响为 $-p^n U'_j(y_j^n)$。第一个边际影响是指对分析对象的边际影响（最大化 i 的预期效用），第二个是对约束条件的边际影响（把 j 的预期效用保持在一个给定的水平上）。所以，按照物有所值的逻辑，两种边际影响的比率在状态 n 时应等于在状态 m 时，分子、分母概率相互抵消后，就得到了条件比率。

我用三个评论来结束本章：

（1）假设辛迪加的一个成员，比方说编号为 1，是风险中性者，这意味着他的效用函数是线性的，即他的效用函数的导数为常数。所以，对任何有效分摊原则来说，辛迪加组织中任何其他成员效用函数导数的比率，用他的份额的任意两个值来计算应该等于 1。这意味着，如果其他成员为严格风险规避者（如果他的效用函数为严格凹的），他必须得到一个不变的份额。换言之，作为特例的风险中性的荣格对一般情形来说只是一个推论。

（2）如果你是一个不如意的数学家，下面是一个挑战：当辛迪加所有成员的风险规避系数均为常数时，有效风险分摊原则应该采取什么形式，即对于每个 i，$U_i(x) = -e^{-\lambda_i x}$ 应如何变化？如果你运用等物有所值比率条件（equal-bangs-for-the-buck-ratio condition）也并不太难。

（3）在整个讨论中，辛迪加成员都认可不同盈利水平的概率分布。但在组织成员对不同结果出现的概率有不同看法时，有效风险分摊将变得非常复杂。想了解这方面的情况，请参阅 R. Wilson，"Theory of Syndicates,"*Econometrica*，1972。

小　结

● 如果你把赌局的风险分摊出去，即把每小部分份额分给许多不同的风险规避者，因为每份只代表了很小的风险，每份风险几乎就等于其对持有者的期望货币价值。所以，赌局的价值几乎等于其所分份额期望货币价

- 这一理念（即风险分摊提升价值）是所有金融市场和保险公司存在的理由。

- 可是，如果这些份额与其他人持有的证券组合的风险之间有相关性，那么，份额的价值要受到这种相关性的影响。如果份额之间没有相关性，它们的价值就是它们的期望货币价值；如果这些份额与其他风险组合之间呈正相关，其价值要小于它们的期望货币价值；如果呈负相关，它们的价值要超过其期望货币价值。对这一理念的一个充分的表达形式是资本资产定价模型——现代金融的支柱理论。

- 有充分的理由说明为什么很难把所有风险都通过细分分摊出去。两个最重要的原因（也是我们在接下来的两章要讨论的主题）是逆向选择和道德风险。

- 有效风险分摊的一般性问题（在一个人数确定的人群中，有效分配一给定赌局）是非常复杂的。但是，当其中有一人是风险中性者而其他人为严格风险规避者时，有效风险分摊非常简单：风险中性者将承担全部风险。

练　习

下述问题一般要求使用 Excel 和 Solver 来求解。如果你自己不能建立起所要求的电子表格，对于其中几个问题我提出了一些具体表格供参考，开始时不要先看答案。

17.1　MBA 学员简面临的困境是，她参与的赌局有同样的机会获得 50 000 美元和 −25 000 美元。简是一个预期效用最大化追求者，其效用函数为 $U(x) = 12.585\,9 - 7.426\,7e^{-0.000\,021\,1x}$。就像我们在正文中所学到的那样，这一赌局带给简的是负的确定性等价。假定简能把赌局的一定份额转让出去。如果 θ 是她的保留比例，那么她有同样的可能获得 $50\,000\theta$ 美元和 $-25\,000\theta$ 美元奖金。

(a) 简的确定性等价作为 θ 的函数（她保留的部分）如何变化？画出函数图形。

(b) 简保留多大比例能最大化其确定性等价？

(c) 简的确定性等价作为 γ 的函数写为 $CE(\theta)$。当自变量 $\theta = 0$ 时，函数 $CE(\theta)$ 的斜率为多少？

提示：参见电子表格 PROB 17.1 中的工作表 1，看如何解这一问题。

17.2　假设练习 17.1 中的简想把赌局的 α 部分卖给风险规避型预期效用最大化者。对 α 部分（只要 $\alpha > 0$），没有一个风险规避者愿意按期望货币价值的值支付全价，即 $12\,500\alpha$，但如果简的目标是收回其中的 95% 或 98% 或小于 100% 的一个比例，若 α 足够小，她会成功。

(a) 假设简有一个合作者，该合作者（大致上）与她有同样的效用函数 $-e^{-0.000\,021\,1x}$，那么，该合作者愿意购买简赌局的 10%，支付的价格是期望货币价值全额 10% 打九五折吗？（答案是否定的，真正与此相关的论点接下来才会讨论。提示：如果你不知道如何建立 Excel 表格来回答这一问题，参见电子表格 PROB 17.2 中的工作表 1。）

(b) 简想得到赌局期望货币价值的95%，所以她决定不降低对问题（a）中合作者的价格，而是减少卖出的份额。那么，简以对 12 500α 打九五折的价格卖出的最大份额 α 为多少？假设对整个交易来说，只要合作者的确定性等价大于或等于零，他都将会购买。

(c) 对问题（b）来说，如果简决定得到赌局期望货币价值的98%，请再解问题（b）。如果简能卖给第二个合作者，其效用函数为 $e^{-0.000\,01x}$，请找到想得到期望货币价值98%或95%的份额为多少。（第二个合作者是否比第一个合作者更风险规避？）

(d)（选做，最后一部分较难。）简的第三个合作者的效用函数为 $U(x) = \sqrt{x+50\,000}$，其中 x 是第三个合作者从与简的交易中所得的净值。按此回答问题（c），并计算对效用函数 U，在 $x=0$ 时 $-U''(x)/U'(x)$ 的值。这一比率能告诉你些什么？

17.3 假定 MBA 学员简相信，她有 0.7 的概率获得 50 000 美元（有 0.3 的概率损失 25 000 美元）。但其他人认为的两种结果的概率为 0.5：0.5。因为后面这一事实，简能把该项目的1%卖到125美元（实际上她得到的要稍微少一点）。那么她希望保留赌局的多大份额？（参见练习 PROB17.3/4 的工作表 1 中对如何解这一问题的提示。）

17.4 MBA 学员简面临的赌局的实际情形是有 0.7 的概率获得 50 000 美元（有 0.3 的概率亏损 25 000 美元）。但是要想把风险项目卖出一些，简必须披露其项目的部分细节。在卖出比例不大于10%时，不需披露多少细节；如果她销售10%或低于10%，获得 50 000 美元的概率仍为 0.7。但是，如果她想销售10%～30%，披露的细节可能会传到其竞争者那里。她获得 50 000 美元盈利的概率就仅为 0.65；如果她想销售大于 30%但小于 50%的份额，她获得 50 000美元的概率就降到 0.5。

假设不管简把风险项目卖出多少，她都能获得相当于期望货币价值的95%，即如果她销售了相当于项目总额的 25%，她将得到 $0.65\times50\,000+0.35\times(-25\,000)$ 的 25%再打九五折。为了最大化她的确定性等价，她应保留多大的份额？

17.5 像 MBA 学员简这样的风险经营项目的投资者经常会遇到 MBA 学员提出的赌局：要么盈利 50 000 美元，要么亏损 25 000 美元。这些人希望把他们赌局份额的1%卖给你。

其中一半人的项目是有 0.6 的概率获得 50 000 美元，另一半人的项目要差一些，只有 0.4 的概率获得 50 000 美元。注意，对第一类学员提出的项目来说，1%份额的期望货币价值为 200 美元；而对第二类学员提出的项目来说，1%份额的期望货币价值只有 50 美元。因为你无法区分与你打交道的学员——所有的 MBA 学员看上去都一样，所以，你会认为，你得到的任何项目的1%份额都有一半的机会获得 500 美元盈利，而有一半机会亏损 250 美元。所以，其期望货币价值为 125 美元。你是风险规避者，效用函数为 $-e^{-0.000\,015x}$，你愿意为这些项目最多支付123.94美元。所以，当这些项目1%份额的市场售价为 120 美元时，你应欣然接受，快快购入。（所有学员都是可信的。）

出乎你意料的坏消息是，你可能做出了一个错误决定。具体来说，你获得好的结果的机会其实是低于50%的，大约在48.4%左右（当你做了多次之后，你对得出的这些数据就有信心了），按这个比率计算成功率，对1%份额付出 120 美元比不上期望货币价值，更不用说你承担的风险了。为什么会这样？

17.6 MBA 学员简、乔和吉斯每人拥有的项目都有同样的可能性获得 500 000 美元或亏损 250 000 美元。每个人都想把其中的1%卖给朋友和合作者，但是三人所有的朋友和合作者都已经持有了有一定风险的证券组合。

具体说来，假设三个人同时与比夫（Biff）接洽，而比夫是一个预期效用最大化寻求者，效用函数为 $U(x) = -e^{-0.000\,02x}$。比夫持有风险证券组合，其价值不是 2 000 000 美元就是 1 800 000 美元，概率都为 1/2。如果你进行数学运算（或者参考电子表格 PROB 17.6 中工作

表1的最上面的表），你会发现，比夫的确定性等价为1 833 873美元。

假设比夫从简、乔或吉斯那里购进1%的份额，增加到他目前持有的风险证券组合之中。即他只购进1%的份额（我们在这个问题上保持的一个假设），其可能的财富水平为2 000 500美元、1 999 750美元、1 800 500美元和1 799 750美元。

三人项目的差异在于他们与比夫的初始财富组合的协相关性。具体地说，简的项目与比夫的初始证券组合无关，乔的项目与比夫的初始证券组合正相关，而吉斯的项目与之负相关。说得更具体一些，当比夫的初始证券组合为2 000 000美元时，乔的项目有0.6的概率盈利500 000美元，而吉斯的项目获得500 000美元的概率为0.4。

那么，比夫购买1%的份额会向简、乔和吉斯最多支付多少钱？

17.7 约翰、保罗、乔治和荣格是一合作项目的四个合伙人，该项目有4种可能的结果：获100 000美元的概率为0.4，获200 000美元的概率为0.3，获300 000美元的概率为0.2，获400 000美元的概率为0.1。四人组必须决定如何分配他们项目的结果。到目前为止，他们计划平均分配，如果结果为获利300 000美元，每人可得75 000美元。

（a）四人都为预期效用最大化寻求者，但他们的效用函数完全不同（所以对风险的态度也各异）：

- 约翰的效用函数为$U_{约翰}(x)=\sqrt{x}$，其中x是约翰从合作项目中得到的分红；
- 保罗的效用函数为$U_{保罗}(x)=\sqrt{x+100\ 000}$；
- 乔治的效用函数为$U_{乔治}(x)=x^{0.333\ 3}$；
- 荣格的效用函数为$U_{荣格}(x)=-e^{-0.000\ 01x}$。

如果按相同的比例份额来分，他们的确定性等价分别为46 968.70美元、48 994.62美元、45 925.83美元和47 041.85美元。想知道如何得出这些数据，看一下图17.1中的电子表格PROB 17.7中的工作表1。

		状态1	状态2	状态3	状态4
总量		$100,000.00	$200,000.00	$300,000.00	$400,000.00
约翰		$25,000.00	$50,000.00	$75,000.00	$100,000.00
保罗		$25,000.00	$50,000.00	$75,000.00	$100,000.00
乔治		$25,000.00	$50,000.00	$75,000.00	$100,000.00
荣格		$25,000.00	$50,000.00	$75,000.00	$100,000.00
probs		0.4	0.3	0.2	0.1
约翰的效用		158.113883	223.6067977	273.8612788	316.227766
保罗的效用		353.5533906	387.2983346	418.3300133	447.2135955
乔治的效用		29.2303089	36.82703058	42.15585666	46.398079
荣格的效用		-0.778800783	-0.60653066	-0.472366553	-0.367879441
	EU	CE			
约翰	216.7226249	$46,968.70			
保罗	385.9982188	$48,994.62			
乔治	35.81121196	$45,925.83			
荣格	-0.624740766	$47,041.85			

图17.1　练习17.7：在份额相等时，计算四人的确定性等价

说明：这个表计算的是约翰、保罗、乔治和荣格的预期效用和确定性等价。假定他们在风险分红中按相同的份额分配。

422　　对荣格来说似乎没有做到有效分配，他在想是否可找到其他更好的红利分配办法。在我们给定约翰、保罗和乔治的盈利份额以及他们各自对应的确定性等价水平为 46 968.70 美元、48 994.62 美元和 45 925.83 美元的情况下，我们可以把荣格的确定性等价推到多高？请替荣格回答这一问题。（注意，我在用 Solver 解这个问题时遇到一些麻烦。在选项菜单中使用自动缩放功能时，每项都会重新运算一遍。）

(b) 假设荣格是风险中性者，而约翰、保罗和乔治还像问题（a）中定义的那样。这就是说，当平均分配份额时，荣格的确定性等价不是 47 041.85 美元，而是 0.4×25 000＋0.3×50 000＋0.2×75 000＋0.1×100 000＝50 000 美元。当约翰、保罗和乔治三人的确定性等价低于 49 000 美元时，荣格的确定性等价却较大，这似乎不太公平。所以四人组欲寻找一种方案，使得约翰等三人的确定性等价至少也为 50 000 美元，即与荣格尽可能状态一样。什么样的分摊原则能做到这一点？（我们能为荣格创造多少福利？）

第18章 | 隐含信息、信号和甄别

在本章讨论的经济交易中，一方参与人掌握重要信息，而其他人则对此一无所知。这种类型的**隐含信息**（hidden information）可导致许多问题，甚至可使市场崩溃。解决这一难题的方法是揭示出隐含信息，但是在考虑信息披露后的策略时，必须仔细考虑它所包含的内容。在具体应用中，我们讨论的是**赢者的诅咒**（winner's curse）——在竞争性的拍卖活动中，拍卖获胜者普遍发现他们对拍卖标的的出价要比其价值高的一种现象。

假设某次拍卖的标的物是某一地区的矿物燃料的开采权。假定拍卖采取的是密封投标方式：竞标者递交密封的标书，然后所有标书同时开标，谁出价高谁就赢得开采权，并按标书付费。获胜竞标者的后悔来自两个方面：

（1）假定获胜竞标者以1亿美元的出价获胜，这片区域产出品值1.2亿美元，而下一个竞标者的最高出价为0.6亿美元。尽管胜出的竞标者最终有0.2亿美元盈利，但他仍无法摆脱**赢者的后悔**（winner's remorse）的折磨，或感到该省下的钱没有省下，因为他的付出比赢得开采权需要的钱要多。

（2）假定获胜者的投标价格为1亿美元，而下一个高价为0.95亿美元，而获得的开采权最终只值0.6亿美元。不仅没有获利，反而亏空0.4亿美元。这也不一定是错误决策的后果。某一特定区域地下的矿物燃料蕴藏量在拍卖时通常是未知的，即使获得开采权最终只得到0.6亿美元，但在竞标时，平均估价为1.5亿美元也可能是合理的。但是，如果假设某人不断地重复在这种拍卖中投标，他会发现如下"何时会赢"（when winning）的现象：对他参与的所有拍品进行平均化处理，他的竞标价平均要低于被拍卖标的最终被证明的价值。但如果对他获胜的拍品进行平均化，他的竞标价总的来看要超过标的最终被证实的价值。这个竞标者受到了赢者的诅咒的折磨。

赢者的诅咒比设想的可能性丰富得多。拍卖胜出者共同的痛苦是竞标者对于拍卖标的物的价值掌握了不同的信息。本章将讨论一部分赢者的诅咒现象，解释它为什么会发生（以及会在什么时候发生），为了避免发生这一现象应该做些什么。更广义一些，在本章关注的经济交易中，有些交易者掌握了有关交易的信息而其他人则没有。因为赢者的诅咒是相对复杂的一种现象，我们从一个只有一名购买者的简单情形开始，这名购买者缺乏物品销售者掌握的信息。

18.1　隐含信息和逆向选择

假定你是一名风险资本投资人（VC）。一名企业家（她）给你一份商业计划书，请求你在风险项目中购买股权。在风险资本和企业家组合的大部分案例中，企业家需要资金来支持最初的运营。就像上一章所描述的那样，假设这个企业家只想邀你参与风险分摊。

作为一名风险资本投资人，如下情形对你有意义吗：情愿付出 1 000 万美元，承担风险项目 50％的投资，而不愿出 500 万美元承担 90％的投资？假定企业家会保留你余下的任何股份。

对这一问题，回答是肯定的。事实上，有几个理由可肯定这一点。第一个理由是，风险资本投资人（你）可能是风险规避者。从上一章我们已经知道，对于风险规避者来说，对于整个赌局的确定性等价为负，而对于一半赌局的确定性等价则为正。同样的道理也适用于这里，但是为了避免这种可能性，假定你非常富有，并且是一个风险中性者。

肯定答案的第二个理由是，企业家付出的努力是这一项目成功的关键所在。你担心的是，如果企业家只留下 10％的份额，这将大大降低她必须投入的努力程度。这是激励和道德风险的话题，下一章我们会对其进行讨论。

肯定答案的第三个理由是，企业家知道如何做而你不知道。这也是本章讨论的原因。说得更具体一些，假设项目最终成功要依赖于一种未被证明的技术能否发挥作用，如果这种技术发挥作用，这个项目将获利丰厚，如为 1 亿美元，但是，如果这种技术不能发挥作用，这个项目的净价值在弥补成本后为零。

425　　你是否愿意投入 1 000 万美元或 500 万美元来获得一个风险项目合适比例的股份，要依赖于这种技术发挥作用的可能性有多大。假设你估计有 1/4 的概率。作为一名风险资本投资人，你非常精于做出这种评估。因为我们假定你是风险中性者，这使得该项目的期望货币价值为 2 500 万美元，如果为一半则确定可以值 1 000 万美元。

那么为什么 90％不值 500 万美元呢？这名企业家比你花了更长时间来考虑这个项目，而且有机会进行某些实验，这将在很大程度上解决新技术能否发挥作用的问题。具体来说，如果企业家的实验结果为正值，那么新技术将发挥作用的概率为 0.5，而当实验结果为负值时，新技术将不会发挥作用。你已经知道该企业家进行过这种实验。根据实验结果，她对新技术是否发挥作用的评判是要么为 0.5，要么为 0。因为你不了解她掌握的信息，你也不知道她究竟会做出什么判断。你估计她有 0.5 的概率获得的是正面信息，有 0.5 的概率获得的是负面信息。（这意味着，技术将发挥作用的边际概率为 0.25，即与前面段落的结果相同。）

现在可做出总结了：如果企业家掌握的是负面信息，她大概会愿意以任意价格卖出她能动用的任何份额；但如果她掌握的是正面信息，她会在手中留存大量份额。她会以 500 万美元卖出 90％的份额吗？或愿意以 1 000 万美元卖出 50％的份额吗？

问题的答案要由影响因素来决定。具体来说，要依赖于企业家的风险态度。如果她为风险规避者，她会以 500 万美元卖出 90％的份额比例，即使从本质上看，她掌握的是正面信息，整个项目的预期货币值为 5 000 万美元时也会这么做。（你会为了 500 万美元放弃一个通过掷硬币决定的奖金为 0 美元或 9 000 万美元的赌局吗？）从另一方面看，如果她是风险中性者，她会为 50％的项目股份要求多于 1 000 万美元的价钱。

但是对风险规避有一中间水平，此时她愿意以 1 000 万美元卖出 50％的股份，而不愿以 500 万美元出让 90％的股份。假定你认为这就是她的风险规避水平，那么，

● 如果她得到的实验结果为负，她愿意以任何条件出让任何股份；

● 如果她得到的实验结果为正，她将不会以 500 万美元卖出 90％的股份。

所以，如果愿意以 500 万美元卖出 90％的股份，她一定得到的是负面信息。在这种情况下，你买来的 90％的股份一文不值。但是愿意以 1 000 万美元卖出 50％的股份也与她掌握的另一方面信息是一致的。不知其掌握的信息，意味着你回到了估计那种技术会发挥作用的概率为 0.25 的状态。在这种情况下，你会愿意用 1 000 万美元买进 50％的项目股份。

逆向选择

426

这是虚构的例子，但却充分地说明了隐含信息最基本的特征为在许多交易中，一方掌握了另一方没有的信息，而这又会影响到后者如何评估这桩交易。

一个最为简单的例子是不同质量水平的商品，卖者对他所售商品的质量信息完全了解。最早的例子是二手车的销售。轿车的销售者也就是车主知道旧车的质量，而购买者却不知道。一个更为典型的例子是金融交易，例如，企业向外部投资者发行股票或债券。尽管投资者会尽力了解企业的发展前景，但很容易想象得出，企业的内部人员（小企业的所有者、大型上市公司的管理者）知道的肯定比外部人士多。

在这些或其他例子中，被买卖的商品可以有高质量或者低质量或者介于两者之间。如果卖者知道商品的质量并愿意卖出，那么，愿意卖出就表明这种商品很有可能质量要差一些。这并不是一个十分可靠的标志。但是从一般原则来看，低质量商品的拥有者很愿意卖出他们手中的商品，这一标志有一定的道理。因此，购买者必须了解，出卖的商品很有可能是低质量的，或换句话说，对全部商品进行逆向选择。

更有甚者，经常会出现恶性循环。因为购买者并不知道他们购买的商品的具体质量，所以他们只愿意按一般商品的平均质量来出价。但是这难道真是总

量的平均质量吗？情况并不会如此，因为如果均衡价格是从总体的平均值得出的，它就不足以引致高质量商品被提供出来。这就是逆向选择。现在我们来看情况为何会越变越差。

为了反映出这种逆向选择，价格肯定会被压低。但是一旦价格降低，中等质量的商品所有者也开始对商品惜售，使得逆向选择的作用进一步恶化。价格再一次下降，逆向选择的作用会继续恶化下去。

次品市场：一个程式化的例子

一个程式化的例子表现出了恶性循环的特征。[①] 假定大量二手车摆在那里，有好车、一般质量的车，还有一些是劣质车。具体来说，这些二手车对于新购买者来说，价值在 1 000 美元～3 000 美元之间，每种价格都有可能。同样假定一辆对新的车主值 x 美元的车，对旧车主值 $x-200$ 美元。假定在每一价值水平上，二手轿车的供给是有限的，有大量的人准备购买这种车。

如果卖者和买者都清楚轿车的质量，那么供求相等的内在逻辑将意味着对购车者值 x 美元的轿车将会正好卖出这个价格；购车者之间的竞争会把这种车的价格推到这一水平上。每一个二手车出售者都愿意以这一价格卖出，赚进200美元。

但是二手车的质量很难为购车者确切了解，而出售者对其车的价值则了如指掌。因为这是一个非常程式化的例子，我假定购车者对车的质量一无所知，他们愿意按提供到市场中的车的平均质量来出价。

如果买卖双方都了解车的质量水平，那么所有的车都能卖出。我们开始时猜测所有的车会一直销售下去，即价值在 1 000 美元～3 000 美元之间的轿车都被车主提供到市场中来。那么，由市场决定的车的平均价格就为 2 000 美元。这时逆向选择现象将发生。如果某人有一辆对买者来说值 2 200 美元的二手车——对出售者来说也值 2 000 多美元，那么，这个出售者将把车撤出市场。为什么要按 2 000 美元的价格卖出价值大于 2 000 美元的轿车呢？

所以，当市场价格为 2 000 美元时，只有那些对购买者来说值 1 000 美元～2 200美元的车会被提供到市场中来。但是这一档次车的平均价值为 1 600 美元，这就是二手轿车的价格。逆向选择再次出现：当价格定为 1 600 美元时，对买者来说价值超过 1 800 美元——对卖者来说价值超过 1 600 美元的车将从市场中消失。现在能提供到市场中的是那些价值在 1 000 美元～1 800 美元之间的车。

所以，市场价格会降低到 1 400 美元，现在价值大于 1 600 美元的车将会退出市场，那么存在于市场中的车的价值在 1 000 美元～1 600 美元之间，这样的话，市场价格将降低到 1 300 美元，更多的车将会从市场中撤走，价格再

---

① 这个例子改自 G. 阿克洛夫（G. Akerlof）的经典论文 "The Market for Lemons: Quality Uncertainty and the Market Mechanism," *Quarterly Journal of Economics* 89, 1970, 488-500。这是经济学文献讨论这一主题的开山之作，阿克洛夫也因此于 2001 年被授予诺贝尔经济学奖。

次下降。

什么时候会结束呢？程式化的模型中的市场均衡价格为多少？假定市场价格为 1 200 美元，这意味着，对目前车主值 1 200 美元或更低——对购买者值 1 400 美元或更低——的车会回到市场中来，那么，出售的轿车的平均价格（对购买者）为 1 200 美元。这就是处在均衡时的市场价格。

多么糟糕的市场均衡！现存的二手车只有不足 20% 被提供到市场中，尽管每辆车对新购车者比原有车主多值 200 美元。而且这并非随机的 20%，而是最差车的 20%。这是名副其实的次品市场。

当然，现实还没有这么糟糕。一些购买了更好二手车的人会被迫卖出他们自己原有的车，这样就改善了轿车在市场中的分配，抬高了车价，把更多的车吸引到这一市场中来。此外，购车者对每辆车的质量也略知一二，而且通过能干的技师的检查也能了解不少。我们马上就要看到，购买者或销售者还能就每辆车质量的信号显示或甄别做许多工作。这个程式化例子中典型的逆向选择问题在现实中很难找到。但是，这种效应在现实生活中是存在的，在下述情形下已非常强烈：（1）购买者*很难了解他们购买的商品的价值；（2）预期购买者对商品的评价与预期销售者对商品的评价非常接近。

18.2 购买者的隐含信息：保险和合同的执行

在迄今为止讨论的例子中，销售者对商品质量的了解要多于购买者。但也存在购买者隐含信息的情形，典型地表现在销售者向购买者提供服务的情况下。提供服务的成本是不确定的，对这一成本水平，购买者比潜在服务提供者知道的更多。

人寿和健康保险是典型的例子。事实上，**逆向选择**（adverse selection）一词首先是在保险精算学文献中使用的。提供人寿和健康保险的成本依赖于委托人生病和死亡的可能性有多大。在任何保费水平上，身体有病者或濒临死亡者（假定他们了解自己的身体状况）是最想购买保险的人。所以，从保单所获预期盈利来看，保险公司从总体上面临着逆向选择问题。这会导致我们前面已见过的恶性循环：保险费率必须定得很高才能弥补逆向选择问题所带来的损失。这样做会导致健康人群不去购买保险，而购买保险的人的逆向选择会变得更强烈，保费进一步提高，逆向选择程度进一步恶化，如此继续下去。

这一问题也存在于外部采购（outsourcing）和服务合同中。假设公司 X 要求对其设备提供具体维修保养服务。该公司自己内部有能力做这件事情，但是它请求承包人 Y 承担这一项目，付费（比方说）140 000 美元。承包人 Y 对提供这项定期服务的成本并没有把握，估计成本应在 100 000 美元～170 000 美元之间。

---

*　原书为销售者，疑有误。——译者注

承包人 Y 必须问一下自己：为什么公司 X 不动用自己的力量来做这一事情？一种合理的解释是，因为 Y 是这方面服务的专家，能相对节省一些成本。具体地说，假定 Y 相信对 X 来说，动用内部力量来做这一工程项目的花费可能比 Y 多 10 000 美元。但是，如果 Y 相信，X 的管理者了解这一工程项目需花费多少，而 X 愿出价 140 000 美元，那么对 X 来说，这个工程项目的花费要超过 140 000 美元，也就是说，对 Y 来说超过 130 000 美元。在这种情况下，Y 的成本变化的相应区间就不是 100 000 美元～170 000 美元，而是 130 000 美元～170 000 美元，所以，Y 应坚持价格为 155 000 美元。但是，如果 X 同意这一报价，那么对 X 来说的成本支出一定会比 155 000 美元多，而这意味着对 Y 超过 145 000 美元。如此继续，就像二手车市场的情形一样。

18.3 平均选择的问题

假定你在乡下建一座新的制造工厂。与这一领域的其他经营活动相比，你的经营活动涉及大量对工人的在岗（on-the-job）和脱岗（off-the-job）培训；你的工厂的制造技术要求的技能，当地工人不具备，所以必须对新招募工人进行培训。培训花费昂贵，但通过培训，你的投资的回报也很丰厚，所以，你希望员工可在你的工厂长期工作。这也就是你把工厂放在乡下的理由之一。与来自城市或郊区的人相比，来自乡村的人相对稳定，变动要小一点。而且，在劳动力市场上，对于经过你培训的人的争夺在乡村也比在城市平和。

你的问题不是根据你需要的人才素质条件和工作长久性从申请者中选人时会出现逆向选择现象，而是你按平均值来选择，而且你还想做得更好。假定潜在的被雇用者知道与他可能的工作长度有关的信息，你需要找到一种方法来鼓励他们自动暴露这一信息，那么，你可以雇用比对整体进行平均选择更好的人并给予培训。

18.4 信号和甄别

当情形为交易一方掌握大量信息而另一方不掌握时，一个明显的反应是后者对得到部分和所有相关信息该做些什么。相关信息可采取多种形式，下述是其中几种。

免费获得的相关信息

如果信息缺乏一方知道到哪里去寻找信息，有时一些相关信息可免费获得。人口统计学方面的信息通常是这样获得的。例如，对于销售人寿保险者来说，死亡率中的年龄和性别是重要的统计数据。如果你拥有的位于乡下的工厂招工，你可能会尽力回避年轻女性，因为她们会因为结婚或生育而辞职（请读完本节再决定我是不是一名大男子主义者）。银行对抵押贷款有时会设定红线（拒绝对某些特定地理区域的房屋提供抵押贷款），因为在红线内，从历史数据看，无力还贷的比例是很高的。

用这种方式来利用人口统计信息太宽泛了些，所以，应该注意运用适当，至少有如下三点需要注意：

（1）基本的统计假设可能是错误的，从本质上讲，决策时应排除对它们的依赖。例如，职业合伙人在最初雇佣和职位提升上有时会对年轻女性有歧视现象，因为她们会因为家庭原因辞职。但是详细的实证调查并不支持这一假说。也很少听说组织中有歧视女性的现象，因为检验女性雇佣和提升的这一假说的情形太少。在从数据中做出推论时，把这些混在一起是标准的认知偏差。一个机构之中仅仅提拔了几个女性，看到其中一个女性因家庭原因辞职的现象，人们可能就会大大高估这部分数据的实际价值。

（2）这样的假说可能是自生的（self-generating）。在职业合伙公司对合伙人的选择中，不提升年轻女性是因为这样一种认识：年轻女性容易因家庭原因辞掉工作。合伙公司做出这一选择是因为在其年轻的女性合伙人中见到过这种行为方式。但这可能也是恶性循环：年轻女性之所以更多地辞职，是因为她们（准确地）认识到这种机构提升她们的可能性（机会）很小。在红线案例中也是如此：因为银行认为他们不能如期还贷的可能性大，红线范围内的抵押贷款的申请者被迫支付高利率才能获得贷款。实际上他们经常不能如期还贷是因为贷款利率太高。

（3）这种形式的歧视引出了法律和伦理上的问题。基于人类统计学中一个他们自身不能控制的成员归属属性来评判一个人公平吗？而且为了防止对社会产生有害影响，法律经常禁止这种歧视。

法律要求披露的信息

有时，通过法律或立法机关会获得直接和相关的信息。例如，在不动产销售中，需要披露信用状态方面的信息。房屋所有者——一般被认为对资产的隐藏缺陷有很多了解——必须披露所知道的所有缺陷。一个非常重要的例子是为保护潜在投资人的利益，上市交易公司必须按照法律要求披露相关的财务信息。当然，最近爆出的引人注目的安然公司的例子表明，依法要求公布的信息不一定保证能被公布出来。

独立权威机构要求的信息

掌握信息一方有时为了通过独立机构的认证会公布直接相关的信息。例如，为了能在纽约证券交易所上市，企业必须"自愿"披露超过政府强制要求发布的信息。我用引号把自愿标出是因为自愿行为是由企业想在纽约证券交易所上市而做出的决定，一旦做出决定，企业必须自己公布信息。

自愿提供的信息

最后一类信息是自愿提供的。例如，当甄选未来可雇用的员工时，雇主可能认为持有中学毕业证书者是被雇用者能否在工作职位上长期做下去的重要信号。即总的来看，从中学中途辍学的学生自信心相对较低，更可能在面临困难时中途退缩，等等。你可能会争辩说，拥有中学文凭就像是人口统计学信息一样（确实，教育水平通常是人口统计学中一个重要的分类），但是，人们无法改变种族或性别，而做出从中学退学的决策则至少部分是出于自愿。

自愿提供的信息包括的内容很多，我们可以大致做以下区分：

- 诚实自愿提供的信息。对许多人来说，当被问及二手车和住房的问题时，他们会如实回答，因为他们是诚实的人。当然，要相信这类信息，你必须能判断出谁是诚实的，谁可能是骗人的。但是，一些人非常善于把握其他人的行为特征，特别当涉及非专业性交易的商品时，如人们之间的二手车交易。在一个小且关系紧密的社会中，由社会结构支撑的社会规范经常可以确保人们的诚信和开放，因为一旦被发现破坏社会规范，就会面临制裁。在某些情况下，个人也会努力这么做，并且愿意保护自己诚信的名声，我们会在第 23 章分析声誉的作用。

432

- 为信息缺乏者提供获得信息的机会。例如，在美国二手车市场，典型的一种做法是由打算购车者自己去找技师来做检查，当然检查费用也由买者来支付。这只有在出售者允许打算购车者借车的情况下才能做到。更为平常的做法是，二手车的出售者甚至允许打算购车者打开车的篷盖来做检查，还允许试驾。

18.5 信号显示的均衡分析

当然，一则具体信息的价值要依赖于它与信息缺乏一方利益特征的相关性。例如，如果你想做的是寻找在一个时间段（如 5 年）内不可能辞职的新雇员，那么你基于中学文凭而做的筛选的价值要看文凭与供职期限长短间的关系。

当涉及自动显示信号时，信号所包含的信息内容依赖于信息缺乏方如何评价所使用的信号。例如，一名雇主发现，在地方性劳动力市场中的求职者如果有中学文凭，比没有文凭的人至少可在工作职位上多工作 5 年。既然如此，这名雇主在当地劳动力市场上挑选潜在被雇用者时将根据有没有中学毕业文凭来做决定。如果众多雇主中只有一人如此做，在这个区域就不会形成有特别偏好且有很大影响力的雇佣机会，在读中学生也不可能就他们是否辍学的决策做出多大改变。所以，信号的信息质量（拥有高中文凭和职位持久性之间的统计意义上的关系）就不会有多大变化，因为这种信号仅被持这样观点的一名雇主使用。但是如果在当地劳动力市场中有大量雇主这么想（它代表了当地重要的工作机会，就像一个设在乡下的面粉加工厂或其他"待遇优厚"的工作机会）或该地区其他雇主开始采用同样的选人标准，那么这一地区的中学生或他们的父母（父母在一定程度上还是有影响力的）就可能认识到对未来的工作来说，中学文凭是多么重要。这反过来会引导那些想退学的学生留在学校，这样做可能会弱化中学文凭所包含的信息内容。在这种情形下，请注意，没有文凭所包含的信息内容则强烈得多。

在信号均衡模型中，一般假定发出信号者会认识到信号如何被使用并会以最优的行为方式做出反应。就以二手车市场为例，为了使事情简化，假定仅有两种型号的二手车：劣品车（也可称次品车）对买者值 2 000 美元，而对卖者值 1 800 美元；优品车（cream puffs）对买者值 3 000 美元，而对卖者值 2 800 美元。再假定在所有二手车中，3/4 的二手车是性能良好的车，而买者如果只是通过试驾和观察无法了解车的质量如何。

在这一模型中，逆向选择行为是致命的。假定所有二手车全部被推上了市场，那么，任何一辆车有 0.25 的概率是劣品车，有 0.75 的概率是性能良好的车。购买这张"彩票"的预期价值是汽车的价值，平均为 2 750 美元。假定有大量买者，他们之间的竞争会把价格推至 2 750 美元，但是优品车的车主将从市场中撤出。对于劣品车来说，在无信号显示时，买卖价格只能为 2 000 美元。

现在假设如果愿意的话，二手车车主能自动显示信号来表明他们的车的价值。例如，他们可提供一定的具体的有限担保。具体假定对于性能良好的二手车车主，提供这种担保用期望值来计算相当于每月将花费 60 美元，一直担保12 个月，对于性能良好的二手车的买者来说，这种担保相当于每月值 50 美元。而对于劣品车的买者来说，这种担保相当于每月值 100 美元，对卖者来说，第一个月花费 200 美元，在担保期余下的额外月份中，每个月花费 300 美元。

如果满足这些假定，在下述条件下将存在信号显示均衡：没有担保的二手车每辆卖 2 000 美元，而提供 5 个月（或更长时间）担保的二手车卖 3 250 美元。在这个均衡中，所有劣品车因为没有担保只卖 2 000 美元，而所有性能良好且有 5 个月担保的车卖价为 3 250 美元。

为什么这是一个均衡？

● 假设你拥有一辆性能良好的二手车。如果你想在不提供担保的情况下卖出这辆车，你的净所得为 2 000 美元。但如果你仍然持有，对你来说该车值 2 800 美元。如果你提供 5 个月担保，你总的所得为 3 250 美元，从中减去担保花费 60×5＝300 美元，净所得为 2 950 美元。所以你会在提供担保的情况下售车。

● 假设你拥有一辆劣品车。如果在没有担保的情况下出售，你的净所得为 2 000 美元。如果自己保留该车，对你值 1 800 美元。如果你在提供 5 个月担保的情况下售车，你总的所得为 3 250 美元。必须从中减去的担保成本为 200＋300＋300＋300＋300＝1 400 美元，净所得为 1 850 美元。所以，你会尽可能在不提供担保的情况下卖车。

434

● 假设你是一名购车者。因为我们刚刚指出的原因，如果你购买的二手车没有担保，你知道它一定是劣品车，所以，你愿意支付的价格为 2 000 美元。如果有 5 个月的担保期，你知道这一定是辆性能良好的车，值 3 000 美元加 5 个月的担保费用，每月 50 美元，共 3 250 美元。假定购车者众而卖车者寡，供求均衡会使价格分别达到 2 000 美元和 3 250 美元，这就是所说的均衡。

对这一信号显示均衡模型来说，有两个关键点。第一，低质量车所有者的信号显示成本必须比高质量车所有者高，高到低质量车所有者不愿意显示信号，尽管他们知道这样做会使高质量车的价格合理显现出来。第二，相对于购车者得到的价值而言，信号显示也不能太昂贵，以至高质量车所有者不愿意显示信号。

我们来看另一个例子。回到雇主挑选雇员的案例。当中学生认识到拥有文凭可被用于挑选未来的申请者时，他们会选择留在学校，换作以前他们不会这么做。之所以这样是因为原准备辍学的学生为了谋得一份职业，愿意支付留在学校的成本（处在老师和可恶的校规的严厉约束之下）。所以，雇主所需要的是找到一种信号：对于不想这么做的潜在被雇用者非常昂贵，而对于那些想这么做的被雇用者又不太昂贵，这样就能对雇主带来一些如愿的正向收益。军队中的任期制与此有些相符。

在对轿车提供担保的例子中，仅有两种类型的车，而且均衡信号把两种类型区分开来。在其他信号显示均衡——也被称为汇集或部分汇集（pooling or partially pooling）——的情形中，一种信号可通过不止一种形式或数量水平来显示。

信号显示和甄别

假设二手车的买者和卖者是在提供 5 个月的担保实现均衡的环境中进行交易。售车者可采取主动，声明说："我的车要卖 3 250 美元，我可以提供 5 个月的担保。"或者，买者也可采取主动，声称："如果你什么也不做，我只付你 2 000 美元，但是如果你能提供 5 个月的担保，我可以把价格提高至 3 250 美元。你自己选吧。"好像差别不大，但经济学家们区分了两种情形：**信号显示均衡**（signaling equilibrium）是掌握信息一方主动显示信息的一种状态。当信息缺乏一方向掌握信息一方提出一个选择菜单时，从菜单中做选择就会变成一种包含信息的信号，经济学家们认为我们得到了一种**信号甄别均衡**（screening equilibrium）。

435

信号甄别特别常见于信息缺乏方向信息灵通方提供服务时。例如，在健康人寿保险和意外保险中，这种方法经常被用于确定免赔额、总保险损失的比例和一定时期减少的理赔金额。

经济学家们关注的是信号显示和甄别的细微差别，但是，对大多数实际参与人来说，不会注意到或关心这种细微差别。关注这方面或其他方面的主要原因是处理所获信息的成本。就以保险为例，保险公司会从许多投保人那里搜集大量数据，并运用这些数据较为准确地估计人寿保单赔付率如何随保单扣除项目的变化而变化。一个想购买健康保险的人会在与保险公司提出的保险合同中就许多细节进行艰苦的讨价还价。除非投保人接受标准合约，保险公司一般不愿评估这种投资要求。

多重均衡和未预期信号问题

在轿车担保均衡中，需要 5 个月的担保才会得到最优价格。为什么是 5 个月而不是 4 个月或更少？原因是如果劣品车车主掌握了购车者的逻辑，4 个月的担保无法把劣品车和优品车区分开来。我们来做一个计算。对优品车的 4 个月担保对买者来说值 3 200 美元，而对劣品车的 4 个月担保将使原有车主花费 200＋300＋300＋300＝1 100 美元，所以，劣品车车主可在提供 4 个月担保的条件下卖 3 200 美元，净获 2 100 美元。当这批车被认定为劣品车时，车主得到的还要多（劣品车价格为 2 000 美元）。

所以，我们说至少需要 5 个月的担保。在其他均衡中，担保期还要长。具体条件如下：无担保车卖 2 000 美元和有 6 个月担保期的车卖 3 300 美元。你可以做计算，检验一下这是否为一种均衡。劣品车卖 2 000 美元，而优品车卖 3 300 美元。劣品车不会提供 6 个月的担保，而优品车则乐于提供 6 个月的担保。卖车者想卖出一个好价格，而购车者则按质出价。

在这种均衡中，对于优品车车主来说，其境况要劣于有 5 个月担保情况下实现均衡的境况。在提供 5 个月担保的情况下，优品车车主获得 3 250 美元，减去 300 美元后，净得 2 950 美元，而在均衡实现时，他的净所得为 3 300－360＝2 940 美元。而且，购车者和劣品车车主的境况也未见改善，购车者在两种情形下的剩余为零，而劣品车车主的境况没有变化。

为什么优品车车主满足于这样一个糟糕的均衡呢？为什么一些有进取心的优品车车主不愿提供 5 个月的担保，把车价定在 3 250 美元上呢？这可能会起作用，但我们无法确定。关键问题是，在一般情形是提供 6 个月担保的环境中，购车者对提供 5 个月担保会怎样猜测？他们会认为某种车一定是优品车吗？他们会这样想："我无法确定，但根据总体样本比例，我估计有 0.25 的概率该车是劣品车。"因为 5 个月的担保信号并没有从 6 个月担保均衡中发出，我们不能确信购买者将会怎样去猜想，所以，我们不能确定这样的出价是否会被接受。

其他的信号显示均衡，如果没有任何信号显示，不管提供了多长时间的担保，车都只能卖 2 000 美元。在这种情况下，只有劣品车可以卖出，优品车车主们会保留他们的车。这是一种均衡，对优品车是特别坏的一个结果，因为如果均衡不涉及担保，购车者也不知道对他们会带来什么，优品车车主无法预计当提供担保时，购车者会做出什么样的反应。［一些经济学家认为购车者应该能知道在他们的车能卖到 2 000 美元时，劣品车车主从来不会提供 5 个月的担保；如果提供了 5 个月的担保，则一定是优品车。所以，可以排除大于 5 个月的担保和没有担保的情形。这要求购车者相当老练。进一步讨论市场信号时将会讨论到这一话题，请参见**超均衡信念的精炼均衡**（refinement of out-of-equilibrium beliefs）内容。］

这一讨论似乎只是想象的，但它确实考虑到了实际生活中的现象。在现实生活中，如在美国的二手车市场中，当车主私下出售轿车时，实际的做法是潜在的购车者会把车开到他们的汽车修理工那里做检查评估。但在以色列，二手车销售者会从几个有名的提供这种诊断的机构那里得到一张评估报告，随后会向买者提供这种报告的复印件。很显然，美国的做法相对缺乏效率，因为它涉及多重评估检查的成本支出。

如果在美国的二手车车主请人对车辆检查后提出报告，当有人购车时，卖主出示报告，并说明这如何节省了这些潜在购买者自己检查的成本支出，所以应该把这些开支反映在最终定价上，那么这样做会引起什么呢？因为不熟悉这样的做法，我怀疑潜在的购买者并不相信这样提出的报告。至少，从一个购车者的角度看，他将会怀疑其中有些问题。为什么车主不想我去请我的汽车修理工检查他的车？这个车主向汽车修理厂付了多少钱来伪造这张报告？也可能我不用这样怀疑。但是，这一过程中的任何怀疑都将会扼杀从缺乏效率的美国模式转向富有效率的以色列模式的单边努力。这正是我们看到的 6 个月担保和没有担保的均衡中出现的问题。当一种信号没有正常发出时，接收者便无法知道会从中得到什么。

18.6 赢者的诅咒

我们最后来谈赢者的诅咒。我对这一现象的讨论是在对物品拍卖采取密封拍卖形式的背景下，也就是说，不同竞标者标的的价值是无法知道的。如果你愿意，可以想一想，一个企业对开采矿藏进行竞标或一个人对到夏威夷度假进行竞标。

当没有人能确信一笔奖励对自身有多少价值时，每个竞标者都会根据概率分布来评估其价值。例如，对竞标者 A 来说，依据他的分析和所掌握的信息，对拍卖的标的的预期价值为 4 500 万美元。

假定 A 知道了其竞争对手的出价。比方说，他知道竞标者 B、C 和 D 对标的的预期价值分别为 3 000 万美元、3 800 万美元和 2 500 万美元，这也是他们三人对标的的竞标价。这样的信息会影响到竞标者 A 的评估价值吗？例如，当他知道自己的估价过于乐观时，他会调低自己的乐观态度吗？

对这一问题的回答要依赖于如下情形：

- 如果标的是到夏威夷度假一周，任何竞标者对标的的估价纯粹都是针对个人的。竞标者 A 能确切知道这种假期对他价值几何。他可能无法确定这种价值，但是，竞标者 B、C、D 对度假所给出的不同估价不会影响他（即 A）对此的估价。这并不是说他不愿意知道他们的估价，因为一旦他了解了其他人的估价，他可以更好地预测他们的竞价，从而避免多付冤枉钱。但是问题并不是他愿不愿意知道他们的估价，而是他们估价的资讯会不会改变他的估价。在**私人估价**（private value）情形下，答案是否定的。

- 如果标的是某些特定地域的采矿权，答案就有很大的不同了。回报的价值就完全依赖于石油、天然气和煤的具体蕴藏量，以及所发现资源的开采难度。除此之外还有许多（某一竞标者可能比他人拥有更好的设备来开发这种资源），如对标的就有许多**公共估价**（common value）。不同的竞标者对开采地块掌握的信息也各不相同。他们可能做过不同的地质调查，进行过不同的地震试验。他们对与此类似的地块可能有不同的开采经验。出于多种解释理由，人们不难相信对竞标者 A 来说，当基于个人掌握的信息做估计时，对这种开采权的预期价值估价为 4 500 万美元，但是如果有人告诉他其他三个对手的估价少于 4 000 万美元，他将会降低自己给出的预期估价。但这并不一定，他（竞标者 A）可能相信自己掌握的信息要胜过对手（当对开采权拍卖价值做出估价时，他认为其他人掌握的信息毫无价值），他相信他的地质学家要比其他对手优秀得多。但是，这可能是一个极端，可能的情形是，如果他知道其他人的评价，他会按他们评价的趋势改变自己的评价。

我们发现了赢者的诅咒的第二种情形。假定在评估价值为 4 500 万美元的基础上，竞标者 A 提出的竞标价为 4 000 万美元，则当 B、C、D 的出价低于 4 000 万美元时，竞标者 A 获胜。对 B、C、D 来说，当他们的估价分别为 3 000 万美元、3 800 万美元、2 500 万美元时，与估价分别为 5 000 万美元、7 500 万美元、6 500 万美元时相比，他们更有可能出价小于 4 000 万美元。结果在 A 的竞争对手都给出相对悲观的出价时，他胜出了。但是在这些情况下，A 也比他自己掌握信息所表明的价值时更悲观一些。

所以，赢者的诅咒也会出现在如下情况下：一些初出茅庐的竞标者在面对这种类型的统计信息和估价结构时，在给出自己的竞标价格时不会考虑到胜出者可能是那些估价相对乐观的人或机构。大型石油公司对这种效应相当老到，痛苦的经历使它们逐渐认识到赢者的诅咒现象的存在。所以，在竞标时要时刻铭记在心：拍卖胜出者将会是那些相对乐观者，而且是所有竞标者中最乐观的。但是，经验不足或出道不久的竞标者，因为不了解这种现象，会发现自己作为赢者被诅咒了。

在可能存在赢者的诅咒的情况下，你如何去竞标呢？这个问题不易回答。大概最简单的一种方法是，如果你参与的拍卖可能会有赢者的诅咒现象，而你的竞争对手又不是经验丰富者，那么不要在此纠缠了。缺乏经验的竞标者在这种情况下很可能会过高竞价（overbid），那么，你能在拍卖中胜出的唯一途径，就是比平均来说已过高的平均竞价出价更高。这样的话不可能有多大的利润。

但是在这个简单的建议之外还有一些问题。如果你的竞争对手相当老练，你又会如何？如果拍卖的标的对你比对其他人值钱又该怎么办？换句话说，如果拍卖具有私人估价和公共估价的混合特征，即使你的竞争对手过高竞价，你仍会通过比他们出价高而获利，你又会如何做？当简单规则"不要去尝试"（don't even try）不再有效时，你如何找到最优的策略？这时，对拍卖做详尽分析就非常有必要了：拍卖的标的对你的价值、对其他人的价值和他们的竞价对你的估价的影响。更为关键的是，其他人采取的竞价策略是什么。最优的竞价策略不易找到，这时找有识之士去咨询可能会有很大的帮助。

小　结

- 当交易一方对交易所掌握的信息（假设信息与交易相关）不为其他方所掌握时，就产生了隐含信息问题。
- 当用于出售的某一系列商品大部分为低质量一端的商品时，因为高质量商品的所有者很可能想继续保留他们的商品，而且购买者无法分辨优劣，因而就会出现逆向选择问题。
- 当高成本供给（high-cost of provision）的购买者（假定购买者对一项服务的成本的了解要比服务提供者清楚）在购买者总人数中占据了相当大的比例时，逆向选择问题也可能存在于保险或履约（contract fulfillment）之类的服务市场中。
- 在两种类型的逆向选择问题中，存在着恶性循环倾向，因为出售的产品平均质量低，所以，商品出卖的价格也很低（或者因为高成本购买者在总购买者中占有相当大的比例，迫使商品提供者提高服务价格），这会压低中等质量产品市场中的价格或抬高中等成本提供商的成本，这样做的结果又会回过头来进一步压低产品价格或抬高服务价格。
- 隐含信息问题不只是逆向选择问题。例如，当公司从申请者中挑选工作人员时很可能会按优于平均数（better-than-average）的办法来挑选。所以，隐含信息问题中的赢者的诅咒就是在各种拍卖中由于隐含信息而引发的问题。
- 信息公开有助于解决隐含信息问题。一般来说，这种信息包括：与所讨论特征相关、可免费获得的信息，如人口统计学的有关信息；按照法律，掌握信息者必须公开的信息；掌握信息者自愿公开的信息或受到某种激励自愿公开的信息。
- 为了确切地弄明白自愿公开信息的意义，你必须考虑掌握信息者是否明白公开信息的用处。在信号显示和甄别均衡中，假定掌握信息一方完全

440

明白将要公开的信息的具体价值，而且他们做出的反应对其本身是最优的。

● 信号显示和甄别均衡可以分开实现，其中掌握不同信息的主体分别采取行动，或共同显示，掌握不同信息的主体可能发出相同的信号。

● 当掌握信息一方出于自身需要自愿公开信息时，经济学家们称之为"信号显示"；当缺乏信息一方想法引诱这种信息公开时，经济学家们称之为甄别。

● 在信号显示均衡中，对没有公开的信号进行推测解释非常关键。

● 在拍卖中面对对所有竞标者公开的标的的价值，不同的竞拍者分别掌握了不同的信息。竞标者未考虑到在这种情形下，获胜者很可能是那些对信息估计相对乐观者，而这样的信息包含的价值最后一定会被打折扣。这时，赢者的诅咒现象就会出现。

练 习

18.1 在著名的东海岸商学院（East Coast Business School），所有 MBA 学员都希望在纽约的投资银行中获得一份暑期工作。他们对这份工作非常看重，如果得不到这类工作机会，出于自尊将会拒绝任何其他类型的工作。投资银行对暑假工作支付的薪水为 50 000 美元。所以，东海岸商学院的学员如果有 p 的概率找到这样一份工作，则等于是抽到了一张中奖彩票。获得收益为 50 000 美元或零的概率分别为 p 和 $1-p$。除了获得或没有得到这种工作职位的荣辱之外，这个学院的学员会用这笔钱来支付下一年度的学费，因为他们都为风险规避者，所以不得不考虑购买保险以防备无法获得工作的意外情形。比如说，豆城意外（Beantown Casualty）——当地一家保险公司——总会向该学院的学员提供暑假收入意外保险。豆城意外公司推出的简单保单是学员支付 P 单位保费后，如果没有找到工作，豆城意外公司将补偿其 Q 单位。如果学员们购买这种保险，那么，结果就是获得 50 000$-P$ 的概率为 p，获得 $Q-P$ 的概率为 $1-p$。

441 　　(a) 德拉科·达克（Drake Duck）是东海岸商学院一年级的学员，他获得投资银行暑假工作的概率为 0.7。他用于计算预期效用、确定性等价的效用函数为

$$U(x) = \sqrt{x+40\ 000}$$

其中，x 是从暑假工作中所得的收入减去付给豆城意外公司的保费，加上一旦无法得到工作机会由豆城意外公司支付的任何赔偿。换个角度，如果没有保险，德拉科愿意为获得 $Q=30\ 000$ 美元的补偿而购买 $P=10\ 000$ 美元的保险吗？

　　(b) 假定豆城意外公司是风险中性者。在如下情况下该公司会向德拉科提出怎样的保单（假定豆城意外公司知道他的效用函数和找到工作的可能性）：（1）预期收益不大于保费收入；（2）不购买保险，德拉科得到更高的确定性等价；（3）有效的风险分摊？

　　(c) 令豆城意外公司不快的是，它事先不知道东海岸商学院中每个学员能得到暑期工作的概率。但是，我们假定每个学员都知道自己的概率。假定东海岸商学院一年级有 500 名学员，其中 100 人得到暑假工作的概率为 0.9，100 人为 0.8，100 人为 0.7，100 人为 0.6，最后

100 个学员的概率 $p=0.5$。为了使问题尽可能简单，假定 500 个学员的效用函数与德拉科的正好一样。

假定豆城意外公司决定用一张保单提供足额保险，即 $Q=50\,000$ 美元。因为东海岸商学院学员得到暑假工作的平均概率为 0.7，豆城意外公司决定收取的保费是 $0.3\times50\,000=15\,000$ 美元。豆城意外公司的这笔业务是赚钱还是亏损？为什么？（假定没有从豆城意外公司购买保险的学员找工作不受影响。）

(d) 假设豆城意外公司相信推出一种单一的足额保单是可行的。存在使豆城意外公司推出的足额保险的预期利润为正的保单吗？收取的保费是多少？

(e) 在问题（d）中，你应该会发现，对豆城意外公司来说，只有对那 100 个有 0.5 概率找到工作的人提供足额保险的保单获得的预期利润才为正。豆城意外公司愿意向更多的东海岸商学院学员提供保险，即使是部分保险，所以，豆城意外公司考虑提供一种单一的保单，保费为 14\,000 美元，而赔偿为 30\,000 美元。对这种保单会有什么样的回应？豆城意外公司的预期利润会怎么样？

(f) 豆城意外公司并不想从这些保单中获得厚利，它的行为受到巴斯特兰德（Baystateland）联邦保监会的管制。同时，豆城意外公司的主管是东海岸商学院的毕业生，所以，无论如何，他都不想从母校学生身上获取厚利，当然，他也看到了向东海岸商学院学员尽可能多卖出保险所具有的价值。根据法律，豆城意外公司销售的任何保单预期利润均不能为负，用一种保险向另一种提供补偿也不被允许，而且，按照损益相抵的条件，应该提供足额保险。所以，在这种情况下，必须对保费为 25\,000 美元的保单提供足额保险（赔偿 50\,000 美元）〔见问题（c）〕。

假定除此之外，豆城意外公司还提供如下保险品种：保费 3\,500 美元，赔偿 10\,000 美元；保费 500 美元，赔偿 2\,000 美元；保费 20 美元，赔偿 200 美元。这种情况又会怎样？具体来说，在每个保险品种下，豆城意外公司的预期利润为多少？合在一起又如何呢？

18.2 在一个特定的经济中，所有房主拥有同样的房屋，价值为每套 80\,000 美元。这些房屋面临失火全损的威胁，老可靠保险公司（Old Reliable Insurance Company，ORIC）对火灾损失提供保险。对任一具体房主来说，失火的概率为 p，房主清楚了解这一点而 ORIC 不知道。p 的取值在 $0\sim0.4$ 之间，ORIC 无力控制 p 的值，其大小由外在因素给定。例如，彼得·瑞斯（Peter Reece）的住房靠近森林，对他来说，$p=0.1$；约翰·约斯特（John Yost）的住房位于郊区，对他来说，$p=0.03$。

ORIC 是风险中性者，提供两个不同的保险险种。第一种是足额保险，一旦失火，将向房主赔偿 80\,000 美元。这个险种的保费为 11\,600 美元；第二种是部分保险，收取保费 5\,900 美元，一旦失火，赔偿为 58\,400 美元。这意味着购买这种保险的客户在不失火时亏损 5\,900 美元，而如果失火，净所得为 $58\,400-5\,900=52\,500$ 美元。

在这一经济社会中，所有房主都是寻求预期效用最大化者，有同样的效用函数：

$$U(x)=\sqrt{x+10\,000}$$

其中，x 是各种情形下的净收益，包括不遭受火灾时房屋的价值。例如，购买第二种保险但又没有遭遇火灾的住户的效用为 $\sqrt{10\,000+80\,000-5900}=\sqrt{84\,100}=290$，而如果遭遇火灾，效用变为 $\sqrt{10\,000+58\,400-5900}=\sqrt{62\,500}=250$。

(a) 瑞斯先生如何在三种选择中（不买保险、买足额保险、买部分保险）做出选择？约斯特先生如何做出选择？

(b) 当 p 取什么值时，客户不买保险？当 p 取什么值时，客户购买部分保险？当 p 取什么值时，客户购买足额保险？对于 p 取 $0\sim1$ 之间的任何值时，你给出的答案应能使我们向客户解释他们该如何选择，也不必担心 p 的值会相等。

（c）ORIC 的保险精算师根据历史经验，预测 ORIC 将会卖出 100 000 份部分保险保单，每份平均利润为 1 228 美元；5 000 份足额保单，每份平均亏损 12 400 美元。这样，这桩生意的净利润为

$$100\ 000 \times 1\ 228 + 5\ 000 \times (-12\ 400) = 60\ 800\ 000\ 美元$$

如果 ORIC 只提供部分保险，那么其净利润为多少？

18.3 向老年人销售人寿保险蕴含着严重的逆向选择问题：病人或身体状况不佳者，会去购买这种保险。对于保险公司来说，应对这一问题最经常采用的方法是客户在购买保险前先去体检。

你可能在电视里看到过针对老年人的人寿（更广范围的医疗）保险，而且骄傲地宣布无须体检，你可能难以抗拒。有时，这种保险收取的保费要受到每人年龄、性别和体重等因素的影响。而且逆向选择可能是最主要的问题。你如何处理呢？如果你阅读印制精美的介绍手册时发现如下说法："在险种推出最初 2 年后，这一保险所得利润会大幅降低"，你知道这是什么意思吗？

18.4 公司提供的福利之一就是购买健康保险，至少在美国是这样。对公司提供这种保险的一种解释是为了避税（tax favored）：公司为雇员购买的人寿保险可被看作非应税收入。而且，医疗机构和保险公司（如蓝盾公司）对通过雇主为员工提供保险比雇员自己购买同样的保险条件要优惠。这是为什么？

一些公司对雇员提供所谓弹性福利：雇员可把一定数额的税前收入投入各种有收益的活动，并且可以选择他们喜欢的证券组合。根据医疗机构和保险公司就它们的服务向雇主索要的价格来看，你认为这种弹性的福利计划有什么作用吗？

18.5 在一些国家，汽车转卖要加上先前所有者的车辆使用历史。在给定车的型号和特征不变时，具体的车价、行驶里程和一般（可辨认）状况是先前使用者的递减函数。你认为这是什么原因？

18.6 在 20 世纪 80 年代和 90 年代，大量顶级公司提供长久雇佣的工作职位（no-layoff employment）。这些公司向雇员承诺：试用期完后，雇员将被终身雇用，无失业之忧。一些公司，如 IBM、柯达，很久以前就这样承诺了。在 20 世纪 80 年代和 90 年代，这种做法作为所谓高度承诺人力资源管理（high-commitment human resource management）的一部分变得越来越流行。

当时机合适时，这种雇工政策会有很大的好处，但这也并非没有代价。特别是当经营面临困难时，企业必须在不遵守诺言和按需要进行重组之间做出抉择。例如，在史蒂夫·乔布斯（Steve Jobs）回到苹果计算机公司之前，该公司曾经引以为豪的终身雇佣制度严重束缚了其经营活力。苹果公司必须把多余的雇员裁掉，但是因为其雇员都相当年轻，等待自然减员似乎太漫长。

所以，苹果公司决定发起自愿失业运动。该公司提供了许多诱人的条件来引导雇员自动辞职，对同意离职者提供非常优厚的买断补偿和良好的介绍工作的服务。使苹果公司伤心的是，这场运动引发了非常恶劣的回波反应。苹果公司高层管理者从这场自愿失业运动中学到了许多逆向选择方面的知识。具体来说，他们从中遇到了哪种类型的逆向选择问题？你能想出一些办法并将之加入这种做法以防止（或至少是缓解）这种逆向选择问题吗？

18.7 在美国不动产中介行业中，由大型经纪公司雇用的经纪人传统上会获得他们佣金的一部分。也就是说，如果一幢房子的销售佣金为 6%，在买卖双方经纪人之间平均分配（在美国的许多市场中这是一种标准比例），一方的经纪人一般自得 1.5%，另外的 1.5% 交给所

在公司。经纪公司将为经纪人提供电话、办公室、文员，为新从事经纪人工作的人员提供底薪。

相对而言，RE/MAX——也是一个全国性的经纪公司——则允许其雇员保留他们所获得的全部佣金。公司提供文员、电话、办公室等并向各经纪人按月定额收取费用。RE/MAX 的雇员在业界以非常勇于进取而闻名。如果你想找一名勇于进取、收费高的经纪人，到 RE/MAX 通常会如愿以偿。

（a）为什么 RE/MAX 会吸引富有进取心的经纪人？

（b）RE/MAX 向经纪人收取的费用要大于它向他们提供服务的成本。事实上，RE/MAX 通过向经纪人提供文员和管理服务来获利。为什么那些富有进取心的经纪人愿意向 RE/MAX 支付超过自己独立经办成本的价格？

（c）除了加入 RE/MAX 或其他老牌该类事务所外，经纪人还可独立运作。这种选择对 RE/MAX 有什么影响？对更多的老牌事务所有什么影响？换种说法，你预计收费高、富有进取心的经纪人会在 RE/MAX 长久做下去吗？显然，你的回答要受当地房地产市场形势的影响。具体来说，对于加州南部富裕的乡村和硅谷来说，你的回答会相同吗？

446　　对于赢者的诅咒一般很难提出问题。练习 18.8 所描述的是人们从简化模型中能找到的非常典型的现象。练习 18.9 就现实多了，但是却很难处理，除非你在概率模型和分析方面有很深的造诣，否则不要去尝试。

18.8　三个建筑企业 A、B 和 C 都在考虑是否宣布它们愿意承接福雷多尼亚政府的建筑工程，完成工程的成本大约为 100 000 美元，但花费也有可能达到 200 000 美元。这一成本开支不会因不同企业而有所变化。如果某个企业花费 100 000 美元，另外两个也花费这么多。

福雷多尼亚政府宣布将为这一工程支付 125 000 美元。这就意味着承担这项工程的造价事先给定了。A、B 和 C 面临的抉择是，是否宣布愿意承接这一工程。如果没有企业愿意承接，工程将无法进行。如果三个企业中只有一个宣布这么做，工程将给这个企业；如果有两个愿意承接，必须通过掷硬币选出一个；如果三个都愿意，选择就是随机的了，因为每个企业都有 1/3 的概率得到这一工程。

三个企业必须做出选择，然后同时各自宣布是否愿意接受这一工程。三个企业都是风险中性者。你是 A 企业的顾问，该企业的管理者告诉你，如果建造成本低于 125 000 美元，他的企业将愿意承接这项工程。

三个企业最初的估计是有 0.8 的概率工程成本为 100 000 美元，有 0.2 的概率工程成本为 200 000 美元。但每个企业都只有 0.75 的概率了解到真实的工程成本。这一概率对三个企业是各自独立的，而且不受工程真实成本的影响。即即使在 A 知道了真实成本的条件下，B 获知真实成本的概率仍为 0.75，依此类推。如果我们给出真实成本为 100 000 美元，A 获知的概率也为 0.75。

事实上，A 的管理者告诉你，他们并不知道真实成本为多少，他们仍然估计有 0.8 的概率成本为 100 000 美元。他们也不知道 B 或 C 是否了解真实成本，他们估计两个竞争对手都知道真实成本（不管具体为多少）的二项式概率为 0.75^2，一个竞争对手知道真实成本的概率为 $2 \times 0.75 \times 0.25$，两者都不知道的概率为 0.25^2。

447　　假设 B 和 C 根据如下规则来决定是否应该宣布它们将承接这一工程项目：

如果企业确切知道成本为 100 000 美元，那么它将会宣布承接这一工程，否则，将不表态承接这一工程。

如果两个竞争对手的决策规则如上所述，A 在对真实成本不能完全确定的情况下，是否应表态承接这一工程项目？

18.9 一个密封拍卖标的对于三个竞拍者中的每一个来说的价值都为 V。V 的值并不确定，三个竞拍者事前估计 $V=e^X$，其中 X 服从均值为 15、方差为 1 的正态分布。每个竞拍者都会得到一个关于 X 值的价格信号。竞拍者 $i(i=1, 2, 3)$ 得到的价格信号为 s_i，呈正态分布，均值为 X，方差为 1。此外，各个价格信号之间不相互影响，要由 X 的取值大小来定。

竞拍者 1 收到的价格信号为 $s_1=15.3$。竞拍者 1 相信：竞拍者 2 收到的价格信号为 s_2，会按他本人对 V 的估计值的 70% 来出价；竞拍者 3 收到的价格信号为 s_3，会按他本人对 V 的估计值的 80% 来出价。

拍卖采取的是"价高者胜"（first-price）原则，即出价高者胜出，并按竞标价支付。竞拍者 1 是风险中性者，目的是获得竞拍物净值的最大化，即在获胜的情况下，用他胜出的概率乘上 V 的预期值减去他的出价。在这种情况下，竞拍者 1 最优的出价为多少？

假设我们把故事改变一下，竞拍者 3 知道了 X 的真实价值而不是 s_3，那么他的出价为 $0.8 \times e^X = 0.8V$。在这种情况下，竞拍者 1 最优的出价又为多少？

第19章 | 激励理论

448

在许多经济交易中，一方行为会影响到另一方的利益（福利），这些行为并不能在合同中明确具体地规定下来。前者的行为选择依其所面临的激励而做出，而后者则试图去设计（structure）交易以便其中形成的激励会使得前者的选择如后者所愿。这方面有各种各样的例证。其中最广为人知的是所谓的对绩效的报酬。本章要探讨几个关于激励的基本原理，我们从动机和有效风险分摊之间的基本联系出发，之后讨论其多种变化及扩展，如对群体的激励、动态设置和甄别。

- 某保险公司在接受某工厂的火灾保险后，将会担心工厂主在购买保险后把油渍杂物（rags）随意乱放。
- 一个制造大型机器设备的公司会雇用与企业客户具体接洽的销售人员。销售人员付出努力的程度远在高层管理者的视野之外，他们担心销售人员在产品销售过程中并不努力。
- 雇一名日工来移树，雇主将想知道到一天结束时，他会看到的工作成效是大量树桩已经移完，还是日工只做了一点工作但抱怨说在工作中遇到了坚硬的土壤、斧头也不锋利等。
- 商业银行的贷款官员正考虑是否向某企业家发放贷款，他想知道企业家是会谨慎使用所获贷款，还是会把贷款投入风险很大的项目，希望获得厚利，并在首次公开发行中获得成功。
- 由5名律师组成的合伙事务所将平均分配利润。每个人都会担心，这样的安排会不会意味着所有5个人在高尔夫球场上所花的时间都比在办公室要多。

在一方行为影响另一方福利的情况下，在利益有分歧的情况下，在先行一方的行为选择不能被完全控制时，存在大量道德风险的例子。所有这些例子均表明，道德风险存在的范围非常广泛。

449

总的来说，解决道德风险问题的办法就在于激励机制，就个人和群体来说，有多种激励的手段，包括：

- 出于本能的激励，如出色完成工作后的自豪感。

- 对合理行为规范（如遵守诺言）的信赖。
- 渴望与短暂的交易伙伴建立起积极的相互交往关系，或避免未来受到惩罚或出现恶意行为。
- 渴望获得并保持在公众中的行为良好的声誉，因为这种声誉在未来会带来好处。
- 雇员和签约者不愿收到解雇通知。
- 不希望因违约、违诺而被控告。
- 期望获得提升，获得合意的任务或良好的未来发展机会。
- 依据工作成绩，直接获得经济上的激励，如销售佣金或其他形式的奖励。

出于本能的激励和行为规范将在第 25 章讨论。第 22 章至第 24 章将讨论互惠行为、声誉和对未来机会的向往，本章将集中讨论直接的经济激励。

19.1　一个基本权衡：风险分摊和动机

从理论上说，对于激励问题有两种简单的解决方案。第一种是决定什么样的行为选择是称心如意的，并用合同固定下来。对于工厂所有者来说，保险合同可具体规定如果工厂主没有安全保管油渍杂物，将不予理赔；对于推销员来说，如果他不努力达到某一具体水平，将没有报酬；如果企业经营者不谨慎做决策，他（们）将失去对企业的控制权。所有这些情形面临的问题是，事后确认合约是否得到遵守似乎不可能。如果说对易燃物品的存放是否符合规定进行监查还有可能，那么对推销员的努力水平如何监督呢？企业经营管理者小心谨慎的水平又如何度量呢？即使可以进行监督和度量，法院能按这种方式来强迫执行吗？向企业经营者发放贷款的银行经营管理者可能知道前者的决策并非小心谨慎做出的，但是民事法庭的法官和陪审团成员也会这么认为吗？总的来看，经常遇到的问题是，对预期的"投入"无法进行适当的度量或监督，或者说，即使可以，也无法作为可执行合约的一部分。

450　　这样，我们就该提出第二种简单的解决方案：通过合约安排由行为选择人承担全部责任。不给工厂提供火灾保险，所以，如果不妥善保管油渍杂物，工厂主将自食其果；如果按其销售额（在边际上）是否达到最大来对推销员支付报酬，那么推销员将承担自己努力的全部后果；通过对贷款提供一个固定数额的抵押物，企业经营者将完全承担他自己选择的所有损失。

上述情形中存在的问题是，涉及的各方没有分摊风险。即使销售的边际利润为 1 000 万美元，但如果推销员已尽全力，销售仍然是不确定的，他愿意用自己的报酬来承担如此巨大的风险吗？企业经营者愿意承担其风险投资项目的全部风险吗？（根据现行有限责任的法律，做到这一点在法律上可行吗？）在保险业务中，问题可能最清楚：如果因为保险中出现道德风险问题就不提供保险，那么保险行业将大大萎缩。

与第二种解决方案有关的第二个问题是，如果有不止一方参与人存在道德风险行为，情况又会怎样？假设推销员必须选择要努力的水准，同时企业也必须选择可提供的、无法写入合约的售后服务水平。推销员的重复销售量要受企业提供的售后服务水平和自己努力水平的共同影响。如果推销员完全承担销售所带来的后果，企业将没有动力去提供良好的售后服务。但是如果企业承担销售所带来的后果，推销员又没有动力去为销售付出努力。这种**同时发生的道德风险**（simultaneous moral hazard）现象会发生在任何结果受到多方决策影响的情形下，如在法定的合伙制企业中。后面我们还要对此进行讨论。

激励最为基本的利益权衡涉及三种影响因素：

（1）因为度量、监管和执行所引发的问题，想实现的行为无法具体写入合约。

（2）即使想实现的行为已经写入合约，结果也不确定。

（3）由采取行动一方承担全部后果的责任并不可取，因为承担风险后的经济收益是在参与各方之间分享的。

典型的有效风险分摊意味着参与人的选择行为所造成的后果至少部分受到保护，但这样做会降低激励水平。平衡风险分摊和激励需要技巧。

一个案例：推销员的报酬

一个简单的推销员的报酬模型可解释这些理论。假设你雇用了一个推销员，他将试图完成一个具体的销售数量。如果他做到了，你的获利为 60 000 美元；如果没有完成，你的利润为零。其中不包括你付给他的工资。

这个推销员必须决定为销售付出多少努力。他可以竭尽全力（kill himself），可以尽心尽力（work hard），可以得过且过（try but not hard），也可以游手好闲（loaf）。他付出努力的水平影响着他完成销售的可能性。如果他竭尽全力，他完成销售任务的概率为 0.5；如果他尽心尽力，他完成销售任务的概率为 0.4；如果他得过且过，他完成销售任务的概率为 0.25；如果他游手好闲，他完成销售任务的概率为 0.05。

这个推销员的效用函数受到他的工资水平和为销售付出的努力水平的影响。如果他所得工资为 w，他的效用函数为

$$\sqrt{w} - 努力的负效用$$

其中，如果他竭尽全力，努力的负效用为 40；如果他尽心尽力，努力的负效用为 20；如果他得过且过，努力的负效用为 10；如果他游手好闲，努力的负效用为零。如果他是否能获得工资面临不确定性，这个效用函数可用来计算预期效用函数。

在为你做销售的这一时间段内，在没有努力的负效用的情况下，这个推销员的其他最好的工作能获得 10 000 美元。所以，为了能使这个推销员为你工作，你必须给他一份工作合同，他从中所获得的预期效用至少为 $\sqrt{10\,000} =$

100。你是风险中性者。你要在这一经营中使预期利润减去你支付给推销员的工资后实现的差额达到最大值。

在继续讨论前，我要对如下假设做一简短评论：你是风险中性者，而推销员是风险规避者。在讨论激励的经济学模型中，这种假设非常典型，因为它简化了分析。但是这一假定并非只是为了分析方便而做。如果你设想在这一故事中"你"是一个大规模股权分散上市公司，那么，假定你是一个风险中性者就是合理的假设（参考 17.3 节和金融市场理论对此的详细解释）。另外，推销员很可能完全承担其收入的风险，因为他是风险规避者。

452　　在做出这些假设后，我们很容易得出第一个结论。假定你可以指定推销员付出的努力水平并写入合约，这就是说，你能鉴定并执行一份合约，其核心是：如果推销员付出的努力水平为 A，则得到 X；如果达不到要求，则得到 Y。因为你能获得的货币收入量是随机的，而你又是风险中性者，推销员是风险规避者，因此，有效风险分摊将意味着 X 应该等于 Y。推销员可以规避全部风险。

决定 A 和 $X=Y$ 的推理如下：

- 如果你希望这个推销员游手好闲，付给他的工资 w 要足以使他付出与此对应的努力，也就是说，w 一定要满足

$$\sqrt{w} - 0 \geqslant 100 \quad \text{或} \quad w \geqslant 10\,000 \text{ 美元}$$

第一个不等式左边的 0 代表游手好闲的负效用。（在这些约束条件中，我假定当效用和后来推销员的预期效用等于其他最好选择的效用值时，他会选择为你工作。如果不做这一假定，我们将不得不把工资提高一点点。）如果你向该推销员支付 10 000 美元，你的净利润将为 $0.05 \times 60\,000 - 10\,000 = -7\,000$，那你最终还是亏损。

- 如果你希望这个推销员得过且过，付给他的工资 w 要足以使他付出与此对应的努力水平，也就是说，w 一定要满足

$$\sqrt{w} - 10 \geqslant 100 \quad \text{或} \quad w \geqslant 12\,100 \text{ 美元}$$

第一个不等式左边的 10 代表得过且过的负效用，如果你付给他 12 100 美元，你的预期净利润为 $0.25 \times 60\,000 - 12\,100 = 2\,900$ 美元。

- 如果你希望这个推销员尽心尽力，付给他的工资 w 要足以使他付出与此对应的努力水平，也就是说，w 一定要满足

$$\sqrt{w} - 20 \geqslant 100 \quad \text{或} \quad w \geqslant 14\,400 \text{ 美元}$$

第一个不等式左边的 20 代表尽心尽力的负效用，如果你付给他 14 400 美元，你的预期净利润为 $0.4 \times 60\,000 - 14\,400 = 9\,600$ 美元。

453
- 如果你希望这个推销员竭尽全力，付给他的工资 w 要足以使他付出与此对应的努力水平，也就是说，w 一定要满足

$$\sqrt{w} - 40 \geqslant 100 \quad \text{或} \quad w \geqslant 19\,600 \text{ 美元}$$

（请读者回答，第一个不等式左边为什么是40?）如果你付给他19 600美元，你的预期净利润为0.5×60 000－19 600 ＝ 10 400美元。

所以，最优的合约是你同意支付19 600美元给推销员，使他付出竭尽全力的努力。A就是这样的努力水平，X＝Y＝19 600美元，你的净利润为10 400美元。

现在假设你无法确定推销员的努力水平，不管是因为你无法观察到他的努力水平，还是因为他的努力无法作为合约的一部分写进合约。这时你又该如何做？

如果推销员是风险中性者，第二个解决办法就可被应用了：由推销员自己直接承担行为的结果，就把做出正确行为的责任置于他自己的肩上了。实际上，你可与推销员签订一份如下形式的合约：

推销员有权选择他希望付出的努力水平。如果他完成销售指标，他可保留他创造的全部边际利润——60 000美元。为了获得这种机会，不管他最终是否完成目标，他都需要向企业支付一笔固定的数额Z。

如果推销员是风险中性者，这是一个非常好的解决办法。他可像其他人一样承担风险，把全部风险以及他做出努力的后果全部承担下来。但是他并非风险中性者，所以至少对部分风险进行分摊是一个好的办法。实际上，因为他是风险规避者，而你是风险中性者，有效风险分摊就其自身来说意味着你应承担所有的风险。

这也不起作用。如果他不承担风险（假设他的收入水平与他完成销售额与否没有关系），还有什么能激励他去付出努力？至少在模型中找不到答案。而且我们已经知道，如果他付出非常小的努力，只有0.05的概率实现销售指标，在支付了他承担这一工作的报酬后，留给你的净利润将为负值。

有人会抗议：如果推销员完成销售指标是为了获得工作出色的自豪感又如何呢？如果推销员完成销售指标仅是为了自我满足又该如何呢？如果他承诺尽心尽力，而且他很有可能会是那种你希望结交的履行承诺的人，又会如何？当推销员关心的是保留在你公司销售部门的工作职位时又会如何？如果他希望成为一名区域销售经理又会如何？当他担心自己作为一名推销员的声誉时又该如何？

454　　　这些都是不错的问题。这些问题指出了一名推销员面临的激励，或更一般地说，任何在异常复杂局面下面临道德风险的人面临的激励问题。我们必须从现实生活的例子中评估这些因素，以评判它们有多大的影响力。在特定条件下，它们可能有足够的影响力来使得风险分摊有效，而又不会引起推销员游手好闲。

但在本章中，讨论集中于外在的、直观的、规范的货币激励方式。所以，我们假定我们的模型不存在这些问题，所以在那些情形下，我们刚才得到的结论（风险分摊意味着没有努力就没有奖励）是正确的。为了对推销员形成激励，我们必须给他一些可以尝试且有激励作用的机会，这意味着达到销售指标后他的收入会大于他没有达到指标时的收入。但对此我们又不能走得太远，因为如果那样的话，他承担的风险就会太大。这是为了找到合适的平衡点，在风险分摊和激励之间权衡的问题。

在本章，我们并不想自始至终都在寻找模型的最优解法。在练习 19.1 中，读者可以自己尝试。但是我们通过一些简单的试错引导读者来求答案。

假设你与推销员签订一份合同，具体规定，不管他的销售指标完成与否，他的底薪皆为 9 500 美元。如果完成销售任务，他将获得 15 000 美元奖金。根据这些条件，他会接受这一工作吗？如果接受，他会付出多大的努力水平？你的预期利润又会为多少。

推销员有如下 5 种选择：

(1) 如果他不接受这项工作，他从事其他工作最好的净效用为 100。

(2) 如果他接受工作但又游手好闲，他得到 9 500 美元的概率为 0.95，而获得 24 500 美元的概率为 0.05。他付出努力的负效用为零，因此他总的预期效用为 $(0.95)\sqrt{9\ 500}+(0.05)\sqrt{24\ 500}-0=0.95\times97.468+0.05\times156.525-0=100.421$。

(3) 如果他接受工作但得过且过，他得到 9 500 美元的概率为 0.75，而获得 24 500 美元的概率为 0.25。他付出努力的负效用为 10，因此他总的预期效用为 $(0.75)\sqrt{9500}+(0.25)\sqrt{24\ 500}-10=0.75\times97.468+0.25\times156.525-10=102.232$。

455

(4) 如果他接受工作并尽心尽力，他得到 9 500 美元的概率为 0.6，而获得 24 500 美元的概率为 0.4。他付出努力的负效用为 20，因此他总的预期效用为 $(0.6)\sqrt{9\ 500}+(0.4)\sqrt{24\ 500}-20=0.6\times97.468+0.4\times156.525-20=101.091$。

(5) 如果他接受工作并竭尽全力，他得到 9 500 美元的概率为 0.5，而获得 24 500 美元的概率为 0.5。他付出努力的负效用为 40，因此他总的预期效用为 $(0.5)\sqrt{9500}+(0.5)\sqrt{24\ 500}-40=0.5\times97.468+0.5\times156.525-40=86.996$。

在 5 种选择中，接受工作但只是得过且过时，他的预期效用（在减去付出努力的负效用后）最大。所以，我们的结论是如果与他签订这份合约，他会接受。所以，在减去付给他的工资成本后，你的预期利润为

$$60\ 000\times0.25-9\ 500-15\ 000\times0.25=1\ 750\ \text{美元}$$

这是你的预期总利润减去你付给推销员的底薪，再减去获得奖金的概率与奖金额之积。

这还过得去，但你的境况可否变得更好一点呢？为了回答这一问题，我们得运用图 19.1 所示的电子表格 CHAP19。底薪和奖金在单元格 B1 和 B2 中给出，要做的计算是销售额达到或达不到时的总效用水平（包括付出努力的负效

用水平）。对四种付出努力的选择，可以找到净预期效用（EU）、付出努力的净负效用，以及与这些努力水平相对应的预期净利润、推销员的预期收入。因此，在图 19.1 中，我们可以看到对一份底薪为 9 500 美元而奖金为15 000 美元的合约的分析：对推销员来说，最高的预期效用是得过且过。这个选择高于推销员 100 单位效用的保留水平，所以，推销员会做出这种选择。在支付了推销员薪酬后，你（作为雇主）的预期净利润为 1 750 美元。

图 19.1 分析不同激励合约的电子表格

说明：本表是 CHAP19 中的工作表 1，计算出了给定底薪和奖金水平情况下推销员的预期效用和雇主在推销员的每种努力水平下的预期净利润。当然，对于推销员来说，在他接受该项工作必须获得净预期效用 100 单位的约束下，他将会选择能带给他最大预期效用的努力水平。

456　　　值得注意的是，在图 19.1 给出的底薪和奖金水平条件下，如果推销员选择竭尽全力，你的预期净利润会提高到 13 000 美元。但是，这里道德风险问题的实质是，不是你而是推销员选择努力的水平。而且在这个模型中，他是根据你提供给他的激励来决定他的努力水平（或是否为你工作）。按图 19.1 的合约，他的选择是得过且过。你能引导他付出更多努力的唯一方法，凭直觉是如果他能实现销售指标，付给他更多的奖金。

对你来说，值得引导他付出更多努力吗？采用目前给出的电子表格，我们可运用底薪和奖金来做一分析。假设你可以把奖金增加至 20 000 美元，参见图 19.2。在这种情况下，推销员的选择是尽心尽力。在付出这样的努力后，你预期的净利润为 6 500 美元。

图 19.2 增大奖励力度后，推销员工作更加努力

说明：把奖金增加到 20 000 美元后，推销员会受到激励而更加努力，这也改进了雇主的预期净利润。

请注意，在图 19.2 的激励合约安排下，推销员的预期效用为 107.18。为了使他接受这份工作，你只需付出使预期净效用为 100 的薪水即可，但现在你支付给他的薪水要大于他选择其他最好工作的收入。你大概可以通过减少他的薪水来增加你的预期净利润，我在这一表格计算中试图通过降低他的底薪来达到这一目的。当我这样做的时候，我必须十分小心地使他继续选择尽心尽力地工作，但这似乎没有太大问题。我们会发现，当把底薪降到 8 000 美元时，他仍然选择工作且会继续尽心尽力工作，但你的预期净利润将提高至 8 000 美元。这些数据显示在图 19.3 中。

图 19.3　与图 19.2 的合约相比，降低推销员剩余的情形

说明：通过降低底薪，你合理地确定了对推销员支付的薪水，也改进了你的净利润。你可以继续这样做，直到到达保留预期效用为 100 的点上。正如这里所示。

图 19.3 的方法看上去非常不错，但还有继续改进（manuever）的余地。注意，推销员尽心尽力得到的预期效用为 100.6，而其他付出（并不想付出那么多）所获的效用为 98.915。我们可继续获得预期的激励效应（使推销员尽心尽力），按风险分摊的原理来说，如果奖金减少一些，我们可做得更好一些。当我们这样做时，我们必须把底薪增加一些，使推销员的净预期效用保持在与保留效用水平 100 相等或更高的水平上。图 19.4 所示的是经过多次尝试后，我对此所能做出的最优的解决方案，底薪为 8 700 美元，奖金为 17 000 美元，推销员正好愿意接受这份工作（100.089，正好大于做其他最好选择时的 100），且正好选择努力工作但又不会太累（100.089 vs. 100.033），带给雇主的预期净利润为 8 500 美元。

图 19.4　对图 19.3 的激励条件的微调

说明：本图显示的是使推销员保持尽心尽力工作但进一步改善了风险分摊（通过降低奖励）的情形（包括满足了预期效用为 100 或大于这一数额的保留约束条件的情形），这时预期净利润提高至 8 500 美元。

最后还有一件事可以尝试。如果我们能使推销员竭尽全力工作，预期净利润也会增加。确实，如果我们能直接督并把努力水平具体写进合约，这应该是我们努力的目标。若我们能把奖金额度提高到足以使他做出这种选择的水平，我们能获得更多的预期净利润吗？我发现，如果想使他选择付出竭尽全力的努力水平，必须支付非常大的奖金数额。在图 19.5 中，我能逐渐找寻的结果为底薪为 1 530 美元，奖金为 56 500 美元，预期净利润为 220 美元。这看上去像最优的激励条件，但还不足以使推销员竭尽全力工作。

	A	B	C	D	E	F
1	底薪	$1,530				
2	奖金	$56,500				
3						
4	实现销售目标的总效用	240.8941676				
5	未实现销售目标的总效用	39.11521443				
6						
7		可选的努力水平	负效用	销售目标实现概率	预期效用	预期净利润
8		游手好闲	0	0.05	49.2041621	-$1,355
9		得过且过	10	0.25	79.5599527	-$655
10		尽心尽力	20	0.4	99.8267957	-$130
11		竭尽全力	40	0.5	100.004691	$220
12		保留水平			100	
13						

图 19.5 使推销员竭尽全力工作的条件

说明：激励推销员竭尽全力工作需要一笔数额很大的奖金，但净利润减少了。这是我根据目前的条件所能做出的激励推销员竭尽全力工作并获得净利润的最好结果。

在这些练习中，我所做的就是在电子表格中不断尝试寻找出更好的方案，这里的更好是用企业的实际预期净利润来衡量的。在这一过程中，我采用了两个一般性的程序。按照我给出的四种激励，推销员做出选择后，我试着找出从预期净利润来看，什么是最好的。（实际上从一开始我就可以不考虑游手好闲，因为我已经知道，如果这样的话，预期将会出现亏损。）依次对每一种努力水平，我都试着对激励条件进行微调，从而：（1）使推销员尽可能靠近他的保留效用水平 100（不必给他额外剩余）；（2）使他最大限度地避免风险，以使之保持在我想实现的努力水平上。我无法确定，图 19.4 的方案是否为最优的，因为我只是凭直觉来寻找，但是我相信已相当接近。

你可能奇怪我为什么凭直觉来寻找。为什么不用 Solver？我不想对读者详细分析一切，对于逻辑变量，确实可以建立电子表格，也能运用 Solver。（找到最优的预期效用，对每种行为变量如果达到最优，就使之等于 1，如果未达到，则使之为零。对于相同的数要当心，不是为痛快，而是要可行。）但是对一般的逻辑变量求最优的问题时，Solver 做得并不太好，所以，采用这种方法并不可取。

采用 Solver 来解这一问题有更好的方法。实际上如果仔细观察这一问题，通过人工也可计算出来。你可从练习 19.1 中得到训练，从中你可发现对这个问题最好的解决办法是底薪定在 8 711 美元，而奖金定在 16 890 美元（取了整数），相应的预期净利润为 8 533 美元。图 19.4 在 33 美元以内是最优的。

从基本概念的角度看，练习 19.1 描述的技术值得学习，这也是检验这一主题问题时常被采用的办法。但是这种方法并不实用，因为你无法确切知道为你工作的推销员的效用函数。其中更为重要的是通过直觉寻找问题答案时所得到的一些定性方面的见识。

这个问题中最基本的权衡是有效风险分摊和激励。为了激励对方付出更多的努力，你必须支付更高的奖励。但是当你支付的奖金越来越高时，你就把越来越大的风险置于推销员身上了，因为他收入的变化范围扩大了，这对风险分摊并不好。最优的解决方案是对两种相反的力量进行折中妥协。具体地说，你需要足够高的奖励来激励你达到想要的努力水平。但你需要的仅仅是足够的激励而不是更多。你需要对方案进行微调，以使得为你所用的推销员的效用正好超过他从事其他工作得到的效用。

当然，这仅是一个例子。但是，在所有人们必须获得激励才会做出预期的行为，而激励措施又无法对人们采取的行为做出清晰度量的情况下，我们都会遇到与此相同的基本权衡问题。为了鼓励人们做出预期的行为，必须向人们提供更多的补偿，尤其是在想使人们做出预期行为的环境中。如果人们无法完全控制最后的结果，他们将会面临风险，这通常需要有效风险分摊来中和。

460　　再举一例，假设一个保险公司为一居民住房提供保险。失火的概率要看居民的小心程度，但即使是最小心的人也会面临失火的风险。在假定房东是风险规避者，而保险公司是风险中性者的情况下，有效风险分摊意味着购买保险的房东可转嫁所有风险，即由保险公司承担全部风险，而房东的任何损失都会获得补偿。但是，如果防备火灾的成本支出很大，而房东又对损失进行了完全保险，他就没有动力去小心火灾了。对于保险公司来说，为了激励居民当心火灾，在没有火灾发生时应该对居民有所回报，即没有火灾发生时的境况要比发生火灾时的境况好一些。最为典型的做法是只提供部分保险，或者对房屋提供保险但有大量的抵减项目（deductible）。对如果失火将减少抵减项目的担心会激励房东提高警惕。但是这必然意味着要偏离完全有效风险分摊。与对推销员进行补偿的问题一样，想了解与此相关的例子请参见练习 19.2。

19.2　各种评论、条件、扩展和变化

前面几节所谈的推销员收入问题、火灾保险以及练习 19.2 及练习 19.3 所讨论的风险资本问题对于强化（firm up）有效风险分摊与激励这一基本的激励权衡的认识是非常有价值的。但权衡并非故事的结束。激励和动机是复杂和敏感的现象，整本书就此展开。为了使对前述所得的认识更完整，这一部分选择了其中最重要的一些评论、运用条件、扩展和变化展开讨论。

连续努力选择，连续获得结果

在刚刚讨论的模型中，推销员被限定于从四种可能的努力水平中选择其一，可能的结果只有两个：销售指标达到或达不到。一个更为丰富的也更贴近现实的模型将允许一个连续努力水平变量和允许获得更多的结果，就像更多的销售水平一样。采用这样的模型，我们马上会提出如下要解决的问题：

- 对雇主来说，推销员是风险规避程度高好还是低好？推销员的风险规避水平怎样影响他们付出努力的程度？
- 推销员付出努力的负效用水平怎样影响针对他们的薪水支付方法？如果我们比较两个推销员，其中一个比另一个更不愿意多付出努力，那么，对他是应该给予强的激励还是弱的激励？雇主喜欢愿意多付出努力的推销员吗？

461

- 一般来说，当努力水平可明确写入合约时，你希望的努力水平目标比最优水平高还是比最优水平低？换句话说，道德风险问题的存在意味着付出的努力是增加还是减少？
- 噪声水平的高低如何影响雇主预期净利润和代理人付出努力的水平？

总的来看，上述问题都没有一个简单的答案。即使是看上去最直观的问题——如当激励机制有问题时，企业肯定应着眼于解决低的努力水平——也不能说在所有情形下都会成立。最优的激励合约涉及的方方面面很多。如果你不反对用高等数学上的说法，原因如下：对最优激励最关键的是，代理人付出你希望的努力后，从所得结果得到高回报的可能性应高于其他最好努力时的可能性。因为这种可能性（条件概率，以代理人付出的努力水平为条件）变化很大，所以最优激励合约也会比较复杂。

当然，建立的具体模型也有可能把具体连续的努力和连续的结果放在一起，在这种情况下，这些问题就能回答了。如果读者对此感兴趣，可在 J. 巴伦（J. Baron）和本书作者克雷普斯所著的《战略人力资源》（*Strategic Human Resources*）一书的附录 C 中找到这种模型及分析。因为它比前面给出的模型难得多，我就不在此重复这些模型了，但如果你能使用一些复杂的数学工具，还是值得一试的。

可信度

就像在上述问题中所讨论的那样，对一个具体模型找出最优激励方案，从数学和逻辑上讲是非常有意思的一种尝试。但是不要过分相信这样的分析，或者说，不要对求最优化练习的确切结果看得过于认真。这些分析推断的对象所处的环境非常复杂。例如，参与人被认为可完全明白雇员所选择的努力水平对可观察变量（如销售指标能否实现）的影响。雇主被认为完全了解雇员的效用函数，包括他们对风险的确切态度和不愿付出努力的水平。

当我们使用模型时，这些都是很有必要的假设。说得更确切一些，当你的目标只是明白动机和风险分摊之间的权衡关系时，这些假设并不过分。但是对于实际应用来说，这些假设看上去就有些不切实际了。实际的激励方案，至少是那些有实际作用的方案，在面对基本数据烦乱情形时要相对简单和可信，因为参与人缺乏进行微调所必需的数据。

这并不是说各种各样的激励制度从来不会对受到激励的人进行微调。所谓目标管理（management by objectives，MBO）制度建立在如下理念的基础之上：激励应该因人而异，因时而异。但是，即使在目标管理制度下，当对某个雇员的激励由老板来定时，也很难想象老板能知道制订每个具体雇员的最优激励方案所需要的一切。

相反，现实生活中激励的设计看上去很像我们在电子表格中进行探索的那样，但是却不像计算机那样马上会有反馈。企业可以尝试不同的激励方案，观察会有什么样的结果，这在某种意义上就像微调，也更像把过去有类似情形的经验混合在一起的试错过程。

甄别

还可走得更远一些，不要忽略激励方案可同时达到几个目的的事实。在对雇员产生激励的同时，激励方案还可用来甄别理想的雇员。

在某些情形下，两个目的的作用方向相同。回忆一下在练习18.7中不动产经纪人公司 RE/MAX 的情形。RE/MAX 为其雇员提供的收入分配方案是业界典型的做法：每个经纪人保留他们所挣得的全部佣金，对于享受到的文员和信息服务支付固定费用，并且因为为 RE/MAX 工作而赢得声誉。这种收入分配方案吸引了那些能干且有进取心的经纪人，这种方案为 RE/MAX 在经纪人中建立了声誉，使得 RE/MAX 可以据此向经纪人收取更高的服务费用而获得实惠（capitalize）。反过来说，经纪人愿意支付这种费用，因为一旦成为一个 RE/MAX 的经纪人，他们马上就被贴上了"能干且有进取心"的标签。这就是甄别的过程。与此同时，由于这种类型的收入分配方案对单个经纪人并未提供多少保障，所以，它激励每个经纪人非常努力地工作，这正好是 RE/MAX 所希望的。

有时，甄别和激励效应的作用正好相反。例如，在硅谷高科技企业中工作的工程师，在高科技企业繁荣的 20 世纪 90 年代后期，经常会受到高薪的引诱。为了激励工程师们努力工作，高科技企业不得不对成绩突出者提出不同的收入方案。在某种意义上，那些企业需要它们的工程师承担风险，它们又不得不提出收入分配方案以防对失败者的惩罚过于严重。但是，采用这种激励方案的企业发现，它们吸引来的工程师是追求高薪者，并且愿意为此承担风险。由此产生的问题是在硅谷，成功的驱动因素是留住在劳动力市场中有高度流动性、掌握关键技术的人员。所以，在某种意义上企业吸引的工程师是那些愿意为高薪冒险的人，它吸引到的关键技术人员也是那些当其他同业者提供股票期权等超额收益之类的条件时就想投奔而去的人。只要企业留住了它的工程师，就能通过对他们的激励使之按预想的方向来行动，但是同样的激励很可能会产生相反的结果，出现企业非常不愿看到的行为特质。

惠普公司至少直到最近已成为硅谷最成功的企业之一，它对工程技术人员采取了不同的激励措施。除了未来收入前景可观外，惠普公司可给工程技术人员足够的自由，鼓励他们去研究他们感兴趣的工程技术项目和难题。通过建立这样的激励制度，惠普公司对工程技术人员的吸引力从高薪转向了技术难题的解决和创新自由上。惠普公司技术人员的更新速率比当地行业平均值要低得多。这总体上表明了一种成功。

我的观点是，设计出对某一雇员的最优激励方案是可行的且会很好，但是当激励方案既用于激励也用于甄别时——任何时间这都是可行的——不要把注意力只集中于激励而忽略了甄别。

激励不应建立于没有相关性的噪声基础之上

假设企业希望对其工厂的管理者进行激励。假设一种简单的情形：工厂管理者只负责用尽可能低的成本来生产一批产量给定的产品。假设产品的质量不成问题，管理者所在工厂的人力资源开发使用也没问题。除了单位成本之外，工厂管理者对任何其他问题也不用担心。单位成本是事后计算的，在一定程度上与管理者经营工厂付出的努力有关。但是一些随机因素会形成干扰，如原材料的质量、气候等，这些因素都会引起所管理工厂的单位成本核算中出现"噪声"。

一旦产品被生产出来，它就会按市场接受的价格来销售。企业的利润水平既受到单位生产成本的影响，也要依赖于经济状况、竞争对手的行为等因素。

464　　　　为了对管理者进行激励，企业考虑两种激励方案：一种是把管理者的收入与工厂可以度量的单位生产成本联系起来；另一种是把管理者的收入与企业的整个利润水平联系起来。哪一种方案更好一些？

如果我们假定相对于企业来说，管理者非常缺乏承担风险的能力（如果企业的资本来自股权分散的证券市场，这种假定是完全合理的），那么从经济方面来考虑，第一种方案很可能要好一些。从纯粹的风险分摊角度看，企业需要保护其具有严重风险规避倾向的雇员免遭任何可能的风险。为了对雇员进行激励，把收入与不受雇员完全控制的工作成效联系起来，企业不得不对此进行折中。但是，把雇员收入和与雇员努力没有任何关系的不确定变量联系起来只是简单地把不必要的风险置于雇员一边。（可是，正像我们在第25章将看到的那样，除了经济方面的考虑外，对此还有许多值得探讨的方面。）

竞赛制激励和确定基准式激励

再回到对推销员进行激励的问题。为什么推销员的努力水平不能完全决定任一限定完成的销售额的最终结果呢？这种要求的结果可以用货币价值来度量。除了推销员的努力水平外，许多因素都会影响到销售额水平。一些因素只影响这种特定的销售水平，因为这些因素只与具体销售客户有关。但是不受推销员控制的其他因素，很可能会影响到在同一公司工作的其他推销员的销售水平，这些因素有产品质量、总体经济状况、竞争者推销的努力程度等。如果推销员没有卖出产品或只是卖出很少一部分，可能是因为产品质量有问题或是经济衰退，也可能是因为销售同样产品的对手在削价。但是，如果是这些因素造成了业绩不佳，在同一企业工作的其他推销员的业绩也不会太好。所以，某一推销员工作努力最有力的证据是其他人业绩不佳时，他的销售记录非常喜人。同样，他游手好闲的证据是其他推销员业绩很好，而他却非常糟糕。请注意，这尽管是非常有力的证据，但却不足以得出结论：其他针对某种销售的特定情况仍然存在。

465　　　所以，通过对同一时间段内和其他人业绩的比较，一个拥有多个推销员的企业可以更好地评价每个人的工作业绩，也就是说，企业采用比较性评估（comparative evaluation）方法。企业可以付给推销员底薪，但只奖励一定时期内最好的推销员，或只对前25％或其他比例进行奖励。只把奖励与纯粹的排名挂钩的奖励办法也被称为**竞赛制激励方式**（tournament incentive schemes）。相对于把个人收入完全与个人业绩挂钩的做法，竞赛制激励方式以及结合绝对和相对业绩的付酬方式要好一些。因为这样的话，企业就可降低个人所面临的实际风险，剩下的唯一风险（假设所有推销员能力相同或大家都对各自的能力知根知底）就是与推销员向客户售卖相连的个别风险。

　　　但是，与这种激励方式有关的还有许多问题：（1）它会鼓励推销员联合起来对付企业；如果所有人都不付出努力，那么每个人在与平均水平比较时都看上去不错。（2）有时这种方式会促成企业内不健康的竞争行为。推销员可能会花一些精力来损害对手的工作业绩，或相互间不通过互相帮助来提高企业的利润水平。当然，你不可能会遇到同样的两个推销员在同一时间同时面临两个问题的情形：他们要么串谋减少总的努力水平，要么每个人死盯另一个人的努力情形。控制这两个问题的标准做法是对进行比较的集合中的雇员实行隔离，以及在每一集合中放入大量的雇员。第一种做法通过隔绝交流防止了串谋；第二种做法加大了串谋的难度，而且对损害行为回报的减少也直接防止了一个或几个人在比较集合中少付出努力的做法。

　　　另一种控制这些问题的做法是，企业A比较其雇用的推销员与其他外部企业如B、C雇用的推销员的业绩。这种情况下使用的术语也许并不确切，但经常被称为**确定基准**（benchmarking）方法。例如，企业A可能通过与几个对手的比较来确定销售额的增长基准，如果推销员比行业基准做得好将给予其奖励。这种做法有效控制了串谋和损害行为这两个问题，因为：

　　　（1）企业A与企业B、C的推销员进行串谋的可能性很小，因为这样参与串谋的人就一定会增多，他们进行谈判、商讨条件以及进行交流的机会就减少了。

（2）企业 A 的推销员与其对手的推销员的合作越不可能，企业 A 的担心就越少。

从另一方面看，通过与其他企业推销员比较从而确定基准方法的缺陷在于，可控制的能进行比较的共同点很少。如果我们对销售同种产品的两个雇员的销售结果进行比较，我们能比较的控制变量为企业产品的质量、对手的定价和企业生产的产品在公众中的声誉。而当我们把企业 A 的销售额与企业 B、C 取得的成绩进行比较时，我们不再控制这些变量。

竞赛方式，特别是只对业绩最优者实施奖励的方式存在的第三个问题是，随着加入竞赛人数的增加，奖金额也应随之提高。如果有 500 名推销员来竞争一份"免费午餐"，他们可能不会太在意。如果是 500 人参与竞赛，可能需要花费一个星期才能在巴哈马看到结果。为了解决这一问题，有效的办法是对最好的 10％提供奖励，而不只是最好的 1 人（2 人或 3 人）。

与此相关的问题是，参与竞赛者有不同的能力水平。如果推销员 X 比 Y 和 Z 能干（大家也都明白这一点），或如果 X 有比较好的客户群（三人也都知道这一点），那么把奖金发给业绩最优者将不会有多大影响。如果 Y、Z 对他们没有多大机会获胜感到不满，把奖金发给业绩最优者可能有负面的影响。除了这种心理上的风险外，Y 和 Z 可能已经看出再付出努力也无济于事，因为 X 赢定了。如果 X 预期到 Y、Z 如何看这件事，那么 X 无须付出多少努力就能获胜。从理论上说，对结果进行歪曲可能会有所帮助。但是，如果这种阻碍在一定程度上是主观的，那么这会带来腐败。例如，Z 可能请上司吃饭，希望说服上司同意对他有利的歪曲办法。当对结果进行"歪曲"是依据历史数据来做时（X 在此前的三个季度一直获胜，所以如果他想在这个季度获胜，必须比 Y 和 Z 多销售 20％），一些有害的动态效应就被引入了。若 X 知道如果干得好下个季度将要受到惩罚，他在这个季度表现良好的动机将减弱。竞赛制还有其他重要的动态问题，请参见如下对动态激励效应的一般性讨论。

团队激励和内部监管

在竞赛制的另一个极端是激励与团队绩效挂钩。每个工作人员都是工作组的成员，所以，每个工作组成员获得的奖金数额与工作组的业绩有关。与团队激励有关的主要负面影响是"搭便车"问题，因为每个人对最终结果的影响都很小，所以每个人工作努力的积极性都不高。尽管如此，团队激励方式还是被经常采用，原因有：

- 对生产过程的度量除了团队性的产出结果外，没有其他更好的度量方法。当生产过程是连续的流动过程或是流水线式过程时，任何单个工人都无力控制产出水平。
- 如果按单人产量来确定收入，雇员可能会只关注自己的产出水平，而不再关心其他人如何做。在雇员之间的相互帮助有助于提高总产出水平的情况下，对提供帮助应该给予奖励。把收入与团队产出水平联系起来有助于团队内的相互帮助。

- 一些团队在自我监督方面有很大优势，特别是当团队成员的工作联系非常密切时，通过对团队产出提供帮助，企业将会鼓励团队成员之间相互监督。

尽管说得有点多了，我还想对第三点做进一步分析。当下述三个因素凑在一起时，实施以团队为基础的激励方法，特别是当团队规模不大时还是有相当优势的：可清楚衡量团队业绩质量，团队成员中的每个人可容易和精确地对相互的努力程度进行监督，团队能按自己的方式和喜好对如何努力工作推行一些规范和标准。这种方式包括对偷懒者的惩罚，既可以是马上惩罚，也可以是在以后惩罚，而且动员社会力量对偷懒者进行制裁。一些偏向的做法要引起重视，对采用规范后无人再努力工作、社会联系运行不畅和把单个成员当作替罪羊等的团队要特别关注。

动态激励的设计

相对于简单的、静态的、只考虑一期销售的制度设计，许多激励问题的设计则非常动态化。推销员要面对的不是一个客户而是许多个，他们要连续地处理与客户的关系。假设一种竞赛制奖励方案是一个月时间内最好的推销员将得到一笔特别大的奖励。如果推销员们能够及时了解一个月内每位同事正在做什么，假设过了两周左右，一个推销员已经获得较大的领先优势，那么，该推销员将松弛下来。其他人也会因无力获胜而懈怠下来。其他人认识到如果他们想缩短与领先者的差距，那么后者将会加快速度，因为他想保持住这种领先优势。当每个人都松懈下来时，这又是企业激励机制设计不愿看到的结果。另外，如果竞赛临近月末，那么那些处在领先或接近领先的雇员将会采取一些并不利于企业的行为，如他们会把产品卖给那些不想支付货款或拖延支付货款的人，仅仅是因为他们想保住领先地位。

468　　　当激励仅仅基于个人业绩时，动态效应就会产生。假设我向你承诺：如果你能在一个会计年度达到 2 000 万美元的销售额，我将给予奖励。假定在过去的三个季度你的销售额已达到 2 100 万美元，那么在余下的时间，你可尽情放松。假设在过去的三个季度中，你只卖出了 700 万美元，那么你会因另一方面的原因而松懈下来：已经没有机会完成目标了，干吗还要做下去？目标实现即付奖金（bonus-if-hurdle-met）激励方法在执行初期有较大的影响力，而且在胜利在望之时威力会非常大。即使这样也有问题：如果在离一年结束还有两天时，你的销售额为 1 980 万美元，为了完成最终目标你会做什么？

上一段中的效应是两个因素共同作用的结果：随着年度时间进程的变化，推销员能监察到目标实现的可能性；奖励方案并不是渐进提高的，当某些特定目标达到时，奖励的提高是跳跃性的。如果奖励是连续的，那么发生问题的原因在一定意义上——甚至在很大程度上——是可控的。例如，奖金是该考察期销售量的一个固定比例，比方说，推销员的销售总量超过 500 万美元时将获得销售额 1% 的比例，如果总销售量超过 1 000 万美元，将获得 2% 的比例。

另一个要解决的问题是，要达到的目标水平或要逾越的障碍来自哪里？经常采用的办法是按前些年每个人工作的业绩来确定。例如，一个推销员如果在上一年销售额基础上提高 5%，将会获得奖励。这种按实现目标确定基数（goal-setting procedure）的方式因为与典型的**棘轮效应**（ratchet effect）有关，所以带来了大量问题：

（1）对推销员来说，比去年销售额提高 5% 只需比去年稍微努力一点就能完成，所以，不会形成多大激励动力。

（2）三个季度过后，当意识到增加 5% 的目标无法完成后，为了下一年工作轻松一些，推销员会在余下的时间保存力量。

（3）推销员如果在某一年收获确实丰厚将会考虑更换其他工作，因为下一年度完成任务将有相当大的难度。

从另一方面看，在某人的工作业绩前后相互影响的情况下，我们可考虑采用时间和承诺（威胁）未来给予优厚回报（严厉惩罚）来作为激励。对公司主管人员来说，在其职位早期不必设计激励措施使之努力工作，而只需激发出他们的职业志向，也不必把他们即期的收益与即期业绩挂钩。

非努力性激励和多任务职位

469

认为必须给出激励人们才会努力工作有时与临时雇用工人来挖树桩之类的情形相似。当然，许多有趣的情形也不一定有多大的相似性。问题的关键不是激励人们努力工作，而是激励他们专注于最易于组织的行为方式，并避免到最后会激发他们采取反生产性的行动。例如，在计件工资制度下，对生产的产品按件支付固定的收入，这会鼓励生产速度而不是提高质量。当质量很容易度量时，这种缺陷也容易纠正，计件工资只支付给高质量产品，或者雇员必须对有缺陷产品返工（没有额外报酬）。

但是如果质量难以度量呢？例如，在服务行业，接受服务的人数容易度量。但是要衡量提供的有关服务是否合适、顾客是否得到了尊敬等却很难得到可靠的统计数据。在这种情形下，在所有混合了易于度量和难以度量任务的职业中，会产生如下问题：如果收入与业绩中易于度量的方面而不是难以度量的方面紧密相关，那么雇员会忽略难以度量的方面（在计件工资制度下，雇员就会忽略质量而最大化数量）。但是，如果把收入与两个方面都紧密挂起钩来，当难以度量方面花费的代价太大（得花费巨额开支来衡量难以度量的方面）或对其度量难以做到精确或有噪声干扰时，对收入水平的确定就会造成风险。后面一点意味着大量风险无效率地落到了雇员身上。总之，唯一的出路是对容易做的直接进行激励，而对游手好闲者采用其他方式如求助于职业自豪感来解决。

高级管理者的股票期权

对于高级管理者来说，其职业特征是多任务混合在一起。所以，对他们提供直接激励需要特别小心。持股人的股权价值是一个很好的表明企业经营状态的指标，对高级管理者的奖励有时可与企业股权的价格挂钩，这经常通过给予股票期权（即允许高级管理者按固定价格购买公司股票）来实现。

给予高级管理者股票期权一直是一个有争议的话题，因为这涉及如何在企业财务报表中填报付给高级管理人员的收入。但是，对这种做法存在的基本理由并无多大的争议。这样做的目的是把高级管理者的收入与企业自身的发展联系起来，也把这些管理者的利益与股东的利益联系起来。按照流传很广的说法，之所以采用给予股票期权的方法是因为股票的市场价格最为确切地反映了企业经营状况，股价对企业价值的反映胜过任何通过公式所做的计算，因为市场价格是由对企业未来价值有兴趣的精明能干的投资者确定的。

这是一种美好的做法，但是正像 2002 年发生的事件所显示的那样，这种做法依赖的前提（股价真实地反映了企业的价值）是有缺陷的。企业股票的市场价值必须反映出股票市场所掌握的信息，但在一定程度上高级管理者能操纵企业的财务报告，他们可以操纵股票价格，至少在一定时间内可以做到。所以，给予高级管理者股票期权的做法包含了典型的多任务激励中存在的问题，或者说得更严重一点，是不当激励（malaligned incentives）问题。因为提供给高级管理者的股权的价值与企业股票价格密切相关，所以，他们就有了抬升股价的冲动。对于企业高级管理者来说，他们可以像最初设想的那样，主要的激励是改进企业的经营业绩，但是这也使得他们关心会计记录，为企业绘出一幅比自身实际更美的前景画卷，希望能把股权套现，在伪造的会计账目被发现前变现。

心理和社会效应

我们对激励和道德风险问题的简短评论即将结束，至少从本章内容看是这样。除了在本章开始时关于内在动机等的评述外，本章所用方法完全是地道的经济学方法。我们假定为了对人形成激励，必须有恰到好处的实实在在的激励方式和手段。没有这些激励方式和手段，游手好闲及类似的行为将成为他们个人行为主要的选择。

如果从社会心理学和组织社会学的角度来看这些事情，对许多此类话题我们会得到完全不同的感受。个人并非像经济学模型假定的那样完全以自我或自利为中心。他们有时对自己所取得的成绩从内心感到自豪并受到鼓舞，他们能把自己为之工作的所在组织的福利内部化，他们会避免做不符合伦理道德规范的事。而且，也是非常重要的，无论从他们所在组织的经营状况还是从伦理道德来看，他们因为自己工作成绩的自豪感、所在组织的发展以及道德顾虑等而受到激励的程度，在某种程度上明显受到外在激励的负面影响。通过明确地把

470

某人的收入与具体的业绩指标联系起来，一个组织就可合法地想办法改善这种指标，即使这样的做法是对一个所得结果非常糟糕、业绩不佳的组织进行伪装，甚至违反伦理道德规则时也会如此。

目前我不想对此做太多研究，在第 25 章我会再讨论这些问题和相关论点。眼下，我想对读者说，本章的分析是依据一些模糊和简单的对人性的看法来做出的，这并不是把人类行为看成无源之水、无本之木。在大多数情况下，人性要比本章的假定复杂得多。要想对此有更多的了解，我建议读者去阅读第 25 章。

小　结

- 当交易中的一方的行为影响到交易中另一方所得到的价值时，潜在的道德风险问题就会产生。前者的行为对后者有损害吗？应对道德风险问题的方法有：交易中会对另一方造成损害的参与人的行为要端正诚实；对达成共识的行为要签订合约；选择的行为要有可观察性，如果一方行为正确，另一方可予以奖励（见第 22 章）；对选择的行为可进行普遍观察，一方有保持作为交易者声誉的强烈愿望（第 23 章）；根据对行为的可观察手段和选择行为的显示信号，设计出直接的、明确的激励手段。
- 在采用外部激励方式时存在许多问题，激励对象不能完全控制形成激励的可观察的度量标准或信号。所以，采用这种激励方法会使个人易遭受风险，这就引出了基本的权衡关系：有效风险分摊（通常）可使个人规避这种风险，但是没有了风险也就没有了激励。
- 除在风险分摊（规避）和动机行为之间需进行基本权衡外，激励还有许多引申含义和扩展意义。激励方案对于激励对象的特征和采用激励的情形必须是稳健的（robust）。激励方案既有激励作用，也有甄别作用。竞赛制方法和确定基准方法，如果使用得当，有助于控制激励对象面临的风险。在一些情形下，以团队为基础的激励也可采用，对激励方案的动态方面（领先的个人随着时间的推移而做出的选择）应该给予足够重视。

  最有效的激励方案应适用于激励对象的努力可有多种可能选择的情况。一种给定的激励方案对激励对象的全面影响（不仅会影响工作的努力程度，而且会影响具体工作）也应得到仔细考虑。外在激励方案所带来的社会心理和社会效应也不应被忽视（参见第 25 章）。

练　习

19.1　这个问题会带领你一步一步来详细求解 19.1 节中的推销员收入问题。事实上，我们会采用两种方法：一种是电子表格和 Solver 程序，另一种是手工计算。

解这一问题的两种方法的关键是把问题化整为零。首先，针对四种不同的努力水平，你要回答了为了激励雇员付出努力水平，代价最低的（根据预期收入）方法是什么。一旦获得问题的答案，把你的答案合在一起找到最优的激励合约。

可以开始了。观察电子表格 CHAP19。为了参考，图 19.6 重新绘出了图 19.1。从四种努力水平中挑选一种，如得过且过，通过改变单元格 B1 和 B2（底薪和奖金）来最大化单元格 F9。约束条件是 E9（该努力水平下的净预期效用）至少与其他三种努力水平下的预期效用水平和保留效用水平 100（单元格 E12）一样大。运行 Solver 程序使 E9 比 E8、E10、E11 和 E12 大，你实际上让 Solver 解限定于得过且过努力水平上的激励方案。

	A	B	C	D	E	F
1	底薪	$9,500				
2	奖金	$15,000				
3						
4	实现销售目标的总效用	156.5247584				
5	未实现销售目标的总效用	97.46794345				
6						
7		可选的努力水平	负效用	销售目标实现概率	预期效用	预期净利润
8		游手好闲	0	0.05	100.420784	-$7,250
9		得过且过	10	0.25	102.232147	$1,750
10		尽心尽力	20	0.4	101.090669	$8,500
11		竭尽全力	40	0.5	86.9963509	$13,000
12		保留水平			100	
13						

图 19.6　分析不同激励合约的电子表格，这是 CHAP19 的工作表 1

473　　　　结果如图 19.7 所示。最优的方案是底薪为 9 506 美元，奖金为 12 250 美元，预期净利润为 2 431 美元。

	A	B	C	D	E	F
1	底薪	$9,506				
2	奖金	$12,250				
3						
4	实现销售目标的总效用	147.4991525				
5	未实现销售目标的总效用	97.49999968				
6						
7		可选的努力水平	负效用	销售目标实现概率	预期效用	预期净利润
8		游手好闲	0	0.05	99.9987397	-$7,119
9		得过且过	10	0.25	99.9988266	$2,431
10		尽心尽力	20	0.4	97.4988918	$9,594
11		竭尽全力	40	0.5	82.4989352	$14,369
12		保留水平			100	
13						

图 19.7　寻找会引出得过且过努力水平的最便宜方法

说明：在 E9 至少与 E8、E10、E11、E12 一样大的约束下，通过改变 B1 和 B2，使 Solver 求出单元格 F9 的最大值。本图就是答案。

我说过，为引致付出得过且过的努力，我将寻找预期收入最小化方案，运行 Solver 来寻找选择这种努力情况下预期净利润的最大值。我们要认识到，在给定行为的情况下，如下两种情形是一样的：预期的净利润是给定选择行为后实现销售额的概率（在这种情形下是 0.25）乘上企业销售额的总价值（60 000 美元），减去推销员的预期收入。换句话说，因为选择这种行为对企业总的贡献为 0.25×60 000＝15 000 美元，所以，当 Solver 运算后，得到的最大预期净利润为

1 750 美元，这意味着，推销员付出那些努力水平后最少能得到的预期收入为 15 000－2 431＝12 569 美元。检查一下这种计算，预期的收入水平为底薪 9 506 美元，再加上有 0.25 的概率得到 12 250 美元（即 3 062.50 美元），那么总预期收入为 12 568.50 美元。

对其他三种努力水平照此重新进行计算，然后把这些结果合在一起就得到答案。

用手工做这一计算，过程如下：B 表示底薪，X 是底薪加奖金，即 X 是 B 和奖金之和，b 是 B 的平方根，x 是 X 的平方根。换言之，在推销员完成销售和不努力以至没有完成销售的情况下，他得到的总效用水平分别为 b 和 x。

我们要用手工做的计算，就是刚刚由 Solver 给出的答案：引致出得过且过努力水平成本最低（用预期收入表示）的方法是什么？如果推销员选择付出的努力水平为得过且过，完成销售额的概率为 0.25，而付出努力的负效用为 10，那么其预期效用为 $0.25x＋0.75b－10$。如果想使推销员付出的努力水平为得过且过，他至少必须得到 100 单位效用（吸引他接受这份工作），同时至少与另外三种付出的努力水平的净预期效用相等，即：$0.05x＋0.95b$，$0.4x＋0.6b－20$，$0.5x＋0.5b－40$，我们不仅想使这种预期效用大于 100，且大于另外三种努力水平得到的效用，我们还要求作为这种预期收入成本的 B 和 X（或者 b 和 x）尽可能低。

本章的讨论已经表明，当 B、X（或 b 和 x）取最优值时，推销员获得的预期效用不会大于接受该项工作所要求的效用水平：

$$0.25x＋0.75b－10＝100$$

而且，奖金也只是引致推销员付出得过且过的努力水平。引致推销员付出这一努力水平最低的激励是从得过且过努力水平中得到的预期效用等于从下一努力水平——游手好闲——中得到的效用。所以，我们有

$$0.25x＋0.75b－10＝0.05x＋0.95b－0$$

（从理论上看，上式左边的值要大于或等于选择其他三种努力水平所得的净效用水平。为什么这是一种约束条件？）这里有两个方程、两个变量，所以，我们可以解出 x 和 b。解上述算式，我们会得到 $b＝97.5$，$x＝147.5$，所以，底薪 B 为 $97.5^2＝9 506.25$ 美元，奖金为 $X－B$，即 $147.5^2－97.5^2＝12 250$ 美元，请把此结果与 Solver 所得结果进行比较。

现在再计算其他三种努力水平（用手工计算），把这些结果综合在一起，也会得到类似的答案。

如果你认为你已经知道了其中的机理，请试着用电子表格和手工计算两种方法来完成这一问题。如果还不是完全清楚，参考《学生学习用书》中的答案后，再试着做练习 19.2、练习 19.3，方法与上相同，只是其中关注的是保险和风险资本的问题。

19.2 作为一名保险推销商（underwriter），一工厂请求你提供为期一年的火灾保险。如果工厂遭受火灾，将失去全部 8 000 000 美元的资产。工厂主是一名追求预期效用最大化者，效用函数为 $\sqrt{x＋1 000 000}$，其中 x 是工厂年终时的资产价值。因此，如果不发生火灾，$x＝$ 8 000 000 美元，如果发生火灾，$x＝0$ 美元。你的保险公司是风险中性者。

发生火灾概率的大小依赖于工厂主对消防事宜是否尽职尽责（take due care）。如果能做到尽职尽责，一年内失火的概率为 0.01；如果玩忽职守，一年内失火的概率为 0.05。尽职尽责对工厂主是一种心理负担，将导致其预期效用降低 50 单位。这就是说，工厂主的总效用水平要取决于 x 和他是否尽职尽责。

$$U(x，玩忽职守)＝\sqrt{x＋1 000 000}－0 \text{ 或 } U(x，尽职尽责)＝\sqrt{x＋1 000 000}－50$$

（a）如果工厂主无法获得保险，他会选择玩忽职守还是尽职尽责？他的总预期效用水平

为多少?

（b）保险公司也希望在为该工厂主提供保险时最大化自身的预期利润。如果工厂主付出的努力水平能具体写入合约，那么应该提供什么样的保单或保险合约?（当工厂主购买保险后，他效用函数中的 x 将会减去他付出的保费数额，但如果发生火灾，将加上从保险公司获得的赔偿数额。）

（c）假设保险公司无法把工厂主付出的努力具体写入合约，再假定由于想获得有效风险分摊，保险公司为工厂资产提供全额保险，即如果发生火灾，它将向工厂主赔偿 8 000 000 美元。对保险公司来说，什么是最好的（利润最大化的）保险条款?

（d）保险公司决定通过调查来扣减保险项目。具体来说，保险公司收取的保费为 P，一旦发生火灾，对工厂主的赔付额是在 8 000 000 美元基础上扣减一些事先商定的数额。在这种情况下，保险公司提供的最优（利润最大化）的保险合约是什么?请通过手工计算而不是 Excel 来完成。

476

（e）假定尽职尽责对总效用的降低并不是由心理成本（psychological cost）造成，而是付出了货币成本，比方说为 100 000 美元。具体来说，工厂主的效用函数为 $\sqrt{x+1\,000\,000}$，x 包括资产价值减去付给保险公司的保费，再加上一旦失火从保险公司获得的赔偿再减去尽职尽责时付出的 100 000 美元。这一变化使得解这一问题的难度增大（用手工计算），为什么?除非你想练习如何使用电子表格，否则不要使用电子表格匆匆带过。用这种新的给定条件将前面的四个问题再计算一遍，直到你觉得用手工计算已非常困难。

19.3 某企业家有一个风险项目，该项目要么获利 1 亿美元，要么一无所获。该项目获得 1 亿美元的概率要看企业家付出努力的程度：如果他非常努力，获得 1 亿美元的概率为 0.1；如果他不全身心地投入，得到 1 亿美元的概率为 0.02。该企业家是风险中性者，效用函数为

$$\sqrt{x} - \text{付出努力的负效用}$$

其中，付出努力的负效用的取值为如果不付出努力为零，如果非常努力为 500。

（a）假设这名企业家承担了这一风险项目的全部风险，他会非常努力还是相反?减去他付出努力的负效用（如果他付出了）后，他的预期效用为多少?

（b）一名风险中性的风险投资者准备支持该项目。具体条件是风险投资者预先支付第一笔投资 B。如果项目成功，他将从该项目获得的每 100 万美元中获得 X。假定该名风险投资者是企业家的唯一选择［不管问题（a）的答案是什么］，并假定风险投资者可把企业家具体的努力水平写进合约，那么对风险投资者来说，最优的合约是什么?按照这样的合约，该风险投资者预期净货币价值为多少?

（c）不幸的是，该风险投资者无法将企业家付出的努力水平具体写入合约。如果风险投资者要激励企业家努力工作，他必须通过在合约中具体规定 B 和 X 的条款来做到这一点。假设企业家并不愿意接受这份合约，但他仍坚持这一投资。对这名风险投资者来说，向企业家提出的最好合约是什么?

第20章 | 波特的五力模型 和个性经济学

477   在简短的引言后，本章讨论迈克尔·波特的五力模型，这是一种研究某一具体行业中的企业为了获利，将如何组织与其所在行业有关因素的模型。波特建议可把这些因素归入五大类：竞争对手、供应商的力量、消费者的力量、替代品和进入壁垒。

1974 年美国的一次性婴儿尿布行业是一个获利非常丰厚的行业，该行业主要为宝洁公司（P&G）所控制，其市场份额为 69％；金佰利-克拉克（Kimberly-Clark，简称 KC）公司占了 17％；9％的市场份额属私人贴牌销售公司。[①] 对宝洁公司来说，这是获利非常丰厚的一项业务。宝洁公司从尿布销售中所获得的税前收入估计为 5 500 万美元，销售收益率为 25％。（比较来看，宝洁公司从所有其他行业获得的收入估计为 2.45 亿美元，销售收益率为 6.9％。）如此丰厚的获利，吸引了其他公司进入这一行业。20 世纪 70 年代早期，强生公司（J&J，一家著名的制药和婴儿制品公司）和联合碳化物公司（Union Carbide，一家主要的化工塑料制品公司）进入这一行业，联合碳化物公司进入的目的是在已有的电池产品的基础上扩大到其他消费品行业。宝洁公司对强生公司的进入相当宽容，虽然不是鼓励，但并没有反对。但是宝洁公司并不希望联合碳化物公司进入。当后者在婴儿尿布行业试探进入时，宝洁公司进行了全方位的阻击，采取了非常严厉的竞争手段，并最终获得成功。联合碳化物公司被赶出了这一市场。

第 11 章到第 14 章主要讨论的是完全竞争市场，其中有大量无名的买者和卖者，交易的对象也是相同的商品。对于买者和卖者来说，谁是他们具体的交易对象、谁是竞争对手并不重要。

但是，大部分使用过一次性婴儿尿布的父母会告诉你，一次性尿布并非上

---

① 要了解具体细节和数据，请参见哈佛大学商学院案例 9 - 380 - 175，"The Disposable Diaper Industry in 1974"。1981 年重新改写，收录于 Michael E. Porter, *Cases in Competitive Strategy*（New York：The Free Press, 1983）。

述性质的商品。而且，在宝洁公司看来，来自强生公司的竞争和来自联合碳化物公司的竞争并不一样。有助于理解宝洁公司、强生公司和联合碳化物公司之间的相互关系的理论并不是关于冷漠的、没有个性特质的市场的理论，而是一种在其中竞争者个性特质（identities of competitor）非常重要的理论。

这还不是简单的竞争者问题。供给者的个性也非常重要，这一点从我们在第 24 章对丰田公司通过转包制形成供应链管理体制的分析中可以看得更清楚。消费者个性也很关键，想一想英特尔和 IBM 之间相互关系的例子。非竞争者、非供给者和非消费者的个性也很重要，如在波音和通用电气之间的关系中，GE公司作为飞机发动机制造商的作用。

所有上述经济关系的例证都发生在大型工业企业之间。个性对更加个人化的经济关系也很重要，例如，委托人和律师之间的关系。或者考虑一下雇主和雇员之间的关系，我认为所有这一切都是非常有趣和重要的经济联系。

这不是说大规模的、冷漠的、没有个性特征的市场是不重要的。经济社会中相当大的一部分采用这样的市场模型来研究并已取得丰富的成果。但是，即使对一个更大的经济体来说，个性也很重要。对这些情形，我们需要不同的模型和工具。

本章和下一章对经济学中个性（identity）的分析提供了两套有很大区别的模型和工具。下一章将提出用通用语言和分析方法阐述的非合作博弈论，这种方法对建立分析框架和研究所有个性的重要情形非常有用。但是，首先，我需要讨论仅有几个大企业存在的行业中寡头垄断的一些重要内容。

这种讨论围绕如下两组问题：

（1）在寡头行业中，什么决定着企业的盈利能力？具体来说，一次性尿布行业中的什么因素使得宝洁公司获得厚利？

（2）在这样一个行业中的企业如何能改进其获利水平？对宝洁公司来说需要怎样做才能确保继续获得高额利润？

已有许多学者对第一组问题包含什么、第二组问题有什么明显的暗示作用付出了大量心血来构建理论并进行检验。这些努力所得到的结果是，我们知道了盈利能力的影响因素有许多，但是如何在具体应用时把这些因素整合在一起——什么是决定性的因素，什么是不重要的因素——还只是一种臆测和从中获得了一些灵感。

因为决定盈利能力的因素有很多，所以在具体应用时很难做到按图索骥。因此，在具体运用时，对相关因素进行分类的归档方法体系（filing system）将非常有助于对问题的思考。分析企业盈利能力过程中应用最普遍、最广泛的归档方法，是波特在其《竞争战略》一书中首先提出的。根据波特的分析框架，在分析一个特定企业所面临的环境时，可以关注五组因素，即所谓的"五力"：

● 企业所在行业的竞争性，该企业与其直接竞争者的竞争规则；

● 潜在进入者（以及进入和退出壁垒）；

● 替代品（以及互补品）；

● 消费者的讨价还价能力；

● 供应商的讨价还价能力。

按照波特的理论，一般来说，在如下情形下，一个企业的盈利能力越大：同行业的竞争程度越低；进入壁垒越高，潜在进入者进入的危险越小；对销售这些替代品的限制越多，销售互补品的企业数量越多且越具有进攻性，所出售的产品的替代品越少；消费者和供应商的讨价还价能力越弱。在产业和竞争分析的实践中，企业会按这一框架来思考并寻求各种途径使得环境条件向更有利于自身的方面转化。

本章后面将丰富这一简易的框架，其中包括对许多不十分严密的术语的理论化。与本书其他部分不同的是，符号、代数计算、微分计算在此不再使用。我讨论了许多种类的有助于提高或降低盈利水平的因素，但没有使用规范模型来描述这种情形。在讨论这些原理前，我们将看到的情形是，基本的波特式理论需要适当做一些调整。例如，在第 24 章，我们将讨论为什么通过强化对供应商的控制有助于提高利润水平。所以，阅读本章时要有所保留。我用一次性婴儿尿布行业的例子来解释基本概念，尽管该案例涉及的行业可回溯到 30 年前，但它仍然是探讨这些原理的一个最好载体。

20.1 行业和重要独特核心技术

根据波特的理论框架，分析单位是行业而非单个企业。在一个行业内，各个企业因为各自面临不同的具体因素，盈利能力也有很大的不同。但第一层次分析关注的是整个行业的盈利能力，这就是波特为什么集中讨论影响整个行业的所有企业的因素。所以，如果这些因素对该行业的一个企业有利，一般也有利于行业中的所有企业。

在一个行业内，企业间盈利能力的差异还有一定的变化区间。根据波特的理论框架，我们用不同企业面临不同的独特核心技术来解释这些盈利能力的差异。我们讨论了行业内的独特核心技术，例如，在手持计算器行业，得州仪器（Texas Instruments）公司一直以高容量、高质量著称，该公司凭借这些优势，已占据了经验曲线最远的位置，所以产品成本很低，因此相对于其他拥有高质量独特核心技术的企业，该公司的盈利能力更高。

因此，进行波特式分析的首要任务是定义一个行业应包括什么。在包括了可口可乐公司和百事公司的行业中，也应包括皇冠、Snapple、Vittel、Anheiser-Busch、Gallo、Seagrams 吗？这个名单一步一步延伸下去可包括像 Foster Farms（一个袋装鸡的生产商）这样的公司。很显然，Foster Farms 和可口可乐、百事这样的公司并不属同一行业。但是，界线在哪里？这里要解决的问题是：根据五力模型，什么是同一行业的企业面临的大致相似的条件？什么是不同领域（如果有联系）各自存在的条件？对此并没有严格的规定。你必须根据具体情况来做出判断。在某种意义上，划出一条界线并不合理。世界上的事物

480

并非非白即黑，只是程度不同而已。如下两点说明定出这种界线并非很关键：

（1）如果定义太宽泛，为了对各个单位进行更有价值的分析，你仍然需要使用行业独特核心技术的理念。

（2）如果你的定义太狭窄，第三个因素（替代品）涉及的企业将会被置于行业外，不管你把界线划在哪里，都不要忽略外部企业的影响。

案例：一次性尿布行业

定义这一行业涉及的最主要的问题是：不管是在家中洗涤还是通过专业服务商来洗涤的棉纺织品质地的尿布（布质尿布）是否都应包括在这一行业中？如果不管哪种布质的尿布都包括在这一行业中，那么，一次性就成了区分行业的特征。如果我们不包括布质尿布，那么家洗尿布和专业洗尿布就成了替代品。不管在哪种情形下，最有用的分析单位是制造一次性产品的企业。因为布质尿布的制造技术、分销渠道和使用与一次性尿布有很大的不同。对该问题并没有正确的答案，该行业中应包括布质尿布吗？两种说法都成立。我们选择把它们排除在行业外，将一次性尿布定义为一个行业，而布质尿布是替代品。

定义了这一行业后，就能对五个因素一个一个进行讨论了，我把竞争对手放在最后讨论，原因到时候自会明白。

20.2　替代品和互补品

替代品因素提醒我们在一个行业内的企业试图通过定出高价来获取厚利是要受到限制的，至少在一定程度上受到替代品存在的限制。部分原因是简单的需求弹性问题，对某种产品来说，替代品越多替代程度越高，对这一行业的产品的需求越富有弹性，行业内企业的获利越低。但是，在观察替代品时，人们也必须仔细思考替代品行业中企业的本质：它们的竞争激烈吗？试图扩大它们的产品市场会削弱我们所讨论的产品的市场吗？或者说，如果原有产品行业中的企业提高价格，替代品行业中的企业试图形成优势的企图会受到限制吗？

当观察一个具体行业时，你可相当自由地使用"替代"一词。在实践中，有时会有一种寻找明确替代品的倾向，商业性的航空运输视公交、火车和公路运输为替代品。但是，对于像在欧洲大城市间从事航空运输业的行业，大部分业务活动或利润都集中于这种业务，当你考虑替代品时，至少认为远程电信会议和其他做这类远距离业务的行业产品是替代品。

尽管波特最初并未明确考虑互补品的作用，但在某些时候，互补品与替代品一样重要。如微软这样的软件供应商，必须考虑微机和芯片制造商的动向，反过来，后者也必须考虑前者的动向。飞机发动机制造商必须关注飞机机身制造商。一般来说，当替代品生产者对你有利时对互补品生产商就不利，相反的命题也成立。例如，飞机发动机制造商会从波音公司和空中客车公司的残酷竞争中获益。因为飞机机身的价格下降意味着对机身的需求会增加，这意味着发动机市场会更稳健。

一次性尿布行业：继续讨论

对于一次性尿布行业来说，最明显的替代品是布质尿布，可以是家庭购买后自己清洗，也可以是由专业尿布服务公司提供清洗干净的布质尿布，定点收集用脏的尿布再清洗后使用。

使用专业尿布服务公司提供的尿布非常方便，不用自己清洗，但花费要高得多。专业尿布服务行业内分工细致，这是一个竞争性非常高的行业，对一次性尿布生产者并不有利，但这一行业非常典型地集中于当地，而且在当地的定价大致保持不变，这又对一次性尿布有利。

482　　　一次性尿布最大的好处是使用和处理起来方便。当父母和小孩一起旅行时特别适合使用一次性尿布。所以，人们流动性的普遍提高对一次性尿布起到了互补作用；因此，航空业管制放松对一次性尿布行业有利。

20.3　客户和供应商的讨价还价能力

行业内企业获利能力的大小在很大程度上依赖于它们与供应商和客户讨价还价的能力有多大。在欧佩克出现并抬高原油价格之前，石油行业七姊妹石油公司一度是强力寡头垄断的化身。主要的航空公司和大型飞机租赁公司坚持主要机身制造商波音和空中客车及飞机发动机制造商如普惠、GE 和劳斯莱斯要给予优惠价格，这自然降低了后者的利润。

什么会使得客户和供应商在讨价还价中占据优势？其中的因素有：

- 对行业内企业需要的某种特定产品供应商拥有唯一的专卖权，这种专卖权受到专利或其他壁垒的保护。
- 供应商所在行业的产品不会受到近似替代品的竞争。
- 供应商所在行业的行业集中度很高（意思是说仅有几个企业），彼此间没有多大的敌意。
- 客户的行业集中度很高。
- 客户控制了所讨论行业产品很大的市场份额。例如，轮胎制造商在与汽车制造商交易中处在相当不利的地位，因为它们产品中的大部分要卖给汽车装配商。
- 销售的产品对客户不是关键产品（这多多少少又是替代品的问题）。
- 出售的产品的成本在客户总成本中占有很大的比例。或者说，如果客户是消费者，花去了客户预算的大部分，所以，客户将努力阻止提高价格。

在更全面地讨论这一主题的分析中，还可列出类似的更多项目。有时读者看到的项目并不十分明显，例如，有时人们认为行业对供应商总的需求越不重要，供应商的讨价还价能力越强。原因是对供应商来说一个行业越不重要，供应商对这个行业的态度越有可能是要么接受，要么走人，不容讨价还价。一个行业对供应商越重要，供应商越会关注这一行业，也会花费更大的努力尽可能在这一行业中获得更多利润。如果情况相反，供应商越不愿意对占其供给量不大的行业付出最大的努力。反过来说，这可能依赖于供应商与该行业进行交易的声誉受到影响的程度，对此，我们将在第 23 章予以讨论。在这一问题上，不管是从理论上说还是从实证上看，并没有一个简单的答案。

而且，认为供应商或消费者的讨价还价能力越强，对应的行业利润越少，大抵也只是就平均而言。但在某些环境下，增加他们的能力反而可增加利润，对此进行详细的讨论将涉及对经济联系的分析，我们将安排在第 24 章讨论。在这里只是简单提及并直接提出警告——避开强有力的供应商和消费者，尽可能不要使其中任何一方过于强大，此外还有许多我们没有讨论。

一次性尿布行业：继续讨论

在宝洁公司的案例中，一次性尿布的制造商在与其供应商和消费者讨价还价中处在十分强势的地位。尿布的生产采用大型、复杂程度高的机器进行连续作业。原材料采用内衬用线和外部用线及能吸湿的柔软填充物。造纸厂和木制品生产企业如金佰利-克拉克公司生产自己的柔软填充物；宝洁公司则只能购买，几个大型的造纸或木制品公司对此十分欢迎。外用线来自几个并不需十分专业的大塑胶公司。内用线（最理想的是让水分单向透过）的生产专业程度非常高，生产公司有肯达尔（Kendall）公司、强生公司、斯特恩斯-福斯特（Sterns & Foster）公司和迪克西特（Dexter）公司，尽管集中程度较高，但并不像尿布生产商那么强大。使尿布生产机械化是降低成本的关键，人们可以想象出这种设备的制造商会有相当大的讨价还价能力，但是这种能力却因为新购进的尿布生产设备自身并不昂贵被显著分散了。一种新品牌的设备每分钟可生产 125 张尿布，但是根据使用者的经验和知识，对这种设备进行改进后，尿布的生产可以达到这种生产效率的 3 倍。这一生产过程其他的"供应商"包括运输服务部门（这一行业中的绝大多数公司都有自己的分销机构）和劳动力（大部分是半熟练工）提供部门。因此，一些供应商有一定的影响力（设备制造商和内衬线制造商是其中的代表），但总的来看，这个行业的供应商并不像这个行业的主要公司那样有影响力。

1973 年，大部分（70%）尿布是在超市中出售的，像凯马特（K-Mart）这样的超大型商品销售店出售的比例不大但增长迅速。通过批发商分销到超市和杂货店中采用的是支付固定佣金方式，而对超大型商品销售店则是直接销售。超市和杂货店，即使是大型连锁店，相对于尿布生产商也是相当分散的，所以，可以很容易地想象出像宝洁公司这样的易耗品生产商在与这些分销商讨价还价时有相当大的优势。宝洁公司在与全国范围内的超大型销售商（如凯马特）讨价还价时，其优势会降低许多，但相对于同类企业来说，宝洁公司似乎在某种程度上还有一定的优势。［在 1973 年，还没有像好事多和价格俱乐部（Price Club）这样的批发分销商。思考一下这样的销售商会怎样影响像宝洁公司这样的公司从这些批发商中得到的利润也是一件非常有意思的事情。］

因为一次性尿布要在货架上占据很大的空间，所以对零售商来说要支出一笔很大的存货开支。考虑到宝洁公司在与这些零售商讨价还价时具有很大的优势，我们可以想象出小零售企业和新进入者的日子并不好过。

作为分销链最后一步的消费者，对一次性尿布和特定品牌的尿布有一定的忠诚度。对于初为人父母者，开始使用一次性尿布很可能是在接受照顾婴儿如厕的训练时，当他们对某种品牌认同（认同是说不再转向其他公司产品）后，不会为了省下一点小钱而转向其他牌子的尿布。所以，该行业制造商从学走路的孩子那里获利最多，就新生婴儿来说，获利就少一些，它们甚至在新生儿父母离开医院时赠送礼包。

20.4　潜在进入者（以及进入和移动壁垒）

如果在一个行业中的企业获利丰厚，行业外的企业很可能试图进入来分享其中的好处。假定这种进入是成功的，现存企业的好日子就不复存在了。所以，当潜在进入者的进入面临壁垒时，在盈利行业中的企业的获利在一定程度上得益于进入壁垒。

有形壁垒

485　　经济学家们集中分析两大类进入壁垒：有形壁垒和心理壁垒。有形壁垒是指当进入者进入后，在竞争中使其处在不利位置上的任何障碍。这些有形壁垒决定了进入后现存企业与新进入企业之间的博弈规则。对进入者来说，有形壁垒有：

（1）以规模为基础的成本优势。对于需要巨大固定成本的生产来说，生产规模大的生产者平均成本相对较低。如果在行业内遭遇竞争或挤压，这样的企业能较好地承受削价损失。当在一个行业中的企业规模大且固定成本高时，有效规模也相对要大，这本身就是进入壁垒。

但是，这里假定的是一旦进入将会有竞争。一个控制了大部分市场份额的企业可能不愿与一个只是占去了非常小部分市场的新进入者展开竞争，以免伤及自己在主要市场部分的利润。如果大企业没有认识到新进入者最终会成为一个强有力的竞争对手，将会带来非常严重的后果。当打折的经纪业务首次出现时，传统的股票经纪企业一般采取再等等看的态度，希望最好不要降低它们非常有利可图的经纪费率。它们等等看看，最后走向崩溃。用一个经济学术语来形象地形容，就是有名的**"肥猫"效应**（fat-cat effect）。

（2）以范围为基础的成本优势。规模指的是某种产品产量的大小。与以规模为基础的成本优势形成互补关系的是以范围为基础的成本优势，这是指一些（固定）成本可在不同产品间进行分摊。例如，在针对消费者的销售中，对一个经营商品品种丰富的企业的分销相对便宜一些。艾尔弗雷德·斯隆在以范围为基础的成本优势上建立了通用汽车公司，一个部门如庞蒂亚克的制造技术可被其他部门如雪佛兰分享。像在第3章和第9章所分析的那样，斯隆在轿车销售中也依靠范围经济，消费者虽不断购买新车但仍停留在通用汽车系列产品中，可以从购买雪佛兰转到庞蒂亚克或从别克转到奥兹莫比尔（Oldsmobile），最后转到凯迪拉克。

（3）以知识为基础的成本优势。企业可能掌握了更有效、成本更低地做事的私有信息。这种知识可能会通过经验和多年的研发的累积来构建。不管这种资源是什么，潜在进入者因为缺乏这种知识而受到阻碍，起码从直接进入上看如此。例如，波音和空中客车通过对建造大型机身"技术"的严密控制阻止日本企业进入。在波音777型飞机的制造中，波音把机尾的装配业务下包给日本企业，有人认为这可能给了日本企业进入这个行业的机会。但是，飞机机身制造中知识要求最密集的部分是机翼的制造，波音已经拒绝日本企业提出的对整个机翼或部分机翼的装配。

486 在具有显著经验曲线效应的行业中，随着产量的增加，单位成本将会下降，那么产量累积便是对进入的巨大壁垒。例如，在手持计算器生产的早期，得州仪器公司就凭着基础计算器生产的经验曲线获得了显著的成本优势，使得该公司一度在这一市场中占有主导地位。

（4）金融资源和市场势力的扩展。当一个行业中的企业面对新进入者时，它们采取削价等手段对付进入者的能力要依赖于它们能动员的金融资源的数量。所以，一个行业拥有的金融资源的数量会成为阻止进入的壁垒。金融资源可从资本市场中获得（企业低水平的债务股权比率能迅速获得资本）或通过内部获得。这种情形就是我们所指的市场势力的扩展：在一些行业中有市场影响力的企业可以运用其掌握的金融资源，它们会运用这种力量阻止他人进入它们行业的其他领域。

（5）优惠获得某种资源。如果某一行业内的企业易于获得某种资源，这将有助于它提高生产效率，有时甚至是提高效率的关键所在。航空公司目前能赚钱主要是因为它们能控制某些机场的进出口通道和停机位置，在商业化乘客运输中采用典型的中心发散型（hub-and-spoke）竞争战略，除了可以提高基本的生产效率外，还大大强化了航空公司对其核心资源的控制能力，并能阻止新的航运公司进入某些特定的市场。现有航空公司对着陆机位合意的时间控制，是阻止新的航空公司进入的另一种壁垒。

（6）优惠获得分销渠道。当一个企业或在一个行业中的企业能较为容易地把产品传送给最终消费者或阻止竞争对手进入分销渠道时，就对进入者形成了一个强大的进入壁垒。例如，Sabre是处理飞机航班时刻表和机票信息的一种主导计算机管理系统，它作为美国航空公司的一个部门于1996年创立，据说美国航空公司使用其获得了巨大优势。

（7）在顾客中的商誉和声誉。一个企业已经赢得的忠诚追随消费者就对任何潜在进入者想把这些消费者争取过去设置了一种巨大壁垒。这就是斯隆管理通用汽车公司战略的另一种手段，他试图培养对通用汽车公司的忠诚顾客。尽管一个新进入者可以提供一些改进了的产品，但它们有时很难被顾客当回事，因为它没有做这种生意的记录。例如，公共会计师事务所依靠与顾客的良好声誉来阻止新的进入者。

（8）对顾客锁定。与赢得顾客商誉略有不同的一种方法是锁定顾客，这里指企业X的顾客在考虑到售后服务时会继续从企业X处购买产品，如与现有设备相匹配的设备、维修和保养优惠等。可是，这种壁垒可能很危险。如果一个企业试图通过抬高壁垒锁定顾客做得太过分，顾客从一开始就会做其他选择，请参见第23章有关英特尔公司的故事。

（9）法律和政治限制。企业可通过法律限制这种壁垒来阻止进入者，如由政府颁发证书或许可证。企业也可使用政治手段来阻止进入者。这样的例子有试图获得特别的帮助，如从政府获得补贴和低息贷款，以及呼吁政府阻止外国竞争者进入等。

心理壁垒

在对进入者设置的"有形"壁垒名单中，也预示了一些更加重要的壁垒。值得关注的是，有形被打上引号，因为人们很难把在顾客中享有好声誉看成完全是有形的东西。而且，这种所谓的有形要与第二大类进入壁垒，即心理壁垒进行比较。这里要表达的思想是，进入者认识到，一旦它们进入某一行业，已存在的企业将会做出积极的反应，不管短期会遭受多大损失，都要将进入者赶出。

把一个或两个进入者赶出行业，对行业现有企业来说是获得决意击退进入者声誉的最保险的办法。（对美国企业来说，这也许会引起司法部反垄断局的注意，所以，这是一种喜忧参半的行为。）但是，这里有一个可接受性的问题。通常企业会采取一些看得见的行动，以增加它们希望建立的心理壁垒的可信度。保持对生产或分销多余的能力，经常可达到阻止进入者的目的。保有多种专利技术和产品，一旦需要就能使用，是另一种强烈的信号。保持适当的高固定成本、低可变成本技术通常被认为是企业将积极保卫市场份额和保持设备高使用率的一个信号。一些分析人士相信，资本结构也是一个积极应对的信号——高负债企业为了偿还债务，似乎会被迫保卫其市场份额，但对此的支持证据还不充分。高负债率可能会抬高心理壁垒，但同时会降低有形壁垒。也就是说，战争已迫在眉睫了，才通过资本市场筹集需要的资金。为了对可能进入的某一企业发出威胁暗示，行业内现存企业可以采取措施在目标企业的后院找到一个立足点从而把信息传递出去：如果你侵占了我的领地，你自己的后院也难保不受攻击。

移动壁垒

对盈利行业来说，除非设置了进入壁垒，否则一定会吸引进入者。有利可图的行业独特核心技术会吸引行业外的企业进入，有趣的是，甚至会吸引行业内的企业进入。在一个行业内的企业占据了相对有盈利能力的环境资源后，就要保护它们免受行业内不拥有这种独特技术企业的竞争。为了表示这些行业内资源的流动，我们称这种壁垒为**"移动壁垒"**（mobility barriers）。

潜在移动壁垒的种类与进入壁垒没有多大的不同。在增加的种类中，行业独特核心技术可通过一些由壁垒和其他方法保护的差别化产品来形成。专利产品或有版权产品在此非常有用，因为它们可通过特种渠道来分销，锁定顾客，体现出由单个供应商对顾客提供价值的好处，不同产品形成各自具体的经验曲线。例如，通过法律保护和对顾客锁定，相对于 Wintel 制造商生产的计算机，苹果计算机中的 Macintosh 系列计算机一直保持了相对较高的利润率。由于行业独特核心技术范围相对狭小，开发软件不多，所以利润率有下降趋势，但 Mac 系列继续强化其具体应用，如桌面出版系统，这种形成行业独特核心技术的战略在长期中是否正确，现在还不得而知。

与产品差别化或区隔化战略相伴的移动壁垒可能会降低整体的进入壁垒。假设公司 A 和 B 分属同一行业的两个地区，如果公司 X 试图进入其中之一，每个公司都会为自己的利益而战。如果 A 和 B 共同分享整个市场，潜在进入者 X 必须认识到两者中任何一个都会挑起价格战，而且两个公司的金融资源也必须考虑在内。

设立壁垒

489

从前面的讨论中得出的信息是，行业内的企业为了保护自己应设立进入壁垒；拥有一种特定行业独特核心技术的企业应考虑设立移动壁垒；壁垒的设立可能性会受到限制（一些壁垒或行业独特核心技术完全不由行业内企业控制），但是，可以设立心理壁垒并可进一步强化。

下面我们来看另一个重要的例子，以经验为基础的壁垒要建立在大量经验的基础之上。一个企业或一个行业制造出一种新的产品后，希望自己免受未来进入者的损害，如果生产过程具有经验曲线效应，那么通过增加产出积累经验，就能降低成本从而把进入壁垒抬高。这比我们在第 10 章讨论的低成本投资的内容要丰富得多。我们甚至可以观察到企业在建立起了以经验为基础的高水平壁垒并不再惧怕竞争者进入后，会操纵市场（milk a market）价格来牟利。这里操纵（milking，也译为"撇脂"）一词使用得特别恰当，这种战略是由波士顿咨询集团（Boston Consulting Group）在 20 世纪 80 年代早期提出的。一种建立起以经验为基础的进入壁垒的产品或企业就是人们熟知的现金牛（cash cow）。

一次性尿布行业：继续讨论

一次性尿布行业的进入壁垒是很高的。生产过程需要实现机制尿布设备的大型化，所要求的投资也很大。当制造商对设备性能有了更多的了解后，显著的经验曲线效应就产生了。在顾客中的声誉是最重要的。宝洁公司允许强生公司进入而没有采用激烈反击措施，是因为强生公司在生产任何与婴儿有关的产品上有一种天然的特权，而且，宝洁公司也不相信强生公司有这样的销售能力在高产量、低价格的业务中成为一个重要的参与人，而宝洁公司在该类业务中拥有强大的实力。宝洁公司也确实获得了有利的分销渠道，特别是它在占据超市货架方面表现出了范围优势。从运输成本来看，宝洁公司巨大的市场份额使它获得了成本上的优势。许多潜在的顾客（有新生儿的家庭）通过类似下述做法了解了这种产品：当新生儿父母怀抱婴儿离开医院时获得的礼包中有一次性尿布。宝洁公司在市场营销渠道开拓方面已经投入了巨大的人力物力，而且宝洁公司经过多年的积累已经建立起作为强硬的恶意竞争者的名声。这种名声会强化该公司阻止联合碳化物公司试图插脚进入这一行业的所作所为。

20.5 竞争对手

490

最后我们来讨论竞争对手。故事并不复杂。从行业利润来看，友善的竞争对手在竞争时会有所收敛。用规范的方式来说就是竞争对手既有友善者（是指那些企业会跟随你的领导；在各个区隔行业中，这些企业满足于耕自己的田，而让你种你的地），也有恶意者。对于试图获利的企业来说，应鼓励前者而打击后者。

宝洁公司把金佰利-克拉克公司看成是一个非常友善的对手，因为金佰利-克拉克公司似乎非常愿意充当行业老二；而宝洁公司也把强生公司看作一个友善的对手，因为强生公司很可能满足于只占领高端市场，这是与强生公司的整体形象即提供高质量婴儿产品相一致的。一次性尿布的生产技术曲线非常陡峭，所以，强生公司的策略不会损害宝洁公司的位置。（事实上，强生公司发现其产量难以克服以经验为基础的成本劣势，所以很快就退出了这一市场。）但联合碳化物公司就完全不是这样了。宝洁公司有太多的理由把联合碳化物公司看成一个未来贻害无穷的竞争者。该公司在所有消费品中都表现出强烈的四面出击欲望，从电池到清洁产品，等等。由于联合碳化物公司强大的产业基础，它最终会成为宝洁公司强大的竞争对手。所以，宝洁公司决定不遗余力地警告联合碳化物公司，它并不是后者挑选的那种好欺负的竞争对手。宝洁公司动用了一切可用的手段（进入壁垒）来抵抗联合碳化物公司的进入，并利用每一个机会确保后者已从中得到教训。

20.6 即将展开的引人注目的分析

当我们说收敛的竞争对手对获利有利，而有攻击性的竞争对手对获利不利时，实际上是说善意获得的利润容易获得。该收敛什么？是心理上的事情吗？结构和经济因素在其中发挥作用吗？

为了回答这些问题，并理解进入壁垒如何发挥作用，或当供应商越来越强时，实际上可改进获利，我们需要更好地明白企业如何竞争、交易伙伴如何合作等问题。而且，为了更好地理解这些，我们需要一种分析个性在其中起到重大作用的竞争和合作相互关系的语言及方法。

491   经济学家们研究这类事情的分析方法是非合作博弈论。所以，我们用一章的篇幅来讨论和推演一些分析手段。

小　结

● 从本章开始，对大型、共性市场的经济分析全面转向对相互影响和交易的经济学分析，其中个性具有至高无上的重要性。本章讨论了迈克尔·波特的五力模型，这是一种对某种给定的行业或行业独特核心技术进行组织的方法，目的是理解为什么在这一行业或行业独特核心技术中的企业能够盈利，以及如何改进它们的盈利水平。波特建议把直接的因素分为五类：替代品和互补品的影响、供应商的（相对）影响力、顾客的（相对）影响力、进入壁垒（包括有形的和心理上的）、在行业或行业独特核心技术中的企业的竞争对手。

练　习

仅仅根据本章的素材很难设计出好的练习。读者可借助案例，通过把它运用于一个具体的行业研究可很好地掌握这些素材。我已经提到过一次性尿布的案例（"The Disposable Diaper Industry in 1974", HBS 9 - 380 - 175）。其他包括五力分析的很好的案例有："General Electric vs. Westinghouse in Large Turbine Generators（A）"，HBS 9 - 380 - 128；Crown, Cork and Seal Co., Inc., HBS 9－378－024；"Rockwell International（A）"，HBS 9 - 383 - 019。

第 21 章 │ 非合作博弈论

本书余下的章节要讨论的是对经济交换和经济关系至关重要的个性问题。这经常会牵涉到一小部分智者之间的相互作用。在这种形势下，一个好的策略家应试着去用对手或伙伴看问题的方式来看世界，同时也明白他们也试图从你的角度来理解世界，并且互相理解。

经济学家们用非合作博弈作为工具来架构和分析这种情形。这是一种非常强大和灵活好用的工具，在管理经济学中可被用于许多领域，如金融学、会计学、营销学、人力资源管理，用得最多的是战略管理。

本章包括了非合作博弈论的基本理论：

● 我们讨论了两种方式来对多对象交互关系进行模型化，即所谓的策略式博弈和扩展式博弈。
● 我们要解释如何运用占优分析（dominance analysis）和纳什均衡（Nash equilibrium）来分析这些模型。

本章选用的例子非常简单——只是为清楚地解释基本概念——与管理联系不紧密。在我们弄清基本概念后，与管理应用相关的含义将在下一章讨论。

我们用一个非常简单的例子来解释可能是本章最重要的基本概念。两个朋友山姆（他）和简（她）必须独立做出决定：周二晚餐后去做什么？有三种可能的选择：去名为老普鲁斯的酒吧、去美术馆、去名为卡芬的咖啡馆。山姆和简对三个地方都很喜欢，但他们也想待在一起，而不是分开。具体说来：

● 山姆的第一个选择是与简去老普鲁斯酒吧；第二个选择是与简去美术馆；第三个选择是独自去老普鲁斯酒吧；第四个选择是与简去卡芬咖啡馆；第五个选择是独自去美术馆；第六个选择是独自去卡芬咖啡馆。
● 简从最喜欢到最不喜欢的排序为：与山姆去卡芬咖啡馆；与山姆去美术馆；与山姆去老普鲁斯酒吧；独自去美术馆；独自去卡芬咖啡馆；独自去老普鲁斯酒吧。

上述情形如图 21.1 所示，是一个 3×3 的表。三行是山姆的三种选择，三列是简的三种选择。该表的 9 个单元格中的每一格有 2 个数字。这些数字是两人对刚列出的 9 种可能结果的偏好效用值。第一个数字代表了山姆的偏好，第二个数字是简的偏好，但请注意：

- 在前面给出的排序中，只列出了 6 种而不是 9 种结果。这是因为其中有一个隐含（非明确）假设：如果对方到其他地方去，那么对山姆或简来说无论到哪儿都无所谓。所以，如果山姆在老普鲁斯酒吧（行 1），不管简是在美术馆还是在卡芬咖啡馆，山姆都获得同样的效用（4）。当然，简的效用依赖于哪个更优先。

- 排序结果是按序数进行的。将图 21.1 转换成基数效用与那些排序是相一致的。但是，具体的数字完全是人为任意设定的。我只是简单地把最好的选择定为 6，将次优定为 5，依此类推。

简

	老普鲁斯酒吧	美术馆	卡芬咖啡馆
老普鲁斯酒吧	6, 4	4, 3	4, 2
美术馆	2, 1	5, 5	2, 2
卡芬咖啡馆	1, 1	1, 3	3, 6

（左列标签：山姆）

图 21.1　山姆和简所面临的情形

说明：就像在文中描述的那样，山姆和简必须独立决定是去老普鲁斯酒吧、美术馆，还是去卡芬咖啡馆，他们的效用受到如何选择的影响；每个单元格中山姆的效用排前，简排在后。

现在，做一个对这一案例很关键的假设：山姆和简必须各自独立做出去哪里的决定，但不知道对方如何选择。在他们做出选择前可以寻求咨询意见吗？对这个问题在此先不做回答。

山姆不去卡芬咖啡馆，简会去吗？

根据目前我们已做的工作，我们能说出将要发生什么吗？我们能说出山姆或简会去哪里吗？我们能确信将会发生什么吗？

如果我们肯定山姆的效用是对的，那么我们可以确信山姆不会去卡芬咖啡馆。不管简做什么，山姆去老普鲁斯酒吧都要比去卡芬咖啡馆好。

还有更多的解释吗？假设简对山姆非常熟悉，所以知道山姆的 9 种选择结果的效用，那么，简应该会知道，就像我们刚刚分析的那样，山姆不会去卡芬咖啡馆。当没有这样的机会时，简的偏好是相对于独自去卡芬咖啡馆，她更愿意独自或与山姆一起去美术馆。所以，如果我们假设得到前段所列出的结论，而且如果我们确信简的效用是对的，我们应该知道简不会去卡芬咖啡馆。

对此有两个典型的反对意见：（1）与山姆去卡芬咖啡馆是简的首要选择。如果山姆和简是朋友，山姆难道不应为取悦简而牺牲自己的利益吗？（2）如果两个朋友经常聚在一起，在这种场合下，考虑到简在未来会有所回报，山姆难道不愿牺牲自己的利益吗？在实际生活中，两个问题可能都会得出肯定的答案。但是，如果这些是可能的，那么（1）我们无法确信山姆的效用水平，如果他为了简而牺牲自己的个人利益，我们对他假设的排序就是错误的；（2）如

494

果两个朋友经常面对这种选择，那么他们的博弈将比做出一次性选择复杂得多。重复博弈可以改变一切，就像我们最后在第 24 章和第 25 章将看到的那样。

我们还可以继续深入下去吗？

在排除两种反对意见后，我们得出的结论是山姆不会选择去卡芬咖啡馆，如果简认识到这一点，她也不会去。如果是这样，留给山姆和简各自的选择是要么去美术馆，要么去老普鲁斯酒吧。这样，我们就陷入了僵局。如果简能预期到山姆去美术馆，那么去美术馆也是她最好的选择；如果她预期山姆将去老普鲁斯酒吧，那么去老普鲁斯酒吧也是她最好的选择。这同样适用于山姆。他最好的选择是尽可能与他预期简会做什么相吻合。单单依靠逻辑似乎无法回答这一问题，结果会怎么样呢？

学生们有时相信，逻辑上显示山姆会去老普鲁斯酒吧，而简会去美术馆。为什么呢？山姆在不了解更多信息的情况下会选择去老普鲁斯酒吧，因为这可以保证他至少获得 4 单位效用。简会选择去美术馆，因为这可保证她至少获得 3 单位效用。但是这合理吗？是否会出现这一结果并不十分清楚。因为如果十分清楚会出现这一结果，那么山姆也会十分清楚地知道这一点。那么，当预计到简会选择去美术馆时，山姆也会选择去美术馆。我无法肯定该问题会有一个明确的答案。那么，他们会选择什么？相反，如果该问题有明确的答案，不可能是山姆去老普鲁斯酒吧而简去美术馆。至少，答案不可能这么明确，双方都认识到了这一点。

如果我们无法知道山姆和简怎样协调他们的行为，那么我们可以预测他们会怎样做吗？不能完全肯定。如果他们事先可通过电话沟通，他们似乎会这样做；如果他们不得不猜对方会做什么决策，他们可能不会。

假设简首先行动

以上所有的分析都假设在不知道对方做出的选择的情况下，山姆和简必须独立选择去哪里。我们假定简首先行动。具体来说，简选择了去的地方，到了那里然后打电话给山姆，非常确定地说："我在什么地方，我不会离开。"不必担心这种行为的不礼貌。如果我们确信这种效用反映了实际情况，我们预期将会发生什么？

简的思考如下：如果我去老普鲁斯酒吧，山姆会随我到那里；如果我去美术馆，山姆也会随我到那里；如果我去卡芬咖啡馆，山姆将会去老普鲁斯酒吧。所以预期到山姆的反应，我最好去美术馆。

适合本章余下部分的例子

这个例子说明了本章大部分（并非全部）内容。当山姆和简同时行动时，他们参与博弈时采用的策略只是简单的行动，所以，图 21.1 表现出的是**策略式博弈**（strategic-form game）的情形。当我们排除山姆去卡芬咖啡馆的选择后，我们采用的是"**占优**"（dominance）观点。简最后决定不去卡芬咖啡馆采用的是**重复占优**（iterated dominance）策略。我们说山姆去老普鲁斯酒吧、简去美术馆不是答案，是因为这种**策略组合**（strategy profile）并不构成一个**纳什均衡**（Nash equilibrium）。这个故事对双方是否以均衡结束并没有提供多少信息，尽管预先交流的可能性（电话）很可能得到均衡的结果。假定他们要选择一个结果，我们无法预测他们会选择哪种均衡（两人去老普鲁斯酒吧或去美术馆）。如果简首先行动，山姆知道简的选择并做出反应，那么，博弈转变成一个简单的**完全完美信息下的扩展式博弈**（extensive-form game of complete and perfect information），这样，我就可简单采用**回溯归纳**（backward induction）得出结论：简去美术馆而山姆跟随。下面我们对这些黑体字概念进行充实，并增加一些新的概念。

21.1　模型化为博弈模型

为了运用博弈论，首先我们把分析的情形模型化为博弈模型，然后我们分析所建立的模型。当把分析的情形模型化为博弈模型时，我们具体规定：

- 列出参与各方的名单，称之为**参与人**（player）。
- 博弈规则，或在拥有某种信息条件下，每个人的选择。
- 对每种可能的博弈、每个参与人的做法指派一种效用水平或**收益**（payoff）。

我们具体把它们分为两种形式：策略式和扩展式。

策略式博弈

在策略式博弈中，我们先给出参与人的名单。例如在前面讨论的情形中，有两个参与人——山姆和简。

下面，我们列出每个参与人的策略。**策略**（strategy）指的是任何一个参与人完成博弈的方案。根据不同博弈的复杂程度，策略可能非常复杂。但是在简单博弈中，策略通常相当简单。例如，

- 在山姆和简的博弈中，两人必须独立决策去哪里。每个人都有三种选择，也就有三种策略：去老普鲁斯酒吧、去美术馆、去卡芬咖啡馆。
- 考虑博弈规则的改变，简首先选择去哪里，山姆了解简的选择后，做出反应。简拥有简单的三种选择：去老普鲁斯酒吧、去美术馆、去卡芬咖啡馆。但是，山姆的策略要复杂得多，因为山姆必须根据他了解的简的选择而决定自己的计划。山姆的一种策略是不管简做什么都去老普鲁斯

酒吧；另一种策略是如果简去老普鲁斯酒吧，山姆去老普鲁斯酒吧，如果简去美术馆或去卡芬咖啡馆，山姆去美术馆。因为山姆不得不从三者中选择其中之一，所以，他必须根据三方面**信息状态**（information states）来计划他的每个选择。当山姆对简的选择做出反应时，他有 $3 \times 3 \times 3 = 27$ 种策略。

对更加复杂的博弈来说，参与人的策略数目更多。但是，至少从概念上来说，我们可以设想列出所有参与人的策略组合的名单。这个列出的名单（每个参与人选择一种策略）也是策略式博弈名称的来源。

给定每个参与人策略组合的名单，**策略组合**（strategy profile）一词用来表示策略选择的向量，每个参与人选择一个。例如，在山姆和简的博弈中，两人必须同时做出选择，所以，山姆有三种策略，简也有三种策略，所以策略组合为 $3 \times 3 = 9$。如山姆去老普鲁斯酒吧、简去美术馆就是一个策略组合。如果规则具体化为简首先行动，然后山姆对此做出反应，那么，简有 3 种策略，而山姆有 27 种，策略组合有 $3 \times 27 = 81$ 个；典型的组合为简去老普鲁斯酒吧，山姆去老普鲁斯酒吧，要不然就去美术馆。请注意，在这一策略组合中，因为我们知道了每个参与人使用的策略，我们因而就能估计出会发生什么，即山姆和简两人都会出现在老普鲁斯酒吧。

497 　　策略式博弈的第三个组成部分是每一个策略组合带给每个参与人的具体效用。博弈论使用收益概念替代效用，但两者表示的是同样的事情。

当博弈只有两个参与人时，就像在山姆和简的博弈中，所有策略式博弈的数据经常被表示为图 21.1 那样的表：一个参与人的策略表示在行中，另一个参与人的策略表示在列中。表中每个单元格里的数字表示的是收益水平。一般的规则（convention）为：单元格中的第一个数字表示的是行参与人的收益水平，第二个数字表示的是列参与人的收益水平。注意，如果简和山姆博弈的规则为简首先行动，当山姆知道简做什么后做出反应，那么，山姆就有 27 种策略，像在图 21.1 中出现 3×3 表一样，我们将得到 21 行（假定山姆选择行）和 3 列。

对于三个或更多参与人的博弈，图 21.1 给出的表格就不够了。例如，对于三个参与人来说，我们需要三维结构，就像一个多层停车库，把其中一个参与人的策略选择固定为东西坐标，第二个参与人的策略选择固定为南北坐标，第三个参与人的策略选择是固定水平或车库的地面水平。每个单元格由东西坐标、南北坐标和水平线组成，有 3 个数字，按三个参与人具体规定的顺序排出收益水平，我这里不想给出这种单元格。

在一些博弈中，对每个策略组合，参与人得到的收益都是一个常量 K。这样的博弈被称为**常和**（constant-sum）博弈。在过去的博弈论书籍中，常数被当作零，相应的博弈被称为**零和博弈**（zero-sum games），如莱斯特·瑟罗（Lester Thurow）的名著《零和社会》（*The Zero-Sum Society*）。尽管瑟罗的书非常有名，但在经济生活中，绝大多数博弈为非常和博弈，我们很少能看到常和博弈。

扩展式博弈

扩展式博弈是另外一种描述（模型化）竞争态势的方法，它集中研究参与人动态的前前后后采用的策略。为了使说明简化，我目前只关注一些特殊情形，其中规则具体规定了博弈的顺序，每个必须做出选择的参与人在完全知道此前所做选择后才做出选择。例如，如果简行动在先，然后山姆在知道了简的选择后做出反应，我们就有了这种特殊形式的博弈，这一博弈被称为**完全完美信息下的扩展式博弈**（extensive-form games of complete and perfect information）。

498 我们运用的模型或所做的叙述采取典型的树形图，如图21.2所示。一个空心（open）的点和几个实心的点被称为**节点**（node）。它们代表了一种博弈中的态势（position），在此一个参与人应该采取行动。开始位置上是一个空心圆，所以其他点都处在中介的位置上。每个节点或态势点都标上参与人的名字，他做出的选择是移向那里。节点之外标出箭头。这表示的是提供给参与人的可行选择，参与人必须从中选一个。每一箭头或选择指向另一中介点（如果是一种跟随行为），或指向一个表示博弈结束的点。结束点标示出了如果博弈结束，参与人在结束点获得的收益向量。每个结束位置只对每个参与人给出一种收益水平，这种收益水平按某种特定顺序排列，就像山姆的收益水平排在第一位一样。

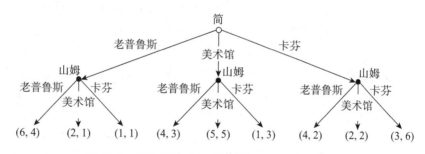

图21.2　简首先行动，山姆做出反应的扩展式博弈

说明：当山姆做决策时，他已经知道简去了哪里。这个扩展式博弈给出了完全完美的博弈信息。山姆的收益排在前面。

例如，在图21.2中，简首先行动（她的名字标示在空心点上），她必须决定是去老普鲁斯酒吧、美术馆还是卡芬咖啡馆。每个选择都会形成一个中介位置点，山姆据此做出反应：去老普鲁斯酒吧、美术馆还是卡芬咖啡馆。第二次选择做出后博弈结束，收益水平也列出来了，第一个是山姆的，第二个是简的。

由自然和信息集做出的选择

对于山姆和简的博弈方式，即必须独立做出选择，而不知道另一个人的选择，我们能用扩展式模型来描述吗？

这似乎不可能。如果他们同时行动，那么没有人选择先做出决策。我们应把谁作为先行者呢？但同时行动并非重要的话题。为了提出论点，假定山姆住的地方离三个地方都比较远，所以从时间上来考虑，山姆应比简提早做出决策。如果我们认为山姆首先做出决策，简随后做出，但简在做出决策时，并不知道山姆选了什么。当然，这会有所差异，我们如何来标明这种差异呢？

当我们把注意力从山姆和简转向与管理相关的情形时，就有了其他含义。在所有竞争态势下，仅仅是机会在发挥着重要作用。当一个企业进行一项冒险（speculative）的研发时，并不清楚这样的研究是否能成功。从企业对研发的预期前景来看，这只是一个偶然事件。再复杂一点，假设企业进行了一项冒险的研发。得出了研究结果后，必须决定是否进入某一市场。其竞争对手也必须决定是否进入某一市场。假设一种情形是，第二个企业在做出是否进入的决策之前要看第一个企业进入与否。当第一个企业知道自己研发的结果时第二个企业并不知道，除非第一个企业进入的决策显露了这一信息。我们如何把这些用扩展式博弈模型表示出来呢？

能办得到。两个基本工具是由自然和信息集驱动的选择。我用一个例子来解释前述两个企业是否进行研发和是否进入市场的故事。企业1必须做出初始决策——是否进行某种生产过程的研发，如果决定这样做，它要了解这种技术是否可行。假设这种技术研发成功，先验估计的概率为 0.333。企业1在了解了该种技术是否可行后，如果决定进行研发投资，还必须决定是否进入这种特定市场（做出进入某一市场的决策很少像这样是分为两步进行的，但这个例子仅仅是为了解释）。如果企业1不进行研发投资，它也必须做出是否进入这一市场的决策。当观察到企业1已做出进入决策，但并不知道企业1是否进行了研发投资，或企业1进行了研发投资，并且企业2已经知道了这一点时，企业2必须做出是否进入这一市场的决策。

图 21.3 的扩展式博弈模型描述了这种复杂的情形。博弈的起点（空心圆）是企业1决定是否进行研发投资。如果它决定这么做，那么下一步行动就完全听命于自然了，因为是自然决定着技术是否可行。从自然节点上我们引出了两个分枝，并标明了对此的估计概率。这样，每一枝都包含了三种可能的信息：(1) 企业1不进行研发投资，所以也不知道技术上是否可行；(2) 企业1进行研发投资，知道了技术可行；(3) 企业1进行研发投资，知道了技术不可行。企业1要选择是进入还是不进入。根据企业1的选择，企业2选择是否进入。

由自然做出的选择行为可从图中清楚看到。但信息集包括什么样的内容呢？注意，在图 21.3 中，两条虚线把企业2要做出的决策的6个节点、三种组合连成2组。虚线标出的是企业2，而非6个单独的节点。一组（上面三种情形）包括了3个节点，表示的是企业1决定进入的情形；另一组（下面三种情形）包括了3个节点，表示的是企业1决定不进入的情形。这就是企业2得到的两个信息集，其中的含义是当企业2要做出选择时，它知道结果要么是第一个信息集中的三种情形，要么是第二个信息集中的三种情形，此外别无选择。

我在每一分枝结束时还未标明收益水平，但是这已经足以把图 21.3 转变成扩展式博弈。

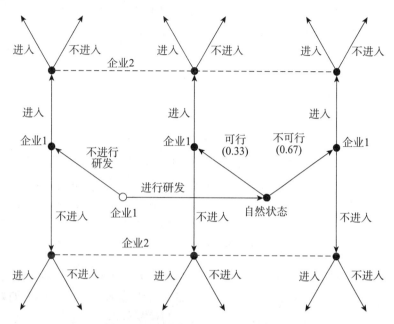

图 21.3　一种复杂的扩展式博弈情形

说明：在这种博弈中，你会看到自然做出的随机选择（由自然选择每一个节点，对从这些节点伸出的分枝标出了各种可能性发生的概率），而且虚线信息集表示出了不同参与人在知道自己要做选择时已经知道了什么。（两个参与人获得的收益，没有在图中标出。）

根据信息集，通过把各种参与人不能区分的选择联在一起，我们能知道一个参与人在做出行动前对自己的选择所缺乏的信息。我们可以任意地运用这种技术对竞争环境下参与人或多或少的共同行为进行模型化；我们让一个参与人首先采取行动，第二个参与人在并不知道第一个参与人做什么的情况下做出反应。（你能画出山姆和简的扩展式博弈图吗？规则是他们必须在不知道另一方的选择的情况下根据信息集做出选择。提示：如果你模仿图 21.2，你只是取得了一点点进步。）

21.2　占优和策略式博弈

前面已经对具体的扩展式或策略式博弈进行了模型化表述，我们下一步是对模型进行分析并预测在现实世界中遇到这些情形时会发生什么。这可以通过预测参与人如何行动（就像描述经济学所做的那样），或更加规范一些，通过帮助分析员做出在面临具体情形时如何行动的决策来实现。

对于策略式博弈来说，一种分析形式是采用问题指向型（directed at the

question）方法。我们能确定地预测一些策略不会被相关参与人采用吗？对这一问题的确定性回答就涉及对**占优**（dominance）的论证。

图 21.4 是两个参与人的策略式博弈。两个参与人是罗和科尔，罗的策略是第 1 行、第 2 行等。请记住，我们认为参与人会同时且独立地做出选择。在这种条件下，我们应排除罗的策略中的哪一项？我们应排除科尔的策略中的哪一项？

科尔

		第 1 列	第 2 列	第 3 列
罗	第 1 行	7, 3	3, 1	0, 5
	第 2 行	5, 1	5, 3	2, 2

图 21.4　重复剔除占优的策略博弈形式

说明：在这个博弈中，第 3 列占优于第 1 列，所以我们预测第 1 列不会被选择。如果罗得出上述结论，第 2 行占优于第 1 行，也即第 2 行重复剔除占优于第 1 行。重复剔除占优引致第 1 行不会被选择的预测。如果科尔重复这一逻辑，他预测罗会选择第 2 行，所以在又一轮重复剔除占优后，科尔选择第 2 列。

- 第 1 列被第 3 列占优。如果罗选第 1 行，那么科尔选第 3 列比选第 1 列好。如果罗选第 2 行，那么科尔选第 3 列比选第 1 列好。所以，我们说第 3 列占优于第 1 列，我们预测科尔不会选择第 1 列。

  为了看清楚这一点，我们看到，当罗选第 1 行时科尔选第 1 列要好于罗选第 2 行时他选第 3 列。如果科尔对列的选择影响到罗对行的选择，那么我们就不能排除第 1 列，但是，如果罗和科尔独立选择各自的策略，科尔决定选第 3 列不会影响罗的选择，不管罗选择哪一行，科尔选第 3 列都好于选第 1 列。

- 第 1 行被第 2 行**重复剔除占优**（iteratively dominate）。假设罗足够聪明到能复制我们关于科尔不会选第 1 列的论证。不论科尔选第 2 列还是第 3 列，罗选第 2 行将优于选第 1 行。所以，按照排除第 1 列的对占优的论证，第 2 行要优于第 1 行。根据重复剔除占优的论证可以预测，罗不会选第 1 行。

  同样，对这个观点也要十分小心，只要第 1 列被看作科尔可能的选择，第 2 行就不占优于第 1 行。但是，如果我们能确定地预测出第 1 列不会被选择，而且我们相信罗明白这一点，那么我们就不考虑第 1 行。

- 如果不考虑第 1 行，那么第 2 列重复剔除占优于第 3 列。在排除第 1 列和第 1 行后，第 2 列很显然是科尔最好的选择。

- 第 2 列、第 2 行是剩余的选择，通过重复剔除，我们可以预测罗会选择第 2 行，科尔会选择第 2 列。

因为采用重复剔除占优，我们得到了一个策略组合，说得更确切一点，因为这样做，除了每个参与人剩下一种策略外，所有其他策略都被剔除了，我们称之为**可分解占优**（dominance solvable）博弈。可分解占优博弈并不是总能获得。我们再回到图 21.1 中山姆和简的博弈，可以看到，我们通过占优策略排除了山姆去卡芬咖啡馆，而通过重复剔除占优策略排除了简去卡芬咖啡馆。但这也仅是那个博弈中的占优或重复占优。

（重复剔除）占优的预测可信吗？

这就是占优和重复剔除占优博弈的工作机理。但是，我们应该相信它们吗？这是无人会使用占优策略的情形吗？被重复剔除占优策略淘汰的策略怎么样呢？

"永远不会"和"零概率"这样的字眼并不属于现实行为中讨论的内容。假定你按顺序邀请人们到一个房间，给他们一种选择："在你面前的桌子上，你会看到20美元和1美元一张的钞票各一张。选择一张然后离开。"当你做这个试验的次数足够多时，有人就会莫名其妙地拿着1美元离开。所以，当你读到"无人会使用占优策略"这样的话时，你应马上把这句话转变为"几乎无人将使用占优策略"，如果你能做到在90%或95%的水平上符合经济理论，你已非常伟大了。

503　　所以，我们要明白，要对提出的问题给出答案只有进行实证检验。例如，在准备本书的素材时，我询问过大约330人（斯坦福大学MBA项目一年级学员）他们如何进行如图21.4所描述的博弈，并按一定的比率把他们的收益单位转换成金钱。具体情况为，对于如图21.4所示的博弈把兑换率定为每单位效用值0.25美元，意思是说，当扮演科尔的学员选择第2列时，一名扮演罗的学员选第2行，罗将得到$0.25 \times 5 = 1.25$美元，而科尔将得到$0.25 \times 3 = 0.75$美元。这些问题是在讲解博弈论或占优理论前提出的，所以对他们来说在某种意义上是新问题。同样，也按如下方式提出问题，以便学员有激励并重视这些问题：学员可自由选择并且按他们的所作所为获得报酬。对于像图21.4中的博弈，如果他们选择行，92%的人说他们会选第2行，8%的人会选第1行。而让他们选列时，1%的人会选第1列，36%的人会选第2列，63%的人会选第3列。

所以，占优作用发挥得相当好，只有很少的学生（330人中的3人）会选第1列。但重复剔除占优要差一些，8%的人选第1行。重复两次剔除占优则不尽如人意，大部分人选第3列。

读者不要对此感到意外。占优只涉及一个参与人和对他自己的激励。重复剔除占优，从另一个方面看，是一个参与人把自己置于其他参与人的境地，决定其他人将会怎样做，这其中涉及对其他参与人根据自己的收益水平做出反应的能力和智慧的信任。两次重复剔除占优是指第一个参与人把自己置于第二个参与人的境地，想象第二个参与人把自己也置于第一个参与人的境地，对第一个参与人的能力和智慧给予足够的信任，相信他（第一个参与人）会依据自己的利益做出最优选择，然后根据自己（第二个参与人）的最优利益做出反应，之后再依据他自己的最优利益对剩下什么做出反应。（你如果发现最后一句很难理解，这就正好是关键所在。）

根据大量实证证据得出的结论是，占优策略会相当好地发挥作用，被占优策略则不会如此（请见下一节）。重复剔除占优并不尽如人意，当你进行两次或更多次重复剔除时，结果更糟。

收益有时反映的并非全是金钱的多少

504　　在某些情形下，简单的占优不能进行实证检验，这就为使用博弈论来研究现实世界提供了另一个警告。考虑图 21.5 所描述的博弈，即有名的囚徒困境博弈。就像下一章将要给出的解释，这是众多博弈论的基础。与这个博弈对应的故事是两个罪犯共同犯罪（盗窃），被警察拘押，但他们已把赃物隐藏起来。警察知道两人已犯罪，但并没有证据，如果两人中无人承认，就必须无罪释放他们。于是警察把两人分开，对每个人说：

　　我们想与你进行一笔交易。承认犯罪将会牵涉到你的同伙，如果你承认，而他不承认，我们将会因为你与当局合作而给你缓刑的机会，而你的同伙将会被判坐牢且时间也会长一些，你会被释放并获得全部的赃物。当然，如果两人都认罪，你们两人都会坐牢，但时间会短一些。如果你不招认，而你的同伙招了，他会获得缓刑机会和赃物，你就得在牢狱中多待些时间。

　　尽管这并非审讯的内容，但两个人都清楚，如果两个人都保持沉默，两人都会获释，可以平分赃物。而且，每个人都明白，同样的审问词也会说给另一个人听。所以，他们认识到他们正在进行一个同时行动、两个参与人、每人两种策略的博弈，其中的策略是招供和保持沉默。

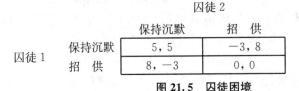

图 21.5　囚徒困境

说明：两个罪犯共同犯罪并被警察拘留，并被独立给出是保持沉默还是招供两个选择。

　　图 21.5 的收益水平反映了结果的排列顺序。最好的选择是招供和告发保持沉默的同伙，这样可免受牢狱之苦且可全得赃物。第二好的选择是两人都不招供，都不用坐牢，平分赃物。第三好的选择是两人都招供，减少坐牢时间，如果可能，在出狱后再平分赃物。最坏的选择是你的同伙招供并告发你，而你保持沉默，这会使你遭受长时间的牢狱之苦且得不到赃物。

　　你可能会对这一排序结果有不同意见。但是，在给定这种排序之后，招供占优于双方都保持沉默。根据简单占优而不用重复剔除，可以预计，双方都会招供。

　　我问过 330 个斯坦福大学的 MBA 学员，如果用钱代替，他们会怎样玩

图 21.5 中的博弈。单位效用的兑换率为 0.50 美元，且可以变换标签。在图 21.5 中，采取招供策略的标签的 MBA 学员被标记为告发，而保持沉默者的标签被换成合作（是指他们之间而非与当局），尽管招供（告发）占优于保持沉默（合作），但 74% 的 MBA 学员说，如果是与同班同学玩这个博弈，他们将保持沉默。

为什么？因为金钱不是万能的。告发带给参与人 1 的钱要多于合作，不管参与人 2 怎样做。但是，当学员们公开玩这个博弈时，一个人因为不告发而试图进行合作只需花 1.50 美元就可建立起声誉。对于有这样偏好的参与人来说，收益并不是图 21.5 中标示出的那样，告发并不占优于合作。关键点是，当把一种博弈情形表示成模型时，不能乐观地假设对每个参与人的收益都可表示为金钱。当然，实际情况也不会这样。如果你认为是这样，一个博弈论分析有时会将你引入迷途。

弱占优

为了完成对占优的讨论，请考虑图 21.6 中的博弈。在这一博弈中，第 1 行弱占优于第 2 行；相对于第 2 列来说，第 1 行严格优于第 2 行，而相对于第 1 列来说，第 1 行与第 2 行一样好。那么，我们能得出结论说，第 2 行只是弱占优因而不会被选择吗？如果我们能对此重复选择，并且认为，一旦由列参与人决定，第 2 行不会被选择（所以，第 1 行必须选），那么第 2 列将会是列参与人的选择吗？确切地讲，这里的逻辑不如我们前面已经讨论过的那种占优类型那么令人信服，在那里，对于对手所做的所有选择来说，某行或列严格好于其他。〔为了区别于弱占优，那种对于对手所做的所有选择，一种策略严格优于其他占优形式的情形有时也被称为**严格占优**（strict dominance）。〕同样，这个问题的答案也必须经过实证检验来确定。不用做详细分析，我只是简单指出，弱占优至少在某些博弈中并不如严格占优好，重复剔除弱占优的表现就更差了。当运用弱占优分析问题时，请当心。

	第 1 列	第 2 列
第 1 行	3，0	2，1
第 2 行	3，4	0，0

图 21.6　弱占优

说明：第 1 行弱占优于第 2 行。弱占优剔除了第 2 行，重复剔除占优排除了第 1 列，由此所得的结果为选择第 1 行和第 2 列。

21.3　纳什均衡

经济学家们在任何可能的情况下都会使用（严格和弱）占优和重复占优。但在许多经济问题中，如最初的山姆和简的博弈，这些方法并不总是能一直用来预测结果。在这种情况下，分析就转向纳什均衡。（因为电影《美丽心灵》赢得奥斯卡奖，我要指出，这是约翰·纳什凭以获得诺贝尔经济学奖的一个概念。关于电影，请见练习 21.8。）

对于策略式博弈来说，**纳什均衡**（Nash equilibrium）是一个策略组合（是从参与人的策略名单中，每个参与人取一种具体策略组成的组合），没有参与人能通过单方面改变他在策略组合中的策略，达到改进他的收益水平的目的。下面是两个例子。

- 在图 21.1 所示的山姆和简的博弈中，有两个纳什均衡：山姆和简两人结伴去老普鲁斯酒吧；山姆去美术馆，简也去。观察由每个人的策略组成的组合的单元格，我们要问的问题是：在那些行中，对于选择列的简来说，还有什么比她的选择更好的吗？在那些列中，对于选择行的山姆来说，还有什么比他的选择更好的吗？对于两个策略组合和两个问题来说，答案都是否定的，所以，他们的博弈实现了纳什均衡。

- 相反，观察山姆去卡芬咖啡馆、简也去卡芬咖啡馆的策略组合。这时，简得到的收益水平为 6，她不可能做得比这更好；但是对山姆来说，当简仍然选择卡芬咖啡馆时，若他转换到老普鲁斯酒吧，可把收益水平从 3 增加到 4。因此，这并非一个纳什均衡。

- 山姆去老普鲁斯酒吧、简去美术馆也并非纳什均衡。因为两人在对方坚持自己的策略时，另一方将愿意离开。如果简选择去美术馆，山姆去美术馆要比去老普鲁斯酒吧好一些；如果山姆去老普鲁斯酒吧，简去老普鲁斯酒吧要比去美术馆好一些。

- 最后一个例子是考虑图 21.5 所描述的囚徒困境。这个博弈唯一的纳什均衡是（招供，招供）。读者有时会不同意这一点，他们指出，如果双方都选择保持沉默，双方的境况都会改善。确实是这样，但是在查看一个策略组合是否为纳什均衡时，要检验的是，是否任一参与人会通过单方面改变来提高自己的收益水平。如果科尔准备招供，罗保持沉默将会伤害到自己，反之亦然。所以，（招供，招供）是纳什均衡。另一方面，（保持沉默，保持沉默）并非纳什均衡，因为如果科尔选择保持沉默，那么罗招供将会使自己的境况变得更好一些。

有和没有"明显的"方法来进行博弈是什么意思？

507

一旦你对定义熟悉后，纳什均衡的思想相当简单。但其意义是什么？有什么好处？对这些问题的回答有点长，所以你要有耐心。观察图 21.7 中的 4 种策略式博弈，对每一种问一下自己：

- 针对同伙（如果你是一名学生，对手也是学生），你如何进行博弈？假定你们扮演的是罗和科尔的角色。

- 你认为你有足够的信心预测出你的对手在与你的博弈中将会采取的行动吗？

- 设想从人群中随机选择两个人出来，让他们进行博弈。你有足够的信心预测出每个人将怎样做吗？你认为他们有足够的信心预测出每个人怎样行动吗？

这些问题是对一个一般性问题的不同说法：有明显的方法来进行博弈吗？最重要的一点是，这个一般性问题必须包括参与人自己。他们能清楚地看透这个博弈以及每个参与人在其中发挥的作用吗？当然，如果你是一名研究这一博弈的局外分析人士或观察者，你能清楚地分辨出进行博弈的方法吗？

	第1列	第2列
第1行	0, 0	5, 5
第2行	15, 15	0, 0

(a) 易协调

	第1列	第2列
第1行	5, −10	10, 10
第2行	15, 15	−10, 5

(b) 风险协调

	第1列	第2列	第3列
第1行	−5, −5	10, 10	−5, −5
第2行	15, 5	−5, −5	−5, −5
第3行	−5, −5	−5, −5	0, 30

(c) 艰难协调

	第1列	第2列
第1行	−10, −10	20, 0
第2行	0, 20	0, 0

(d) 斗鸡博弈

图 21.7　四种协调的博弈

说明：对于四种博弈来说，参与人能够看出明显的进行博弈的方法吗？

508　　　　对有些博弈来说，答案是否定的。对其他一些博弈来说，答案是肯定的。例如，我认为对大部分人来说，看到图 21.7（a）中被称为**"易协调"**（easy coordination）的博弈时，选择（第 2 行，第 1 列）的策略组合是相当清楚的。如果你正进行这一博弈，你大概会按这个策略组合来进行并希望你的对手（只要他足够聪明）也符合这一策略。作为局外观察者，你大概也预期并希望（第 2 行，第 1 列）的组合会以高的概率出现，的确是这样。在我关于 MBA 学员的例子中，当每单位收益相当于 0.25 美元时，不足 2% 的学员想选择（第 1 行，第 2 列）。为什么？因为参与人出于共同利益会按这种方式协调他们的选择。

图 21.7（b）中的博弈名为**"风险协调"**（risk coordination），它就不这么清楚了。两个参与人可把他们的行为协调为（第 2 行，第 1 列）或（第 1 行，第 2 列）。因为（第 2 行，第 1 列）对双方来说要好于（第 1 行，第 2 列），按照易协调情形下预测（第 1 列，第 2 列）的同样的逻辑，似乎对此也应适用。但是在这种情形下，如果尝试其他策略将获得额外利益：如果罗选第 1 行，她可确定地至少获得 5 单位，但是选第 2 行也有风险，如果科尔正好采用了对自己安全的策略，即选第 2 列，罗得到的收益为 −10。注意，做出"安全"选择的决策逻辑会自我强化，罗选第 1 行是安全选择，科尔选第 2 列也安全一些。当一方更多地考虑另一方时，不安全选择的风险就会增加，这样的思考方式将促使参与人选择安全策略。

在 MBA 学员的例子中，博弈的参与人每单位收益可兑换 0.25 美元，表现出了这种行为的一些特点。当被问及想选哪一行或列时，36% 的人说想选第 1 行，32% 的人说想选第 2 列。

图 21.7（c）中的博弈——**"艰难协调"**（harder coordination）的参与人有三种协调方法：（第 1 行，第 2 列）、（第 2 行，第 1 列）、（第 3 行，第 3 列）。参与人对选择哪项无法达成共同意向：挑选行的人偏好于第 2 行，挑选列的人偏好于第 3 列。我的经验是大部分人相信他们知道做什么，期望什么，想到的答案是（第 1 行，第 2 列），因为这一选择是公平的。不管多少，双方从中公平获利。但是当把这种逻辑适用于一些人时，把（第 1 行，第 2 列）描述为一种进行博弈的明显方式还不足以引起人们的兴趣。在我所做的问询 MBA 学员的例子中，仅有 44% 的学员说，如果扮演罗的角色，他们会选第 1 行（40% 的人选第 2 行，16% 的人选第 3 行），而有 60% 的人表示他们要选第 2 列（28% 的人选第 1 列，12% 的人选第 3 列）。根据这些数据，我不认为我们能对如下问题给出一个确定的回答：进行这个博弈有明显的方法吗？

最后，我们讨论图 21.7（d）的博弈，名为**"斗鸡博弈"**（chicken）。我认为，美国学生和其他人认可了这一名称和这种博弈。该博弈描述的是少年骑车者的一种非常普遍的娱乐博弈，他们面对面向前骑，看谁先后退转向（veer off），转向者将获得一个不光彩的"斗败鸡"名号。如果两个人都后退转向，两个人同时获得这一名号。如果无人后退转向，他们两人将会到急救站去救治。参与人可以通过两种方式协调他们的行为：（退出，挑战）和（挑战，退出）。对两个参与人来说这意味着完全不同的结果。除非两个参与人根据先前的经验彼此了解，知道谁将会抵抗，这其实变为哪一方更具进攻性的问题。我对斯坦福大学 MBA 学员的试验结果是有一些进攻性，60% 的人将挑战对手，而 40% 的人说他们将退出。

509因此，在图 21.7 的四种博弈中，至少是**在随机地从斯坦福大学 MBA 教室中选择学员参与的博弈中，在没有事先交流的情况下，仅仅第一种情形的博弈方式比较清晰**。为了理解黑体字的意思，假定两人可以事先进行交流。我们给出的答案可能会改变。例如，在风险协调情形中，事先不多的交流通常足以使得双方选择（第 2 行，第 1 列）的组合。在艰难协调中，事先交流也非常有效，至少在一定意义上说，事先交流增加了参与博弈双方找出一些协调方式的可能性。［如果允许事先交流，参与人可以在博弈结束后重新分配他们的奖励成果，那么人们可以预期博弈双方会选择（第 3 行，第 3 列），因为这可以最大化他们的奖励之和，事后他们之间分配的收获也是最大的，但这样就明显地改变了博弈规则了。］个性很重要。当艰难协调和斗鸡博弈的参与人是一名日本学生和他的教授时，结果很可能是学生顺从教授、教授也会预期到这种顺从。当一些（并非全部）已婚夫妇和兄弟姊妹参与其中任一博弈时，他们已经了解谁将顺从谁，同样双方很可能也对此心知肚明，尽管局外人并不能看出什么。

尽管可能说的有点多了，但下面还有两个例子。第一个是由任意选择人数参与的博弈。每个参与人必须同时并且独立写上一个数字，要么是 5，要么是 3。选择被揭示后，收益按如下方法给出：如果每个人都选 5，每个参与人得到 5 美元；如果某个参与人选 3，不管其他人选什么，该参与人都得到 3 美元；如果他选了 5，而其他人选了 3，该参与人得到 -4 美元。根据我的经验，如果两个参与人互相非常了解，在大多数情况下，每人都会选 5 并预期对方也会这样选。当参与博弈的人数达到 4 人或 5 人时，如何进行博弈将变得非常不明朗，每个人都愿意在 5 上进行协调。但是在人数为 4 人或 5 人的组中，每个人都能确信，没有人为了安全起见而选 3 吗？当你考虑有很多参与人将要做什么时更是模糊不清。例如，当参与人为 15～20 人时，很显然，每个相关参与人都选 5 的风险太大了，所以，每个人都应选 3。

510　　　　　现在，考虑如下有两个参与人的博弈，内容是根据美国的 11 个城市，写出要选择的城市名单：亚特兰大、波士顿、芝加哥、丹佛、洛杉矶、纽约、费城、菲尼克斯、旧金山、圣迭戈和西雅图。一个参与人被告知在一张纸上写上他的名字，然后写出这些城市中的某些的名称。他写出的名单中必须包括波士顿。另一个人也被告知在一张纸上写上名字并列出上述一些城市的名称，她列出的名单中必须包括旧金山。每个人可按自己的喜好列出可多可少的城市名称。对名单进行比较后，如果一个城市的名称仅出现在一个参与人的名单中，那么列出这个城市的参与人将获得 0.50 美元。对于在两个名单中都出现的城市，两人都因每个城市被扣掉 1.50 美元。例如，第二个参与人在旧金山之外又列出了 6 个其他城市，但其中两个出现在第一个参与人的名单上，第二个参与人获得 7×0.50−2×1.50＝0.50 美元。为了对这种情形增加一些社会色彩，第一个参与人被告知假装为哈佛大学商学院的 MBA 学员，第二个参与人被告知假装为斯坦福大学的 MBA 学员。最后一点，所有规则都是同时向两人做解释，所以每个人都明白这一规则，而且每个人都知道另一方也明白这一规则。

　　　　在继续阅读前，先决定面对随机选出的斯坦福大学 MBA 项目的学员，你如何进行这一博弈。假定在你扮演的角色中，必须把波士顿包括在你的名单中，除此之外，你还会把哪些城市加在你的名单上？你预期你的对手会把哪些城市列在名单上？说得明白一些，你所要做的是列出你认为对手不会列出的任何城市。在给定的城市数中，如果你想最大化自己的预期收益水平，你应该关注的城市是你估计对手列出的可能性小于 1/3 的城市。

　　　　这一博弈有多种协调方法。最优的协调结果（你可能会认为不可能）是有 9 个候选城市列在一个人而非两人的名单上，有 512 种方法来做到这一点。尽管协调方式的数量巨大，但据我的经验，在相当多的时间中（大约 50%），斯坦福大学的 MBA 学员要么能协调出这一结果，要么非常接近。而且，他们的协调（或非常类似）用的是一种非常特殊的方法。从博弈描述的情形可得出如下启示：密西西比河是划分城市的一个不错的方法，所以，必须选波士顿的参与人应选亚特兰大、芝加哥、纽约、费城（有时会省略芝加哥，因为它不位于东海岸），而必须选旧金山的参与人选丹佛、洛杉矶、菲尼克斯、圣迭戈和西雅图。如果两个参与人是美国人，双方都知道这一点，而且知道对方都知道这一点，那么按这种方式协调的可能性就大大提高了。如果我不喜欢某一城市而用其他城市来替换，如用明尼阿波利斯替代亚特兰大，成功协调的可能性就降低了，不仅仅是因为明尼阿波利斯处在分界线上，而且因为它出现在名单中后，使得以密西西比河为界的划分方法不太可取。主要的一点是，在这个非常复杂的博弈中，因为有多种协调方法，我们会把某种东西大致作为多种情形存在时进行博弈的一种非常明显的方法。

511

这些仅仅是一些例子，但是它们表明一些博弈在某些情形下可被归入"**可清楚看到并预期**"（clear-what-to-do-and-expect）的范畴之中，而其他情形则做不到。在特定情形下由特定参与人进行的某种特定博弈，要怎样做才能使之适合这一设置？不可能有确切的答案，也无法进行一般意义上的检验，但一些明显的因素值得考虑：

- 首先，所有参与人对博弈的规则、每个人面临的选择等都有同样的理解，这通常有助于达成预想结果，甚至是关键所在。
- 一些博弈可通过逻辑推理来解决，通常，逻辑推理的解决办法要用到占优或几轮的重复剔除占优：参与人 A 不选择策略 X，每个人都知道这一点，所以参与人 B 可安全地排除对策略 Z 的考虑。如果参与人 A 和 B 每个人仅有两个选择，问题就解决了。
- 在参与人做出选择前去咨询一下别人通常是有益的。
- 当参与人相互交往的历史很长，特别是在类似情况下，而且他们知道他们正在与谁交往时，可预测性通常得以提高。想一想生活在同一条街上的两个兄弟或两个孩子玩一轮"斗鸡博弈"的情形。但是，重复交互可能会有欺骗性，就像我们在第 22 章要看到的那样。
- 当参与人数量不多时，如果他们相互了解，是一个有利条件。但是在某些情形下，人数众多也可能比较有益，因为人数众多再加上对人们如何做出反应的良好判断可使事情变得更清楚。
- 通行的社会惯例和规范有时可被应用于特定情形。例如，可想一想在艰难协调中的日本学生和教授。
- 有时，我们可以采用共同理解中的模糊原则，经济学术语称之为"**焦点论证**"（focal point argument），这方面的例子包括广泛适用的原则，如追求总体利益最大（go for the joint maximum）或公平分配所得（split gains equally），以及一些引导学生明白的隐喻，如在 11 个城市的博弈中，引导学生使用密西西比河作为分界线。

上述方面并未罗列完全，但确实包括了许多方面。总的来看，为了管理者的利益，增加如下几点也是值得提倡的：最为相关和有影响的社会职责及惯例，其中可包括组织和职业规范、直接交流和直接经验。

是纳什均衡吗？

512

在分析被模型化为博弈的情形下，纳什均衡概念被这样来运用。在已经把讨论的情形格式化为一种博弈后，我们要问的问题是：有什么理由可以相信博弈参与人对博弈如何进行已相当了解？他们对对方了解吗？他们可以寻求咨询吗？他们可以通过精心设计一种信号交换的形式来展示各自的目的吗？一些社会惯例适用于此吗？可运用逻辑推理吗？对所有这些问题的回答可能是否定的，但是，当至少有一个答案是肯定的时，我们期望看到博弈的纳什均衡。如果每个参与人都能预测出其他人做什么，在这种预期的基础上，每个人都会最大化自己的收益水平，因为我们总认为收益水平是参与人认为最重要的东西。因为这被认为对所有参与人都为真，所以，预期的博弈方式一定为没有一个参与人（知道其他人在做什么）愿意离开目前的选择。这种进行博弈的可预测的方法就是关于一种纳什均衡的确切说法。

注意，前面句子中说是"一种"纳什均衡，"一种"在这里指的是两件事：第一，许多博弈有多重纳什均衡（你可能已经看到了许多），一种明显的博弈方法，如果存在的话，一定是其中的一种。暗示的含义仅在一个方向上成立。尽管有许多争论意见，但我不想自寻烦恼进行详细讨论，人们可以选出一个仅有一种纳什均衡但没有明显的博弈方法的博弈，在其中几乎没有人愿意选择达到纳什均衡时组合中的策略。第二，前面段落中的内在逻辑是关于博弈中参与人的观念问题。他们必须明白如何进行博弈。当局外观察者通过分析研究也明白了这种情形时，这仅是一种额外赠品。但是如果你认为山姆和简进行博弈的背景条件是预先可进行沟通，你也会看到如下情形：我们相信，博弈参与人对如何进行博弈有明确的概念，这就意味着一种纳什均衡的存在，但是作为局外人，我只能等待数据来确定他们选择了哪种。

此外，也是最重要的，所有这些预测都是根据存在一种清晰和共知的博弈概念来做出的，至少对参与人是这样。如果缺少这一概念或者说我们无法确定这一概念是什么，纳什均衡就没什么价值或无法用来描述某种特定情形。除非你能非常自信地肯定，处于模型化情形下的参与人出于这样或那样的理由对如何行动有一个清晰、共知的理解，要不然是不可能落实到纳什均衡分析中的。

513

在本章之后，当我们把博弈论应用于对管理者利益分析的情形时，我们所说的这或那是纳什均衡是针对描述现实生活中的情形的某种给定模型而言的。在本书或其他地方，当你在任何时候听到相关的一些说法（如有人说："啊！这就是这个模型的纳什均衡"）时，你还是要持怀疑的态度。除非你能确信，互相作用的各方对如何博弈有一个清晰的理解，要不然，这种或那种行为模型的纳什均衡没有多大价值。事实上，理想的分析应该按完全不同的思路来进行。首先，当对情形模型化后，应提出的论证是每个人都应该预期到某种特定的行为模型。然后，对此进行一致性检验，行为的预期模型应该是纳什均衡。另一种情形没有太多定义性的东西但有时很有用：参与各方对如何进行博弈的明显方法有共同的理解，那么这种共同的理解就是纳什均衡中的一个集合。

混合策略和收益无法预测的博弈

在到目前为止所讨论的每一种博弈中，在一定意义上可以说涉及的参与人都想要协调他们的行为。他们对哪种协调是最好的并没有一致的意见——山姆愿意在老普鲁斯酒吧会面，而简知道她无法去卡芬咖啡馆，因为山姆不会去那里，所以她愿意去美术馆。但如果他们不能这样来解决问题，他们就得相互协调。换句话说，在到目前为止讨论过的博弈中，每一个参与人都想改变规则，这样他就可首先行动，而对手则根据这种选择做出反应。

但是在某些竞争态势下，又应避免首先行动。当同时选择策略的参与人不想自己的选择为人所知时就是这样。一个简单的由孩子们玩的典型例子是石头-剪刀-布（rock-paper-scissor）的游戏。在游戏中，两个参与人用手摆出石头（握成拳头）、布（五个手指伸开）和剪刀（由食指和中指做 V 形）手势。如果两人手势相同，算平局。在其他情况下，石头对布，布胜；布对剪刀，剪刀胜；石头对剪刀，石头胜。任何玩过这个游戏的人都会告诉你，不能让对手猜到你在做什么。你并不想首先做出行动。

举一个稍微复杂的例子，绝大多数读者都玩过扑克，遇到过虚张声势的现象。当你拿了一手好牌，你的赌注就会下得大。但如果你只是在拿到好牌时才大胆投注，那么你投注的行为会暴露你的牌的质量，你看到的结果是当你叫牌时，如果对手拿到的是中等牌，会扣牌不跟。所以，玩牌者总是虚张声势，有时他们拿的牌很差，但仍积极大胆投注。这样做有两个目的：他们希望通过虚张声势使对手扣牌不跟，因为对手认为大胆投注是持牌人拿到好牌的信号。同时，通过虚张声势，可以迷惑对手。当积极投注时，他可能就在虚张声势，所以，当他这么做时，扣牌不跟并不是个好主意。所以，当第一个参与人拿到一手好牌时，投注可以稍微积极点，并希望对手不要扣牌不跟，从而可以依靠他的一手好牌赢得可观的筹码。总之，人们在玩扑克时的虚张声势变得不可预测了。

在商务和管理中，协调和可预测性通常比不可预测性重要得多。但事情并不总是这样。所以，我们可以花费时间来思考一下如下问题：纳什均衡概念是否与说博弈的主要特征就在于不可预测性有一定关系？

这样的博弈对纳什均衡提出了一些问题，似乎纳什均衡不存在。考虑图 21.8 的博弈。在这一博弈中，如果罗选择第 1 行，科尔将愿意选择第 2 列。但是如果科尔选择第 2 列，罗又想选第 2 行，这又会使科尔转向第 1 列，罗将回到第 1 行。没有一个策略组合是纳什均衡。

科尔

		第 1 列	第 2 列
罗	第 1 行	2, 1	0, 4
	第 2 行	0, 1	3, 0

图 21.8　当不可预测性是主要特征时的 2×2 策略博弈

说明：这个博弈没有纯策略纳什均衡。对每个单元格来说，双方的愿望背道而驰；双方都希望不被预测到。

事实上，如果你愿意扩展参与人策略的意义，纳什均衡确实存在。到目前为止，一种策略被定义为一种行为的确定性选择，就像石头-剪刀-布中的剪刀或图 21.8 中的第 1 行，这是所谓的**纯策略**（pure strategy）。根据事先的概率分布集合，我们可以设想一个参与人的行为选择是随机的。例如，在图 21.8 的博弈中，罗选择第 1 行的概率为 1/3，选择第 2 行的概率为 2/3，这样的策略被称为**混合策略**（mixed strategy）。**混合策略组合**（mixed-strategy profile）是一系列（可能）混合策略的集合，其中，每个参与人选择一种混合策略。

为了应对混合策略，我们需要一些直接的技术限制条件。假设在图 21.8 的博弈中，罗采用混合策略，他选第 1 行的概率为 1/3，选第 2 行的概率为 2/3，那么科尔选第 1 列好一些还是选第 2 列好一些？第 1 列可保证获得的收益为 1，而第 2 列*有 1/3 的概率收益为 4，有 2/3 的概率收益为 0，哪一个好一些？在博弈论的实际应用中，通常假定参与人是追求预期效用最大化者，收益水平被看作个人的效用函数，所以，用预期效用做比较较为合适：第 1 列意味着预期效用为 1，而第 2 列的预期效用为 $1/3 \times 4 + 2/3 \times 0 = 4/3$。所以，如果罗选择第 1 行的概率为 1/3，科尔选第 2 列要好于第 1 列。

现在考虑一个混合策略，罗选第 1 行的概率为 1/4，选第 2 行的概率为 3/4；科尔选第 1 列的概率为 3/5，选第 2 列的概率为 2/5。根据罗的混合策略，你可以计算出科尔从选择第 1 列中得到的预期收益为 1，从选择第 2 列中得到的预期收益也为 1，他在两者间没有差异。所以，特别要指出的是，在两者间混合选择是他对罗的所作所为做出的最好选择。如果他选第 1 列的概率为 2/5，选第 2 列的概率为 3/5，读者可以计算罗选第 1 行的预期收益为 6/5，选第 2 行的预期收益为 6/5。所以，他最好的反应是混合策略，即以 1/4 的概率选第 1 行。我们得到了纳什均衡。

这样得出的纳什均衡完全是一种疯狂的举动，是吗？一个老谋深算的扑克玩家与其他老谋深算的玩家对垒时不会这么看。优秀的扑克玩家向对手虚张声势完全是随机的——如果对手知道什么时候虚张声势，这种做法就没什么作用了。他们的虚张声势做得很到位，即使看到他们积极下注，对手一般也无法确定如何回应。作为回应，对手也会采取无法预知的虚张声势的做法，也会做得很到位，对手也不会知道是虚张声势还是真的。这就描述出了混合策略的纳什均衡最为本质的特征。（如果你也玩扑克，因为你在扑克桌对面的对手并不可能像博弈论专家所说的那么复杂，所以对这种具有实用意义的建议也不可全盘接受。）

混合策略与管理者有关吗？我们真能希望 CEO 会根据掷硬币或扔骰子来做出重要决策吗？如果他这样做了，决策被证明是错的，我们期望他能保住职位吗？在收益不可预知的情形下，混合策略就与此有关了。但根据掷硬币或扔骰子来做决策对管理者或扑克玩家来说太罕见了。重要的是做出出乎对手意料的行动。在大多数现实生活应用情形（包括玩扑克）中，寻求意外行动的参与人拥有许多私人信息，这些信息连同他的对手的行为影响着他做得好还是差。只要这种信息是私人信息，也就是对手不知道的信息，根据信息所具有的确切"价值"做出决策就会使行为变得不可预测。

最后应该注意，混合策略均衡也可在收益可预测的博弈中出现，但这与我们现在讨论的情形关系不大。例如，在图 21.1 山姆和简的博弈中，假定山姆去老普鲁斯酒吧的概率为 0.8，去美术馆的概率为 0.2，简去老普鲁斯酒吧的概率

---

*　原书为第 1 列，疑有误。——译者注

为 0.2，去美术馆的概率为 0.8。这是一个混合策略的纳什均衡。在对山姆的策略做出反应的情况下，简去老普鲁斯酒吧、美术馆和卡芬咖啡馆的预期收益分别为 3.4、3.4 和 2；在对简的策略做出反应的情况下，山姆得到的收益分别为 4.4、4.4 和 1。混合策略的纳什均衡带给双方的预期收益要逊于他们积极协调，即要么去老普鲁斯酒吧要么去美术馆的收益。这是在协调形式博弈中所见到的一般现象。他们获得了混合策略均衡，但是对双方来说这要逊于纯策略均衡。所以，如果他们中存在一种被证明是明显的博弈方法，那么在极端情况下，将非常引人注目。

在本书中，我们将不再讨论混合策略博弈。如果你想学习更多这方面的知识和透彻了解它们的含义，可以参考几乎任何一本关于博弈论的教科书。

纳什均衡和占优

我们已经学习了策略式博弈分析的两种方法或两种分析形式——占优（包括弱占优和重复剔除占优）和纳什均衡。很自然，要问的问题是：两者有联系吗？

● 被重复剔除严格占优排除的策略永远不会成为纳什均衡的一部分。如果我们通过重复剔除占优排除每一个参与人除一项策略外的其他策略，那么，留下来的策略组合是这种博弈唯一的纳什均衡。

● 如果通过重复剔除占优排除一些策略，其中一些步骤要使用到弱占优，在所有没有被排除的策略中，存在着纳什均衡。所以，如果我们通过重复剔除占优排除除一个策略外的所有策略，其中一些步骤要用到弱占优，对所有博弈来说，余下的策略组合中存在纳什均衡，但可能不止一种。本章后面将给出相关例子。

21.4 完全完美信息下的扩展式博弈中的回溯归纳

到目前为止，我们只讨论了策略式博弈中的占优和纳什均衡。对于由自然决定或建立于信息集之上的一般扩展式博弈，进行此类分析则要难得多。但是，对没有这类特征的博弈（即完全完美信息博弈）进行的分析则要简单得多，这也被称为**回溯归纳**（backward induction）或**反向归纳**（rollback induction）。下面就是这样一个例子。

517　　　　我们就举一个完全完美信息的例子。例如，请考虑如图 21.9 所示的博弈，四个参与人分别是保罗、乔治、约翰和荣格。保罗开始博弈时可选 X 也可选 Y，如果保罗选 X，乔治必须在 A 和 B 之间做抉择。如果保罗选 Y，轮到约翰在 a、b、c 之间做选择；如果约翰选 b，又轮到保罗在 K、I 之间做选择。如果约翰选 c，荣格就必须在 x、y 之间做选择。其他所有的选择都意味着博弈结束。收益顺序为保罗最先，然后是约翰、乔治，最后为荣格。

现在可做分析了。我们的分析从下面的选择节点开始：参与人选择一些节点后，不管下面做什么选择，博弈即告结束。这样的选择有三种：

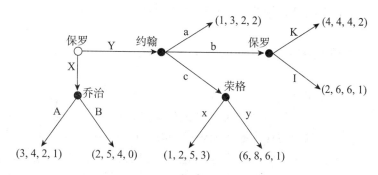

图 21.9　一个扩展式博弈

说明：在这个博弈中，四个人的收益顺序为保罗最先，然后是约翰、乔治，最后为荣格。

- 如果保罗开始时选 X，乔治必须在 A 和 B 之间做选择以结束博弈。如果乔治选 A，他得到的收益水平为 2；如果选 B，他得到的收益水平为 4。从逻辑上看他会选 B。注意，这其实意味着，从乔治的选择开始，四人的收益向量为(2，5，4，0)。

- 如果保罗选 Y，约翰相应选 c，荣格可选 x，带给他（荣格）的收益为 3，也可选 y，带给他的收益为 1。荣格似乎希望选 x 以结束博弈。所以，如果保罗选 Y，约翰选 c，博弈将会结束，收益向量为(1，2，5，3)。

- 如果保罗选 Y，约翰相应选 b，保罗可选 K，带给他的收益为 4，或选 I，带给他的收益为 2。保罗大概会选 K，结果收益向量为(4，4，4，2)。

518　　现在找到这样的节点，其后续选择要么结束博弈，要么这些节点已经被"评估"过。

- 例如，如果保罗选 Y，约翰将选 a（带给他的收益为 3），或选 b，于是又该保罗来做选择，这样，看到的收益向量为(4，4，4，2)或约翰得到 4；也可选 c，这样就该荣格来选，从而收益向量为(1，2，5，3)或约翰得到 2。当面对这样的选择，并且在给定可能的选择时，预期将会发生什么？对约翰来说最好的行动显然是选 b，把选择权给保罗，自己得到 4，总的收益向量为(4，4，4，2)。

- 这样我们可以来估计，在开始博弈时，保罗该做什么。他选择 Y 后，轮到约翰做选择，这样形成的收益向量为(4，4，4，2)。就像我们已经指出的那样，他要么选 X，把机会给了乔治，我们前面已经指出此时的收益向量为(2，5，4，0)。保罗选 Y 要好一些，当预测到约翰的反应为 b 时，然后保罗选 K，这样，整个博弈的收益向量为(4，4，4，2)。

每次采取一个步骤，从树的顶部（树枝的顶端）向树的底部或树干移动，你能估计出将会发生什么，这就是理论描述的过程。

从技术水平来看，这种分析方法还是非常简单的。可能暗含的唯一意思是如果一个参与人观察他的选择，会看出更多与最好收益相关的线索。在本书中，我们避免这种情况（如果这样做，将有一些复杂），所以，为了我们的分析目的，采用了简单的分析技术。但我们能相信这些结果吗？有两个理由可解释，我们可能并不一定相信这些结果。

应该相信回溯归纳所做的预测吗？

1. 收益并不一定是货币

第一个问题我们前面遇到过，真正的收益可能并不等于获得的货币收入。有一个例子被称为**最后通牒式博弈**（ultimatum game）。有两个参与人 A 和 B。A 先行动，可以选择贪婪，也可选择公平。如果 A 选择公平，双方各得 0.50 美元；如果 A 选择贪婪，B 必须接受 A 的贪婪，A 得 0.90 美元，B 得 0.10 美元，或做一个公平的**反向提问**（counteroffer），双方各得 0.05 美元或自己选择贪婪。如果 B 也选择贪婪，A 要么接受，A 得 0.01 美元，B 得 0.09 美元；要么拒绝，这样，双方都一无所获。

这个博弈可用扩展式博弈写出来，如图 21.10 所示，其中收益水平被视同为货币奖励。如果收益水平如此，通过回溯归纳可得出的结果为：如果我们看到的情况果真如此，那么 A 应该接受 B 的贪婪。所以，对 B 来说，在给定的选择中，应接受 A 的贪婪——这样可得 0.10 美元，比自己贪婪只得 0.09 美元要好。所以，A 应贪婪。

519

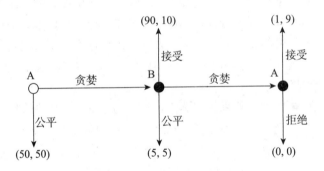

图 21.10　最后通牒式博弈

说明：A 的收益列在前。回溯归纳得到的预测是 A 在开始时就表现出贪婪，而 B 接受了这一点。但是，我们在实证检验中并没有发现这为真，因为对有些人来说，金钱并非代表一切。

对这个博弈和其他类似博弈已经进行了大量实证调查，经常出现的情形是 A 开始时选择公平。当 A 选择贪婪时，B 通常会不接受，而当 B 自己选择贪婪时，A 也拒绝接受。这里的"经常"到底如何，要受到收益规模和其他因素的影响，但是"经常"几乎总是一个不重要的时间长度。

解释相当简单，货币并非参与人的一切。参与人 B 在面对贪婪者 A 时，可能认为损失 0.10 美元给 A 一个教训是值得的，即使这样，他也认为自己没有受到多大损失。对 A 来说，当预期到这一点后，可能会决定不必为选择公平可确定获得 0.50 美元而去冒险。B 可能认为，选择公平要比选择贪婪多得到 0.40 美元更佳。

2. 太多的重复

怀疑回溯归纳的第二个理由是当决策树很大、各枝上的节点数量过多时，这种预测就不准确了。下国际象棋就是一个很好的例子。下国际象棋的规则是必须在有限的数步棋中结束。如果 50 步后，兵没有前进或吃子，那么就出现和棋，除非死局能活。从理论上讲，我们能用扩展式博弈来描述国际象棋的博弈过程，通过决策树对过程进行复盘，并看到一个完全理性的人如何来走棋。如果真是这样，那么观看两个完全理性博弈人的比赛一定很乏味。他们将知道要么是白棋或黑棋赢，要么就是和棋。为了节约时间，他们只是简单宣布结果，握握手，然后回家。但是，国际象棋的博弈树非常大，从来没有人找出理性的弃棋步骤，也没有人在可预见到的将来会去这么做。

520　　　一个与商务活动相关的例子是**蜈蚣博弈**（centipede game）。挑选两个参与人进行博弈，称之为参与人 1（她）、参与人 2（他），并且在桌上放上 2 毛钱。参与人 1 首先行动，她可以把 2 毛钱全部一扫而空，不留下任何东西给参与人 2，或者说"过"。如果她说"过"，那么，桌上就会增加 1 毛钱。现在轮到参与人 2 来做选择，他可把钱拿走，或说"过"，如果他说"过"，那么，桌上又会增加 1 毛钱，再轮到参与人 1 来做选择。这样一直进行下去。这一过程一直持续到要么其中一人把桌上的钱全部拿走，要么桌上的钱达到 2 美元。当达到 2 美元时，轮到参与人 1 做选择，她可以全部拿走，也可以说"平分"，这样每人各获 1 美元，不管是哪种情况，博弈都结束。

对这一博弈，回溯归纳会怎样来描述？在最后一次行动中，参与人 1 可拿走 2 美元，也可拿走 1 美元。如果收益等于货币，参与人 1 拿走 2 美元。所以，在此之前的一轮中，参与人 2 可拿走 1.90 美元，或者把主动权给参与人 1，由她拿走 2.00 美元，参与人 2 一无所获（即使参与人 1 说"平分"，参与人 2 也只得 1 美元）。所以，参与人 2 会拿走 1.90 美元，什么也不给参与人 1 留下。所以，在结束前 2 轮，参与人 1 可拿走 1.80 美元，在前 3 轮，参与人 2 可拿走 1.7 美元，等等。依此类推，我们可猜测，在第一轮参与人 1 会拿走 0.20 美元，而参与人 2 一无所获。

这种纯粹理论上的推理论证非常漂亮，但当人们做这一博弈时，参与人 1 将席卷 0.20 美元并不现实。在 MBA 学员中，扮演参与人 1 的人中不足 10％说，他们会在开始时就拿走 2 毛钱。大约 35％的人说他们将一直等到博弈结束，然后平分最后剩下的钱，余下的大部分人说，他们愿意等到总量至少累积到 1.60 美元时才会拿。从另一方面看，对于扮演参与人 2 的人来说，25％的人从不愿意把钱拿走，35％的人将愿意等到至少累积到 1.50 美元时才拿。

很显然，对一些参与人来说，金钱并非代表一切。如果参与人只为钱而行动，那么在最后一轮中就不会出现平分赌资的事情。而且，从参与人 2 来看，等到博弈结束得到 1.00 美元的想法愚蠢之极，因为在此之前的一轮中他可确定地得到 1.90 美元。因为有 35％ 的学员愿意等到博弈结束，然后平分赌资，而且有 25％ 的参与人 2 的扮演者并不愿意把钱拿走，所以，"金钱并非代表一切"在许多情况下是成立的。但是，这是一种效果可以放大（multiply）的博弈。假定你是参与人 1，你把钱看成是万能之物。你会马上把钱拿走吗？绝对不会。如果你非常准确地预测出其他人的行为，你有 25％ 的概率可以等到博弈结束拿到 2.00 美元，即有机会获得的预期价值为 0.50 美元。为什么不等这一结果而选 0.20 美元呢？

521 那么这样做又会怎么样呢？假设你首先行动，而且金钱对你最重要。假定你知道你的对手把钱也看得最重，但你的对手并不知道你知道了金钱对他最重要。随后当你说"过"后，你的对手自认为"可能我的对手并不知道我把钱看得最重，如果这样，他可能还会进一步放过。这样的话，我最好也放过而不是把钱拿走"。对手这样考虑的可能性有多大呢？即使概率仅为 1/4，你最好暂时"放过"。你眼下只能获得 0.20 美元，但你可能有 1/4 的机会获得比方说 1.60 美元的总额。在这种情况下，计划获得 1.60 美元是更好的主意。

回溯归纳论证基于如下确定性想法：在最后一轮，参与人 1 将拿走所有的钱。你采用回溯归纳的次数越多，小概率不成立的可能性越大。[1] 当涉及参与人的行为动机但发生的概率为正的小概率时，从许多重复剔除的回溯归纳论证中得出的结论并不会因为对这个模型做了一些小的改变而改变，所以，对前述结论可持较大的怀疑态度。

21.5 一般扩展式博弈中的纳什均衡

在所有扩展式博弈中，对完全完美信息条件下的博弈和满足信息集条件且由自然决定的更为一般的博弈这两种情形，纳什均衡概念都可适用。基本定义为，纳什均衡是博弈中每个参与人都选择一种策略形成的策略组合，其中没有一个参与人能从单边偏离（通过改变策略）来改进自己的收益水平。

这一定义应用的难度，即使是在数学上，在于验证没有参与人能通过改变策略来改进自己的收益。对于一般扩展式博弈来说，即使是完全完美信息条件下的博弈，一个参与人的策略集也相当复杂。从本质上说，一个特定参与人的策略具体是指对该参与人来说，在有各种可能行动的情形下，他选择了什么行为。说得更为规范一些，一种策略是指一个参与人在其信息集中具体选择的行为。这相当复杂，但又是扩展式博弈中最简单的。在接下来的章节中，我们会看到一些非常复杂的博弈，我只是简单指出这个或那个策略组合构成纳什均

---

[1] 对这个观点正式的解释非常复杂，即使是通过例子来解释。如果你想尝试难度更大的博弈论的推理，试着去读 D. Kreps，*A Course in Microeconomic Theory*（Princeton，NJ. Princeton University Press，1990）。

衡。在这样做时，大部分时间我希望我的说法是站得住脚的，但我并未进行艰难的证明，你一般只需接受这种说法即可。

完全完美信息条件下的纳什均衡和回溯归纳

对于完全完美信息条件下的博弈来说，我们用回溯归纳技术来预测如何博弈，我们也可检验纳什均衡的存在性。如何对它们进行比较呢？下面的例子表现出了这种联系。

考虑图 21.11（a）所示的博弈。有两个参与人 A（她）和 B（他），B 必须决定是否对 A 进行挑战。如果 B 不挑战，A 得到的收益水平为 2，B 为 0。但是，如果 B 挑战 A，A 必须做出反应，要么默许，要么斗争。选择斗争时 A 付出的成本为 1 单位，B 付出 2 单位（收益水平分别为 −1 和 −2），而选择默许时双方各得 1。

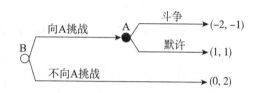

（a）扩展式博弈，B 的收益水平在前

参与人 A

参与人 B	斗争	默许
挑战	−2, −1	1, 1
不挑战	0, 2	0, 2

（b）策略式博弈，B 选行，A 选列

图 21.11　扩展式博弈和策略式博弈

说明：图（a）所示为扩展式博弈。图（b）给出了相应的策略式博弈。在图（b）中，读者会看到两组纳什均衡，即（挑战，默许），（不挑战，斗争）。第二组对 A 来说是弱占优策略。与此对应的情况是，在扩展式博弈中，如果 B 向 A 挑战，A 会选择斗争的策略并不可信。

B 应该向 A 提出挑战吗？如果他这么做了，A 必须在收益水平 −1 和 1 之间做出反应。当然 A 会选择默许。看上去 B 似乎必定会发动挑战，那就是回溯归纳。

现在把这一博弈转成策略式博弈，A 和 B 有两种策略：B 可以挑战也可以不提出挑战，A 可选择默许，也可选择斗争。把策略和结果收益水平对应起来，你得到的策略式博弈如图 21.11（b）所示。注意，

- （挑战，默许）是纳什均衡。回溯归纳能得到纳什均衡。
- 但（不挑战，斗争）也是纳什均衡，参与人 A 有能力（afford）选择斗争，因为如果没有遇到挑战，她就不必支出实际斗争的成本。如果 A 威胁要以牙还牙，B 被这种威胁吓退，A 也就不必把这种威胁付诸实践。

但是这种威胁有一个可信度问题。如果 B 认为 A 不过是虚张声势，A 实际上会进行斗争吗？

- 如果注意到这种纳什均衡涉及的是弱占优策略，对 A 来说，默许弱占优于斗争。正像我们刚才所指出的那样，威胁斗争如果能起作用，A 将不战而屈人之兵；如果没有挑战，斗争和默许对 A 是一样的。但是如果有挑战出现，默许严格优于斗争。

这个例子揭示出了把扩展式博弈转变成策略式博弈的一般原则，你经常会把一个单一的回溯归纳得出的答案转变成许多纳什均衡，通过回溯归纳得出的解是纳什均衡。其他纳什均衡涉及的策略可通过重复剔除弱占优方法排除。事实上，重复剔除是回溯归纳中的步骤。我们应该相信回溯归纳的结果吗？我们应相信一般重复剔除弱占优的结论吗？这些话题不是简单的技术问题。它提出的问题是：一方参与人对另一方做出的威胁和承诺可信吗？这个问题涉及许多经济学的内容，我们暂且停止讨论，到第 23 章再进行。

更复杂的扩展式博弈中可使用回溯归纳法吗？

对于一般扩展式博弈，就像信息集博弈和由自然选择的博弈，我们采用了纳什均衡分析。但是，就像已经看到过的，一些纳什均衡基于不可信的威胁得出。对于完全完美信息条件下的博弈，回溯归纳有助于我们认清这些不可信威胁下的均衡，所以，在一般扩展式博弈中采用回溯归纳是一件很不错的事情。

事实上，这类事件确实存在。但是如果要对这一概念进行阐述，将需要一本厚厚的博弈论方面的教科书。我希望下面几章对博弈论的应用能使你掌握博弈论方面的知识。如果你这样做了，完美均衡和序贯均衡的概念是你需要了解的知识。

小　结

- 当我们作为一个研究人员或参与人研究或参与竞争或合作事态时，试着从所有参与人的不同角度来看问题。我们使用非合作博弈论来对由不同参与人参与的、利益互相冲突的情形进行模型化或分析。

- 非合作博弈论使用两个一般类型的模型：策略式博弈和扩展式博弈；采用两种一般意义上的分析手段：占优分析和纳什均衡分析。
- 策略式博弈的表达形式为，具体列出参与人名单及每个参与人的策略目标及每种策略组合（由每个参与人选择一种策略组成）和每个参与人得到的收益向量。
- 扩展式博弈表现出了博弈的动态情形，其中表现的是一方参与人对另一方参与人的行动和他们收到的信息所做出的反应及相应采取的行动。在完全完美信息条件下的扩展式博弈中，参与人轮流采取行动。在博弈中的每一个节点上，采取行动的参与人知道其他参与人先前所采取的行动以及那些人所掌握的信息。信息集的概念可用于研究同时采取行动的扩展式博弈，或一个参与人忽略其他参与人所知道或已经做了什么时的行动。

● 对一个参与人来说，一种策略占优于其他是指，不管参与人的对手选择什么行动，该参与人采取占优策略都好于劣势策略（dominated strategy）。这种定义表现出的说服力为，我们并不希望参与人使用劣势策略。

● 如果相对于对手选择的所有策略来说，某一参与人的第一种策略严格好于第二种策略，那么，我们说第一种策略严格占优于第二种。如果有一些策略与对手一样（tie），那么，我们得到的就是弱占优。

● 对部分参与人来说，通过使用占优方法剔除一些策略后，在余下的博弈中，其他参与人也可使用这一方法来做同样的剔除操作。这种过程被称为重复剔除占优方法。

● 一个参与人不使用劣势策略或通过重复使用占优策略来剔除的方法做预测，在实证中并不总是有效。我仅指出一点：模型中的收益水平可能没有抓住是什么实际上在激励着参与人。除此之外，参与人有时也采用弱劣势策略，因为他（们）相信，对手肯定会选择使弱劣势策略和占优策略一样好的策略。当我们重复使用占优策略时，对每个参与人如何考虑其他人如何想和如何做的假设也越来越多地被加进来，从而使得结论越来越不可信。

● 纳什均衡是一种策略组合，由每个参与人选择一种策略组成，其中没有参与人能通过单边改变来改进他获得的收益水平。这个概念的影响力在于，如果参与人有显而易见的博弈方法，意思是说，对双方都是显而易见的，很显然双方也都清楚对对方也都是显而易见的，等等。所以，按这样的博弈方法所得到的一定是一种纳什均衡。为什么一种博弈可有一种显而易见的博弈方法？有多种原因，包括参与人进行逻辑推理、预先交流和商讨、相互之间特有的经验交流或运用处理此类情形的一般社会经验。说得含糊一点是，根据对某些焦点的理解，一般人都会有同样的感觉。当一种特定情形和有特定参与人的博弈不拥有进行博弈的显而易见的方法时，纳什均衡将没有多大的价值。

● 在一些博弈中，如扑克博弈中，如果玩家的思路无法被预料到，可能状况会更好一些。博弈论对这种情况使用了随机策略概念和随机策略中的纳什均衡概念来描述。

● 纳什均衡和占优之间的联系是经过严格占优重复剔除的策略不可能成为纳什均衡中的一部分。在有解的严格占优博弈中（重复剔除严格占优方法可剔除一项之外的所有策略），剩余的策略组合是该博弈中唯一的纳什均衡。如果采用重复剔除占优策略——弱或强均可——剔除了除某种策略组合之外的所有组合，那么这仅存的组合就是纳什均衡（可能还有其他的）。

- 为了对完全完美信息下的扩展式博弈进行分析，我们使用了回溯归纳分析方法：从扩展式博弈的最后开始分析，理解每个参与人在通过回溯归纳预测他的后继者会做什么的情况下会怎么行动。在回溯归纳步骤中，因为没有平局，所以，这就会给出当博弈进行时，会发生什么的唯一预测。这种预测并不总是能得到实证检验的支持。因为在这一模型中的收益水平没有抓住参与人真正的目的，多次回溯实际上对涉及的每个参与人堆积了大量的关于其他人如何想和行动的假设。
- 纳什均衡概念可不加改变地被运用于扩展式博弈。对于完全完美信息条件下的博弈，回溯归纳会得到博弈的纳什均衡，但是在威胁不可信的条件下，也可得到其他纳什均衡。

练 习

526　**21.1** （a）在图21.12（a）的博弈中，（第1行，第2列）是纳什均衡吗？（在所有这些问题的博弈中，选择行的参与人的收益摆在前面。）

	第1列	第2列
第1行	0, 0	6, 6
第2行	2, 2	7, 0

(a)

	第1列	第2列	第3列
第1行	4, 1	3, 2	5, 1
第2行	5, 10	1, 7	6, 6
第3行	4, 4	2, 3	10, 5

(b)

图21.12　练习21.1的两个策略式博弈

（b）找出图21.12（b）中的所有纳什均衡。

21.2 找出图21.13博弈中的所有纳什均衡。

	第1列	第2列	第3列	第4列
第1行	1, 9	2, 9	2, 8	7, 3
第2行	3, 3	4, 4	1, 1	6, 3
第3行	0, 10	1, 7	2, 9	2, 1
第4行	2, 2	0, 0	3, 3	1, 0

图21.13　练习21.2的策略式博弈

21.3 在图21.14的博弈中，运用重复剔除占优方法。

	第1列	第2列	第3列	第4列
第1行	6, 1	2, 1	5, 2	2, 3
第2行	8, 0	10, 1	4, 5	1, 2
第3行	4, 4	10, 0	3, 0	1, 1

图21.14　练习21.3的策略式博弈

21.4　在图 21.15 的博弈中，运用重复剔除占优方法。

	第 1 列	第 2 列	第 3 列	第 4 列
第 1 行	1, 9	2, 9	2, 8	7, 3
第 2 行	3, 3	4, 4	1, 1	6, 3
第 3 行	0, 10	1, 7	2, 9	2, 1
第 4 行	2, 2	0, 0	3, 3	1, 0

图 21.15　练习 21.4 的策略式博弈

21.5　销售一种不可分物品常用的程序是密封竞价拍卖（sealed-bid auction）。在这种拍卖中，所有希望购买的人都有机会对拍卖物品进行检查，然后每个人在密封的信封中写上竞标价格，交给拍卖人。在所有标书收齐后，将开标并公开标的。这种拍卖最常用的一种形式是出价最高者得到拍品，投标人按其出价来付款。这就是著名的一级价格拍卖（first-price auction）。另一种不常用的形式是物品给出价最高者，但这名竞拍者只需支付第二高出价。这就是二级价格拍卖或维克瑞拍卖（Vickrey auction）。

假定你正参加拍卖，标的物是一次假期旅行。除你之外，还有 15 名竞拍者。你认为这次旅行对你来说值 2 000 美元，你宁愿支付少于 2 000 美元的代价去做这次旅行而不愿错过（不需付费），但是如果为获得这次旅行花费超过 2 000 美元，你则宁愿错过（不需付费）。错过这次旅行（和不付费）与做旅行花费 2 000 美元对你来说没有差异。具体来说，如果你没有赢得拍卖（不需付费），你获得的收益将为零。如果获胜，你将获得 $2\,000-P$ 的收益水平，成本为 P。

你不了解对另外 15 名竞价者来说这次旅行值多少以及他们如何竞价。

（a）假定这是一种一级价格拍卖，对你来说，为什么竞价为 1 950 美元的策略弱占优于竞价为 2 000 美元的策略？你能比较（采用占优法）竞价为 1 950 美元和 1 960 美元的情形吗？你能比较竞价为 2 000 美元和大于 2 000 美元的情形吗？

（b）假定这是二级价格拍卖，对你来说，为什么竞价为 2 000 美元的策略弱占优于所有其他策略？

21.6　图 21.16 所示是两个完全完美信息条件下的扩展式博弈，图（a）是威胁博弈，图（b）是信任博弈。用回溯归纳法来解两个博弈。你认为你的同伙在进行这些博弈时，将会按纳什均衡分析所预测的那样行动吗？假定 1 单位收益等于 1 美元。

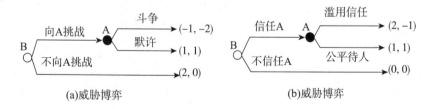

图 21.16　完全完美信息条件下的两个扩展式博弈（A 的收益列在前面）

21.7　再考虑山姆和简的博弈，现变为简首先选择，山姆做出回应。一种扩展式博弈如图 21.2 所示。

（a）完成这一博弈的回溯归纳分析。

（b）在这一博弈中，山姆有 27 种策略，请列出。

（c）画出这一博弈的 27×3 的策略表达式，并列出所有收益水平。找到与你对问题（a）的分析对应的单元格。这是纳什均衡吗？

（d）你能找出这一策略式博弈中其他的纳什均衡吗？

（e）这种策略式博弈的占优（重复剔除还是弱占优？）分析能告诉你什么？

（f）如果按照信息集的讨论，在山姆和简独立选择而非序贯选择的情况下，山姆和简博弈的扩展式表现形式是什么？如果你从复制图 21.2 开始，再参看前文中的提示，你应该做得出来。

21.8 在电影《美丽心灵》中，约翰·纳什提出纳什均衡的情景被描写为当与几名男性朋友在酒吧聊天时，试图找到一种方法来约一些未婚女性。电影中的故事没有充分表达出纳什均衡理念的意义，如下是对此的一种解释：两个朋友约翰和乔在酒吧聊天，想去了解三名单身女性——玛丽、简和莎丽。两人都有兴趣接近这些女性，但是他们社会中的习俗是，每个人都只能与一位女性建立联系。比方说，约翰追求简，乔追求其他两人中的一人，约翰成功的概率为 $p_简$。对乔也是这样。如果他们两人都追求简，每个人成功的概率为 $p_简/2$。莎丽非常漂亮，与她成功约会值 10 单位效用，而与迷人可爱的简或玛丽成功约会的效用为 7 单位。但是因为漂亮，所以莎丽拒绝男士追求的可能性更大，$p_莎丽=0.2$，而简和玛丽则易接近一些，$p_简=p_玛丽=0.3$。付出努力去追求，如果不成功，获得的收益水平为零。把这个故事转换成策略式博弈并找到各种纳什均衡。如果约翰能首先采取行动，然后乔跟随，你预测会发生什么？

21.9 假设两个企业 A 和 B 生产替代品，但非完全替代。两种产品的反需求函数为

$$p_A = a - x_A - bx_B$$
$$p_B = a - x_B - bx_A$$

其中，$a>0$，$0<b<1$，两个反需求函数中的 a、b 是一样的常数，每个企业的边际生产成本都为常数 c。

（a）假定两个企业必须同时且独立地选择生产数量，每个企业都不知道对手已经选择了什么。这个博弈的纳什均衡是什么？

（b）假定两个企业必须同时且独立地选择生产价格，每个企业都不知道对手已经选择了什么价格水平。这个博弈的纳什均衡是什么？

（c）假定企业 A 首先选择生产数量。企业 B 看到这种选择后，再选择自己的生产数量。你预测会发生什么？

（d）假定企业 A 首先选择价格。企业 B 看到这种选择后，再选择自己的生产价格。你预测会发生什么？

第22章 | 互惠和串谋

本章讨论在重复交往中的互惠和串谋现象。本质上自私的参与人在重复交往中怎样和什么时候会进行合作？在较为抽象地回答了这个问题后，我们会把答案用于分析寡头垄断条件下公开串谋和暗中串谋的问题。

大型电动涡轮发电机是把机械能转化为电能的设备中举足轻重、价值昂贵的部分，也是大型发电厂生产电力时用矿物燃料发电和核反应堆中产生蒸汽的大型超临界机组中的核心部分。在20世纪50年代末，美国市场的大型涡轮发电机由三个大型工业公司提供：通用电气（GE）公司、西屋公司和艾利斯-查默斯（Allis-Chalmers，简称艾查）公司。[①]

按波特式"五力"模型对这一行业在20世纪五六十年代的状态所做的分析，至少从潜在意义上说，这是一个非常赚钱的行业。该行业从经济意义上而言鲜有替代品。向该行业供货的供应商影响力不大，客户也相对处在弱势的地位，而且更为有利的是，鉴于大部分客户的业务运行方式（作为受到管制的供电商），它们对价格不是很敏感，进入壁垒高得惊人。

在20世纪50年代，三个公司获得巨额利润。但是到了20世纪60年代早期，它们的获利大大下降。事实上，在20世纪60年代早期，该行业的盈利水平是如此之低，以至三个公司中规模最小的公司艾查公司已被逐出该行业，只留下GE公司和西屋公司在分享极低的利润水平。到了1970年，两个公司再次迎来获得厚利的机会。

盈利水平的大幅波动源于行业中竞争对手状况的变化。在20世纪50年代，三个公司找到了一种非常聪明——当然完全违法——的协调价格的方法，所以获得巨额利润。它们是如何做的呢？为了弄明白它们的这种做法，你首先要理解，这一行业中需要涡轮发电机的客户（特别是一些大型发电公司，如纽约联合爱迪生公司以及太平洋天然气和电力公司）将会首先正式发布公告，提出具

体要求，然后请潜在供应商来竞标。在这种邀请竞标的正式邀请发出后，三名

---

① 大型涡轮发电机行业的相关故事取自 "General Electric vs. Westinghouse in Large Turbine Generators（A，B，C）."（HBS 9-380-128，129，130）。如果有兴趣了解更多的细节，可以阅读上述材料。

供应商将根据阴历来投标。如果是在阴历月份的 1—17 日（新月出现的那天被看作第一天），GE 公司将会赢得合同：GE 公司的竞标价定得相对较高，但另外两个公司定得甚至更高；如果邀标日期宣布在阴历的 18—25 日，大家明白，西屋公司将赢得合同；如果是在 26—28 日，艾查公司将赢得合同。（我不能完全确定阴历月份的确切划分比例。GE 公司 60％，西屋公司 30％，艾查公司 10％，这大约是它们的市场份额。如果我错了，大概也就相差一两天。）

很清楚，这是一个定价串谋（price-fixing conspiracy），明显违反了《谢尔曼反垄断法》。这是对美国反垄断法明目张胆的违反，如果美国司法部了解到这种串谋方法，它将对三个公司的董事提起刑事诉讼，而且收监时间也指日可待。但是，因为司法部的工作人员没有想到它们是通过阴历来进行协调，所以在相当长时间内，他们不知道这三个公司如何协调它们的竞标，这三个公司也就在这段时间内大获市利。

到了 20 世纪 60 年代早期，艾查公司被从行业中挤出后，GE 公司和西屋公司之间的竞争变得非常激烈。之后到了 1963 年，GE 公司做出一项战略行动，认可对手的存在，西屋公司也采取了相对温和的竞争态度。利润就上升了。在本章，我不讨论 20 世纪 60 年代的事件或 GE 公司的战略举动。我强烈建议当读者学完本章后，试着了解 GE 公司-西屋公司案例中的 A 和 B 部分，并试着去理解它们。概括地说，A 案例解释了在 20 世纪 60 年代早期竞争为什么这么激烈，而 B 案例描述了 GE 公司在 1963 年的开局弃子法（opening gambit），案例 C 描述了在接下来的 10 年左右时间中发生的事情，一直到美国反垄断当局引起下一次博弈。尽管这一案例有些陈旧，但要弄明白我们这里讨论的概念没有比这个案例更好的材料了。我并不想破坏你或你的指导教师对这个故事的感觉，但是我想说，GE 公司在 1963 年的行动可能已经违反了反垄断的精神和条款，因为这个原因，总体上说这并不是一件值得赞美的事。（就我所知，法院并没有确定性的结论说 GE 公司的行为违反法律规定，所以用"可能"一词才恰当。）但是，如果抛开 GE 公司行为的合法与否，而只关注参与人以利于自己利益的方式更改博弈规则和努力的话，这个案例就非常有意义了，这个案例非常迷人，像商业策略中的贝多芬第九交响曲。

532 我并非想讨论按阴历约定时段之后发生的事，我要提出的问题是：为什么按阴历来确定时段的办法能进行下去？假定日期是阴历月份的第 25 天，纽约联合爱迪生公司发出发电机投标邀请。根据事先商定的方法，25 日归西屋公司，所以，该公司投出可获巨大利润的标书，因为预期 GE 公司和艾查公司会报出价格更高的标书。假设你是艾查公司的 CEO，因为你所在公司只占 28 天中的 3 天，因此平均来看占有 10％的市场份额。而且，运气不好再加上市道欠佳，可能在一年内你也接不到一份订单（即该归你所有的订单）。为什么不违反协议从西屋公司手中"偷来"这份订单呢？如果西屋公司的标书中留有巨额利润，你就有了很大的余地来拿到这份订单，而且报出一个相对合理的价格。你也不必担心西屋公司将因为你违背口头协定而把你告上法庭，因为这种做法本身就是违法的，在法庭上不会被接受。为什么你不坚持这一交易呢？

本章的主题是回答这一问题，或者说得更确切一点，要回答的问题是：在这种安排下，参与人在什么条件下会坚持做成这笔生意？在重复进行的交往中，一般涉及的话题是互惠问题：对于本性上自私的人们来说，在什么情况下和什么时候他们才会进行合作？

22.1　互惠的博弈论分析：无名氏定理

我们从上一章的囚徒困境博弈开始。我重新把这一博弈表述为图 22.1，囚徒的名字仍为罗和科尔，两种策略为告发（fink）和合作。对这一博弈，我还要提醒的是，对双方来说，告发是占优策略，所以（告发，告发）是这一博弈唯一的纳什均衡。对两个囚徒来说这并非满意的结果。因为他们以收益水平为零来结束，而不是每人为 5 单位——如果他们能找到保持合作的办法，即每个人都保持沉默。这就是囚徒困境。当自我利益会使得每个人都选择告发时，如何能得到这种合作的结果呢？

科尔

		保持沉默	招供
罗	保持沉默	5, 5	−3, 8
	招供	8, −3	0, 0

图 22.1　囚徒困境

533　逃出困境的一种方法是形成有法律强制力的合作协定。但是，如果这不可行，还有其他的可能性。假定两个囚徒会反复遇到这种情形。确切地说，假设他们再一次面临这种博弈，而在结束后他们会知道博弈的结果。当一些意外事件发生后，他们有 0.8 的概率会进行第二次博弈，而有 0.2 的概率不会再进行这样的博弈。在他们进行第二次博弈后（如果他们这样做），结果也为他们所知晓。同样，独立发生的意外事件使得他们有 0.8 的概率进行第 3 轮博弈，依此类推。在每一轮博弈后，发生下一轮博弈的概率为 0.8，而不再进行博弈的概率为 0.2，过去发生的事件与此没有关系。假设一连串博弈之后的收益水平就是把每一轮博弈之后的收益加总在一起。但到目前为止，参与人还不能确定他能得到多少收益水平，因为博弈会持续多长时间并不确定，参与人追求的是预期价值的最大化或加权概率平均值之和的最大化。

在这个例子中，合作能得到一种纳什均衡结果。想了解为什么，考虑如下罗的策略：

从合作开始。只要博弈继续，只要两个参与人在每一个前述阶段都进行合作，那就继续合作。如果其中有人告发，那么在所有后续阶段，只要博弈继续，就继续告发。

相对于告发或合作来说，这种策略在总体上更高明一些。这些是在任何一轮博弈中都可见到的行为，所以，如果博弈进行一次，这些也就是参与人的策略。这也是两个参与人在重复交往中所采取的策略，其中罗在每一轮博弈中采取的行为要依赖于在前面几轮博弈中发生了什么。

科尔对于罗采取的这种策略的最好反应是什么呢？假设科尔做出的反应总是合作。那么在每轮博弈中，两方都将合作，只要博弈继续。科尔在第 1 轮得到 5 单位，在第 2 轮得到 5 单位（如果有第 2 轮），等等。科尔的预期收益为

$$5+0.8\times5+(0.8)^2\times5+\cdots=\frac{5}{0.2}=25$$

解释如下：第 1 个 5 是科尔第 1 轮得到的收益水平，第 2 项 0.8×5 是第 2 轮得到的收益水平 5 乘上第 2 轮博弈出现的概率 0.8，第 3 项 $(0.8)^2\times5$ 是第 3 轮收益水平 5 乘上第 3 轮博弈出现的概率 $(0.8)^2$，右边我们看到的是一个无限数求和，得到的结果为 $5/0.2=25$，这只是一种数学计算所得的结果。

科尔在第 1 轮告发会更好一些吗？如果他这样做了，他在第 1 轮得到的收益为 8；如果罗还按预定的策略行事，科尔在后续任何一轮博弈中所得都为零，因为罗在此之后将一直告发。所以，如果在第 1 轮科尔告发，其预期收益水平为

$$8+0.8\times0+(0.8)^2\times0+\cdots=8$$

这比一直合作要差。如果科尔预期罗会按预定策略参与博弈，那么，科尔在采取的任何策略中一直进行合作要比在第 1 轮告发的任何策略更好一些。

尽管用了一些数学手段，但是，从中可以看出，在给定罗采取的策略时，科尔总体上的最优反应策略是只要罗这么做，科尔就采取合作策略。科尔可采用的许多策略都满足这些条件，包括如下三点：

(1) 总是合作，不管发生什么。

(2) 在开始时合作，只要罗也这么做就继续合作。如果罗曾经告发，那么今后一直告发。

(3) 在开始时合作，罗在前 $t-1$ 轮做什么，科尔在第 t 轮就做什么。

如果对三种策略给出三个名称，我们称第一种为**纯真合作**（naive cooperation），称第二种为**残酷合作**（grim cooperation），称第三种为**以牙还牙**（tit for tat）。第一个和第三个名称的意义很清楚，第二个之所以被称为残酷合作，是因为如果另一参与人曾经被告发，那么自此之后，他将永远残酷告发，从不宽恕也不会忘记。

假定罗进行残酷合作，而科尔采取纯真合作。在重复交往中，这是纳什均衡吗？我们已经断言，科尔的策略是对罗的所作所为做出最佳反应，但是，反过来并不成立。如果不管罗做什么，科尔总是进行合作，那么罗在每一轮中最好告发。

另一方面，与残酷合作和以牙还牙相比，残酷合作对残酷合作是纳什均衡。在后一个策略组合中，双方都有不进行告发的动机，每一方都会对对方做

出最优反应。相对于前一组合这一点也成立。为了使你相信，我们必须证明，相对于以牙还牙策略，在任何一轮博弈中不告发要好于告发。这从我们使用的数字中可以看出。对一轮中告发的惩罚足以使另一方不敢越雷池一步。

535　　这里发生了什么？其实并没有什么深奥之处。因为重复交往的本质决定了任何一方都能警告另一方，如果违反合作协议，将不断遭遇不合作行为的损害。对违反合作协议进行惩罚的威胁足以使各方的合作进行下去。在日常生活进行的一些交往中，你无疑已经进行了这种重复合作的行为，你不会为眼前短期利益去占与你有联系的人的便宜，因为你害怕对方将会尽其所能来惩罚你。许多小孩很早就学会了这一点。鲍比（Bobbie）与汤米（Tommy）一起玩玩具或耐心等汤米首先行动，而汤米在后面还会继续重复这种要求。

这里有几点值得注意：

- 从前面的故事中我们知道，0.8 的贴现因子表示的是进行新一轮博弈的概率。我们也能讲述概率为 1 的故事，即重复交往一而再、再而三地发生。但收益水平的积累却要持续很长时间，获得的总收益的水平是参与人收益贴现后的总和，只要贴现因子为 0.8，我们就能进行同样的分析。

- 我们讨论过的一种纳什均衡会导致永久性的合作，但这种情形下的其他纳什均衡可导致完全不同的结果。例如，假设每个参与人不管过去发生什么，在每一轮中都选择告发。这样的纳什均衡导致的结果是永久性的告发。之所以说这是一种纳什均衡，是因为如果罗总是告发，科尔最好也这么做，反之亦然。没有哪一个参与人的境况会因为单方面改变他的策略而变得更好。当然，两个参与人在（残酷合作，残酷合作）均衡中比在（总是告发，总是告发）均衡中要好一些。但是，后者同样也是纳什均衡，因为对双方来说都没有动力去单方面改变目前的状态。

- 由合作［如（残酷合作，残酷合作）］形成的均衡要求存在足够大的可能性，两个参与人将继续博弈下去，且保证这一轮到下一轮之间保持一定的平衡性。合作是根据计算告发所得的短期好处要小于长期一直保持合作所得的好处而得出的。例如，在每一轮博弈之后，继续下一轮博弈的可能性为 0.1，而罗采取残酷合作策略，科尔将会计算："如果我采取合作策略，每一轮所得为 5，那么，预期收益为

536
$$5+0.1\times5+(0.1)^2\times5+\cdots=\frac{5}{0.9}=5.556$$

但如果我告发，在第 1 轮中我就可得 8，而且我可以确信之后我的收益不会比零少，很显然，我告发要更好一些。"

或者假定从一轮博弈到另一轮的赌注是变化的。到第 3 轮时赌注增加了 30 倍，今后几乎已不可能再有这么好的机会。那么，在第 3 轮时，双方都有强烈的愿望在短期告发，即使这样做会破坏所有后续时期的合作。在这种情况下，所有参与人都有共同义务来利用在其他时期存在的

合作机会。所以尽管（总是告发，总是告发）是一种均衡，但除第3轮之外还存在其他均衡。例如，只要双方在过去除第3轮之外总是合作，那么可以认为每一方在第3轮之外的所有博弈中都会选择合作。这就好像是两个人各自对对方说："我们对第3轮进行合作无法达成互信。我们各自的私利会导致互相告发，没有什么对对方的威胁能阻止这一点。所以，我们现实一些，不再考虑第3轮发生了什么。"

博弈论的无名氏定理

前述例子中的基本思想可以正式化为非合作博弈论中的**无名氏定理**（folk theorem）。之所以被称为无名氏定理是因为它似乎总是广为人知。无人会轻率到把这样一种简单的思想归为自己的功劳。

正式的解释如下：几个参与人来玩一个简单的博弈。博弈可进行一次，之后是第二次、第三次，等等。每个参与人的总收益水平是对连续进行的每一轮博弈所得的收益进行贴现求和而得到的，贴现因子 $\alpha < 1$。你可以认为 α 反映了货币的时间价值、连续的概率或两者兼有，这并不太重要。

对每个参与人来说，我们要计算每个人的**最大-最小收益**（max-min pay-off）。如果该参与人能预测到其他人将要做什么，这是能对他造成的最大损害。例如，在囚徒困境中，每个参与人的最大-最小收益为零，因为如果告发，每个参与人不管对方做什么，至少可得到零。

537 　**无名氏定理**（概括性含义）：假定博弈的任意一个结果对每个参与人来说都大于最大-最小收益水平。那么，当贴现因子 α 接近于1时，重复交互博弈一轮接一轮的结果就是纳什均衡。

这是精确的数学结论的粗略表达方式。你可以参照博弈论教科书的准确结果，但这里给出的命题表达出了基本思想。只要未来足够重要（贴现因子接近于1），对参与人来说任何大于最大-最小收益水平的结果都可被认定为纳什均衡。事实上，很容易对纳什均衡做出描述：只要没有人违反，所有行为人都将选择已选定的结果。如果有人违反，其他人将会对违反者进行最大限度的惩罚，即将其置于最大-最小收益水平上。这是一种纳什均衡，因为如果参与人对未来非常看重，每个参与人选择的结果都要好于他被其他人惩罚时的结果，对参与人来说，做这种选择比违反并在此后被置于最大-最小收益水平上要好得多。

对这一结果有许多疑问。如当贴现因子为某一具体取值时（如为0.8），相对于参与人保持在最大-最小均衡，是否还有其他结果比这种均衡还要更好？按照该定理，如果贴现因子非常接近于1，结果是可以持久保持下去的。但是0.8算不算足够接近于1呢？另外，其他参与人会对违反者进行一般性惩罚吗？威胁可信吗？如果违反者多于1人又会发生什么？在无名氏定理的正式表述中，所有这些问题都被提及过但并不影响基本结论。这里我并不想进行细节讨论，只是采用实用的观点，强调基本理念。在囚徒困境中，基本理念已经很清楚，这也是这一理念的弱点所在。

太多的均衡，并没有办法来预测哪一个将被用到

这个非常简洁的理念的主要弱点是给出了太多的纳什均衡。我们开始时曾想知道是否有什么方法来维持囚徒困境中的合作。重复博弈回答了这个问题。当贴现因子足够接近于 1 时，合作可以维持下去。但是重复博弈给出的答案却造成了"富裕中的窘迫"（embarrassment of riches）局面的出现，合作是一种均衡，连续告发也是。所以两者的轮换也是。当罗首先行动时，（合作，合作）与（告发，告发）之间的相互轮换也是。对于参与人来说，任何好于持续告发的情形也是，这时形成的收益为最大-最小收益。当我们具体运用时，最重要的是在这种"富裕中的窘迫"中进行分类整理以找出会发生什么。

有限视界

538

第二个弱点是，在规范的博弈论似乎应该行得通的背景下，从直觉和实证的角度看却行不通。为了解释这种谜团，设想两人要进行 10 轮囚徒困境博弈。两人事先知道要进行 10 轮，当他们进行到第 10 轮时，双方都知道这是最后一轮。

当我们观察这种情形下的纳什均衡时会发现，合作将不复存在，至少从理论上看是这样。在第 10 轮时，两个参与人都知道这是最后一轮博弈。不管事先发生过什么，如果他们进行博弈是为了最大化收益水平，对双方来说告发要胜过合作。所以在最后一轮，双方都选择告发。

现在考虑第 9 轮。如果两者都是明智之人，明白前一段描述所运用的逻辑，双方都知道对方在第 10 轮将会选择告发，不管在前几轮或该轮发生过什么。因为在本轮的合作不会影响到未来，从收益水平看，在本轮合作又逊于告发，所以不管对手如何作为，在第 9 轮唯一的均衡反应是告发。

再看第 8 轮，如果双方明白前述逻辑，就没有理由不告发。同样，在第 7 轮、第 6 轮也是如此，依此类推，这样可一直推回到开始。

从上一章对蜈蚣博弈的讨论中，我们会看到许多与上述类似的情形。实际上，基本原理是相同的。只要双方相信告发在未来所带来的负面影响要大于合作带来的现期影响，那么，合作将会持续重复下去。当我们在一个有限视界内考虑问题时，会遇到没有未来的时期，整个事情也就能理出头绪了。

但是，正像我们很少看到在蜈蚣博弈中第 1 轮时第一个参与人会把钱拿走一样，在为期 10 轮的囚徒困境博弈中，我们经常很难看到重复告发的情形。我们有时会看到这种情形，但是在其他情形下，参与人暂时会选择合作，但在临近结束时，合作会破裂。（非合作）理论所做出的似乎有说服力的预测在实证上是错误的。通过某些方法维持的合作有时要超越无名氏定理得出的结论。当

然，当囚徒困境博弈仅进行一轮时，我们有时会看到合作的情形。我们在上一章将观察到的这种现象理性化之后的说法是，对参与人来说金钱并非代表一切。在此我要提出不同的观点，即使收益水平是合理的，我们在 10 轮博弈的前面几轮仍然会看到进行合作的情形。

就无名氏定理关注的事情而言，如果不是重大失误，也是一种不该有的遗漏。无名氏定理从其论证来看是相当不错的，但它忽略了许多，即使是从企业的有限视界来看，也忽略了一些事情。这就与重复 10 轮囚徒困境的博弈相类似。经济学家们就无名氏定理忽略了什么提出了许多理论。请参考蜈蚣博弈讨论中列出的参考文献，看一看无名氏定理忽略了什么。

噪声和合作失效

在囚徒困境、无名氏定理构建的合作均衡中，一方观察到其他人在做什么非常重要。预期到的处罚和合作结果一起对观察到的有违反行为的违反者形成威慑，但这要求违反行为能被观察到。

在许多应用中，违反共同认同的行为条款的行为并不总能清楚地被观察到。在现实世界中，人们并不是在明确的告发和合作之间做出选择。人们会采取非常复杂、多重意义上的行为，这些并不能总是被对手观察到。参与人对其他人如何行动有一个大致的了解，但也仅仅是大致了解。当观察到的行为违反了合作协议，但却与忠实于协议的行为相一致时，会发生什么呢？

为了看清这一问题，关于人们会受到别人有意散布出的噪声暗示引导的模型已被许多人研究过。对这些理念正式的研究正变得越来越复杂和多变，在此我再次指出，我不想对其详细的推演过程或详细计算多费笔墨，但规范且详细地分析背后所蕴含的基本理念则相对容易和直观。[①]

假设 A（她）和 B（他）进行囚徒困境的重复博弈，博弈规则可变。在每一轮中，A 和 B 同时且独立地选择他们计划中的行动，要么告发要么合作。他们计划做什么表露出来也是做什么的概率是给定的，比方说为 0.9，那么，表露出来的与他们计划做的相违背的概率为 0.1。表露出来的信息（并非有意）决定了参与人的收益水平，以及被其他参与人观察到的行为。

在这种新的设定条件下，如果两个参与人总是试图进行合作又会发生什么呢？在（合作，合作）结果出现时，事情进展顺利。但是，比方说在第 4 轮时，B 明显的且被观察到的行为是告发。B 声明说这是一个错误信号，他的目的是进行合作，但事与愿违，他的计划被自然力量推向了反面。他恳求 A 不要进行告发，这会两败俱伤。A 应该同意 B 的建议吗？如果 A 这样做了，她就为 B 的告发大开了方便之门，因为 B 可一直声称自己的目的是进行合作。A 应该允许 B 有一定数量的告发吗？如果她这样做，那么 B 就会正好进行那么多的告发。

---

① 参见 Section 14.3，D. Kreps，*A Course in Microeconomic Theory*（Princeton，NJ：Princeton University Press，1990）。

在一定意义上，A 必须对告发予以惩罚，要不然 B 将会一直告发。A 必须这样做，即使在一定程度上 A 相信 B 的告发是无意的，如果不这样做，B 将有意进行告发。

A 如何来惩罚 B 呢？尽管她已经被激怒到可一直告发下去，但采取残酷合作策略并不是一个好主意，因为这种惩罚使 B 除了再告发之外没有其他选择，这样的话，合作将无法得到恢复。一种更好的惩罚办法可以是，当足够愤怒时，A 开始时应该告发，当她采取告发策略而 B 已经采取合作策略 n 次之后，她才恢复合作。换句话说，她应该获得一些补偿。但是补偿的数量却有些微妙，如果她要求过高，可能需要很长时间才能恢复合作，B 将不愿意为这种关系投资过多。一旦合作关系破裂，他会说"见鬼去吧（或更强烈）！"并继续进行告发。但是如果她要求足够的补偿的态度不坚决，B 也会没有动力去力避告发。确切地说，直到 A 开始实施惩罚前，B 采取告发策略，在支付给 A 小额补偿、使 A 回到合作状态后，B 又继续告发。

而且，随着噪声水平的提高（假设本来预期只有 0.1 的概率故意的行动出现转折，现在该概率上升到 0.2 或 0.3），维持合作就变得越来越难。要求一方或另一方补偿花去的时间越多，采取合作方案给双方带来的价值越低，另一方为维持目前的双方关系要求的补偿数额也越低。因为能获得的补偿数量可以递减，所以最终将达到双方都不保持诚实合作的点，合作均衡也就完全不会出现。

22.2 寡头垄断条件下的串谋

这些原理最重要的应用之一是寡头垄断条件下的串谋。我们先从把寡头垄断与囚徒困境联系起来开始。一般来说，在寡头垄断竞争条件下的企业要就多方面的竞争做出决策，如它们索取的价格、广告、设施选址、它们提供的产品特点，等等。在囚徒困境中，参与人只做出一个孤立的决策：是告发还是合作。尽管如此，寡头垄断者的策略经常会表现出囚徒困境的一般性特征：寡头垄断者要决定是否采取对竞争有所节制的方式——定出高价；是否对广告有所节制；不论是地域上的还是具体产品上的避免介入对手的领地，或采取积极进攻的策略。如果一个寡头垄断竞争市场上的企业主动进攻，对手没有回应，那么，这个企业的境况会变好而对手的境况会变差。但是，如果各方都做出积极反应，所有企业的境况都会变差。我并不想看轻由多方面竞争带来的额外困难。实际上我们只是在很小程度上涉及了这些困难。但是，囚徒困境的基本策略、结构表现出了寡头垄断竞争条件下竞争策略结构最近似的特征。

如果你承认这一点，无名氏定理最先扩展到对寡头垄断条件下竞争的分析就是相当自然的事情。无名氏定理已经暗含了维持合作的可能性，不管是从明显意义上还是从隐含意义上看。应该用一些经济学术语来定义这些。当所有厂商对它们之间的竞争都有所节制时，寡头垄断者可形成串谋。这种串谋可以是公开的，由寡头垄断厂商协商而成。在某些情形下，如欧佩克，它既可以是明确的，又可以或多或少是公开的。在这种情况下，寡头垄断可共同组成卡特尔。但是，在美国、欧盟及许多其他地方，要想在有反垄断法的地方生存下去，协商串谋从来不被允许而只能是暗中达成协议，这被我们称为**暗中串谋**（implicit collusion）。

不管是隐含的还是明确的甚至是公开的，无名氏定理所表述的话题都是相同的。即使寡头厂商之间有明确的协议，在短期利益的推动下，每个企业都可撕毁协议，积极竞争。这里的短期，我们指的是一段时间是如此之短，以至对手无法做出反应。能对这一做法形成平衡力量的是寡头厂商的长期利益；它们害怕如果它们积极竞争，对手会做出激烈反应，那么它们的利益将逊于继续合作。

公开串谋即使没有实施，其中的逻辑也是相当清楚的。回忆一下大型涡轮发电机和通过阴历不同阶段进行串谋的案例。假定发电企业邀请三个发电机生产厂商竞标，正式发出的邀请是在阴历的 25 日。这一订单应属于西屋公司。艾查公司如果毁约，竞标价格低于西屋公司，得到订单也可获得不菲的利润，但 GE 公司和西屋公司将知道艾查公司已经毁约，GE 公司和西屋公司将会展开激烈的竞争，压低价格，从而挤掉艾查公司坚持这样做所能获得的利润。自然，要想使这种合作维持下去，对艾查公司来说未来的收益要大于一次毁约，这正是无名氏定理的题中之义：在未来收益大于一次毁约的情况下，顾忌到其他对手报复后不得不付出的代价，合作会维持下去。

542 　暗中串谋比公开串谋的难度大多了，因为涉及的企业必须找到一些各方都能理解的默契的方法。这要比重复的囚徒困境难以做到，因为在现实世界中，选择不是孤立的，情形并非对称。寡头垄断行业中的企业之间已经交往多年，有时会有一种暗中默契。例如，其中的一个企业会作为行业领袖宣布一些具体的政策，并希望其他企业跟随。（通常领袖企业是占据最大市场份额者，但也并非总是如此。）企业通常通过交易和大众出版物以及通过宣布提高价格或扩张生产能力计划的行动发出信号。但是对此不要抱有太多幻想，因为参与人不能直接对此进行交谈，也不能这样做。但是，如果筹码足够高，**一般意义上的经济环境有利于合作，而且参与人也有试图串谋的倾向**，串谋就能维持下去。

应特别注意两个用黑体字标出的条件：经济环境必须有利于进行合作，参与人必须有试图进行串谋的倾向。我们先来讨论第二个条件，命题就是串谋能得以维持，并不是它将会持续下去。在囚徒困境重复进行的博弈中，（残酷合作，残酷合作）或（以牙还牙，以牙还牙）是两种可以导致永久合作的均衡策略，但是（总是告发，总是告发）也是一种均衡。这对于寡头垄断市场同样适用。一些寡头垄断企业实现了令人愉快的、稳定的串谋。确切地说，是它们愉快，消费者倒霉。但其他条件下的企业从来不会实现这种串谋，尽管在理论上可能达成这种串谋。串谋不成功的一个有说服力的例子是波音与空中客车。在这一寡头垄断行业中，串谋所需要的大部分必要条件都有了（见下面的分析）。令航空业高兴的是，两个企业为获取订单展开激烈竞争，大幅削价，有时还会得到它们各自政府的支持，获得低于市场利率水平的融资。这一方面反映出政治力量对不同企业的压力，另一方面反映出不同经济环境条件的影响。还有一个原因（在这一例子中是主要原因）——只是简单的互相不喜欢。波音的人不喜欢空中客车的人，互相不喜欢至少是用同样的尺度来衡量的。我并不是说只要空中客车比波音早6个月进入破产程序，波音就会感到快乐，但事实可能正是这样。

再看第一个条件，我想强调几种更为重要的方法，在其中，经济环境条件既可有助于串谋，也可有碍于串谋。最后要指出的是，与维持串谋基本的替代关系相关的条件是，串谋破裂造成的长期损失必须超过背叛的货币所得。

巨大的眼前利益

眼前利益巨大的原因有多种。民用机身行业提供了一个良好的案例。当波音或空中客车开始实施一个新的经营计划时，最初特别想为新飞机项目争到一笔大的订单：机身制造表现出强烈的经验曲线效应，一个重要的航运公司购进新型飞机会刺激其他公司急着去订购，以备将来之用。确实，试图去找到最初的客户有时会造成整个项目计划的扭曲。下面的一则故事，波音公司曾坚决否认：当波音公司制造757客机时，它特别想从美国航空公司获得一笔最早的大订单，为此在最初设计的基础上增加了20个座位，使得这种型号的飞机接近于同时开发的767客机的承运能力。从另一方面看，当某一制造商试图开发新的飞机时，它的竞争对手努力阻止它得到订单。例如，1998年，波音针对先进的747型飞机推出了非常诱人的条件，目的是想把空客的超级珍宝（superjumbo）机型挤出市场，但努力没有得逞。这表明，努力开发新的机型或阻止竞争对手获得新客户对于暗中串谋并没有多大益处。

对于寡头垄断者来说，通过一次精明的行动，把竞争对手消灭，并把寡头垄断转变为完全垄断或只有几个竞争对手的寡头情形总是富有吸引力的。可以促成这种行动的创造力非常重要。从普惠公司与劳斯莱斯公司就飞机发动机之间的竞争遭遇可以看出这一点。劳斯莱斯公司试图开发一种比现存发动机更先进的型号——757和767的改进机型。因为要获得开发的融资资本，该公司向英国政府求救。只要该公司能提供一些订单，英国政府愿意提供帮助。普惠公司决定使出杀手锏。它向所有购买普惠公司发动机的客户提出，它的发动机比劳斯莱斯公司就目前任何型号发动机的改进型号的燃料使用效率高出8%。如果普惠公司的发动机达不到这样的效率，普惠公司将支付燃油成本的差额。这里的关键一点是，如果它的这一行动能把劳斯莱斯公司赶出市场，那么英国政府将不会提供用于技术改进的开发资本，劳斯莱斯公司也就无法改进其发动机，那么，普惠公司效率高出8%的对照点将是现存的发动机型号，而这对普惠公司不成问题。

这是一种干净利落的阻击策略，但并不会奏效。当然，如果这种保证属实，所有航空公司都将订购普惠公司的发动机。英国政府尽管不乐意，但还是拨给了劳斯莱斯公司开发基金，普惠公司搬起石头砸了自己的脚。

关键的一点是，急于通过杀手锏打击对手的努力破坏了原来维持串谋必需的微妙平衡。当杀手锏似乎可能时，串谋就很难维持了。

未来必须非常重要

回想一下，我们对囚徒困境博弈正好进行了 10 轮。特别是在第 10 轮，也就是在最后一轮，除了目前的收益水平外，双方未来不再进行交易了，所以，双方（大概）会采取告发策略。再设想另一种情形：双方总是有机会进行下一轮博弈，但继续进行博弈的概率不是 0.8 而是 0.1，这就意味着，进行合作博弈的激励非常小。在当前一轮博弈中，假定对手采取合作策略，而你采取了告发策略，你获得的收益将为 8 而不是 5，你的损失是在未来只能获得零收益，而如果保持合作的话，你的所得则为 5。如果从一轮持续到下一轮的概率仅为 0.1，那么，即期所得的 3 个单位也要大于未来的 5 个单位损失；如果你有机会获得收益，你所得到的数字也很可能非常小。

在实际生活中，这些简单的观察中有两点值得关注。首先，每位竞争对手的反应时间或下一次相遇的时间必须不能拖得太长。如果两个寡头垄断企业今天就某一项目展开竞争，有可能它们在 2～3 年后会再次相遇，但到了那时也可能不会这样，保持合作远比它们每天展开竞争更难。可以想一想三个涡轮发电机制造商的例子。可以想一下，因为经济不景气，对大型涡轮发电机的需求订单相当少，比方说，每年平均为 6 份订单。假设这种下滑已经持续了一段时间，而艾查公司获得的订单非常少，它的最后一份订单也完工在即，如果再无法获得其他订单，那么不久艾查公司就必须解雇一些具有优秀技能的工人或出钱养这些"闲人"。因为艾查公司在一个月中只拥有 3 天的竞标权利，所以获得任一订单的机会只有 3/28。在每年只有 6 份订单的情况下，根据目前的协议安排，艾查公司平均得等上大致一年半才能获得订单。按这种方法，未来的回报似乎有些远水解不了近渴。按这样的速度、现行经营状况和条件的不确定性，艾查公司很可能会做出一个非常引人注目的决策——违背合约，从西屋公司或 GE 公司手中"偷走"一些有吸引力的合约。确实会出现这种结果。但是，这种情形对艾查公司来说看上去好得多，因为这要比一无所获强。

其次，对于一个正在萎缩的行业或面临消亡的行业（例如，因为即将发生的法律规范的变化，或预期到彻底改变行业的新竞争者即将进入），串谋也很难维持。但这是否意味着成长型行业是发现串谋的最好领域呢？不一定。在一个成长型行业中，遭受致命一击的机会也非常普遍。而且，在这些行业中的参与人实现串谋要求达到的互相理解条件也很勉强（后面将对此进行深入讨论）。串谋多存在于成熟、稳定的行业中。

进入者必须被拒于千里之外

如果寡头垄断企业之间维持串谋，它们的获利将会不菲。但是如果它们获利巨大，它们所在的行业自然会吸引竞争者进入。新的进入者对串谋会造成如下几个方面的损害：

- 分蛋糕的人增多，大家都会因此变得营养不良，甚至成为微不足道的部分。
- 新进入者得花一些时间去"学习"如何行动。
- 新进入者不愿意按现行的串谋方式来做。稳定的串谋方式可以因拒绝合作的新进入者的进入而受到破坏。实际上，行业中原有企业所有权的变更也可能产生这一效果，所以，当鲁珀特·默多克（Rupert Murdoch）买下《伦敦泰晤士报》（*London Times*）后，他打乱了英格兰全国性发行的报纸长期以来有节制竞争的状况。
- 预期到新的进入者会带来短暂的利益，尽管这一利益转瞬即逝，但相对于未来看上去还是更加诱人，这种预期会引起串谋的崩溃。

一般来说，对于串谋来说，进入者的到来是个坏消息，成功串谋行业一般会筑起高的进入壁垒。我们在第 20 章详尽讨论了进入壁垒，在第 23 章我们还要讨论。在此先打住这一话题。

遵守协议必须能被观察到

这一话题与囚徒困境重复合作博弈中的噪声效应的理论有关。如果串谋通过威胁来维系，那么，违反者在将来会受到惩罚，所以，参与人必须能观察到违反行为。如果很难或不可能观察到对手在做什么，那么，维持串谋也很难做到。即使对手遵守协议，如果在对手的行为和每个人所看到的行为之间有噪声壁垒（wall of noise），他们即使没有违反行为，也可能被看作违反者而招致惩罚。恶意循环的惩罚都由误解引起，可能会导致无节制的竞争。事实上，这种惩罚的威胁对协议造成了许多损害，使得惩罚具有了自我实现的预言能力。

546

一个非常典型的例子是欧佩克，这是一个完全公开、明确的卡特尔组织。石油生产国的石油部长们在日内瓦豪华的饭店中举行会议，他们的出现是想让世界知道，他们已经就成员的产油量进行了配额分配，以推动油价上涨。油价确实会上涨。但是，尽管欧佩克可以规定其成员的采油量，但却不能监督成员是否严格遵守协议。有多种途径可把原油带进商品市场，但要查找来源却很难。因为价格很高，所以，欧佩克成员都试图在监督之外悄悄地多生产几十万桶油。当几个成员经不住这种诱惑时，价格就开始跌落了。卡特尔成员看到石油市场价格在缓慢下降，就知道有国家采取了欺骗行为。它们大概也知道是谁，但无法证明。每个国家都在期望沙特（因为沙特是欧佩克的中坚力量）发动一种惩罚行动。在这种情况下，沙特将会采大量的油来压低价格。如果预期到这一点，最终期限效应（deadline effect）将会出现，所有存在欺骗行为的国家在惩戒之锤落下之前，都抓紧时间多捞一些。这会导致油价进一步降低，推动沙特采油时间提前。油价会急速下降并且在低位维持一段时间，直到每个国家都非常懊悔，之后石油部长们又相聚在蒙特卡洛的豪华饭店中，开始新一轮的讨价还价。

可观察到的噪声并不意味着串谋无法维持下去，但维持的难度很大，且从中获利不多。成功的串谋方式要建立在参与人行为都可观察到的基础上，最成功的串谋安排是按每个参与人都支持的可观察到的形式来构建的。有多种方法来做到这一点。按地域市场或按产品特性来分类进行的串谋，一般比按每个参与人占据的市场份额来分类进行的串谋容易实行，因为这种安排方式的首要方面是，更容易看出一个企业侵入了另一个的领地。

但是，按这些方面来对市场进行区隔在如下情况下将会变得不稳定：各个细分市场的增长速度不一样，或者是与技术进步的密切关系不同。换一种说法，基于市场特有技术对市场进行区隔有便于观察的好处，但对一个或多个参与人却造成不利影响，所以对一些参与人来说这无法接受。而且正像第20章所指出的那样，市场区隔策略可对整个行业的进入壁垒产生不利影响。

理解可达成协议的内容

我们已经指出现实世界中的寡头垄断行为要比囚徒困境重复博弈的情形复杂得多。企业之间的竞争是多方面的，如价格、质量、产品特性等，而且市场环境一直处在变化中。

要想使企业进行串谋，在有企业违反串谋协议时，它们必须能知道。作为先行者，它们必须知道串谋协议包括什么内容：各个企业规定的市场份额为多大，或市场特有技术是什么；什么样的广告是"合法"的，什么样的广告是攻击性的；对不同客户可采用或不能采用什么条件。这些项目没有一个是铁打不变的，参与人之间必须经过协商才能确定，即使可以公开进行协商，这也非常困难，因为要对所有可能发生的事情进行协商。当协议必须间接"协商"时，潜在的误解和混淆就非常多，所以要通过出版物、声明、一方对另一方的行动做出反应来进行。

为了处理这些问题，按市场分部门来安排串谋的方法有一定优势（就像前文所指出的那样，这也有助于观察）。如果我们根据产品类型或地域来对市场进行划分，要解决的事情和引起误解的机会就比较少。但是正像前面所指出的，为了使这样的协议为各方所接受，它们必须不给予一方太多的好处。当市场能被稳定地划分为一个个简单且独立的部分时，就非常有利于串谋了。

两点考虑：只有少量厂商

最后，当行业中的厂商数量不多时，也有助于串谋方式的实现，这主要出于两方面的考虑。

（1）一般来说，涉及的参与人越多，观察每个参与人在做什么越难，达到统一意见越不易，出现误解的机会也越大。当参与人人数增多时，明显增加了有人违反协议的风险，这样引起的价格战会伤害到所有参与人，也就降低了串谋未来的预期收益。还有一点值得注意：对一个参与人来说，从违反协议中得到的好处的降低要比串谋的集体所得的降低慢。违反者可暂时获得很大的市场份额，而仍遵守串谋协议的各个参与人就必须为其市场份额展开竞争。

（2）卡特尔和串谋协议通常与一小部分选择不加入卡特尔的边缘企业共存。欧佩克再次提供了一个活生生的案例。如果欧佩克成功降低了所有卡特尔成员的石油产量，一些小的石油生产国（如哥伦比亚，如果该国产油的话）将从中获益。如果哥伦比亚没有加入卡特尔，其获利还要多：它不必支付会费（due）或派资源部部长去参加欧佩克会议，最重要的是，它不必接受向市场提供原油的产量限制。石油生产大国通常不会对边缘国家，如哥伦比亚生产石油做出反应，对这些边缘参与人实施限制不划算。就当量来说，沙特阿拉伯可掌握足够的原油来惩罚哥伦比亚，但是，如果哥伦比亚的石油产量很小，沙特阿拉伯和欧佩克其他成员一般只是不予理睬。处在外部边缘的部分越大，内部串谋的有效性越低。

公共利益

当串谋达成时，不管是明确的还是隐秘的，行业的顾客利益就会受到损害。在许多经济社会中，在许多情形下，防止出现串谋是法律和公共政策的重要议题。有时制定这样的法律和政策是出于分配方面的考虑：生产者索要高价是不公平的；有时制定这种法律和政策是出于效率方面的考虑：生产者之间的串谋会使得价格高于销售产品的边际成本，导致总体剩余减少。

在某些情况下——最主要是针对劳动工会——法律和政策会从相反的方面发挥作用，即允许销售者之间"串谋"。这方面的一个共同说法是，这是为了矫正雇工者强大的市场竞争地位。在某些情况下，政府允许根据某些设定的标准、技术效率或为防止"灾难"性竞争，进行某种意义上的串谋。至少这是一些说法。在这种情形下，通常我们看到的公共政策是各种出于实现良好的经济目标的建议、故事以及利益集团纲政的混合体。

而且，这种政策和法律的平衡并不利于串谋。特别是当面对暗中串谋的例证时，法庭和最终的立法机构都会面对一些难以处理的议题。具有代表性的GE公司、西屋公司和艾查公司秘密协商根据阴历日期来划分市场的做法无疑是非法的。但是，假定竞争者并没有公开的协商，但采用类似的定价方法：处在领先地位的一个竞争者宣布改变价格和服务政策，行业内的其他企业几乎会马上跟进。假定在一具体行业中，企业之间是按地域来分割的，每个公司控制一些区域市场，几乎不会受到对手的挑战。假定某企业进入某个具体行业时，特别是一个具有前述两种特征之一的行业时，遭遇到了激烈的削价竞争。进入者会被赶出，而且出于我们下一章将要讨论的原因，在位者通过筑起一些心理壁垒将会阻止其他潜在进入者进入。如果执法当局看到这种行为，它们该采取行动吗？如果执法当局认为法律并没有赋予它们足够的处理这种行为的权力，立法当局应该赋予它们这种权力吗？

从企业的角度看，假定企业的法律顾问向管理层建议与对手达成暗中串谋的行为并不明显违法。法律既可能无力阻止这种行为或者法律对此尚无明确规定，也没有先例可循，所以对如何处理不清楚。如果管理层很清楚眼下正考虑的行动将明显导致与对手的暗中串谋，而且知道法律禁止串谋的精神实质，采取这种行动道德吗？

管制当局也会遇到道德困境难题。假定一个在国内市场中有很大影响力的企业试图与一些对手合并，从而使得它在国际上成为有强大竞争力的企业。其他国家或国际上承担维护市场竞争性司法权的政府相信，这将会对它们所管辖范围内的企业造成极大伤害。如果法律对合并事实上是否不利于竞争并不清楚，那么，当局是否应"滥用"它们的权力来阻止这一合并，或保护本土企业呢？它们是否应该使用管制行为的威慑力极力压迫合并企业做出让步（让步并不直接针对合并本身），从而达到保护本土企业的目的呢？

不要期望很容易对这些问题找到答案。合法行为与不合法行为之间的界限是不清晰的，而道德行为和不道德行为的界限也是模糊的。管理层有责任维护公众利益，但也有受托责任来保护和增加股东的价值。管制机构实际上是政治团体，面临着激烈的利益冲突。在这里法律规定并不清晰。因为合法的利益冲突是双边的，道德也是如此。这些都是现代经济学每天都要讨论的话题，其中的争论也很激烈。

在对其中任何一个问题提供最终答案之前，我要申明一个观点：对公共政策有兴趣的学生，在阅读本节后，有时会主张这部分标题应该改为"如何突破法律对串谋的限制"。如果持这样的观点，他们认为这种讨论本身是不道德的。出于如下两方面原因的考虑，我对上述观点持不同意见。

（1）在许多情况下，法律规定并不清晰，管理者有受托责任来维护股东的利益。对于认为管理者应随时随地在其所能触及之地将法律贯彻到底的做法，我并不感到欣慰。但是，对于认为管理者应从完全合法行为出发来提高股权价值的看法也感到不舒服。

550　　　（2）有效的反托拉斯和反串谋政策和法律的实施建立在对阻止串谋及掠夺性进入（predatory entry）如何发挥作用（请见下一章）的认识基础之上。起草法律的立法者和充当管理者的管制当局应该明白暗中串谋如何实现，以及在这方面如何设置一些结构性的防止措施。如果你觉得刚刚读到的内容是关于如何突破法律对串谋的限制的，大概一个更有可能获得支持的题目是："串谋者如何串谋，你能做什么使之更难以实现"。

22.3　无名氏定理的其他应用

寡头垄断式的串谋是无名氏定理基本原理的重要应用，但并非唯一应用。另一个重要的应用涉及对企业间长期交易关系的分析。假设有两个企业，一个是瓶装软饮料生产商，另一个是制瓶商。因为考虑到空瓶的运输成本，制瓶商和瓶装饮料生产商在位置上互相靠近是明智之举。当然，建立毗邻的工厂，通过传送带把空瓶直接运到软饮料灌装厂的生产线上是更佳的做法。

但每个企业都担心，一旦投资建厂靠近另一方，那么后者可能就要利用这一点。对于制瓶商来说，饮料生产商将会要求所购饮料瓶降价。一旦制瓶商的工厂建成，它还有什么可资利用的资源呢？

如果交易各方都存在巨大的资产风险，那么就可威胁对方。制瓶商可以拒绝饮料生产商提出的低价供货要求，那样的话，后者就得从处在较远地方的制瓶商那里购买饮料瓶，还必须支付运费。所以，饮料生产商在想占制瓶厂便宜时也有所顾忌。

想一想微软公司和英特尔公司的关系。为了保证盈利，各方都希望对方行为规矩些。所以，双方保持谨慎和互相尊重的关系。当然，各方秘密的进攻行为也难以避免。微软可能秘密地与摩托罗拉接触，以建立使用 Windows 系统处理器的第二条供货渠道。英特尔也可秘密与比方说太阳公司接洽，以开发支持 Linux 的处理器和软件。各方都担心另一方试图采用有迷惑力的致命打击策略，使得平衡力量变成一方主宰的竞赛。这对它们的合作努力来说具有破坏性影响。所以，各方都有允许对方监督自己在做什么的想法和动力。但是，只要双方都足以伤害到对方，谨慎和互相尊重、信任和合作就可实现，我们在第 24 章还要就这一故事的重要部分做进一步的讨论。

551　　对企业成立的情形也适用于作为贸易伙伴的国家之间。至少 GATT 和 WTO 的成员关系如此，像美国和日本这样的国家会保持相对开放的贸易关系，因为双方都知道，如果一方想通过比方说关税手段来打击对方，另一方马上会做出反应，从而对双方造成损害。为什么需要 GATT 或 WTO 呢？因为在双边起伏不定的贸易关系中，存在明显的非效率现象，所以统一贸易规则就有了非常重要的意义。而在 WTO 中，通过谋求所有成员统一的力量的支持，就能对不守规则者实施更严厉的处罚。在玻利维亚与日本的贸易关系中，从实力上讲玻利维亚不可能与日本同日而语，但是，如果日本在与玻利维亚的贸易中行为不轨，后者可以借助 WTO 所有成员的力量来对日本采取制裁措施，这样的话，日本的行为就会受到很大约束。但为什么日本会接受这种约束？因为它需要根据公平条款进入玻利维亚市场。

企业中的工人组织起来，由工会代表工人行使权利的现象提供了另一个例证。无须详细分析，就会得出你可能觉得意外的结论。在美国，对其他因素进行控制后，企业中工会组织的存在总的来看对企业生产率会产生正面影响，尽管不是很大。这一现象背后的原因多多少少可从无名氏定理得到解释。工会和管理层目前建立起来的关系使得双方互相信任，所以对生产率产生了正面影响。一方可以信任另一方，因为如果一方试图通过损害对方获得好处，另一方也可严重伤害对方。当然，还要注意的是，这只是就一般情形而言的，各种情形差异很大。一些企业劳资关系是合作的、积极的，就像囚徒困境重复博弈中的（残酷合作，残酷合作）均衡一样；另一些企业的劳资关系则是破坏性的，好似重复博弈中的（总是告发，总是告发）均衡一样。[①]

最后一个例子是关于一个小型工作群体或合作关系中的同辈压力（peer pressure）问题的。假设存在如下情形：许多人在为一个共同完成的产品付出努力。如果 A 努力工作，带来的利益属于整个群体，但是努力工作的成本由她全力承担。B、C、D 亦然。假设当 A 工作时可以观察到 B、C、D 的努力程度，当然，后者也能观察到 A 的情况。如果这个群体的行为模式是每个人都努力为共同产品而工作，所有人都会从中受益。如果 B、C 和 D 能对 A 的偷懒行为进行处罚，这种行为模式就能持续下去。

当然，对 A 进行处罚的一种方式是 B、C 和 D 都偷懒。但是在一个小型工作组中，经常存在着对偷懒行为更好的制裁办法。小型工作组通常组成的是一个社会组织。功能良好、结构合理的工作组成员会看重自己与其他成员之间的社会交往。而且，人们通常会偏好于获得同辈的尊重。当 A 偷懒时，B、C、D 可以通过语言和行为表明他们认为她（A）多么多么懒。寥寥数语可能就会打动心灵，我不想在此多费口舌了。社会交往制裁的威胁和可能会失去同辈的敬重会使得 A 受到折磨，从而会推动她为保持工作组的组织性、合作性和生产性而努力。

在这一点上，小型工作组中的社会认同感（social homogeneity）有积极的作用。如果成员 A 与同组的同事在同样的保龄球馆打保龄球，或在同一酒吧喝酒，她可能非常在乎同事们在社交活动中的制裁。而且，如果 B、C、D 的社交生活与她类似，A 也非常关注他们对她的评价。这当然不是说对小型工作组来说，社会认同感是其全部（the be-all and end-all）。在这样的团体中，经常有充分的理由来为弥合社会交往中的分歧而努力，同时也有理由认为社会认同感非常有价值。如果产生分歧的团体存在的理由很充分，管理者在团体成员间建立起共同的社会认同感就很有意义了。对于无助的弱势人群，管理者要建立起社会交往的纽带，比如说组成小组，分享各自的人生经历，按不同的业务爱好和生活经历分成不同的小组，或者促进业余的社会交往活动。

但是，也不要忘记无名氏定理提到过的富裕中的贫困问题。一个小型的具有相同社会认同感倾向的工作组可能实现一种均衡——组织行为学专家使用的术语是**工作准则**（work norm）——多劳多得。但是在不同的均衡中，努力工作就像工作狂一样令人讨厌。这样的工作组并不一定能保证会有高水平的努力付出。出现这种结果是有可能的，但是所涉及参与人的性格倾向的问题也不得不考虑到。

这些仅仅是无名氏定理在其他方面应用的开始，还远未结束。

● 我们已经在几个地方指出，可信度和在公众中的声誉是应该考虑的重要因素。

[①] 这则故事远比这一简单解释所包含的意义复杂得多。想了解更为全面的分析，包括引述的对生产率的总体影响的数据，请参阅 J. Baron and D. Kreps，*Strategic Human Resources：Frameworks for General Managers*，New York，John Wiley，1999。

- 在这些应用中（谁在什么时候做出什么决定），支配相互关系的方法非常重要，也需要更进一步的分析。
- 对贯穿本章的故事是基于利己的行为而做出分析，利己的个人之间进行合作仅仅是因为有些事情对他们有利（至少是潜在的）。

这三个论题将要在本书后面展开。

小　结

- 如果参与人从事以自我利益为基础的互惠交易，在重复交易中可以达成合作：A 今天为 B 和 C 做好事，因为如果她这样做了，今后他们也将会为她做好事，或者说，如果她不做，今后他们会以她为对象做坏事。
- 规范的博弈论对这一简单原理的表达是无名氏定理，博弈的结果带给每个参与人的收益水平超过了参与人的最大-最小收益水平，在贴现系数 α 充分接近于 1 时，可作为一种纳什均衡保持下去。
- 无名氏定理或这种基本理念的主要缺点是，这会导致与潜在均衡相对应的太多的结果：所涉及对象的心理起着决定性作用。
- 规范论证中涉及的其他问题是有限视界和可观测干扰因素的破坏作用（对应用来说非常重要）。为了保持合作，每个参与人都必须知道其他参与人什么时候违反了合作协议。
- 这种基本的经济学理念的一个重要应用是在寡头垄断条件下公开和暗中的串谋。要想实现串谋，某一行业成员必须有串谋意向，除了愿意进行串谋外，必须满足结构性条件：眼前利益不能看得太重、未来必须有足够的吸引力使得能对目前行为不断进行检查，进入者能被拒于千里之外（拒之于国外）、遵守行为能被观察到、成员不能太多、协议必须清清楚楚。
- 在经济学中，无名氏定理这一基本理念还有许多其他应用，包括公司和国家间长期交易关系的建立、劳工组织对工作效率的影响和小型工作组中的同辈压力。

练　习

554　　本章讨论的内容是概念性的而非计算意义上的。从这些概念可以推导出一些非常好的模型（你在 22.1 节中应该已经有所感受），但是，这种分析必需的数学知识、动态规划对大多数读者来说大概并不熟悉。如果你懂动态规划，希望通过一些模型来掌握这些概念，请参见 problems in Chapter 14 of D. Kreps, *A Course in Microeconomic Theory*, Princeton, NJ: Princeton University Press，1990。下面的两个练习也更多地是从概念性而非计算意义来设计的。

22.1 （这个问题的细节出于教学目的已进行了简化。假定这些细节已对不动产行业做了细致描述，尽管你认为所说并不完全确切。）在美国，对私人住宅不动产交易的经纪费用通常为资产总价的6％，即如果通过经纪人卖出的资产价值为200 000美元，那么12 000美元将付给经纪人，既可由卖方支付，也可由买方支付（谁支付取决于买卖双方协商的结果）。如果买卖双方有各自的经纪人，那么这笔费用将被分开支付，两名经纪人通常各得50％。

经纪人可提供许多有价值的服务。因为他们之间组成了网络，所以，可以为潜在的买卖双方牵线搭桥。对销售方有利的是，经纪人可以筛选并排除不想买房的人；对购买者有利的是，他们可以根据后者提出的要求信息来选房以满足购买者的要求和口味。他们帮助销售者更有效地推出资产，而帮助购买者在评估具体房屋时考虑那些重要因素。许多经纪人是房地产经纪人协会（Board of Realtors）的成员，这是一个专业性的机构，当经纪人之间或经纪人与委托人之间产生纠纷时提供仲裁服务。房地产经纪人协会也提供票据交换消息，所以每个经纪人都清楚知道市场上的房屋情况，它也推出经纪人遵守的道德条款。

房地产经纪人协会提供的另一种服务是对由其成员经办的所有销售进行登记，至少在美国的一些州是这样。它有最近的销售记录，其中罗列了房屋的售价、按揭条件（只对部分而言）、所有佣金和费用。佣金和费用要向公众提供，所以未来的买者和卖者可以评估他们购买或销售的净成本，而且了解一般的惯例，如在某一区域买方或卖方是否要支付一些具体费用。

555　　　特别是在房屋价格已经大幅上升，远高于通胀水平的地区，为什么经纪费用仍停留在6％，确实有些令人不解。提供经纪服务的边际成本并不会随房价上升同步上涨，而且经纪人人数众多，所以，经纪服务市场的竞争程度似乎非常高。人们可能期望这样的结果：昂贵房屋的佣金将会低于6％，而由于房价上涨要快于普通通胀水平，平均的佣金比例会下降，但这些并没有多大变化。

你正计划向州立法机构就此提出建议，州立法者希望促进不动产经纪业的竞争，以造福于消费者。竞争没有压低佣金比例，你认为这是为什么？为了促进这一行业的竞争，州立法机构能做什么？

22.2 回忆第6章的保时捷经销商案例。我们假定那些经销商在各自区域处于垄断地位。事实上，在绝大部分城市和郊区（至少），有多个经销商在出售保时捷。这些经销商之间的良性竞争将会降低它们索价中的加成比例，并有效解决双重边际化问题。但是，经销商会进行竞争吗？保时捷公司必须关注某一具体区域的经销商进行暗中串谋对销售车辆定出高价的情形。假定保时捷公司无法撤销经销商的专卖权，那么保时捷公司可采取什么具体措施来防止或起码阻止经销商之间的串谋？

第 23 章 | 可信度和声誉

556 　　本章关注两个关联现象：可信度和声誉。我们首先要问的问题是：对承诺或可信的威胁的回报是什么？答案有几个，但是我们将详细讨论声誉（以及对其保护的愿望）在建立承诺或威胁可信度方面可发挥的作用。在一般性地讨论了这些现象后，我们把这些问题应用于对实际生活中的垄断者和寡头垄断者的讨论。

　　垄断者很少会成为被同情或怜悯的对象。毕竟根据标准的垄断理论，一名垄断者能得知其产品的需求函数，决定出利润最大化的价格，并公布这一价格水平，然后就等着利润滚滚而来。在经济动物中，还有其他物种有这么多的名声相伴吗？

　　可是，现实生活中的垄断并不如此一帆风顺。

- 当 086 芯片，也就是 IBM PC 机最早的中央处理器首次被英特尔开发出来并销售出去后，个人计算机生产商就意识到正在设计的计算机要用到这种芯片。它们担心的是一旦它们根据 086 芯片设计产品并据此开发软件，就为使用这种芯片建立了基础客户，那么一切就得听任英特尔公司的摆布了，后者可随意涨价并因此榨取 PC 业制造商可获得的利润。英特尔公司怎样才能说服制造商，一旦它们与 086 芯片建立起联系，它们将不会受制于涨价的约束？

- 在复印机行业发展的早期阶段，施乐在制造和销售普通纸复印机上实际上处于垄断地位。由于在技术上大大超越了其他方法（还有多少读者记得用复写纸的日子？），一些潜在使用者，如律师事务所，为得到一台复印机愿意支付高价。但是施乐也遭遇到了一些抵抗。潜在客户预期到施乐已经按高价向高端客户提供了复印机，那么接下来将向下一等级的使用者降价提供。认识到这一点后，许多高端使用者也在等待价格下降。施乐公司如何说服高端客户，在高端客户潜在市场成熟前它不会降价？

557
- 许多年以来，在照相行业，宝丽来（Polaroid）实际上一直占据即拍技术的垄断地位。可以肯定，即拍照相与传统照相相比市场并不大，但是如果宝丽来能稳定占领这一市场，也是非常令人羡慕的。后来，到 1976 年时，柯达公司宣布它将要进入这一行业。柯达设计的进入策略是使宝丽来可采取保护措施。即拍照相的利润来自胶片的销售而非相机，柯达进入采用的是把照相机和胶片捆绑在一起销售，且与宝丽来的相机和胶片不相容，销售价格也相对贵一些。柯达说它至多想分享这一市场而非要逐出宝丽来。宝丽来不得不做出抉择：它可采用商业式（business like）的做法，容忍柯达进入，这样仍然会有相当不菲的利润可以获得，或者它也可采取与柯达竞争的策略，但花费可能很大而且前景难以估量。特别是考虑到柯达有巨大的财力做后盾。为保护自己的垄断地位，对柯达的入侵进行反击并阻止其他进入者，宝丽来应做出什么对策？

- 在 20 世纪 70 年代中期，波音、麦道和洛克希德几乎在同时生产出第一代巨型喷气式飞机：747、DC - 10 和 L - 1011。DC - 10 和 L - 1011 的运转特点非常相似，而 747 则有不同之处。它更大一些，但在飞行航程上有优势，特别是 747SP 型飞机，这使得它在适应飞行航程方面更引人注目。结果，波音飞机在国内航空运输中创造出了一种适合自己的特有技术。当然，尽管波音在这一市场中已占据重要地位，但波音的主要客户继续坚持要给予优惠对待。波音如何来说服其客户，由于它已成为垄断者，它将按超宽体喷气式客机来定价？

本章将讨论与上述四个问题有关的两个相互交错的问题：可信度和声誉。23.1 节将讨论可信度的基本问题和一些具体情形下的解决办法。在讨论过程中，我们进一步讨论英特尔和宝丽来的案例。23.2 节将讨论声誉的经济模型，主要突出声誉如何能（有时）修正可信度的问题。为了解释这些一般的观念，我们回到实际生活中的垄断所面临的问题。

23.1　可信度

考虑如图 23.1 所示的扩展式博弈。这一博弈也被称为**威胁博弈**（threat game），参与人 B（他）必须决定是否对参与人 A（她）提出挑战。如果不提出挑战，B 得 0，A 得 2。但是，如果 A 受到挑战，她必须决定是进行斗争还是默许。选择默许，A 可获 1 单位收益，如果斗争，A 将付出 1 单位，所以，当 A 受到挑战时，很可能会选择默许。所以，B 可对 A 毫无顾忌地提出挑战而得到 1 单位收益。

从另一方面来看，他行吗？当他准备提出挑战时，A 咬牙切齿、咆哮着发出警告，即使斗争会使之损失 1 单位，遇到挑战她还是会选择斗争。如果他（B）相信这一威胁为真，他会就此罢休。她（A）得到 2 单位，因为做出这种威胁并不会对她有任何损害，话语毕竟是廉价的，她的愤怒会平静下来。但正因为话语是廉价的，参与人 B 会认为这种威胁是虚张声势。假定上述收益数字是正确的，那么参与人 A 的威胁就缺乏可信度了。

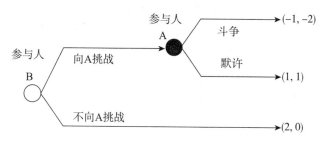

图 23.1　威胁博弈

说明：参与人 B 必须决定是否对 A 提出挑战。如果 B 向 A 提出挑战，A 必须决定是进行斗争还是选择默许。如果遇到挑战，A 选择斗争并不利于她自己，如果 B 相信 A 将选择斗争，B 也就不会向 A 提出挑战，这有利于 A。所以，A 向 B 发出威胁，如果遇到挑战，她会选择斗争。但这种威胁可信吗？（A 的收益水平在前，B 的收益水平在后。）

下面再考虑如图 23.2 所示的扩展式博弈，这个博弈也被称为**信任博弈**（trust game）。信任博弈与威胁博弈的基本结构一样，但收益水平却并不相同（行动的名称也不相同）。参与人 B 在开始时必须决定是否信任 A。如果 B 并不信任 A，双方所得为零。如果 B 信任 A，A 必须选择：是善意对待 B，双方所得各为 1，还是滥用这种可信度，A 得 2，而 B 得－1。

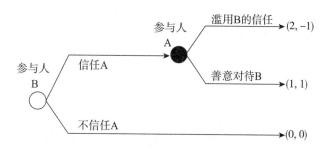

图 23.2　信任博弈

说明：参与人 B 必须决定是否信任 A。如果 B 信任 A，A 必须决定是善意对待 B 还是滥用这种信任。如果得到 B 的信任，滥用信任对 A 是最好的，但是如果 B 预期到这一点，他将不会信任 A，这对双方都会造成损害。所以，A 应向 B 承诺，她不会滥用这种信任，但这种承诺可信吗？（A 的收益水平在前，B 的收益水平在后。）

在这一博弈中，如果 B 信任 A，A 滥用这种信任所得到的收益水平要高于善意对待 B。认识到这一点，B 将不会信任 A，这对双方都有损害。所以，在他决定前，她应以笑脸相对，发出安慰性的"干扰"，并告诉他，她不会滥用这种信任。她大概能使他信任她。但是这可信吗？如果 A 计划滥用 B 的信任，她不以笑脸相对，而只发誓不会滥用，行吗？这种承诺是廉价空谈的不同版本，缺乏可信度。

这两个例子是同一事物的两个侧面。在每种情形下，B 必须预测 A 的反应，采取行动。在每种情形下，B 采取行动后 A 的最佳行动是清楚的。而且在每一情形下，为了诱使 B 做出具体的初始行动，A 希望能说服 B，她不采取事后对其利益最大的行动。她如何使之可信呢？

可信度一词在英语中有多种意思。在本章，我们使用的这一术语意思如下：在这些博弈中，我们总是关心，一些参与人（我们称之为 B 类人）期待、预期、害怕和希望的东西是另外一些参与人（我们称之为 A 类人）未来的行为。为了引诱其他人在当前做出其预想的行为，A 类人需要去影响 B 类人的期待、预期、在某些情况下的害怕和希望。英特尔需要说服潜在的客户在客户生产基地被"套牢"后，它不会大幅提高微处理器的价格；施乐也要说服潜在高端客户，它将来不会降低复印机的价格；波音公司需要说服客户相信它不会重新议定 747 型飞机的机票价格；宝丽来要说服期望进入者（如柯达公司），进入宝丽来的即拍照相领域将成为一种不愉快、无利可图的经历。所有这些可信吗？除非这样，否则不要期望 B 类人会形成渴望出现的期待、预期、害怕和希望。

所以，问题变为：A 如何让她希望被相信的事情得到别人的信任？

仅仅束缚自己的手脚

尽管并不相同，但承诺和威胁博弈提出了共同的基本问题：在大多数情况下，可信度问题是该 A 选择时只考虑 A 自身的利益。而且在许多情况下，当该 A 选择时，A 的利益不同于获得信任前希望得到的利益。当承诺或威胁并没有改变事后对 A 的激励时，一种简单的承诺或威胁是不充分的。

对 A 来说，她希望被信任的行为博得别人信任最为明显的方法是对状态重新设计，使得那些行为符合她事后的利益。如果她可以采取那些行为，她可以采取一些办法来改善自己的收益，或如果她采取了其他行为将损害自己的收益。因为典型的情况是，采取那种能改善自己收益水平的行为要比其他损害收益行为难得多。我们寻找 A 能采取的可有效束缚自己手脚的那些措施，如果她采取了错误的行为，会极大地损害自己的收益水平。

560 　　在合约中承诺具体的绩效是这方面最为典型的例子。如果合约可由法庭来执行，如果 B 很显然也将利用法庭的执行，如果对违反行为的惩处足够严厉，那么签订合约后 A 通过合约给出的绩效承诺就是可信的。不要把前面句子中前两个"如果"匆匆读过，只有当法庭可以执行时，合约才发挥作用，最为重要的是要求受到损害的参与人能根据自己的利益来监督并诉之于法庭（见练习23.1）。

合约之所以让人相信是因为当有人违反时，法庭将依法予以惩处。但这需要第三方来执行，并需要花费很大代价。对 A 来说，除了签订合约外，还可以做一些简化问题的结构设计，使得 B 类人可以对 A 的不当行为或违约行为进行处罚。

例如，可以考虑一下英特尔例子中该公司面临的问题。它想使潜在客户相信，一旦他们被套牢，英特尔公司不会提高微处理器的价格。英特尔公司可以与客户按某一价格签订一定数量的微处理器合约。但这种合约要么太僵化（即不随英特尔面临的成本条件、技术创新或客户的需求量大小而变化），要么虽然相当灵活，但因考虑到多方面的变化而太复杂，以致难以执行。

除了提供僵化的或无法执行的合约保证外，英特尔还可向其他几个微处理器竞争对手发放许可证，允许它们生产微处理器。这可以让客户相信，如果英特尔提价或对供给实行配给，客户还有其他的供货渠道。英特尔无法阻止其客户的行为，所以它没有动力去这么做。

英特尔的故事包含的意思远比这种扼要概述复杂得多，而且，对 086 微处理器的后续几代产品，英特尔收回了许可证。具体来说，英特尔把 086 芯片的生产许可证颁给了另外 12 个制造商，在很短的时间内，仅留给这种芯片的其他制造商 30％的市场份额。对于 286 芯片，英特尔把芯片生产许可证仅颁给了 5 个其他制造商，而保持 75％的市场份额。对 386 芯片，仅把许可证颁给了 IBM，也仅限于 IBM 自己的计算机。所以，086 芯片的客户在很大程度上被 X86 芯片后续几代产品吸牢，就像犯毒瘾一样。英特尔最初通过许可证提供的保证，最后并没有提供多少保护。当决定是否采用奔腾芯片时，潜在客户对英特尔就大量颁发第一代奔腾芯片生产许可证再次做出的保证就有些怀疑了。那么，为什么英特尔没有消除人们最初的担心呢？下面几节关于声誉的描述，可能会给出答案。一些英特尔客户可能会争辩说，在某种程度上，英特尔已经利用了其作为商品供给垄断者的强势地位，所以，下游制造商在某种程度上受其左右。

第二个例子是詹姆斯·凯西（James Casey）的行为，他是联合包裹速递服务公司（United Parcel Service，UPS）的创立者，该公司是美国包裹递送行业的领导者。当凯西最早组建 UPS 时，他对这一行业的计划是高度重视与卡车司机的合作。司机在很大程度上不处于被监督状态，因为他们的工作不在任何监管者的视线之内。为了让员工相信，一旦他们被雇用并且安下心来工作，公司不会乘机损害他们的利益，凯西邀请 Teamsters 工会来组织其人力资源。当时正值美国一般的管理人员对花费精力去组织工会非常反感的时候。但是，凯西理智地认识到，开始时通过邀请卡车司机工会与公司工会建立一种建设性的关系，他就把对 UPS 管理人员侵犯员工利益的惩罚权交给了员工。所以，员工应相信 UPS 管理人员不会侵犯员工利益，而这反过来有利于公司。

对违约行为或有害行为进行惩罚不必求助于法庭或受害者。为了使某种行为更可信，参与人 A 可能谋求社会制裁。这种想法大致是这样一种思路：如果 A 行为出格，违反了社会规范，那么她将因此遭受社会制裁。公开承诺遵守行为规范，并且证明自己这样做了，有时会起作用。在一个家族企业中做出承诺，一般会获得相当的信任，因为家族成员违反承诺经常会导致来自家族的社会制裁。尽管仅仅与熟人或同一组织成员进行业务交往明显有问题，但在这种关系紧密且社会交往圈子中的人员相对固定的背景情况下做出的承诺会得到信任。

束缚了自己的手脚，所以你必须斗争

合约方式或英特尔和 UPS 的例子所关注的策略情形与信任博弈差不多。参

第 23 章 可信度和声誉

与人 A 希望 B 相信她在将来不会滥用 B 的信任。事情的另一方面与威胁博弈相似：参与人 A 需要使人相信，如果 B 向她提出挑战，她将会进行斗争。"束缚你的手脚"在这里的意思是营造出这样一种境况：当遇到挑战时，默许的代价要大于斗争。其中的理念并非 A 选择斗争更吸引人而是她选择默许不吸引人，所以她必须斗争。

例如，威胁博弈大抵是为进入设置壁垒，A 的潜在竞争对手 B 必须决定是否进入市场。如果选择进入，作为现存企业的 A 必须决定是接受 B 的进入还是选择斗争，双方将为此付出很大代价。在这里，现存企业可能已选择一种具有很高固定成本的生产技术；也可能已签订一份用于购买非常昂贵原材料的不可撤销合同，从而把投入的可变成本转变为固定成本；可能债务已积累到一定水平，只有在市场份额保持一定水平的情况下才能偿还；也可能已经积聚了相当多的债务，如果市场份额下滑，现在的管理层可能丧失对企业的控制。所以，现存企业已无路可退，必须选择斗争。

这个模型如图 23.3 的博弈所示。参与人 A 首先行动，要在最优技术和高固定成本技术之间做出选择。这里的"最优"一词意味着在给定参与人 B 的行动的前提下，第一个选择好于第二个。为了看清这一点，可简单对比博弈树上半部和下半部中 A 的收益水平。

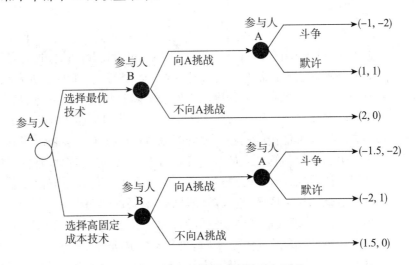

图 23.3 选择次优技术以使斗争可信

说明：通过选择高固定成本的技术，在每一分枝末将降低其自身的收益水平。但是，如果默许 B 的进入，将会对 A 的收益水平造成很大伤害，所以 B 相信 A 将选择斗争，从而 B 不会向 A 提出挑战。

对 A 来说，选择高固定成本技术的好处在于，如果 A 默许 B 的进入，其成本支出将非常大。正因为如此，所以，如果 A 选择了这种技术，对于其他人的进入，她宁愿斗争。如果 A 选择高固定成本技术，B 会预期到，如果自己进入，A 将选择斗争，所以只有选择不进入了。因为在遭遇外部企业进入时，保持高固定成本技术（如果她能保证没有进入者）的代价相对于使用所谓最优技术的代价并不高，所以所谓的最优技术也就不是最优的了。

从本质上看，这就是一种波特式的壁垒，即处在有形壁垒和心理壁垒之间。对进入壁垒的标准解释是，对于潜在进入者来说，因一些因素降低了进入者的收益水平，从而使得进入没有吸引力。例如，行业内的企业可能已牢牢控制了有利的资源或分销渠道，所以，进入者的成本将非常高。我们在这里所做的分析同样适用于以下行业中的企业：对于进入者来说进入后成本非常高。在这一博弈中，A的技术选择对B的收益水平没有任何直接影响，B在博弈树的上半部分和下半部分所得到的收益水平是一样的。但是，B对是否对A提出挑战的评估对于选择博弈的上半部分还是下半部分有决定性的影响，因为A对技术的选择影响A的收益水平。

这种类型的策略并非没有危险。选择高固定成本技术，从使对手不敢轻举妄动的角度来看是不错的行动，因为对手害怕这种技术会迫使现有参与人选择斗争。但这样的战略并不能确保一定会这样。假定当A选择高固定成本技术后发现，B还是进入了，参与人B选择进入是因为其成本结构使然，即使B知道将会发生冲突，他也有自己的声誉来维护（见下一节），甚至也是想争一口气。这样的话，A由于试图通过这些手段使威胁更可信而使自己处境艰难。

如果这种警告听上去有些异想天开，请回忆一下第22章关于普惠想把劳斯莱斯从飞机发动机的某一市场中挤出去的不成功尝试。这一博弈涉及第三个参与人——英国政府，但是原理没什么不同。如果劳斯莱斯开发新一代发动机，普惠推出的省油保证将花费巨大。因为这些保证将会使劳斯莱斯得不到订单，所以普惠相信劳斯莱斯不会开发新的发动机，那么它也就不必投入巨大的花费。这显然是非常漂亮的策略行为。明白了这种情形的经济意义，并且英国政府为劳斯莱斯提供了开发新发动机需要的资金后（除非英国政府不愿意提供），普惠就被置于一个非常难堪的境地。或者套用古代战役的例子。如果能阻止敌人的进攻，破釜沉舟显然是一种伟大的战略，认识到这一点之后，因为无路可退，军队会英勇向前。但是，如果敌人仍然进攻，而你作战勇猛的部队又被打败了，那么，破釜沉舟将可能成为历史书中典型的愚蠢战例。

既束缚自己也束缚他人的手脚

美国最大的化工企业，如陶氏（Dow）和孟山都（Monsanto），作为最主要的游说者之一，强烈支持制定严格的安全和环境标准。因为这些标准提高了这些企业的成本，我们可能要问：为什么这些企业要去游说政府制定这些严格的标准呢？

基于前面一节的讨论所得到的一种解释是，这些企业试图向各种支持者做出可信承诺：它们的经营是安全且对环境无害的。

可是这并非唯一的解释，这种类型的约束不仅针对主要的化学公司，而且针对其国内竞争者。遵守这种规则一般会涉及巨大的固定成本开支，所以相对于小的竞争对手来说，最大的公司采取同样行为的成本支出要小。通过支持这种类型的法案，大公司施加给国内小竞争对手的平均成本要比施加给自身的成本大得多。

这种策略（通过束缚自己的手脚达到束缚竞争者）不限于对政府规则的游说。回想一下凯西邀请卡车司机工会来组织其雇工队伍的例子。对凯西的目的，前面解读为通过赋予工人权利，他所做出的不会试图损害工人利益的承诺就获得了信任。另一种解释是，他认为他的管理风格和业务发展计划特别适合被赋予权利的工人，而且他有能力与卡车司机工会按商业化方式来合作，他能比竞争者做得好。他认识到，卡车司机工会虽然并不能保证该组织随后也能为竞争对手做同样的组织工作，但是这增加了其竞争对手发现其雇员被组织起来的可能性，相对来说，这将有利于 UPS。

当话语不再廉价时，会发生什么？

在前面讨论过的信任博弈和威胁博弈中曾经说过，在威胁博弈中，当 B 决定是否对 A 提出挑战时，A 对 B 怒吼和发出嘘声，或在信任博弈中，当 B 决定是否信任 A 时，A 对 B 微笑，都不可能有效。做这些事情，A 无须支出什么，如果它们真的有效，不管她后续行为的目标如何，她都会选择这种做法。所以，A 的这种做法没有什么意义，B 可不予理会。用博弈论的语言来说就是，他们是在做廉价空谈（cheap talk），就像"言语是廉价的"（talk is cheap）一样，其中暗含的推论是当言语是廉价的时，只有行动才能说明一切。

说到这一点，必须承认，廉价空谈对某些人的确会起作用。B 类参与人有时会对嘘声、怒吼和微笑留下深刻的印象。所以，在实际生活中遇到这类事情时，不要对那些明显表明你意向的东西发出伪誓言，可能你的对手将留下深刻印象，尽管博弈论学者可能不会。

565   这种假定前提是嘘声、怒吼和微笑是无代价的。事实上，有时这些行为还是需要付出代价的，特别是当参与人前后言行不一时，这种成本可能是心理上的或在公众中的良好声誉受到损害。在参与人发自内心的信任微笑被人滥用时，如果这一微笑也被其他人看到，那么这些滥用者将遭到社会制裁。发出威胁怒吼后又后退妥协可损害自尊或被人嘲笑。

如果嘘声、怒吼和微笑的代价足够高，一旦发出将确保出现预想的后续行为。（例如，在遇到挑战时发出战斗的怒吼后，退缩的代价太大，所以，一旦发出战斗的怒吼，该参与人将准备且愿意进行斗争。）那么我们就回到前面讲过的那类故事了。如果这些行为足以改变 A 的收益水平，在发出微笑时，预示着良好行为的可信承诺；发出怒吼和嘘声则预示着一种将做出积极应战的威胁。

但是，当这些行为要付出代价但并不大时，要想获得对预期行为的完全信任又该如何呢？它们又有什么作用呢？这是一个敏感而难以回答的问题。博弈论分析给出的答案并不能完全令人满意。但是博弈论分析表明它们会产生影响。我用一个威胁博弈或确切地说是图 23.4 描述的变化来对这一观点做一解释。在 B 决定是否对 A 提出挑战前，A 可以采取一定的行动，这被称为有代价的怒吼（costly growling）。在这一博弈的任何情况下这都会降低 A 的收益水平，特别是在 B 进入而 A 不斗争的情况下，更是如此。

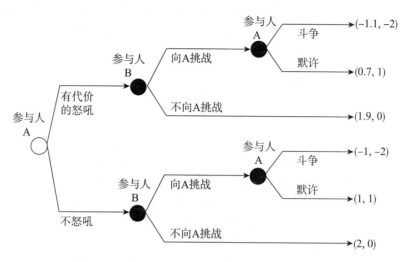

图 23.4　非理性怒吼是理性的吗？

说明：通过选择怒吼，在每一分枝结束时，A 都会降低她的收益水平，但还不足以使得 A 将做出斗争的反应更可信。那么这种怒吼有什么影响作用吗？（见正文。）

比较图 23.4 与图 23.3，有代价的怒吼与图 23.3 中选择高固定成本技术的情形相同。在两种情形下，相对于没有怒吼-最优技术，A 选择有代价的怒吼-高固定成本技术降低了她的收益水平。在两种情形下，B 的收益水平不受影响。但关键的差异是，如果 A 不选择斗争，相对于选择斗争而言，她有代价的怒吼的代价更为昂贵，而在遭遇挑战时，进行斗争的相对收益并不一定优于默许。怒吼是有代价的，但做出斗争的反应并不足以令人信服。

那么这个简单的反转博弈树告诉我们什么呢？参与人 A 不论在树的哪半个部分，一旦遇到挑战都会选择默许，所以 B 在两个部分都选择进入。有代价的怒吼在此没有意义。

现在设想你是参与人 B 且已经做过刚刚给出的分析，你确信从 A 那里等到的是一种没有发出的声音，所以你决定进入，之后，A 发出了怒吼声。你对此做何理解？你的反应又会如何？

作为 B 的你担心的是，如果自己提出挑战，A 将选择斗争。你只是相对肯定她不会这么做，因为这样做不符合她事后的利益。但是，这种确信是基于如下假定得出的：A 不是一个会做出非理性攻击行为的疯狂之徒。假定 A 并不会疯狂（如果你确信她会对你的进入行为采取默许态度），为什么她要做出这种无意义且有代价的怒吼呢？这可能就是她处在疯狂状态的信号。基于这一点，你或许应该找其他人来进行竞争。

除非这种怒吼迫使你放弃挑战，从而对 A 来说，怒吼是完全理性的行为。如果不是这样，你应不予理会，自信地向她提出挑战。如果这一点是对的，那么怒吼就不是理性的。

为了对这种情形做出全面的分析，你需要从我还没有介绍的博弈论库中去

第 23 章　可信度和声誉

寻找一些分析工具。你特别需要在模型中引入 A 有多大概率（至少是参与人 B 心中的概率）会是一个疯狂的人——她不管斗争的成本有多大，一旦遇到挑战就会选择斗争。而且，你在模型中要引入这样的理念：如果 A 以这种方式疯狂，她很可能会怒吼。有兴趣的读者可以参阅更高深一些的博弈论教科书，以了解这种思想是如何得出的。

对柯达进入即拍行业的评论

没有涉及更多的技术细节，我仍然能用一个历史事件作为案例，来解释当参与人 B 出乎意料地听到 A 发出的怒吼声后面临的复杂局面。当柯达试图进入即拍照相行业时，该行业已完全被宝丽来公司垄断，它的进入采取了特别温和的方式。[①] 柯达表面上设计的战略是想使宝丽来相信，柯达不会使用其庞大的金融和营销能力来把宝丽来挤出这一市场。柯达特意把相机和胶卷设计成与宝丽来不相容的形式，这样，宝丽来将相当确信自己还能继续通过对已有客户销售胶卷来赚钱。通过许多方式，柯达采用了束缚自己手脚的战略。

567　　　根据任何一种合理的财务核算都可以得出，对宝丽来来说默许是优于斗争的策略选择。宝丽来似乎很难在其中获胜，除非在侵害专利权诉讼中获胜将柯达赶出这一博弈。柯达财力雄厚，营销能力强大，如果两个企业展开竞争，从财力基础看，宝丽来除了亏损之外难以赢得什么。

尽管考虑到了这么多，宝丽来还是选择斗争。它提出了违反专利权的诉讼，降低了相机价格。向市场推出一系列改进产品，这些产品的制造技术实际上早已开发出来但并未实际投入生产——大概就是为了应付这种情形。从开始时宝丽来就推出其创始人埃德温·兰德（Edwin Land）的话［《纽约时报》（*New York Times*）1976 年 4 月 28 日引用过他的说法］："这是我们的灵魂，我们全部的生命。对它们来说，这是另一个领域的事。"

不难想象，柯达在看到兰德先生声明的宝丽来的行为之后正考虑会发生什么。推出兰德的声明并不能完全算是廉价空谈。如果宝丽来计划默许柯达的进入，推出兰德的声明就意味着如果妥协将要承受非常大的痛苦。如果宝丽来想默许柯达的进入，为什么要通过这种方式推出兰德的声明呢？考虑到宝丽来提出的专利权违反诉讼、推出新产品、降价竞争，柯达不得不考虑宝丽来是否已下定决心保卫自己的领地，即使要冒使公司财务状况恶化的风险。柯达会受此影响吗？对于这场从一开始看来花费就不菲的斗争，应该退出吗？如果通过武力威胁（saber rattling）可以将其挤出，那么这种威胁就是明智之举。在这种情况下，柯达应预期到宝丽来公司会退缩。但是，如果宝丽来计划退缩，为什么开始时不惜投入巨资发出这些威胁？

最终，宝丽来的威胁发挥了作用。延续一段时间后，每次当柯达发出想在这一行业生存下去的信号后，宝丽来就会采取另一种斗争式的行动。最后柯达

---

① 要想详细了解这一案例，请参见 *Polaroid vs. Kodak in Instant Photography*，HBS 9 - 376- 266。

收手了，把即拍行业留给了宝丽来公司。宝丽来的垄断地位一直保持到数码照相产业革命的到来。

23.2 声 誉

我们现在开始讨论声誉的概念。就像可信度一样，当我使用这一术语时，是有特定含义的。假设你与其他参与人（我用 B 来表示）在遭遇战中相遇。你希望预测出在具体情形下 B 如何行动。当然，你的预测要受到当前情形具体氛围的影响。对其他参与人来说，具体的选择和收益是什么？他预期你会选择什么合理的行为？除此之外，你会非常自然地通过研究他过去的行为，特别是在类似情形下的行为作为参考来预计他下一步会做什么。在目前情形下，他过去的一贯行为模式也就是他的**声誉**（reputation），有助于你预测他会如何行事。

声誉通常是对预测未来行为相当简洁的描述。宝洁公司素有对进入者采取激烈斗争的声誉，这是对宝洁公司对绝大部分（而非全部）行业进入者采取激烈斗争，并且还会这样做下去的一个简要概括。相对复杂一些的说法将给出防止误解的解释（例如，宝洁公司过去表现出的行为是愿意容忍那些不会威胁到其特有技术的进入者），这样做将使得建立在声誉之上的预测更加清楚。

而且，当我使用声誉一词时，我在心里有意识地对采取的行动在未来会怎么样做出评估。例如，在第 21 章山姆和简的博弈中，简在周二晚上一直在老普鲁斯酒吧和美术馆之间做非此即彼的选择。如果山姆已经知道一周前简去了哪里，那么，山姆将很容易知道某个具体周二去哪里。但是我们能说简的声誉是在两个目标之间选择吗？大概更为合适的说法是，这是简的习惯或行为方式。

美国最高法院法官波特·斯图尔特（Potter Stewart）曾写过一句名言："我今天不想去详细定义色情描写，但是当我看到时我知道它是。"在某种意义上，这也适用于声誉。为了明白我说的声誉的意义，需要通过具体事例来说明。

可信赖的声誉

假设 A（她）和 B（他）在进行重复的信任博弈。具体来说，在每一轮博弈之后，有 0.2 的概率刚刚完成的博弈是最后一次，有 0.8 的概率他们至少还要进行新一轮的博弈。他们从后续博弈中获得的收益水平是预期收益水平之和。（根据第 22 章的分析方式，你也可以把这种情形设想为他们在重复进行无限次博弈，用于计算现值的贴现因子为 0.8。）

就像我们在前面已经看到过的，这一博弈中唯一的纳什均衡是 B 拒绝信任 A 的情形，因为如果 B 愚蠢到相信 A 具有良好品质，那么 A 就会滥用这种信任。但是，如果我们按前述方式重复博弈，那么无名氏定理就成立了，大量其他的结果都成为均衡的构成部分。例如，假设 A 和 B 采取了如下一对策略：

在第一轮中，B信任A，只要A善待B以示对这种信任的尊重，B将继续信任A。但是，如果A曾滥用了B的信任，那么B将无情地拒绝再信任A。

A在第一轮中善待B，只要过去这么做，她就会一直这么做。但是如果她曾经滥用B的信任（可能是由于失误），那么在随后所有博弈中，只要机会允许，她就会滥用。

计算表明在重复博弈中这两种策略可导致纳什均衡出现。计算的关键是，当获得信任后，A会善待B吗？只要博弈进行下去，她就会善待B并将继续这样做下去，且在每一轮获得1的收益。这样她获得的预期收益为

$$1+0.8\times1+(0.8)^2\times1+\cdots=1/0.2=5$$

或者她可滥用信任，马上得到的收益水平为2，但从今以后她再也得不到B的信任，所以在后续博弈中只能得到0。这样她的预期收益为

$$2+0.8\times0+(0.8)^2\times0+\cdots=2$$

很显然，她愿意保持均衡中的所得。一旦她的策略确定下来，对A来说其策略的最优值也就清楚了。

现在我们把两种策略重新表述一下。

如果A享有可信任之人的声誉，那么B将会在所有博弈中都信任A；但如果A的声誉是不可信任，那么B就不再信任A。

A视目前的声誉如生命。如果她（A）是一个享有可信任声誉的人，她将善待B。但是如果她是一个有着不可信任名声的人，她就会表现出滥用行为。

570 　A开始时的声誉是可信任之人，只要她从未滥用B的信任，A的声誉就一直会保持下去。一旦她滥用了B的信任，她就有了不可信任的名声，这种名声将永远洗刷不掉。

要注意这里所描述的两个参与人策略中暗含的一些东西：A和B的行为依赖于一种神秘的新因素——A的声誉。那么，A声誉变化的具体"规则"就要具体分析了。如果喜欢，你可把这种分析转化成标准的一组策略（在这种情况下，你得到的策略如前所述），但关键的一点是根据A的声誉确定她对待事物的态度（这是她过去行为的产物）。

当然，因为这里定义的策略暗含在以前已给出的实现了纳什均衡的策略之中，故也可被看作描述均衡的另一种方法。

分析实现这一均衡的关键是如何回答如下问题：当A享有了可以信任的声誉后，为什么她要维护这一声誉？为什么她要放弃滥用行为带来的短期收益？牺牲短期可获得的收益来保持自己的声誉，从A的长期收益水平来看相对要好一些。对A来说，维护好自己的声誉是其获得B的信任的入场券，这也意味着

在未来获得更好的收益水平。总之，即使在短期要做出牺牲，如果这能使得他人做出足以改善声誉享有者长期利益的行动，一个好的声誉就是一笔财富。

当然，这并非重复博弈中仅有的一种均衡，无名氏定理确保将有许多均衡。例如，考虑如下情形：用另一种关于 A 的声誉变化的规则替代刚刚给出的基于声誉决策的一些规则，即 A 的声誉变为不可信而且将从不可信。这给出的纳什均衡策略是 B 永远不会信任 A，而 A 也会在 B 轻率信任 A 的任何时候滥用这种信任。也存在其他的均衡。B 信任 A，A 在所有偶数轮博弈中表现良好；当 A 值得信任时，在所有非该数轮的博弈中也会被他人信任；等等。当你应用无名氏定理时，会得到许多均衡。

系列交易对象

与第 22 章相关的无名氏定理要依赖于参与人进行的是重复博弈。具体到目前这种博弈，其意义为对 B 来说，如果这种信任被 A 滥用，对 A 的惩罚是在未来 B 不再信任 A。假定与 A 进行博弈的是 B 类参与人中的一个，称之为 B_1，然后在第二轮中与 A 进行博弈的是 B 类中的另一个人 B_2，如果有第三轮，那么就有 B_3，依此类推。这对我们描述的均衡有实际影响吗？

并没有影响。用声誉理论的语言对这种情况下的第一种均衡重新进行表述，没有多大改变：

如果 A 是一个享有可信任声誉而不是其他名声的人，当第 n 轮博弈来临时，B_n 将信任 A。

就像前面所分析的一样，A 的行为与其声誉相称。

A 的声誉变化如前。开始时 A 被认为是一个诚实的人，只要她从不滥用 B 对她的信任，这种声誉就会保持下去。但是，如果在某种程度上 A 滥用了 B 的信任，她将失去诚实的名声，而且这一名声永远不会再获得。

尽管参与人 B 的人数可变，但仍然有纳什均衡。现在声誉一词更加合适，因为我们可以设想 B_n 会去询问此前曾与 A 有过交往经历的 B 类参与人："她如何对你？""她的声誉怎么样？"事实上，只要每个 B_n 去向其前一个参与人询问这些问题，然后根据声誉变化的规则把这一信息传下去，一切就会如旧。

还可以把这与前面讨论过的可信度联系起来。在曾经分析过的承诺博弈中，根据图 23.2 的收益水平，如果 A 被信任，A 将会善待 B 的结论是不可信的。A 面对的收益水平将刺激 A 在被信任时滥用这种信任。善待的可信度可通过合约来确保（如果违反合约，将由法庭发布指令进行制裁和惩处），或通过对事态进行结构改造，使得滥用信任比善待更缺乏吸引力。在重复博弈的情形中，赋予 A 一种声誉资产是使得滥用相对善待缺乏吸引力的一种手段。如果对她的信任持续了一段时间，A 在短期滥用这种信任将会更有利。但是由此损害的是其声誉的长期价值，假定：（1）声誉会引致未来多个 B 类参与人对她的信任，从而她的声誉非常有价值；（2）滥用信任会毁掉至少是损害这一声誉。A想保护其声誉，因为其为有价值之物但也很脆弱，这就使得在任何单一博弈中，善待对方都成为一种可信的行为。

示强声誉：使威慑变得可信

下面我们设想 A 和 B 进行重复的威慑博弈。像前面一样，在每一轮博弈后，有 0.2 的概率博弈已彻底结束，但有 0.8 的概率至少再有新一轮博弈，从一系列博弈遭遇中所获得的收益水平是预期收益水平的和。

如果是一次性博弈，均衡（当你考虑 A 将选择斗争的威胁在多大程度上可信时会得到均衡）是 B 进入而 A 默许。如果是重复博弈就有了其他可能性。例如，考虑如下用声誉理论语言来描述的 A 与 B 的策略：

572   只要 A 享有行事强硬的声誉，那么 B 不会向她提出挑战。如果 A 有胆小鬼的名声，那么，B 将提出挑战。

只要 A 享有行事强硬的声誉，那么 A 会与任何进入的人进行斗争。如果 A 有胆小鬼的名声，那么，A 将选择默许。

在开始阶段，A 享有强硬声誉。除非她默许一些进入者，她会一直享有这种声誉。在声誉丧失后，胆小鬼的名声再也无从洗刷。

满足这些将得到一种均衡。而且，A 的威胁使斗争变得可信了，均衡也实现了。为了看清这一点，我们假定 B 向 A 提出挑战。如果 A 进行斗争，她将付出 1 单位效用水平，但保全了她的声誉。假定 B 转而采用不进入策略，那么 A 获得数值为 2 的收益流。所以预期收益为

$$-1+0.8\times 2+(0.8)^2\times 2+(0.8)^3\times 2+\cdots=7$$

（请相信我的计算。）从另一方面看，如果她默许了，她马上获得 1 单位效用，但损害了声誉。只要博弈还在继续，从余下的博弈中每轮只能得到 1 单位效用。这样，她的预期效用为

$$1+0.8\times 1+(0.8)^2\times 1+\cdots=5$$

两种情形相差不大，对 A 来说保全声誉比默许其他参与人进入而失去声誉要更好一些。如果 A 将要为保全声誉而战，那么 B 最好的反应是不向 A 提出挑战。

同样，A 和 B 也不一定进行重复博弈。即使 A 在每一轮博弈中与不同的 B 类参与人博弈，只要在第 n 轮中的参与人 B 根据 A 的声誉做出决策，A 就足以进行重复博弈。就像前述所分析的那样，A 的声誉变化采取这样的形式：第 n 轮的参与人 B，在做出进入行业的决策前，去询问第 $n-1$ 轮的 B 类参与人"A 的声誉可以归入哪一类""在上一轮发生了什么"。

就像第一个例子一样，我们看到声誉提供了信任。A 威胁将要采取针锋相

对策略的说法是可信的，因为如果她不选择斗争，在未来她面临的前景要比这样做暗淡许多。默许的代价更大，这不仅会在短期产生影响，而且会贻害整个博弈，这就使得发出斗争的威胁变得可信。

有时也能听到对这种均衡的批评意见。如果均衡描述的是博弈如何进行，那么 A 将永远不会遇到进入者，也不必去斗争。具体情况为，如果博弈是在一个 A 参与人与一连串 B 参与人之间展开的，第 $n-1$ 轮参与人对第 n 轮参与人的回答是："A 是强硬之人，如果你向她提出挑战，她一定会应战。但是，这并非我的个人经历，因为我尊重她的声誉，并未向她提出挑战。"听到这些后，第 n 轮参与人 B 可能会问："有谁看到过 A 与人斗争吗？"在描述过的均衡中对此的答案是："没有，从未有人向她提出挑战。"对于 A 是如何得到这种实用方便的强硬声誉的，有两种答案：

（1）假定有一部分 B 类参与人（比方说平均为 10%），不管 A 的声誉如何都提出挑战，尽管这样有点滥用之嫌，但要比他们不提出挑战要好。这样，A 经常会遇到挑战，为了保全声誉她必须斗争。这就要做一些计算了。如果 A 平均有 10% 的时间会遇到挑战，不管她的声誉如何，她都将会与所有挑战者进行斗争以警告其他人，那么她平均每轮的所得就不是 2，她预期获得的收益水平为 $0.9 \times 2 + (0.1)(-1) = 1.7$。如果遇到挑战，她选择斗争，她预期得到的收益水平为 $(-1) + 0.8 \times 1.7 + (0.8)^2 \times 1.7 + \cdots = 5.8$，相应地，不斗争时的收益水平为 $1 + 0.8 \times 1 + (0.8)^2 \times 1 + \cdots = 5$，声誉仍然有价值，但仅仅强一点点。

我们可以在实际生活中看到这一点。宝洁公司素有对进入其产品市场者进行积极斗争的声誉。这种声誉吓住了大部分潜在进入者，当然不是所有。那些对宝洁公司提出挑战的进入者不久就领略到宝洁公司非常有价值的声誉是其真正的财富。

（2）均衡描述的是 A 有声誉的情形。在一系列博弈之初，她不得不努力奋斗以得到这种声誉。这意味着，当有 1 次或 2 次机会面对进入者时，她将与其斗争以赢得她希望得到的声誉。其中的关键是，赢得声誉的行为模式所描述的情形是，她的对手不知道她下一步会做什么。所以，均衡也就无法对此做出描述。

一个或两个持久参与人的情形

在我们举出的两个例子中，声誉按无名氏定理的一般方式发挥作用，但是博弈中的双方都不必是持久参与人。A 持久参与很重要，因为她的可信度是一笔财富。

不要从这得出如下结论：无名氏定理能带给我们的一切，可从一个持久参与人面对一系列对手的博弈中得到。例如，可以设想一个持久参与人与一系列参与人进行重复囚徒困境博弈的情形，每个参与人只面对一次。短暂的参与人没有声誉危险，所以他们会从短期利益出发采取告发策略。因为其他人都这么做，所以持久参与人没有理由去选择其他策略。在重复的囚徒困境博弈中，只有持久的两个参与人才会放弃（告发，告发）组合。

另外，当两个参与人处在相互冲突的情形中时，如果每个人都有声誉财产，情形就完全不同了。就以威胁博弈为例。我们真能期望一个持久参与人 A 在一系列威胁博弈中能够从与进入者的斗争中赢得或保全自己的声誉吗？如果持久参与人 A 与一系列参与人 B（每个人只进行一次）进行博弈，这似乎是可能的。因为 A 有声誉财富，而 B 类参与人没有，所以 A 似乎占了先手。但是如果 A 只进行一次博弈，而 B 是持久参与人，B 将永远不会从对 A 提出挑战引起的斗争中退缩，以赢得声誉。如果 B 能使 A 相信，他不会被 A 做出斗争的回应所吓倒，那么 A 就没有动力去做斗争了。在重复进行的威胁博弈中，当持久参与人 A 遇到同样的持久参与人 B 时，很自然，会想到一场消耗战即将展开。B 向 A 提出挑战，A 进行斗争，直到一方在另一方超长的耐力面前退却。（如果阅读高级博弈论文献，你会发现大量支持这种直觉的理论。）

在同时与多个参与人博弈时声誉的作用

在上述有关声誉的故事中，不论是 A 重复地面对一位对手还是一连串对手，每个人都根据自己与 A 相遇时的行为经历来选择自己行为的条件，对 A 来说，这就建立起了长期和短期之间的权衡关系，这也是 A 声誉的基础。

在其他情形中，A 不是按顺序面对 B 类参与人，而是同时面对许多 B 类参与人，但是在相遇时，他们自己也得有时间来展示自己。在这种情形下，为了在与所有交易对象同时博弈中保有良好声誉，A 就受到了限制。

例如，丰田公司要与许多供应商打交道。对大部分供应商来说，丰田公司是一个非常重要的客户。丰田公司与供应商之间一直有不断要处理的问题，但是在许多情形下，特别是因为丰田公司坚持大部分配件要有双倍货源，所以丰田公司与任一单个供应商之间的天平总是偏向丰田公司。这也就是说，丰田公司的良好行为并不仅仅由无名氏定理应用到由丰田公司和任一单个供应商这两个参与人参与的博弈中来得到保证。因为对一个供应商来说，如果丰田公司行为不端，它并没有足够的力量来遏制丰田公司。

但是，丰田公司供应商的集体可对丰田公司进行惩罚，丰田公司的分包关系网非常有效率，因为它富有灵活性。这种灵活性来自丰田公司与其供应商之间非常简单的合约，特别关键的一点是一些意想不到的事情一旦出现，双方也会出于良好愿望来予以解决。如果丰田公司利用这种粗制的合约和其占有的绝对优势来损害一个供应商的利益，其他供应商将了解到这一点，它们自然的反应是坚持签订一份详细合约，规定双方参与人如何处理可能发生的意外事件。这样的话，丰田公司将丧失许多灵活性，代价很大而且很不方便。

这才是关键所在。丰田公司赢得的声誉是强硬但善待供应商。在任意单独一次交易情形下，它都有能力持强硬和不公平的态度，但它从不使用这种能力，因为如果这样做，将损害其在所有供应商中的声誉。要想保住这种声誉并保持这种关系，它必须善待每个供应商。（在下一章我们再讨论这一故事。）

声誉中的噪声

在本节开始时给出的两个例子中，博弈很简单，所以我们通过观察在每一轮中 A 在做什么就可了解整个情形。对 A 的声誉既没有噪声干扰也非模糊不清。在现实世界中，两种因素的干扰会无处不在，声誉均衡（reputation equilibrium）将会受到这两个因素的破坏。

就以信任博弈为例。说得更具体一些，是以持久参与人 A 面对一连串短期的 B 类参与人的重复信任博弈为例。假设每次当 B 信任 A 时，A 都要在滥用和善待之间做选择。但这仅是 A 的目的，即使 A 想善待 B_n，也有可能 B 把 A 在第 n 轮的行动看成是滥用。

如果 A 似乎对一个具体的 B 类参与人的可信度进行了滥用，那么后来的 B 类参与人将在某种程度上惩罚 A，或者 A 也有动机去滥用所有 B 的信任而把其归因于意外。但是对 A 的惩罚不应太严厉，而是要有所保留。如果可能的话，A 也应有机会来悔罪。在受到惩罚之后，A 应该能够重新建立声誉。A 和 B 应共同努力来找到让 A 建立声誉的办法，以便 A 可被置于相对无干扰的监督之下，避免全部或部分噪声成本。

尽管比 A 面对一连串 B 的模型复杂了一些，但为了说明这一问题，请参考会计师事务所对上市企业财务报告进行审查的例子。在这一交易中，值得信赖的参与人是被审查公司中的投资者委员会，要相信审计师在投入大量时间后会揭示出被审计企业的现状。如果会计师事务所工作努力、诚实，就是"公平待人"的，如果怠慢或隐瞒报告（因为它要从被审查企业获得咨询业务），它就滥用了投资者委员会的信任。但即使会计师事务所工作努力和诚实，它也会遗漏一些事情。当这些事情被披露后，会计师事务所似乎已经滥用了公众的信任。说得具体一些，投资公众不能区分被揭发出来的事情是滥用行为所致还是诚实的错误。打发掉有失误的会计师事务所而邀请那些在审计中付出更少的审计师，情况或许更糟糕。但是，虽然惩罚太轻会引致滥用，重罚也会产生相反的作用。如果在第一次诚实错误之后，审计师彻底声名狼藉，那么给钱就干将成为最优的策略。如下两点值得关注：

576

（1）会计师事务所保持其声誉是为了获得经济上的回报，采取的形式是根据可信任的声誉不断获得审计事务。在最近一些年份，审计事务收费已越来越低。因为审计行业的竞争变得越来越激烈，这也就降低了良好声誉的价值，降低了其保持良好行为的动力。

（2）出了差错的审计师在事后通常为自己辩护说自己是按标准的审计程序工作的。但为了证明这种说法，标准的审计程序必须在某种程度上是规范的，留给审计师就某种具体审计事务该做什么的主观判断空间很狭窄。同样的现象也出现在医疗实践中。越来越多的医疗误操作诉讼（对似乎滥用病人信任的惩罚更重）使得医疗实践越来越多地"照本宣科"，而不是依靠医生最好的主观判断。

一般意义上的干扰现象通过第二条途径进入声誉建立过程。在对重复信任博弈的理论分析中，对 B 的假定是，当轮到每个 B 类参与人决定是否信任 A 时，他（们）能了解到 A 在与前一个参与人交往中的行为表现。更为一般化或更确定可信的是，A 的行为可以在 B 类参与人中一代代传下去。换言之，声誉可通过口头传播，且 A 的当期行为会改变声誉。但是，假定第 n 轮中的 B 类参与人不能了解 A 以前的行为，既可能是因为难以理解第 $n-1$ 轮 B 类参与人传递过来的信息，也可能是因为没有找到可充分信任的证据。只要 A 能预期到这些困难，在第 $n-1$ 轮她就不会善待 B。因为对该轮 B 类参与人信任的滥用将损害 A 与下一轮 B 类参与人交往的前景的可能性并不大，如果真是这样，而且 B 预期到这一点，那么他们也没有多大理由来信任 A。换言之，在声誉的建立过程中，我们必须担心在观察 A 的行为中存在的两种噪声干扰：口头传播交流中的噪声干扰和声誉沟通过程中的噪声干扰。

577

在现实生活中，这进一步引出了对如下三个问题的思考：

（1）在建立声誉，特别是与可信度有关的声誉的过程中，当与 A 博弈的连续 n 个参与人能有效交流时，效果最好。B 类参与人有共同语言和相同的文化在此基础上起到锦上添花的作用。

（2）出于 A 的利益考虑一般有利于 B 类参与人进行这种交流，因为 A 的声誉建立在 B 类参与人信任 A 的基础之上。如果 A 没有这样的声誉就不会有信任。所以，我们举出的丰田公司的例子是说这有利于供应商之间的交流。

（3）经常发生的情况是，出于 A 的利益考虑有利于 B 类参与人之间的交流，而出于 B 类参与人的利益考虑使得这种交流变得复杂化。如果重复进行的博弈是信任博弈，这种清晰的交流渠道会使 A 和 B 类参与人受益。但是，如果这种交往是对抗性的，就像在威胁博弈中那样，那么，B 类参与人想要切断这种传递渠道。他们不希望 A 获得支持其声誉的支柱。

模糊不清的情形

模糊不清也会引出问题。设想一种重复信任博弈的情形，选择不是在善待和滥用之间的二分法。A 要做连续的选择，所有这些选择都会影响她和 B 获得的收益水平。再进一步假设从一轮博弈到下一轮，客观条件一直在变。假定 A 努力想得到的声誉是公平待人而非慷慨待人，她会公平地对 B 的信任予以报答，但也不会回报太多。丰田公司的声誉大抵如此：它平等对待供应商，但谈不上慷慨。

问题是，公平但不慷慨是什么意思？对于丰田公司的供应商来说，什么是合理的要求？对它们来说公平的回报水平是多少？我不想断言，对于满足相关参与人来说这种事情不能具体化，毕竟丰田公司的供应商网络运转良好。但是根据实际生活中的例子，我们很容易看出，达成合约条款，且随后能保持这些条款并非易事。当有严重模糊不清存在时，特别是当有全新的情况出现要求对条款重新修正时，声誉和原有关系就失灵了。

声誉和多种顾客

在现实生活中，一个具体行为主体的行为会被多种顾客观察到。按照声誉与一个参与人交往中做出的理想行动，在与其他人交往中可能会引起麻烦。例如，一些企业喜欢向其雇员描述的景象是，企业是一个家庭而非商业单位。这类企业没有组织系统图和职位差异的明显标志，收入差距也不大，等等。这样的"家庭"企业的一个典型例子是本杰瑞（Ben and Jerry's）公司（雪糕公司）。假定公司决定扩大经营且需要通过外部融资，它有一个敏感问题需要解决：银行和其他资金供给者需要确信他们是把钱贷给了企业。很少有银行家看到本杰瑞的亲密氛围后会认为"这是一个管理完善、高效率、完全按合理的商业规则运转的企业"，所以，人们看到的典型情况是，这种家庭式或有亲密文化的企业是通过内源融资来运转的，企业也典型地采用内部控制。

声誉有多脆弱？

在本节开始讨论的具体声誉均衡中，A 的声誉非常脆弱。如果在信任博弈中，A 曾滥用 B 的信任，就没有 B 再信任 A。如果在威胁博弈中 A 曾默许 B，那么随后的 B 类参与人将进入行业。

实际生活中的声誉也是这么脆弱吗？如果 A 曾因一次滥用行为或片刻的示弱行为对自己的声誉造成损害，就真的永远失去声誉了吗？当然不是这样。比方说在一次威胁博弈中，A 默许了 B，但在随后连续 10 次与 B 类参与人的博弈中不再有这样的行为，那么 A 很可能会再赢得斗争的声誉。在信任博弈中，A 想要恢复她的名声将面临较大的困难，因为 B 类后续参与人在均衡状态下将不再信任她，她也没有机会来表明自己没有滥用他们的信任。在现实生活中，她可能会获得一些交易对象的信任，至少在一定时间内，这为她提供了修复由于前期行为而受到损害的名誉的机会。

当把噪声干扰、模糊不清和多种顾客因素考虑进来后，这些因素就很关键了，因为这些因素可能意味着 A 有时会被认为名不副实，即她采取的行动与其想树立的声誉不一致。所以，关键的一点是她能修复损害了的声誉。

在讨论了这些以后，我提出另一方面的问题。在现实生活中，如果修复声誉非常容易做到，那么声誉就毫无价值了。如果一个损害了的声誉很容易得到修复，那么享有这种声誉的人对此也不会太过关注，因此其可信度就降低了。盛名之所以有很大的影响力是因为它们的脆弱性，这就是盛名的拥有者必须尽最大努力去维护声誉的原因。

惯性和声誉

赢得和保持一种具体声誉是做到言行一致、声行一致。通过网络等媒介来说明你正在做什么可能非常有用，特别是解释你采取的具体行动是依据什么现行规则。但是，行为本身通常比语言要有力得多。

结果，当想要把一种声誉转变为一种适合你的声誉时，通常很难。一方面，当管理者决定改变一个企业多年已经树立起来的形象时，如残酷竞争（dog-eat-dog）、对对手格杀勿论（take-no-prisoners）、市场是森林、为生存我们无所不用，将面临非常大的困难。另一方面，一个对供应商在交货时间或原材料质量方面要求不严格的公司，想要使那些供应商相信时代已经变了也并非易事。

这并不是说变化是不可能的。伴随着一些有代表意义的行动的改变，如最高管理者的更换或一定时期出现危机，声誉经常有可能会有根本性变化。但这绝非易事，而且对于把没有产生预想结果而获得的声誉转变为另一类声誉尤其难以做到。

声誉的底线

一个企业从供应商、雇员、竞争对手、客户、投资人或所在地社区那里获得各种不同的声誉，这对于其平稳有效运转非常重要。一方面是因为它带给那些与其有关的方面各种期望，另一方面是因为它使得企业有目的地采取这样或那样的行动以获得人们的信任。事实上，我们在本书最后一章会看到，这里有关声誉的说法大概低估了其一般意义上的重要性。

但是，既然声誉非常重要，"引进"（dial in）一种预想的模式或利用声誉达到自己想要达到的目的也并非容易做到。这也是后面两章要着重分析的内容。

23.3 垄断者的磨难（和救助）

为了解释可信度和声誉原理，我们最后讨论垄断者的经济学。回忆一下有关垄断的标准理论：垄断厂商面临的需求曲线可使之选择价格以最大化其利润。众多而分散的消费者购买他们想购买的东西时接受这种给定的价格。垄断者的客户可以联合起来，借助政府的强制力量来管制垄断行为，具体确定价格为多少。如果是这样的话，所有结果都难以预料。另外，垄断者可聪明地使用差别化定价方法，这甚至要好于确定一个单一的价格。先把存在管制和差别化定价问题的可能性放在一边，我们还回到如下问题：垄断厂商真能自己定价然后强迫消费者接受吗？

消费者想讨价还价

580   如果你向波音公司提出这个问题，它将告诉你事情并非总会如此。到 2001

年，该公司通过 747 型飞机拥有竞争优势，且多年来一直拥有独一无二的市场竞争优势。当空中客车开发出自己的超级珍宝客机后，波音的垄断地位结束了。但是即使在波音拥有独一无二的竞争优势时，它也面临来自重要客户的很大的抵抗力量。你可以设想，波音可以向其客户解释它拥有 747 型飞机生产设计的垄断地位，全世界所有的经济学教科书都坚持认为它可以按其需要确定价格。但一些大客户如英国航空公司，可能并不理会教科书那一套。它们会争辩说它们也拥有一些波音想要的东西的垄断地位。如果波音想从中分取一部分利润，那就必须谈判。

英国航空公司是非常有影响力的客户，所以当波音试图确定飞机的定价时，前者的抗拒并不出人意料。对于小的客户，情况又会怎么样呢？是什么使得我们认为任何垄断厂商都能自己定价并且坚持这一价格，置来自小客户要求讨价还价的力量于不顾？是什么使得我们相信垄断者会宣布一个具体价格呢？下面是 5 种答案：

（1）讨价还价的对象数量和成本。垄断者讨价还价的压力之一是与众多客户一个个进行谈判时的高昂成本。它宣布一个价格，告诉客户可以提出订单。如果一个客户试图讨价还价，它可以说没有时间做这些事情。若一桩买卖利润太低，那就不值得做，因为它还有许多重要且更有利可图的事情要做。这一点之所以可信，是因为与小客户讨价还价费时太多，它真的无力应付，所以，对任何坚持要讨价还价的客户来说，最好是不做这桩生意。

（2）有限的生产能力。假定垄断者用于销售的产品有限。当面对一种要讨价还价的需求时，可以使人信服地争辩说，如果它以低价销售其非常宝贵的产品，它就丧失了以高价销售该件产品的机会。新轿车经销商经常会用这个理由，当新轿车要在经销商之间按额度分配时特别会这样。当然，这也只是在垄断者生产能力接近于它希望达到的利润最大化水平时，才发挥作用。每当垄断者能找到途径使其生产达到其预想水平时，它一般会拒绝讨价还价的要求。

（3）转售。如果所销售的产品可以转售，垄断者可以对要求低价购买的客户说，它不能以低价卖出。因为购买者可以再转手卖给那些愿意出高价的客户。这有点像有限供给的论点，尽管对垄断者来说这并非意味着它将损失卖给其他顾客的销售量。相反，因造成了客户间自己的竞争，将导致客户流失。

（4）最优客户保证。如果在其销售的每一件产品中都包括最优客户保证条款，垄断者就可以巩固它与客户谈判时讨价还价的地位。这种保证条款的意思是，如果这一客户支付的价格和其他客户支付的（较低）价格之间有差距，垄断者也将补足这种差价。这听起来是对客户提供了很大优惠，在一定程度上保护了客户免受价格差异的不愉快感觉。但是，如果垄断者担心客户想讨价还价，这种保证对它是有利的，而对讨价还价客户则没多少好处。向客户提供了这种保证的垄断者可以说是完全可信的，尽管它喜欢讨价还价，但是如果它按低价销售，其损失将会很大。因为不能向不同的客户索要不同的价格，它必须按单一价格来销售，很显然，采取的单一价格一定是能使利润最大化的价格。

（5）不讨价还价的声誉。假定垄断者不提供最优客户保证，供给也没有限制，或者说能在短期生产出产品，产品也无法转售。如果它正努力树立不讨价还价的声誉，它仍然可以明确地拒绝讨价还价。从垄断者的即期利益出发与这种客户进行的讨价还价将损害其不讨价还价的声誉，而且会导致严重的不良后果：每个客户都会要求讨价还价，损失将非常惊人。值得注意的是，每个想讨价还价的客户都会从自己的利益出发来看待这一事情，在这一基础上，都想在秘密状态下进行讨价还价。垄断者将确保所有交易都是公开的。

正是由于这些原因和其他因素，一般可合理假定当与许多小客户进行交易时，一个垄断者可侥幸做到制定出单一价格并且坚持这种价格。这并不意味着波音可以把这部分内容复印下来，寄给英国航空公司而避免与之讨价还价。但是，假定波音在与以前所作所为不同的基础上形成了新的营销规则和声誉（在最初的讨价还价中，态度应该强硬，这需要很大的勇气。因为在 747 机型开发之初，波音也不能确切知道它拥有了一座金矿），它从这一业务中的获利将好于以往。[①]

科斯猜想和耐用品垄断

582

假设垄断者为一个企业而消费者人数众多且没有组织，所以垄断者不必担心必须与后者讨价还价，即使如此，垄断者仍然面临一个难以战胜的可能的对手：自身。

这就是施乐面临的问题。当第一台施乐复印机被研制出来后，施乐就认识到，即使其他人不购买复印机，一些高端客户也愿意支付高价来购买。一旦那些高端客户的需求得到满足，施乐仍将面临降低价格后的需求无法满足的局面。所以，从事后情况来看，施乐以较低的价格卖出复印机才更有意义。

实际上，如果施乐的客户一直相信施乐在每个时点上的报价是有史以来最好的报价，施乐就可以实行一级差别化定价。施乐开始时可以报出非常高的价格，然后逐渐降低其索取的价格。假设有一个客户愿意以 100 000 美元购买一台复印机。当施乐的价格降低到比方说 99 999 美元时，如果该客户相信施乐不会再降低价格了，他就会购买这台复印机。但是在几分钟或几天后，施乐把价格降至 99 499 美元时，该客户必定会诅咒自己的决策。

从施乐的角度看到的问题是，如果客户非常明智，从客户的角度看他们能推导出这个结论。即使不是这样，如果施乐连续日复一日地降价，他们也能从中发现一种规律。如果你愿意用 100 000 美元购买一台复印机，为什么不再等上几个星期或几个月，等到价格降到 10 000 美元时再购买？即使施乐试图采用一级差别化定价，从开始时非常高的价格逐渐降低，结果也有可能是在高价水平时将无人购买，因为每个人都在等待似乎是不可避免的价格降低。

我们不能完全归咎于施乐想进行一级差别化定价的愿望。假定对复印机的

---

① 对开发机舱这一主题进行了讨论的一本非常出色的书是 John Newhouse，*The Sporty Game*（New York：Knopf，1982）。

需求是由函数 $D(p) = 100\,000 - P$ 决定的，而施乐复印机的边际成本为固定不变的 10 000 美元。那么，因为典型的垄断者不想采用差别价格策略，施乐对每台复印机的要价为 55 000 美元，销售了 45 000 台。达到这一销量之后又会发生什么呢？仍有 45 000 个客户愿意支付在 55 000 美元和企业边际成本 10 000 美元之间的价格。大概下一个要试销的价格为 32 500 美元。但是，如果第一组 45 000 个客户预期到这一点，他们将不愿以 55 000 美元来购买而要等待价格下降。

583　　垄断者的难题出现了：客户愿意等待它降价，因为它要去满足未得到产品的那部分市场需要。假定这一点成立，对于那些愿意出高价的客户来说，他们很愿意等到价格下降。如果那些客户需要马上购买这种产品，那么垄断者大概又会恢复定高价的能力并且销售部分产品。换句话说，它能以高价销售产品的能力在某种程度上依赖于客户的忍耐程度。他们越有耐心，垄断者的日子越难过。

因此，对于轿车、冰箱和复印机之类使用将持续一段时间的耐用消费品的垄断者来说，这一具体问题非常敏感。当垄断者销售一件耐用品时，其客户愿意等待。但当其销售的是必须在给定时间内提供给客户的一种服务时，垄断者的声音就有很大分量了。

在面对非常耐用的消费品和非常有耐心的消费者的极端情形下，根据这种逻辑，可以肯定会与垄断者的后续利益相抵触。罗纳德·科斯[①]提出了一种猜想——科斯猜想：在没有其他类型市场摩擦的情况下，垄断者会把非常耐用的产品卖给没有垄断影响但非常有耐心的消费者，实际上它被迫以边际成本销售产品。

有什么因素可以把垄断者从科斯猜想的悲惨命运中拯救出来呢？

- 最优客户保证条款在此可发挥作用。因为当垄断者根据最优客户保证条款可以以高价销售时，它就不再想去管愿出低价的消费者了，要想销售给他们，它就不得不对那些已经以高价购买的客户返还货币。
- 再转向施乐的例子。一些耐用品的垄断者通过拒绝销售其产品来控制这一问题的产生。相反，它们会选择短期租赁。施乐在复印机市场中已使用这种做法多年，当 IBM 在大型计算机市场取得接近于垄断的地位后也采取这一做法，这种做法之所以有效是因为对一些租用者索取低租金将降低所有租用者的租金。如果客户不能获得保证继续以合理的成本来租用设备，短期租赁很难说服客户支付熟悉新设备的准备成本（setup cost）。为了解决这一问题，短期租赁给了承租人按给定成本或多或少重新租赁的权利，但出租人没有这一权利。所以，承租人可以选择重新商谈一个较低的价格，但不会去选择高价。

584　　● 最后，声誉在避免科斯猜想的逻辑上也可发挥作用。声誉从两个方面发

---

① 科斯为 1991 年诺贝尔经济学奖得主。他也提出了如下理念：为了解决外部性问题，应该明晰产权然后让参与人自己去讨价还价。这在第 14 章讨论过。

挥作用。第一，垄断者确定价格并且坚持这一要价，因为如果它降低价格来满足未满足的需求，它的客户将相信未来价格会大幅降低，他们将等待那些低价的出现。第二，因为要连续生产产品，可以设想制造商会重复地面对这一问题。那么，厂商很可能会约束自己不降低目前产品的销售价格，这种约束是可信的，因为大量未得到该种产品的市场需求者会等待降价，这样做就向等待将来产品价格下降的消费者发出了信号。

各种声誉的故事也适用于对艺术家所面临问题的分析，他们的作品有价值，部分是因为其稀有。正是出于这个原因，例如，当一名艺术家设计出一套别出心裁（break the mold）的铸造品后，在生产出有数的几套后，就不再多生产。说得更具体一些，想一想巴勃罗·毕加索（Pabol Picasso）所面临的问题，他可以在短期内绘出大量绘画来。如果他仅仅绘出几幅并卖出，他可获得非常高的价格，因为如果仅有几幅毕加索的画，每一幅都很稀有，所以也很有价值。但是，如果大家认为他可以绘出数百幅，那么公众对其购买就很谨慎了。在墙上挂一幅毕加索的画感觉非常不错，但是如果他的画在流通中多到每一堵墙上都能挂的地步，其价值也就降低了。毕加索通过把大部分作品藏起来解决了这一问题。只是等到他去世后，人们才弄清楚有多少幅他的画可供悬挂。（他的画因此就贬值了。尽管在墙上挂一幅毕加索的画感觉仍不错，但每幅画并不值那么多了。）

英特尔的问题：承诺不向客户提价

波音的问题是客户想讨价还价，施乐的问题是客户可能停止购买，因为预期到施乐为了满足其需求曲线低端部分的需求会降低价格。英特尔问题的历史表明，在与客户交往中垄断者可能会遇到第三个问题：如果没有某种保证，即垄断者不会因为客户被套牢而索要高价，他们将不愿意购买那种有成瘾性（addictive）特征的产品。

585　　我们已经讨论过英特尔如何通过颁发许可证（为自己提供竞争对手）向客户提供他们想要的保证，至少在086芯片早期是这么做的。因为那是早期的做法，所以，英特尔已经对那些许可证反悔了。一些英特尔的客户相信，今天的英特尔正积极地欺骗那些已被套牢的客户。但是至少因为如下三点，英特尔仍然对全面寻求其垄断地位的做法有所收敛：

（1）英特尔能向客户索要高价是与缺乏竞争相关的。到目前为止，英特尔仍缺乏竞争对手，所以，美国司法部反垄断局正寻求对它的反垄断调查。英特尔知道自己正被监视，所以，它不得不约束自己。

（2）微处理器行业是一个正在成长的行业，研制开发新一代微处理器的速度非常惊人，所以英特尔有机会通过约束自己来博取声誉。这种声誉在一定程度上发挥作用，因为当全新的一代芯片出现时，它的客户可以选择更换微处理器供应商。

（3）新进入者的威胁也对英特尔形成了约束。如果它对客户太过分，该行业的其他主要参与人，如微软可能会出于实际的利益考虑来强化英特尔的竞争对手。

阻碍进入者进入

最后，我们要讨论行业进入者的威胁和进入壁垒。从这方面看，英特尔处在一种反常的微妙位置上。很显然，英特尔不愿意进入者侵入其市场，对那些快要追赶上来、距离越来越近的企业，它毫不犹豫地使用违反专利权诉讼来阻止它们。但是，在一定程度上，英特尔还要依赖进入者的威胁，以此使客户进一步相信，它不会欺骗，也不想把进入壁垒筑得太高。

不管这一点是否正确（即英特尔是否因为保持着必须面对竞争的可能性而从客户中获益），大部分垄断者和寡头垄断者出于主要的利益考虑会对进入者设置很高的壁垒。我们已经在第20章讨论过进入和移动壁垒，这里不需要说得太多。但是可信度、声誉和进入的心理壁垒之间的联系仍值得关注。

当进入者考虑进入一个行业时，它必须判断它是否能在进入后的竞争（postentry competition）中取得成功。这种成功部分取决于一些可以看得见的因素：相对于那些已经在这一市场中存在的企业来说，拥有分销渠道、资源、技术和成本优势等。同样地，潜在进入者也必须评估现存企业的反应力度有多大。有时候现存企业为了生存必须进行激烈斗争。有时现存企业必须通过斗争才能生存也是一种有形的进入壁垒，因为它使得现存企业激烈斗争所隐含的威胁变得非常可信。

586   产业经济学经常也会做如下描述：现存企业容忍新的进入者进入对自己最有利。它们有能力把进入者从市场中驱逐出去，但是动用这种力量的花费要大于它们把进入者赶走后得到的收益。换句话说，根据利益权衡，现存企业发出的斗争威胁是不可信的。

现存企业在这种情况下仍能成功地对潜在对手提出威胁。从本质上说这就是进入的心理壁垒。要回答的问题是：在考虑到经济后果的情况下，在哪种基础上提出的斗争威胁仍是可信的？

声誉可在此发挥重要作用。当一个小混混侵入黑手党（Mafia）的领地后，对一个有组织的犯罪团队采取"肃清行动"的代价很大。但是如果当地黑手党组织允许恶棍1（hood）进入它们的领地，那么本质上等于允许2～1 000个恶棍仿效。黑手党的执法者可以这样对恶棍1说："我不想通过打断你的腿来严肃纪律——对我来说这样做并不值得——但是打断你的腿是想让其他人知道我们是干什么的。"因为打断腿对于恶棍1来说是可信的威胁，其直接成本超过了直接收益，所以它足以阻止恶棍1来染指黑手党的领地。

同样的论证可扩展到整个正常合法的经营活动。当联合碳化物公司试图进入一次性尿布行业时，它决定采用步步为营（新产品展示）战略，先进入一个区域市场——这一市场是要开发的区域（新英格兰）——然后取得全国市场。而且，联合碳化物公司毫不掩饰它对消费品——宝洁的主业——的兴趣，它愿意把一次性尿布作为初次尝试。对宝洁来说，其支出不仅仅局限于一个地区，但其反应是只集中攻击联合碳化物公司最初进入的地区，采用的办法有赠券、销售点打折（point-of-sale discount）以及一切能想到的其他手段。如果联合碳化物公司决定采取的是大规模进入市场的战略，宝洁可能会把这场战斗看成一场失利或至少得付出巨大代价才能获胜的战役。所以它也可能会容忍联合碳化物公司的进入。但是，采用步步为营战略，联合碳化物公司也在传达一种信号："踢我呀，因为我可能放弃这场争斗。"这使得宝洁想要展开一个区域一个区域的斗争的策略完全可信。（实际发生的情形是，联合碳化物公司很快就放弃了。）

在进行这种讨论时，我们不得不提到美国政府、欧盟和其他类似机构对创造或保持垄断（或串谋性寡头垄断）采取否定的态度。法律限制之类的进入壁垒（掠夺行为）随着案例法的发展已经改变了。所以，在你为阻止进入者而认真考虑这里所提的建议前，你可能得去咨询律师，也得多想一想。

小　结

- 当一些必须在未来采取行动的博弈参与人希望在采取行动前制订计划时，认识到事后什么会与其利益形成冲突，可信度问题就出现了。在一些例子中——以信任博弈最为典型——存在的问题是，尽管从事后利益来看是"坏"的行为，但参与人希望作为计划被理解为是有利行为。在另一些例子中——以威胁博弈为代表——参与人希望被认为准备做出"坏"的行为，尽管事后出现坏的行为的代价会超过事后利益。

- 有多种办法可被用来解决这种可信度问题。参与人可以束缚自己的手脚，特别是通过提高从其最优反应来看并不希望出现的行动的事后成本来实现。这可以通过签订一份可执行合约来做到，也可通过非合约行为，如授权给交易参与人、竞争对手、供应商和客户。威胁和承诺可能有效。但是，因为没有成本付出，经常缺乏可信度。（当威胁或承诺要付出一些代价但并未大到足以使之实现的地步时，分析会变得很敏感。）

- 如果声誉在未来有价值，声誉有助于提高威胁和承诺的可信度。这非常类似于上一章讨论过的无名氏定理：参与人选择这样的行为从短期来看并非最优，因为这种行为方式（保持声誉）的长期利益要超过短期成本。在如下情形下声誉将发挥作用：一个参与人与另一个参与人重复打交道，一个参与人与一连串其他参与人打交道，或者是一个参与人与许多参与人同时打交道。像在无名氏定理中一样，噪声干扰和模糊不清对声誉有害，对声誉在参与人或对手的代际传递中产生有害影响。一种容易受到损害的声誉因为其脆弱性而经常会有很大影响力。从一种受益声誉转向另一种通常非常难。声誉经常有一定的惯性。

● 尽管关于垄断的教科书理论假定垄断者可以自主定价，然后看到财源滚滚流入囊中，但现实生活中的垄断企业有许多与可信度相关的问题：（1）它必须让消费者相信，它不接受讨价还价；（2）对于生产耐用品的垄断者更要特别注意，由于它要去满足市场中未满足的需要，所以，消费者预期价格将会随时间推移而下降，垄断者必须使消费者相信它不会这么做；（3）当垄断者销售的产品具有"成瘾"的特征或要求客户在使用时付出沉没成本时，垄断者不得不采取一定的行为来使客户相信，一旦后者被"套牢"或投入了沉没成本，它不会向他们索要高价；（4）为了保护垄断地位或在寡头垄断市场的竞争优势，垄断者（寡头垄断者）必须阻止其他人进入这一市场，这经常会涉及使潜在进入者相信，垄断者对任何进入行为都会做出非常激烈的反应。

练　习

588　　　以下练习题抓住了本章的主要思想。

　　23.1　两个企业——亚凯（Yaki）产业公司和泽尼丝（Zenith）产业公司正计划建立合资企业。亚凯拥有技术，但不幸的是没有专利权，如果这种技术为泽尼丝公司所采用，可以提高盈利2 000万美元，这只是在泽尼丝自己的市场中，不包括与亚凯所建合资企业的市场。但是，一旦泽尼丝获得这种技术，它可以侵入亚凯的市场。这样，亚凯将损失惨重而泽尼丝将获利丰厚。泽尼丝向亚凯提出的建议是亚凯让泽尼丝使用该种技术，它将向亚凯支付1 000万美元费用。泽尼丝做出庄重承诺，它将只把该项技术运用于自己的市场，这样的净收益为1 000万美元，即前面提到过的2 000万美元所得减去1 000万美元使用费。但是亚凯担心，如果泽尼丝食言，使用这种技术侵入亚凯的市场，它将会损失1 000万美元（还有1 000万美元的使用费），而泽尼丝的净收益为2 000万美元（两个市场的收益减去1 000万美元使用费）。

　　（a）画出亚凯和泽尼丝的博弈图，行动顺序为亚凯首先必须决定是否接受泽尼丝的提议，之后，如果亚凯接受，泽尼丝必须决定是言而有信还是侵入亚凯的领地。采用逆向回溯法来分析这个博弈如何进行。本章所讨论的博弈，哪一个与此类似？

　　（b）在问题（a）中，你应该得出的结论是亚凯不应接受泽尼丝的建议，因为不能相信泽尼丝会遵守诺言。根据这一点，泽尼丝决定与亚凯签订一份遵守诺言的合约。这样，如果泽尼丝侵入亚凯的领地，亚凯可把泽尼丝告上法庭。如果合约签订后，泽尼丝被亚凯告上法庭且原告获胜，那么，泽尼丝必须向亚凯支付损害赔偿2 000万美元，这正是亚凯实际受到的损失。

589　　　对于亚凯，这听上去不错，但仍有两点担心：首先是一旦泽尼丝违背合约，是否能实际上把泽尼丝告上法庭。即使亚凯能得到2 000万美元的赔偿，也还有打官司的成本要考虑，这种成本开支无法获得补偿。这些成本最低估计为1 200万美元。泽尼丝打官司的成本为900万美元。假定泽尼丝违背了合约，亚凯将其告上法庭，并且确信能打赢这场官司。这种类型的合约能确保泽尼丝遵守不侵入亚凯市场的承诺变得可信吗？亚凯会与泽尼丝签订这样一份合约吗？

　　（c）不幸的是，亚凯对泽尼丝违反合约并被告上法庭后，自己将赢得诉讼没有多大把握。

合约中一定有一些模糊的地方（确切地说，其含义是泽尼丝侵入了亚凯的哪些市场），对此要依赖于民事诉讼陪审团来解释。事实上，亚凯估计这种案件胜诉的可能性只有 0.3。假定双方各自支付自己的诉讼费用，不管胜诉还是败诉，而且假定双方都是期望货币价值最大化的追求者，即双方都为风险中性者。在这样的条件下，从为亚凯提供了足够保证的意义来看，亚凯会签订这份合约吗？

（d）假定我们把（c）改为：如果亚凯把泽尼丝告上法庭并且胜诉，那么法庭可能对亚凯受到的惩罚性损害进行补偿。惩罚性损害补偿是损失的 2 000 万美元的 3 倍。亚凯赢得诉讼（它获胜的边际概率为 0.3）并获得惩罚性损害补偿的概率为 2/3。在这种条件下，从为亚凯提供了足够保证的意义来看，亚凯会签订这份合约吗？

（e）假定惩罚性损害补偿并未给原告，而是给了慈善团体，即败诉被告必须支付惩罚性损害补偿，但原告仅收到损害性补偿。在这样的条件下，从为亚凯提供了足够保证的意义来看，亚凯会签订这份合约吗？

（f）还以（e）为背景，假定亚凯愿意签约，这种或那种形式的声誉有助于使泽尼丝进行这笔交易吗？再放开思路考虑一下，首先问自己以下问题：谁的声誉？什么样的声誉？

第 24 章 | 交易成本经济学和企业理论

590

- 对企业存在的合理经济解释是什么？
- 企业的边界可以画在哪里？为什么？为什么一些交易可以在企业内完成，而其他的要通过市场来完成？我们怎样分析企业的内部结构？
- 企业效率的高低取决于什么？

本章的最终目标是解决这些问题。我们首先研究微观经济学的一个分支——**交易成本经济学**（transaction cost economics），目的是弄明白复杂的经济交易结构。然后我们运用这些理论来提出一些初步答案，集中于产业管理中两种具有革命意义的创新：亨利·福特的大规模生产体系和丰田公司的生产体系。

在本书中，企业被模型化为专心致力于谋求利润最大化的机构。再重复一遍第 3 章说过的话：这个模型并不完美，但是对于本书研究的大部分问题非常合适。现在就我们要解决的一些问题来看，这个模型就不合适了。表现这些问题最简单的办法是用两个近代经济史上具体的事例来说明。

汽车行业是世界上最大最重要的行业。更为重要的是，在 20 世纪至少有两次具有实质意义的生产革命是由汽车行业开始的，即亨利·福特最早尝试的大规模生产体系和丰田公司的分包体系。这两场革命的内涵很丰富。但是从目前的分析看，我要集中分析福特体系和丰田公司体系的纵向一体化。

轿车生产过程可被想象为"树"状（见图 24.1）。最底部是成品轿车。在树干上每一水平都有几个主要的分枝：发动机、电路系统、驱动装置、车身、制动系统、车轮、轮胎和其他。车身进一步分为车架（如果轿车有车架的话）、方向盘、座位、玻璃等。座位进一步分为座位框架、软垫、衬垫料、控制装置，等等。沿着座位框架向上是弹簧，从弹簧向上（大概最近）是钢丝。你会得出一个结论：一辆轿车是由众多部分组装而成，可向上回溯至钢板、钢丝、橡胶、玻璃，等等。进一步延伸有：为了得到钢铁，我们需要铁和焦炭；为了炼成焦炭，又需要煤；等等。

当亨利·福特进入这一行业时，装配一辆轿车的零件比今天要少得多，但仍然有很多。那时，组装轿车的标准技术是组装厂商购买或制造大部分零件，然后把它们组装起来。当福特首先设计出他的机械速率生产线后，他在他的企业即福特汽车公司中把许多组装轿车的零部件整合在一起。他尽管还没有走到自己挖煤矿的地步，但在完成前，他已经自己制造钢铁和橡胶了。在密歇根州胭脂河（River Rouge）河畔的福特工厂是产业世界中的一个奇迹。在工厂一端输入原材料，在工厂另一端成品轿车就开出来了。

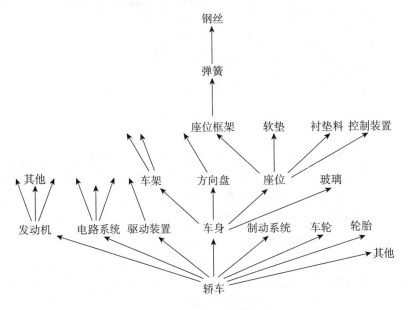

图 24.1 轿车树形图

说明：树的主干是整车，分枝是轿车主要的装配部分，每一个部分又可细分为更小的部分。

为什么福特要把所有零件的制造操作都整合到他的公司中呢？一个原因是，他相信他能借助他的管理和工艺的超级系统，使得所有制造过程比任何可能的供应商都更有效，但还有另外两个更具体的原因解释了为什么要进行纵向一体化。

● 质量控制。福特认为从外部供应商那里购进零部件，他无法有效控制投入品的质量。他的装配线技术以及他值得依靠的轿车的一般声誉所要求的质量水平，只有在他能控制这种零部件的生产时才能达到。

● 及时输送。福特的机械速率装配线要想运转正常要求及时输送零部件。在"职业商店式"（job shop）装配操作中，雇员被灵活指派去完成必要的且所需零部件在手边的任务。但是，对于装配线来说，零件供给必须及时。福特能够（过去也是这么做的）通过零部件存货来缓冲供给的不确定性，但是存货意味着资本闲置。福特认为，为了计算输送的时间表，他需要控制所有其他配套生产线的生产。

时间过去40年之后，到了20世纪60年代和70年代。丰田公司在同行中开创了如何有效生产汽车的新方法。丰田公司生产体系最为重要的两点是零缺陷和减少生产线上处在工作进程中（work-in-process，WIP）的"存货"。

- 丰田公司从福特公司和通用汽车公司非常高的质量控制标准进步到了不允许有任何缺陷的地步，因为此前的这些标准还允许一些小的缺陷存在。当生产线出现缺陷时，整条生产线就要停下来，只有在找到原因并得以改正后，生产线才会重新启动。
- 在被称为"看板"的生产制度中，通过采用存货控制标签控制 WIP 的存货水平。丰田公司逐渐从生产线上移去了几乎所有用于缓冲的 WIP 存货，这种存货是为了保证生产线运转、防止零部件不能及时输送到生产线而保存的。

换句话说，丰田公司进一步强化了亨利·福特开创的大规模纵向一体化中的两个具体动机。同时，丰田公司的纵向一体化水平比亨利·福特时代的福特公司要低得多。用树形来做描述，福特在 20 世纪 20 年代和 30 年代的轮廓图如图 24.2 中的实线部分所示，丰田公司的边界是图内虚线围成的部分。（福特公司今天已经迅速向丰田公司的纵向一体化水平靠拢，尽管还没有达到丰田公司或其他主要日本汽车制造商——它们在这一点上都在很大程度上模仿丰田公司——的水平。）

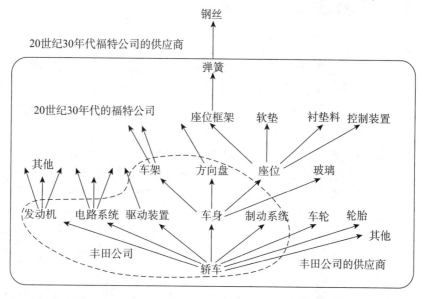

图 24.2　今天的丰田公司和 20 世纪 30 年代的福特公司

说明：用树形来描述一辆轿车，福特公司在 20 世纪 30 年代占据了大部分树枝，而丰田公司就少得多。

福特公司创造了从轿车生产过程来看广阔而大型的企业。丰田公司对什么应该在公司内、什么应保持在公司外有了一个更为集中且紧凑的概念。福特公司和丰田公司在不同的时间和不同的条件下对下列基本问题给出了不同的答案：

- 对企业存在的合理经济解释是什么？
- 企业的边界可以画在哪里？为什么？为什么一些交易可以在企业内完成，而其他的要通过市场来完成？我们怎样分析企业的内部结构？

第 24 章　交易成本经济学和企业理论

● 企业效率的高低取决于什么？

对于从事实际业务且有抱负的管理者来说，这些是要回答的核心问题。如果微观经济学想说出管理者主要关心什么，对这些问题应该有许多的解释。说一个企业是追求利润最大化的组织就完全避免了这些问题。为了回答这些问题，我们不得不深入企业内部去看是什么使之运转且运转良好。

本章的安排是，首先为回答这些问题提供一些经济分析工具，然后运用这些工具找到答案。我们运用的经济分析工具——交易成本经济学的可应用范围非常广泛，也可回答如下一些问题：两个企业应该怎样构建合资企业？什么时候和为什么让雇员决策是重要的？什么时候和为什么授权给供应商或客户是有意义的，尽管迈克尔·波特不这么看？这些问题不仅复杂而且敏感，需要另外写一本书来完成这一讨论，所以，我们只是在此提一下。[①] 但是，如果你读完本章后明白了关于福特公司和丰田公司纵向一体化战略的讨论，你就已经开始了解这方面的内容了。

594

24.1 交易成本经济学

下面我们开始对交易成本经济学的基本工具做一大致描述。[②]

(1) 许多重要的交易表现形式复杂多样。因为交易参与人有多种行为机会，所以，要花时间去完成交易。经常会遇到的问题有不确定性、隐含信息和道德风险。

(2) 那些交易参与人不论是在交易开始时还是在交易过程中，都不可能预想到所有可能引发的意外情况，或者设想出那些意外情况所造成的后果。运用你在仅是由经济学家参加的鸡尾酒会上听到的术语来判断，那些参与人是有限理性的。

这没有贬义！我们没有说参与交易的行为不明智。不管多么聪明，没有人能预测未来所有的意外情况，并且去适应在未来多年要进行的交易中出现的意外。

一些评论人士谴责如下想法：个人不能考虑到所有可能发生的意外和它们的后果。这些评论人士声称，不是不能做到这些，是人们不愿意做这些，因为为此投入的努力和时间将超过因此带来的利益。假设人们遇到桥梁时，径直通过要比投入资源对如何通过可能遇到的每一座桥制订出一些宏伟且包容一切的

---

① 当读者读完本书后，我强烈推荐想更多了解这一主题的读者阅读下述著作：P. Milgrom and J. Roberts, *Economics, Organization, and Management* (Englewood Cliffs, NJ: Prentice-Hall, 1992)。

② 这里对交易成本经济学的解释大量参考了奥利弗·威廉姆森 (Oliver Williamson) 的著作。想要更全面和细致地了解这方面的内容，我推荐读者阅读 Oliver Williamson, *The Economic Institutions of Capitalism* (New York: The Free Press, 1985)。

计划要好得多，也经济得多（这就是交易成本经济学名字的由来之一）。作为一件具有实践意义的事情，下述事情并不重要：你是否认为一些未来的意外事件不能预测（这是能力问题），或你设想那些人为了避免支付计划成本，不愿意在预测和制订计划上花时间。重要的是，交易的条件在开始时并不具体，这也就引出了交易成本经济学的第三个基本原则。

（3）在交易开始和交易进行的过程中，交易的最终条款并不清晰，这个条款是随时间流逝和意外事件的出现最终确定的。在经济学语境中，交易条款最初是不完整的，参与人随时间的流逝去逐渐适应，而且适应也是环境使然。

例如，当一个轿车装配企业与一个生产座椅的企业签订交易合约时，双方希望建立长期和互惠的关系。在交易关系开始的时候，无人能预测出：轿车的生产数量；什么时候两个企业中某一企业的工人将组织起来实行罢工；什么类型的轿车流行 5 年或 10 年后退出舞台。所以，在开始时，详细的交易条款并不清楚。随时间的流逝和未来生产慢慢展开，双方必须就价格、具体产品、产量、输送时间和由于一方或另一方工人罢工而进行特别调整等来进行谈判商讨。

（4）说这些并不是说参与人盲目参与交易。他们非常老练地设计他们的交易结构，以尽可能有效地适应交易需要。

这不是"当我们到达一座桥边时，遇到哪座我们过哪座"，这也不是"有许多河流挡在眼前，我们并不知道它们的具体情况，所以，当我们遇到时，就不得不迎接挑战"。相反，其中的状态是参与人明白他们正考虑的行动的意义："多条河流摆在面前，我们的经验和他人的经验会给我们指出一些方法，应利用什么样的桥和工具帮我们渡河。根据这些经验，我们会进行一般情况下我们认为可以做到的准备。当然，我们可能或迟或早会感到茫然。事实上，我们很可能最终不能完全摆脱茫然。但是，我们开始时会尽最大努力按我们预期不得不通过的那种河流来做准备。"

但是，你可能会问：我们目前在心中考虑的交易具有什么样的结构呢？在这种情形下，我们使用什么类的工具呢？这是这一理论的主要观点。我们马上展开分析。

在某种意义上，这些命题所描述的大多数交易是关于就业、教育、合作伙伴安排、合资、专业服务关系（如法律、银行、医疗和会计服务）、长期的企业-企业和企业-客户关系（如轿车制造商和轿车座椅制造商）的。

我把轿车制造商和座椅制造商之间多年来形成的"东西"称为交易。这是交易吗？难道双方签订的为期 6 个月、按一定价格来提供一定数量的某种型号座椅的合约安排就不是交易了吗？轿车制造商和座椅制造商之间多年来形成的"东西"被称为"关系"不是更合适吗？

如果你从字典来定义，我相信，对于多年形成的"东西"，用"关系"一词很可能比"交易"一词更合适，这里的关系涉及的是参与人之间进行的长期、复杂、连续的不同交易。但是，不管你称这种多年形成的"东西"为"关系"还是"交易"，这种一维交易关系的变化是最关键的。有两个例子可以说明这种一维关系。

在过去的大约27年中，我在本地一家家庭经营的商店购买我的绝大部分食物，我每周去这家商店3次以上；我与这家商店的关系包含了一系列交易活动。其中有很多的不确定性：我会想到我还要在未来进行的购买，但还有许多无法预期到。价格变化有时会出乎我的预料。店主也经常对商品陈设做意想不到的调整。所以，这是一种逐步适应的关系。

大约也在同一时期，我受雇于斯坦福大学商学院。这是另一种交易关系（我提供劳动服务以换取工资），其中也包括一系列长期的交易。这种关系也牵涉到许多不确定性。我工作的任务也随形势的变化而变化。对其中的意外情况的预测，不管是学校当局还是我都不会超过几个月，除非只是泛泛而谈。因此，这是另一种逐步适应的关系。

两种包含了一系列交易的关系至少在一个方面是不同的。随着时间的流逝，由市场决定的交易条件的压力在程度上是不同的。我选择去那家商店买东西是因为对我来说，有一些较小的累积收益在其中：我了解而且喜欢那里的工作人员，我知道到哪里去能找到我需要的商品，特别是我知道从肉柜后面的销售人员那里能买到或不能买到什么。如果明天这家商店关门，我肯定会非常遗憾，但是我花很小的成本就能把忠诚移向其他商店。此外，如果店主突然提价，超过了在该地区同样的商品价格，我会毫不犹豫或没有代价地转向其他商店。

从另一方面看，我仍在斯坦福大学工作。这并不是说我在其他地方找不到工作，找工作大概不太难。但是在邻近地区没有类似的大学。转换到其他适合的职业将付出巨大的成本，包括重新安家的成本、孩子转学的成本、失去多年已建立起来的紧密的私人朋友关系、丧失我人力资本中特别适合我在斯坦福大学的具体工作的部分。确实，最近当我考虑转换一个对我更合适的工作职位时，是家庭成员的反对使我留在了斯坦福大学。转换工作的具体条件是如果我转换了工作单位，新的工作职位比我目前所做的前景要好得多，而且转移成本和我目前工作特有利益的丧失都可得到弥补。

正是因为这一点，斯坦福大学管理当局在处理与我的关系时，由市场力量形成的对它的限制要逊于当地杂货店。管理当局可以给我布置许多工作，而不发给我按市场水平计算的薪水或者说剥削我，而我又不能很快转换到一个新的工作职位，当然，这并不是说我无能为力。最简单的办法是，我可以拿一把枪（只是一种比喻）顶住斯坦福大学校长的脑袋，逼他为我加薪。我没有这样做，主要是出于个人原因留了下来。在斯坦福大学工作了27年，我已经形成了一种特有的、很难找到替代品的工作技能。

另一个例子是关于优秀商学院中的MBA学员的。这些学员每年定期交纳很大数目的学费。学生们用这些学费购买什么呢？"教育"是一种非常难以说清楚的商品，随着时间的推移和意外事件的不断出现，其内容和质量才逐渐明晰起来。在最初的几个星期或几个月，学员们显然在学校管理当局的支配之下。在大约12个月前，某个学员还可以选择几个不错的MBA项目，但是现在当他具体选择了学校并注册后，他支付的巨额学费就无法拿回了。如果离开目前所在的商学院，他不清楚是否能转到其他短期来看适合他的 MBA 项目中去。他不可能这样做，除非他真的非常失望或境遇非常不顺利。

交易成本不仅与我和我去的杂货店有关，除我之外，斯坦福大学商学院及其 MBA 学员都与之有关。

（5）有交易关系的参与人，随交易时间的延长和交易关系的成熟，在不同程度上逐渐成为他的交易对手的"人质"（hostage）。如果交易关系破裂，交易各方不得不忍受一些损失。交易关系破裂的成本不仅包括与之相关的各项费用，如重新寻找交易伙伴的成本、私人关系受损等，而且包括建立交易关系和想继续保持这种关系所带来的直接的效率损失。用交易费用经济学的行话来说，参与交易者获得了一种与交易有关的特质资产（transaction-specific assets）。这种资产仅对这种交易有价值，如果这种交易草率结束，其价值将荡然无存。

（6）拥有与交易有关的特质资产的交易参与人也要冒成为另一方**敲竹杠**（holdup）的潜在牺牲品的风险。即，当完成交易的条件在开始时留有空间时，另一方就可因此提出加码要求，但这种加码还不至于大到前一个交易人另辟商路，而愿意放弃这种与交易有关的特质资产价值的地步。换句话说，市场规则——如果你不按市场确定的工资水平和条件来支付，我另辟蹊径——在这里失效了。

重新寻找交易对象的成本和社会关系的失去是断绝交易关系成本中实实在也是非常重要的例子。与更为直接的生产性交易的特质资产（例如，一方为满足另一方的更有效交易需要而进行的有形投资）的丧失相比，这些仅仅是一些意外损失。就以轿车制造商和座椅制造商为例。为了使轿车制造商更有效率，座椅制造商把座椅生产线工厂建在轿车生产线工厂附近。座椅制造商可能投资制造的座椅模具只适合该轿车制造商。如果轿车生产线实行准时化（just-in-time）生产方法，座椅制造商可能投资电动传输系统，把座椅生产运转和轿车生产项目的进程联系起来。同时，轿车制造商也会为座椅制造商进行关系投资。轿车制造商建造的模型也只适合座椅制造商的冲压机或传输系统。轿车制造商可能投入大量资源来培训座椅制造商使之熟悉轿车生产方法，轿车制造商也可能自己投入大量资源来熟悉座椅制造商的技术和能力。一方或双方要投入巨大资源来设计适合这种特定制造商的座位。这种关系中涉及大量沉没成本。要使这种经济关系有效运转，这些都是非常重要的投资，但这些投资是由一方或另一方来进行的，所以，这就得冒被另一方索要无理高价的风险。

这些不同因素——复杂交易、个人有限理性以及引起的不完全交易、市场规则改变对与交易有关的特质资产的影响，以及引起敲竹杠的可能性产生的不同影响等——都是交易成本经济学研究的主要问题。

● 如果人们非常理性，在交易进行前，他们将依据由市场力量决定的大致条件对所有方面进行具体化，在与交易有关的特质资产被制造出来前已经对其有了具体约定。

● 如果情形并不复杂，即使个人的天赋一般，也能制定出非常完善的合约。

● 如果没有与交易有关的特质资产，参与人总是会"诉诸市场"（appeal to the market）来决定构成交易关系的一系列小型交易的条件，就像我和当地食物市场的交易。

当情形变得复杂、参与人为有限理性的时，开始时的交易条件并不完全具体化，也就是说，交易是不完全的。所以，当与交易有关的特质资产形成后，非个人化的市场规则为真实的个人关系所代替。问题是，随着时间的推移和意外事件的不断出现，谁来控制事态的变化？谁来决定原来没有具体化的交易条件后来的细则？

（7）在任何不完全交易中，应对任何参与人拥有的与交易有关的特质资产所面临风险的关键是，交易条件适应出现意外事件的规则、惯例、程序。这些规则、惯例、程序是法律权利、合约条款和各种习惯的典型混合物。那些规则，用专业术语来说是"交易的治理方式"（governance of the transaction），会使得一种交易实现应有的效率，而其他不希望出现的交易出现非效率。

现在我们来讨论问题的核心：什么会使交易更有效率？下面是几个关键因素：

（8）当以下条件成立时，交易一般更有效率。

（a）开始时建立交易关系的成本较少，不断做出必要的调整并且实施的成本也较少（意思通常是指，在最初谈判中，在后续再谈判中，以及在随后出现的敌对诉讼中，对昂贵的律师服务的需要较少）。

600

（b）交易参与人越来越愿意投资于能增进交易所产生的共同利益的、与交易有关的特质资产。

（c）参与人为了应对意外事件更愿意采取"欲取之，先予之"（give-and-take）的灵活态度，即如果一方参与人今天放弃一些有价值的东西能增进双方的共同利益，那么能合理期望获得更好的回报或报偿。

（d）对于变化或未预见到的意外事件，为了有效应对而必须做出的调整要有很大的灵活性。

什么决定着这种有效性的实现？我们集中分析两种关键因素：谁做出决定？双方的信任程度如何？

（9）为了更有效地对变化了的或未预见到的意外事件做出反应，在其他一切条件相同的情况下，任何具体事情的决策者最后都由那些掌握最优信息且对于做什么有最好判断的人来承担。

（10）双方互相信任也很关键，相信对方将公平行事会对敲竹杠之类的事情予以限制。

（a）诚信水平越高，需要律师服务的成本越少，为应付意外事件预支的费用越少，建立交易关系的弹性越大，参与人越有可能并且愿意进行能增进效率的与交易有关的特质资产的投资，而且参与人越有可能进行有效的给予和索取。

（b）在**其他一切条件相同的情况**下，把决定权赋予那些在掌握信息和做出判断方面出众的参与人是合理的，这就要求缺乏决策权一方要相信拥有决策权一方不会滥用这种权力。

我把"其他一切条件相同的情况"用黑体表示，是因为出众的信息掌握和判断并不足以做出合理决策。如果掌握信息且聪明的参与人被认为并不能用平等的方式来运用信息优势和聪明才智,那么,把权力赋予他们并不会获得有效的结果。通过仔细权衡,信息和判断是重要的因素,但能够给予他们信任的原因同样重要。

(11)有多种途径可获得信任。如果交易参与人一方的个人利益与另一方是一致的,交易双方可互相信任;如果遵从的行为规范可导致公平出现,也可获得信任;通过这种或那种方式把交易参与人另一方的福利内部化也可获得信任。就像在第 22 章所指出的那样,因为需要与另一方继续合作,也可获得信任。或者像在第 23 章中所指出的那样,关注自己在大众中的声誉也可获得信任。如在第 19 章中所指出的,为了相对一致的利益也可以相互信任。

统一治理:为什么亨利·福特使用纵向一体化?

601

在本章开始时我提到,在汽车工业发展的早期,至少在美国,主要的汽车制造商采取了大规模的纵向一体化形式,且已经发展到这样的水平:福特汽车公司自己生产钢铁、玻璃和轮胎。亨利·福特在福特汽车公司(几乎同一时代,艾尔弗雷德·斯隆在通用汽车公司)采用这种极端纵向一体化正是为了节约交易成本。在汽车生产和装配的每个方面,福特和斯隆决定采用集中决策方式,而不是采取必须与其他汽车玻璃制造商或轮胎生产商进行买卖的方式,目的是避免不合理的漫天要价和其他对平稳生产过程有影响的事情出现。

用交易成本经济学的术语来说,福特和斯隆选择统一的治理方式作为一种节约手段来组织汽车生产。在一般意义上说,统一的治理方式的意思是指这样的情形:由一个参与人(组织)拥有有形资产和专利权、设计等无形资产的所有权。所有权一般意味着在面临意想不到的事件时,所有者按其意志使用、处置资产的权利。这样,代价不菲的讨价还价、两个或多个参与人之间的谈判、一方漫天要价的风险等都被避免了。通过统一的治理方式还可获得降低交易成本的其他好处。为了向供应商或客户施加压力,一个企业还可进行部分纵向一体化。例如,石油炼化公司可以拥有一个由公司所有并经营的加油站网络,以此影响由它们供油的加油站的经营行为。

统一治理的主要成本

统一治理并非万灵药。因为人力资本资产没办法买卖,一个企业可以买下一个供应商的全部产品,但买不下供应商的管理人员或全体员工。可以找到新的管理者和员工来经营整合了的供应商的业务活动,或者也可以与原有的管理者和工人进行谈判,使之成为新合并公司的雇员。不管采用哪种方式,对雇佣交易的统一管理都很重要,会带来新的问题和成本。

602

用专业术语来说,在新带来的问题和成本中,最主要的是强力市场激励(high-powered market incentives)的丧失,代之以低能的组织内激励(low-powered intraorganizational incentives）。这其中的原理比术语要简单得多。如果汽车制造商 X 从座椅制造商那里买进了座椅，若后者活干得不怎么样，汽车制造商可以转向其他企业。这可能会付出一些代价——一些与交易有关的特质资产会丧失——但是威胁可看得见而且可信。至少这种威胁比汽车制造商已经与座椅制造商纵向合并情况下可信得多。这样，座椅制造商的经营就构成 X 公司业务活动的一部分，雇员安排和管理由 X 公司的管理人员来进行，这些管理人员一般采用轮岗制。变更一个市场层面上运行不佳的供应商，通常比解雇一个内部部门工作业绩很差的管理者和雇员要容易得多。就目前的例子来看，在内部座椅业务部门中工作的员工和管理者知道他们大概不会很快被解雇，这种激烈行为的威胁并不能使人完全相信，所以，对他们不可能形成强力激励，而被解雇的威胁则会对外部供应商形成这种激励。

这并不像我所说的那么简单。如果 X 公司拥有用于制造座椅设备的全部所有权（这种业务是 X 公司的一部分），那么，X 公司的最高管理者可以解雇座椅部门的管理者和工人，用他人替代但仍不会丧失对物质资本的所有权。如果 X 公司与座椅生产公司 Y 通过市场层面来进行交易，前者决定更换供应商，那么与交易有关的特质资产将可能丧失。从这方面看，比之于"解雇"表现不佳的供应商，统一的治理方式会使得 X 公司要解雇表现不佳的雇员的威胁可信得多。尽管如此，在这种情形下，对雇员的激励也不像对供应商的激励那么有效。

另一种途径：签订关系性合约

与统一治理方式相对应的另一种方法是签订关系性合约（relational contracting）。这里的参与人在经济意义上是相互分开的实体，但是他们由于下列原因已建立了长期关系：共同的利益、友善、共同威胁、一方或另一方（或者是双方）期望保持良好交易伙伴的声誉等。关系性合约可采取的形式有**科层式治理**（hierarchical governance），其中一方参与人控制着相互关系如何适应意外情况；多种形式的**平衡双边治理**（balanced bilateral governance），即各方参与人共同分享决策权或决策权在他们之间按比例分配；**三边治理**（trilateral governance），即邀请独立且中立的第三方参与人来仲裁争议或解决困境。

603　　　　例如，汽车制造商和其产品的某一经销商之间的关系就是平衡双边治理关系。汽车制造商既向经销商也直接向购车者提供可选择车型的具体设计、批发价格和具体激励计划。典型的情况是，制造商在做某一区域广告时，要求所有该区域的经销商共同分担投入，当然，区域经销商也对区域广告的内容构成和特征提出建议。而更重要的是，经销商决定进货数量和销售价格。

在这种情况下，参与交易者有了具体的决策权，即各方都有权决定的事情。在其他情况下，决策权是共享的，要改变一些事情必须通过全体一致同意的方式。这种决策体系的例子是德国的**共同决策机制**（codetermination），即在企业做出重大战略性决策前必须经工人代表和股东代表同意才可以。

在科层式关系中，一方参与人拥有大部分相关决策权。当然，一方参与人不可能在所有决策权上都拥有绝对的独断专行的权力，除非我们指的是统一治理方式，参与人一般会保留脱离交易关系的权利，尽管这要花费一些费用。从科层式关系到平衡双边关系并非两个泾渭分明的区域，而是一个连续统。

一个在很大程度上是科层式关系的例子是，寻求获得教育的学生和一个商学院 MBA 项目之间的关系。就像前面已指出的那样，合约明显是不完善的：学员在开始时并不知道他们要学的课程、他们的老师是谁、案例会包括什么等。同时，学员很快形成了大量与交易有关的特质资产，这把他们与就读学校连在一起。决策权是如何分配的呢？学校自然会征询学员的个人兴趣，学员在选修课中有相当大的选择权，他们也可选择在具体课程中投入多大精力。但是，按照法律要求或一般的做法，在面临争执时，大部分决策是由学校管理者做出的。学员提出请求，院长和其他管理人员做出决策。学员有权对那些决策进行上诉，但是管理层的决定通常会得到支持，除非学员能具体证明决策是恶意所为或无中生有。

几乎所有的关系都有三边治理的一面，法庭、其他司法机构或行政当局将对争议进行仲裁。例如，在美国，法庭对具体的经销关系就有许多说法。一个不满意的学员也可把学校告上法庭。但是，在某种意义上，三边治理不仅是在违约时才依靠外部当局来解释法律和合同等。有时候，在出现争执时，一些具体的合约也要求由独立的权威机构来仲裁。

关系性合约的效率

604

在关系性合约中，双方各自得到什么样的决策权？为什么在一种情形下是结构性平衡双边关系，而在另一种情形下又是科层式关系？在什么时候三边治理是一个好主意，而在什么时候它又非常缺乏效率？我们已经分析了基本原理，但是在此再说一遍：为了做出好的决策，决策权应尽可能置于那些掌握最好信息而且有必要的专门知识的参与人手中，同时，决策权也应被掌握在被其他人相信不会滥用决策权的参与人手中。

我们就以 MBA 学员和其所在学校为例开展分析。在这种情况下，学校管理当局有着多年的组织教育的经验，通常在关于学生教育决策的信息掌握方面有很大优势。当然，每个学员对自己的兴趣和能力则更加了解。当双方没有冲突时，学员有很大的自由来选择自己的教育项目的结构。但是当双方意见不一致、需要对一些重要事情做出决策时，学校管理当局依靠其在经验和一般信息掌握方面的相对垄断地位做出所有决策。假设学校管理当局拥有绝大部分决策权，学员应该信任它们吗？有一件事情要指出：从本质上讲，学校管理当局很少会恶意作为或无中生有。它们经常对学生充满关爱之情。它们需要良好的社会关系，努力满足学员的需要，至少在一定程度上欲创造出让学员感觉良好的氛围。正是基于此，学校管理当局在决策上有着相当强大的声誉资产。学校是繁荣还是走向衰落依赖于它们在社会上的声誉，所以它们非常注意维护一个良好而正派的名声。如果学校管理当局恶意作为或无中生有，这会对它们所在学校的名声产生极大的负面影响。所以，为维护名声，学校也会避免做出恶意或无中生有的决策。

雇佣关系通常被认为是科层式的，雇主或科层组织中的领导者（拥有决策权）指导着雇员的工作。关于雇佣方面的法律在一定程度上使之神圣化；雇员如果不想接受雇主合理合法的指挥，他们可以借故"解雇"雇主。但是在某些形式的雇佣关系中，如果把雇员定义为是为了获得货币收入而提供劳动服务的那些人，雇员担当了科层组织中的领导者。例如，根据一般的法律定义，律师和医生是由他们的客户所雇用的。但是典型的情形是，律师和医生决定提供什么服务，甚至决定服务应得的报酬。为什么呢？因为：（1）律师和医生拥有专业技能和知识，所以，他们在做出必要决策时居于最优位置；（2）律师和医生相对于单个客户从其服务内容来看拥有大量的声誉资产。值得注意的是，尽管委托人或病人一般意义上的财产更多一些，但律师、医生的声誉资产更大一些。

在平衡双边关系性合约中，特别是那些要求一致同意的合约，要求双方都拥有做出正确决策的知识和做出建议性和公平行动的动机。多年以来，德国企业的工作委员会（works councils，作为工人的代表）就满足两个条件：工人集体拥有大量信息，他们支持有利于整个企业的政策。只要这些条件得到满足，共同决策体制就是非常有效的而且为大家所赞赏。但是，在最近几年，部分是由于德国再统一形成的压力，管理阶层和工作委员会的关系已经越来越缺乏建设性了。因为越来越缺乏信任，这种体制的效率水平也明显降低了。

三边治理（引入外部独立的专家）的优势是，第三方参与人没有利益牵涉其中，所以，一般感觉会公平行事。这并非自动完成的。第三方仲裁人可能会受到一方或另一方的贿赂，所以，最优的和最成功的第三方参与人是那些已经表现出公平和中立，且有很多声誉资产的参与人。例如，多年以来，美国的劳动仲裁由一小部分薪水非常高的著名人士来实施。广泛邀请他们正是因为他们的薪水高，为保持他们中立的声誉，他们不会在一个具体案件中冒声誉被毁的风险接受贿赂。另外，三边治理的缺陷是，第三方仲裁人在讨价还价中在信息掌握上处于劣势，至少在许多情形下出现过这种情形，所以，他们缺乏做出有效决策的能力。为了弥补这一缺陷，经常会设计出有约束的仲裁程序，以引导掌握信息的行为人提供尽可能多的信息。例如，一个著名的程序是仲裁人必须接受双方的建议，鼓励双方提出合理、见识广博的建议。

丰田公司的供应商网络

就像已分析的那样，丰田公司并没有达到像亨利·福特时代的福特汽车公司那样的纵向一体化水平，或者就此来说，福特公司和通用汽车公司的生产方式近来有些过时了。从本质上说，丰田公司抛弃了将统一治理作为解决其面临的交易成本问题的最有效方法的做法。

相反，丰田公司信奉教科书中讨论的签订关系性合约的做法。江森自控公司（Johnson Controls Inc.）是丰田公司的供应商之一，它为丰田公司的美国分公司供给座椅，理智地希望与丰田公司建立长期、相互有利可图的关系。①任何时候，江森自控公司和丰田公司签订的都是简单的短期合约。但是，丰田公司作为一个客户从与其供应商继续保持合作关系中获得的声誉是，只要它们自己的做事方式符合丰田公司对供应商的适当要求，就可以成为丰田公司的供应商。这种适当行为是什么呢？供应商必须像丰田公司内部那样来解决质量控制问题。供应商必须把其运营与丰田公司整合在一起，而且必须非常准时地运送产品，这样，丰田公司的运营才能保持非常低水平的 WIP 存货。供应商还应允许丰田公司全面了解其生产设施和核算成本结构。丰田公司决定产出速率和对产品支付的价格。丰田公司不接受刻板严密的合约，丰田公司的供应商被期望基于简单的合约进行交易，几乎不用请律师，而且对丰田公司应十分信任。

当然，供应商有权提出建议。那些表现非常优异的供应商有权设计它们输送给丰田公司的零部件，自然要得到丰田公司的同意。（新加入的供应商和那些还没有获得这种信任的供应商是根据丰田公司的设计和要求来做的。）

总的来看，丰田公司与供应商之间以及与上级管理者之间是典型的科层式关系。例如，江森自控公司与肯塔基乔治城的丰田公司装配厂就是这种关系。还要指出一点，丰田公司在这家工厂仅有一条装配线，所以，江森自控公司是向这家工厂提供座椅的"垄断者"。江森自控公司是丰田公司的模范供应商。所以，当丰田公司在乔治城建立第二条生产线时，江森自控公司请求允许它也向这条生产线提供产品。但丰田公司长期形成的实际做法是，在可能的情况下，有两个零部件供给渠道，所以拒绝了前者的请求。相反，丰田公司要求江森自控公司与它的一个竞争对手组成合资企业，由这个企业向第二条生产线提供产品。这就是说，丰田公司要求江森自控公司运用它作为丰田公司供应商的经验来教育竞争者如何更好地与江森自控公司进行竞争。按照丰田公司与其供应商之间关系的本质规定，江森自控公司几乎没有什么选择，只能接受丰田公司不寻常的要求。

为什么江森自控公司要全盘接受呢？为满足丰田公司的怪念头，它为什么冒这么大的风险？我们在上一章大概已经接触到其中的原因：作为客户的丰田公司声誉卓著。这种声誉使之成为极端苛刻的客户，但它可为供应商提供稳定的适度利润，只要供应商依靠完成合约来生存。这种体系对丰田公司非常有利。丰田公司不愿意毁掉名声，从而丧失这种体制带来的利益。所以，江森自控公司坚决相信丰田公司会有良好的行为，理由是丰田公司非常注意保持自己作为一名要求苛刻但公平待人的客户的声誉。丰田体系的两个重要特征支持了这一点：

● 从江森自控公司自身来看，如果丰田公司滥用江森自控公司的信任，大

607

---

① 在这一小节中，我非常简单地对丰田公司的供应商网络做了描述，对于丰田公司与江森自控公司的具体描述，请参见案例："Johnson Controls, Inc. —Automotive Systems Group, the Georgetown, Kentucky Plant," Stanford University Case BE - 9, 1997. 阅读该案例可使读者对情节的理解更丰富和全面，所以推荐给读者。

概也不会对丰田公司造成多大伤害。丰田公司的良好行为之所以能得到保证，是由于所有供应商的反抗甚至充满敌意的行为所构成的威胁。所以，江森自控公司得到的保证并非来自它与丰田公司现行的一对一关系（第22章描述的那种方式），而是来自丰田公司对其在大众中声誉的担心（第23章描述的情形）。为了对这种声誉提供可信的保证，丰田公司必须保证它与江森自控公司和其他供应商之间的行为可被所有供应商观察到并且能被理解。所以，丰田公司在促进其供应商之间的交流中发挥着积极作用。丰田公司建立了供应商协会，不同的供应商可以经常聚会，讨论丰田公司正在做什么并且互相学习。通过这样做，实际上组织了一个丰田公司供应商组织（union），丰田公司也赋予供应商很大的权利，用波特式语言来说就是，它扶持了弱小的供应商并且使之强大。但是，这也促进了丰田公司体系所要求的信任程度的加深，这最终又会反过来增进丰田公司的利益。

● 丰田公司要求苛刻但公平待人的声誉并不容易（以低成本）维持。为了使像江森自控公司这样的企业在经营中获得合理的利润水平，丰田公司必须清楚江森自控公司的技术和成本结构。所以，丰田公司的人经常会到江森自控公司的工厂来做观察和记录。江森自控公司也不必担心丰田公司会用通过这种方式得到的信息来伤害自己，比方说把信息泄露给竞争对手或自己介入座椅生产业务。丰田公司的声誉，以及希望保持这种声誉的愿望确保它不会做这种事。相反，江森自控公司和丰田公司的其他供应商会理解丰田公司为了确定合理的价格需要这种信息。所以，丰田公司派到江森自控公司的雇员会受欢迎。

这样，我们就可以讨论丰田公司生产体系最后也是最关键的问题：像江森自控公司这样的供应商在业务上与丰田公司是如此靠近，以致它们也可以成为丰田公司整体的一部分。为什么丰田公司要与之保持这种稳定的供应商关系，而不是像40年前亨利·福特那样采取统一治理的办法？简言之，在目前的环境条件下，丰田公司采用的非常出色的方式很少遭到质疑。那么这种优势来自哪里呢？

这是前面提到过的强力与低强度激励问题。丰田公司与江森自控公司和其他供应商之间的交易是，丰田公司要求苛刻但公平待人，只要供应商符合丰田公司严格的标准要求，丰田公司对延续进行的工作将赋予一个合理的利润。如果供应商在质量、交货时间或丰田公司认为合理的成本降低速率等方面达不到要求，供应商很快就会被弃用。确实，丰田公司要求苛刻的声誉在此面临风险：如果掩盖（paper over）或接受一个供应商低于丰田公司标准的表现，其他企业大概都会了解到，也就不想再按丰田公司的标准去做。所以，丰田公司会有更大的动力来抛弃表现不佳的供应商。这样，丰田公司的供应商就有了极大的动力来改善管理。如果是亨利·福特式的统一治理方式，就无法产生这么强大的激励了。

24.2 企 业

那么什么是企业呢？什么会使得企业有效率或缺乏效率呢？下面的讨论至少提供了四种答案。

1. 企业是统一治理的合法体现

企业拥有法律地位（legal status），特别是从债务和税法方面看。[①] 法律地位也牵涉到对物质资本和金融资本的所有权，这些反过来是治理方面的重要因素。例如，当一个汽车制造商购进一个独立的座椅制造企业后，它就从法律上拥有了物质意义上的工厂、制造设备的所有权，以及一定数量的知识产权。假设因为这样或那样的原因，汽车制造商必须放弃座椅经营的管理层或雇员，它仍然保持对物质意义上的工厂、设备和知识产权的控制权。

609企业的法律地位是一种在多层双边基础上进行多边交易的治理方式。这意味着，当制造和销售一辆轿车时，大量的"实体"（entities）——生产线工人、工程师、市场营销专业人员、各种类型的供应商——都要牵涉其中。企业提供了一个法律实体，在其中上述每种实体间可签订双边合约（或近似的合约）。流水线工人与企业（以及与他的工会，这也就是前面插入语说明的理由）是契约关系，与轮胎生产商也是如此。很难设想，当有许多参与人之间要签订合约而缺少行为中心时会怎么样。

2. 企业为声誉资产提供了一个焦点

在我们对丰田公司和江森自控公司关系的描述中，我们使用的措辞是诸如丰田公司决定购买价格，要求江森自控公司达到什么质量。这也可简写为丰田公司的管理者决定……丰田公司并非一个活生生的人，它无法做决策。为其工作的管理者代表它来做出决策。

这非常重要，是因为当丰田公司的管理人员做出决策时，决策的影响主要体现在丰田公司的声誉上，而不是管理者个人的声誉上。至少丰田公司的供应商关心的是这些。当它们聚在一起时，它们谈论的是丰田公司的声誉、丰田公司的行为和丰田公司做生意的方式。

要想有效发挥作用，获得信任，声誉必须被广泛和频繁地使用。如果管理者 X（他）与一个参与人 B 或每年与一个参与人 B 进行第 23 章所描述的信任博弈，X 没有强烈的动机来维护善意待人的声誉。所以 B 类人也没有理由来信任 X，至少 X 维护自己声誉的愿望不能成为 B 类人信任 X 的理由。但是，如果 X 把有相似境遇的人绑在一起，大家进行的都是信任博弈，如果 X 们把他们的声

[①] 法律和税收方面的考虑经常主导着企业的构成。这有时与我们这里讨论的基本经济学原理有关。想了解对企业结构的税收导向方面的分析和它们的战略，请参见 M. Scholes and M. Wolfson，*Taxes and Business Strategy* (Englewood Cliffs, NJ: Prentice-Hall, 1992)。

誉关联起来，创造出一个"品牌形象"，且如果这种"品牌"很著名，以至每个 X 都会从中受益，那么可以相信每个人都能体面地行动。正是采用这种方式，丰田公司的管理者 Y，代表丰田公司做出与江森自控公司之类公司关系的决策，丰田公司通常不会与太多其他供应商有关系。但是，如果我们把 Y 的经济利益与丰田公司的总的发展前景联系起来，Y 明白他的个人行为影响着丰田公司的整个声誉的话，那么与声誉相关的可信度就能得到信任。

企业的作用就是创出品牌形象，这是声誉资产的焦点所在，因为其声誉经常处在危险中，只要我们合理地把决策者的利益与其长期成功的声誉密切联系起来，那么以声誉为基础的可信度就能得到提高。

3. 企业为特定声誉提供了焦点

丰田公司对其供应商采取了一种方式，通用汽车公司采取的是另一种方式，如果你去询问像江森自控公司这样的企业的管理者——因为这些公司分别向丰田公司和通用汽车公司供货——你会发现对两种不同客户有什么不同、双方会做出什么行为、不会做出什么，他们业已形成成熟的看法。代表一个企业做出决策的管理者行为的一致性非常可贵，因为这使得企业的交易对象明白这个企业的声誉是什么。企业在这里发挥的作用是为声誉提供一个前后一致和连贯的焦点。

读者有时不清楚这种回答和前面所给出的回答之间的区别，所以，请允许我来解释。设想一个参与人 A 与另一个参与人 B 进行第 23 章所述的信任博弈。因为 A 只进行一次博弈，她无法运用声誉来获得不滥用 B 的信任的可信度。所以，A 寻找其他人联合起来。她发现一些 A 类参与人参与的是像威胁博弈一样的博弈。她发现其他的 A 类参与人进行的是类似信任博弈的博弈，但经济意义完全不同。从理论上说，如果她能找到一种方法来把她的经济收入与那些 A 类参与人如何做联系起来，也把后者的行为与自己做得怎么样联系起来，她就能运用这种方法来创造出可信的声誉资产。她将不会滥用与对象 B 的交易，因为这样做会引起与其他 A 类参与人相对应的 B 在威胁博弈中向 A 提出挑战，这将伤害到前一个 A 类参与人的利益前景。她的参与人 B，一旦认识到这一点后将会信任她。现在她已获得不会滥用信任的信任。这就是前一小节所提问题的答案：联合体或企业把不同人群的利益结合在一起，给了他们一份集体的声誉资产。

但这仅仅是理论上的构想。如果一个组织的第 1 个成员的声誉是不滥用信任，第 2 个是与进入者殊死斗争，第 3 个是做其他事，等等，试问在这样一个每个人完全互不相同的组织内，如何成功形成一种声誉呢？这样一种复杂的声誉均衡怎么可能实现呢？答案是几乎不可能。成功的声誉，就像成功的乐队一样，很容易与喜欢它们的观众交流并被他们理解。第一个 A 类参与人，即寻求一个集体性声誉资产的人，如果可能被包容进其他与同样 B 类参与人进行类似交易的 A 类之中，就很可能得到她要的结果。这就是该小节的答案。

4. 企业制造出影响预期和偏好的多种角色

角色影响着一个人如何与其他人建立联系，他们预期什么，如何行动，这是我们看到的市场层面的激励要高于企业内激励的原因所在；总的来看，不好的行为表现在企业内出现和得到宽恕的概率要比在市场层面更大。而且，预期和偏好是组织特有的。体现出家庭合作式文化的企业中的雇员 A 和 B 间的关系不同于体现出市场式残酷竞争文化的企业中的雇员 A′ 和 B′ 间的关系。当然，许多社会特质影响着 A 期望 B 做什么、A 如何看待 B、A 应选择什么方法来合理对待 B。但是，企业在此可发挥作用，企业发挥的作用越大，企业内部文化越浓厚。

对管理提出的相应挑战

四个答案所包含的直觉含义对企业管理者提出了挑战。第一，管理者必须知道哪里是企业的边界、产权统一治理方式的好处，以及由于对物质资产缺乏控制而造成的相对低强度的激励如何与以市场为基础但效果更强的激励之间进行替代。从多种理由来看，亨利·福特都是一个伟大的管理者，在他的时代和所处环境中，他看到统一的治理方式（大规模纵向一体化）是提高汽车生产线的效率的关键所在。在另一个时代和不同环境条件下，丰田公司的管理者取得的管理方面的成就（更加丰富）为，他们看出了如何有效利用关系性合约来恢复福特方式缺乏的强力激励。

第二，最高管理者必须找到一种方法，来把代表企业做出决策的个人的经济利益预期与企业的命运结合在一起。我们前面说过，当丰田公司的一名管理者决定江森自控公司提供的座椅的价值时，声誉受影响最大的是丰田公司。但是，决策也影响到单个管理者的声誉。后者的声誉影响是如何体现的呢？单个丰田公司管理者的声誉大概已在很大程度上被内部化进丰田公司之中。单个的丰田公司管理者也有声誉财富，即他在上一层管理者中的声誉，这影响到他的升职前景之类的事情。

同时，从丰田公司内部决策权来看，对于影响丰田公司声誉的决策必须精心构思。对于像丰田公司这样的企业，发现如下做法经常是很有用的：当单个人以企业名义做出的决策伤害到集体声誉时，应对集体声誉予以保护，而在决策做出前在很大程度上应形成一致意见。不是把对江森自控公司的产品应支付多少的决策权赋予一个管理人员，丰田公司可以把决策权授予其管理者委员会，该机构很可能会权衡这种单个决策对丰田公司在大众中的声誉造成的影响。

第三，为了实现众多目标，管理者必须对企业的具体声誉进行管理。这种声誉必须很强烈，而且容易与交易对象交流。对于那些行为目的与企业声誉保持一致的雇员，要方便向他们传达。而且，在面对两难选择之类的问题时，要表现得胸有成竹（robust）。注意这里的冲突：一个业务广泛的企业会面临差异很大的难题和困难，所以需要一个相当不错的在公众中的声誉来适应有巨大差异的各种难题。但是，声誉越宽泛，越缺少具体指向，沟通越难，它提供的保证越不可靠。正是鉴于这些原因，管理者经常会限制企业的经营范围，找到一个特定声誉足以发挥作用的利基市场。

第四，管理者必须管理企业内部文化，提高企业内交易的有效性。例如，在业绩易于计算的组织中，涉及的生产技术很少，工人的互相依存可控，生产率的改进要付出巨大的努力，那么组织内市场式文化大概会发挥明显作用；如果工作是互相依存的，但每个人付出的努力难以计量，一种合作的文化大概更合适。

你可能会想到，如果用这种方式来思考企业或其他组织面临的问题，上述提到的仅仅是管理者所面临的一些一般挑战。本书已经接近尾声，我们也只能做这些并不深刻的分析，但不必感到沮丧。在战略管理、人力资源管理等课程中，读者可以挑选自己感兴趣的话题继续研究下去——你们现在已经具备了这种能力。

24.3 交易成本和道德行为

2002 年夏天，报纸和新闻杂志的商务版面充斥着大公司高层管理者涉嫌不道德甚至违法行为的报道。这些丑闻关注的是管理层通过创新的会计核算（creative accounting）手段对金融市场隐瞒相关信息，在一些案例中他们做得还要过分。换成一般的说法就是，这种丑闻涉及"突破限制"（pushing the envelope）问题：管理者被赋予了一定的相机抉择权，同时在一定意义上他们也有按自己的需要来做出报告的权力。某些行为和报告受到了法律的限制，但是灰色区域（gray area）总是存在的。在新闻报道披露的多种情形中，管理者被指责不惜利用各种手段和创造力避开法律精神的约束，最大限度地利用了灰色区域，甚至超出了这一区域。可以肯定的是，任何知法犯法情况下（至少是这种类型）的行为都是不道德的。但大多数评论家也指出，即使只是突破限制但没有违法也是不道德的。

613   这种突破限制的方式不道德吗？这可能牵涉到一种道德困境（ethical dilemma）：突破限制可能是为了股东的利益，管理者对他们负有委托责任，尽管这会损害其他资产持有人的利益，如工人、供应商、客户和公众等。就像讨论暗中串谋是否道德一样，管理者有时不得不在对股东的责任和其他责任之间寻求平衡。但这种类型的困境似乎并没有在 2002 年爆发的事件中出现，因为这些事件中的管理者的做法既损害了股东的利益，又损害了其他资产持有人的利益，只是充实了自己的腰包。我们能说这种形式的突破限制只是不道德吗？

在体育比赛中，我们有时听说，最大限度利用规则没有错。对于规则制定者来说，其责任就是制定出规则从而限制违规行为；对于运动员来说，赢得比赛所做的一切都必须在规则允许的情况下。

管理比比赛复杂得多，主要是因为经济利益并非零和竞争（zero-sum competition）。管理者所做的任何没有被法律具体禁止的事情，如试着在尽可能大的程度上突破限制，都可能会导致巨大的非效率。这里要涉及交易成本。复杂交易中的参与人有太多的机会来侵犯他人的利益。道德风险和隐含信息随处可见。这种被损害的风险可通过签订正式合约来得到规避。但是每一种正式明确的保护都要花费成本，主要体现于具体规定和执行这种保护，以及由正式具体的保护造成的交易性刻板和不适应。在某种意义上，因为被认为是不道德的，所以某些行为"上不了台面"（off the table），特定交易的参与人可以合理计算交易成本。

对于道德和道德行为，这里是从其作为工具的角度来看的，如果道德行为定义恰当，是可以降低交易成本的。例如，如果人们相信最高管理者报告的利润表并不会试图粉饰经营状况，或采取其他手段误导投资者，那么，审计方面的支出将会减少，也不必制定严厉的会计规则和程序，市场也将更有效地发挥作用。但是，正像 2002 年的事件所揭示的，即使按这种方式定义，道德行为也无法保证。

实际情况是，当管理者通过发布误导性报告来中饱私囊时，他们为什么还要做出道德行为呢？在面对引致不道德行为的清楚直接的动机时，什么能阻止这一时疫呢？几个明显的动机可能会发挥作用：

614

- 如果行为接近这种底线，可能被判犯罪而且将受到民事处罚。
- 对突破限制所做的社会谴责——如果再加上社会制裁，效果会更明显——会激励参与人采取严格符合规定的行动。
- 某人因一时做出不道德行为而获得不好的声誉，可能意味着他在未来会失去获得经济利益的机会，比如说，潜在的贸易对象将会因为某人声誉不佳而不愿与之有业务往来，或坚持要对合约提供担保。

从社会环境来看，这些激励因素的效力是内生性的。法律可以改变，2002年发生的事表明了这一点。针对不道德行为的社会谴责和制裁的程度依赖于社会对具体行为的嫌恶程度。不愿意与因不道德行为而声誉不佳者做生意，至少会部分受到行为规范参与人的出现的影响。

我在这里希望强调的关键点是所有这些都是外在激励因素，它们像我们在本书讨论过的其他激励因素那样发挥作用，尤其是后两点特别适合第 22 章和第 23 章的经济学原理。

我斗胆指出，大多数人——至少是那些没有受过经济学训练的大部分人——阅读本节时会越来越不屑一顾。这里所谈论的道德情形并非指做那种行为从道德上来看是正确的或高尚的，而是指道德是一种降低交易成本的工具。而且，我断言，道德行为并非发乎内心，必须有外在激励。由此所得到的启示是，当把人类及其行为看成是经济学中的一部分来分析时，其未来前景似乎并不光明。

这样，我们就要转到最后一章的分析了。

小　结

- 本章从本质上说是对从第 15 章左右开始的分析旅程的一个完结。从第 1

章到第14章所讨论的交易是简单的、以市场和价格为中介的交易。从第15章开始,交易转为长期的经济关系,其中涉及了许多复杂的问题:不确定性、隐含信息、道德风险、动态化和行为个性(而不是匿名)。因为这些复杂性混在一起,我们越来越难以想象要在事前把一切都设想出来的交易会是什么样的,我们只能签订不完全合约。此外,还有因为如下原因形成的市场原则的缺失,即与交易有关的特质资产的存在,以及对经济交易和关系的研究焦点从具体的交易条件转向如何治理:各人有什么样的决策权?如何适应?交易中的效率要求有明智的适应,但也要求诚信。所以,在涉及治理问题时,我们要问的问题是:谁拥有做出良好决策所需的信息和判断力?交易参与人之间的信任如果存在,来自何处?

- 从20世纪汽车行业的实践角度来看这种复杂的交易和经济关系,将有助于我们理解亨利·福特为什么会选择高度的纵向一体化(为了获得对生产过程的重要部分的控制权),而丰田公司为什么(为重新增强强力的市场激励)以及如何实现了低水平的一体化。

- 这一组思想原理就是有名的交易成本经济学,可以用于分析多种复杂的交易。特别地,交易成本经济学为分析企业作为一种组织而不是利润最大化主体提供了基础。

第 25 章 | 经济学和组织行为学

616   许多（如果不是绝大多数）学管理学的学生，大概在学习经济学的时候，也会学习诸如组织行为学之类的课程，该门课程提出的关于个人和组织的模型完全不同于经济学所讲授的模型。这些课程提出的概念和思想来自社会与认知心理学及组织社会学，它们与经济学几乎没有共同之处。但是，在战略管理和人力资源管理的管理学类课程中，学生们被要求把这些不同角度或不同人类行为及动机的知识结合在一起。在复习了我们已经做出的分析后，本章的目的是讨论如何把这些角度似乎不同的分析结合在一起并使之相互补充，而非作为替代。

25.1 30 个基本结论和正题

到此为止，我们已经讨论了许多内容和大量经济学知识，也提出了许多具体信息和结论。这里并不想给出一个包罗万象的清单，只给出 30 个基本结论，我希望你能掌握。（这些基本结论在各章节之间交替引用，以防止跳过一些章节。）

（1）如果你的脚在向一个方向或另一个方向倾斜，你就不会位于巅峰之上。这种现象本身也许并没有包含多少很深的见地，只是提醒你考虑问题时应该从边际角度而不是从平均角度出发。例如，考虑边际成本和边际收益，而非平均成本和平均价格。此外，当你思考边际成本或边际收益时，考虑的是一个决策对你的总收益和总成本的边际影响。（第 3 章）

（2）消费者对一种产品的需求数量与该产品的边际效用而非总效用有关。但是，就消费者面临入门费或谢绝还价的情形而言，他们愿意付出的货币数量要依赖于他们从该产品中得到的总效用。（第 5 章、第 7 章）

（3）在把产品推向市场的过程中，分销链中的每一环节都会有一个"加成"（markup），因为各层分销商要获得其应获得的那份利润，这不仅降低了总的销售量，而且降低了消费者得到的好处。可是，如果制造商为其产品的销售权能向中间商收取一笔固定的费用（产品的转售也可被控制），那么制造商就能控制多重边际化问题。（第 6 章）

（4）经销权法律所提供的保护并非简单的政治权力和经销权拥有者的寻租问题，但对经销商不全是坏事情。在经销商进行了具有沉没成本性质的投资后，它保护了经销商不会被漫天要价，也有助于引导经销商进行这种具有沉没成本性质的投资。（第6章）

（5）如果你能找出一些方法来把非常富有弹性的需求和非常缺乏弹性的需求区分开来，而且能向第二组消费者索要高价，那么你就可以比只索要单一价格多赚钱。这个一般性的原理可有不同的表示方法：按组群成员资格来定出差别价格、发放赠券、三级差别化定价（采用不同特征来区分不同产品组，就像精装书籍和平装书籍，按不同时间出售机票等）、二级差别化定价（数量折扣或对最初购买的几单位打折）。与此相关的是榨取消费者剩余的一些方式，如收取入门费或预付金，最理想的情形可以达到一级差别化定价的水平。（第7章）

（6）利润最大化的产出水平，一般大于单位产品或利润率最大化时的产出水平，因为你在产量上还可继续增加。（第8章）

（7）最小平均成本（也被称为有效规模）时的产出水平与利润最大化时的产出水平没有特定的联系，除非你讨论的是竞争性行业：自由进出，技术最优。（第8章、第11章）

（8）物有所值原则（bang-for-the-buck principle）：当你最大化或最小化的对象受制于单一约束时，请观察对一个目标变量的边际冲击与对这一变量约束的边际冲击的比率。在非负约束的情形下，这些比率等于受约束最大化问题的答案。（第9章）

（9）有关折旧的会计核算程序试图计算的是当前的"利润流量"，大多数用来做这一核算的程序却并非尽善尽美，因为会计核算遵循的一般规则是偏向保守主义（不给会计留有空间使之做过多粉饰工作），以及事后需要能够重建会计程序（出于审计需要），确信没有不诚实的事情发生。而且，请记住会计盈利不同于经济利润之处在于，会计盈利并不包括因使用股东资源而支付的"正常费用"。（第10章、第11章）

（10）当目前生产活动降低了未来生产成本时，就像经验曲线或全面质量管理这样的活动，边际成本就不是制造另外一单位产品的目前生产成本的增加量。至少目前成本的一部分是对技术改进的一种投资，而且应该被看成一种投资活动。（第10章）

（11）某一行业的企业获得经济利润时会吸引潜在进入者进入该行业。如果亏损，则有企业退出。在极端情况下，在一个进出完全自由的竞争性行业中，许多生产者掌握了最有效率的技术，均衡的经济利润为零；企业会在有效规模上进行生产，价格等于最小平均成本。作为一种实用结果，当人们试图预测一个行业将如何对供给或需求条件的改变或征税做出反应时（至少是在长期中），应考虑到进入和退出的重要影响。特别地，相关行业不仅包括现存企业，而且应包括潜在进入者。（第11章）

（12）在竞争性市场中，企业使边际成本等于价格，而消费者使他们的边际效用等于价格。在这种情况下，价格机制就是亚当·斯密的"看不见的手"，它可导致生产和消费达到有效水平。但是，在非完全竞争行业中，边际成本等于边际收益，而低于价格，市场均衡一般也会导致生产规模非常小。而且，当市场存在生产和消费外部性时，竞争也会使私人边际成本等于私人边际收益，但并不会使社会边际成本等于社会边际收益，这导致了非效率的出现。（第12章、第14章）

（13）在竞争性市场中，政府干预的形式有税收、补贴、最高限价、最低限价和配额，这就在消费者价格和生产者价格之间插入了一个"楔子"，导致了边际成本与边际效用不相等，也就导致了非效率。但这些工具具有积极的收入再分配效果。在非完全竞争市场和存在外部性的情形下，它们可以提高效率。（第13章）

（14）在竞争性行业中，税收或补贴的相对影响要依赖于供给和需求的相对弹性。在其他情况相同时，供给或需求越缺乏弹性，感觉到的影响越强烈。而且，缺乏弹性的供给或需求（或两者都是）也减少了与税收和补贴相关的无谓损失。这是基于效率对酒、烟等缺乏需求的商品征收所谓罪恶税（sin tax）的动机所在，也是对不动产（被认为供给缺乏弹性）征税的理由。（第13章）

（15）从理论上说，通过明晰产权并允许参与人之间讨价还价，可以消除外部性带来的非效率。但是，讨价还价的过程经常会带来非效率，使得这一理论设想不实用。相反，在对外部性进行管制的过程中，配额和罚款（对于正外部性实行补贴）可被采用，选择经常依赖于信息在管制者和调控对象之间如何分配。排污许可证可转售的方法把配额方法与科斯市场分配机制结合在一起，可得到比纯粹配额或纯粹对污染进行罚款更有效的解决办法。从企业内部来看，这表明了可应用市场机制来确定内部转移价格。（第14章）

（16）在面对不确定后果时，个人常常规避风险和发生概率不清的选择。人们经常会高估确定性后果，对小概率事件看得过重。人们的行为容易受到他们的决策结果怎么被表现出来的外在形式的影响。（第15章）

（17）正常来看，风险规避是人们的合理行为特征，但是回避含糊不清、高估确定性后果、过分看重小概率事件和容易受外在表现框架左右通常是不合理的。预期效用模型是避免这种缺陷、使不确定性情况下的艰难抉择相对简单化的一种有用的规范工具。（第16章）

（18）当人们表现出风险规避特征时，风险分摊和分散化是创造价值非常有用的做法。当一个赌局与人们面临的其他风险没有关系时，风险可被广泛分散出去。其"价值"可接近于平均或预期价值。当它与其他风险有正相关或负相关关系时，其价值依赖于这些相互关系。在通常情况下，正的相关关系会降低价值，而负的相关关系会因为保险效应而增加价值。这种理论是金融理论的主题，如资本资产定价模型。（第17章）

（19）许多因素限制了风险分摊或分散情况下所创造的价值，如不同看法、保护私人拥有信息的需要、控制的价值、逆向选择和道德风险等。对于有组织的有价证券交易，依照法规要求进行披露的和自愿披露的、经过审计的财务信息资料有助于防止道德风险和逆向选择。所以，从风险分摊和分散中能得

到利益的做法可被广泛应用于其他方面。（第 17 章）

（20）逆向选择可极大地抑制市场的作用，特别是因为逆向选择经常导致恶性循环，随着高质量产品被赶出市场，留下来的产品的平均质量也会下降，所以买者愿意支付的价格也在下降，这引起更多的高质量产品从市场中撤出。（第 18 章）

（21）解决逆向选择问题要靠增加信息交流，不管是通过法律要求还是通过自愿形式。自愿发出信号或甄别的关键是高质量产品信号或甄别的相对成本不大。所以，它也就把质量水平区分开了。（第 18 章）

（22）在竞争性竞标情形下，对于有很大公共价值评价的标的，其价值并不确定，不同的竞标人对这一价值掌握了不同的信息，所以，赢者的诅咒现象也就可能存在。知道存在潜在赢者的诅咒情形时如何采取行动并非简单之事，特别是在其他竞标人也相当老练、知道赢者的诅咒的情况下，但如下说法至少是清楚的：如果你面对的是赢者的诅咒的情形，而其他竞标人并不考虑这一情形，那么，你如果竞标总是太积极，你大概应放弃这种竞标。如果你胜出，你几乎肯定会遭受损失。（第 18 章）

（23）在存在道德风险的情况下，风险分摊被用至极致可以降低（diffuse）对个人的激励。风险分摊和个人激励之间存在着根本上的冲突。（第 19 章）

（24）在激励制度中，除了这种根本上的冲突外，对任何激励制度可考虑的方面有动态效应、多任务问题、系统冲击的甄别。（第 19 章）

（25）如要试图发现一个行业中的企业的盈利性如何，可考虑波特的五力模型：进入壁垒、替代品和互补品、供应商的力量、消费者的力量和行业内的竞争态势。（第 20 章）

（26）当你的福利受到特定他人行为的影响，而你也影响他们时，可通过了解每一方（你和其他人）如何看待这种情形而展开分析。换句话说，可把这种情形看成一种博弈。（第 21 章）

621

（27）建立于互惠基础上的合作要求每一方参与人都能观察到对方正在做什么，而且清楚了解他们之间"交易"的具体构成。（第 22 章）

（28）个人和组织经常面对的情形是事前和事后的利益互相冲突。如果能够引导其他人按照某个参与人的意愿采取行动，控制或限制其他参与人后来的选择（通过选择技术或成本结构、合约保证物、对声誉的关注、管制手段或法律）的能力对于事前是一种有利的工具。（第 23 章）

（29）对于随时间流逝逐渐展开的复杂交易来说，有限理性意味着交易条件在开始时并非固定的。与交易有关的特质资产使得市场在决定这些交易条件时显得反应迟钝。所以，交易的治理（谁在什么时候做出什么决策）成了交易效率的关键。一般来说，应该由掌握的信息最充分、也有能力做出决策的人来做决策，而且应该得到其他相关人员的信任。（第 24 章）

（30）尽管波特警告要反对强大的供应商，但在管理像丰田公司那样的供应链时，通过赋予供应商一定的权利，为它们创建一个交流信息的论坛，把它们潜在地组织起来，可以达到改进效率的目的。而且更为一般地讲，当与多人进行交往时，若一个参与人希望获得一种特定声誉，改善与其他人的交流通常是一个非常好的办法。对其他参与人来说，交流可能是福（在合作的情况下），也可能是祸（在非常敌对的情况下）。（第23章、第24章）

正　题

在这些具体结论之外是非常一般化、我希望最终也是更为重要的正题结论。要像一名经济学家那样思考问题：人们的行为是有目的的，追求的目标意义明确，利益冲突通过制度裁定可实现一种均衡。

经济学和组织行为学的关系

622　　　有许多（如果不是绝大部分）学习管理学的学生，大约也在同时学习经济学，但对人和对组织的研究似乎完全不同。名为组织行为学的课程提出的概念和见解来自社会和认知心理学以及组织社会学的基本原理。如果在研读本书时，你也修了这些课程，你可能不会相信它们的分析角度完全不同，两者没有共同之处。40多年前，著名经济学家詹姆斯·杜森贝利（James Duesenberry）调侃说："经济学是关于人们做选择的学问，而社会学是关于他们为何没有做出选择的学问。"[1]

这种相互冲突的局面正在改变。学科间的强烈互补性正被越来越多的人认识到。这经常发生在基本经济学和其他社会科学的应用方面，如在战略管理和人力资源管理之类的课程中，即使是基本原理自身，对这些不同视角的综合分析也开始出现。

这已经成为一种主要潮流，这种综合是一种自然发展的结果。在过去的25年中，第18章最后讨论的主题（信息经济学、博弈论、交易成本经济学）已经进入主流经济学理论。但这种发展只是冰山一角。从简单的无名者参与的市场交易和古典的垄断市场转入更复杂和更具个性的交易，经济学实际上被迫重新检查它对个人行为进行分析所用的基本模型。这就要求经济学得符合其他学科的原理。

25.2　什么能激励工人？

试着回答下述问题。下面我按字母顺序列出了8项一般性激励因素，并把能激励雇员对所从事工作越来越努力的因素做了归类。

● 利益（benefits）；

---

① J. Duesenberry, "Comments on 'An Economic Analysis of Fertility'," *Demographic and Economic Change in Developed Countries*, edited by the Universities—National Bureau Committee for Economic Research (Princeton, NJ: Princeton University Press, 1960), page 233.

- 获得良好的自我感觉（feeling good about oneself）；
- 提升能力并且得到发展（grow）；
- 薪水（pay）；
- 工作出色受到赞扬（praise）；
- 职业安全感（job security）；
- 有机会获得和练习技能（skills）；
- 有机会做有意义的事情（worthwhile）。

设想你有一个职业。哪一些激励因素对你最重要？哪一项最不重要？把对你个人的激励因素排列出来，从最重要的因素排起。

现在回答如下问题：对你的同事来说，什么最重要？什么最不重要？一般来说，你认为你的同事会怎么排序？

假设我们把你的同事聚在一起，请他们对这 8 项因素按重要性排序（即我们让你的同事就第一组问题进行排序），然后对每个人的排序进行平均（即如果有 60% 的人认为薪水最重要，而 30% 的人认为薪水第二重要，10% 的人把薪水摆在第三位，那么，我们对薪水重要性计算的平均排序为 $0.6 \times 1 + 0.3 \times 2 + 0.1 \times 3 = 1.5$）。在我们做完后，在 8 项因素中，你认为平均来说哪一项的平均值最低（也就意味着最重要）？哪一项的平均值最高（最不重要）？平均来说，8 项的排列顺序如何？

我不知道你会如何排列这几项，对你的同事来说又会怎么样，或你认为他们会怎样说。但第一个或第三个问题曾经由 CHIP Heath 向国际金融巨头花旗银行（在它成为花旗财团的一部分之前）的管理者和客户服务代表提出过。[①] Heath 报告的平均反应如表 25.1 所示。

表 25.1 　　　　　　　　　　　　职业激励因素

	管理人员自评	管理人员预测同事如何排序	客户服务代表自评	客户服务代表预测同事如何排序
最重要	做有意义的事情	薪水	获得和练习技能	薪水
第二重要	获得和练习技能	获得和练习技能	做有意义的事情	职业安全感
第三重要	良好的自我感觉	职业安全感	提升能力	利益
第四重要	提升能力	利益	利益	受到赞扬
第五重要	职业安全感	良好的自我感觉	职业安全感	良好的自我感觉
第六重要	利益	提升能力	良好的自我感觉	获得和练习技能
第七重要	薪水	做有意义的事情	薪水	做有意义的事情
最不重要	受到赞扬	受到赞扬	受到赞扬	提升能力

说明：要求花旗银行的管理人员和客户服务代表对 8 项职业激励因素进行排序，先排自己的，然后再排出他认为的自己的同事的排序，平均结果如表所示。这表明，他们认为自己与同事受到不同的因素激励。

---

① 请参见 "On the Social Psychology of Agency Relationships: Lay Theories of Motivation Overemphasize Extrinsic Incentives," *Organizational Behavior and Human Decision Processes* 78 (1999)，pp. 25 - 62。表 25.1 取自 Heath 报告的第 36 页表 2，引用得到了 Elsevier 的许可。

很显然，管理人员和客户服务代表都认为自己与同事不同，而如果把 8 项激励因素分为两个小组，结果如下：

（1）良好的自我感觉、提升能力、获得和练习技能以及做有意义的事情；

（2）利益、薪水、受到赞扬和职业安全感。

我希望你同意，第一组因素一般被认为更加贴近人的本性，源于满足内在需要，而第二组因素则更多是来自外部，基于对物质方面和社会地位的关心。在表 25.1 中，我把第一组因素用黑体字列出。如果你同意这一部分及其内在含义，从表中可以明显看出，管理者和客户服务代表认为，他们自己主要受到第一组因素的激励，而其同事则主要受到第二组因素的影响。

你如何来解释这种认为自我受到的激励与同事受到的激励不同的现象？对这些数据，一种很自然的解释似乎是人们自认为自己比其他人高贵。我并不想对此做深入的讨论，CHIP Heath 公司对这些激励因素"高贵性"的理解做了控制，即使有这种控制，某个人认为自己受到的激励在一定意义上也不同于同事认为的这个人受到的激励。

这留给我们两种极端的可能性：要么是人们对自己如何受到激励的理解有误，但对其他人的看法（可能更为客观一些吧）正确；要么是人们真实地认识了自我（他们明白是什么在激励他们），但对同事受到的激励理解有误。

哪一种假定是正确的？什么在激励着那些管理者？

当他们认为自己受到激励时，他们最终会认为自己受到的激励来自第一组中含有较少物质性的因素吗？或者，他们认为同事受到的是第二组因素的激励吗？当然，答案并非非白即黑，非此即彼。但是，一方比另一方更真实一些吗？不幸的是，这是一个需要经过非常艰难的研究才能回答的问题，我们不知道答案，至少对于两类花旗雇员来说是这样。

答案非常重要。假设根据第 19 章内容的精神，你负责为管理人员或客户服务代表设计一种创新激励体系。第 19 章对待这些话题的语气和办法（对这些问题十分典型的经济学分析手段）似乎相当强烈地假定你会用金钱和其他物质回报对人们进行激励。换句话说，如果你认为第 19 章的思想符合现实世界，你大概会倾向于使用第二组因素作为工具。如果第二个假设是正确的（即第一组激励因素更强烈一些），那么，第二组激励因素就是有误的。

事实上，当我们并不知道花旗银行雇员对两组问题如何回答时，在不同环境中，关于什么激励着职员的数据资料已经有了许多变化，像第一组的内在激励因素，在一些情形下，发挥着非常重要的作用。而且，社会心理学理论认为，提供外在的物质上的激励可能会压抑雇员的内在动机，所以，外在激励是起反作用的，降低了雇员的工作质量。①

---

① 请参见 J. Baron and D. Kreps, *Strategic Human Resources*，Chap. 11，New York，Wiley，1999，特别是"The Case against Pay for Performance"一节。

25.3　信念、感知和偏好

这并不是一个非常普遍的情形，第22章讨论过的互惠合作主题可能可对此做最好的诠释。

当两个参与人在重复进行囚徒困境博弈时，可相对容易地看出他们对如何保持合作而采取的策略，如针锋相对。但是在应用于现实时，可能出现的情形就有许多了，情形会因时而异，事情也并非对称的，参与人双方在考虑他们之间的关系时会兼顾其他因素：

- 在博弈开始时和跟随先行者行动做出反应时，每一个参与人如何形成对对方将会如何行动的认识？
- 随时间流逝和结果被记录下来，参与人如何形成对对方正在做什么以及进展好坏的感知？
- 给定信念和感知后，还有动机或效用的问题。参与人关注可能结果的偏好是什么？这种偏好是固定不变的，还是随时间的推移而改变？

本书并没有对这些问题做出回答。但是，我们提出的理论特别是第22章的理论，已经非常清楚地阐明了这些问题。答案的关键是互惠合作是否会出现并保持下去。第22章和无名氏定理告诉我们，互惠合作交易经常是可行的，该章还告诉我们一些结构性因素（噪声干扰、未来相遇的微小机会、对巨额资产的一次博弈）可能会阻碍合作甚至使之不可能维持。但是，即使所有这些阻碍因素都不存在，无名氏定理也认为这种合作是可能的，而且在被应用于现实世界时，合作会采取许多不同的形式。无名氏定理并没有说合作均衡采取什么形式，甚至没有说合作均衡是否存在。只有在回答了前述那类问题后，我们才能比较准确地预测将会发生什么。

626　社会心理学、认知心理学和组织心理学对这些问题提供了一些答案。它们也告诉我们那些答案并非通用的。人们相信什么，他们感知到什么，他们偏好什么，依赖于他们居住的社会环境。下面是一些你能从中了解到的偏好：

- 信念通常是逐渐形成的。人们归纳过去，推想未来。第一印象和经验非常关键。信念经常建立于一些故事、传说以及人们已形成的行为方式之上。符合现存社会行为方式很重要。与其他的社会规范和行为方式如一般社会地位保持一致，也非常重要。
- 在评估他们做得如何时，人们经常做出相对判断而非绝对判断。在一个组织中，当其他人每年只做80 000美元业务时，某位雇员做90 000美元业务享受到的待遇将好于某人做100 000万美元业务但其他人做110 000美元业务时享受到的待遇。在待遇感知形成中经常采用的主要方法是对高于或低于，特别是与分析对象处在相同水平的同类进行社会比较。
- 人们会把与之交往的其他人的福利内部化。内部化的程度会随相互关系的变化而变化，也依赖于相关参与人感知自己行为是受到内部还是外部激励的程度。在成功维持长久关系的过程中，互惠合作可能并不会有直接和明显的回报。参与人愿意增进并保护相互的福利，即使要花费一些个人支出，而且数额可能大于并不成功的关系，或者说，合作直接激励着双方选择合作。

我再说一遍，这些只是简单的一些例子。这些例子在一些环境下成立，但在另外的环境下并不成立。但是我希望它们已经表明了如下观点：信息、感知和偏好在本书中是置于经济分析之外的，但对某些情形下的经济分析至关重要。如果我们能从其他社会科学中引入更合理的假设，我们的经济学模型就可能对现实世界做更清楚的分析。

这些问题之间有什么差别吗？

627　　　经济学家们传统上反对把这些思想纳入经济学。我想读者可能对为什么经济学家要反对非常感兴趣。这种反对所采取的一种形式值得提出来。

当我们引入利润最大化企业模型和消费者效用最大化模型时，我们依托的是实证科学或"好似"模型，使用这一模型的理由为，这些是对行为进行描述的实证模型。企业并没有有意识地去最大化其利润，消费者也没有有意识地去追求效用最大化，这些都不太要紧。只要企业好似在最大化利润，消费者也好似在最大化效用，我们的模型就是成立的。因此，我们不需要从其他社会科学借用工具来解释信念、感知和偏好等。经济学对这些问题进行解释的标准模型是差强人意的"好似"模型。

这种反对引入其他行为模型的观点的缺陷表现在两个方面。首先，它在如下现象前无能为力：在第 22 章我们讨论无名氏定理时，标准经济学模型在预测均衡是否能出现时显得束手无策。如果从其他社会科学中借鉴来的所有工具能弥补标准经济学的不足，它们就值得借用。

其次，那些工具的解释力要远胜上文所述。在某些情况下，标准经济学对行为的假设可导致你误入歧途。在某些情况下，人们做出的好似行为与标准经济学模型并不一致。例如，运用关于行为的标准经济学模型，人们很难预测对一名挣 90 000 美元的雇员来说，当同事挣 80 000 美元时，他感到待遇不错；相对于一名挣 92 000 美元而同事挣 10 000 美元的雇员来说，前面挣 90 000 美元的雇员离职的可能性要小一些。这并不是说一个聪明的经济学家无法找到一些办法来使这样的行为与标准经济学模型相一致。经济学家在歪曲行为的模型方面表现出了非常出色的聪明才智。但是，一个可遵循的简单思路是理解社会在比较个人对平等、公平、职业的满意程度评价方面所发挥的作用。

考虑一下第 19 章所得出的结论：在对雇员的激励中，管理者应保护他们所获报酬免受外在和不必要的不确定性的影响。特别要指出的是，把雇员工资与企业利润联系起来，明显不如把他们的工资与更直接的对个人和所在工作组的表现进行衡量的指标联系起来。例如，把操作某种具体设备的雇员的工资与运用设备的成本、准时输送的数量等联系起来。对所谓高度认同的人力资源管理理论的支持者来说，反对标准经济学模型开出的这种单一的解决办法，而是提出建议，把企业雇员的工资与企业业绩总水平关联起来，从而与雇员把企业福利内部化的其他行动联系起来，也就解决了由代理引起的大量其他棘手问题。通过这种方法，雇员被引导将企业福利内部化，或把他们在企业中的工作组群的福利内部化（他们本质上已改变了自己的偏好），这种做法已是传统经济学领域之外的话题。如果这一点成立，其蕴含的内容将十分丰富。

为什么第 18 章以后的材料使得应优先考虑这种综合？

我前面表达的观点，即把经济学和组织行为学综合起来的观点多多少少受到经济学最近在信息经济学、动态经济学（采用博弈论）和交易成本经济学方面的初步发展的推动。我解释一下这是为什么。古典经济学分析的是简单的离散的交易，生产和销售的产品质量为人所知，生产和销售企业知道产品的制造成本，它们获得产品的价格，购买产品的消费者知道产品能提供给他们的效用，以及要支付的代价。这里不需要担心信念（因为所有的相关消息都可获得）和感知（因为没有要感知的东西）。对于偏好则有很多的因素可以考虑；如果我们能解释为什么消费者相对葡萄柚更喜欢香蕉（如果确实如此），我们可以把预测集中在两者的相对价格上。但经济学家们长久以来习惯于把对偏好的分析留给其他社会科学。"萝卜青菜，各有所爱"（de gustibus non disputandum est）大概是经济学家们在"其他条件不变"（ceteris paribus）之外第二喜欢用的拉丁语词汇。尽管能解释偏好也会很有帮助，但经济学家们已认为这超出了他们的能力，他们把偏好看成既定的，以此开始分析。

当我们在第 15 章引入不确定性之后，信念和感知成了故事中的重要部分。经济学的传统做法是不讨论信念形成问题。我们并没有解释为什么人们相信失火的概率或股票市场价格上升之类的事情，我们只是简单地把这看成一种资料。但在本书中，我们要严肃对待感知问题，如我们在讨论问题表现的框架时，就是如此。

当动态和不确定性混在一起时，个人就将遇到如何根据过去来预期将来这一问题，特别是当经济决策和结果影响人们收到多少信息、信息如何被提供给他们等事情时。

随着我们越来越走向个性经济学，交易参与人的主体地位越来越重要，讨论信念和感知就变得越来越重要。预测股票市场将如何变化的信念可被看成一种外生因素。但是，当我们认真地考虑进入者预期宝洁公司将会怎样对待进入者这一问题时，能把信念看成外生的吗？当心理进入壁垒和声誉成为讨论的核心时，人们的信念形成和感知过程就成了核心话题，我们可以像直到最近经济学家所做的那样，把这些作为外生因素看待。但是，如果它们已经成为故事的重要组成部分，而我们并没有予以重视，那么这样的故事就很难令人信服了。

最后，随着我们从无名氏参与的市场转向个性作用很重要的市场，一些概念开始成为经济学家们的谈资，如自豪、愤怒、复仇和仁爱等。无疑，因为这些"情感"影响了人们的价值判断，所以影响着人们的行为。我们可以把人们对香蕉和葡萄柚的相对偏好看作外生因素而不予理会，但对于复仇或愿意牺牲自己的眼前利益来造福他人，特别是在这些事情内在地受到经济决策和结果影响的情况下，偏好还是应该被考虑进来。至少，当我们碰到个性经济学，观察复杂、动态和个体理性水平不足以预测所有事情的情形时，如果我们能找到一些解决方法而非把它们抛在一边，我们就会有更好的、更有说服力的理论。

可以这样来解释：我认为没有比雇佣更重要的经济交易了。我没有随便地把工资的货币价值与现代经济学中所有交易的货币价值联系起来，但工资确实是其中很重要的组成部分。对人员的管理，特别是对雇员的管理，毫无疑问是管理者面临的终极挑战。如果把雇佣看成一种经济交易，这等于说是一种社会交易。一部分人工作可能只为工资，但是在现代经济中，大部分管理者会发现他们自己的工作（当然也是激励所在），除了提供工资外还提供许多其他东西。为了足以了解雇佣的经济学，读者必须处理好雇佣的社会性问题。这会推动你去综合经济学和其他社会科学。

这并不意味着你可以抛开社会心理学和组织社会学的主题，这也是贯彻本书的看法。就像经济学一样，那些学科研究雇佣和其他交易的角度也是不完全的。经济学已经提出了一些关键概念，大概最为重要的是人们的行为是有目的的，尽管受到限制，但在心中仍有追求。如果杜森贝利的社会学是关于人们为何没有做出选择的说法是对的——如果人们的行为全部由社会环境和社会压力所致——那么，社会学和经济学就是不相容的。假设反过来说，社会学和社会心理学是关于社会环境和社会压力如何塑造人们的信念、感知和偏好的，如果伟大的社会科学家赫伯特·西蒙（Herbert Simon）的有限理性行为是指**有目的的理性**（intendedly rational）行为，那么，经济学和其他社会科学就是互补的，我们看到的把它们综合起来的趋势将使得微观经济学获得适度的丰富和发展，甚至可为管理者提供比目前更强大的分析和理解工具。

译 后 记

这是本书译者近三年翻译的第三本书。

在南京的一次会议上，又遇马学亮先生。谈起他的出版规划，说有克雷普斯教授的一本新著《管理者微观经济学》正寻找译者。克雷普斯在博弈论方面的论著我早就拜读过，他于 1990 年出版的《微观经济理论教程》一书已成为目前高级微观经济学教学中的一部名著，因而我猜想他的《管理者微观经济学》一书一定颇具价值。我就答应先看看书的内容再决定是否承译。当大致浏览过它的主要内容后，我答应下来。

我讲授西方经济学多年，原想这样一本书，半年至八个月应该能如期交稿。但真正开始翻译后，才发现困难比我想象的要多得多，而且越往后越难。本书结构全新，吸收了微观经济学和管理经济学许多新的研究成果，尤其是以博弈论和策略思维作为通贯全书的分析思路，确确实实不同于以往传统微观经济学和管理经济学的写法。所以，历时近一年，才完成全书的翻译，总算可以交给编辑了。

本书是作者以 MBA 学员为对象而撰写的一部微观经济学理论著作。他不只是简单地在体系结构上做了新的尝试，更为可贵的是对整个微观经济学分析问题的体系做了全新构造，特别强调了博弈论和策略思维在微观理论中的作用。本书还表现出了其他几个特点：

（1）在阐述过程中，通过剖析发生于现实生活中的一些著名公司和重要产业的案例，如通用汽车、联合航空、微软、亚马逊和施乐，阐明了经济学的一般理论，寓教于案例，读来既生动有趣又颇具启发性。

（2）提供了许多对想成就事业的管理者有参考价值的经营管理方法，如差别化定价、波特的五力模型、风险分摊和分担、信号显示和甄别、可信度和声誉、组织行为学。

（3）对想学习经济学但数学基础不好的读者提供了新的学习手段，尽管书中包括了微分的使用，但也提供了采用 Excel 电子表格完成同样分析的内容，可完全替代对微分的应用。

翻译这样一本大部头著作，对我来说从时间和精力上是一个挑战。从文字翻译到每幅图的制作全由我亲手完成，其中经历的艰辛只有自己知道。近年来，我自己的工作和生活也经历了许多变数，但欣喜的是本书翻译完成之时，也正值我搬迁新居，一切的苦累似乎已经被留在新居之外。本书的翻译几乎占去了我这一年中全部的科研时间。有朋友建议我不要在这种费力不讨好（翻译的科研工作量很低）的事情上花费如此多的时间和精力，但我觉得，翻译这样一本优秀的著作，比自己写新意不多的论文、著作要有价值得多。做一些有意义和有价值的事，也许是我目前做事的一种心态吧！感谢赵文荣、王宝来、胡安荣通读了全书并提出了宝贵意见。感谢程诗、李一凡、汪亮、孙晖、王小芽整理了书中文献。谢谢一直关心和爱护我的朋友们！尽管已经尽力，但全书仍难免会有错译、漏译之处，真诚希望读者批评指正。

像前面几本书一样，本书仍是由我的妻子池碎月帮我完成了全部文字的录入工作。真诚地感谢她为我所做的一切。

赵英军

于浙江工商大学

zhaoyj@mail.zjgsu.edu.cn

序号	书名	作者	Author	单价	出版年份	ISBN
55	动态最优化基础	蒋中一	Alpha C. Chiang	42.00	2015	978 - 7 - 300 - 22068 - 0
56	城市经济学	布伦丹·奥弗莱厄蒂	Brendan O'Flaherty	69.80	2015	978 - 7 - 300 - 22067 - 3
57	管理经济学:理论、应用与案例(第八版)	布鲁斯·艾伦等	Bruce Allen	79.80	2015	978 - 7 - 300 - 21991 - 2
58	经济政策:理论与实践	阿格尼丝·贝纳西-奎里等	Agnès Bénassy-Quéré	79.80	2015	978 - 7 - 300 - 21921 - 9
59	微观经济分析(第三版)	哈尔·R·范里安	Hal R. Varian	68.00	2015	978 - 7 - 300 - 21536 - 5
60	财政学(第十版)	哈维·S·罗森等	Harvey S. Rosen	68.00	2015	978 - 7 - 300 - 21754 - 3
61	经济数学(第三版)	迈克尔·霍伊等	Michael Hoy	88.00	2015	978 - 7 - 300 - 21674 - 4
62	发展经济学(第九版)	A. P. 瑟尔沃	A. P. Thirlwall	69.80	2015	978 - 7 - 300 - 21193 - 0
63	宏观经济学(第五版)	斯蒂芬·D·威廉森	Stephen D. Williamson	69.00	2015	978 - 7 - 300 - 21169 - 5
64	资源经济学(第三版)	约翰·C·伯格斯特罗姆等	John C. Bergstrom	58.00	2015	978 - 7 - 300 - 20742 - 1
65	应用中级宏观经济学	凯文·D·胡佛	Kevin D. Hoover	78.00	2015	978 - 7 - 300 - 21000 - 1
66	计量经济学导论:现代观点(第五版)	杰弗里·M·伍德里奇	Jeffrey M. Wooldridge	99.00	2015	978 - 7 - 300 - 20815 - 2
67	现代时间序列分析导论(第二版)	约根·沃特斯等	Jürgen Wolters	39.80	2015	978 - 7 - 300 - 20625 - 7
68	空间计量经济学——从横截面数据到空间面板	J·保罗·埃尔霍斯特	J. Paul Elhorst	32.00	2015	978 - 7 - 300 - 21024 - 7
69	国际经济学原理	肯尼思·A·赖纳特	Kenneth A. Reinert	58.00	2015	978 - 7 - 300 - 20830 - 5
70	经济写作(第二版)	迪尔德丽·N·麦克洛斯基	Deirdre N. McCloskey	39.80	2015	978 - 7 - 300 - 20914 - 2
71	计量经济学方法与应用(第五版)	巴蒂·H·巴尔塔基	Badi H. Baltagi	58.00	2015	978 - 7 - 300 - 20584 - 7
72	战略经济学(第五版)	戴维·贝赞可等	David Besanko	78.00	2015	978 - 7 - 300 - 20679 - 0
73	博弈论导论	史蒂文·泰迪斯	Steven Tadelis	58.00	2015	978 - 7 - 300 - 19993 - 1
74	社会问题经济学(第二十版)	安塞尔·M·夏普等	Ansel M. Sharp	49.00	2015	978 - 7 - 300 - 20279 - 2
75	博弈论:矛盾冲突分析	罗杰·B·迈尔森	Roger B. Myerson	58.00	2015	978 - 7 - 300 - 20212 - 9
76	时间序列分析	詹姆斯·D·汉密尔顿	James D. Hamilton	118.00	2015	978 - 7 - 300 - 20213 - 6
77	经济问题与政策(第五版)	杰奎琳·默里·布鲁克斯	Jacqueline Murray Brux	58.00	2014	978 - 7 - 300 - 17799 - 1
78	微观经济理论	安德鲁·马斯-克莱尔等	Andreu Mas-Collel	148.00	2014	978 - 7 - 300 - 19986 - 3
79	产业组织:理论与实践(第四版)	唐·E·瓦尔德曼等	Don E. Waldman	75.00	2014	978 - 7 - 300 - 19722 - 7
80	公司金融理论	让·梯若尔	Jean Tirole	128.00	2014	978 - 7 - 300 - 20178 - 8
81	经济学精要(第三版)	R·格伦·哈伯德等	R. Glenn Hubbard	85.00	2014	978 - 7 - 300 - 19362 - 5
82	公共部门经济学	理查德·W·特里西	Richard W. Tresch	49.00	2014	978 - 7 - 300 - 18442 - 5
83	计量经济学原理(第六版)	彼得·肯尼迪	Peter Kennedy	69.80	2014	978 - 7 - 300 - 19342 - 7
84	统计学:在经济中的应用	玛格丽特·刘易斯	Margaret Lewis	45.00	2014	978 - 7 - 300 - 19082 - 2
85	产业组织:现代理论与实践(第四版)	林恩·佩波尔等	Lynne Pepall	88.00	2014	978 - 7 - 300 - 19166 - 9
86	计量经济学导论(第三版)	詹姆斯·H·斯托克等	James H. Stock	69.00	2014	978 - 7 - 300 - 18467 - 8
87	发展经济学导论(第四版)	秋山裕	秋山裕	39.80	2014	978 - 7 - 300 - 19127 - 0
88	中级微观经济学(第六版)	杰弗里·M·佩罗夫	Jeffrey M. Perloff	89.00	2014	978 - 7 - 300 - 18441 - 8
89	平狄克《微观经济学》(第八版)学习指导	乔纳森·汉密尔顿等	Jonathan Hamilton	32.00	2014	978 - 7 - 300 - 18970 - 3
90	微观经济学(第八版)	罗伯特·S·平狄克等	Robert S. Pindyck	79.00	2013	978 - 7 - 300 - 17133 - 3
91	微观银行经济学(第二版)	哈维尔·弗雷克斯等	Xavier Freixas	48.00	2014	978 - 7 - 300 - 18940 - 6
92	施米托夫论出口贸易——国际贸易法律与实务(第11版)	克利夫·M·施米托夫等	Clive M. Schmitthoff	168.00	2014	978 - 7 - 300 - 18425 - 8
93	微观经济学思维	玛莎·L·奥尔尼	Martha L. Olney	29.80	2013	978 - 7 - 300 - 17280 - 4
94	宏观经济学思维	玛莎·L·奥尔尼	Martha L. Olney	39.80	2013	978 - 7 - 300 - 17279 - 8
95	计量经济学原理与实践	达摩达尔·N·古扎拉蒂	Damodar N. Gujarati	49.80	2013	978 - 7 - 300 - 18169 - 1
96	现代战略分析案例集	罗伯特·M·格兰特	Robert M. Grant	48.00	2013	978 - 7 - 300 - 16038 - 2
97	高级国际贸易:理论与实证	罗伯特·C·芬斯特拉	Robert C. Feenstra	59.00	2013	978 - 7 - 300 - 17157 - 9
98	经济学简史——处理沉闷科学的巧妙方法(第二版)	E·雷·坎特伯里	E. Ray Canterbery	58.00	2013	978 - 7 - 300 - 17571 - 3
99	管理经济学(第四版)	方博亮等	Ivan Png	80.00	2013	978 - 7 - 300 - 17000 - 8
100	微观经济学原理(第五版)	巴德,帕金	Bade, Parkin	65.00	2013	978 - 7 - 300 - 16930 - 9
101	宏观经济学原理(第五版)	巴德,帕金	Bade, Parkin	63.00	2013	978 - 7 - 300 - 16929 - 3
102	环境经济学	彼得·伯克等	Peter Berck	55.00	2013	978 - 7 - 300 - 16538 - 7
103	高级微观经济理论	杰弗里·杰里	Geoffrey A. Jehle	69.00	2012	978 - 7 - 300 - 16613 - 1
104	高级宏观经济学导论:增长与经济周期(第二版)	彼得·伯奇·索伦森等	Peter Birch Sørensen	95.00	2012	978 - 7 - 300 - 15871 - 6
105	宏观经济学:政策与实践	弗雷德里克·S·米什金	Frederic S. Mishkin	69.00	2012	978 - 7 - 300 - 16443 - 4
106	宏观经济学(第二版)	保罗·克鲁格曼	Paul Krugman	45.00	2012	978 - 7 - 300 - 15029 - 1
107	微观经济学(第二版)	保罗·克鲁格曼	Paul Krugman	69.80	2012	978 - 7 - 300 - 14835 - 9

经济科学译丛

序号	书名	作者	Author	单价	出版年份	ISBN
108	克鲁格曼《微观经济学(第二版)》学习手册	伊丽莎白·索耶·凯利	Elizabeth Sawyer Kelly	58.00	2013	978-7-300-17002-2
109	克鲁格曼《宏观经济学(第二版)》学习手册	伊丽莎白·索耶·凯利	Elizabeth Sawyer Kelly	36.00	2013	978-7-300-17024-4
110	微观经济学(第十一版)	埃德温·曼斯费尔德	Edwin Mansfield	88.00	2012	978-7-300-15050-5
111	卫生经济学(第六版)	舍曼·富兰德等	Sherman Folland	79.00	2011	978-7-300-14645-4
112	宏观经济学(第七版)	安德鲁·B·亚伯等	Andrew B. Abel	78.00	2011	978-7-300-14223-4
113	现代劳动经济学:理论与公共政策(第十版)	罗纳德·G·伊兰伯格等	Ronald G. Ehrenberg	69.00	2011	978-7-300-14482-5
114	宏观经济学:理论与政策(第九版)	理查德·T·弗罗恩	Richard T. Froyen	55.00	2011	978-7-300-14108-4
115	经济学原理(第四版)	威廉·博伊斯等	William Boyes	59.00	2011	978-7-300-13518-2
116	计量经济学基础(第五版)(上下册)	达摩达尔·N·古扎拉提	Damodar N. Gujarati	99.00	2011	978-7-300-13693-6
117	《计量经济学基础》(第五版)学生习题解答手册	达摩达尔·N·古扎拉蒂	Damodar N. Gujarati	23.00	2012	978-7-300-15080-8
118	计量经济分析(第六版)(上下册)	威廉·H·格林	William H. Greene	128.00	2011	978-7-300-12779-8
119	国际贸易	罗伯特·C·芬斯特拉等	Robert C. Feenstra	49.00	2011	978-7-300-13704-9
120	经济增长(第二版)	戴维·N·韦尔	David N. Weil	63.00	2011	978-7-300-12778-1
121	投资科学	戴维·G·卢恩伯格	David G. Luenberger	58.00	2011	978-7-300-14747-5
122	博弈论	朱·弗登博格等	Drew Fudenberg	68.00	2010	978-7-300-11785-0

金融学译丛

序号	书名	作者	Author	单价	出版年份	ISBN
1	金融学原理(第八版)	阿瑟·J·基翁等	Arthur J. Keown	79.00	2018	978-7-300-25638-2
2	财务管理基础(第七版)	劳伦斯·J·吉特曼等	Lawrence J. Gitman	89.00	2018	978-7-300-25339-8
3	利率互换及其他衍生品	霍华德·科伯	Howard Corb	69.00	2018	978-7-300-25294-0
4	固定收益证券手册(第八版)	弗兰克·J·法博齐	Frank J. Fabozzi	228.00	2017	978-7-300-24227-9
5	金融市场与金融机构(第8版)	弗雷德里克·S·米什金等	Frederic S. Mishkin	86.00	2017	978-7-300-24731-1
6	兼并、收购和公司重组(第六版)	帕特里克·A·高根	Patrick A. Gaughan	89.00	2017	978-7-300-24231-6
7	债券市场:分析与策略(第九版)	弗兰克·J·法博齐	Frank J. Fabozzi	98.00	2016	978-7-300-23495-3
8	财务报表分析(第四版)	马丁·弗里德森	Martin Fridson	46.00	2016	978-7-300-23037-5
9	国际金融学	约瑟夫·P·丹尼尔斯等	Joseph P. Daniels	65.00	2016	978-7-300-23037-1
10	国际金融	阿德里安·巴克利	Adrian Buckley	88.00	2016	978-7-300-22668-2
11	个人理财(第六版)	阿瑟·J·基翁	Arthur J. Keown	85.00	2016	978-7-300-22711-5
12	投资学基础(第三版)	戈登·J·亚历山大等	Gordon J. Alexander	79.00	2015	978-7-300-20274-7
13	金融风险管理(第二版)	彼德·F·克里斯托弗森	Peter F. Christoffersen	46.00	2015	978-7-300-21210-4
14	风险管理与保险管理(第十二版)	乔治·E·瑞达等	George E. Rejda	95.00	2015	978-7-300-21486-3
15	个人理财(第五版)	杰夫·马杜拉	Jeff Madura	69.00	2015	978-7-300-20583-0
16	企业价值评估	罗伯特·A·G·蒙克斯等	Robert A. G. Monks	58.00	2015	978-7-300-20582-3
17	基于Excel的金融学原理(第二版)	西蒙·本尼卡	Simon Benninga	79.00	2014	978-7-300-18899-7
18	金融工程学原理(第二版)	萨利赫·N·内夫特奇	Salih N. Neftci	88.00	2014	978-7-300-19348-9
19	投资学导论(第十版)	赫伯特·B·梅奥	Herbert B. Mayo	69.00	2014	978-7-300-18971-0
20	国际金融市场导论(第六版)	斯蒂芬·瓦尔德斯等	Stephen Valdez	59.80	2014	978-7-300-18896-6
21	金融数学:金融工程引论(第二版)	马雷克·凯宾斯基等	Marek Capinski	42.00	2014	978-7-300-17650-5
22	财务管理(第二版)	雷蒙德·布鲁克斯	Raymond Brooks	69.00	2014	978-7-300-19085-3
23	期货与期权市场导论(第七版)	约翰·C·赫尔	John C. Hull	69.00	2014	978-7-300-18994-2
24	国际金融:理论与实务	皮特·塞尔居	Piet Sercu	88.00	2014	978-7-300-18413-5
25	货币、银行和金融体系	R·格伦·哈伯德等	R. Glenn Hubbard	75.00	2013	978-7-300-17856-1
26	并购创造价值(第二版)	萨德·苏达斯纳	Sudi Sudarsanam	89.00	2013	978-7-300-17473-0
27	个人理财——理财技能培养方法(第三版)	杰克·R·卡普尔等	Jack R. Kapoor	66.00	2013	978-7-300-16687-2
28	国际财务管理	吉尔特·贝克特	Geert Bekaert	95.00	2012	978-7-300-16031-3
29	应用公司财务(第三版)	阿斯沃思·达摩达兰	Aswath Damodaran	88.00	2012	978-7-300-16034-4
30	资本市场:机构与工具(第四版)	弗兰克·J·法博齐	Frank J. Fabozzi	85.00	2012	978-7-300-13828-2
31	衍生品市场(第二版)	罗伯特·L·麦克唐纳	Robert L. McDonald	98.00	2011	978-7-300-13130-6
32	跨国金融原理(第三版)	迈克尔·H·莫菲特等	Michael H. Moffett	78.00	2011	978-7-300-12781-1
33	统计与金融	戴维·鲁珀特	David Ruppert	48.00	2010	978-7-300-11547-4
34	国际投资(第六版)	布鲁诺·索尔尼克等	Bruno Solnik	62.00	2010	978-7-300-11289-3

Microeconomics for Managers/David M. Kreps.

Copyright © 2004 by David M. Kreps.

ISBN: 978-0-393-97678-6

图书在版编目(CIP)数据

管理者微观经济学/（美）克雷普斯（Kreps，D. M. ）著；赵英军译 .—北京：中国人民大学出版社，2018.11
（经济科学译丛）
书名原文：Microeconomics for Managers
ISBN 978-7-300-22914-0

Ⅰ.①管… Ⅱ.①克… ②赵… Ⅲ.①微观经济学-应用-企业管理-研究 Ⅳ.①F270

中国版本图书馆 CIP 数据核字（2016）第 108077 号

"十三五"国家重点出版物出版规划项目
经济科学译丛
管理者微观经济学
戴维·M. 克雷普斯　著
赵英军　译
Guanlizhe Weiguan Jingjixue

出版发行	中国人民大学出版社				
社　　址	北京中关村大街 31 号		**邮政编码**	100080	
电　　话	010－62511242（总编室）		010－62511770（质管部）		
	010－82501766（邮购部）		010－62514148（门市部）		
	010－62515195（发行公司）		010－62515275（盗版举报）		
网　　址	http://www.crup.com.cn				
	http://www.ttrnet.com（人大教研网）				
经　　销	新华书店				
印　　刷	涿州市星河印刷有限公司				
规　　格	185 mm×260 mm　16 开本		**版　　次**	2018 年 11 月第 1 版	
印　　张	32.75　插页 2		**印　　次**	2018 年 11 月第 1 次印刷	
字　　数	686 000		**定　　价**	88.00 元